W0322691

KÖNIG–WANCURA, NEUE CHINESISCHE AKUPUNKTUR

NEUE CHINESISCHE AKUPUNKTUR

Lehrbuch und Atlas der Akupunktur-Punkte

mit einer theoretischen Studie über naturwissenschaftliche Erklärungsmöglichkeiten der Akupunktur

110 neu gefundene Punkte
171 Punkte außerhalb der Meridiane
361 Meridianpunkte mit zum Teil neuer Lage
18 Punkte der Handakupunktur

an die europäische Nomenklatur angepaßt

130 Abbildungen, 50 Skizzen
Indikationsverzeichnis und mehrsprachige Register

bearbeitet und kommentiert von
Dr. med. Georg KÖNIG und **Dr. med. Ingrid WANCURA**
Univ.-Lektor für Akupunktur an der Universität Wien

unter Mitarbeit von Dr. med. Kurt KÖNIG

unter Benützung der deutschen Übersetzung
des chinesischen Originaltextes
ZHEN JIU XUE WEI GUA TU SHUO MING
von Dr. med. Alexander MENG,
überarbeitet von Dipl.-Dolm. Dr. phil. Martin KROTT
(Sprachinstitut der Universität Peking)

6. überarbeitete und erweiterte Auflage

1996

VERLAG WILHELM MAUDRICH
WIEN • MÜNCHEN • BERN

1. Auflage 1975
2. Auflage 1977
3. Auflage 1980
4. Auflage 1985
5. Auflage 1989
6. Auflage 1996
1. polnische Auflage 1984
1. russische Auflage 1995

© Copyright 1996 by Verlag für medizinische Wissenschaften Wilhelm Maudrich, Wien
Printed in Austria

Alle Rechte, insbesondere das Recht der Vervielfältigung und Verbreitung sowie der Übersetzung in fremde Sprachen, vorbehalten. Kein Teil des Werkes darf in irgendeiner Form (durch Photokopie, Mikrofilm oder ein anderes Verfahren) ohne schriftliche Genehmigung des Verlages reproduziert oder unter Verwendung elektronischer Systeme verarbeitet, vervielfältigt oder verbreitet werden.

All rights reserved (including those of translation into foreign languages). No part of this book may be reproduced in any form – by photoprint, microfilm, or any other means – nor transmitted or translated into a machine language without written permission from the publishers.

Filmsatz und Offsetdruck: Ferdinand Berger & Söhne Gesellschaft m. b. H., 3580 Horn, Wiener Straße 80

ISBN 3-85175-670-3

Den Lehrern des Institutes für chinesische traditionelle Medizin
der Universität Peking

danken wir

für fachliche Ratschläge zur 2. und 4. Auflage unseres Buches anläßlich
eines Akupunkturstudiums von 1975 bis 1976 sowie 1980 und 1984/85.

Den Lehrern des Institutes für chinesische traditionelle Medizin
der Universität Nanking

danken wir

für Anregungen und Ratschläge zur 2. Auflage anläßlich
eines Akupunkturstudiums von September bis Dezember 1976.

Der Österreichischen Botschaft der Volksrepublik China

danken wir

für die Erlangung der Erlaubnis bei den zuständigen
Stellen in Peking zur Übersetzung der Tafeln;

für die Einladung zu einem Studienaufenthalt in China 1972;

für den Besuch einer chinesischen Ärztedelegation in Wien, von der wir
in langen fachlichen Diskussionen viel für uns Neues und Wissenswertes hören
und in diesem Buch verwerten konnten.

Inhaltsverzeichnis

Seite

Register IX
Vorwort X
Übersichtstafeln XV

I. Einleitung und Einführung 1

1. Geschichtliche Entwicklung 1
2. Die neuen Punkte (Neu-P.) und Punkte außerhalb der Meridiane (PaM) 4
3. Meridianpunkte 5
4. Sonderformen der Akupunktur 6
5. Alphabetisches Register der Indikationen 6
6. Behandlungstechnik 7
7. Einfache Therapievorschläge u. a. von Dr. Ho Pu Yen 12
8. Übersetzungsprobleme 16
9. Alphabetische Register 17

II. Theoretische Studien zur Akupunktur 19

1. Erkenntnistheoretische Überlegungen 19
2. Zum Punkt: 24
   a) Zu seiner Objektivierung 24
   b) Qi (Chi) 25
   c) De Qi (Te Chi) 26
3. Akupunktur und das spinale Nervensystem (Segmentale Gliederung) 28
   a) Die Meridiane 28
   b) Meridiannarbe 29
   c) Meridian und Dermatom 30
   d) Myotom und Sklerotom 31
   e) Head'sche Maximalpunkte 34
   f) Zur Lokalisation von Yang und Yin 37
   g) Yang und Yin als funktionelle Vorstellung 38
4. Akupunktur und das vegetative Nervensystem (Die vegetativ-reflektorischen Krankheitszeichen) 40
   a) Zonen veränderter Schweißsekretion 41
   b) Vasale Zonen 42
   c) Kopfzonen 42
   d) Lähr-Sölder'sche Linien 44
5. Akupunktur, spinales und vegetatives Nervensystem 45
   a) Analyse der Punktlage 45
   b) Zum Meridianverlauf 47
   c) Viscero-viscerale Reflexe und Akupunkturregeln 48
   d) Zur unterschiedlichen Art des Reizes 49

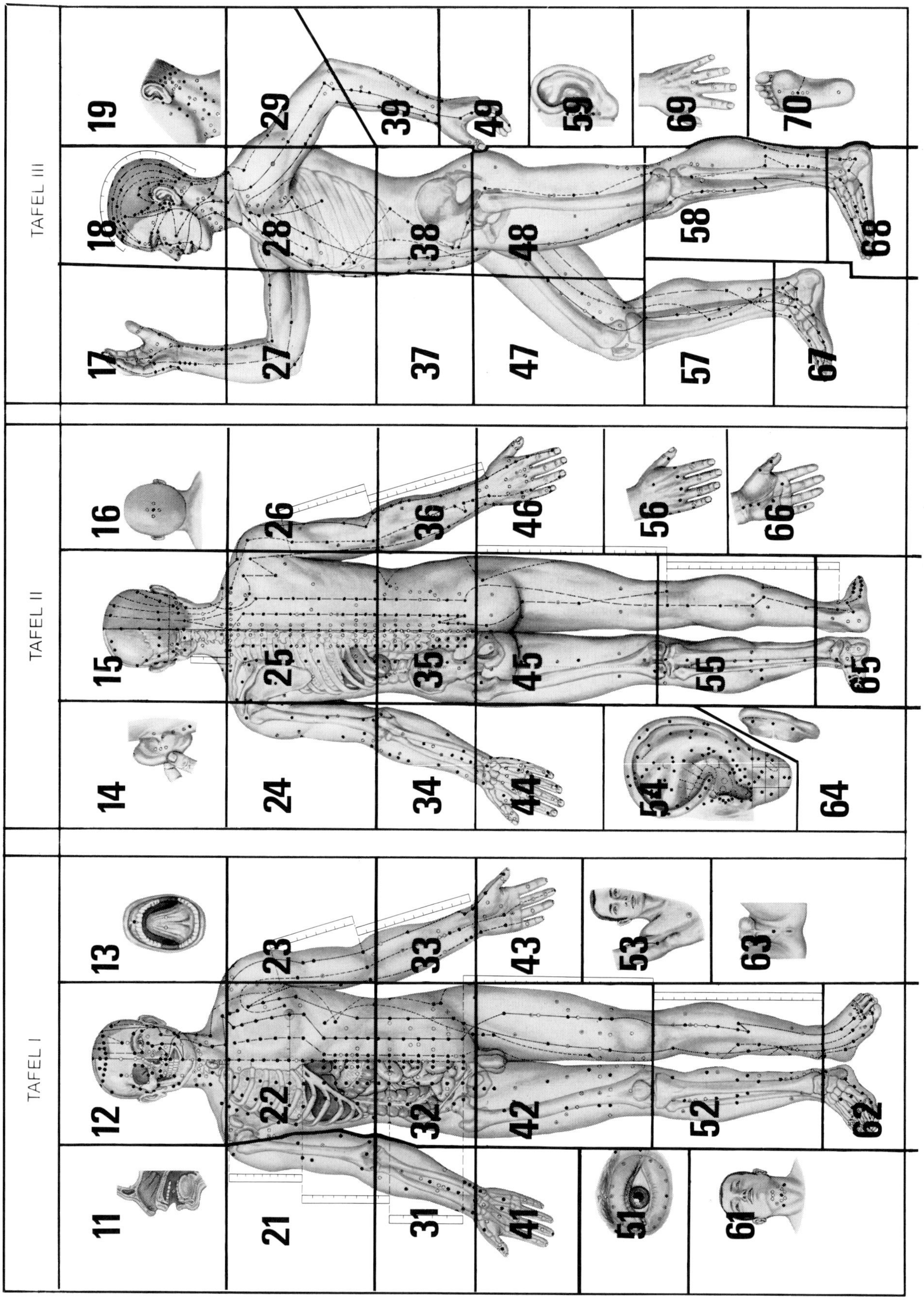

TAFEL I
TAFEL II
TAFEL III
11
12
13
21
22
23
31
32
33
41
42
43
51
52
53
61
62
63
14
15
16
24
25
26
34
35
36
44
45
46
54
55
56
64
65
66
17
18
19
27
28
29
37
38
39
47
48
49
57
58
59
67
68
69
70

Beschreibung Tafel I

11 Mundhöhle (sagittal) 9	**12** Kopf (Gesicht) 3, 25, 28 57, 69, 84, 98, A 98	**13** Mundhöhle (frontal) 29, 95
21 Oberarm (volar) 16, 44, 52, 78	**22** Brust 33, 44, 52, A 52, 58, 63, 77, 78, 98	**23** Oberarm (volar) 16, 44, 52, 78
31 Unterarm (volar) 16, 42, 53, 65, 79	**32** Bauch 10, 34, 59, 63, 77, 91, 97, 98	**33** Unterarm (volar) 16, 42, 53, 65, 79
41 Handfläche 39, A 39, 53, 65, 79	**42** Oberschenkel (vorne) 21, 47b, A 47 b, 60, 91	**43** Handfläche 13, 39, A 39, 53, 65, 79
51 Auge 1, 2	**52** Unterschenkel (vorne) 17, 46, 60, 89	**53** Achsel 64
61 Hals (vorne) 30	**62** Füße (vorne, dorsal) 17, 46, 61, 89	**63** Damm 96

Beschreibung Tafel II

14 Ohrmuschel (Rückseite) 5, 27	**15** Kopf und Nacken 7, 11, 32, 71 a, A 71 a, 85, 93	**16** Scheitel 24
24 Oberarm (dorsal) 15, A 15, 55, 67, 81	**25** oberer Rücken 12, 35, 36, 37, 67, 71 a, 72 b, 81, 92, A 92, 93	**26** Oberarm (dorsal) 15, A 15, 43, A 43, 67, 81
34 Unterarm (dorsal) 15, 55, 66, A 66, 80	**35** unterer Rücken 12, 35, 36, 38, A 38, 71 a, 71 b, 72 b, 92	**36** Unterarm (dorsal) 15, 43, A 43, 66, A 66, 80
44 Handrücken 14, 41, 55, 66, 80, A 80	**45** Oberschenkel (hinten) 22, 71 b, 72 b, 73, 92	**46** Handrücken 14, 41, 43, 66, 80, A 80
54 Ohrmuschel (seitlich) 102	**55** Unterschenkel (hinten) 18, 73, A 73	**56** Handrücken 99, 100
64 Ohrmuschel (Rückseite)	**65** Ferse 18, 47 a, 73, A 73	**66** Handfläche 99, 101

Beschreibung Tafel III

17 Handfläche (von ulnar) 54	**18** Kopf (seitlich) 8, 26, 31, 56, 68, 70, 82, 83, 94	**19** Hals (seitlich) 6
27 Unterarm (Innenseite)	**28** Brust (seitlich) 56, 86, A 86	**29** Oberarm Unterarm (Außenseite)
37 Tafelerklärung	**38** Hüfte (seitlich) 86, A 86	**39** Unterarm (Außenseite) 54
47 Oberschenkel (seitl. u. innen) 20, A 20, 50, 62, 76, 90	**48** Oberschenkel (seitl. u. außen) 23, 51, 87	**49** Handrücken (von radial) 40, 54
57 Unterschenkel (seitl. u. innen) 20, 62, 76, 90	**58** Unterschenkel (seitl. u. außen) 19, A 19, 49, 74, 87	**59** vor der Ohrmuschel 4, 26
67 Fuß (innen) 20, 48, 62, 76	**68** Fuß (außen) 19, A 19, 49, 74, A 74, 88	**69** Hand (dorsal)
		70 Fuß (plantar) 45, 75

In der Beschreibung der Tafeln sind bei jedem Abschnitt die Nummern jener Abbildungen beschrieben, auf denen diese Regionen und deren Punkte aufzufinden sind (siehe Seite 294).

Alle Punkte einer Körperregion sind gleichzeitig und im 5-Farbendruck in den Tafeln der „Punkte und Regeln der neuen chin. Akupunktur" zu sehen. Maudrich Verl. 5. Aufl. 1994.

I. EINLEITUNG UND EINFÜHRUNG

Die Verbesserung der Beziehungen zwischen der Volksrepublik China und den meisten westlichen Staaten hat offenbar gemacht, daß die Weiterentwicklung der Akupunktur in Europa und im heutigen China zu gewissen Unterschieden geführt hat.
Dieses Buch bearbeitet jene „Wandtafeln der Punkte und ihrer Passagen für die Akupunktur und Moxibustion" und deren Erläuterungen, die in Tabellenform (60 Druckseiten) Punkte und Indikationen enthält, nach welchen im heutigen China die Akupunktur *de facto* ausgeübt wird; die Übersetzung aus dem chinesischen Originaltext erfolgte durch Dr. med. CHAO LAI MENG in Wien, und wurde von Dipl.-Dolm. Dr. phil. MARTIN KROTT überarbeitet.
Zum besseren Verständnis des Inhaltes schicken wir nachstehende Erläuterungen voraus. Sie betreffen:

1. Die **geschichtliche Entwicklung** der Akupunktur.
2. **Die neuen Punkte (Neu-P.)** sowie **Punkte außerhalb der Meridiane (PaM),** die hier erstmals aus dem Chinesischen ins Deutsche übersetzt und von uns mit Kurzbezeichnungen und Nummern versehen wurden.
3. Die **Meridianpunkte** und Meridiane, die nach neuerer chinesischer Ansicht teilweise eine modifizierte Lage und einen etwas veränderten Verlauf aufweisen und von uns so bearbeitet wurden, daß die bisher üblichen Punktenummern beibehalten wurden: dadurch können alle bisherigen Bücher der deutschen und französischen Akupunktur weiter verwendet werden, die englische und die neuere chinesische Literatur kann mühelos verglichen werden.
4. Die **Sonderformen der Akupunktur** (Handakupunktur, Ohrakupunktur, u. a.).
5. Alphabetisches Register der Indikationen.
6. Die **Behandlungstechnik,** wie sie heute in China üblich ist.
7. Einfache **Therapievorschläge** u. a. von Dr. HO PU YEN[378].
8. **Übersetzungsprobleme;** dabei wird nicht nur die Sprache, sondern auch Grundsätzliches über die chinesische Denkungsart besprochen.
9. **Alphabetische Register** der Punktebezeichnungen zum Vergleich mit der internationalen Literatur in „Pin Yin", Englisch, Französisch und ein Register der chinesischen Symbole[392].

Ein theoretischer Teil folgt als Abschnitt II, der den Unterschied zwischen altchinesischer und westlicher Betrachtungsweise kurz beschreibt, um die Grundlagen der Akupunktur verständlich zu machen. In einer kurzgefaßten Darstellung werden durch eigene Studien neue Zusammenhänge zwischen westlicher Physio-Pathologie und Akupunktur hergestellt und so für verschiedene Phänomene der Akupunktur, unseres Wissens bisher noch nicht publizierte Erklärungsversuche, zur Diskussion gestellt.

1. GESCHICHTLICHE ENTWICKLUNG

A. **Seit unbekannter Vorzeit bis vor ca. 150 Jahren** war die Akupunktur in ihrer klassischen Form neben der Kräuterheilkunde und einfachen physikalischen Therapien eine der Hauptbehandlungsmethoden in China[23/80/332/396/472].
Die Chinesen waren und sind sehr genaue und ausdauernde Beobachter. Sie entdeckten, daß bei bestimmten Erkrankungen, oft auch von der Erkrankungsstelle weit entfernte Hautareale druckempfindlich werden. Schwache und sehr differenzierte Reizung solcher Stellen konnte diese Krankheit bessern. Diese Therapieart beruhte nur auf Erfahrung, nicht auf anatomischen oder physiologischen Vorstellungen, die dafür auch entbehrlich waren. Die subjektiven Beschwerden, eine sehr eingehende Anamnese, eine genaue Inspektion sowie die Pulstastung bil-

deten die Grundlage der Diagnose. Man setzte diese Beobachtungen mit zahlreichen äußeren Umständen, Tages- und Jahreszeiten[483/486], Wetter usw. in Beziehung[325].

Die Chinesen schufen dafür ein großartiges Denkgebäude:
Wer eine noch eben erlernbare Anzahl von Punkten und Regeln beherrschte, verfügte – wie beim Schachspiel – jeweils über viele Kombinationsmöglichkeiten. Die Punkte waren nach sogenannten Meridianen geordnet und entsprachen bestimmten Denkchiffren; so konnte der Arzt innerhalb dieses Denksystems für fast jeden Einzelfall eine überzeugende Antwort geben*.
Ihrer Vorstellungswelt entsprechend schufen die Chinesen ein in sich logisches, fehlerfrei ineinander greifendes Riesenwerk, das wie eine der großen alten astronomischen Uhren zahllose Faktoren zu berücksichtigen vermag. Man kann mit diesem System rechnen und arbeiten, die Grundlagen muß man aber derzeit noch immer hinnehmen, ähnlich wie in der euklidischen Geometrie, deren Axiome selbst ja auch nicht beweisbar sind. Ob die alten chinesischen Vorstellungen vom Kreislauf einer oder mehrerer Energien, von der Gleichwertigkeit und Austauschbarkeit von Punkten und Meridianen, von der Pulslehre usw. nur eine bildhafte *Denkhilfe* für empirische Erfahrungen sind, oder ob sie eine naturwissenschaftliche Realität darstellen, ist bisher weder bestätigt noch widerlegt. Auch im heutigen China steht diese umfassende Problematik zur Diskussion.

B. **Von ca. 1830–1948:** Die Akupunktur wird in China zugunsten der westlichen Medizin zurückgedrängt und nur als Volksmedizin weitergeführt. Die europäische Medizin setzt sich im 19. Jahrhundert zunehmend in China durch (siehe Huard-Wong[15], Litschauer[19])**.
In Europa war die Akupunktur[23/24/523] damals nur Außenseitermedizin. In dieser Zeit kamen vorwiegend über Frankreich (1863 Dabry[326], 1930 Soulié de Morant[517]) Übersetzungen einzelner alter chinesischer Quellen nach Europa. Es entwickelte sich hier eine eigene, von der Akupunktur des heutigen China stark abweichende Form. Der wesentliche Unterschied zwischen diesen beiden Akupunkturformen ist kurz zusammengefaßt folgender: bei der „französischen" Akupunktur werden viele und nur sehr *oberflächlich* eingestochene kleine Nadeln aus Gold und Silber verwendet, die „chinesische" Akupunktur jedoch bedient sich einer geringeren Anzahl *tiefer* gestochener Nadeln, die meist noch mechanisch gereizt werden (aber auch andere Arten einer Reizverstärkung wie Moxa, Massage, lokaler Aderlaß usw. sind üblich).

C. **1948–1965:** In China beginnt eine Koordination von Akupunktur und westlicher Medizin zum Aufbau eines die ganze Bevölkerung betreuenden prophylaktischen und kurativen Gesundheitsdienstes. Die vielen, manchmal unterschiedlichen Überlieferungen werden gesichtet und geordnet, die Überprüfung und naturwissenschaftliche Erforschung in eigenen Zentren und an Universitätsinstituten beginnt.

D. **Ab 1965:** Gleichzeitig mit innerpolitischen Veränderungen (Kulturrevolution) erfolgt eine enorme Ausweitung der Akupunkturanwendung. Während und nach den schweren Not- und Kriegszeiten hatte sich die Akupunktur als so erfolgreich erwiesen, daß sie nun von fast allen Universitätskliniken und Spitälern übernommen und zu einer dominierenden Behandlungsmethode ausgebaut wird.

---

* Dieses „Immer eine Antwort wissen" ist Vor- und Nachteil aller medizinischen Systeme, wie z. B. der alten Humoralmedizin, der Homoeopathie oder der Neuraltherapie. Ein Vorteil dieser medizinischen Systeme ist die Sicherheit und Überzeugungskraft des Arztes, der „immer eine Antwort weiß": der Nachteil ist, daß auch Ungeeignetes in dieses System gepreßt wird und so zu kritikloser Monomanie führen kann.
Im Gegensatz zu diesen anschaulichen und überblickbaren Systemen ist unsere moderne Medizin nach *keinem* System geordnet. Die Zellular- sowie die Lokalpathologie erwiesen sich als zu enge Begriffe, die Neuraltheorien von Speranski[27] oder die Rickersche[26] Relationspathologie konnten sich nicht allgemein durchsetzen. Das riesige Wissensgut aber, aufgesplittert in viele Spezialgebiete, ist für *einen* Arzt, der *einen* konkreten Einzelfall zu behandeln hat, kaum zu überblicken und daher schwer verwertbar.
Ähnliche Probleme durch zuviele Erfahrungen und Einzelbeobachtungen (es entstanden bis zu 120bändige Sammelwerke der Akupunktur) gab es auch im alten China.

** Alte Literatur von 1600–1950 siehe [15/44/45/80/332], über Ohrakupunktur siehe [131/332/420].

Die Akupunktur wird gleichzeitig jedoch mit vielen alten* und allen modernen westlichen Therapieformen kombiniert[38/48/67/202/245/265/274/520]. Die Indikationen dehnen sich auch auf schwerste organische Erkrankungen aus: Querschnittslähmungen, Schwerhörigkeit[395], schwere Infektionen, Schock usw.[246/247/470/511]. Für fast ein Viertel der Menschheit ist die Akupunktur zu einer wesentlichen Behandlungsmethode geworden. Weiters werden in dieser Zeit zahlreiche Sonderformen der Akupunktur weiterentwickelt bzw. neu entdeckt**.

Die Akupunkturanalgesie bei Operationen ist eines dieser neuen Teilgebiete[256], die das besondere Interesse auch der westlichen Welt erregt hat.

Nachdem die Akupunktur in die moderne Medizin integriert wurde, beginnen nun Kliniker und Theoretiker der übrigen Welt zunehmend die Akupunktur nachzuprüfen, um sie zu bestätigen, abzuändern oder zu widerlegen. Am meisten von allen Klinikern haben sich bisher die Anästhesiologen damit befaßt, obwohl unserer Meinung nach die therapeutische Akupunktur den größeren praktischen Wert besitzt.

Alle Berichte der neuen Literatur, Gespräche sowie persönliche Beobachtungen in China (anläßlich einer Einladung des Chinesischen Gesundheitsministeriums im Sommer 1972) ergaben eindeutig folgendes: es gibt im heutigen China *keine* einheitliche, dogmatische Form der Akupunktur, sondern eine beträchtliche Anzahl von Behandlungsmethoden, die nebeneinander existieren und manchmal auch gleichzeitig angewendet werden. Die Chinesen sind ein absolut praktisches Volk. Sie verwenden die Akupunktur im täglichen Leben und im Rahmen ihrer großen, oft überfüllten Ambulanzbetriebe.

Für die *traditionelle klassische Akupunktur* stehen zahlreiche Lehrbücher*** zur Verfügung. Sie sind für das Studium nach wie vor notwendig. Wir haben in diesem Buch versucht, auch die anderen Formen der Akupunktur, wie sie nach diesen neuen Standardtafeln angewendet werden, zu beschreiben. In der uns zugänglichen Literatur finden sich keinerlei Angaben über eine Rangordnung der verschiedenen Akupunkturarten; der Arzt entscheidet nach seinem Wissen und Können und richtet sich im Einzelfall natürlich nach dem therapeutischen Effekt. Somit ist dieses Buch eine Ergänzung für die älteren Standardwerke der klassischen Akupunktur im westlichen Schrifttum. In Europa differieren die Auffassungen zwischen einzelnen Ländern und Lehrern, in welchem Ausmaß die altchinesischen Vorstellungen heute noch beibehalten werden sollen. Für die praktische Anwendung ist das Berücksichtigen der trad. chin. Medizintheorie nötig, weil dies zu besseren Therapieerfolgen führt.

Alle erwähnten verschiedenen Formen der Akupunktur haben eines gemeinsam: der Reiz einer bestimmten kleinen Stelle nahe der Körperoberfläche (= Akupunkturpunkt = „Xue Wei" = Eingangsstelle zu einer unterirdischen Verbindung [zitiert nach LITSCHAUER[19]]) kann bestimmte Funktionen oder Funktionsstörungen oft auch fern der Reizstelle beeinflussen. Für die Akupunktur und ihren therapeutischen Effekt ist daher folgendes wesentlich:

1. erst wird ein bestimmter umschriebener Reizort (Akupunkturpunkt) gewählt;
2. dann erfolgt die Wahl verschiedener Reizarten (Stich, Hitze, Vibration usw);
3. und schließlich eine ausgewählte Kombination von Art und Ort des Reizes.

---

* Unter „alten" oder besser „traditionellen" Behandlungsmethoden wird *nicht* nur die Akupunktur verstanden, sondern auch eine sehr umfangreiche Pflanzenheilkunde, Massage, Atemgymnastik usw. und alle diese Verfahren waren in das historische Medizinsystem integriert; z. B. war bei jedem Medikament dessen Yang- oder Yin-Eigenschaften mit den anderen Behandlungen genau abzustimmen.

** Ohren-, Hand-, Nasen-, Gesichts- (DE TYMOWSKY[181]), Kopfakupunktur (ROUSTON[499]), u. a.;

*** Siehe Verzeichnis der Akupunkturliteratur [42/44/53/54/55/58/59/62/66/69/81/127/144/160/161/455/456/473/543].

Für den therapeutischen Effekt ist der Reizort das Wichtigste, dann erst folgen die Reizart und die verschiedenen Gesichtspunkte, nach denen Reizort und Reizart ausgewählt werden; deswegen bringt dieses Buch vor allem die exakte Beschreibung eben jener Punkte, welche die Grundlage für Anwendung und Nachprüfung der Akupunktur bilden.

2. DIE NEUEN PUNKTE (Neu-P.) UND PUNKTE AUSSERHALB DER MERIDIANE (PaM)

Diese Punkte passen *nicht* in das Meridianschema der klassischen Akupunktur.
Die PaM waren schon den alten Chinesen als therapeutisch wirksame Punkte bekannt und einige wenige wurden von BACHMANN bereits beschrieben. Nach diesen älteren Vorstellungen unterschied man zwischen Punkten, die den sogenannten ,,Energiekreislauf beeinflussen" und (deswegen?) in Meridiane eingeordnet sind und jenen anderen Punkten, die dazu nicht imstande wären, wohl aber therapeutische Effekte erzielen.

Diese Unterscheidung bleibt hypothetisch, solange wir über ,,Qi", die sogenannte ,,Energie" und ihren ,,Kreislauf" nichts Näheres wissen. In neuen chinesischen Büchern wird auch absichtlich eine Definition dieses Begriffes vermieden (LITSCHAUER)[19]. Eines wissen wir aber, daß auch von Punkten außerhalb der Meridiane ein ,,De Qi-Gefühl" auslösbar ist (= eine subjektive Empfindung der Schwere, der Wärme des Geschwollenseins, der Hypästhesie und der Parästhesie. („Qi" und „De Qui" wird in der Behandlungstechnik und im theoretischen Teil näher besprochen.)

Wir wollen zusammenfassen: Nach den rein empirischen Gesichtspunkten der therapeutischen Wirkung fand man einst die Punkte außerhalb der Meridiane (PaM) und in den letzten Jahrzehnten nach denselben Kriterien die ,,Neupunkte" (Neu-P.). Von über 600 teilweise unterschiedlich überlieferten PaM wurden nach Überprüfungen 171 PaM mit Name, Lage und Indikation für ganz China in den Wandtafeln einheitlich festgelegt. Das gleiche gilt für die Neu-P., von denen 110 hier erfaßt sind.

Diese Punkte haben wir genau wie die alten Meridianpunkte gekennzeichnet, wobei wir erstmalig die deutsche Übersetzung ihrer chinesischen Namen angeben und sie in der Reihenfolge ihrer Aufzählung numerieren. Wie bei allen Punkten haben wir generell folgendes Schema gewählt:

1. die Kurzbezeichnung des Punktes mit der zugeordneten Nummer,
2. die Nummer der Abbildung, auf welcher der Punkt zu finden ist,
3. die deutsche Bedeutung des chinesischen Symbols,
4. die Punktbezeichnung in der offiziellen chinesischen Umschrift in lateinischen Buchstaben (Pin Yin),
5. die deutsche Aussprache der Pin Yin nach STANGIER-JÖRGENSEN ist in Klammer angegeben,
6. die englische Punktbezeichnung,
7. die französische Punktbezeichnung (so weit uns eine solche zugänglich war),
8. die Lokalisation des Punktes (Lok.:),
9. die Indikationen zu dem Punkt (Ind.:)
10. die Stechtechnik (St.:)

Die Neupunkte und die PaM können nach therapeutischen oder lokalen Gesichtspunkten allein oder als zusätzliche Ergänzung zur klassischen Akupunktur – meist mit elektrischer oder mechanischer Reizverstärkung gekoppelt – verwendet werden. Dasselbe gilt auch von den bisher allgemein bekannten Meridianpunkten.

3. MERIDIANPUNKTE

Wenn wir die Größe Chinas und den langen Zeitraum bedenken, seitdem die Akupunktur angewendet wird, so mußte es zu unterschiedlichen Auffassungen bezüglich Lage und Indikation der Meridianpunkte – die übrigens erstaunlich gering sind – kommen.
Unsere bisherigen Kenntnisse über die Meridiane gingen vorwiegend auf die Übersetzungen von DABRY [326] in den 60iger Jahren des vorigen Jahrhunderts und auf SOULIÉ DE MORANT [517] zurück. Beide waren keine Ärzte. Sie übersetzten aus dem Chinesischen in die französische Sprache und schrieben die chinesischen Punktenamen in französischer Schreibweise*. Von Frankreich breitete sich die Akupunktur in Europa aus und wird im internationalen Schrifttum als „französische Akupunktur" bezeichnet.

Die neuen chinesischen Standardtafeln haben wir vor allem mit dem grundlegenden deutschsprachigen Werk von BACHMANN [54/55] verglichen. In China verwendet man – wie erwähnt – nach wie vor ausschließlich *Punktnamen.* Im Zweifelsfall entscheidet das chinesische Schriftzeichen, nicht die Lautumschrift. Für die internationale Verständigung erscheint uns (ebenso wie BACHMANN u. a.) eine Ziffernnomenklatur am geeignetsten. Eine Numerierung ergibt sich aus der Reihenfolge, in der die chinesischen Meridianpunkte aufgezählt werden. Wenn sie von BACHMANN abweichen, haben wir dies mit dem Zusatz: „nach chinesischen Tafeln" (n. chin. T.) gekennzeichnet. Die Anwendung der wörtlichen Übersetzung der chinesischen Punktenamen wäre für uns wenig aufschlußreich, weil uns die Kenntnis der altchinesischen Vorstellungswelt vom menschlichen Körper wie der chinesischen Sprache fehlt; wir haben die von BACHMANN verwendete deutsche Übersetzung der Punktenamen beibehalten, obwohl die chinesische Schrift oft andere Interpretationen zulassen würde, wie dies aus dem anglo-amerikanischen Schrifttum bekannt ist.

Obwohl es überaus schwierig war, haben wir uns bemüht, doch die vielen Ärzten jahrelang vertraute *Numerierung* von BACHMANN beizubehalten. Abweichungen sind bei den einzelnen Meridianen immer durch * angegeben und durch eigene Skizzen gekennzeichnet, so z. B. beim Verlauf des 3fachen Erwärmer-, des Magen- und des Gallenblasenmeridians. Die größten Schwierigkeiten bereitete uns der Blasenmeridian mit seinen Unterschieden. Beim Lenkergefäß (LG) konnten wir durch Benennung eines bei BACHMANN [54/55] nicht angegebenen Punktes als 6a die bisherige Numerierung beibehalten (es bedeutet n. B. bzw. ein hochgestelltes B = nach BACHMANN, n. chin. T. bzw. ein hochgestelltes CH oder einfach in Klammer gesetzt = nach chinesischen Tafeln).

Im übrigen stimmen *Name, Lage* und *Numerierung* der Punkte von BACHMANN mit den chinesischen Tafeln weitgehend überein. Nur manchmal differiert eines der drei Kriterien.
Dafür Beispiele:

	Name	Lage	Nummer
* Dü 19	gleich	abweichend	gleich
* M 1–8	gleich	gleich	abweichend
* G 3	abweichend	abweichend	gleich

Solche Divergenzen wurden mit einem „*" gekennzeichnet. Das neuere anglo-amerikanische Schrifttum, so besonders MANN [455/456], verwendet ebenfalls die chinesischen Meridianverläufe und meistens die Nummern nach den chinesischen Tafeln.

Dr. HO PU YEN [378], Leiter der Akupunkturabteilung der Klinik für traditionelle Medizin in Peking und Mitglied der chinesischen Ärztedelegation, besprach mit uns anläßlich seines Aufenthaltes in Wien besonders jene Meridian-Punkte, deren Kenntnis seiner Ansicht nach unerläßlich sind. Wir haben auf diese Punkte durch „■" hingewiesen (siehe „Die Meridianpunkte", S. 141).

---

* Sie verwendeten oft nicht die offizielle französische, sondern eigene Schreibweisen.

4. SONDERFORMEN DER AKUPUNKTUR

In den letzten 20 Jahren entstanden Sonderformen der Akupunktur. Dazu gehören die Akupunktur der Ohrmuschel, der Nase, des Gesichtes, des Kopfes und der Hand. Diesen Sonderformen ist gemeinsam, daß von jedem der genannten Körperteile jeweils viele entfernte Organe beeinflußt werden können und bestimmte Stellen dieser Körperteile bestimmten Organen und Körperabschnitten entsprechen. Es findet sich in den Arealen dieser Sonderformen ein Projektionsschema des ganzen Körpers, ähnlich dem der Großhirnrinde. Gefunden hat man sie weitgehend experimentell; es besteht nur ein geringer Zusammenhang mit der klassischen Akupunktur, wenn sie auch Punkte dieser Körperteile verwendet. In den vorliegenden Tafeln sind nur 2 Sonderformen beschrieben:

1. **Die Handakupunktur:** 18 Handpunkte (es gibt auch ausführlichere Arbeiten mit 28 bzw. 32 Handpunkten)
2. **Die Ohrakupunktur:** 110 Ohrpunkte. Ihrer großen Bedeutung wegen haben wir diese ausführlich in einer eigenen Monographie beschrieben*. Indikationen für die Ohrakupunktur sind auf Seite 233 angeführt, ebenso eine kurze Beschreibung der Ohrakupunktur.
3. Die Punkte für die **Gesichts-, Nasen- sowie Kopfakupunktur**[499] sind in diesen Tafeln nicht enthalten. Sie bleiben einer speziellen Darstellung vorbehalten.

5. ALPHABETISCHES REGISTER DER INDIKATIONEN

Die chinesischen Tafeln und ihre Erläuterungen in Tabellenform enthalten *kein* Indikationsverzeichnis. Ohne ein solches sind aber die hier gesammelten Erfahrungen für den Leser nur sehr schwer verwertbar. Wir haben deshalb ein alphabetisches Register angelegt. Dieses enthält:
die in den „Erläuterungen" für die einzelnen Punkte angegebenen Indikationen, einige aus persönlichen Erfahrungen während des Studienaufenthaltes in China und aus mündlichen Mitteilungen der chinesischen Ärztedelegation in Wien stammende Angaben.
Da die Indikationen für Ohrakupunktur im Umfang fast denen der Körperakupunktur entsprechen, haben wir sie *nicht* in das Verzeichnis aufgenommen, sondern auf S. 233 zur Information kurz aufgezählt.
Da die Akupunktur in China in die westliche Medizin eingebaut wird (und nicht umgekehrt!), sind daher alle Grundsätze der modernen Medizin zu beachten und es ist **vor jeder Behandlung** die Diagnose nach allgemeingültigen Regeln zu sichern. Schon aus diesem Grunde sollte die Akupunktur nur von vollausgebildeten Ärzten durchgeführt werden.
Bei den Indikationen sind 2 Elemente zu erkennen:
a) Krankheitsbezeichnungen der modernen Medizin entnommen, oft organpathologisch orientiert.
b) Krankheitsbezeichnungen aus der alten traditionellen Medizin stammend, die vielfach auf den subjektiven Beschwerden der Patienten beruhen und deren chinesische Ausdrücke oft nur schwer in die übliche medizinische Terminologie zu übersetzen sind**.

---

* G. König, I. Wancura[420]: Einführung in die chinesische Ohrakupunktur. Heidelberg, Haug-Verlag 1993. 10. Aufl.

** Hier muß zum Verständnis auf die besonderen chinesischen Verhältnisse[15] hingewiesen werden: Nach den jahrzehntelangen Kriegs- und Bürgerkriegszeiten gab es in China viel zu wenige, im wesentlichen Sinne ausgebildete Ärzte (1:10.000 = 1 Arzt für 10.000 Einwohner) und diese waren vorwiegend in den großen Städten wohnhaft. China ist nun immer noch vorwiegend ein Agrarland mit einem nicht ausreichenden Verkehrsnetz. Um einen Gesundheitsdienst auch für die Landbevölkerung aufzubauen, mußten auch die alten traditionell ausgebildeten Ärzte und medizinisch kurz ausgebildete Helfer mit herangezogen werden. Ähnlich dem Sanitätspersonal des Militärs sind diese für erste Hilfe, für Impfaktionen und auch für einfachere Behandlungen und Zuweisungen an Spitäler und ausgebildete Ärzte zuständig. Daher sind diese neuen Standardtafeln so abgefaßt, daß sie auch von diesen nicht ärztlichen Hilfskräften verstanden und angewendet werden können; so erklären sich uns ungewöhnlich erscheinende Ausdrücke der chinesischen Volksmedizin (Huard und Wong[15]), die darin vorkommen. (Siehe dazu „Chinesisches Vorwort".)

Wir können aus **persönlicher** Anschauung sagen, daß diese Standardtafeln wohl in allen Kliniken, Spitälern und uns zugänglich gewesenen medizinischen Behandlungsstationen in Anwendung stehen und, soweit wir sahen, auch bei diesen hier angeführten Indikationen danach gearbeitet wird.

Seit 1975 sind zahlreiche naturwissenschaftliche Arbeiten über den Wirkungsmechanismus der Akupunktur und die statistische Sicherung der Behandlungserfolge erschienen (siehe AUERSWALD–KÖNIG: „Ist Akupunktur Naturwissenschaft?" Maudrich Verlag Wien).

Bei manchen Indikationen ist erst durch eine besonders lange und intensive Behandlung ein Erfolg zu erzielen, wie wir dies bei einzelnen Lähmungsfällen beobachten konnten. Es bleibt daher bei einigen Indikationen auch offen, in welchem Ausmaß und nach welcher Behandlungsdauer eine Besserung zu erwarten ist. Die Chinesen sind mit Erfolgsmeldungen meist sehr vorsichtig und zurückhaltend. Das Fehlen diesbezüglicher Meldungen zeigt an, daß man in China selbst noch weiter prüfen will. Die übliche Antwort lautet: „Das Problem ist noch im Stadium der Untersuchung."

Die Akupunkturanalgesie bei Operationen, die zunächst völlig unglaubwürdig schien, wurde ja auch erst nach vielen Jahren bekanntgegeben. Sie ist heute schon an zahlreichen Stellen außerhalb Chinas bestätigt worden. Ob sie bei uns eine praktische Bedeutung erlangen wird, ist noch nicht abzusehen.

Es ist auch von Interesse, welche Indikationen in diesen Standardtafeln des heutigen China *nicht* angeführt werden. So fehlen z. B. *alle* malignen Erkrankungen, M. Parkinson usw.

Wir wollen also ausdrücklich feststellen, daß wir zwar *alle* in China angegebenen Indikationen hier anführen, aber nicht alle persönlich empfehlen können. Denn eine Behandlung, die in einem entlegenen chinesischen Bergdorf richtig sein mag und besser als gar keine ist, wird in einer westeuropäischen Großstadt vor Gericht wohl ganz anders beurteilt werden. Auch in China ist die konservative Behandlung der Peritonitis[270] u. ä. noch im Versuchsstadium und auf einzelne chirurgische Kliniken beschränkt. Ähnliches gilt für psychische Erkrankungen, die schon aus forensischen Gründen (Suizidgefahr) nur unter Mitarbeit eines Psychiaters behandelt werden sollten. Daher soll man sich vor jeder kritiklosen oder monomanen Anwendung der Akupunktur hüten. Ebenso ist bei Beginn einer Akupunkturbehandlung eindringlichst davor zu warnen – wie auch bei jeder anderen Änderung einer Behandlungsart – länger eingenommene Medikamente plötzlich abzusetzen (z. B. Cortison, Psychopharmaka, Blutdruckmittel, starke Analgetika usw.). Ähnlich wie beim chronischen Alkoholiker oder Suchtkranken eine plötzliche Entwöhnung riskant sein kann, so ist auch bei jedem längere Zeit eingenommenen Medikament zu überlegen, ob und wie langsam ein Abbau durchzuführen ist (Ausfallssymptome, Gegenregulationen).

6. BEHANDLUNGSTECHNIK

Der chinesische Originaltext enthält *keine* Behandlungsregeln. Die bisher üblichen Verfahren (oberflächliches Einstechen von Gold- und Silbernadeln) weichen jedoch von der heute in China geübten Methode ab, weshalb hier kurz das Wichtigste erwähnt werden soll[19].

Die Behandlung erfolgt im heutigen China oft nach segmentalen Gesichtspunkten und nach einer Diagnose, die nach den Grundsätzen der westlichen und trad. chin. Medizin durchgeführt wurde; dabei werden häufig die hier beschriebenen Neu-P. und PaM entsprechend ihrer Symptomatologie verwendet, oft mit Reizverstärkung durch Drehen der Nadel, elektrische Reizung, Erwärmen der Nadel usw. Daneben gibt es für schwierige Fälle, besonders bei inneren Erkrankungen und „vegetativen" Störungen die klassische traditionelle Medizin, deren Technik – ebenso wie die der Ohrakupunktur – hier schon aus räumlichen Gründen nicht beschrieben werden kann; wir verweisen auf die diesbezüglichen Lehrbücher. KÖNIG–WANCURA: „Praxis und Theorie der Neuen chinesischen Akupunktur". Band 1 bis 5, Maudrich Verlag Wien.

1. **Nadelmaterial:**

Man verwendet in China fast ausschließlich rostfreie Stahlnadeln.

2. **Nadelarten:**

a) sogenannte ,,Flaumhaarnadeln'': das sind runde, dünne, biegsame Stahlnadeln von verschiedener Länge und entsprechender Stärke (1 cm bis über 20 cm lang).
b) „Angelhäkchennadeln": zur subkutanen Reizung.
c) dreikantige und lanzettartige Nadeln zum ,,Bluten lassen'' (siehe Punkt 5).

3. **Stechtechnik:**

Sie ist jeweils im Text angegeben. Wir unterscheiden folgende Stiche:

Skizze 1: Stechtechnik

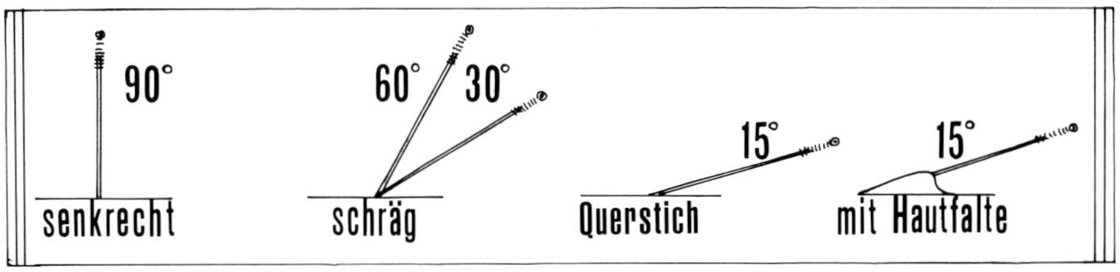

a) senkrecht b) schräg c) quer d) mit Faltenbildung

zu a) senkrecht zur Hautoberfläche bis zur jeweils angegebenen Tiefe an muskel- und fettreichen Hautstellen; zu b) und c) schräg zur Hautoberfläche, weil die Nadel zwar auch bis zur angegebenen Tiefe eingestochen wird, ohne jedoch innere Organe (Lunge: cave Pneumothorax) zu schädigen (bei Stich im Schulter-Hals-Bereich an „Emphysemblasen" denken).
zu d) Verwendet man besonders lange, dünne Nadeln, so wird bei dünner Subkutis mit der linken Hand eine Hautfalte angehoben, während die rechte Hand nach dem Einstich die Nadel in der Subkutis vorschiebt („Quetschdrucktechnik", nach LITSCHAUER [19]). Dieselbe Technik ist auch bei kurzen Nadeln empfehlenswert, wenn sich unmittelbar unter der Haut Knochen befinden.

4. **Stechtechnik bei langen, dünnen Nadeln:**

Hat die Nadel die Lederhaut passiert, so wird das Eindringen bis zur empfohlenen Tiefe dadurch erleichtert, daß man die Nadel zwischen Daumen und Zeigefinger der rechten Hand am Nadelgriff dreht. Bei der Verwendung langer Nadeln bedient man sich folgender Hilfsmethoden:

a) Die Nadel wird nahe der Spitze mit einem Alkoholtupfer oder mit einer sterilen Pinzette oder Klemme gehalten, wozu man die linke Hand benötigt oder
b) die linke Hand drückt ein Röhrchen gegen den Akupunkturpunkt: die Nadel steckt darin wie in einem Köcher und überragt das obere Röhrchenende. Durch Klopfen auf den Nadelgriff dringt die Nadel rasch durch die Haut. Dann wird das Röhrchen über der liegenden Nadel entfernt. Kinder und schmerzempfindliche Patienten ziehen diese Methode vor. Sie ist allerdings

---

Literatur: Akupunkturanwendung in der Klinik der Hochschule für traditionelle Medizin, Peking 1970 [38]; Traditionelle chinesische Medizin und Akupunkturtherapie Peking 1966 [47]; Grundlagen der traditionellen chinesischen Medizin, Shanghai 1971 [47]; Chinas New Needling Treatment, Hongkong 1974 [44]; eine besonders exakte und ausführliche Beschreibung liegt von J. LITSCHAUER [19] vor: Akupunktur und Moxibustion, Pflaum Verlag 1974 [19]. Akupunktur Hongkong 1961 [39].

etwas aufwendiger, da die verschiedenen Nadeln nicht nur in Stärke und Länge, sondern auch in ihren Nadelgriffen differieren, weshalb die Anschaffung und Pflege dieser Röhrchen (als Silber-, Messing- und Glastuben im Handel) eine gewisse „Vorarbeit" erfordert. (Manchmal kann man sich aber auch mit den im Ordinationsbetrieb anfallenden sterilen Plastikröhrchen der Einmalnadeln behelfen.)

5. **„Bluten lassen" der Akupunkturstelle:**

Dazu werden von den Chinesen dreikantige oder lanzenförmige Nadeln verwendet; wir persönlich verwenden dazu „Einmal-Blutlanzetten" (in den Labors zur Abnahme des Blutbildes gebräuchlich), die steril verpackt und stets scharf sind.

6. **Sterilisation:**

Die Chinesen sterilisieren alle Nadeln, sowohl Stahl- als auch Edelmetallnadeln. Obwohl die Vollnadeln sicherlich als Krankheitsüberträger (Hepatitis) weniger in Frage kommen als Hohlnadeln (= Kanülen), so ist unbedingt eine zuverlässige Methode der Sterilisation zu verwenden. Die Zunahme der Transfusionen und Plasmainfusionen läßt auch ein Zunehmen der Serumhepatitis annehmen, die dann fälschlicherweise der Akupunktur angelastet werden könnte. Steril verpackte „Einmal"-Akupunkturnadeln sind in allen Fällen vorzuziehen!

In China wird der Akupunkturpunkt sowie der Daumen- oder Zeigefingernagel des Behandlers (der den Akupunkturpunkt „markiert") mit einem Alkoholtupfer abgewischt. Bei Verwendung von sehr langen Nadeln werden beide Hände drei Minuten lang (wie vor einer Operation) gewaschen und mit Alkohol desinfiziert: Die linke Hand ergreift die Nadel knapp oberhalb ihrer Spitze, während Daumen und Zeigefinger der rechten Hand den Nadelgriff anfassen, die Nadel einstechen und drehen.

7. **De Qi** (Te Ch'i) *

Wird die Nadel in die richtige Tiefe eingestochen – manchmal erst nach Drehen und Vibrieren – so spürt der Patient oft ein Gefühl der Schwere, der Wärme, des Geschwollenseins, der Empfindungslosigkeit oder ein Kribbeln, welches sich proximal und auch distal von der Einstichstelle ausbreitet: in der chinesischen Medizin: „De Qi" genannt. Nach chinesischen Angaben ist dieses „De Qi" in 95% der Behandlungen auslösbar und läßt meist einen positiven therapeutischen Effekt erwarten. Auch der behandelnde Arzt soll unter seinen Fingern „eine Art Straffung und Spannung verspüren" (LITSCHAUER [19]).

Erreicht ein starkes Hitzegefühl Nacken und Kopf, so muß wegen Kollapsgefahr eine weitere mechanische Reizung unterbleiben. Das „De Qi"-Gefühl wird subjektiv unterschiedlich stark angegeben; es kann sowohl bei manchen Punkten als auch bei manchen Patienten *nicht* auslösbar sein. Trotzdem kann es zu einem therapeutischen Effekt kommen. Es genügt auch, das „De Qi" nur von einem Punkt auszulösen. Ein sehr ausgeprägtes „De Qi" (siehe auch theoretischer Teil) kann aber auch bei Fällen auftreten, die für eine Akupunkturbehandlung nicht oder kaum geeignet sind; die Beschwerden schwinden dann nur für kurze Zeit (z. B. bei Karzinom- und Metastasenschmerzen).

8. **Behandlung und Zwischenfälle:**

Vor jeder Behandlung muß man sich überlegen, welche Punkte gestochen werden. Der Patient soll vor allem bei der ersten Behandlung liegen, die erforderlichen Körperstellen werden vorher freigemacht. Die Nadelung selbst hat möglichst rasch, von kranial nach kaudal zu erfolgen. Der „Nadelkollaps" (oft auch aus Angst bei der ersten Behandlung) hat *subjektive* (Schwindel, Ohrensausen, Augenflimmern, Übelkeit) und *objektive* (Blässe, kalter Schweiß, kaum tastbarer Puls, sogar Bewußtlosigkeit) *Symptome.* Seine Behandlung ist je nach Schwere folgende:

---

* Die unterschiedlichen Schreibweisen siehe S. 25 (Fußnote).

a) flache Lagerung
   Kollapsbehandlung mit Akupunktur:
   Massage des Kollapspunktes an der Oberlippe LG 25 (26) (Ren Zong)
b) jede weitere mechanische Reizung unterlassen, noch besser die Nadel entfernen (nach LITSCHAUER [19])
c) bei Kollaps durch Nadelung der oberen Körperhälfte: M 36 stechen, bei Kollaps durch Nadelung der unteren Körperhälfte: Di 4 stechen
d) bei nicht mehr tastbarem Puls: Stechen von LG 25 und Le 3

Allgemein übliche Kollapsbehandlung:
Kreislaufmittel, notfalls künstliche Beatmung und sonst übliche Schockbehandlung.
Alle die genannten Zwischenfälle können bekanntlich bei jeder Injektion auftreten. Wir selbst können aus der Praxis nur über sehr selten aufgetretene Kreislaufschwächen berichten; bemerkenswert erscheint uns nur, daß gerade bei diesen wenigen Patienten ein auffallend günstiger therapeutischer Erfolg eintrat.

9. **Nadelentfernung:**

Wenn eine Nadel tief in der Muskulatur steckt, soll der Patient selbstverständlich alle Bewegungen im genadelten Muskelbereich vermeiden, weshalb man am besten auch während der Behandlung ein Gespräch unterläßt, weil es dabei oft zu unwillkürlichen Handbewegungen kommt. Besondere Vorsicht ist natürlich bei Nadelung von Kindern geboten. (Nicht zu verwechseln mit der Ohrakupunktur! Bei dieser sollen schmerzende Gelenke und Muskel bewegt werden, **während** die Nadeln in der **Ohrmuschel** stecken.)

Die Chinesen lassen die tiefer gestochenen Nadeln viel länger liegen (bis zu einer halben Stunde).

Das Entfernen der Nadeln geschieht am besten dadurch, daß man einen trockenen Tupfer auf die Haut der Einstichstelle drückt und die Nadel zart entfernt. Hat sich der Patient trotz aller Ermahnungen bewegt und dabei die Muskeln angespannt, so kann sich die Nadel verklemmen und dadurch das Entfernen erschweren. Wird die ursprüngliche Körperhaltung wieder hergestellt, ist das Problem meist gelöst. Bei ängstlicher Verkrampfung genügt meist eine leichte Massage mit den Fingern in der Umgebung der Nadel; LITSCHAUER [19] rät eine einmalige Nadelung einiger in der Nähe gelegener Akupunkturpunkte zur Krampflösung.

10. **Kontraindikationen:**

Akupunktur ist kontraindiziert bei schweren Blutgerinnungsstörungen, bei akuter kardialer Dekompensation (besonders bei Cor pulmonale), sowie bei Schwangerschaft die Punkte Di 4, M 36, MP 6, N 5 (3), G 3, G 31, alle Punkte über dem Abdomen, an Fingern und Zehen.

11. **Reizverstärkung:**

Der Effekt eines Nadelstiches kann – wie erwähnt – durch längeres Liegenlassen einer Nadel erhöht werden. Von den (zahlreichen) über 20 Arten der Reizverstärkung (KÖNIG und WANCURA [421]) verwenden die Chinesen vor allem Nadelbewegungen mit der Hand. Rechter Daumen und Zeigefinger halten den Handgriff der Nadel; diese wird tiefer gestochen bzw. wieder zurückgezogen, während man sie gleichzeitig vor- und zurückdreht. Alle diese Bewegungen erfolgen im gleichen Rhythmus, nur Frequenz und Ausmaß sind jeweils verschieden. Der Patient darf dabei aber *keine* Schmerzen, sondern nur eine Vibrationsempfindung verspüren. Treten Schmerzen auf, so genügt meist eine leichte Änderung der Lage der Nadel; ein unbeabsichtigtes tieferes Eindringen der Nadel ist zu vermeiden, weshalb der Arzt seine Hand abstützen soll. Bei dickem Nadelhandgriff ermüdet man weniger. Durch unterschiedlichen Rhythmus kann, nach alten chinesischen Überlieferungen, ein „tonisierender" und „sedierender" Effekt erzielt werden, auch in den neuen chinesischen Büchern wird diese Methode weiter empfohlen.

Skizze 2: Reizverstärkung

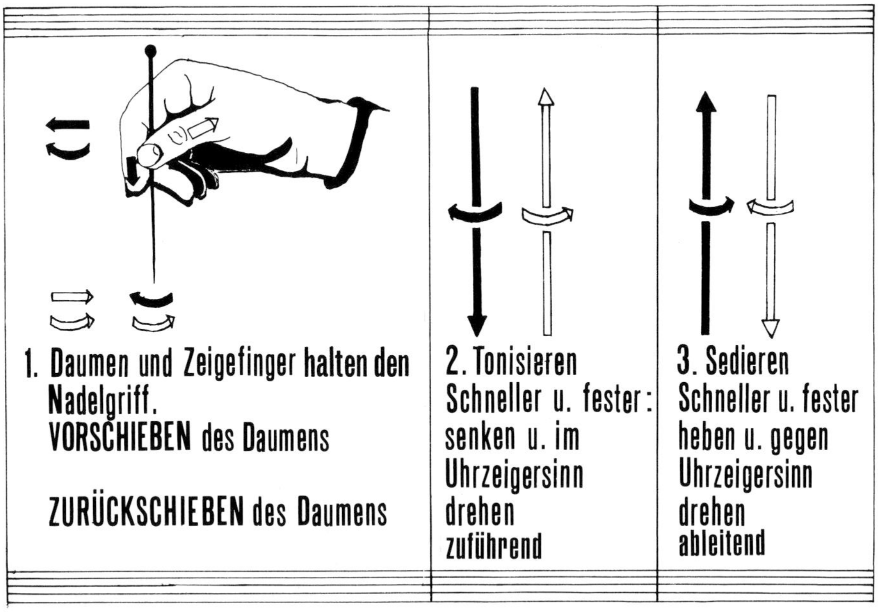

1. rechter Daumen und Zeigefinger halten den Nadelgriff — 2. „Tonisieren" (BUFA) — 3. „Sedieren" (XIEFA)

a) Daumen und Zeigefinger der rechten Hand halten die Nadel; durch Vorwärtsbewegen des Daumens wird die Nadel *im* Uhrzeigersinn gedreht;
b) Tonisieren: Die rechte Hand führt die Nadel *rascher* und betont tiefer und dreht dabei *im* Uhrzeigersinn (Daumen *vor*schieben), dann hebt und dreht man die Nadel *langsam* zurück („Füll"-Technik nach LITSCHAUER[19]); zuführend, „BUFA".
Mnemotechnisch: als ob etwas „hineingestochen" und „hineingedreht" würde.
c) Sedieren: Die rechte Hand *hebt* und *dreht* die Nadel *rasch* und betont *gegen* den Uhrzeigersinn (Daumen *zurück*schieben), dann langsam *senken* und *im* Uhrzeigersinn langsam drehen. „Fließ"-Technik nach LITSCHAUER. Mnemotechnisch: als ob etwas „herausgenommen" und „herausgedreht" würde; ableitend, „XIEFA".

12. Moxa oder Moxibustion

Führt man mit den im Handel erhältlichen Kegeln oder Röhrchen aus getrocknetem Beifuß durch (bei LITSCHAUER[19] ausführlich beschrieben). Wir sahen dies häufig in China angewandt, wegen des schlechten Geruches gebrauchen wir sie selten. Statt des Beifußröllchens kann ein Räucherstäbchen so nahe an den Akupunkturpunkt gehalten werden, daß der Patient Wärme, aber keinen Schmerz verspürt (5–30 Minuten, bis zur Hautrötung).

13. „Warme" Nadel

Die Behandlung mit „warmer" Nadel erfolgt in China meist mit einer auf die Nadel aufgesetzten und angezündeten Moxa. (Mit weniger Geruchsbelästigung verbunden ist das Berühren der Nadel bzw. des Nadelgriffes mit einem der gebräuchlichen Glühkauter.) Das Metall der Nadel leitet die Wärme rasch; man richtet sich nach der Wärmeempfindung (kein Schmerz!) des Patienten und reguliert danach den Grad der Erhitzung des Kauters (besonders geeignet für Schmerzen, die durch Kälte oder Zugluft entstanden sind).

14. **Schröpfbehandlung**

Ist in China gebräuchlich, ihre Technik bei LITSCHAUER [19], ABELE-STIEFVATER [219], BACHMANN-PEKKER [282a], ASCHNER-PECKER [279b], DIETRICH [326a], GEBHARDT [339a], ausführlich beschrieben.

15. **Behandlungsdauer:**

Diese ist sehr unterschiedlich und individuell verschieden. Allgemein gilt: je akuter die Krankheit, desto kürzer; je chronischer, desto länger der Abstand zwischen den einzelnen Behandlungen. (Wir sahen in Peking stationär aufgenommene Patienten mit akuter Pankreatitis und Cholecystitis 3mal täglich behandelt.) Bei Störungen des vegetativen Nervensystems sind je 10–12 Behandlungen mit Pausen üblich (siehe auch Therapievorschläge Dr. HO [378]).
Siehe auch „Zusammenfassung der Einführung" S. 61.

EINFACHE THERAPIEVORSCHLÄGE VON DR. HO PU YEN

Dieses Buch bringt die Akupunkturpunkte, und zwar Lage, Stichtechnik und Indikation. Als Basis für eine Akupunkturtherapie sind jedoch Indikationen, die ausschließlich nach dem Diagnosekonzept der naturwissenschaftlichen Medizin gestellt wurden, unzureichend, weil diese Vorgangsweise nur mäßige Therapieerfolge erwarten läßt.

Will man eine wirkungsvolle Akupunkturtherapie machen, so muß die nach naturwissenschaftlichen Kriterien gestellte Diagnose einer Krankheit ergänzt werden, um sie so zu einer der trad. chin. Medizintheorie entsprechenden zu verändern.

Dies erfolgt durch Einbeziehen jener 4 Parameter, die nach HERING und KRIES ein Sinneserlebnis charakterisieren, nämlich

des Lokalzeichens „WO"
des Temporalzeichens „WIE LANG"
des quantitativen Parameters „WIE STARK"
des qualitativen Parameters „VON WELCHER ART".

Mit den Worten der trad. chin. Medizin ausgedrückt heißt das: die Krankheit den „4 Gegensatzpaaren" zuzuordnen, um so das Erscheinungsbild der Krankheit (ZANG XIANG) zu erfassen. Diese Parameter bestimmen das Diagnose- und Therapiekonzept der trad. chin. Medizin, oder vereinfacht ausgedrückt:

Der Schmerzort bestimmt den Reizort (Meridian- und Punktwahl)
die Schmerzart bestimmt die Reizart (Wärmeanwendung, Aderlaß, Schröpfen)
die Schmerzintensität bestimmt die Reizintensität (stark – schwach, nah – fern)

Jeder Punkt hat eine Lokalwirkung, Meridianwirkung, Organwirkung und Wirkung auf seinen Funktionskreis. Auf Grund der lokalen Wirkung der Akupunkturpunkte kann – wie an Hand einfacher Beispiele dargestellt werden soll – in manchen Fällen die Diagnose der naturwissenschaftlichen und der trad. chin. Medizin soweit übereinstimmen, daß erstere auch als Ausgangspunkt für eine Akupunkturtherapie genügen kann. Da dies manchem Anfänger den Einstieg in diese Therapiemethode erleichtert, führen wir einige einfache Beispiele dazu an, verweisen aber auf die in PRAXIS UND THEORIE DER NEUEN CHINESISCHEN AKUPUNKTUR [18/1] von uns dargestellte Auswahl von Punktkombinationen, wie sie an den Universitäten und Ambulanzen in China gelehrt und praktiziert werden.

Zervikalsyndrom *

Dabei benützt Dr. Ho nur 3 Punkte, und zwar beidseits B 60 und 13, 3E 5 (insbesondere 3E 5 wird sehr tief gestochen).

Gastritis bzw. Gastroduodenitis **

Wie bei der Kolitis (siehe später) werden auch hier die Nadeln mindestens eine halbe Stunde im Gewebe belassen, es wird jeden 2. Tag genadelt (24 Behandlungstage mit 12 Behandlungen), dann 1–2 Wochen Pause und dann wird wieder in dieser Form begonnen. Bei Gastritis wird der Punkt KG 12 und beidseits KS 6 und M 36 tief gestochen.

Ischialgie *

Dr. Ho bevorzugt in den akuten Fällen von Ischialgie die Ohrakupunktur und bei rezidivierenden und chronischen Fällen die Körperakupunktur: Körperakupunktur – Ischialgie: G 30, B 51, B 54 (40) und B 50. Den Punkt B 54 (40) in der Kniekehle sticht Dr. Ho dann, wenn die Schmerzen bis zum Knie gehen, aber dort enden. Strahlen die ischialgieformen Schmerzen bis zur Wade aus, dann wird sehr tief entweder der Punkt B 57 oder B 58 dazugestochen (letzterer insbesondere dann, wenn eine Entzündung vom Urogenitaltrakt bekannt ist). Wenn die Schmerzen bis zum Fuß ausstrahlen, dann wird B 60 dazugestochen. Dieser Punkt genügt auch für alle Schmerzen im Fuß, wird mindestens 2 cm tief gestochen und ist auch sehr zu empfehlen für alle Rückenschmerzen.
Grundsätzlich behandelt Dr. Ho Ischialgie, wenn sie einseitig und der Schmerz erträglich ist, nur an der homolateralen Seite; wenn die ischialgieformen Schmerzen sehr stark sind, dann *nur* kontralateral.

Kniegelenksschmerzen *

G 34
MP 9
G 33
Bei allen Gelenkserkrankungen und auch bei Erkrankungen der Wirbelsäule hält sich Dr. Ho nie an ein starres Schema, sondern behandelt dann, wenn der Patient Schmerzen hat. Das kann auch 2mal täglich sein.

Kopfschmerz (diffuser) **

In diesem Falle sticht Dr. Ho zusätzlich immer die Punkte KG 12 und Di 4.

Kopfschmerzen, die bei Erkältungen**,**

insbesondere bei Husten, auftreten, werden zusätzlich mit Di 4 und G 20 behandelt.

Kopfschmerzen am Hinterkopf **

In diesem Fall sollten die Punkte B 60 bzw. 62 oder 65 gestochen werden, eventuell einseitig homolateral, wenn der Kopfschmerz nur einseitig ist; beidseits sticht Dr. Ho, wenn die Kopfschmerzen diffus auftreten. Niemals aber soll, nach seinen Angaben, Di 4 gestochen werden, wenn die Kopfschmerzen *nur* am Hinterkopf auftreten.

---

* Siehe auch Band 1: Praxis und Theorie der Neuen chin. Akupunktur.
** Siehe auch Band 2: Praxis und Theorie der Neuen chin. Akupunktur.

Kopfschmerzen auf der Scheitelhöhe**

PaM 1 (also 4 Nadeln)
LG 19 (20)
Di 4
Le 3

Kopfschmerzen (seitliche) und Migräne**

G 20
3E 21 (Ende der Augenbrauen) oder PaM 9
G 8
Die Nadel wird sehr oft subkutan von 3E 22 zu G 8 durchgestochen, eventuell nur homolateral bei Migräneschmerz.
Di 4
Lu 7 (ca. 2 cm subkutan vorschieben)
KS 6 (wenn die Migräne mit Erbrechen verbunden ist)

Kopfschmerzen der Stirne**

B 2
M 1^{B} (8^{CH})
PaM 9 (Tai Yang)

Migräneschmerz während einer Migräneattacke**

In diesem Fall setzt Dr. Ho einen kleinen lokalen Aderlaß in der Nähe des lateralen Augenwinkels, und zwar an jener Vene, die sehr oberflächlich und bläulich durchschimmernd neben dem Punkt PaM 9 (Tai Yang) liegt. Es soll von dieser Vene so lang Blut austreten, bis nach dem anfangs dunkel bis tiefblauen hellrotes Blut austritt. Das ist etwa ein halber bis ein cm^3 Blut. Nach Blutstillung handelt Dr. Ho dann in der oben beschriebenen Weise weiter. Grundsätzlich wird bei allen Kopfschmerzpatienten 12mal, jeden 2. Tag behandelt.

Psychasthenie, Neurasthenie**

H 7
KS 6
MP 6
Die Nadeln in diesen Punkten werden mindestens eine halbe bis eine Stunde lang belassen. Bei Schlaflosigkeit und insbesondere bei klimakterischen Beschwerden empfiehlt sich diese Kombination bei zusätzlicher Nadelung des Neu-P. 28. Bei Schlaflosigkeit ist es sehr günstig, wenn diese Nadelung vor dem Schlafengehen durchgeführt wird.

Schlaflosigkeit**

und vegetative Dystonie, bei denen man sehr schöne Erfolge sieht, sollen so oft und so lange behandelt werden, wie es notwendig ist. In jedem Fall aber werden die Nadeln mindestens 30 Minuten im Patienten belassen und während dieser Zeit mechanisch vibriert, um das bei der Nadelung aufgetretene De Qi-Gefühl zu verstärken oder durch die mechanische Vibration überhaupt erst hervorzurufen. Weiters empfahl Dr. Ho noch, alle Nadeln um vieles tiefer als gewohnt zu stechen. Vorsicht in der Stichtiefe ist nur bei Nadelung am Thorax gegeben. Die

---

** Siehe auch Band 2: Praxis und Theorie der Neuen chin. Akupunktur.

Nadeln werden fast immer mindestens 2 cun, d. h. mindestens 2 Querfinger tief eingestochen (Stichrichtung beachten!)
Beidseits H 7, KS 6, MP 6 und PaM 1 (ev. links Neu-P. 28)

Schmerzen am Hinterkopf, ausstrahlend auf Schulter und beide Arme*

G 20
B 13
LG $13^{B} = 14^{CH}$
Di 15, 14, 4

Sehr wesentlich bei allen Schmerzen, die am Oberarm auftreten (vorwiegend an der Außenseite des Oberarmes) ist M 40 oder M 38. Bei der Nadelung wird grundsätzlich immer die erste Nadel proximal gesetzt und dann werden die Punkte distalwärts weitergestochen.

Sinusitis**

Di 20 (beidseits)
Di 4 (beidseits)
PaM 3

Wenn der Erfolg ungenügend ist, dann steche man B 10 oder B 7 dazu (insbesondere bei frischer Verkühlung). Sinusitis wird täglich oder jeden 2. Tag behandelt. Die Nadeln bleiben mindestens 30 Minuten in der Subkutis.

Ulcus ventriculi und duodeni**

In diesem Fall benützt man die vorhergenannte Gastritiskombination oder bei gesicherter Diagnose folgendes:
B 18
B 19
B 20
B 21 beidseits, bei saurem Erbrechen M 21 und KS 6

Auch diese Nadeln werden 30 Minuten belassen. Es wird jeden 2. Tag behandelt, für 12 Behandlungen ergeben sich also 24 Tage Behandlungsdauer.

Allgemeine Behandlungsvorschläge

Ganz wesentlich findet Dr. Ho die Stichtiefe; wiederholt wurde das in Europa übliche oberflächliche Stechen kritisiert.

Als Reizverstärkung ist es nach Angaben von Dr. Ho notwendig, an der Nadel eine mechanische Vibration zu setzen; nur diese ist imstande, ein entsprechend langes und anhaltendes De Qi-Gefühl hervorzurufen, dessen Auftreten ein Kriterium für den Wirkungseintritt der Akupunktur ist. Dieses De Qi-Gefühl kann meistens nur bei tiefer Nadelung erzielt und eine Verstärkung durch vibratorische Reizung hervorgerufen werden. Insbesondere sollen die Nadeln in den Punkten KS 6 und Lu 7 mechanisch vibriert werden und auch jene Punkte eine Reizverstärkung erhalten, die das Schmerzgebiet umgrenzen. Also beim Stirnkopfschmerz der Tai Yang (PaM 9), M $1^{B} = 8^{CH}$ und B 2; beim Seitenkopfschmerz G 8 und der 3E 22.

Grundsätzlich wäre folgendes zu sagen: Dr. Ho empfiehlt, bei allen Gelenkserkrankungen nicht nach einem starren Schema vorzugehen, sondern einen Patienten dann zu behandeln, wenn er Schmerzen hat, und auch solange zu behandeln, als er Schmerzen hat. Bei den Serienbehandlungen, z. B. Kolitis, Gastroduodenitis, Ulcus ventriculi und duodeni erfolgt eine Behandlungsserie mit 12 Behandlungen, wobei jeden 2. Tag eine Nadelung gemacht wird. Dann erfolgt eine Pause, die ebenso lange dauern soll wie die Behandlungsserie. Dies empfiehlt sich auch bei Migräne und anderen Kopfschmerzen.

---

* Siehe auch Band 1 und 2: Praxis und Theorie der Neuen chin. Akupunktur.
** Siehe auch Band 2: Praxis und Theorie der Neuen chin. Akupunktur.

schen Publikationen in englischer Sprache wird neben dem Punktnamen oft auch das chinesische Symbol angeführt, um Unklarheiten zu vermeiden. Wir konnten selbst beobachten, daß chinesische Ärzte nach längeren mündlichen Diskussionen sich erst über einen Punkt einigten, wenn dessen Schriftzeichen niedergeschrieben wurde.
Ein Verzeichnis der Symbole im Sinne unseres Alphabetes ist ohne Kenntnis der chin. Schrift nicht verwertbar. Wir ordneten daher die Symbole nach den von uns eingeführten arithmetisch geordneten Kurzbezeichnungen. Ein Verzeichnis der Symbole der Punkte, geordnet nach ihren Radikalen, hat PORKERT[23] angelegt.

II. THEORETISCHE STUDIEN ZUR AKUPUNKTUR

Die Akupunktur wird noch immer vielfach als Suggestivtherapie[432], als unerklärliche Empirie oder Mystik verstanden; sie entstammt einer vorwissenschaftlichen Vorstellungswelt und einer anderen Denkart[15/22/23/32/319], nämlich einer ganzheitlichen, vorwiegend funktionellen Betrachtungsweise. Sie bezieht sich auf nervale Regulationsmechanismen, denen bisher wesentlich weniger Aufmerksamkeit zugewendet wurde als z. B. den chemischen Gleichgewichtssystemen (pH, Blutzucker, Enzym- und Fermentsystemen etc.). Daher kann eine noch immer überwiegend analysierende, organ- und stoffgebundene naturwissenschaftliche Betrachtung die Akupunktur *nicht* voll erfassen[23]. Wenn wir trotzdem einen *skizzenhaften* Versuch einer solchen Erklärung aus vorhandenem, allgemein anerkanntem Wissen vorstellen, so vor allem deshalb, um aufzuzeigen, daß diese auch ohne unerklärliche, undefinierbare oder mystische Elemente grundsätzlich möglich erscheint. Mag die hier angedeutete Erklärung der Akupunktur auch unvollkommen und hypothetisch erscheinen, so teilt sie dieses Schicksal mit anderen, durchaus anerkannten Therapieformen. Niemand soll die Akupunktur deshalb ablehnen, weil eine naturwissenschaftliche Erklärung noch nicht vollständig gegeben werden kann. Aus diesem Grund versuchten wir, sie in den Rahmen unserer Denknormen einzuordnen.

1. ERKENNTNISTHEORETISCHE ÜBERLEGUNGEN

Wir können Patienten grob schematisch einteilen in: „Befund-" und „Befindenskranke" (GRUNER[352], KUNZE[433]). Unsere westliche Medizin versucht zuerst – und mit Recht – organbedingte objektive Befunde zu erheben. Schwieriger wird es, wenn die objektiven Befunde unauffällig sind, der Patient sich aber trotzdem in seinem Befinden beeinträchtigt fühlt. Denn im ersteren Fall, den organisch faßbaren Erkrankungen, folgt der exakten Diagnose die entsprechende Therapie; im zweiten Falle kommt es meist zu einer eigentlich nicht wissenschaftlichen und sehr vagen Diagnose („vegetative Dystonie", „funktionelle Störungen", „psychisch bedingt" u. ä.), daher folgt oft keine oder nur eine symptomatische Therapie (Neurosedativa, ut aliquid fieri videatur). Psychosen und „larvierte" Depressionen[635] sollen hier nicht besprochen werden.

Es scheint also diese kausal-analytische Betrachtungsweise der westlichen Medizin, das Zergliedern und Spezialisieren auf immer kleinere Teile („alles nach dem cgs-System* messen") für organisch faßbare Krankheiten vorzüglich geeignet. Die organisch nicht faßbaren Erkrankungen und Befindensstörungen jedoch sind häufig komplexe Funktions- und Regulationsstörungen und werden sich wohl auch durch ein mit noch größerem technischem Aufwand fortgesetztes Analysieren kaum erklären lassen[23]. Wenn wir den Gedanken PORKERT'S[482/482a/b/] folgen, wäre eine andere Betrachtungsweise für die oben erwähnten Regulationsstörungen eigentlich zutreffender.

Wie schon bei der Erörterung der Denkweise und Sprache in China erwähnt (s. Seite 16), ist die chinesische Medizin** seit jeher andere Wege gegangen[15/22/23/89/378/472]. Sie bediente sich der induktiv-synthetischen Betrachtungsweise, sie beobachtete mit größter Genauigkeit die *Funktion* des *ganzen* Körpers, weniger die Träger dieser Funktionen, die einzelnen Organe.

---

* cgs = Centimeter-Gramm-Sekunden-System.

** d. h. Zhong Yi: Man unterscheidet die *„traditionelle* chinesische Medizin", von der die Akupunktur nur ein Teil ist und die *„moderne* chinesische Medizin", deren Anatomie, Physiologie, Biochemie, Chirurgie usw. völlig unseren Vorstellungen entspricht.

Die klassische chinesische Medizin überlieferte beispielsweise eine große Zahl noch heute gültiger Beobachtungen über Funktionsstörungen und Reizbeantwortung durch den ganzen Organismus, trug aber weniger zur Anatomie bei. Je komplexer eine Funktion ist, desto schwerer läßt sie sich aus der Zerlegung in Einzelteile erklären (kausal-analytisch), desto eher aber als Ganzes erfassen (induktiv-synthetisch); umso eher gilt: Das Ganze ist mehr als die Summe seiner Teile, so wie der Wald mehr als die Summe seiner Bäume darstellt.
Für welche Probleme sind die verschiedenen Erkenntnismodi (Betrachtungsweisen) am besten geeignet? Wenn wir nach Porkert[482/482 a, b] alle wahrnehmbaren Objekte der Größe nach von oben nach unten ordnen (vom Atom bis zum Sternensystem), sowie ihre Funktionen und ihre Substrate untersuchen, so ist am *oberen* Ende (aus unserer Perspektive) die Homogenität am größten. Mit zunehmender Größe (niedere – höhere Lebewesen) werden sie immer differenzierter, bis es (je nach Betrachtungsweise) keine zwei gleichen Dinge mehr gibt. Damit zeigen sich auch die Grenzen statistischer (bzw. auch kausal-analytischer) Betrachtung, die nur geeignet ist, annähernd Ähnliches miteinander zu vergleichen*.

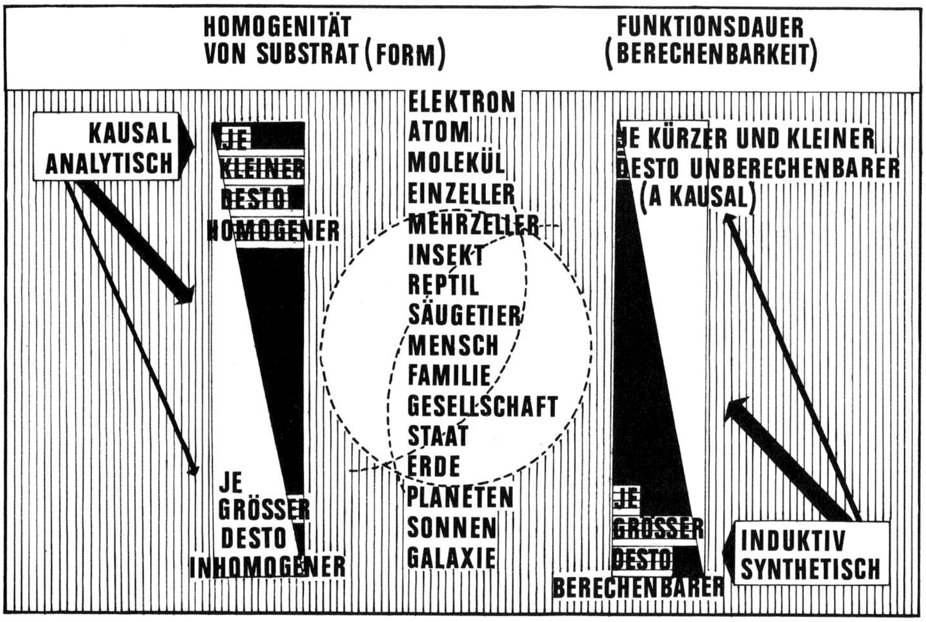

Skizze 3: Betrachtungsweisen biologischer Probleme

Ordnet man nach Porkert alle Dinge nach ihrer Größe – vom Elementarteilchen bis zum Sternensystem – so zeigt sich folgendes: je **kleiner** und damit **homogener** ein *Substrat* ist, desto eher ist es einer analytischen und statistischen Betrachtung zugänglich, seine Funktion ist nicht für den Einzelfall kausal berechenbar; je **größer** das *Substrat,* desto **geringer** ist die Ähnlichkeit zwischen zwei Gegenständen. Die Homogenität ist also verkehrt proportional der Größe des Substrates. Die biologischen Probleme sind beiden Betrachtungsweisen (der analytischen und der synthetischen) zugänglich. Sie liegen in der Abbildung auch graphisch zwischen diesen beiden Gesichtspunkten (linsenförmige strichlierte Linien) und sollen graphisch zeigen, daß beide Betrachtungsweisen, ebenso wie die westliche und die alte chinesische Medizin, einander ergänzen und nicht konkurrieren.

---

* Je homogener das Substrat, desto höher die Stringenz (Wahrscheinlichkeitsquotient) einer Aussage nach kausal-analytischem Modus.

Umgekehrt verhält es sich mit der Dauer der Funktion, die am oberen Ende (Brown'sche Molekularbewegung etc.) fast fehlt, am unteren Ende aber (Himmelskörper) für riesige Zeiträume berechenbar ist* (s. Skizze 3).

Wenn zwei Beobachter ein gleiches Problem zur gleichen Zeit aus zwei verschiedenen Blickrichtungen betrachten, so müssen sie zu verschiedenen Ergebnissen kommen. Je genauer und exakter sie beobachten, desto größer wird der Unterschied (ästhetisch oder technisch, formaljuridisch oder menschlich, psychologisch oder anatomisch usw.). Daher können also kausalanalytisch und induktiv-synthetisch denkende Ärzte ihre Ansichten über ein und dasselbe medizinische Problem *nie* zur Deckung bringen, selbst wenn sie es ernsthaft anstreben und keine Unterschiede der Gewissenhaftigkeit, der Sinnesschärfe oder des intellektuellen Niveaus bestehen (PORKERT [23/482/482a]).

Im folgenden bringen wir eine kurze Gegenüberstellung einiger vorwiegend kausal-analytischer und vorwiegend induktiv-synthetischer Betrachtungs- und Erkenntnisweisen: **

Westen	Osten
kausal-analytisch	induktiv-synthetisch
Gedankliche Zerlegung des Menschen[502] in Seele und Körper: Körper und Umwelt, Körper und Organe bzw. Organteile	Betrachtung des *ganzen* Menschen (kein Dualismus): Körper-Seele als Einheit; Einheit des Menschen im Makro- und Mikrokosmos
Vorwiegend Beobachtung der stofflichen Träger der Funktionen, also der chemischen Zusammensetzung des Körpers und seiner Organe	Vorwiegend Beobachtung der Funktionen, der Bewegungsabläufe, der Beziehungen der Funktionen zu biologischen, sozialen, kosmischen und physischen Vorgängen
Der westliche Forscher versucht sein Forschungsobjekt zuerst „zu verändern" (= zu analysieren), um es dann zu erkennen	Der östliche Forscher versucht sein Forschungsobjekt zuerst zu erkennen, um es dann zu beeinflussen

Der Osten hat eine andere Einstellung zur Zeit („Zeithaben", „Wartenkönnen"). Jahrzehntelange Beobachtungsdauer geht einer jahrelangen Behandlungsdauer („chinesische Geduld") voraus, so z. B. bei Lähmungen, Querschnittsläsionen[320/378], kindlicher Schwerhörigkeit[150/395],

---

* Die Stringenz einer Aussage nach dem induktiv-synthetischen Erkenntnismodus ist abhängig von der scheinbaren Stabilität (Dauer) von Funktionen.

** 1. Die Analyse (Warum? Wozu?) fördert lineares Denken kausal verknüpfter Zusammenhänge; das Untersuchungsobjekt wird vorwiegend für sich allein betrachtet und gemessen (Zahl als quantitatives Symbol). Alles entwickelt sich aus unendlichem, nicht bewiesenem Anfang wieder in unendliche Hypothesen; jede als Wirklichkeit erwiesene Hypothese schafft mehrere neue Hypothesen. Der Drang wird angeregt, immer „Neues" und „Einmaliges" zu erforschen.

2. Die Synthese (Wann? Zahl als qualitatives Symbol) untersucht alles in Relativität zur Umgebung. Jedes Objekt wird mit Empirie verglichen und nur beurteilt nach seiner Beziehung zum Ganzen, zu größeren Gesetzmäßigkeiten, die ihren Platz in einem Zyklus, nicht in einer Linie haben. In Natur, Gesellschaft und Individuum bestehen in sich geschlossene Zyklen (volkstümlich: Alles war schon da, alles kehrt wieder). Dies führt zu einem viel größeren Abstand zum Leben (sogen. „chinesische Gelassenheit"), und zu einer ungleich größeren Stabilität von sozialen, politischen, philosophischen und *medizinischen* Vorstellungen als im Westen.

3. Analytische und synthetische Betrachtungen sind nie gleichzeitig möglich, nur nacheinander, also: ein Entweder-Oder. (Diese Problematik ist bei GRANET [10] und PORKERT [23/482/482A] ausführlich erörtert.)

Sehstörungen, usw. Im Westen neigt man eher zu einem raschen Urteil auf Grund theoretischer Vorstellungen als zu einer langwierigen und mühsamen Nachprüfung.

Westen	Osten
Europa und der vordere Orient kennen ein lineares Hintereinanderreihen von Geschichtsabschnitten, die kausal miteinander, verknüpft werden	Die chinesische Geschichtsschreibung kennt subtilst beschriebene, in sich geschlossene Zyklen, die auch ohne Zusammenhang nebeneinander gestellt werden. Kausale Beziehungen zu vorhergehenden oder folgenden Ereignissen fehlen weitgehend
Alle, auch große Forscher werden in Kürze „überholt" und abgeändert. Jeder Nachfolger baut auf dem Werk des Vorhergehenden auf, versucht es weiter zu entwickeln und zu verbessern	In China werden medizinische Werke, deren Entstehung hunderte und tausende Jahre auseinander liegen, gleichwertig nebeneinander berücksichtigt. Nur in China kann ein jahrtausende altes Werk wie das des Nei Jing* noch immer Grundlage medizinischen Handelns sein[473/127]
Schmerz ist ein Symptom, hinter dem sich die eigentliche Krankheit „verbirgt"	Schmerz ist ein untrennbarer Teil vom Wesen der Krankheit

Geeignete Beispiele lassen sich unschwer anführen: für den Schmerz beim okkulten Neoplasma ist die westliche Betrachtungsweise geeigneter, der Schmerz bei Migräne aber ist nur im Zusammenhang mit der ganzen (psychischen) Persönlichkeit des Betreffenden zu verstehen. Für jede Problemstellung ist jeweils eine Betrachtungsweise besser geeignet, deren Grenze durch die Biologie, also den Bereich der Medizin geht; dies ist auch die Grenze der methodischen Überlegenheit zwischen der üblichen westlichen und der traditionellen chinesischen Medizin:

Ein einfaches Beispiel:

„Befundkranke"	„Befindenskranke"
Tumor, Fraktur: vor allem Substratstörung;	Migräne, „Gastritis": vor allem Funktionsstörung;
westliche Betrachtungsweise geeigneter	chinesische Betrachtungsweise geeigneter

---

* Das Nei Jing[32] setzt sich aus Kapiteln zusammen, die aus den verschiedensten Jahrhunderten stammen[23]. Die Autoren des alten China blieben vielfach genauso wie heute anonym oder sie bedienten sich des Namens einer längst verstorbenen oder sagenhaften Persönlichkeit (Gelber Kaiser).

Wollten wir die traditionelle chinesische Medizin in ihrem ganzen Umfang begreifen, ebenso ihre Gedankenwelt, ihre Entstehung und ihre Entwicklung oder gar die chinesischen Vorstellungen des Nei Jing interpretieren, so überschritte diese ganzheitliche Betrachtungsweise den Rahmen dieser Ausführungen*. Wir möchten uns hier nur auf eine exakt naturwissenschaftliche (kausal-analytische) Betrachtungsweise beschränken, da wir glauben, daß die Akupunktur zum größeren Teil auf an sich bekanntes und wissenschaftlich anerkanntes Wissen zurückgeführt werden kann. Den Versuch, auf exakter naturwissenschaftlicher Grundlage eine Relation zwischen Akupunktur, Anatomie und Physiologie herzustellen, sollen die folgenden Überlegungen rechtfertigen**. Wir sind der Ansicht, daß die Akupunktur vorwiegend physisch wirkt; zum Einwand der „psychischen", „hypnotischen" Wirkung[496], oder „Suggestion" sei ganz kurz Stellung genommen[230]:

Jede Therapie wirkt physisch und psychisch[33]. Beide Anteile dieser komplexen Wirkung sind nur gedanklich zu trennen und jeweils verschieden groß. Nur in Extremfällen (reine Psychotherapie – bewußtloser Patient) ist ein einziger Faktor wirksam. Ein Teil der Akupunkturwirkung geht sicher auf suggestive [461/461] und hypnotische Faktoren[391/389/390] sowie auf eine engere Arzt-Patient-Beziehung zurück. Für die häufig geäußerte Annahme einer rein psychischen Akupunkturwirkung[496] fehlen Beweise und exakte Untersuchungen analog der Placeboforschung***.

Wir können hier nicht alles anführen, was gegen vorwiegend psychische Wirkungen spricht, sondern nur unsere persönliche Erfahrung mitteilen: Der Glaube an die nur psychische Wirkung der Akupunktur schwindet bei allen Kollegen, sobald sie sich selbst näher mit Akupunktur beschäftigen oder sie persönlich anwenden.

---

* Mit diesen flüchtigen Vergleichen seien lediglich die anderen Betrachtungs- und Denkkategorien der Chinesen angedeutet, um unseren im kausal-analytischen Denken geschulten Medizinern die oft verblüffenden Erfolge der traditionellen chinesischen Medizin, zu der die Akupunktur zählt, nahe zu bringen. Die hier angedeuteten Gedanken sollen dem daran interessierten Kollegen vor allem das Studium der Arbeiten PORKERTS nahelegen. Unsere Absicht, die den nun folgenden Ausführungen zugrunde liegt, war es, daß man auch mit unserer gewohnten naturwissenschaftlichen Denkmethode in der Akupunktur Elemente finden kann, die durchaus auf der Ebene unseres Denkschemas der Naturwissenschaft liegen[622].

** Die Medizin verwendet immer noch vorwiegend die kausal-analytische Betrachtungsweise; die theoretische Chemie, die neue Elektronik und die Atomphysik haben sich schon längst anderen Erkenntnistheorien zugewandt. Gerade in der am weitesten entwickelten Disziplin, in der Atomphysik, sind die Forscher wieder Philosophen geworden[622], ebenso in der Elektrodynamik[23].

*** Diese im allgemeinen viel zu wenig berücksichtigten Untersuchungen ergaben, daß chemisch indifferente Stoffe in einem sehr beachtlichen Prozentsatz genau so wirksam waren, wie die mengenmäßig am meisten verwendeten Pharmaka (Analgetika, Hypnotika, Sedativa, aber auch Antibiotika). Der psychische Faktor ist viel häufiger wirksam als wir annehmen, die psychische Wirkung wird oft zu unrecht abwertend beurteilt („nur psychisch"). Wenn man aber mit einem Placebo – oder ein paar Nadeln – den gleichen Erfolg erzielen kann, so ist ein Placebo gefahrloser[623A].

2. ZUM „PUNKT“

Der Akupunkturpunkt ist natürlich keineswegs mit dem ,,geometrischen Punkt'' (= eine unendlich kleine Stelle) ident; man bezeichnet damit eine Hautstelle, die in ihrem Durchmesser zwischen 0,2 mm (am Ohr) bis zu 5 mm schwankt. Wir wollen die gebräuchliche Bezeichnung ,,Punkt'' beibehalten, wenn auch die genauere Übersetzung ,,Eingangsstelle zu einer unterirdischen Verbindung“ (LITSCHAUER)[19] oder „Foramina“ (PORKERT)[482] den chinesischen Vorstellungen besser entspricht; danach wird zwischen tiefer gelegenen Reaktionsstellen und ihren Projektionen an die Körperoberfläche genau unterschieden. Der „Punkt“ ist also ein funktioneller Begriff[19], der chinesische Betrachtungsweise entsprechend, die eben in „Funktionen“ denkt (GRANET[10], PORKERT[482]). Er ist nicht auf die Körperoberfläche beschränkt, sondern umfaßt auch das ganze darunterliegende Gewebe mit all seinen Gefäßen, Nerven, usw.
Gibt es überhaupt einen ,,Punkt''? Diese Frage ist ebenso alt wie die Akupunktur und wird auch noch in den neueren chinesischen Arbeiten erörtert. Alle Antworten darauf sowie eigene Untersuchungen (z. B. über die Erhöhung der Schmerzschwelle) weisen in die gleiche Richtung: Eine gewisse therapeutische Wirkung ist auch von nicht genau definierten Hautstellen auslösbar[538]; von ganz bestimmten Punkten aber ist ein therapeutischer Effekt in einem viel deutlicheren Ausmaß zu erzielen.

a) Zu seiner Objektivierung

Was läßt sich über den Akupunkturpunkt aussagen?
1. Er ist drucksensibler als seine Umgebung*. Dies ist eine jederzeit nachkontrollierbare Beobachtungstatsache. Zusammenhänge** zwischen Hautarealen und inneren Erkrankungen[12/361] besprechen wir später bei den algetischen Krankheitszeichen. Zu der oft geäußerten Annahme, die Stelle des Einstiches sei unwesentlich (Haut sei gleich Haut), verweisen wir auf die experimentell gefundenen Sensibilitätsunterschiede bis 1:1000 (ausführliche Literatur bei WEIZSÄKKER[548]).
2. Die Infrarotabstrahlung des Punktes ist gegenüber seiner Umgebung erhöht (BERGSMANN[292]), (BORSARELLO[61]), (SCHWAMM[524/405/460/542]) (also auch die Hauttemperatur).
3. KELLNER[404/406] führte 1965 am Histologischen Institut, Wien, Untersuchungen durch; er beschrieb an Akupunkturpunkten des Körpers vermehrte Nervenendkörperchen. (Von uns veranlaßte Untersuchungen an Punkten der Ohrmuschel waren negativ).
4. Der elektrische Hautwiderstand im Punkt ist gegenüber der Umgebung stets herabgesetzt (NIBOYET[128]), (MARESCH[457/459/460/478/489]), siehe auch [120/131/185/565/573/595]. Es gibt mehr Stellen veränderten Hautwiderstandes als Akupunkturpunkte. Jedenfalls bedarf die Widerstandsmessung großer Erfahrung, um bei vielen variablen Faktoren reproduzierbare Werte zu erhalten. Fast alle handelsüblichen Geräte messen nach VOLL[540] die Reaktion auf den durch die Handelektrode zugeführten Strom***. Die Verfahren mit den bei Akupunkturmeßgeräten üblichen Sonden haben viele Fehlerquellen. Darüber hinaus ist das Messen aller Punkte einer auch nur kleinen Körperstelle äußerst zeitraubend.

---

* [56/58/62/66/81/95/117a/128/131/160/293/294/383/423/455/478/560].

** Diese Erfahrung benützt auch die Hautreiztherapie (ASCHNER[1a/b]) und die Neuraltherapie (HUNEKE[379A–D]), (HOPFER[377]), (DOSCH[328]).

*** Viele Autoren fanden quantitative Änderungen des elektrischen Hautwiderstandes umsomehr, je schwerer und akuter das innere Organ erkrankt ist. Die vielen daraus abgeleiteten diagnostischen Verfahren sowie die Meßwertänderungen auf minimalste Reize sind bei VOLL[540/541], KOLLMER[425], VILL[539], MARESCH[457/459] nachzulesen.

Wie lassen sich nun diese „besonderen" Eigenschaften des „Punktes" erklären? Welche „Energie" bzw. welche Störung des Gleichgewichtes der Energie kann man ihm zuordnen? Auch aus der neueren chinesischen Literatur läßt sich **keine** befriedigende Angabe über das „Qi" herausgreifen (s. „Qi"), das nach altchinesischer Auffassung die Eigenschaften des Akupunkturpunktes ausmacht. Gibt es dafür eine nichtmystische Erklärung?

1. Vom Punkt sind ***bestimmte*** Funktionen bzw. Funktionsstörungen besonders gut beeinflußbar; mit anderen Worten: Bei gleicher Reizstärke ist der Reizerfolg vom Punkt aus größer als von seiner Umgebung, oder neurophysiologisch: die Erregbarkeit des Punktes ist größer als die seiner Umgebung.

2. Funktionen bzw. Funktionsstörungen (innerer Organe) beeinflussen ihrerseits wieder den „Punkt", und zwar jeweils bestimmte Punkte besonders deutlich. In Abhängigkeit von der Schwere der Funktionsstörung (annähernd proportional) ändern sich auch die Eigenschaften des Punktes und es wird:

a) die Drucksensibilität größer,

b) die Infrarotabstrahlung (Hauttemperatur) größer,

c) der elektrische Hautwiderstand geringer.

3. „Punkt" und Funktionsstörung beeinflussen sich also gegenseitig. Für einen nervalen Zusammenhang[17/36/56] (Regelkreis)[288/289/519] von Punkt und Funktionsstörung spricht:

a) die manchmal sehr schnelle Wirkung[63/95/131/376],

b) der Effekt ist durch vollständige, (auch tiefe) Lokalanästhesie des Punktes aufhebbar,

c) das Auftreten einer „De Qui"-Empfindung (kortikal)[19/378].

d) Experimentelle Nerven-, Rückenmark- und Sympathikusoperationen sowie verschiedene neuropathologische Prozesse (Apoplexie, RM-Erkrankungen usw.) beeinträchtigen den Akupunktureffekt bei Therapie und Akupunkturanalgesie; (kann wegen Umfang und Divergenz der Literatur hier nicht diskutiert werden)[241/243/252/263/268/320/321/378].

e) Humorale Wirkstoffe, die bei Reizung des Punktes in diesem selbst entstehen, verursachen wahrscheinlich ***keine*** Fernwirkung, da die Reizung eines Punktes an einer Extremität auch dann wirksam ist, wenn alle humoralen Verbindungen durch Kompression unterbrochen wurden. (Kontrolle durch subkutane Radio-Jod-Injektion.) Siehe auch Akupunkturanalgesie[545].

b) Qi[354] (Ch'i)

Der zentrale Begriff der alten chinesischen Medizin „Qi"** ist ebenso schwer zu übersetzen wie das griechische „Logos". Eine exakte Definition ist in den alten Schriften nicht enthalten und wird in den neuen sogar absichtlich vermieden (LITSCHAUER[19]). Daher kann man unter „Qi" höchstens die „Summe nicht näher definierbarer Vorgänge, die das Leben begleiten", verstehen. Die im europäischen Sprachraum übliche Übersetzung als „Energie"[54/58/69/102/127/128/160]

---

* P. KOKOSCHINEGG und Mitarbeiter teilten neue diesbezügliche Untersuchungen mit: „Es läßt sich der pathophysiologische Zustand eines Patienten je nach Reaktionslage seines vegetativen Nervensystems messen. Dabei sind Rückschlüsse nicht nur auf den physischen, sondern auch auf den psychischen Zustand möglich. Die Funktion bzw. die Aktivität eines Organs kann man mittels vier elektrischer Meßgrößen bestimmen (zwei Gleichstromgrößen und zwei Wechselstromgrößen). Um dabei reproduzierbare Werte zu erhalten, sind sehr viele Randbedingungen zu erfüllen, angefangen von der Wahl geeigneter Elektroden bis zum Einfluß vieler exogener Faktoren wie Neonlampen, geographische Richtung, Wetter, Jahreszeit etc. Meßtechnisch gesehen vereinfachen sich die derzeit verschiedenen Systeme von VOLL, CROON, VILL, RILLING und andere auf ein einziges; nur Parameter wie Meßfrequenz, Elektrodengröße usw. sind verschieden."

** „Qi" ist die offizielle Schreibweise, andere sind: Ki, Tschi, K'i, Chih, Ch'i, Tsri u. a.; die chinesischen Wörterbücher kennen über 20 Bedeutungen dafür, aber nie „Energie" etwa in dem bei uns gebräuchlichen Sinne. Die klassische chinesische Literatur kennt bis zu 30 verschiedene, ebensowenig definierte „Qi" (PORKERT[23]).

führte zu vielen Mißdeutungen, denn Energie ist nun einmal ein genau definierter physikalischer Begriff, „Qi" hingegen ist das sicher nicht. Nicht erklärbare Lebensvorgänge mit einer „Lebenskraft" erklären zu wollen ist ja auch in der europäischen vorwissenschaftlichen Medizin oft versucht worden; doch „Leben", „Abwehr" oder „Wachstum" durch eine „Kraft dazu" („Lebenskraft", „Abwehrkraft") erklären zu wollen, ist eine Scheinerklärung (RICKER)[26a]*.

Wir kommen also zu dem Schluß, daß der Begriff „Qi" in dieser Form, sofern wir eine *naturwissenschaftliche* Betrachtung versuchen wollen, nicht brauchbar ist, da bis jetzt eine Definition fehlt. Das schließt nicht aus, daß dieser Begriff als Arbeitshypothese und Denkhilfe zum Verstehen und Merken der klassichen Akupunkturregeln weiter angewandt wird.

Die verschiedensten Verfahren zur Registrierung des elektrischen Hautwiderstandes, der Hauttemperatur usw. messen sicher nicht das chinesische „Qi", sondern entweder verschiedene andere biologische Vorgänge selbst oder mit diesen einhergehende physikalische Phänomene. Meßtechnik, Reproduzierbarkeit, Hypothesen und praktischer Wert sind in der Originalliteratur nachzulesen. (Siehe Fußnote S. 25.)

Ob die Kirlian'sche Hochfrequenzphotographie[414] und andere, noch wenig erforschte Phänomene einen Beitrag zum „Problem Qi" bringen werden, ist noch offen[333/334/525] **. Dies gilt auch für weitere Kraftfelder, die nicht elektromagnetischer Natur sein dürften. Die Untersuchungen bzw. die Nachprüfungen derselben lassen eine Beurteilung noch nicht zu[187/541].

c) De Qi[247] (Te Ch'i)

Das heißt wörtlich, daß man „das Qi spürt", also jene bei der Nadelung oft auftretende subjektive Empfindung der Wärme, der Schwere, der Parästhesien (wie des Kribbelns und eines „elektrischen Gefühls"), der Hyp- bis Analgesie und des „Geschwollenseins"[241/250/320/378].

Empfindungen dieser Art sind ja auch uns geläufig. Sie können ausgelöst werden durch Fremd- oder Eigensuggestion (Hypnose, Yoga, autogenes Training[33]), ein Teil der Symptome durch Lokalanästhetika, durch Nervenläsionen und durch direkte elektrische Reizung im Thalamus (HASSLER[357]). Außer dieser meist nahe der Nadelungsstelle wahrgenommenen Empfindung gibt es auch noch eine streifenförmige oder linienförmige Sensation, die meist zentralwärts zieht. Die Summe dieser streifenförmigen Empfindungen war wohl die Ursache für das Entstehen des Meridianbegriffes.

Weiters kommt es besonders bei Vibration der Nadel an weit entfernten Körperstellen zu parästhetischen Empfindungen; diese treten an anatomisch korrespondierenden Stellen auf, besonders dann, wenn in diese eine Nadel eingestochen ist. Durch die Summe dieser Empfindungen entstand wahrscheinlich die Vorstellung „vom rhythmischen Kreisen des Qi" in den Meridianen (sogenannter Energiekreislauf)[54/58/62/69/81/127/128/142/144/160].

Im Gegensatz zum „Qi" ist das „De Qi" eine experimentell reproduzierbare subjektive Empfindung (und ein naturwissenschaftlich brauchbarer Begriff), seine analgetische Komponente führte zur Entwicklung der Akupunkturanalgesie.

---

* RICKER, G.: „Wissenschaftstheoretische Aufsätze für Ärzte" und „Pathologie als Naturwissenschaft"[26].

** Besonders in der Laienpresse wird immer wieder bei unterschiedlichstem Verfahren (bis zur Parapsychologie), irgendetwas „Unbekanntes" mit „Qi" gleichgesetzt, einfach deshalb, weil dies ebenfalls „unbekannt" ist. Es sollen nicht die an sich interessanten Untersuchungsverfahren, wie z. B. die Hochfrequenzfotographie, sondern ihre Gleichsetzung mit vorher nicht definierten Faktoren kritisiert werden.

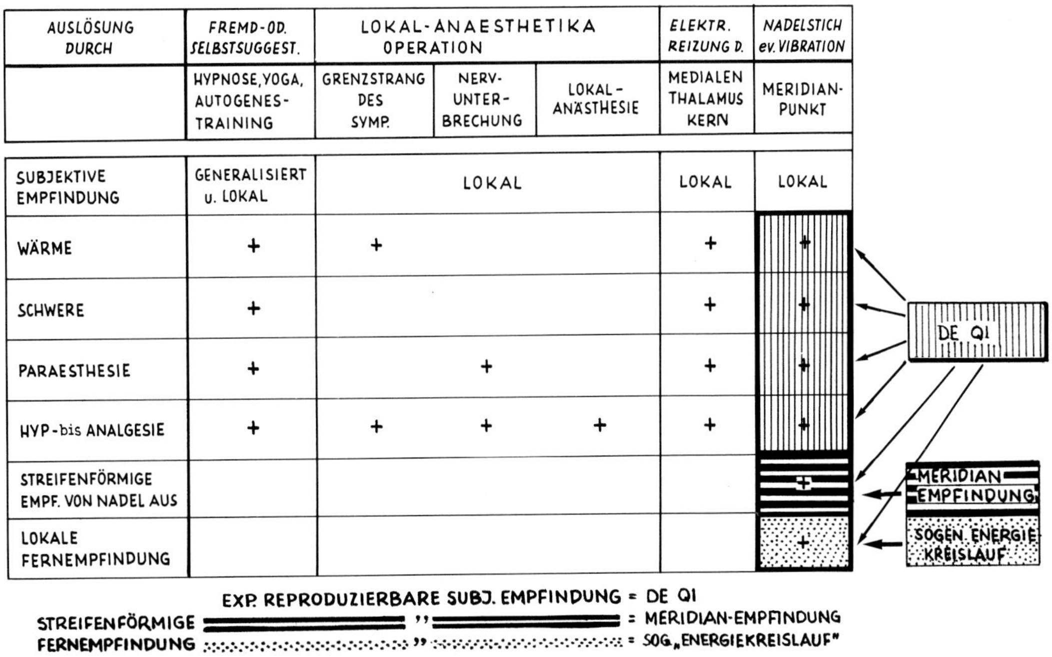

Skizze 4: „Subjektive Empfindung"

Ähnliche subjektive Empfindungen wie die des „De Qi" werden durch eine Reihe zentraler und peripherer Mechanismen ausgelöst; durch die von der Nadelungsstelle ausgehende, experimentell reproduzierbare „De Qi"-Empfindung entstand (vermutlich) die Vorstellung von den „Meridianen" und vom sogenannten „Energiekreislauf".

Wir glauben, daß die Akupunktur in erster Linie auf einer Veränderung der Durchblutung beruht. WARREN[637b] konnte diesen Effekt durch Infrarot-Photographie vor und nach Akupunkturbehandlung an Extremitäten zeigen.

In der neueren chinesischen Akupunkturliteratur wird die De Qi-Empfindung als PSC bezeichnet (propagated sensation along the channels).

3. AKUPUNKTUR UND SPINALES NERVENSYSTEM (Segmentale Gliederung)

a) Die Meridiane (Jing Luo)

„Meridian“ ist eine ungenaue und alte Übersetzung verschiedener chinesischer Begriffe*.

Definitionen: Die Meridiane (Jing Luo):**

1. *In ihnen fließt* nach altchinesischer Vorstellung (NEI JING[473]) das „Qi“ (sogenannte „Energie“ – siehe diese) oder

2. sie *steuern* nach neueren chinesischen Ansichten (s. LITSCHAUER[19]) die Zirkulation von „Qi“ *und* Blut oder

3. ihnen *entlang verläuft* die subjektive Empfindung des De Qi, ausgelöst durch Stechen bestimmter Punkte (Vortrag: chinesische Ärztedelegation in Wien, 1973[320]) oder

4. es *entsteht nur im ZNS* (hintere Zentralwindung) jene subjektive Empfindung, die, auf die Körperperipherie projiziert, einen Meridianverlauf annehmen läßt. Ausgelöst durch das Nadeln eines Punktes wird die Erregung weitergeleitet. Dem Empfindungscharakter entsprechend sind sie (nach W. LANGE[436]) „ in der Vorderhornseitenstrangbahn und ihre Synapsen intraspinal in der vegetativen Zusammenschaltung der vegetativen Rückenmarksanteile von C8–L3 zu suchen.“

5. Chinesische Meridiandefinition nach PORKERT: „Gedachte Verbindungswege des Energieaustausches zwischen Körperoberfläche – und damit der Außenwelt – und den im Körperinneren vorhandenen Orbes (= organische Funktionskreise“). Es sind daher logische, aber nicht stoffliche Bahnen (wie die der Himmelskörper)[23/482a/b]

Gibt es Meridiane als anatomische Realität oder gleichen sie den geographischen Meridianen (F. MANN[455/456]), die zwar praktisch für Orientierung und Vermessung große Bedeutung haben, aber nicht substantiell existieren; letztere findet man weder auf noch unter der Erde. Auch die Akupunkturmeridiane sind vermutlich nur Einteilungsprinzipien und Denkschemata. Bisher konnte jedenfalls für die Hautlinien noch *kein* glaubhaftes, **eigenes** organisches Substrat gefunden werden. **Nach Ansicht der Lehrer der Hochschule für trad. chin. Medizin ist unter den JING LUO („Meridianen“) der periphere Gefäßnervenstrang zu verstehen.**

Was können wir über die Meridiane aussagen?
1. Reproduzierbar ist eine subjektive Sensation der Schwere, Wärme und Parästhesie[247/250], die streifenförmig empfunden wird; sie kann sowohl von der Stichstelle ausgehen als auch an ganz entfernten Körperstellen auftreten[320/378];
2. Sehr selten erscheint eine streifenförmige Hautrötung;
3. Der elektrische Hautwiderstand[128/459/460/465/478] und die Hauttemperatur sind über den Meridianen gering, aber unseres Erachtens nicht eindeutig genug verändert[62/292/387/405/460/542].
4. Die sogenannte „Meridiannarbe“ als Beweis einer Meridianexistenz.

---

* Einige davon geben wir nach den überaus exakten Interpretationen LITSCHAUERS[19] wieder: Jings (= tiefe Passage), Luo (= verbindendes Geflecht), Xun Xing Lu Xian (= Leitlinie oberhalb der Passagen), Xue Wei (= Eingangsstelle zu einem unterirdischen Gang = Punkt).

** Wir wollen unter „Meridiane“ nur die in diesen Tafeln beschriebenen 12 Hauptmeridiane und 2 Mittelliniengefäße berücksichtigen; (*nicht* beschrieben werden hier die „nichtpunktetragenden (inneren) Teile“ der Meridiane, die Begleit-, Muskel-, Neben- und sogenannten Wundermeridiane sowie die zahlreichen Neben-, Sekundär- und Verbindungsgefäße).

b) Die „Meridiannarbe“

Die Erfahrung lehrt, daß verschiedenartige Manipulationen an Narben (also an traumatisch oder chronisch entzündlich verändertem Gewebe) therapeutische Wirkungen[56/295/299/376a] hervorrufen. Dieses – nicht sehr häufig eintretende – Phänomen von oftmals verblüffendem therapeutischem Erfolg zeigt sich wie folgt:
a) Es tritt „schlagartig“ ein (LÉRICHE[444]), „Sekundenphänomen“ (HUNEKE[379a]).
b) Es ist vielfach lang anhaltend.
c) Es genügt manchmal eine einzige Behandlung.
Dieses (wahrscheinlich gleiche) Phänomen wird von verschiedenen Autoren ganz unterschiedlich gedeutet:

A. Ein ,,Störfeld“ wird durch Procainumspritzung ausgeschaltet. (HUNEKE[379a–d], HOPFER[376/377], DOSCH[5], bei letzterem die umfangreiche neuraltherapeutische Literatur[327/328/356/459/467/469/481/481A/522/523/537]).

B. Lokalanästhetika heben den Einfluß des Sympathikus und damit die Störung der Vasomotorik[2/300/379/556] (LÉRICHE[18a, b/444]) auf.

C. Nicht nur Lokalanästhetika, sondern auch unspezifische Reize (Injektion von physiologischer NaCl-Lösung, Bicarbonat, Luft etc. nach KIBLER[410/411]) und andere unspezifische Reizungen (RIESE[29]) haben den gleichen Effekt.

D. Durch operative Narbenentfernung wird ein ,,Herd“ saniert[56/290/522/523]. Ein Teil der operativen Fokalsanierung ist wohl hieher zu rechnen, da ja oft für eine bakterielle Streuung kein Anhalt besteht, aber sich *narbiges* Gewebe nach Entzündungen (peritonsillär, periapikal), entfernt wird.

E. Depolarisationsvorgänge – und Repolarisation[458] – bewirken eine direkte Reizleitung über die Zellmembran (,,Membranleitung“ SCHADÉ[519], MINK[469] und LEHRNBECHER[440/441/442]).
(Diese Ansichten beziehen sich vor allem auf die Vorgänge an der Reizstelle selbst; über größere Entfernungen wird die Erregung über die sensiblen und vegetativen Nerven geleitet.)

F. Die Reizung besonders reaktionsfähiger Stellen nicht nur von Narben, sondern auch von pathologisch nicht verändertem Gewebe (z. B. Akupunkturpunkten der Ohrmuschel) führt zu ähnlichen (rasch eintretenden und oft anhaltenden) therapeutischen Effekten, die als Änderung zentraler Regulationsmechanismen[56/131] aufgefaßt werden.

G. Der unspezifische Reiz im Bereich der oft spondylarthrotisch veränderten Zwischenwirbelgelenke beeinflußt das vegetative Nervensystem (TILSCHER[530]); dies wurde als Erklärung für einen Teil der schlagartigen Erfolge bei der manuellen Therapie der Wirbelsäule angenommen.

H. Der Kreislauf der ,,Energie“ wird durch eine Narbe im Meridian blockiert; die Nadelung der Narbe läßt die ,,Energie“ wieder fließen. (Nach BERGSMANN[56] evtl. ein Hinweis für die Realität der Meridiane.)

In diesen oben angeführten Beispielen kam es jeweils zu rasch einsetzenden, oft anhaltenden therapeutischen Erfolgen; es besteht auch eine Ähnlichkeit zwischen diesen einzelnen Verfahren. Es wäre naheliegend, einen gemeinsamen Mechanismus anzunehmen; tatsächlich vermuten auch die meisten Autoren nervale Vorgänge, besonders im vegetativen Nervensystem. Wir wollen hier nicht darauf eingehen, wie weit Neural- und Sympathikustherapie, chirurgische Narbenentfernung und Fokalsanierung, usw., durch gleiche oder unterschiedliche physiologische Vorgänge bedingt sind, sondern nur feststellen: Ähnliche (therapeutische) Effekte wie bei Reizung (Nadelung oder Umspritzung) einer Hautnarbe im Bereich eines Meridians sind durch *vielerlei* Verfahren erzielbar und es läßt sich daraus u. E. die Existenz des Meridians als eigenes organisches System *nicht* ableiten.

c) Meridian und Dermatom

Um die Beziehungen zwischen den einzelnen Meridianen und Dermatomen möglichst objektiv beurteilen zu können, haben wir die Meridianverläufe in den hier beschriebenen chinesischen Tafeln mit dem Dermatomschema von Keegan*[401] verglichen; auf fotographischem Wege ließen wir das Dermatomschema auf durchsichtigen Folien auf annähernd die gleiche Größe bringen wie die chinesischen Tafeln. Das Dermatomschema brachten wir mit den Tafeln zur Deckung und fanden bei 63 Punkten der oberen und 82 Punkten der unteren Extremität, also bei insgesamt 145 Punkten, folgende tabellarisch angeführte Regelmäßigkeit: Es läßt sich eine segmentale Gliederung der Meridiane in kranio-kaudaler Richtung erkennen, nur 4 Punkte von 145, davon 3 des am Fuße sehr bizarr verlaufenden Nierenmeridians passen nicht in dieses Schema.

Die Meridiane sind nach den Dermatomen gereiht, in denen ihre Punkte liegen (diese sind in der folgenden Tabelle durch x bis xxxx, je nach Häufigkeit angedeutet).

	C_5	C_6	C_7	C_8	Th_1	Th_2
Lungen M.	XX	XXX				
Dickdarm M.		XXX	XX			
KS M.			!XXX			
3E M.			XX	XXX		
Dünndarm M.				XXXX		
Herz M.				X	XXX	
	L_2	L_3	L_4	L_5	S_1	S_2
Milz P. M.		XXXX	XXXX	X		
Magen M.			XXXX	XXXX		
Leber M.				! X	X	
Gallenbl. M.				XXXX	X	
Nieren M.			X	X	XXXX	
Blasen M.					XXXX	XXXX

! KS und Lebermeridian liegen an der Volarseite von Arm bzw. Bein und auf der Hiatuslinie; hier grenzen entfernte Dermatome aneinander C_5, C_6 an Th_1, bzw. L_2, L_3 an S_2 (nach Keegan).

---

* Die sehr umfangreiche Literatur über die segmentale Gliederung kann aus räumlichen Gründen hier nur sehr auszugsweise gebracht werden. Bei Rynberk[30] findet sich die Literatur bis 1908 (447 S. mit fast 2000 Literaturstellen) mit der ausführlichen Beschreibung der nach unterschiedlichen Gesichtspunkten entstandenen Dermatomeinteilungen, weiters Sherrington[31/512], Bolk[297], Head[368], Foerster[6], Elze[330/331], Hansen und Schliack[12], Schliack[520a], Chusid[3] u. andere. Wir benützten das Schema von Keegan[401], da hier die größte Zahl von Beobachtungen vorlagen sowie die meisten postoperativen Bestätigungen von monoradikulären Läsionen.

An den Extremitäten entspricht den einzelnen Rückenmarksabschnitten jeweils ein Dermatom an der Außen- und Innenseite, bzw. je ein Yang- und Yin-Meridian. Die altchinesischen Vorstellungen bezeichneten genau diese Meridiane als funktionell zusammengehörig und nannten sie „gekoppelte" Meridiane. Unsere Tabelle zeigt, daß diese gekoppelten Meridiane auf jenen Hautarealen der Außen- und Innenseite von Armen und Beinen liegen, die demselben Rückenmarksabschnitt entsprechen. (Skizze 5 und 6, Meridian und RM-Segment.)

Wie wir einer noch unveröffentlichten Arbeit TILSCHER's [530/531/532] entnehmen, fallen bei radikulären Läsionen im Bereich des zervikalen Plexus spontan- oder druckschmerzhafte Gegenden interscapulär in der Höhe von Th 4 bis Th 6 auf. Diese sind etwa 7 cm weit paraspinös und entsprechen der Grenze der sensiblen Versorgung zwischen den Rami dorsales und ventrales der entsprechenden segmentalen Nerven. Diese Punkte sind ident mit den Blasenpunkten 37, 38, 39, und sind auch bei Lungenaffektionen vorhanden. Als neuropathologische Erklärung käme ein „referred pain" der Dura mater spinalis in Frage, wobei sich der mitgeteilte Schmerz der Dura nicht an das Segment zu halten braucht. Bei Schmerzpalpation immer wiederkehrender Strukturen erkennt man, daß auch andere Punkte desselben Quadranten druckschmerzhaft sind; – Verhältnisse, die auf eine erhöhte Aktivität des N. sympathicus schließen lassen. Diese „oberen Quadrantensyndrome" sind aber nicht nur bei radikulären Läsionen und bei Organopathien zu sehen (als „viszerokutaner Reflex"), sondern Quadrantensyndrome treten auch häufig im Rahmen von larvierten Depressionen auf (WALCHER [635]). Wir konnten an anderer Stelle feststellen, daß Quadrantensyndrome im Rahmen von larvierten Depressionen anamnestisch eine deutliche Häufung von echten Organopathien aufweisen. Es handelt sich hierbei um Erkrankungen im HNO-Bereich, Magen-Darmstörungen und bei Frauen besonders um Störungen im gynäkologischen Raum. Ein Zusammenhang zwischen echter Organopathie mit anschließender sympathikotoner Reaktionslage und Begünstigung des Auftretens von Schmerzsyndromen ist nicht von der Hand zu weisen (TILSCHER [531]).

d) Myotom und Sklerotom

Eine nervale Verbindung vom inneren Organ besteht nicht nur zur Haut [286/308/330/351/361/383/398], sondern auch zu zugeordneten Muskeln [452] und Knochen [12/21/407/530] (Myotom und Sklerotom [381]). Alle vom gleichen Spinalnerv innervierten Abschnitte bilden ein sogenanntes Segment [3/12/263/322/554]. Die segmentale oder metamere Gliederung ist ein Charakteristikum aller Wirbeltierorganismen [4].

Diese Gliederung beginnt mit der Bildung der „Urwirbel" [296/518], das ist embryonales Bindegewebe, aus dem sich dann Myotom (Muskelsegment), Dermatom (Cutissegment), Sklerotom (Skelettsegment) [381] entwickelt. Die Spinalnerven, die aus dem Rückenmark auswachsen, werden zur Grundlage des Neurotoms, das Darmrohr nimmt über sein Bindegewebe an der segmentalen Gliederung teil und wird zum Enterotom. Die ursprünglichen nervalen Verbindungen dieser Gewebe bleiben erhalten, auch wenn es im Laufe der Entwicklung zu vielen Verschiebungen kommt, wie es z. B. beim Aufbau der Extremitäten sichtbar ist [323]. Wenn wir die Derma-, Myo- und Sklerotome, die je einem Rückenmarkssegment entsprechen, übereinander projizieren, so sehen wir nochmals die Übereinstimmung zu den sogenannten „gekoppelten Meridianen". Jeder Rückenmarksabschnitt innerviert also streifenförmige Haut-, Muskel-, und Knochenabschnitte [285/288], die vom Rumpf bis zu den Fingern bzw. Zehen reichen und spiegelbildlich an der Außen- und Innenseite der Extremitäten angeordnet sind.

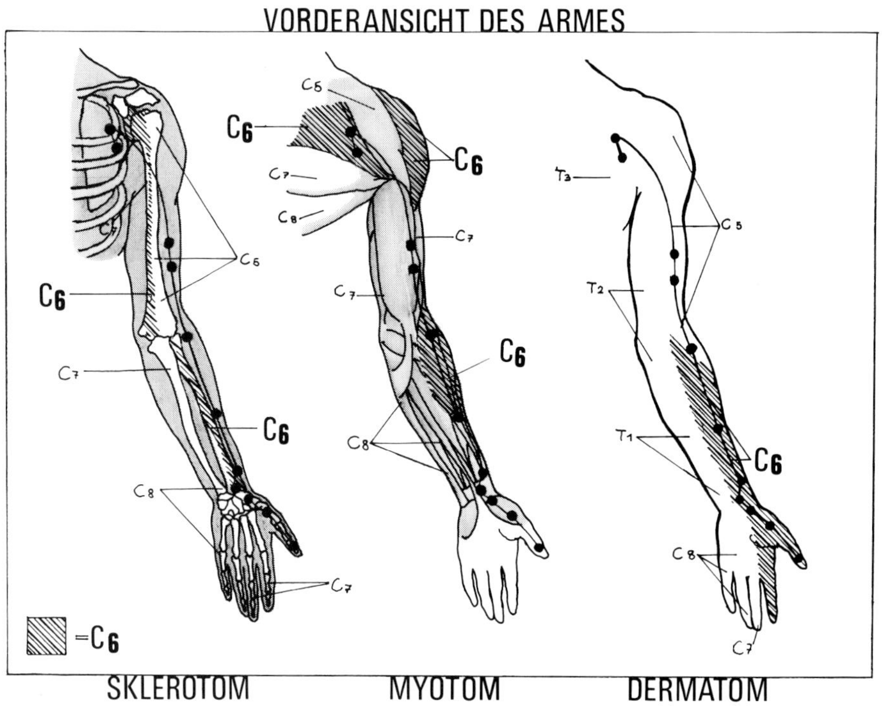

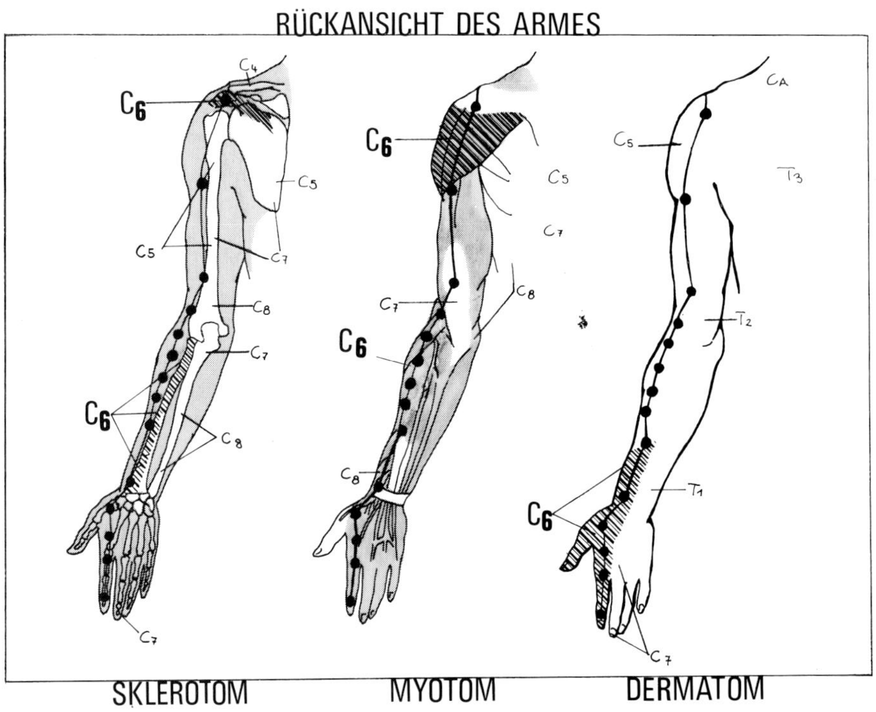

Skizze 5, 6: Derma-, Myo-, Sklerotom und Meridian

Die vom gleichen Spinalnerven innervierten Knochen-, Muskel- und Hautabschnitte werden während des Wachstums der Extremitäten gegeneinander verschoben. Sie geben – übereinander projiziert – bandförmige Abschnitte, die an der Vorderseite (innen) und Rückseite (außen) des Armes weitgehend den zusammen gehörigen (gekoppelten) Meridianen entsprechen. Die Abbildung zeigt den Lungen- und Dickdarmmeridian und das 6. Zervikalsegment (C 6).

Es ist denkbar, daß von jeder Stelle dieser streifenförmigen Innervationsgebiete über den entsprechenden RM-Abschnitt durch eine Hautreiztherapie das zugeordnete Viszeralorgan (Enterotom) beeinflußt wird. Diese Überlegungen würden die Meinung von F. MANN [117a/455] bestätigen, daß es vor allem auf den Reiz im Meridianverlauf ankommt; wenn auch dadurch Erfolge möglich sind, so zeigen hingegen Empirie und eigene Untersuchungen, daß bestimmte Stellen – eben die „Punkte" – doch eine deutlich bessere Wirkung haben als nur der Reiz am Meridian.

Streifenförmige nervale Zusammenhänge [344/401/488] kennen wir aus der Klinik monoradikulärer Wurzelläsionen [280/282/301/512/557]. Die dabei auftretenden Sensibilitätsstörungen stimmen in ihrer Anordnung auffallend mit den sogenannten „gekoppelten Meridianen" überein.

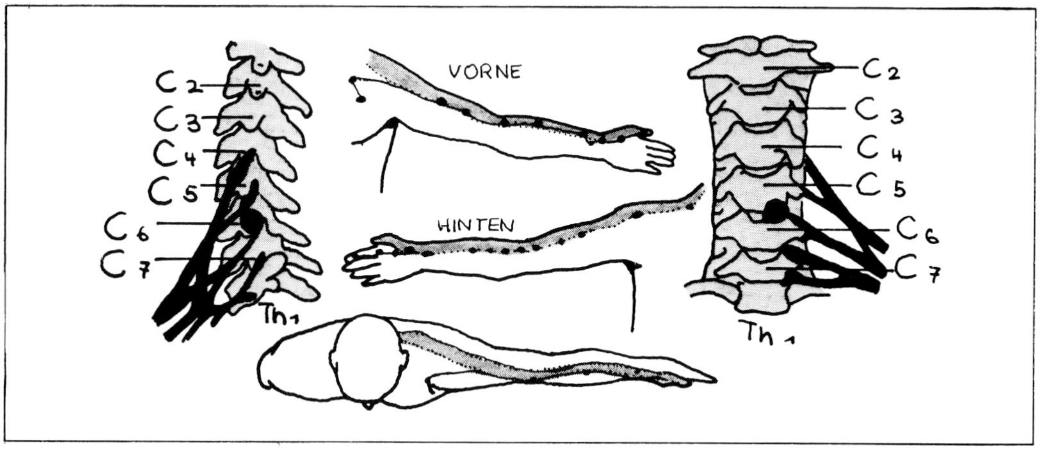

Skizze 7: Streifenförmige Sensibilitätsstörungen

Zonen veränderter Sensibilität bei Bandscheiben- bzw. Wirbelläsionen nach AUBERGER [280] und die Ähnlichkeit in ihrer Ausdehnung mit den paarigen Meridianen, die diesem Rückenmarksabschnitt zugeordnet sind. Das Dermatom C 5/6 entspricht dem Meridianpaar Lunge-Dickdarm. Aus AUBERGER, Lokalanaesthesie, Thieme, Stgt. (ergänzt).

Rumpf und Schulter:

Am Rumpf [415], besonders an Schulter und Beckengürtel finden wir, daß die Haut oft von ganz anderen Rückenmarksabschnitten innerviert wird als die darunterliegende Muskulatur. Schulter-, Rücken- und Brustmuskulatur ist weitgehend von jenen Zervikalnerven versorgt, die auch die obere Extremität innervieren. Analoges findet sich, weniger deutlich ausgebildet, am Bekkengürtel.

Damit werden von Schulter und großen Teilen von Brust und Rücken durch einen tiefen Stich nicht nur das thorakale Dermatom, sondern über die zervikal innervierten Myotome auch die zervikalen Rückenmarksabschnitte gereizt [323].

Zusammenfassend lassen unsere Studien eine auffallende Beziehung zwischen den einzelnen gekoppelten Meridianpaaren und Rückenmarksabschnitten erkennen. Im Bereich der Extremitäten entspricht jedem Abschnitt ein Dermatom, Myotom und Sklerotom. Am Rumpf sind die Beziehungen Meridian-Segment weniger übersichtlich.

Der Reiz wird bei der Akupunktur im Dermatom und bei tiefer Nadelung auch im Myotom gesetzt. Bei der manuellen Therapie wird der Reiz im Bereich des Sklerotoms und Myotoms angebracht und es kommt jeweils zur Einwirkung auf die entsprechenden Rückenmarksabschnitte. Man könnte daher sagen: „Die manuelle Therapie entspricht der Akupunktur des Sklerotoms und Myotoms".

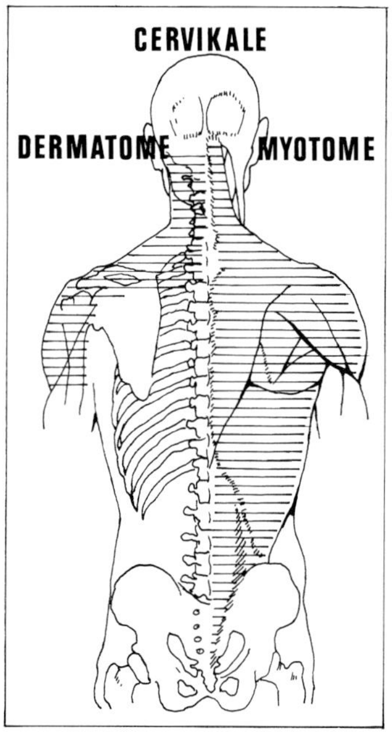

Skizze 8: Myotom-, Dermatomverschiebungen

Die zervikalen **Myotome** (rechter Teil) sind viel ausgedehnter als die zervikalen **Dermatome** (linker Teil der Zeichnung).

e) HEADsche Maximalpunkte

Wie bekannt, hat HEAD vor allem darauf hingewiesen, daß bei Viszeralerkrankungen neben den direkten Organschmerzen sogenannte **„übertragene Schmerzen"** [12/536] auftreten. Das sind segmentale algetische Zonen an der Körperoberfläche, in Haut und Muskulatur, die sogenannten HEADschen [331] und MACKENZIEschen [452] Zonen [368/407/514/515/534–536].

Der nervale Weg geht vom Viszeralorgan über das entsprechende Rückenmarkssegment und den Spinalnerv zu diesen algetischen Zonen [3/4/12/383/549/550].

Die Zusammenhänge sind, wie schon erwähnt, entwicklungsgeschichtlich erklärbar [296]. Das erkrankte Viszeralorgan als Enterotom projiziert die Zeichen seiner Erkrankung in *sein* Dermatom, Myotom, Sklerotom, Angiotom und Neurotom, also in jene Haut-, Muskel-, Knochen-, Gefäß- und Nervenabschnitte, die mit dem Viszeralorgan über denselben Spinalnerven in Verbindung stehen (HANSEN-SCHLIACK [12]). Der Ort, an dem die „Übertragung" des Viszeralschmerzes auf die Körperoberfläche erfolgt [323], ist jener Rückenmarksabschnitt (bzw. dessen Substantia gelatinosa Rollandi), in dem sich die sensiblen Fasern von Körperoberfläche und Viszeralorgan treffen [304].

Die übertragenen Schmerzen sind in diesen Zonen nicht gleichmäßig verteilt, sondern in bestimmten Punkten, den Maximalpunkten von Head, besonders ausgeprägt. Auch nach HANSEN-SCHLIACK [12] ist das entsprechende Segmentfeld der Körperoberfläche vom übertragenen Schmerz keineswegs gänzlich betroffen, vielmehr sind die hyperalgetischen Stellen darüber wie „hingetupft".

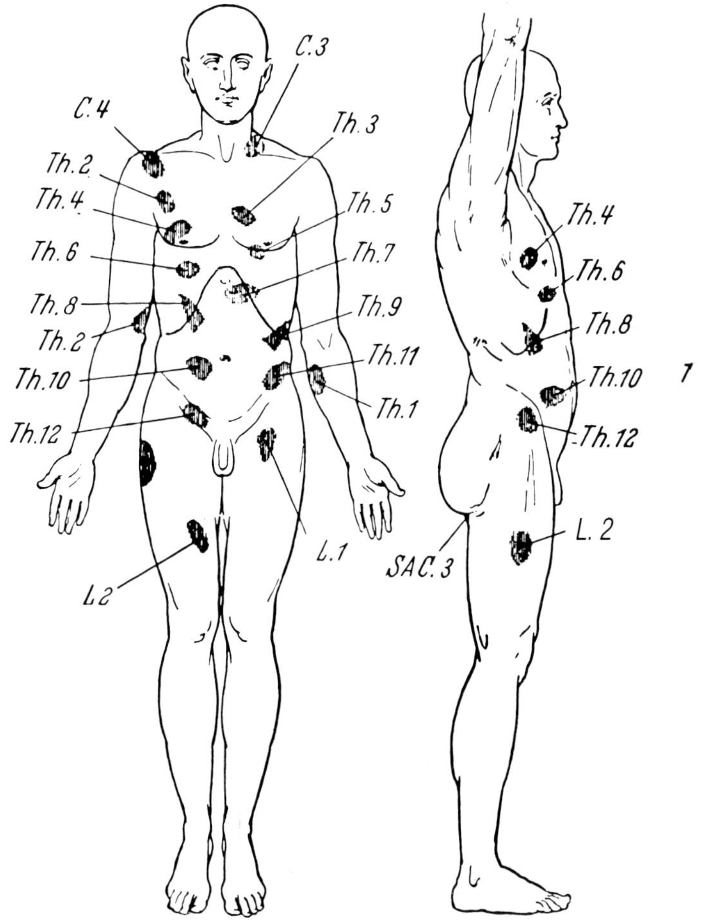

Skizze 9: Maximalpunkte von Head

Die Maximalpunkte von Head: Kleine umschriebene Areale besonderer Schmerzintensität im Segmentfeld bei übertragenen Schmerzen zeigen die **unterschiedliche** Sensibilität bei Viszeralerkrankungen. Aus Hansen-Schliack, Segm. Innerv., Thieme, Stgt.

Fast alle diese Maximalpunkte werden in der Akupunktur in annähernd gleicher Indikation verwendet, wie es am Beispiel der Magenerkrankung in Skizze 10 zu sehen ist. Diese lokalen Punkte stimmen grundsätzlich mit den Stellen einer lokalen Reiztherapie überein.

Alle unsere herkömmlichen Hautreizmethoden[1A/B/28/29] vom Thermophor[500/501] und Canthariden-pflaster bis zur gezielten Hautquaddel berücksichtigen therapeutisch und auch diagnostisch nur die vorhin erwähnten algetischen Zonen der Körperoberfläche, um von hier aus auf die auslösende Viszeralerkrankung einzuwirken[375/500/501].

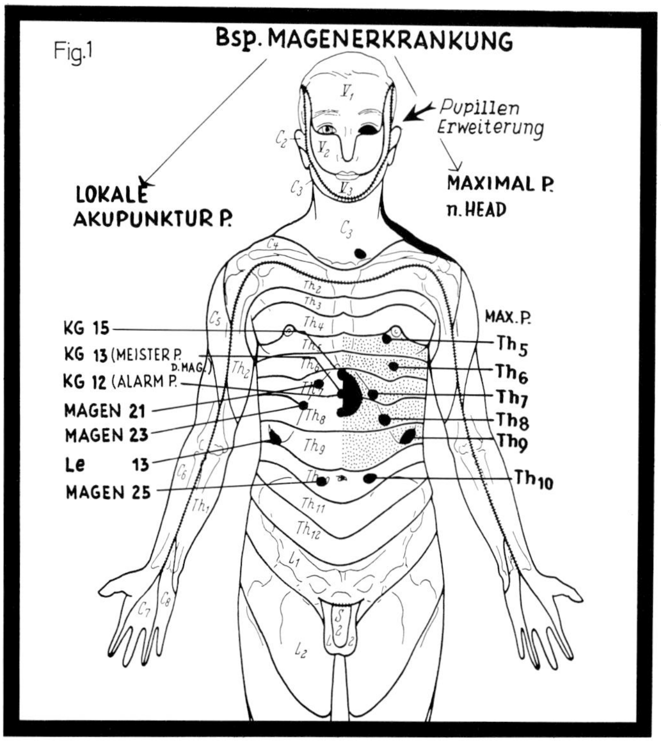

Skizze 10: Akupunktur- und Maximalpunkte bei Magenerkrankungen

Übereinstimmende Lage von einem Teil der Akupunkturpunkte mit den segmentalen Maximalpunkten von HEAD am Beispiel einer Magenerkrankung*, modifiziert nach HANSEN-SCHLIACK, Segm. Innerv., Thieme, Stgt. (ergänzt).

Nur ein kleiner Teil der Lage der Akupunkturpunkte aber wird durch den Segmentbegriff verständlich. Für diese Lokalisationen jedenfalls scheinen mystische Hypothesen entbehrlich, da ja der kutiviszerale Reflexweg [520a] bekannt ist**. Dieser Weg verläuft nicht nur über die sensiblen Fasern, sondern auch über vegetative.

Es sei hier nur kurz daran erinnert, daß die Trennung in ein spinales und vegetatives Nervensystem nur eine didaktische ist. Fast alle Nerven sind gemischte Nerven und enthalten also auch vegetative Fasern. Besonders viele vegetative Fasern enthält z. B. der N. medianus (KS 6!), dessen vegetative Symptomatik z. B. vom Karpal-Tunnel-Syndrom und der Paraesthesia nocturna bekannt ist (MUMENTHALER-SCHLIACK [21]).

---

* Die „Maximalpunkte" mit ihrer erhöhten Sensibilität in den HEADschen Zonen entsprechen u. E. den Akupunkturpunkten mit ihrer veränderten Vasomotorik (und Sensibilität) in den vegetativen Zonen.

** Schematische Darstellung der Einwirkungsmöglichkeit von Hautreiztherapie und Akupunktur über die algetischen Zonen auf die auslösende Viszeralerkrankung siehe in Skizze 23.

f) Zur Lokalisation von Yang und Yin

Die Chinesen setzen die Außenseite und den Rücken dem Yang, die Innenseite der Extremitäten und den Bauch dem Yin gleich. Diese topographische Beziehung entspricht den üblichen Darstellungen des aufrecht stehenden Menschen mit emporgehobenen Händen – wie er mit seinen Meridianen in altchinesischen Bildern, Plastiken und Statuen gezeigt wird.
Außen – Yang, Innen – Yin, entspricht den sonnen- und nichtsonnenbeschienenen Körperstellen einer vorwiegend gebückt arbeitenden bäuerlichen Bevölkerung.

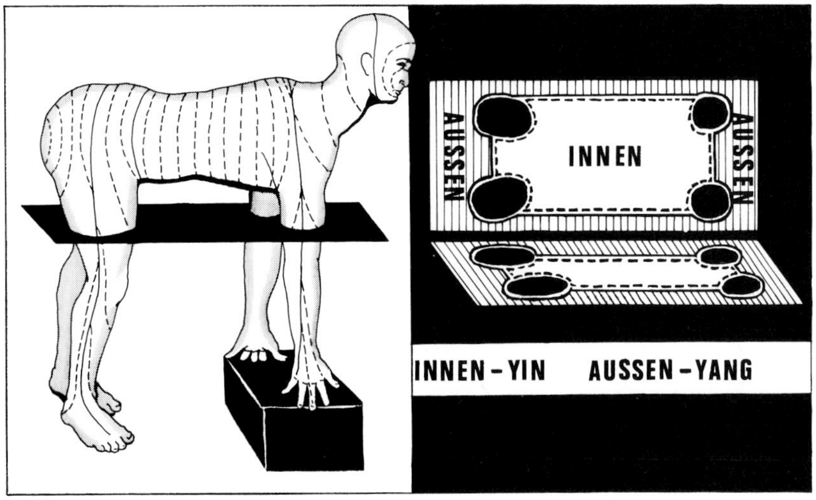

Skizze 11: a) Quadrupede

Yin und Yang war ursprünglich (3000 v. Chr.) ein topographischer Begriff; die Darstellung des Menschen in der Haltung eines Quadrupeden (aus Chusid [3]) zeigt, daß die Yangmeridiane an der Außenseite und die Yinmeridiane an der Innenseite des Körpers liegen.

Wenn wir uns aber den Menschen als Quadrupeden oder als Embryo [456] vorstellen, dann ist tatsächlich Außen – Yang, Innen – Yin.
Ausnahmen:
1. Der Rumpfanteil des Magenmeridians
2. 2 Yin-Meridiane beginnen an der *dorsalen* Seite der großen Zehe.

Wenn wir uns die hintere Extremität der Anthropoiden (den Greiffuß) vorstellen, bei dem die erste Phalanx wie der Daumen opponiert, so kommt der Beginn dieser beiden Yin-Meridiane an der unteren Extremität auch an die Innenseite, die Yin-Seite, zu liegen; damit ist die Lokalisation von Außen-Yang und Innen-Yin fast vollkommen (Skizze 12).
Wir erklären dies entwicklungsgeschichtlich, die Chinesen kamen durch uns unbekannte Gedankengänge zu analogen Kenntnissen.

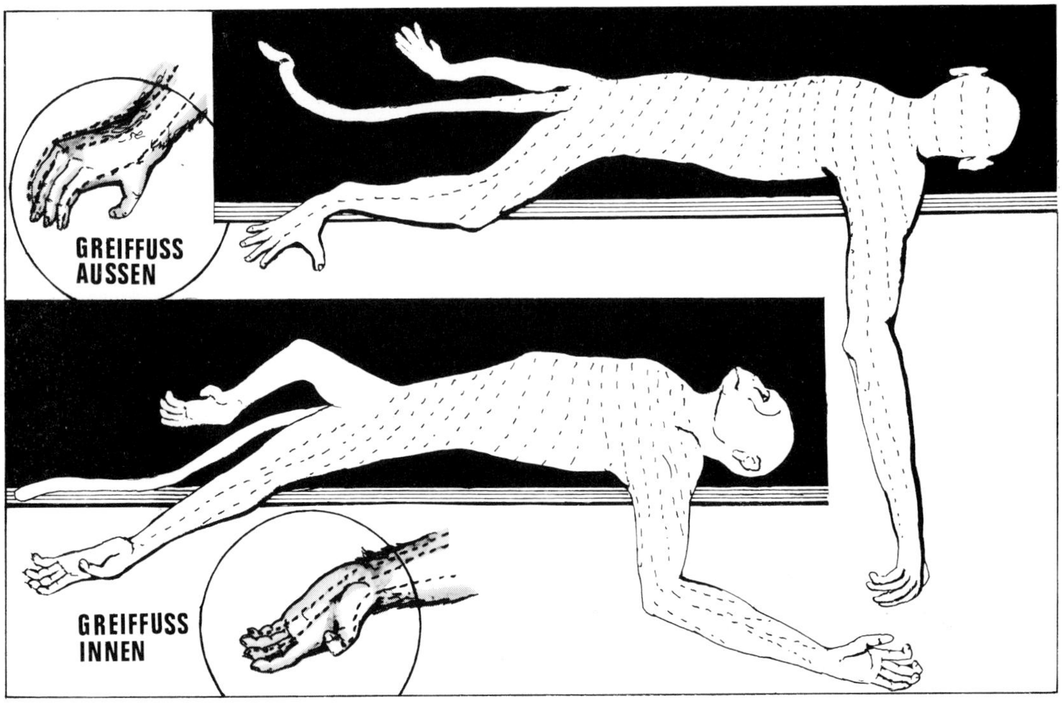

Skizze 12: b) Anthropoide

Die einzige Ausnahme von Yang (außen) und Yin (innen) – außer dem Rumpfanteil des Magenmeridians – sind die Yinmeridiane (Leber- und Milz-Pankreas-Meridian) an der **Dorsal**seite der großen Zehe. Beim Affen fällt diese Ausnahme fort, da am Greiffuß die erste Phalanx (wie der Daumen) an der Innenseite (Yin) liegt (modifiziert aus SHERRINGTON[31]). Die Dermatome des Affen; im Kreis gezeichnet: die 3 Yang-, bzw. die 3 Yin-Meridiane am Greiffuß.

g) Yang und Yin als funktionelle Vorstellung[245A]

Wesentlich wichtiger aber als die anatomische Differenzierung von Yang und Yin ist ihre Unterscheidung nach klinischen Symptomen.

Über- und Unterfunktion von Sympathikus und Parasympathikus sind *eine* unserer Vorstellungen über das vegetative Nervensystem[363-367]. Fülle und Leere von Yang und Yin[479] sind nur andere Vokabel für die gleichen *klinischen* Symptome, *nicht* jedoch für neuroanatomische Begriffe oder Transmittersubstanzen (cholinerg – adrenerg).

Die Akupunktur versucht jeden Patienten, jede Krankheit und jedes Symptom nach dem Überwiegen von Yang oder Yin einzuordnen[62]. Wir würden sagen: nach der vegetativen Reaktionslage[365/366]. Folgende Skizze soll zeigen, wie das Symptom Schmerz eingeteilt wird, je nachdem, ob die Schmerzen durch Wärme, Bewegung, Druck usw. verstärkt oder abgeschwächt werden.

Ein typisches Beispiel für den **Yangschmerz** ist das Kopfweh nach einem Kater: der Patient macht kalte Umschläge, meidet jede Berührung oder Bewegung, der Schmerz ist oberflächlich, wechselnd usw., Beispiele für **Yinschmerzen** sind die meisten Zahnschmerzen: der Patient zieht Wärme vor, drückt und reibt die Wange, ist unruhig, er „klettert die Wand hoch". Diese verschiedenen Reaktionslagen versuchen die Chinesen, außer durch Anamnese und Beobachtung, auch noch durch Betasten des Pulses, also der sympathisch innervierten Arterienwand, zu erkennen. Dabei werden subtilste Schwankungen im Tonus der Arterienwand gedeutet. Diese Pulsbeobachtung wurde unendlich verfeinert, vielleicht auch überfeinert. Sie bleibt ein subjektiver Behandlungshinweis; alle elektrischen, mechanischen usw. Registrierungsversuche der chinesischen Pulse sind bisher unbefriedigend.

Sympathikotonie bzw. Parasympathikotonie oder Yang und Yin werden bei uns oft nur theoretisch, in der Akupunktur fast immer praktisch berücksichtigt. Es besteht kein grundsätzlicher Gegensatz, nur die Wege zur Diagnose und zur Therapie sind verschieden. Art und Ort des Reizes sind verschieden, je nach Überwiegen von Yang oder Yin und dem entsprechend ist die Behandlung unterschiedlich.

Die Literatur über Sympathiko- bzw. Parasympathikotonie ist kaum übersehbar; weit über 100 Symptome und Tests stellte HAUSWIRTH[13] zusammen.

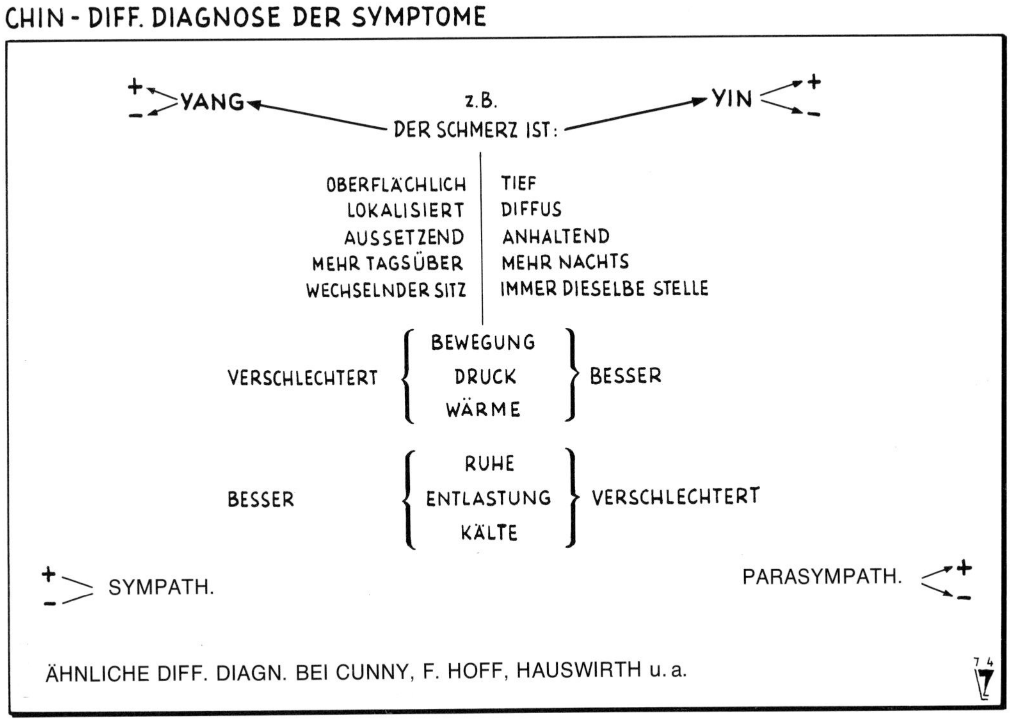

Skizze 13: Schmerzdifferenzierung nach Yang und Yin

Die chinesische Medizin sucht bei jedem Symptom eine weitere Differenzierung in Yang oder Yin bzw. in Sympathikotonie oder Parasympathikotonie (z. B. Kopfschmerz nach Kater meist Yangschmerz, Zahnschmerz meist Yinschmerz).

4. AKUPUNKTUR UND VEGETATIVES NERVENSYSTEM[546]
(Die vegetativ-reflektorischen Krankheitszeichen)

Unverständlich und mystisch an der Akupunktur scheinen die vielen Fernpunkte, von denen aus eine Wirkung – weit entfernt – erzielt werden kann, was unser segmentales Denkschema überschreitet. Wir glauben die Fernpunkte weitgehend durch Projektionsstellen der vegetativ-reflektorischen Krankheitszeichen[12] erklären zu können und wollen diese Möglichkeit hier gekürzt zur Diskussion stellen:

Bei vielen Viszeralerkrankungen treten zeitlich noch *vor* den algetischen Zeichen sogenannte vegetativ-reflektorische Krankheitszeichen auf. Diese vegetativen Zeichen finden sich auch dann, wenn die algetischen nicht oder noch nicht vorhanden sind; sie sind deshalb als die *führenden* Zeichen einer Viszeralerkrankung anzusehen (HANSEN-SCHLIACK[12/31a]).

Sie bestehen aus:

1. einer veränderten Schweißsekretion[6/12]
2. einer veränderten Vasomotorik der Hautgefäße;
3. sie führen zu einer Piloarrektion,
4. verursachen eine homolaterale Pupillenerweiterung sowie
5. das Auftreten von algetischen Kopfzonen

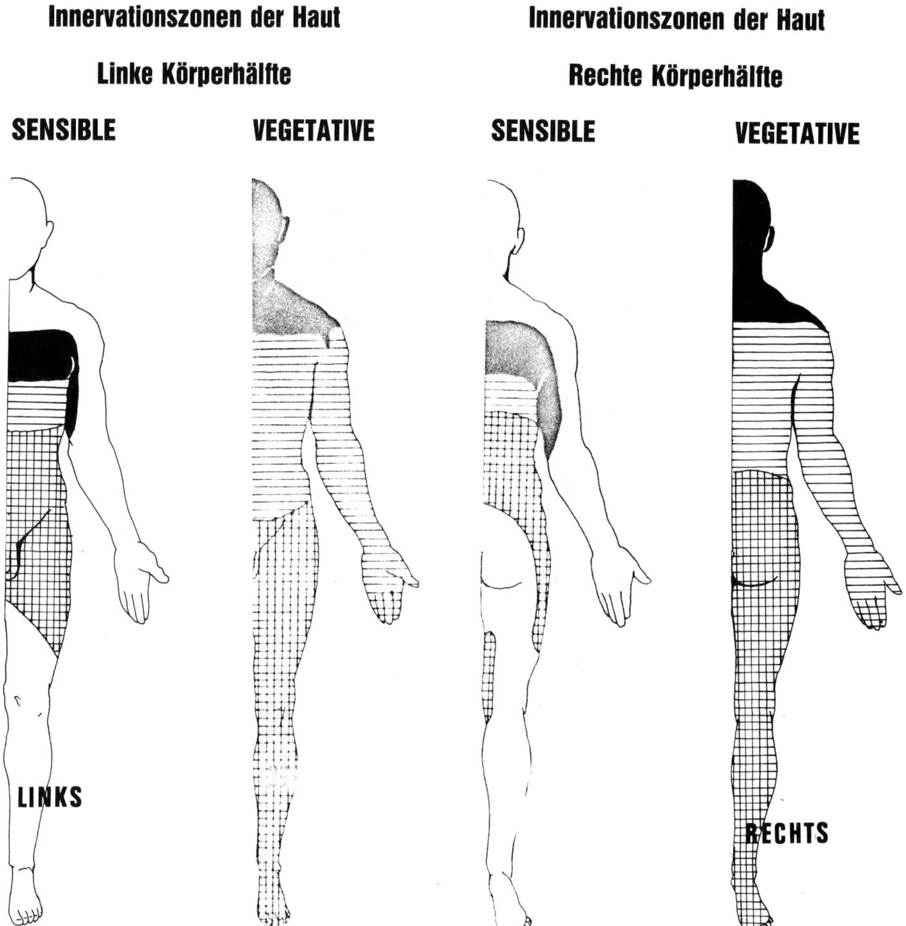

Skizze 14: Vegetative und sensible Innervation der Haut

Den gleichen Rückenmarksabschnitten entspricht nach HANSEN-SCHLIACK eine **kleinere sensible** und eine wesentlich **größere vegetative** Innervationszone der Haut; daraus läßt sich u. E. die Lage der „Fernpunkte" erklären.

Diese Reflexe laufen vom Viszeralorgan zum Rückenmark und von hier über die Verteilerzentren des sympathischen Grenzstranges und zum Teil über das sympathische Geflecht der Gefäße zu den vegetativen Zonen von Körper und Kopf. Ihre Lokalisation entspricht somit der Verteilung des Sympathikus und geht deshalb weit über unser gewohntes Segmentschema hinaus[335/350].

W. LANG (zit. bei ZULLA[560]) verwies bei der Erklärung der Fernpunkte (M 45, Di 4) auf das sympathische Innervationsgebiet, welches vom sensiblen differiert.

a) Zonen veränderter Schweißsekretion

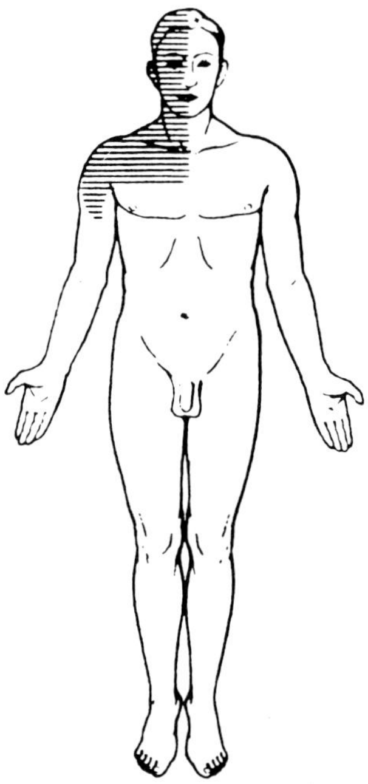

Ausdehnung der Schweißsekretion bei faradischer Reizung der 2. vorderen Thorakalwurzel.

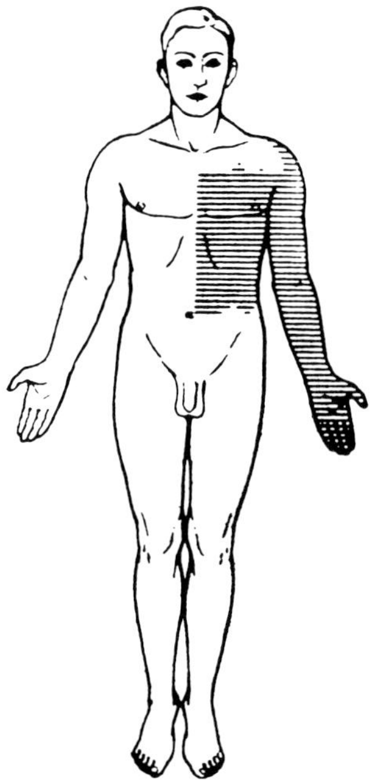

Ausdehnung der Schweißsekretion bei faradischer Reizung der 5. vorderen Thorakalwurzel.

Skizze 15: Schweißzonen

Die Zone der Schweißsekretion bei faradischer Reizung der 2. und der 5. vorderen Thoraxwurzel (nach FÖRSTER) ist wesentlich größer als das entsprechende sensible Dermatom. Aus HANSEN-SCHLIACK, Segm. Innerv., Thieme, Stgt.

Zum Teil sind diese Zeichen auch experimentell auslösbar:
FOERSTER[6] zeigte bei Reizung der vorderen Wurzel und der dort austretenden sympathischen Fasern, daß jedem Rückenmarkssegment scharf umschriebene Zonen der Haut entsprechen, deren Schweißsekretion verändert ist. Jene Abbildung zeigt die Zone veränderter Schweißsekretion, die einmal bei Reizung der vorderen Wurzel von Th 2 und einmal bei experimenteller Reizung der vorderen Wurzel von Th 5 auftritt. In einem Fall wurde der ganze Arm davon betroffen, im anderen der Kopf- und Schulterbereich. Das sensible Dermatom wäre in beiden Fällen nur eine schmale bandförmige Zone am Thorax.

b) Vasale Zonen

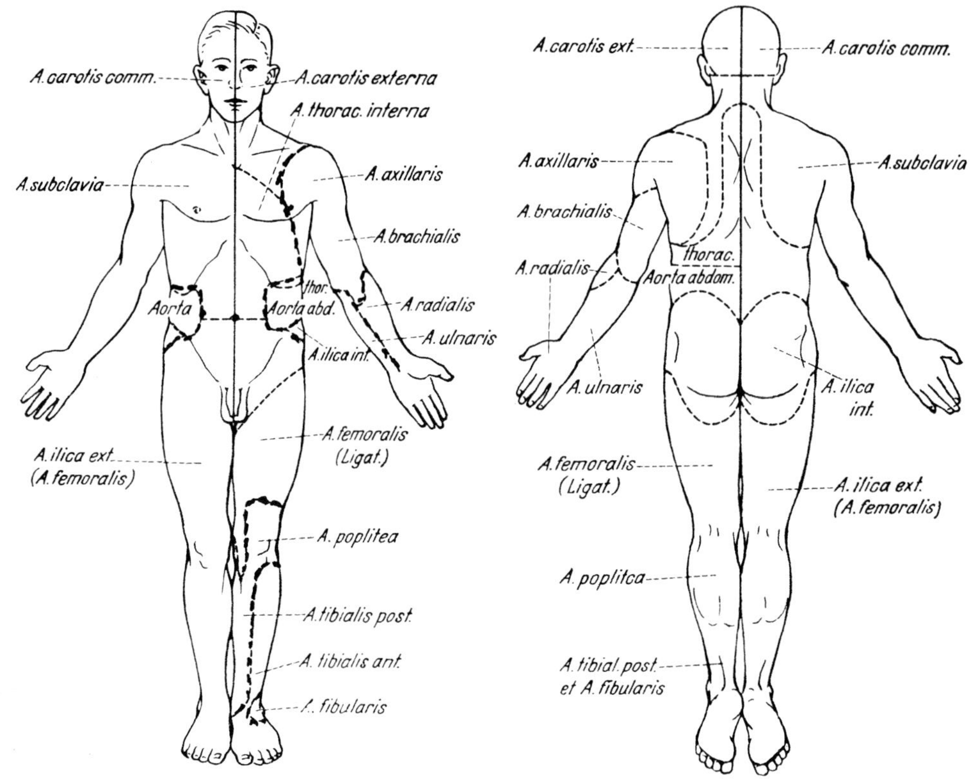

Text im Bild. Aus: *Gross, D.*, Sensibilitätsstörungen bei Gefäßschäden. Ein Beitrag zur Topographie des Sympathicus, Nervenarzt, Berlin, Jg. 20 (1949), 361—365.

Skizze 16: Die vasalen Zonen:

Verletzung oder Reizung der Gefäßnerven der Arterienwand führt zu schmerzhaften Zonen der Haut, die *nicht* dem Blutversorgungsgebiet entsprechen (GROSS D.)

Zahlreiche Literaturangaben (LERICHE[18/444 a, b], FOERSTER[336], GROSS[342/343]) gibt es auch über die sogenannten vasalen Zonen der Haut, die auch als Angiotom oder Vasotom bezeichnet werden. Das sind hyperästhetische Hautbezirke, die dem sympathischen Geflecht einer Arterie bzw. der Zona intermedia im Seitenhorn, dem Ursprungsort des Sympathikus, entsprechen. Es sind somit Hautbezirke, die wohl bestimmten Rückenmarksabschnitten, aber nicht dem sensiblen Dermatom entsprechen. Diese vasalen Zonen wurden empirisch gefunden durch Sensibilitätsänderungen der Haut, die bei Verletzung einzelner Arterien auftraten; diese vasalen Zonen sind aber nicht ident mit den Gebieten der arteriellen Blutversorgung[345/346/347/348].

c) Kopfzonen

Neben den größeren und kleineren vasalen Zonen des Körpers gibt es noch sogenannte vasomotorische Kopfzonen (HANSEN-SCHLIACK[12]). Diese, von HEAD als algetische Kopfzonen[368] beschrieben, könnten eine Erklärungsmöglichkeit für die Lokalisation der Akupunkturpunkte am Kopf und für die Sonderformen der Akupunktur, die Gesichts-, Nasen-, Kopf- und Ohrakupunktur, bringen. Zu ihrer Entstehung gaben HEAD und HANSEN-SCHLIACK folgende Erklärung: bei fast allen Viszeralerkrankungen, wenn diese eine besondere Intensität erreicht haben, entstehen „algetische Kopfzonen". Die Lage dieser algetischen Kopfzonen, die bei bestimmten inneren

Erkrankungen immer an bestimmten Schädelarealen auftreten, zeigt zum Teil eine auffallende Übereinstimmung – wie wir das am Beispiel des Magen- und Gallenblasenmeridians aufzeigen konnten – mit Beginn und Ende jener Meridiane, die mit dem erkrankten Viszeralorgan in Beziehung gebracht werden.
Der anatomische Weg ist folgender: Die afferenten Erregungen des erkrankten Viszeralorganes laufen – wahrscheinlich intraspinal – zu der im obersten Brustmark gelegenen sympathischen Sammelstelle (dem Centrum ciliospinale C8 – Th3). Von hier aus werden Gesicht und Hals sympathisch versorgt. Die Erregungen des erkrankten Viszeralorgans werden von hier aus weiter über das sympathische Geflecht der Carotis zum Erfolgsorgan geleitet[298].

Diese sind:
1. der M. dilatator pupillae
2. die algetische Kopfzone (also die Gefäßnerven der Kopfhaut).
Auf diesem Weg kommt es bei inneren Erkrankungen zum Auftreten
1. einer homolateralen Pupillenerweiterung und
2. zu schmerzhaften Arealen am Kopf.
Pupillenerweiterung, vasomotorische Phänomene im Gesicht und übertragender Kopfschmerz sind sympathische Reflexe im Kopfgebiet, die über interspinale Schaltneurone oder über Kollaterale im Grenzstrang (KRAUSE[427/428]) bei Viszeralerkrankungen kranialwärts geleitet werden; letztlich aber über das sympathische Geflecht der Kopfarterien zu *bestimmten* Stellen an der Kopfhaut gebracht werden. Ähnliche Zusammenhänge zwischen Reizung des sympathischen Geflechts der Duraarterien mit kleinen algetischen Kopfzonen beschrieb AUBERGER[280].

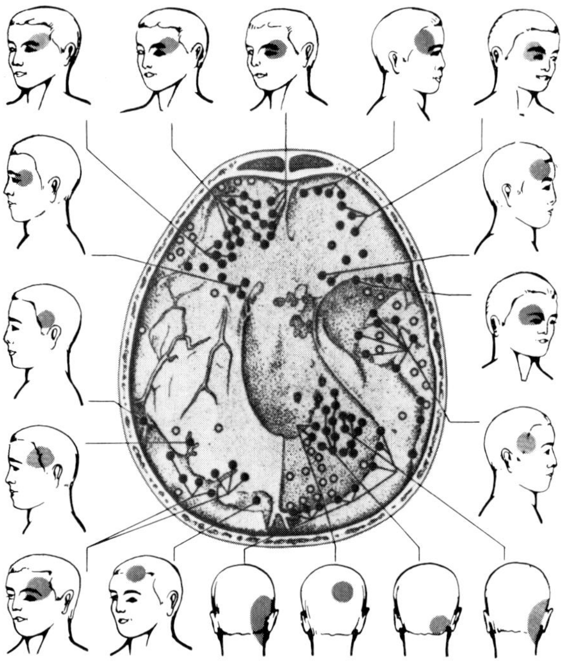

Die Abbildung zeigt die Lokalisation von Schmerzpunkten im Bereich der Schädelbasis. Bei Stimulation kommt es zu scharf umschriebenen Schmerzsensationen in den angegebenen Bereichen. ● = Irritationspunkte, ○ = stumme Zonen. Schraffierte Fläche = Erfolgsgebiet.

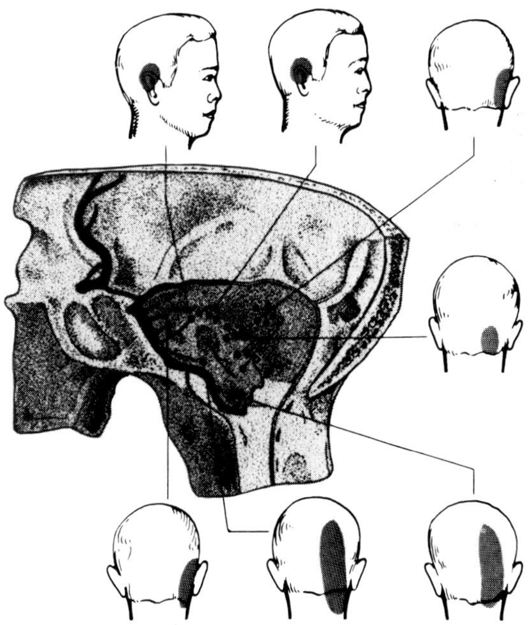

Lokalisation von Schmerzpunkten der Arterien der Dura und der hinteren Schädelgrube.

Skizze 17/18: Gefäßnerven im Schädelinneren und in der Schädelaußenseite

Lokalisation von Schmerzpunkten an den Arterien im Bereich der Schädelbasis; bei ihrer Stimulation kommt es zu scharf umschriebenen Schmerzsensationen an der Kopfhaut. Aus AUBERGER, Lokalanaesth., Thieme, Stgt.

d) Lähr-Sölder'sche Linien

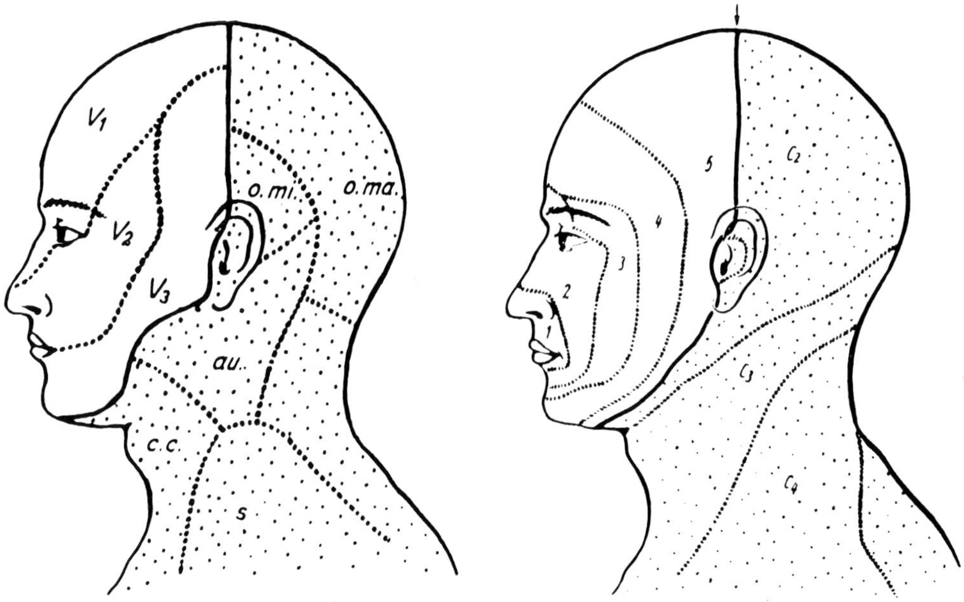

Links: Die „peripheren", rechts: die „segmentalen" Innervationsfelder im Kopfhalsbereich (nach CLARA).

Skizze 19: LÄHR-SÖLDERsche Linien

Vegetative Projektionen vom spinalen Trigeminuskerngebiet im Gesicht. Sie führen zu Irritationsfeldern, die zwiebelschalenartig um den Mund angeordnet sind und als LÄHR-SÖLDERsche Linien bezeichnet werden. Aus HANSEN-SCHLIACK, Segm. Innerv., Thieme, Stgt.

Diese zwiebelschalenartigen Linien sind Projektionsfelder der spinalen Trigeminuskerne. HAUSER[362] beschrieb Hautveränderungen bei inneren Erkrankungen, die zu diesen Projektionsfeldern in statistisch gesicherter Beziehung stehen.

Erkrankungen im Bereich von:

kleinem Becken (Kolpitis, Ovulationshemmer)	Oberbauch (Lebererkr.)	Thorax Herz- und Lungenerkr.

führen zu Dermatosen im:

1. Feld (peroral) Herpes labialis (Dickdarmmeridian)	2. Feld (mediale Wange) rechtsseitige Rosacea (Magen- und Dünndarmmeridian)	3. Feld (Schläfe) Asthmaekzem, Ausfall der lateralen Augenbrauen (3E Meridian)

Diese reflektorischen Fernprojektionen von Viszeralerkrankungen im Trigeminusbereich werden vermutlich über die spinale Wurzel des Trigeminus vermittelt.

Wahrscheinlich sind die Akupunkturpunkte am Kopf und die der Sonderformen der Akupunktur (Gesicht, Ohr, Nase) durch noch viel subtilere Beobachtungen aller Haut- und Sensibilitätsänderungen im Kopfbereich gefunden worden. Diese ohne Zusammenhang mit der Akupunktur gemachten Beobachtungen (deren es sicher noch viel mehr gibt) beweisen segmentunabhängige reflektorische Beziehungen zwischen inneren Organen und Trigeminusgebiet[361/361a/398/399].
Auch nach HAUSER[361] sind „für die möglichen Zusammenhänge von Prozessen an Visceralorganen mit solchen an der Haut *reflektorische vasomotorische Alterationen*" wichtig. Diese führen im entsprechenden Hautsegment – also auf viszerokutanem Reflexweg (s. S. 48) zu umschriebenen Veränderungen der Endstrombahn im Sinne einer Peristase und Permeabilitätserhöhung, die die Voraussetzung für die Absiedlung hämatogen gestreuter Erreger sind. Es treten also Hautveränderungen – vom großflächigen Zoster bis zur punktförmigen Pyodermie – im Sinne einer Zweiterkrankung vor allem in jenen Stellen der Körperoberfläche auf, die durch eine pathologische Veränderung des segmententsprechenden Viszeralorgans eine geänderte Vasomotorik der Hautgefäße zeigen.

5. AKUPUNKTUR, SPINALES UND VEGETATIVES NERVENSYSTEM

a) Analyse der Punktlage

Gibt es irgendeine Gesetzmäßigkeit für die scheinbar regellose Anordnung der Punkte?
Bei systematischer Betrachtung der Lage der Akupunkturpunkte fanden wir, daß diese auffallend häufig an den *Grenzen* der entsprechenden algetischen und vegetativen Zonen liegen. An einem Beispiel sei dies demonstriert:
Lungenerkrankungen[286/291/393] beeinflussen nach HEAD[368] die Rückenmarkssegmente Th 3–Th 9. In Skizze 20 sehen wir die dabei auftretende algetische Zone, die vasale Zone und die Zone veränderter Schweißsekretion. Jede dieser Zonen entspricht jenen Rückenmarkssegmenten, die bei Lungenerkrankungen beeinflußt werden[34/487].

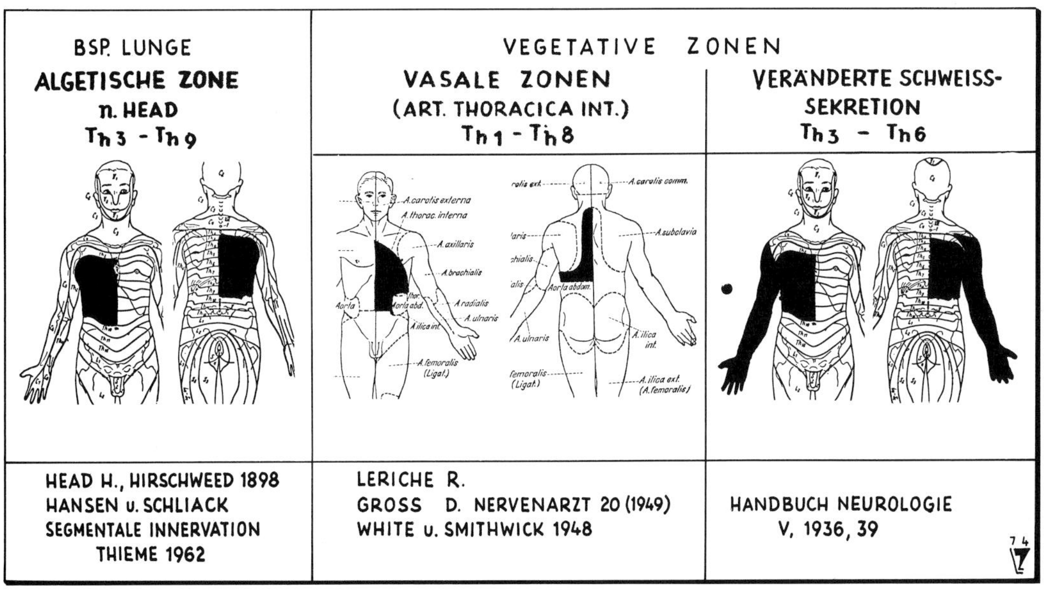

Skizze 20: Lungenerkrankungen

Lungenerkrankungen beeinflussen die Rückenmarkssegmente Th 3 bis Th 9. Man sieht die dabei auftretende algetische, die entsprechende vasale und die Zone veränderter Schweißsekretion. Die bei Lungenerkrankungen verwendeten Akupunkturpunkte finden sich jeweils an den Grenzen dieser Zonen.

Aber nicht nur bei Viszeralerkrankungen, sondern auch bei Schulter-Armschmerzen und bei ischialgieformen Schmerzen[302/303] liegen die typischen Punkte an den Grenzen der entsprechenden vasalen Zonen.

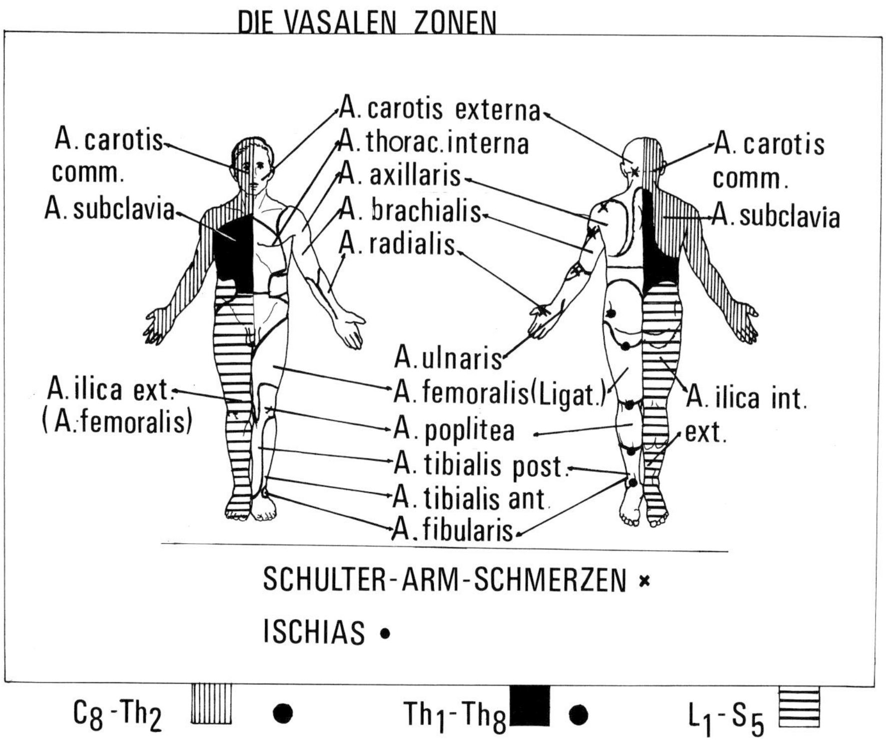

Skizze 21: Schulter-Armschmerzen, Ischialgie

Die typischen Akupunkturpunkte liegen an den Grenzen der entsprechenden vasalen Zonen.

Besonders auffallend ist auch die häufige Lage wesentlicher Akupunkturpunkte an den Hiatuslinien (das sind Grenzlinien, an denen mehrere und entfernte Dermatome aneinander stoßen). Ebenso auffallend ist die häufige Lage wesentlicher Akupunkturpunkte an den Grenzen von Muskel und Sehne, insbesondere am Ansatz und sehnigem Übergang der sogenannten Kennmuskel. Diese Kennmuskel werden bei radikulärer Muskelatrophie isoliert betroffen, da sie nach Hansen und Schliack[12] sozusagen „herausgeschossen sind aus dem Verband ihres peripheren Nerven". An jenen Kennmuskeln bzw. an deren sehnigen Übergängen liegen viele der wichtigsten Punkte.

Die Lage der Punkte scheint unserer Meinung nach ein Grenzphänomen zu sein (Wancura-König[546]). Sie liegen:

1. an der Grenze von Dermatomen (besonders an Hiatuslinien)
2. an der Grenze der vasalen Zonen
3. an der Grenze veränderter Schweißsekretionen
4. an den Grenzen von Sehnen und Muskeln.

b) Zum Meridianverlauf

Zur Erklärung des Meridianverlaufes wollen wir nicht nur die Derma-, Myo- und Sklerotome heranziehen, sondern auch die Stellen der vegetativ-reflektorischen Krankheitszeichen. Es sind dies:

1. Die übertragenen Kopf- und Schulterschmerzen (so berühren 9 der 12 Meridiane den Schulterbereich)
2. Die Zonen veränderter Schweißsekretion
3. Die Zonen veränderter Vasomotorik der Hautgefäße

Das Aneinanderreihen der Projektionsstellen der direkten Organschmerzen, der übertragenen Organschmerzen, der Projektionsstellen der vegetativ reflektorischen Krankheitszeichen und der Kopfzonen ergibt zum Teil den Meridianverlauf von Kopf bis Fuß, wie es am Beispiel des Gallenblasenmeridians in unten stehender Abbildung gezeigt wird.

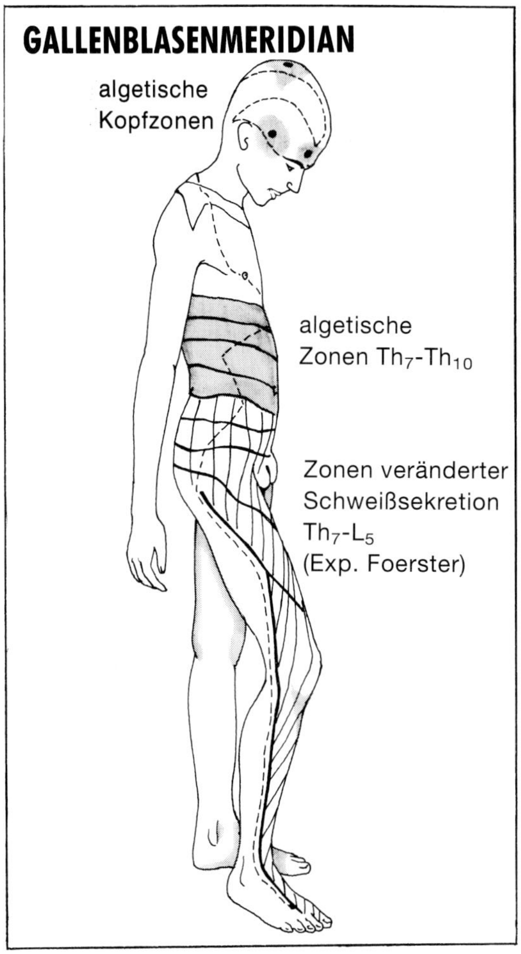

Skizze 22: Gallenblasenmeridian

Gallenblasenerkrankungen beeinflussen die Rückenmarksabschnitte

Th 7 bis Th 9.

Das entspricht:

1. einer algetischen Zone am Oberbauch im Dermatom Th 7 – Th 10
2. einer Zone veränderter Schweißsekretion – entsprechend den experimentellen Untersuchungen von Foerster – bis L 5 (Vorfuß);
3. „übertragenen Schmerzen" im Schulterbereich (N. phrenicus);
4. algetischen Kopfzonen (Stirn, Schläfe, Scheitelhöhe).

Bei Aneinanderreihen der Zonen 1.–4. findet man an den *Grenzen* dieser Zonen den sogenannten „Gallenblasenmeridian". Dieser zieht nach chinesischer Auffassung von der Schläfe über Kopf, Schulter und laterale Thoraxseite zum Vorfuß.

Gallenblasenerkrankungen beeinflussen die Rückenmarkssegmente Th 7–10. Dies entspricht:

1. einer algetischen Zone am Oberbauch im Dermatom Th 7–10
2. einer Zone veränderter Schweißsekretion: Experimentelle Reizung der Segmente Th 7–10 führen nach Foerster [6] zu einer veränderten Schweißsekretion bis zum Vorfuß (L_5);
3. übertragenen Schmerzen im Schulterbereich, die durch Vermittlung des N. phrenicus entstehen und
4. algetischen Zonen am Kopf und zwar an Stirn, Schläfe und Scheitelhöhe (algetische Kopfzone nach Head [368]).

Wenn wir diese drei Zonen aneinander reihen, so finden wir an den Maximalpunkten der algetischen Zonen und an den Grenzen der vegetativen Zonen den Verlauf des sogenannten Gallenblasenmeridians. Dieser zieht nach chinesischer Auffassung von der Schläfe über Kopf und Schulter und laterale Körperseite zum Vorfuß.
Ebenso wie von den algetischen Zonen aus ein Hautreiz auf das auslösende zugeordnete Viszeralorgan einwirken kann (wie es bei Hautreiztherapien gemacht wird), ist dies analog auch von den vegetativen Zonen aus vorstellbar.
Zusammenfassend könnte man sagen: Erst wenn man die vegetativ-reflektorischen Krankheitszeichen bzw. deren Projektionsstellen berücksichtigt, werden unserer Meinung nach die vielen Fernpunkte der Akupunktur verständlich.

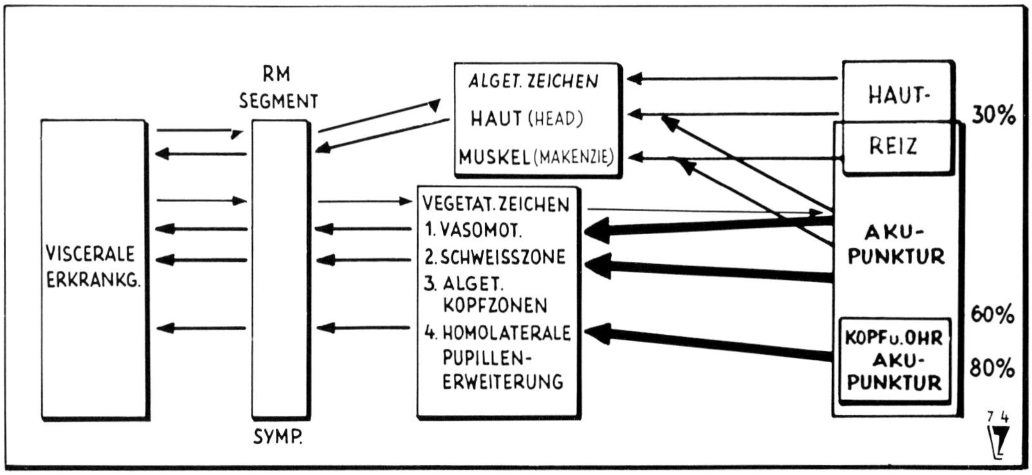

Skizze 23: Wirkungsschema

Schematische Darstellung der Einwirkungsmöglichkeit der Hautreiztherapie und der Akupunktur von der algetischen bzw. „vegetativen" Zone, über den Rückenmarksabschnitt auf das erkrankte Viszeralorgan.

Somit könnte man die Akupunktur zum Teil definieren als eine gezielte und erweiterte Hautreiztherapie, die nicht nur die algetischen Zeichen, sondern auch, bzw. vorwiegend die Projektionsstellen der *vegetativ-reflektorischen Krankheitszeichen* berücksichtigt[546]; diese sind nach HANSEN-SCHLIACK[12] die führenden Krankheitszeichen, die sich an der Körperoberfläche zeigen.

c) Viszero-viszerale Reflexe und Akupunkturregeln

Neben den vorhin erwähnten vegetativ reflektorischen Krankheitszeichen treten bei Viszeralerkrankungen auch Organreflexe oder sogenannte viszero-viszerale Reflexe auf. Das heißt, es werden bei Erkrankungen innerer Organe reflektorisch andere, primär gesunde Organe in Mitleidenschaft gezogen, ohne selbst noch krank zu sein[12].
Die naturwissenschaftliche Literatur kennt Organreflexe, die sich in den scheinbar mystischen Gesetzen der Akupunktur über die Beziehung einzelner Organe wieder finden. Einige Parallelen seien kurz angeführt: Die Akupunktur-Gesetze ,,koppeln opponierend", z. B. Blase und Lunge. Auch die Schulmedizin[12] kennt die Störungen der Urinausscheidung bei akuten Erkrankungen der Brustorgane (Pneumonie, Koronar- und Lungeninfarkt), ebenso wie das Auftreten einer Urina spastica nach paroxysmaler Tachykardie (Niere-„KS"), oder die bei Cholelithiasis so häufige An- und Hypazidität des Magensaftes (Gallenblase-Magen).

Die Beobachtungen WENCKEBACHS[615] über das Verschwinden von Extrasystolie nach Cholezystektomie sei nur als ein Beispiel herausgehoben aus der an sich so bekannten Beziehung Herz-Gallenblase, die die Akupunktur über eine mystische „Mittag-Mitternachtsregel" koppelt. Bringen diese Organreflexe als Viszeroviszeral-Reflexe zum Teil eine Erklärungsmöglichkeit für die „opponierenden Regeln" der Akupunktur, so wird umsomehr noch die Beziehung jener Organe verständlich, die dem Schema von HEAD entsprechend denselben RM-Segmenten zugeordnet sind (z. B. Gallenblase-Leber), Th 7–Th 10, Niere-Ureter: Th 10–L1, Magen-Milz-Pankreas: Th 7–8.

d) Zur unterschiedlichen Art des Reizes

Akupunktur heißt in China Zhen Jiu (Tschen-Djü): Das ,,Nadeln", das ,,Erwärmen"[19/516]. Das allein sagt schon, daß unterschiedliche Reize angewendet werden, daß also nicht nur genadelt wird, sondern in über 30% andere Reize gebraucht werden (Moxa, Vibration, Druck, Massage, elektrischer Reiz, Injektion u. a.)
Das chinesische Tonisieren und Sedieren findet ein Analogon in den Tierexperimenten von WERNOE[549], der endoskopisch die gegensätzliche Wirkung zweier Reizarten (Wärme und Kälte bzw. Schmerz) vom gleichen Reizort aus nachweisen konnte (auch am decapitierten Tier). Wärme bewirkt Hypermotilität und Vasodilatation im entsprechenden Darmabschnitt, Kälte und Schmerz hingegen Vasokonstriktion und Motilitätsabnahme[338/468/490/550]. Das chinesische Wort ,,Zhen-Jiu" gewinnt dadurch einen verständlicheren Aspekt.

VON GLEICHER STELLE DURCH **UNTERSCHIEDLICHEN** REIZ
GEGENSÄTZLICHE WIRKUNG

	VISCERAL-ORGAN		
	GEFÄSSE	MOTILITÄT	
KÄLTE SCHMERZ ▶	KONSTRIKTION +	ABNAHME	≈ SEDIEREN
LOKALE WÄRME ▶	DILATATION +	ZUNAHME	≈ TONISIEREN

LIT. BEI HANSEN u. SCHLIACK SEGMENTALE INNERVATION.

ZHEN	JIU	CHIN. WORT
DAS „NADELN"	DAS „ERWÄRMEN"	FÜR AKUPUNKTUR

Skizze 24: Sedieren – Tonisieren

Das ,,chinesische Tonisieren" und ,,Sedieren" findet ein Analogon in den Tierexperimenten von WERNOE und KUNZ u. a.: Wärmereize führen zu Vasodilatation und verstärkter Bewegung, Kältereize führen zu Vasokonstriktion und Bewegungsruhe im segmententsprechenden Darmabschnitt.

6. PARALLELEN DER AKUPUNKTUR ZUR RICKER'SCHEN RELATIONSPATHOLOGIE

Für eine funktionelle Betrachtungsweise, wie sie die Akupunktur voraussetzt (s. S. 21), scheint uns eine exakte naturwissenschaftliche, die funktionellen Zusammenhänge besonders berücksichtigende Pathologie, wie sie RICKER * darstellte, am ehesten geeignet, die Akupunkturwirkung durch bekanntes physiologisches Wissen zu erklären, ohne daß für unser naturwissenschaftliches Denken neue Parameter (wie ,,Qi") notwendig wären. RICKER fordert bei jedem physio-pathologischen Geschehen die Beachtung der Relation zwischen den Faktoren Gefäßnerven (ihrem Erregungszustand), Durchblutung, lokaler Stoffwechsel und Gewebszustand. Jede Änderung eines dieser Faktoren bedingt die Änderung der anderen. Nach RICKER ist Krankheit nichts anderes als eine Variation ein- und desselben Grundvorganges von Stoff- und Energiewechsel verschiedenen Grades an verschiedenen Orten des Organismus.

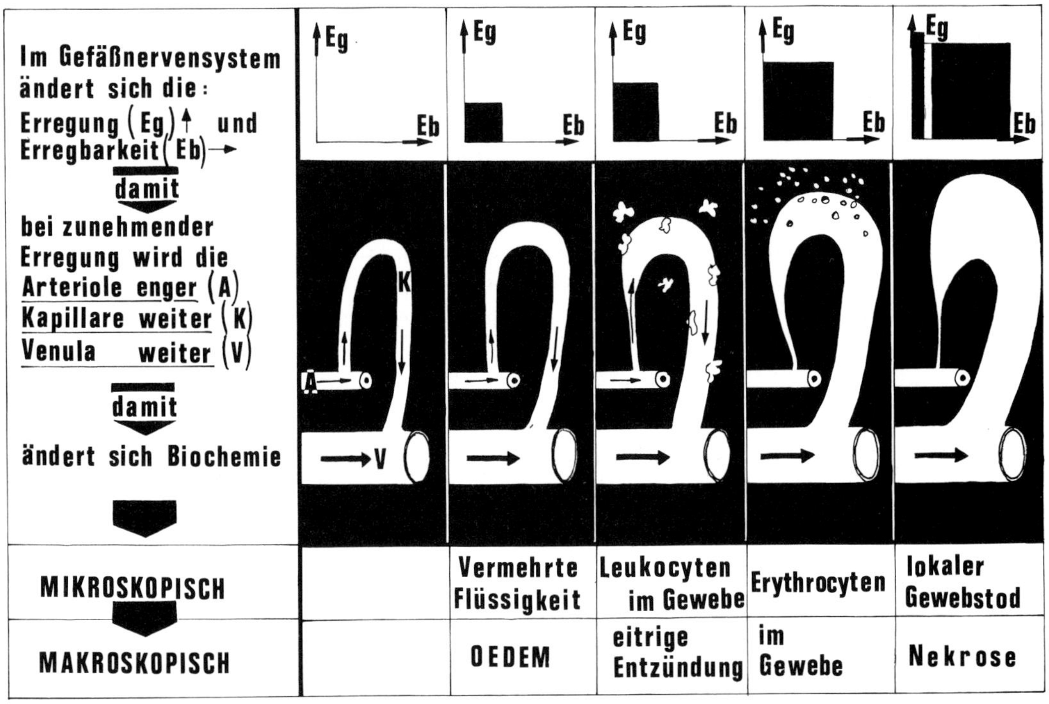

Skizze 25: RICKERS Stufengesetz

Das RICKERsche Stufengesetz beschreibt den Zusammenhang zwischen der Durchströmung und der Erregung und Erregbarkeit des Gefäßnervensystems. Die Engerstellung der Arteriole bzw. die Erweiterung der Kapillare und damit die zunehmende Strömungsverlangsamung führt zum Austritt

1. von Flüssigkeit;
2. von weißen und roten Blutkörperchen (eitrige und hämorrhagische Entzündungen);
3. schließlich nach Verschluß der Arteriole zu Stase und Nekrose (RICKER).

---

* Die RICKERsche Relationspathologie ist eine umfassende Betrachtungsweise, die den vielen miteinander zusammenhängenden Faktoren bei physiopathologischen Vorgängen möglichst gerecht werden will; sie sucht alle naturphilosophischen und teleologischen Scheinerklärungen zu vermeiden. Allerdings kann sie hier nur stark gekürzt und vereinfacht angeführt werden. (Literatur bei RICKER und seinen Schülern[26/26a/27/28/29/34/393/394/475/487/491/492/493/547/558]). Da die Werke RICKERS zur Zeit schwer erhältlich sind, sei besonders auf das noch verfügbare Buch von J. RIESE[29]: Akute äußere Prozesse, Maudrich Verlag, Wien 1948, hingewiesen.

Der pathologisch-anatomische Zustand des Gewebes ist abhängig von seiner Ernährung (dem lokalen Gewebsstoffwechsel) und von der Menge und der Zusammensetzung der interstitiellen Flüssigkeit. Das Überwiegen von Exsudation oder Resorption hängt von der Strömungsgeschwindigkeit in der Kapillare und von der Dehnung ihrer Wand ab (z. B. Leukozytenaustritt). Alle diese Zustandsänderungen erfolgen schrittweise. Darauf gründet RICKER sein Stufengesetz, das von CHIARI[315] in Wien stets in seinen Vorlesungen gelehrt wurde.

a) Krankheit in relationspathologischer Sicht

Der zeitlichen Reihenfolge nach beginnt Krankheit mit erhöhter Erregung und Erregbarkeit im Gefäßnervensystem. Diese führen zur verengten arteriellen und erweiterten venösen Endstrombahn (= Arteriole + Kapillare + Venula).

a) leichte Erregung der Gefäßnerven – geringe Verengung der Arteriolen und mäßige Erweiterung der Kapillare und Venula führt zu Flüssigkeitsaustritt ins Gewebe (Liquordiapedese = Ödem = Transsudat, bzw. Exsudat).

b) Stärkere Erregung der Gefäßnerven, zunehmend engere Arteriole und stärker erweiterte Kapillare mit starker Strömungsverlangsamung führt zu Austritt von Leukozyten ins Gewebe. (Leukodiapedese = eitrige Entzündung).

c) Eine noch stärkere Erregungssteigerung, noch engere Arteriole und noch stärkere Erweiterung der Kapillare führt zu Erythrozytenaustritt ins Gewebe (= hämorrhagische Entzündung).

d) Stärkste Erregung des Gefäßnervensystems mit Verschluß der Arteriole und Lähmung der maximal erweiterten Kapillare führt zu lokalem Gewebstod (= Nekrose).

b) Der Akupunkturpunkt in relationspathologischer Sicht

„Punkt“	*„RICKER“*
a) Zunahme der Drucksensibilität des „Punktes“. (Schmerzleitung im Gefäßnerv nach LERICHE u. a.[18a])	a) geringe Zunahme von Erregung und Erregbarkeit des Gefäßnervensystems ändert die Strombahn
b) Die Hauttemperatur ist je nach Schwere der inneren Erkrankung mehr oder weniger erhöht (bzw. die Infrarotabstrahlung)	b) verengte Arteriolen und erweiterte Kapillaren führen zu geringer Strömungsverlangsamung (peristatische Hyperämie leichten Grades)
c) starke Herabsetzung des elektrischen Hautwiderstandes (vermehrte Flüssigkeit – erhöhte elektrische Leitfähigkeit)	c) Flüssigkeitsaustritt ins Gewebe mit unterschiedlichem Eiweißgehalt, vermehrte Feuchtigkeit der Haut und gesteigerte Schweißproduktion (siehe auch bei „Schweißzonen“, Seite 41)

Aus dieser Gegenüberstellung geht hervor, daß man die Eigenschaften des „Punktes“, also seine erhöhte Drucksensibilität, seine erhöhte Hauttemperatur und seinen verringerten elektrischen Hautwiderstand durch Veränderungen der Gefäßnerven nach dem RICKERschen Stufengesetz erklären könnte, ohne daß undefinierte Begriffe wie „Qi“ nötig wären. Ebenso wie sich die Eigenschaften des Punktes annähernd proportional der vom erkrankten inneren Organ ausgehenden Erregung ändern, ändert sich auch die Durchlässigkeit der Kapillaren etwa proportional zur Erregungs- und Erregbarkeitssteigerung der Gefäßnerven.

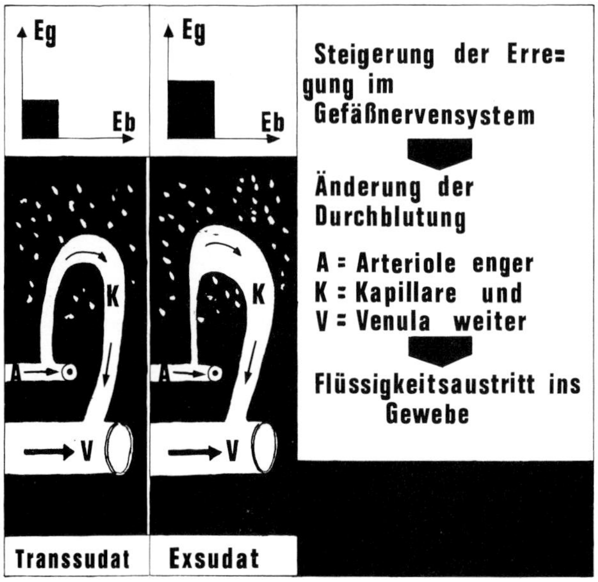

Skizze 26: „Ödem"

Eine geringe Erhöhung der ,,Erregung und Erregbarkeit des Gefäßnervensystems" führt zu einer Engerstellung der zuführenden Arteriole und über eine Erweiterung von Kapillare und Venula zu einer Strömungsverlangsamung und damit zum Austritt von eiweißreicher Flüssigkeit aus den Kapillaren ins Gewebe (nach RICKER).

c) Der Zusammenhang von Viszeralerkrankungen, Akupunkturpunkt und Gefäßnervensystem in relationspathologischer Sicht

Viszeralerkrankung, „Punkt" und Gefäßnervensystem zeigen relationspathologisch betrachtet grundsätzlich dieselben Vorgänge im Gefäßnervensystem, in der Strombahn und im interstitiellen Gewebe; es bestehen nur graduelle Unterschiede im Erregungszustand der Gefäßnerven, in der Durchströmungsart der Strombahn usw. Dabei ist das innere Organ im Sinne des RICKERschen Stufengesetzes höhergradig verändert als der ,,Punkt", doch beide im Sinne einer Erregungssteigerung.

Wir nehmen übereinstimmend mit der Mehrzahl der chinesischen Autoren an, daß die Beziehung ,,Punkt" – ,,inneres Organ" auf nervalem Wege (siehe Seite 25) zustandekommt. Wie bereits auf Seite 36 erläutert, sind die segmentalen Akupunkturpunkte über das spinale Nervensystem, die sogenannten Fernpunkte unseres Erachtens über das vegetative Nervensystem erklärlich (siehe Seite 40). Zwischen zwei zusammenhängenden, noch dazu gleichsinnig verlaufenden Erregungsänderungen des Gefäßnervensystems (inneres Organ – ,,Punkt") ist als nervaler Weg das anatomisch nachgewiesene Gefäßnervensystem naheliegend.

Wenn wir die Beziehung ,,inneres Organ–Akupunkturpunkt" als geschlossenen Regelkreis (KEIDEL[17], SCHADÉ[519], WIENER[36]) verstehen wollen – (also: wenn A auf B wirkt, so wirkt auch B auf A) –, so könnten wir uns den Akupunktureffekt so vorstellen: Reizung der Gefäßnerven im ,,Punkt' führt in umgekehrter Richtung auf den eben angedeuteten ,,bahnenartigen" Erregungsleitungen zu den Gefäßnerven des inneren Organs. Der von Chinesen beobachtete Heileffekt bei bestimmtem Reizort, bestimmter Reizart und Reizdosis würde regulationsphysiologisch ausgedrückt einem Regelkreis* mit negativer Rückkoppelung entsprechen. Eine relationspathologische Erklärung von Heilreiz (und Hautreiz), wie also eine dosierte lokale Reizaddition über die „fluxionäre Hyperämie" zu einer Minderung von Erregung und Erregbarkeit führt, hat RIESE [28/29] angegeben.

REIZART	REIZORT	ERREGUNGSLEITUNG (EFFERENT)	HAUTAREAL
1. Trauma (GROSS, LERICHE) →	Gefäßnerven der großen Arterien →	Grenzstrang →	Die 3 großen vasalen Hautzonen
2. Trauma (GROSS, LERICHE) →	Gefäßnerven kl. Arterien (z. B. A. radialis, A. tibialis) →	Symp. Gefäßnerven →	ca. 20 kleine vasale Hautzonen; erhöhte Sensibilität
3. Experimentelle Reizung (BONICA, AUBERGER) →	Kleine Arterien der Dura und des Gehirns (Schädel*innen*seite)	Symp. Gefäßnerven zentrum-cilio-spinale-symp. Geflecht der A. carotis	kleine vasomotorische bzw. vegetativ-große algetische Kopfzone (an Schädel-*außen*seite)
4. Viszeral-Erkrankung (HEAD, HANSEN, SCHLIACK) →	Gefäßnervensystem erkrankter innerer Organe →	Symp. Gefäßnerven → (AFFERENT)	Kleinste vasale, vasomotorische bzw. vegetativalgetische Hautzone =
5. Viszeral-erkrankung →	→	Symp. Gefäßnerven →	= AKUPUNKTURPUNKT
6. Reizeffekt im Viszeralorgan ←	Gefäßnerven erkrankter innerer Organe ←	(LERICHE, FOERSTER u. a.) ← Symp. Gefäßnerven (EFFERENT) ←	„Akupunkturpunkt" (Reizung)

* Regelkreis (Servomechanismus): Eine Einrichtung, die in der Technik (Thermostat) oder im lebenden Organismus (Regelung der Bluttemperatur) eine bestimmte Meßgröße (z. B. die Temperatur) laufend mißt und an Hand der Messung dieses „Istwertes", der mit einem vorgegebenen „Sollwert" verglichen wird, die zu regelnde Größe auf konstantem Niveau (im Sollwert-Bereich) hält, auch dann, wenn Störungen von außen einwirken (Hitze, Kälte). Hierfür ist ein Informationsfluß im geschlossenen Kreis erforderlich, mit „Vorzeichen-Umkehr" zwischen Eingang (Meßglied) und Ausgang (Stellglied, im Beispiel: Heizkörper bzw. Stoffwechselsteigerung in Organen): Sinkt die Temperatur im Meßbereich, muß verstärkt geheizt werden; steigt die Temperatur, so muß die Heizung reduziert werden, bzw. es muß gekühlt werden (z. B. Schweiß-Sekretion). Dieses Prinzip entspricht einer negativen Rückkoppelung (da die Änderung am Ausgang wieder auf den Eingang des Systems zurückwirkt). Fehlt die Vorzeichen-Umkehr (positive Rückkoppelung), so liegt nicht ein Regler, sondern ein Verstärker-Schaltkreis vor (beide Möglichkeiten sind im Organismus realisiert) (D. TRINCKER [35], WIENER [36]).

7. REGELN DER PUNKTEAUSWAHL UND DEREN ERKLÄRUNGS-VERSUCHE

Trotz der Erklärung, in der wir versuchten, die Lage vieler, scheinbar „mystischer“ Fernpunkte der Akupunktur verständlich zu machen, bleiben noch viele Probleme offen; vor allem z. B. die Tatsache, daß auch bei **einseitiger** Erkrankung kontralaterale Punkte gestochen werden. Auf S. 48 haben wir die klassischen Akupunkturregeln der Punkteauswahl bekannten klinischen Erfahrungen gegenübergestellt (viszero-viszerale Reflexe). LITSCHAUER[19] hat in einem Werk der modernen chinesischen Akupunktur 6 Regeln zur Kombination von Punkten, wie sie in China verwendet werden, aufgezählt. Im folgenden führen wir sie hier *alle* an und wollen dazu eine ,,nichtmystische" Erklärungsmöglichkeit zur Diskussion stellen.
Eine Kombination (Koppelung) von Punkten erfolgt als:

1. „Weit-Nah“-Koppelung

M 36 + KG 12 (Magenkrankheiten)
Le 3 + KG 4 (Dysmenorrhoe)
Dü 3 + B 1 (Augenkrankheiten)
Di 4 + Di 20 (Nasenkrankheiten)

,,Weit"-Punkte und erkrankte Organe gehören zum selben sympathischen Innervationsbereich, also zur gleichen vegetativen Zone;

Unterschenkel (M 36, L 3) – Abdomen (Magen, Uterus)
Hand (Di 4, Dü 3) – Kopf (Auge, Nase)

Siehe Skizze 14, 15, 20 (vegetative Innervation der Haut, vasale Zonen und Zone veränderter Schweißsekretion).
„Nah“-Punkte KG 12, KG 4 befinden sich in den entsprechenden HEADschen Zonen (kutiviszerale Reflexe). Die Kopfpunkte sind häufig Triggerpunkte des N. trigeminus (AUBERGER[280]), siehe auch Abb. 17/18.

2. „Vorne-Hinten“-Koppelung

Di 20 + G 20 (Nasenkrankheiten)

Der Punkt „vorne" ist ein lokaler Punkt im sensiblen und vegetativen Innervationsbereich der Nase; der Punkt „hinten“ ist ein „Trigger“-Punkt des N. trigeminus (AUBERGER[280]). Siehe auch die Beziehung zwischen Gefäßnerven im Kopfinneren und kleinen umschriebenen Zonen der Kopfaußenseite (Abb. 17/18).

3. „Außen-Innenseiten“-Koppelung (Yang-Yin)

Di 4 + Lu 7 (Erkältungskrankheiten)

Die Lage dieser Punkte entspricht dem 6. Zervikalsegment (siehe Abb. 5 gekoppelte Meridiane), ihre „Koppelung“ ist daher durch den gleichen Rückenmarksabschnitt verständlich. Darüber hinaus liegen sie aber auch im gleichen sympathischen Innervationsbereich wie die bei Erkältungskrankheiten betroffenen Organe (Nase, Pharynx, Lunge) s. Skizze 20.

4. Die Kettenschloßkoppelung

Di 15 + Di 11 + Di 4 (Schmerzen in oberer Extremität)
G 30 + G 34 + G 39 (bei Halbseitenlähmung)
Di 15 + Di 11 + Di 4 (bei Halbseitenlähmung)

Diese Punktewahl bringt eine Reizsummation im gleichen RM-Abschnitt (und hier auch im gleichen Meridian Abb. 5, 6, 7); denn sie alle liegen in jenen Haut-, Muskel- und Knochenabschnitten, die vom selben Spinalnerv – der ja auch immer vegetative Fasern für die Gefäße enthält – innerviert wird, also im selben Segment.

Dermatom: Di 4 (Arm), G 39 (Bein)
Myo-Sklerotom: Di 11, 15 (Arm), G 34, 39 (Bein)

RM Segment C 6 – Di (Dickdarmmeridian) – Arm
RM Segment L 5 – G (Gallenblasenmeridian) – Bein

5. „Oben-Unten"-Koppelung

KS 6 + M 36 (Magenkrankheiten)
H 7 + MP 6 (Schlaflosigkeit)
Di 4 + M 44 (Zahnschmerzen)
3 E 6 + MP 6 (Thoraxwandschmerzen)
3 E 6 + N 6 (Stuhlbeschwerden)

Zu dieser homolateralen Beziehung wollen wir nur in Erinnerung rufen, daß Patienten häufig immer auf **derselben** Körperseite erkranken. Auch die vegetativ-reflektorischen Krankheitszeichen zeigen sich an der Seite der Erkrankung. Diese veränderte Vasomotorik und Schweißsekretion, die Piloarrektion und homolaterale Mydriasis sind ein sympathischer Reflex.
Nach HANSEN-SCHLIACK[12] verlaufen die zentripetalen Bahnen dieser Reflexe vom erkrankten Organ über die Viszeralnerven und den Grenzstrang durch das Spinalganglion in das Rückenmark. Die zentrifugalen Impulse sind offenbar vegetativer Natur und gehen von der effektorischen sympathischen Seitenhornkette aus, die dauernd unter dem Einfluß der aus den inneren Organen kommenden afferenten Impulse steht. Die halbseitige Organisation des sympathischen Grenzstranges könnte u. E. die anatomische Grundlage der „Oben-Unten"-Koppelung darstellen, bei der ein Reiz kranial und kaudal an derselben Körperseite gesetzt wird.

6. „Links-Rechts"-Koppelung (auch Doppelpunkttechnik)

beide M 36 und beide KS 6 (Magenkrankheiten)
beide PaM 9 und beide Lu 7 (Kopfschmerzen)
beide MP 6 und beide MP 10 (gynäkologische Erkrankungen)

Für einen nervalen Mechanismus als Grundlage dieser „Links-Rechts"-Koppelung gibt es klinische und neuroanatomische Hinweise, die wir deshalb anführen wollen, weil die Nadelung beider Punkte oder kontralateraler Punkte auch schon als Argument gegen einen nervalen Mechanismus der Akupunktur angeführt wurde. Hinweise für die „Links-Rechts"-Resonanz oder -Koppelung, also für die Wirkung auf die Gegenseite:

Klinische Hinweise:

Eine kontralaterale Reaktion in paarigen Organen beschrieb schon 1851 BROWN-SEQUARD. Nach einseitigen Eingriffen an der Gefäßadventitia fanden kontralaterale Durchblutungsänderungen: FRIEH und NASS[338a], GÖTZ[624a], HUSTIN[624b], SCHAEFER[504], SCHNEIDER[632a], VILLARET[539a], WEICKER[637c]; ebensolche bei einseitiger Muskelarbeit gab SCHNEIDER[632a] an.
Man kennt zahlreiche Angaben über kontralaterale, nerval vermittelte Reaktionen der Niere (und der reflektorischen Anurie), es sei auf ÜBELHÖR[537A], BRÄUCKER[2], RIEDER[632], SPERANSKI[27], BYKOW[311A], und andere verwiesen. Über analoge, reflektorische Veränderungen der Lunge, (bzw. über die Wirkung des Pneumothorax) liegen umfangreiche Literaturangaben vor bei: STURM[34], FOURESTIER[337A], REINHARDT[487], RICKER[26B], KALBFLEISCH[393/394], BERGSMANN[56], u. a. Auf die sympathische Ophthalmie und die entsprechenden Tierexperimente kann hier nicht eingegangen werden. Eine vermehrte Schweißsekretion der kontralateralen Seite (HANSEN-SCHLIACK[12]) zeigt die vegetative Mitbeteiligung der Gegenseite.

Neuroanatomische Hinweise:

a) Die zahlreichen nervalen Zusammenhänge zwischen linker und rechter Körperseite im Rükkenmark und allen höheren Zentren sind bekannt.
b) Die parasympathischen Ganglien sind teilweise unpaar und verbinden so beide Körperhälften zu einer funktionellen Einheit.
c) Nach neueren Angaben sind postganglionäre sympathische Nervenendigungen in den peripheren parasympathischen Ganglien eindeutig nachgewiesen. Es gibt also eine schon periphere sympathische und parasympathische vegetative Verflechtung und damit peripher gelegene vegetative Rückkoppelungsmechanismen durch nervale Verbindungen von links und rechts (Literatur bei SCHADÉ [519], MINK [469]) bei den median (unpaar) angelegten parasympathischen Ganglien (z. B. im Abdomen).

Diese bei weitem nicht vollständigen Literaturhinweise mögen genügen, um die empirischen Erfolge der Akupunkturnadelung kontralateraler „Punkte" nicht mehr ganz unerklärlich erscheinen zu lassen. Wir analysierten an Beispielen aus einer neuen chinesischen Anleitung zur Akupunktur die scheinbar willkürliche Lage sowie die Kombination der Punkte und fanden zu jeder der angeführten „Koppelungen" grundsätzliche Erklärungsmöglichkeiten auf anatomischer und physiologischer Basis, die wir in den verschiedenen Teilen dieser theoretischen Studie ausführlicher beschrieben haben.

8. ZUR NEUROPHYSIOLOGISCHEN ERKLÄRUNG DER AKUPUNKTURANALGESIE*

Zur Tabelle über den Unterschied Akupunkturanalgesie – therapeutische Akupunktur.

Unterschiede	Akupunkturanalgesie	Therapeutische Akupunktur
Erfahrungen seit:	20 Jahren	weit über 3000 Jahren
Relation von Reizdauer zu Wirkungsdauer	Reizdauer ident mit Wirkungsdauer, ev. noch einige Stunden danach	Reizdauer kurz, Wirkung oft lange bis dauernd anhaltend
Eintritt der Wirkung	bei mechanischer Reizung nach 3–5 min, bei elektrischer nach 15–30 min	selten gleich, oft erst nach Wochen
Untersuchungen über Wirkungsmechanismus		
primär nerval:	sprechen meist für nerval	wenige vorliegend
primär humoral:	einzelne für humoral	keine vorliegend

* Die Neurophysiologische Erklärungsmöglichkeit der Akupunkturanalgesie wurde von uns ausführlich dargestellt [545]. Die verschiedenen Probleme der Anwendung der Akupunkturanalgesie (Indikationen, Durchführung, unterstützende Verfahren und praktische Beispiele) haben wir in der „Einführung in die chinesische Ohrakupunktur" beschrieben. Monographie 1973, Haug Verl. Heidelberg [420].
Der Akupunkturanalgesieeffekt wird aufgehoben bei den verschiedensten Formen der Nervenunterbrechung; er wird *nicht* aufgehoben, wenn alle humoralen Verbindungen der Extremität komprimiert werden (Kontrolle durch subkutane Radio-Jodinjektion).

Allgemeine Literatur zu Akupunkturanalgesie:
215/220/221/222/223/226/232/238/239/243/248/250/252/254/255/256/258/259/260/264/266/272/273/283/284/305/307/341/353/463/388/533/485/503/545/506/568/510/529/448/216/299/259/418.

Operationen mit Akupunkturanalgesie:
213/214/227/228/229/230/231/233/234/235/237/240/242/244/246/247/254/262/271/275/276/533.

Anästhesie mit traditionellen chinesischen Pharmaka:
215/269/618/619/620/621.

Es bestehen also grundsätzliche Unterschiede zwischen der Akupunktur für Zwecke der Operationsanalgesie und für die Therapie.
Darüber hinaus finden bei der praktischen Anwendung der Operationsanalgesie noch zahlreiche zusätzliche Verfahren Anwendung, die sicher zum größeren Teil *nicht* der Akupunktur zugerechnet werden können; z. B. die direkte elektrische Reizung durch subkutane Nadeln parallel dem Hautschnitt der Operationen, die direkte elektrische Reizung der sympathischen Grenzstrangganglien und anderes mehr. Die Fragen betreffend die Indikation, des Unterschiedes zwischen mechanischer und elektrischer Reizung, der verschiedenen Reizgeräte und grundsätzliche Fragen der Akupunkturanalgesie haben wir schon früher in einem eigenen Abschnitt ausführlich besprochen[420].

Tabelle

	Bewußtsein	Schmerz-empfindung	Schmerz-gefühl
1. Vollnarkose	fehlt	fehlt	fehlt
2. Leitungsanästhesie		fehlt	fehlt
3. Akupunkturanalgesie			fehlt

Das Wesen der Akupunkturanalgesie besteht in einer selektiven Ausschaltung des Schmerzgefühles, wobei Schmerzempfindung und Bewußtsein erhalten bleiben[283] (WANCURA, KÖNIG[544a/545]). Sie unterscheidet sich dadurch von Vollnarkose (Ausschaltung des Bewußtseins) und Leitungsanästhesie (blockiert Zutritt von Schmerzreizen zum ZNS), daß sie nur das Schmerzgefühl selektiv aufhebt.
Eine Zweiteilung der Schmerzleitung in die Systeme der Schmerzempfindung und des Schmerzgefühles haben HASSLER[357–360], ROSENBACH[497], GOLDSCHEIDER[340] und THURNBERG[340], HERING[372a] und KRIES[430] beschrieben. Diese zwei Schmerztypen werden über zwei verschieden rasch leitende Fasersysteme (A delta, C)[309/310] zum RM geleitet (FOERSTER[335], ZOTTERMANN[559]). Nach FOERSTER ist schon präsynaptisch[6] eine gegenseitige Hemmung der Impulse der rasch und langsam leitenden Fasern möglich[16/380/526].
Die Annahme einer gegenseitigen Hemmung peripherer Schmerzfasern wurde durch die Gate – control Theorie von MELZACK und WALL[466] erweitert[321/464a/465].
Der bei der Akupunkturanalgesie primär gesetzte vibratorische Dauerreiz könnte entsprechend der oben beschriebenen Hemmung den nachfolgenden operativ gesetzten Schmerzreiz schon präsynaptisch unterdrücken („Der Erste ist der Herr“)[224/521].
Der zweite Ansatzpunkt, an dem die Akupunkturanalgesie vermutlich ihre Wirkung entfaltet, liegt im Hinterhorn, wo sogenannte „rivalisierende Reize“[380] aus anderen Rezeptoren eine Schmerzableitung oder Schmerzverdeckung verursachen können[402] (KEIDEL[17]). Dies ist besonders auffallend bei gleichzeitig gesetzten vibratorischen Reizen[329], die nach ALBRECHT[279] und RAICH[484] die Schmerzschwelle[251/253] um 50% erhöhen können.
Der dritte Ansatzpunkt der Akupunkturanalgesie dürfte im basalen Thalamuskern[225/248/589] liegen (Ncl. ventral. post.), in den die Schmerzbahnen von Körper und Gesicht (Tractus spinothalamicus Edinger, Wallenberg'sche Bahn) und auch jene Bahnen münden, die u. a. Vibrations- und Druckempfindungen von Körper und Trigeminusgebiet[359] bringen[7]. In jenem Kern, der als Relaiskern der Abstimmung, Unterdrückung und Mischung von Impulsen dient, werden die Impulse der Schmerzbahnen von Körper und Gesicht gedämpft bis unterdrückt durch die Vibrations- und Tiefenempfindungen, die ebenfalls in diesem Kern enden. Nach HASSLER[360] ist es demnach möglich, einen „sensiblen Homunkulus“ (Ende der Schmerzbahn) und einen darübergelegenen „taktilen Homunkulus“ an der Basis des Thalamus einzuzeichnen.

Ausschaltung des sensiblen Homunkulus führt zu einer Hypästhesie in den entsprechenden Gebieten des Körpers [374]. Auf Grund dieser neurophysiologischen Tatsachen wäre denkbar, daß ein primär gesetzter vibratorischer Dauerreiz, wie er ja während der Akupunkturanalgesie gesetzt wird, zu einer sogenannten ***Überblendung*** des „taktilen" Homunkulus und damit zu einer Abschwächung des „sensiblen" Homunkulus und auf diese Weise zu einer Hypalgesie in umschriebenen Abschnitten des Körpers führen könnte (Wancura, König [545]).
Jeder Schmerz wird aber letztlich zum Schmerz***erlebnis*** [373], also einer rein subjektiven Empfindung, die vorwiegend von der Einstellung des Betreffenden zum Schmerzgeschehen abhängt. Auszuführen, wie sehr diese Einstellung zum Schmerzgeschehen den Affektwert einer Schmerzempfindung steigern oder dämpfen kann, würde den Rahmen dieser Kurzfassung überschreiten [432/382/402/403/465]. Sicherlich aber ist die Einstellung des Patienten zum Operationsschmerz und zum Operationsvorgang, den er ja während einer Akupunkturanalgesie, wie auch in der Lokalanästhesie, in seiner ganzen psychischen Belastung miterlebt, von eminenter Bedeutung [284/463].

Zusammenfassend vermuten wir, daß die Wirkung der Akupunkturanalgesie zustande kommt:
1. durch präsynaptische Hemmung
2. durch Rivalisieren der vibratorischen und der Schmerzreize im Hinterhorn
3. durch eine Unterdrückung der Schmerzimpulse im basalen Thalamuskern durch vibratorische Impulse
4. durch eine kortikal-subkortikale Hemmung [358].

Diese von uns schon vor zwei Jahren vorgetragenen Ansichten werden durch das Hinterstrangreizgerät von Nashold [471/552/553], bestätigt*. Die Impulse im Hinterstrang (u. a. auch Vibration leitend) hemmen die Wirkung der Impulse in den Seitenstrangbahnen (Schmerzbahnen [17/494/495]). Bei diesem Verfahren wird ein Metallkörper in Nähe des Hinterstranges implantiert und der Patient kann über einen Apparat seinen eigenen Hinterstrang selbst induktiv reizen und in einem hohen Prozentsatz damit sonst unbeeinflußbare stärkste Schmerzen unterdrücken. Das Verfahren ist seit 1967 in klinischer Anwendung; die für die Akupunkturanalgesie immer wieder angeführten suggestiven und hypnotischen Faktoren sind hier sicher auszuschließen [578/624/626A/634/505–510/623–624].

Ein wesentlicher Nachteil der Akupunkturanalgesie war bisher, daß eine Versagerquote von unter 10% in China und in Europa eine wesentlich größere bestand. Herget [369/370/371/372] berichtete, daß ein Analgesieeffekt immer (in 64 von 64 Fällen) selbst bei großen Operationen erreicht werden konnte, wenn nur die Intensität der Elektrostimulation der Punkte genügend gesteigert werden konnte. Der Schmerz bei elektrischer Reizung entsteht durch tonische Muskelzuckungen am Reizort, die durch Muskelrelaxantien verhindert werden. Diese Teilrelaxation erlaubt eine solche Steigerung der elektrischen Reizung am Akupunkturpunkt, daß – zumindestens bisher – immer jenes Reizquantum erreicht werden konnte, welches ausreichte, um die operativen Schmerzreize zu hemmen. Herget konnte auf diese Weise in Kombination mit kleinen Dosen anderer Mittel in *jedem* Fall eine ausreichende Analgesie erzielen [369/370/371/372], die Bedeutung der einzelnen Faktoren wird in weiteren Arbeiten geklärt werden**.

---

* Es gibt auch Angaben, wonach eine Akupunkturwirkung, bzw. ein De Qi-Gefühl nur auftreten soll, wenn die RM-Bahnen für Schmerz- und Temperaturempfindung intakt sind. Weitere Literatur: [589/593/594/596/603/607].

** Neuere chinesische Arbeiten, deren Anordnung von der bisher üblichen klinischen Akupunkturanwendung abweicht, zeigen die Bedeutung des ventralen Seitenstranges für den Effekt der Akupunkturanalgesie. Der Akupunkturanalgesie ähnliche Effekte ließen sich auch durch direkte Nerven- oder Sehnenreize erzielen [623A/625/626A/633/633A].

Der analgetische Effekt wäre also proportional der Stärke der Reizung des Akupunkturpunktes, die Chinesen sprachen von ausreichendem „Reizquantum". Dies würde eine Bestätigung unserer seinerzeit vorgetragenen Ansicht, daß „rivalisierende Reize" das Wesen der Akupunkturanalgesie ausmachen, darstellen.

9. ZUR BEHANDLUNG DER LÄHMUNGEN (BES. QUERSCHNITTSLÄHMUNGEN)

Die erfolgreiche Behandlung von Lähmungen (während der letzten Jahre aus China berichtet) hat man zunächst – wie die Akupunkturanalgesie – für unmöglich gehalten. Über die sehr zeitaufwendigen (s. S. 21) chinesischen Methoden liegen noch wenige Ergebnisse außerhalb Chinas vor. Nun scheinen aber eigene (vorläufig noch wenige und nicht lange genug kontrollierte) Fälle zu zeigen, daß die chinesischen Angaben zutreffen.

Die Wiederherstellung von Mobilität und Sensibilität ist entweder durch Reaktivierung der ursprünglichen Nervenbahnen oder durch Konditionierung anderer, wahrscheinlich vegetativer Bahnen möglich. Wenn erstere in Anbetracht der oft lange bestehenden irreversiblen oder mechanisch bedingten Störungen als weniger wahrscheinlich angenommen werden müssen, so gibt es für die zweite Möglichkeit u. E. mehr Anhaltspunkte.

Vegetative Nerven führen sowohl ***efferente motorische*** Fasern für die glatte Muskulatur als auch ***afferente*** Fasern, deren Erregung auch als Schmerz empfunden werden kann (Sympathische Schmerzleitung).

Große, oft beherrschende Bedeutung erhält diese vegetative Schmerzleitung bei bestimmten Krankheiten, wie die Chirurgie und die Infiltrationsbehandlung des Sympathikus zeigt. Dieses „Erwachen" bisher „schlummernder" Funktionen durch pathologische Prozesse läßt möglich erscheinen, daß nach langem, oft jahrelang dauerndem „Training" vegetative Fasern durch Akupunktur (mechanische oder elektrische Reizung) eine Funktionszunahme erreichen: Die über den Sympathikus sonst *nicht* geleiteten afferenten sensiblen oder efferenten motorischen Impulse könnten von diesem übernommen werden. Eine **normale** Sensibilität und Motorik ist natürlich auf diese Weise nicht zu erreichen. (Sie wird auch durch die Akupunkturbehandlung nicht ermöglicht, wie wir bei den uns in China demonstrierten Fällen sehen konnten.) Für Patienten mit einer kompletten Querschnittsläsion ist es aber doch schon ein Gewinn, wieder gehen zu können, wenn auch nur mit Krücken; ebenso stellt die Behebung der Inkontinenz eine sehr große Erleichterung für die Angehörigen oder das Pflegepersonal dar[314].

Nach FOERSTER gelangen die afferenten sympathischen Leitungsbahnen über die Rami communicantes grisei in den Grenzstrang. Teilweise gelangen sie aber auch durch das periarterielle Geflecht der Gefäße unter Umgehung der Spinalnerven direkt in den Grenzstrang und aus diesem ins Rückenmark (RM). Auf diese Weise können afferente Impulse trotz Durchtrennung der vorderen und hinteren Wurzeln in das RM gelangen. Unter besonderen Bedingungen können afferente Erregungen auch extramedullär geleitet werden; dies zeigte FOERSTER für Schmerzen und er fand, daß „auch bei Totaldurchtrennung des RM eine afferente Erregung von den infralaesionellen Receptoren zu den hypothalamischen vasokonstriktoren Zentren auf einem paramedullären Nebenweg, nämlich dem Grenzstrang des Sympathikus, emporgelangt, durch welchen die im Rückenmark vorhandene **Leitungslücke überbrückt** wird." (Analog der vorhin erwähnten paramedullären Schmerzleitung.) Es gibt also unter den anormalen Bedingungen einer RM-Durchtrennung einen Nebenweg für **afferente** Impulse, welche Schmerz- sowie vasomotorische Phänomene (plethysmographisch gemessen) auslösen können.

ANDRÉ-THOMAS (zit. bei HANSEN-SCHLIACK[12]) zeigte nach RM-Durchtrennung infraläsionelle kutane Vasokonstriktorenreflexe, also efferent geleitete vasomotorische Impulse. Wir selbst konnten efferente motorische Effekte bei Querschnittsläsionen auslösen. Nach mechanischer Reizung durch eine einzige lange Nadel, die *subkutan* mehrere Punkte des Blasenmeridians **oberhalb** der Läsion gleichzeitig reizte, traten **unterhalb** der Läsion an der hinteren Seite des Ober- und Unterschenkels deutlich sichtbare fibrilläre Zuckungen auf (eine „Überbrückung" der Läsion).
Der Hauptunterschied zwischen den in China publizierten und demonstrierten Erfolgen bei Lähmungen und Querschnittsläsionen und allen bisherigen Nachprüfungen außerhalb Chinas ist in der Dauer und Intensität der Behandlung zu suchen (siehe S. 3 über die chinesische Einstellung zur Zeit).
Nach den oben zitierten Angaben sind also unter besonderen anormalen Verhältnissen die unterbrochenen RM-Bahnen (Schmerz) durch das sympathische Nervensystem überbrückt worden (sowohl afferente als auch efferente Überbrückungen).
U. E. könnte daher eine jahrelang dauernde intensive Akupunkturbehandlung zu einer im vegetativen Nervensystem entstehenden, sowohl afferent als auch efferent bahnenartig verlaufenden Erregung führen, die in beschränktem Umfang sensible und motorische Defekte (Läsionen) des spinalen Nervensystems überbrücken kann.
Wir haben in den vorhergehenden Abschnitten die Akupunktur, bzw. die Relation „Punkt"-inneres Organ als eine sich gegenseitig beeinflussende nervale Beziehung zu erklären versucht, die über bahnenartige Erregungsleitungen im vegetativen Nervensystem verläuft. Diese versuchten wir an Beispielen des sympathischen Gefäßnervensystems zu untermauern. Es gibt aber schon von HEAD die Beobachtung, daß jede innere Erkrankung (SCHLIACK[12] S. 384ff) auch im parasympathischen Nervensystem und den obersten Zervikaldermatomen Veränderungen induziert.

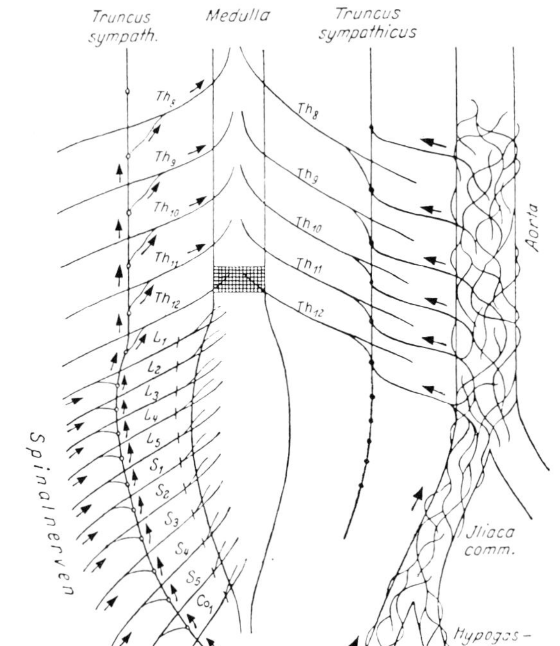

Skizze 27: Überbrückung einer Querschnittsläsion durch sympathische Afferenzen

Schematische Darstellung der afferenten sympathischen Leitungsbahnen der unteren Extremität. Dieselben gehen teils durch die Rami communicantes grisei der Lumbal- und Sakralnerven in den Grenzstrang, **teils** gelangen sie durch das periarterielle Geflecht der Iliaka und Aorta **unter Umgehung der Spinalnerven** direkt in den Grenzstrang. Aus diesem treten sie dann durch thorakale Rami communicantes in thorakale Wurzeln und in das Rückenmark über. Auf diese Weise können afferente Impulse vom Bein trotz der Durchschneidung der hinteren und vorderen Wurzeln L_1–S_5 in das Rückenmark gelangen. Aus HANSEN-SCHLIACK, Segment. Innerv., Thieme, Stgt.

10. ZUSAMMENFASSUNG

Die traditionelle chinesische Akupunktur ist u. E. nur zu verstehen, wenn man die dem alten China eigene ,,andere Art zu denken" berücksichtigt. Wir wollten diese und weitere erkenntnistheoretische Probleme aufzeigen und zum weiteren Studium auf die entsprechende Literatur, vor allem auf die Arbeiten PORKERTS[23/482a/b], hinweisen.

Wir suchten aus *vorhandenem* Wissen Erklärungsmöglichkeiten: 1. für die leichter faßbare Operationsanalgesie mit Akupunktur, 2. für die wesentlich komplexere und schwerer erklärbare, praktisch aber wichtigere *Therapie* mit Akupunktur.

ad 1. ***Die Akupunkturanalgesie:*** führt durch eine nicht schmerzhafte Dauerreizung (mechanisch oder elektrisch) zu einer Hyp- bis Analgesie, die bei bestimmten Reizorten in bestimmten Regionen besonders ausgeprägt ist. Die verringerte Schmerzwahrnehmung kommt durch Hemmechanismen zustande und zwar: 1. präsynaptisch, 2. im Hinterhorn, 3. im Thalamus und 4. kortikal – subkortikal.

Für diese unsere seinerzeitige Annahme sprechen die Erfahrungen von NASHOLD, SHEELY, DIETZ u. a. mit dem Hinterstrangreizgerät und die von HERGET angegebene Kombination mit Muskelrelaxantien, die eine wesentliche Erhöhung der Reizdosis erlaubt und damit immer eine ausreichende Analgesie erreicht (bisher in 64 von 64 Fällen; die gleichzeitige Anwendung verschiedener Narkoseverfahren erschwert derzeit noch die Beurteilung).

Die Akupunkturanalgesie in größerem Umfang ist u. E. im Westen (abgesehen von extremen Notzeiten) nur dann zu erwarten, wenn sie mit einer oberflächlichen Bewußtseinsausschaltung kombiniert wird. Bei Risikofällen sowie bei sehr schlechtem Allgemeinzustand des Patienten könnte sie eine Bereicherung sein. Die wissenschaftliche Forschung hat sich bisher vorwiegend der Akupunkturanalgesie zugewandt und es werden hier bald ebenso viele mehr oder weniger gesicherte Hypothesen zur Verfügung stehen, wie bei anderen Anästhesieverfahren auch.

ad 2. ***Die therapeutische Akupunktur:*** unterscheidet sich zum Teil ganz wesentlich von der Akupunkturanalgesie. Während bei letzterer Reizdauer und Wirkungsdauer weitgehend ident sind, wirkt die therapeutische Akupunktur oft sehr lange, öfters sogar dauernd, obwohl die Reizdauer oft nur zehn Minuten Zeit beansprucht.

Bei der therapeutischen Akupunktur unterscheiden wir:

a) Die Vorgänge an der Reizstelle,
b) die von uns angenommene Erregungsweiterleitung über sensible und vor allem über vegetative Nerven, besonders zur Erklärung der Fernpunkte,
c) die Erfolgsorgane der Reizung (erkranktes Organ, ZNS?).

ad a) An der Reizstelle, dem sogenannten Punkt, ist der Akupunktureffekt durch die verschiedensten Reizarten (mechanisch, elektrisch, chemisch, thermisch u. a.) auslösbar; er tritt bei tiefer Lokalanästhesie, bei Nervendurchtrennungen und verschiedenen neurologischen Erkrankungen nicht auf, doch sind die diesbezüglichen Angaben noch gering und nicht einheitlich. Dies scheint für einen vorwiegend neuralen Mechanismus zu sprechen.

Beim Akupunkturpunkt stellten wir der üblichen anatomischen und den deskriptiven Eigenschaften eine funktionelle Betrachtung gegenüber: Vom ,,Punkt" aus sind Funktionsstörungen beeinflußbar und umgekehrt, der ,,Punkt" wird selbst von diesen Funktionsstörungen verändert.

ad b) Ob es für Meridiane ein eigenes organisches Substrat gibt oder nicht, wurde diskutiert; wir kamen zu dem Schluß, daß ein solches unwahrscheinlich ist. Die Meridiane sind nach unserem bisherigen Wissen wohl nur als Einteilungsschemata für nervale Mechanismen aufzufassen, wofür auch unsere Analyse spricht, welche die segmentale Gliederung des Körpers mit dem Meridianschema möglichst objektiv zu vergleichen trachtete. Für die sogenannten „gekoppelten" Meridiane scheint uns eine segmentale Gliederung in kraniokaudaler Richtung im Bereich der Extremitäten eindeutig. Den Segmentbegriff soll man nicht auf Dermatome beschränken, auch die räumlich entfernten Myotome und Sklerotome sind zu berücksichtigen.

Yang und Yin waren lange vor jeder medizinischen oder philosophischen Bedeutung topographische Begriffe. Als solche versuchten wir sie am Quadrupeden und am Anthropoiden darzustellen.

Yang und Yin deckt sich weitgehend mit unseren Vorstellungen einer funktionellen Hyper- und Hypofunktion von Sympathikus und Parasympathikus.

Wir haben nur die Beziehungen des spinalen (segmentalen) und des vegetativen Nervensystems zur Akupunktur besprochen. Zu der oft gestellten Frage, über welches System nun die Akupunktur wirke, kann man nur sagen, daß der Akupunkturreiz natürlich beide Systeme, wenn auch in unterschiedlichem Maße, trifft. In den HEADschen Zonen sind natürlich nicht nur sensible, sondern nach HAUSER auch immer (wahrscheinlich sehr wesentliche) reflektorische vasomotorische Alterationen im Sinne des RICKERschen Stufengesetzes festzustellen (verstärkter Dermographismus und Histaminquaddel, verkürzte Cantharidenblasenzeit, bzw. ihr geänderter zellulärer Inhalt, verringerte Kapillarresistenz, tierexperimentelle (WERNOE) Pigment- und Gefäßänderungen.)

Am schwersten zu beurteilen ist die Rolle des ZNS. Eine subjektive Empfindung wie das „De Qi"-Gefühl ist nur kortikal erklärbar. Für die nach wenigen Behandlungen auftretenden, oft dauernden Besserungen jahrelang bestehender Beschwerden, wurden Änderungen zentraler Regulationsmechanismen angenommen. Das ZNS wäre jenes Organ, das am ehesten eine kurzdauernde Reizeinwirkung für lange Zeit zu speichern imstande wäre (Engramm). Für diese naheliegende und oft geäußerte Annahme gibt es aber bis jetzt nur spärliche konkrete Anhaltspunkte; z. B. nach schweren organischen Erkrankungen des ZNS (Apoplexie) ist ein Akupunktureffekt oft nicht mehr auslösbar. Die ungleich stärkeren Reizeffekte der russischen Autoren (SPERANSKI, BYKOW) lassen sich kaum mit der Akupunktur vergleichen; sie zeigen nur, daß allein mit nervalen Reizen sehr viele Krankheitsbilder erzeugt werden können. Die Bedeutung des ZNS für die *therapeutische* Akupunktur ist wahrscheinlich sehr groß, derzeit aber nicht abzuschätzen und auch durch Tierexperimente nur schwer zu klären.

Bei inneren Erkrankungen treten neben den direkten Organschmerzen auch sogenannte übertragene Schmerzen an der Körperoberfläche auf; das sind schmerzhafte Zonen in Haut und Muskulatur, die sogenannten HEADschen und MACKENZIEschen Zonen. Die übertragenen Schmerzen finden sich in jenen Arealen der Körperoberfläche, die mit dem Viszeralorgan (Enterotom) über denselben Spinalnerven in Verbindung stehen, also im entsprechenden Dermatom, Myotom, Sklerotom (Segmentbegriff).

Zeitlich noch *vor* diesen algetischen oder übertragenen Schmerzen kommt es bei inneren Erkrankungen zum Auftreten von sogenannten vegetativ reflektorischen Krankheitszeichen an der Körperoberfläche. Diese finden sich auch dann, wenn die algetischen nicht oder noch nicht vorhanden sind und müssen deshalb als die *führenden* Zeichen einer *Viszeralerkrankung* angesehen werden (HANSEN, SCHLIACK).

Diese vegetativen Reflexe werden über die Verteilerzentren des sympathischen Grenzstranges und z. T. über das sympathische Geflecht der Gefäße zu den vegetativen Zonen von Körper und Kopf geleitet. Ihre Lokalisation entspricht somit der Verteilung des Sympathikus und geht deshalb weit über das gewohnte Dermatom-Schema hinaus. Ferner gibt es im Trigeminusgebiet „viszeral-reflektorische Gesichtszonen" (HAUSER), die eine exakte somatotopische, durch die LÄHR-SÖLDER'schen Linien begrenzte Gliederung zeigen. Diese reflektorischen Fernprojektionen im Gesicht werden durch die spinale Wurzel des Trigeminus vermittelt.

Das Aneinanderreihen der Projektionsfelder der algetischen, der vegetativ reflektorischen Zeichen und der Veränderungen im Trigeminusgebiet ergibt (an deren Grenzen) andeutungsweise jene Meridianlinien, die vom Kopf zum Fuß ziehen und durch den Segmentbegriff allein nicht erklärbar schienen.

Die herkömmlichen Hautreiztherapien wirken von algetischen Zonen auf die auslösende Viszeralerkrankung ein.

Die Akupunktur – als erweiterte und gezielte Hautreiztherapie – setzt Reize nicht nur an den algetischen, sondern auch an den Grenzen der vegetativ reflektorischen Krankheitszeichen.

Die Veränderungen im Punkt als vasomotorische Änderungen im Sinne des RICKER'schen Stufengesetzes ermöglichen folgenden physiologisch begründeten Zusammenhang: Erkrankungen (z. B. innerer Organe) mit erhöhter Erregung und Erregbarkeit des Gefäßnervensystems und damit einhergehenden Strombahnänderungen führen an jeweils bestimmten sogenannten „Punkten" zu ebensolchen Veränderungen kleiner Gefäßabschnitte. In den Punkten finden wir also die erhöhte Durchlässigkeit für elektrischen Strom (Ödem), die peristatische Hyperämie (Hauttemperaturerhöhung) und die erhöhte Erregung und Erregbarkeit der Gefäßnerven (erhöhte Drucksensibilität).

ad c) Bei Erkrankungen innerer Organe bestehen nach Ricker grundsätzlich die gleichen Veränderungen an Gefäßnerven und Gefäßen. Die wechselseitige Beeinflussung von „Punkt" und Viszeralerkrankung erfolgt u. E. über das Gefäßnervensystem; die klinischen und experimentellen Arbeiten, die für diese Annahme sprechen, wurden kurz angeführt, ebenso Literaturhinweise für einen „bahnenartigen" Erregungsablauf im sympathischen Nervensystem. Die Rolle des ZNS wurde schon skizziert.

Die chinesischen Behandlungserfolge bei Lähmungen und sogar bei Querschnittsläsionen versuchten wir – durch klinische und experimentelle Arbeiten gestützt – als teilweisen Ersatz des spinalen Nervensystems durch das sympathische Nervensystem zu erklären, dessen Funktionsänderung durch langdauernde mechanische oder elektrische Reizung – eben die Akupunkturbehandlung – erreicht werden kann.

In Büchern mancher westeuropäischer Autoren kann man das zunehmende Bemühen feststellen, am Ende des 20. Jahrhunderts Akupunktur – und damit ein Teilgebiet der Medizin – ausschließlich auf der Grundlage und in der Vorstellungswelt des Nei Jing (ca. 500 J. v. Chr.) zu betreiben. Das mag vom medizin-historischen Standpunkt aus betrachtet wirklich interessant und darüber hinaus durchaus notwendig sein, um die alte Akupunktur kennenzulernen und damit überprüfen zu können. Die unbearbeitete und ausschließliche Anwendung dieser alten Regeln jedoch darf niemals das Ziel der Gegenwart bedeuten; schließlich können alle wissenschaftlichen Erkenntnisse und Forschungsmethoden der letzten 2.000 Jahre auch der Akupunktur nur zugute kommen. Trotz der überraschend häufigen Neigung vieler Patienten und auch mancher Ärzte zum Mystizismus, sollten wir als naturwissenschaftliche Disziplin auf dem Boden der Realität bleiben. Wenn es uns gelingt, für die Akupunktur in Zukunft eine Synthese zwischen alter Empirie und neuen Erkenntnissen, zwischen einem noch zu überprüfenden riesigen Erfahrungsgut einerseits und experimenteller Naturwissenschaft andererseits zu finden, dann haben wir vom alten China zur modernen Medizin eine echte Brücke geschlagen und neue therapeutische Wege geöffnet.

III. DIE PUNKTE

針	灸	穴	位	挂	图	說	明
ZHEN	**JIU**	**XUE**	**WEI**	**GUA**	**TU**	**SHUO**	**MING**
(DSCHEN	**DJIU**	**HÜO**	**UEE**	**GUA**	**TU**	**SCHUO**	**MING)**
,,Nadeln"	,,Erwärmen" (Moxa)	,,Punkte"	,,Lage"	,,Hängende (Wand)-Tafeln"		,,Erläuterungen"	

(Akupunktur)

广州部队后勤部卫生部 编
广州美术学院革命委员会 绘

Kantoner Militärersatzsanitätseinheit

人民卫生出版社

Volksgesundheitsverlag (der V. R. China)

1. CHINESISCHES VORWORT ZU DEN AKUPUNKTURTAFELN (ÜBERSETZUNG)

I. Die vorliegenden Tafeln sollen nach den Wünschen des Vorsitzenden Mao dem medizinischen Personal besonders für den Notfall, bzw. für den Krisenfall, eine wertvolle Hilfe bieten. Man kann durch klare Angaben und Richtlinien die medizinische bzw. sanitäre Betreuung „ins Dorf" verlegen, das heißt dezentralisieren und dadurch allen Kranken nahezu die gleichen Bedingungen bieten.

II. In diesen Tafeln sind beschrieben:
14 Meridiane mit 361 Punkten
171 außerhalb der Meridiane gelegene Punkte (PaM)
110 neue Punkte (Neu-P.).
Es sind also insgesamt 642 Punkte enthalten. Dazu kommen noch die Punkte der Hand (Hand-P.) und die Punkte der Ohrakupunktur (Ohr-P.).
Die beigefügten Erläuterungen enthalten:
a) Lokalisation
b) Hauptindikationsgebiete
c) Stechmethode.
Da über die Lokalisation der 14 Meridiane teilweise Meinungsverschiedenheiten bestehen, haben wir uns bemüht, möglichst alle bestehenden, fundierten Ansichten festzuhalten und zu vergleichen. Nach der klinischen Erprobung und der überwiegenden Meinung der Kollegen haben wir schließlich den folgenden Lokalisationen den Vorrang gegeben.
Die „Punkte außerhalb der Meridiane" (PaM) sowie die „neugefundenen Punkte" (Neu-P.) haben wir aufgegliedert:
1. in Punkte, die eine andere Lokalisation haben als die bisher bekannten Punkte der Meridiane und der Punkte außerhalb der Meridiane (PaM);
2. in Punkte, die besonders gute klinische Erfolge haben.
Bei den ***Punkten außerhalb der Meridiane*** (PaM) haben manche den gleichen Namen, aber verschiedene Lokalisationen. Andere haben die gleiche Lokalisation, aber verschiedene Namen. Manche Punkte liegen zu knapp beisammen. Diese Probleme wurden neu bearbeitet und manche unpassende oder unklare Namen wurden abgeändert. Die ***neuen Punkte*** (Neu-P.) wurden während der Kulturrevolution durch das revolutionäre medizinische Personal unter Anleitung der Gedanken Maos und einer enormen Anzahl klinischer Beobachtungen entdeckt. In diesen Tafeln sind diese Punkte, soweit wir sie zusammenfassen konnten, angeführt. Obwohl manche neue Punkte nahe an den Meridianpunkten oder an den Punkten außerhalb der Meridiane bzw. direkt auf den paravertebralen Punkten von Hua Tuo liegen, wurden sie wegen ihrer deutlichen Wirkung auch hier angegeben.

III. Zu den in diesen Tafeln angegebenen Körpermaßen ist folgendes zu beachten: es handelt sich hier *nicht* um *absolute* Maße, sondern um die der jeweiligen Körpergröße angepaßten, für den Einzelfall zutreffenden Körper-cun-Maße *.

Kopf-Hals-Bereich

Die *sagittalen* Maße in cun (deutsche Umschrift: Tsuen nach JÖRGENS[392]): Der Abstand
1. vom PaM 3 (Yin Tang = Inn Trang) oder Point de Merveille bis zum LG 16 (Nao Hu); (dies entspricht dem Abstand von der Nasenwurzel bis zur Protuberantia occipitalis externa oder auch von der Mitte des vorderen bis zur Mitte des hinteren Haaransatzes) wird in 12 cun geteilt;
2. vom Mittelpunkt beider Augenbrauen bis zum vorderen Haaransatz wird in 3 cun geteilt;
3. vom siebenten Halswirbeldorn (LG 13^{B} = 14^{CH} = Du Mai 13) bis zum hinteren Haaransatz wird in 3 cun geteilt.

---

* Die Körper-cun kann man nach STANOJEVIC[524a] mit Hilfe eines elastischen Bandes finden, auf welchem gleiche Abstände markiert sind. Bei Dehnung des Bandes werden auch diese Abstände gleichmäßig größer und erleichtern auf diese Weise zwischen je zwei der hier angegebenen anatomischen Stellen die Unterteilung in Körper-cun.

Die *horizontalen* Maße:

1. Der Abstand zwischen dem Processus mastoideus rechts und links wird in 9 cun geteilt;
2. Der Abstand zwischen den beiden Punkten M 1 (Tou Wei = nach BACHMANN = M 8 nach chinesischen Tafeln) wird in 9 cun geteilt.

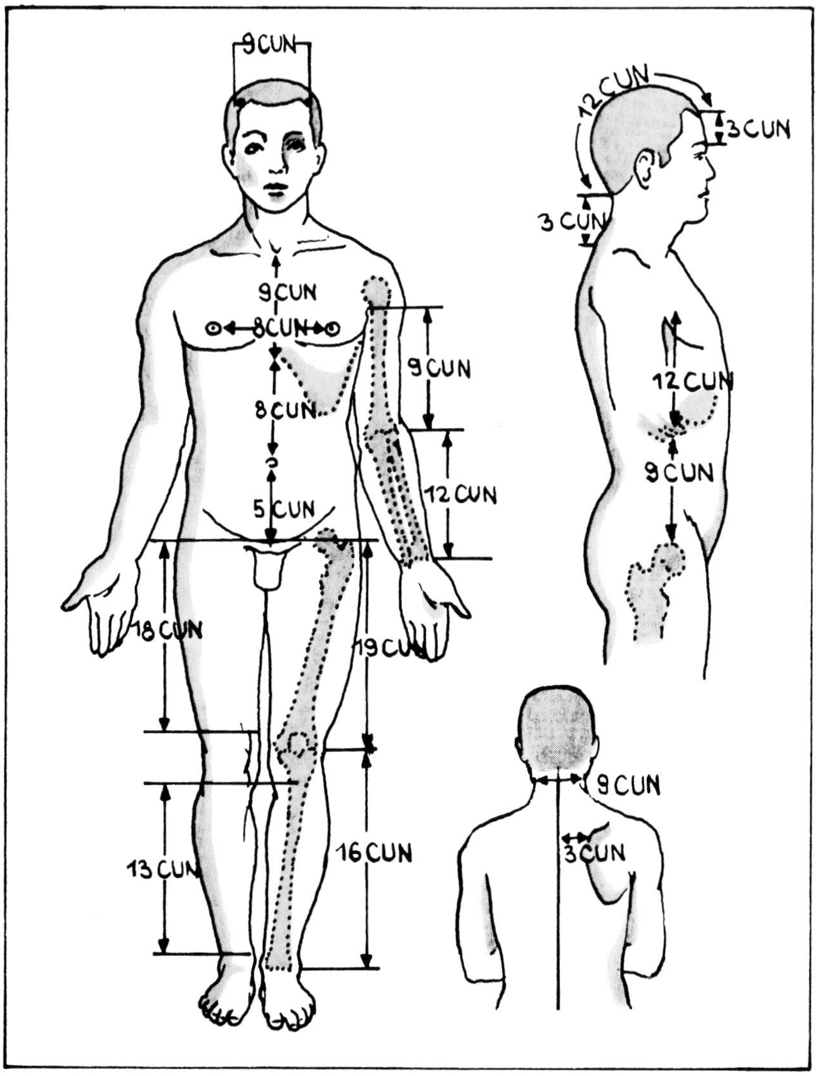

Skizze 28: Die verschiedenen Körper-cun.

Brust-Bauch-Bereich

Die *vertikalen* Maße: Der Abstand

1. von der Incisura jugularis bis zum Schnittpunkt des Rippenbogens mit der Linea alba wird in 9 cun geteilt (jedoch richtet sich die vertikale Brustmessung hauptsächlich nach der Rippenzählung);
2. vom Schnittpunkt des Rippenbogens mit der Linea alba (Synchondrosis sterni) bis Nabelmitte wird in 8 cun geteilt;
3. vom Nabelmittelpunkt bis zum Schambeinoberrand wird in 5 cun geteilt.

Die *horizontalen* Maße:
Der Abstand beider Brustwarzen wird in 8 cun geteilt.

Rücken-Lenden-Bereich

Die *vertikalen* Maße:
Die interspinalen Räume der Wirbeldorne dienen zur Orientierung: bei gesenktem Kopf der 7. Halswirbeldorn, bei aufrechtem Stand bzw. bei herabhängenden Armen beim Sitzen der 7. Brustwirbeldorn, dann der 4. Lumbaldorn und der 2. Sakraldorn.
Die *horizontalen* Maße:
Mit verschränkten Armen ist der Abstand vom Margo vertebralis scapulae bis zur hinteren Mittellinie des Körpers 3 cun.

Extremitäten:

Obere Extremitäten: Der Abstand beträgt
1. von der vorderen Achselfalte bis zur Ellenbogenfalte: 9 cun;
2. von der Ellenbogen- bis zur 1. Handwurzelfalte: 12 cun.

Untere Extremitäten: Der Abstand beträgt
1a. Vom PaM 84 (Huan Zhong), Mitte zwischen LG 2 (Yao Yu) und G 30 (Huan Tiao) bis zur Querfalte der Kniekehle: 18 cun;
1b. vom Schambeinoberrand bis zur Unterkante der Patella: 18 cun;
2. von der Unterkante der Patella bis Malleolus fibularis: 16 cun;
3. die Höhendifferenz vom Malleolus fibularis zum Malleolus tibialis: 1 cun;
4. bei geradem Stand vom Malleolus fibularis bis zur Fersenunterfläche: 3 cun.

Die Beuge- und Streckseiten der oberen Extremitäten und die lateralen, medialen, vorderen und hinteren Seiten haben einheitliche Maße (cun).

IV. Diese Tafeln versuchen möglichst dem tatsächlichen anatomischen und topographischen Aufbau des menschlichen Körpers zu entsprechen. Viele Punkte wurden auch nach dem oben genannten Sinn festgelegt, daher weisen sie (besonders die des Rumpfes) gegenüber den bisherigen Veröffentlichungen Differenzen auf:
1. Die Brust-Rückenpunkte liegen interkostal, jedoch nicht in einer horizontalen, sondern in einer gekrümmten Linie. Angabe und Aufsuchen der Rückenpunkte orientieren sich nach den Dornfortsätzen.
2. Die ungleichen Abstände der Rückenpunkte sind bedingt durch die verschiedene Größe der Wirbelkörper und die ungleiche Länge und Neigung der Dornfortsätze.
3. Da die Dornfortsätze der Brustwirbel nach dorso-kaudal gerichtet sind, stehen die Enden der Dornfortsätze mit den entsprechenden Interkostalräumen nicht auf gleicher Höhe. Die Dornfortsätze liegen um einen Interkostalraum tiefer, z. B. der Dornfortsatz des 1. Brustwirbels liegt im 2. Interkostalraum. Aus diesem Grunde liegen hier die Punkte der Blasenmeridiane gegenüber früheren Darstellungen jeweils um einen Interkostalraum tiefer. So liegt B 18 im 10. Interkostalraum und nicht wie in anderen Beschreibungen (z. B. Bachmann*) im 9. Interkostalraum. Da der menschliche Körper einem unregelmäßig geformten Zylinder entspricht, erscheinen die horizontalen cun infolge der perspektivischen Verkürzung umso kleiner bzw. kürzer, je lateraler sie liegen.
4. Da das Foramen infraorbitale etwas medial von der Mittellinie der Augen (= Pupillarlinie bei Blick geradeaus) liegt, ist die Verbindung der Punkte M $5^{B} = 2^{CH}$ und M $4^{B} = 1^{CH}$ (n. Bachmann*) nicht in der Vertikallinie.

---

* Anmerkung der Autoren.

5. Diese Tafeln und ihre Überprüfung wurden großzügig vom Revolutionskomitee der Zhong-Shan Universität, der Zhong-Shan medizinischen Fakultät und vom Can Tong Spital für traditionelle Medizin mit vielen Unterlagen und Anregungen unterstützt.

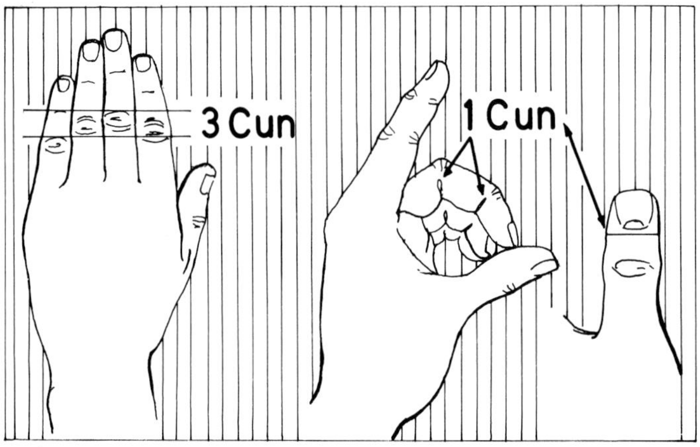

Skizze 29: Mittelfinger-cun u. a.

a) „Mittelfinger"-cun
b) „Daumen"-cun
c) 4 Querfinger = 3 cun

Anmerkung der Verfasser:

1. 1 cun wird in 10 fen geteilt (cun ist das chinesische Zoll).
2. Die hier verwendeten cun sind relative Maße; sie sind je nach der Körpergröße und je nach unterschiedlichem Körperbau an den einzelnen Körperteilen *verschieden* groß.
3. Die „Körpercun", auch relative oder subjektive cun, sind *nicht* zu verwechseln mit den früher üblichen absoluten cun als Maßeinheit (1 cun = 2,5 cm, 1 fen = 2,5 mm)[19]. Es gibt noch andere Umrechnungen des absoluten cun in das metrische System.

2. Die neuen Punkte (Neu-P.)

KOPF-HALS-BEREICH

■ Neu-P. 1 Abb. 1

„Oberer Augenglanz"
Shang Jing Ming (Schang Dsing Ming) engl.: Shang Ching Ming

Lok.: etwa 2 fen oberhalb von B 1 (Ching Ming)
Ind.: Tränen bei Wind, Hornhauttrübung, Refraktionsanomalien
St.: entlang der Orbitalwand, in Richtung Augenhöhlenspitze 1–1,5 cun

■ Neu-P. 2 Abb. 1

„Unterer Augenglanz"
Xia Jing Ming (Hia Dsing Ming) engl.: Hsia Ching Ming

Lok.: etwa 2 fen unterhalb von B 1 (Ching Ming)
Ind.: wie 1
St.: wie 1

Neu-P. 3 Abb. 1

„Bessere Sicht"
Jian Ming (Djiän Ming) engl.: Chien Ming

Lok.: etwa 2 fen kaudal und lateral von Neu-P. 2 entfernt, medial am unteren Orbitalrand
Ind.: Katarakt, Opticusatrophie, Retinitis, Nachtblindheit, Retinitis pigmentosa, Strabismus, Tränensackentzündung
St.: entlang der Orbitalwand, in Richtung Orbitalspitze 1–1,5 cun

Neu-P. 4 Abb.: 1

„Bessere Sicht 1"
Jian Ming 1 (Djiän Ming 1) engl.: Chien Ming 1

Lok.: zwischen Neu-P. 3 und M 4 (Cheng Qi) am inneren unteren Orbitalrand (M 4 ist M 1 n. chin. T.).
Ind.: Hornhautgeschwür, Staphyloma corneae, Pannus (bei Trachom, Ekzem, P. degenerativus)
St.: wie Neu-P. 3

Neu-P. 5 Abb.: 1

„Bessere Sicht 2"
Jian Ming 2 (Djiän Ming 2) engl.: Chien Ming 2

Lok.: zwischen M 4 (Cheng Qi) und PaM 8 (Qiu Hou = PaM 8)
Ind.: Hornhauttrübung, Opticusatrophie, Chorio-Retinitis, Nachtblindheit, Hornhautgeschwüre, Dakryocystitis
St.: wie Neu-P. 3

Neu-P. 6 Abb.: 1

„Bessere Sicht 3"
Jian Ming 3 (Djiän Ming 3) engl.: Chien Ming 3

Lok.: 3 fen oberhalb und lateral von PaM 8 (Qiu Hou), an der Innenseite des lateralen Orbitalrandes
Ind.: Strabismus
St.: entlang der Orbitalwand 1–1,5 cun

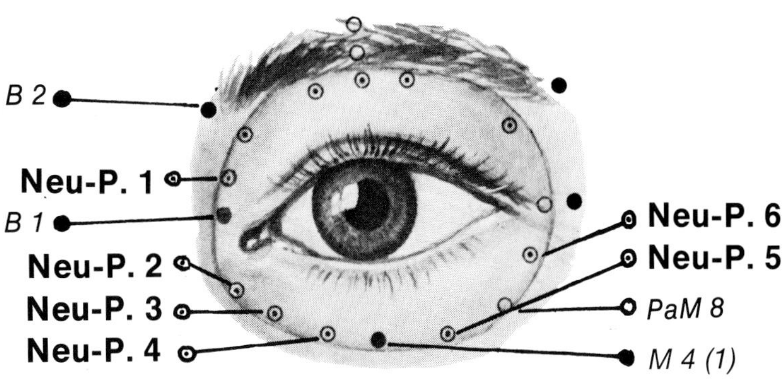

Abb. 1: Linkes Auge* Tafel I/51 Neu-P. 1–6

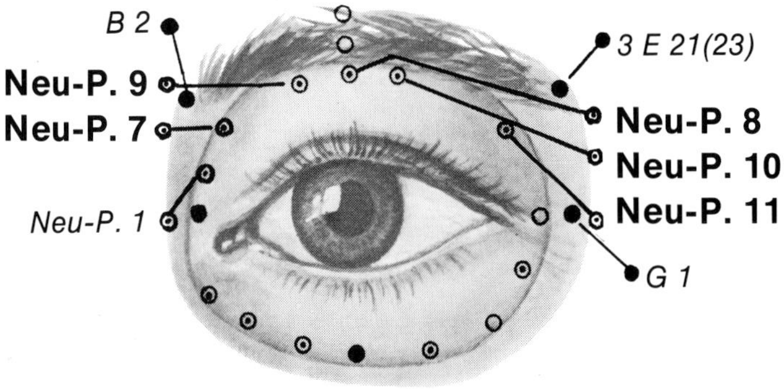

Abb. 2: Linkes Auge Tafel I/51 Neu-P. 7–11

Neu-P. 7 Abb. 2

„Bessere Sicht 4"
Jian Ming 4 (Djiän Ming 4) engl.: Chien Ming 4

Lok.: 3 fen oberhalb von Neu-P. 1 am oberen Orbitalrand in der Vertiefung des kraniomedialen Orbitalwinkels
Ind.: Myopie, Glaukom, Katarakt
St.: Patient nach unten blicken lassen, entlang der Orbitalwand in Richtung Orbitalspitze 8 fen – 1,5 cun vorschieben

Neu-P. 8 Abb. 2

„Oberer Glanz"
Shang Ming (Schang Ming) engl.: Shang Ming

Lok.: in der Mitte der Augenbraue, unterhalb des oberen Orbitalrandes
Ind.: Refraktionsanomalie
St.: entlang der oberen Orbitalwand in Richtung Orbitalspitze 1–1,5 cun

Neu-P. 9 Abb. 2

„Vermehrter Glanz"
Zeng Ming 1 (Dseng Ming 1) engl.: Tseng Ming 1

Lok.: etwa 2 fen medial von Neu-P. 8
Ind.: Keratoleukom, Pannus, Hornhauttrübung, Myopie
St.: wie Neu-P. 8

Neu-P. 10 Abb.: 2

„Vermehrter Glanz 2"
Zeng Ming 2 (Dseng Ming 2) engl.: Tseng Ming 2

Lok.: etwa 2 fen lateral von Neu-P. 8
Ind.: wie Neu-P. 8
St.: wie Neu-P. 8

Neu-P. 11 Abb. 2

„Äußerer Glanz"
Wai Ming (Uai Ming) engl.: Wai Ming

Lok.: etwa 3 fen oberhalb des lateralen Augenwinkels
Ind.: Refraktionsanomalie
St.: wie Neu-P. 8

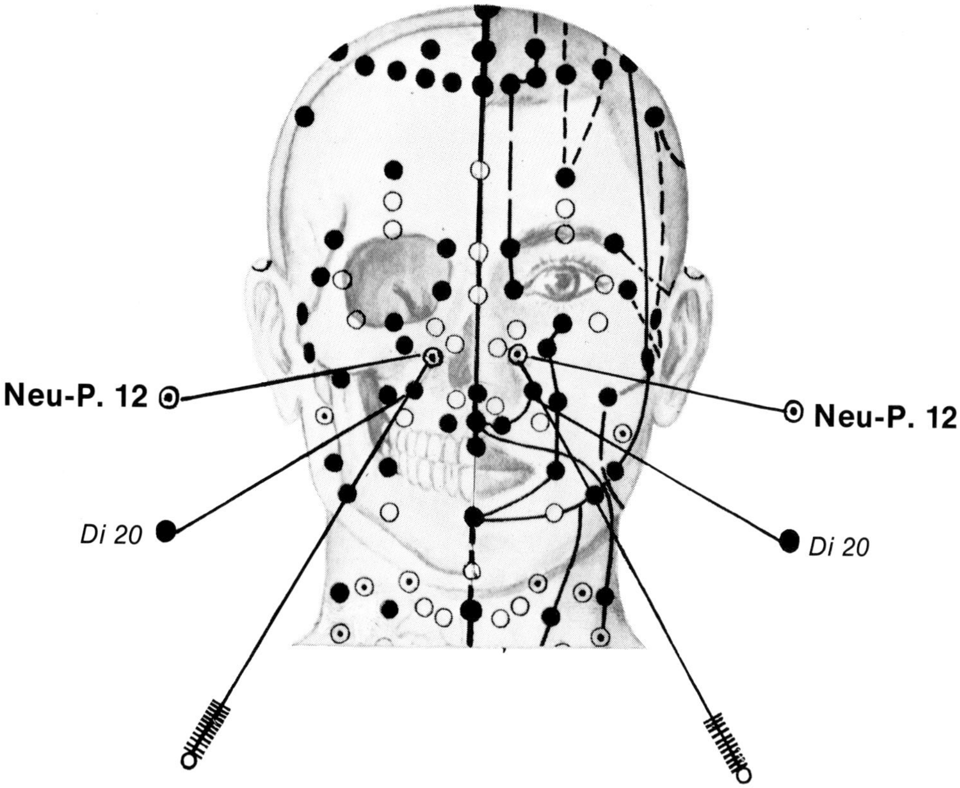

Abb. 3: Gesicht   Tafel I/12   Neu-P. 12

■ **Neu-P. 12** Abb. 3, 8

„Durchgängige Nase"
Bi Tong (Bi Tung) engl.: Pi Tung

Lok.: am oberen Ende der naso-labialen Falte, in der Vertiefung unterhalb des Nasenbeines (s. Abb. 3)

Ind.: verlegte Nase, Nasenfurunkel, Rhinitis

St.: 3–6 fen nach medio-kranial; man kann auch von Di 20 zum Neu-P. 12 stechen, die beiden Nadeln bilden nachher zwei nach oben konvergierende Linien, das chinesische Zeichen für 8. (八 = etwa ein umgekehrtes „V")

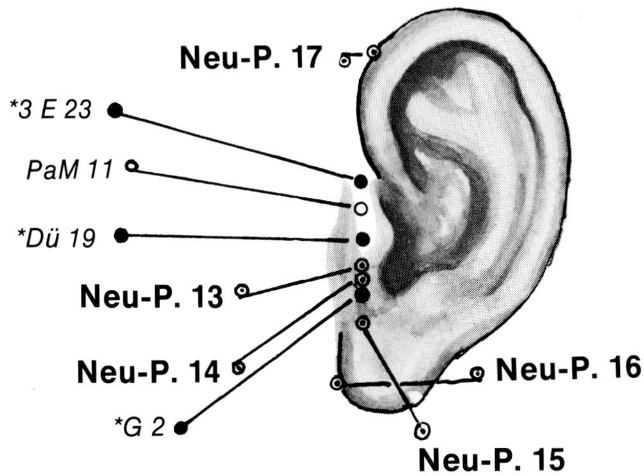

Abb. 4: Ohrmuschel Tafel III/59 Neu-P. 13–17

Neu-P. 13 Abb.: 4

„Hörpunkt"
Ting Xue (Ting Hüo) engl.: Ting Hsueh

Lok.: der Mittelpunkt der Verbindungslinie zwischen Dü 19 (Ting Gong) und G 2 (Ting Hui); die Lage dieser Meridianpunkte stimmt nicht mit den Angaben von BACHMANN-BISCHKO überein

Ind.: Taubstummheit

St.: senkrecht 1–2 cun bei etwas geöffneten Mund

Neu-P. 14 Abb. 4

„Besseres Hören"
Ting Ling (Ting Ling) engl.: Ting Ling

Lok.: Mittelpunkt der Verbindungslinie zwischen Neu-P. 13 und G 2 Ting Hui (die Lage dieses Meridianpunktes stimmt nicht mit den Angaben von BACHMANN-BISCHKO überein)

Ind.: Taubstummheit, Ohrensausen

St.: bei etwas geöffnetem Mund senkrecht 1,5–2 cun

Neu-P. 15 Abb. 4

„Feines Gehör"
Ting Cong (Ting Tsung) engl.: Ting Chung

Lok.: 2 fen unterhalb von* G 2 (Ting Hui)

Ind.: Taubstummheit

St.: senkrecht 1,5–2 cun

Neu-P. 16 Abb. 4

„Scharfes Gehör"
Ting Min (Ting Min) engl.: Ting Min

Lok.: Ohrläppchenwurzel

Ind.: Taubstummheit

St.: senkrecht 1,5 cun

---

* abweichende Lage bei anderen Autoren (z. B. BACHMANN).

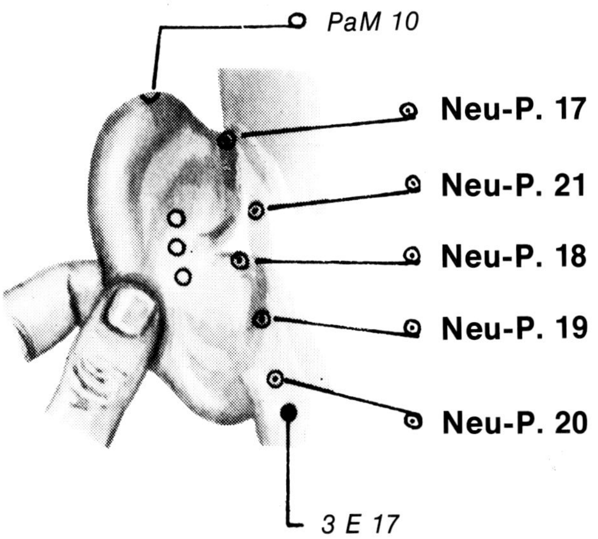

Abb. 5: Ohrmuschelrückseite Tafel II/14 Neu-P. 17–21

■ Neu-P. 17 Abb. 4, 5

„Obere Ohrwurzel"
Shang Er Gen (Schang Öl Gen) engl.: Shang Erh Ken

Lok.: in der Mitte der oberen Ohrwurzel
Ind.: Hemiplegie, Lateralsklerose, (Hypertonie s. Dr. Ho)
St.: 5 fen senkrecht nach unten

Neu-P. 18 Abb. 5

„Hinterer Hörpalast"
Hou Ting Gong (Hou Ting Gung) engl.: Hou Ting Kung

Lok.: zieht man die Ohrmuschel nach vorne, so liegt er etwas unterhalb der jetzt auftretenden Falte, in Höhe des* Dü 19 (Ting Gong)
Ind.: Taubheit
St.: 5 fen – 1 cun, leicht nach vorne unten

Neu-P. 19 Abb. 5

„Hinterer Hörpunkt"
Hou Ting Xue (Hou Ting Hüo) engl. Hou Ting Hsueh

Lok.: zwischen Neu-P. 18 und Neu-P. 20 in Höhe des Neu-P. 13
Ind.: Taubheit
St.: wie Neu-P. 18

Neu-P. 20 Abb. 5

„Weiterer hinterer Hörpunkt"
Hou Ting Hui (Hou Ting Huee) engl.: Hou Ting Hui

Lok.: in einer Vertiefung, 5 fen oberhalb von 3 E 17 (Yi Feng), in Höhe von* G 2 (Ting Hui) (entspricht nicht Bachmann)
Ind.: Ohrensausen, Taubheit
St.: etwas nach vorne unten 1,5–2 cun

Neu-P. 21 Abb. 5

„Hinteres feines Gehör"
Hou Cong (Hou Tsung) engl.: Hou Chung

Lok.: die Auffindungsart ist wie bei Neu-P. 18, etwas oberhalb von jener Falte hinter dem Ohr; das entspricht der Mitte zwischen Ohransatz und hinterem Haaransatz.
Ind.: Taubheit
St.: 3–5 fen in Richtung Nasenrückenmitte

---

* Abweichende Lage bei anderen Autoren (z. B. Bachmann)

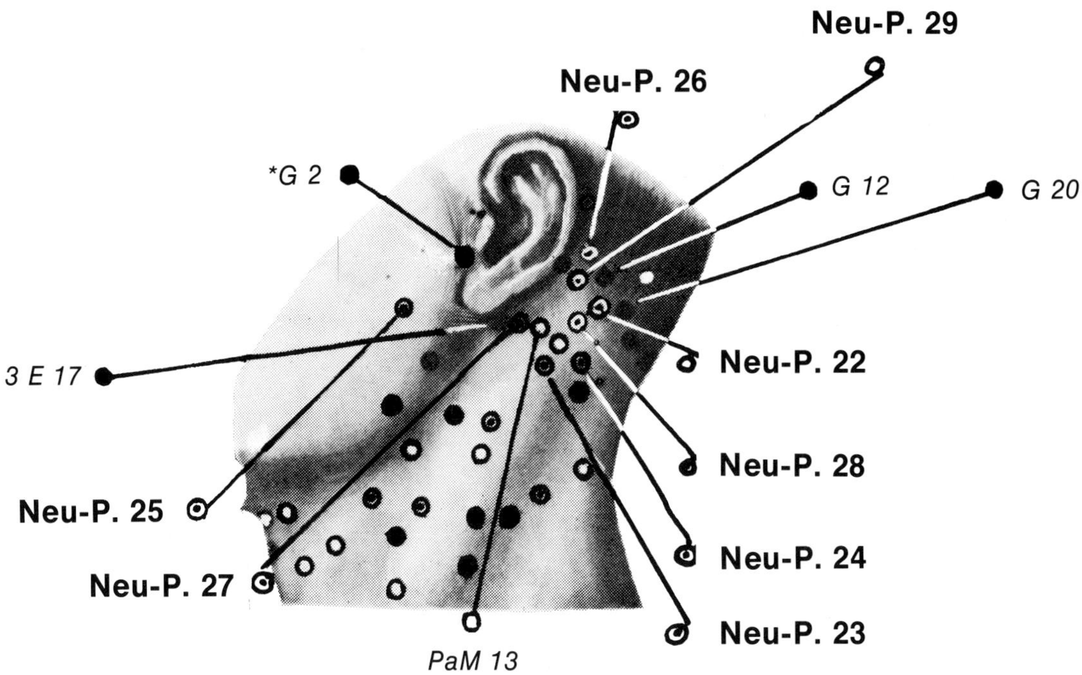

Abb. 6: Hals (seitlich) Tafel III/19 Neu-P. 22–29

Neu-P. 22 Abb. 6

„Hörpunkt 1" (vor dem Teich)
Chi Qian (Tsche Tsiän) engl.: Chih Chien
Lok.: 5 fen vor G 20 (Feng Chi)
Ind.: Taubheit
St.: schräg 2–2,5 cun in Richtung 3 E 17 (Yi Feng)

Neu-P. 23 Abb. 6, 7

„Hörpunkt 2" (verdeckte Sicht)
Yi Ming Xia (I Ming Hia) engl.: Yi Ming Hsia
Lok.: 5 fen unterhalb von Yi Ming (Yi Ming = PaM 13 und liegt unter dem Processus mastoideus, etwa 1 cun von 3 E 17 [Yi Feng] nach hinten)
Ind.: Taubheit
St.: 2 cun zum Neu-P. 20

Neu-P. 24 Abb. 6

„Hörpunkt 3" (himmlisches Hören)
Tian Ting (Tien Ting) engl.: Tien Ting
Lok.: 5 fen unterhalb von Neu-P. 28
Ind.: Taubheit
St.: senkrecht 1,5 cun

■ **Neu-P. 25** Abb. 6

„Zurückziehen" (Gesichtslähmung)
Qian Zheng Xue (Tchiän Dscheng Hüo)
engl.: Chien Cheng Hsueh
Lok.: 5 fen – 1 cun vor dem Ohrläppchen
Ind.: Fazialisparese, Ulzera in der Mundhöhle
St.: nach vorne, schräg 3–5 fen

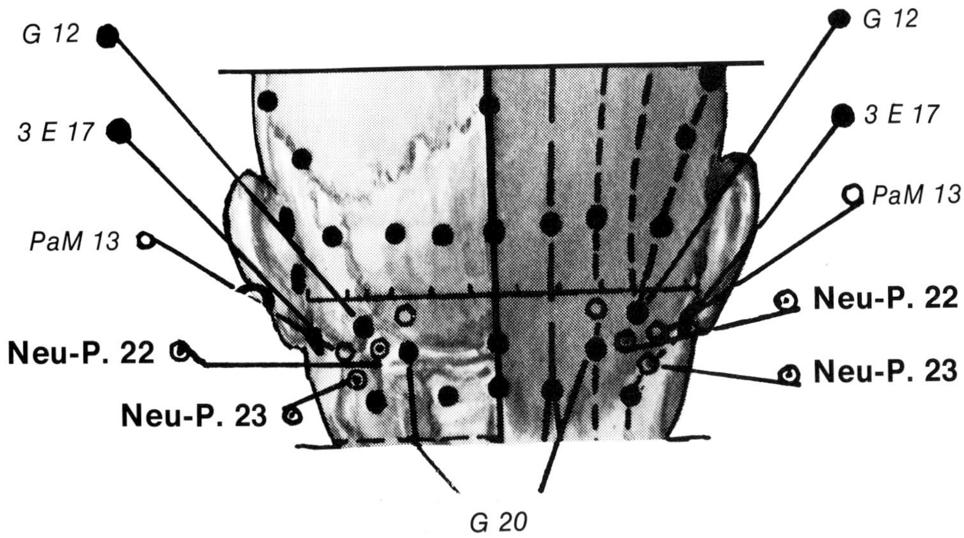

Abb. 7: Nacken   Tafel II/15   Neu-P. 22, 23

Neu-P. 26 Abb. 6

„Felsenteich"
Yan Chi (Yän Tsche) engl.: Yen Chih.

Lok.: Schnittpunkt zwischen der horizontalen Linie über der höchsten Erhebung des Processus mastoideus mit der Haaransatzlinie

Ind.: grüner Star

St.: senkrecht (oder etwas nach hinten) 2 cun

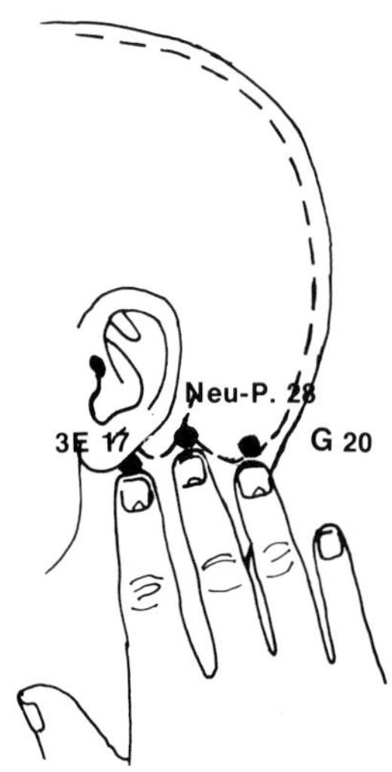

Skizze 29a: Neu-P. 28

■ Neu-P. 27 Abb. 6

„Sedativpunkt 1" (ruhiger Schlaf 1)
An Mian 1 (An Mien 1) engl.: An Mien 1

Lok.: Mittelpunkt der Verbindungslinie zwischen 3 E 17 (Yi Feng) und Yi Ming (PaM 13)

Ind.: Schlaflosigkeit, Migräne, Schizophrenie

St.: senkrecht 1,5–2 cun

■ Neu-P. 28 Abb. 6, 8

„Sedativpunkt 2" (ruhiger Schlaf 2)
An Mian 2 (An Mien 2) engl.: An Mien 2

Lok.: Mittelpunkt von der Verbindungslinie zwischen G 20 (Feng Chi) und Yi Ming = PaM 13 (s. Text von Neu-P. 23) oder: in der Knochenrinne zwischen Warzenfortsatz und Hinterhauptschuppe, in Höhe des Antitragus („Valium" der Akupunktur)

Ind.: Schlaflosigkeit, Rastlosigkeit, Unruhe, Herzjagen, Schizophrenie

St.: senkrecht 1–2 cun

Neu-P. 29 Abb. 6

„Wachpunkt" (Erregung)
Xing Fen (Hing Fen) engl.: Hsing Fen

Lok.: dorso-kranial vom Proc. mastoideus, 5 fen schräg oben von Neu-P. 28

Ind.: Schlafsucht

St.: senkrecht 1,5–2 cun

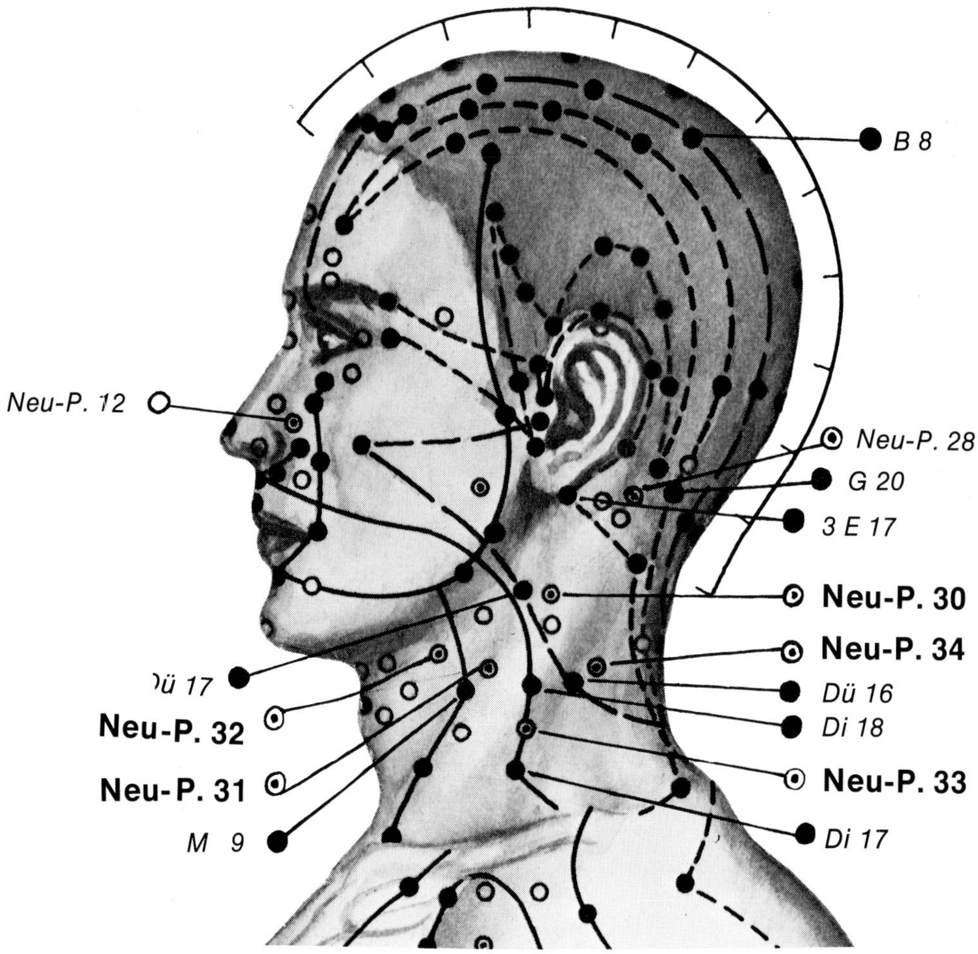

Abb. 8: Kopf (seitlich) Tafel III/18 Neu-P. 30–34

Neu-P. 30 Abb. 8

„Zahnpunkt" (hinter der himmlischen Figur)
Rong Hou (Jung Hou) engl.: Jung Hou)

Lok.: 1,5 cun unter 3E 17 (Yi Feng), etwas hinter Dü 17 (Tian Rong = himmlische Figur laut Bachmann)

Ind.: Zahnschmerzen

St.: senkrecht 5 fen – 1 cun

Neu-P. 31 Abb. 8

„Stimmverstärkung"
Qiang Yin (Tchiang Yin) engl.: Chiang Yin

Lok.: 2 cun lateral vom Kehlkopf, dorso-kranial von M 9

Ind.: Stummheit, Sprachverlust,

St.: 1,5 cun in Richtung Zungenwurzel

Neu-P. 32 Abb. 8

„Stimmvermehrung"
Zeng Yin (Dseng Yin) engl.: Tseng Yin

Lok.: Mittelpunkt der Verbindungslinie zwischen Kehlkopf und Unterkieferwinkel, dorso-kranial von M 9 (Ren Ying)

Ind.: Stummheit,

St.: der A. carotis ausweichend, in Richtung Pharynx 1,5 cun stechen

Neu-P. 33 Abb. 8

„Paresepunkt" (unter der seitlichen Vorwölbung)
Xia Fu Tu (Hia Fu Tu) engl.: Hsia Fu Tu

Lok.: 5 fen kaudal von Di 18 (Fu Tu) oberhalb von Di 17 (Tian Ding)

Ind.: Lähmung der oberen Extremitäten, Tremor

St.: 2–3 fen schräg nach oben

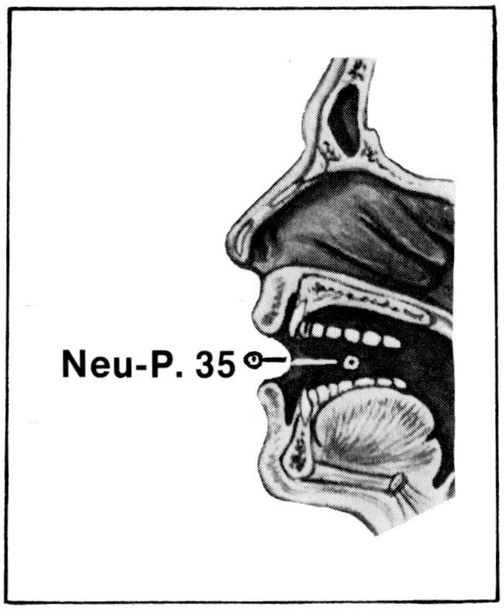

Abb. 9: Wange (innen) Tafel I/11 Neu-P. 35

Neu-P. 34 Abb. 8

„Halsmitte"
Jing Zhong (Djing Dschung) engl.: Ching Chung

Lok.: 2 cun von Neu-P.28 nach unten (Hals-cun ist gleich dem Rumpf-cun) am Hinterrand des M. sternocleidomastoideus

Ind.: Halbseitenlähmung

St.: 2 cun senkrecht (oder schräg nach oben)

Neu-P. 35 Abb. 9

„Wange"
Jia Nei (Djia Nee) engl.: Chia Nei

Lok.: auf der Wangenschleimhaut, entspricht dem 1. Molaren

Ind.: Taubheit

St.: 5 fen – 1 cun schräg zum Ohr

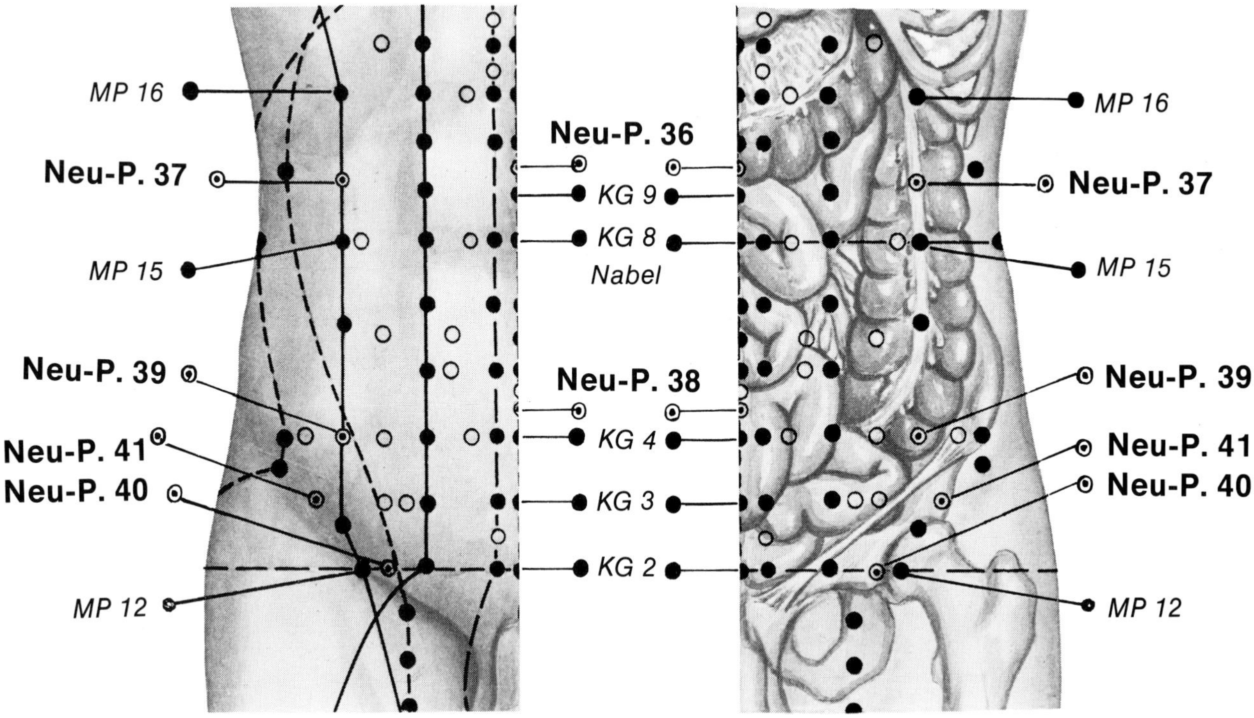

Abb. 10: Bauch

Tafel I/32

Neu-P. 36–41

BAUCH-BEREICH

Neu-P. 36 Abb. 10

„Über dem Wasser"
Shui Shang (Schue Schang) engl.: Shui Shang
Lok.: 5 fen oberhalb von KG 9 (Shui Fên); oder: 1,5 cun oberhalb der Nabelmitte
Ind.: Hyperazidität
St.: senkrecht 1,5–2 cun

Neu-P. 37 Abb. 10

„Magenfreude"
Wei Le (Uee Lö) engl.: Wei Le
Lok.: 2 fen oberhalb und 4 cun lateral von KG 9, (Shui Fen) entspricht etwa dem Mittelpunkt zwischen MP 16 (Fu Ai) und MP 15 (Da Heng)
Ind.: Magenschmerzen
St.: senkrecht 1–1,5 cun

■ Neu-P. 38 Abb. 10

„Diarrhoepunkt" (durchfallstillend)
Zhi Xie (Dsche Siä) engl.: Chih Hsieh
Lok.: 2,5 cun unter dem Nabel
Ind.: Ruhr, Darmentzündung
St.: senkrecht 1,5–2 cun

Neu-P. 39 Abb. 10

„Tragen"
Ti Tuo (Ti Tuo) engl.: Ti Tuo
Lok.: 4 cun lateral von KG 4 (Guan Yuan)
Ind.: Prolapsus uteri, Unterbauchschmerzen, Koliken,
St.: senkrecht 8 fen – 1 cun

Neu-P. 40 Abb. 10

„Prolapspunkt" (zwischen den beiden Chong: M 30 (Qi Chong) und MP 12 (Chong Men)
Chong Jian (Tschung Djiän) engl.: Chung Chien
Lok.: 3 cun lateral von KG 2 (Qu Gu)
Ind.: „Prolapsus uteri"
St.: senkrecht 1–2,5 cun

Neu-P. 41 Abb. 10

„Inguinalpunkt"
Shu Xi (Schu Hi) engl.: Shu Hsi
Lok.: in der Inguinalfurche, an der Grenze zum äußeren Drittel
Ind.: Kraftlosigkeit beim Heben der unteren Extremitäten
St.: senkrecht 2–3 cun

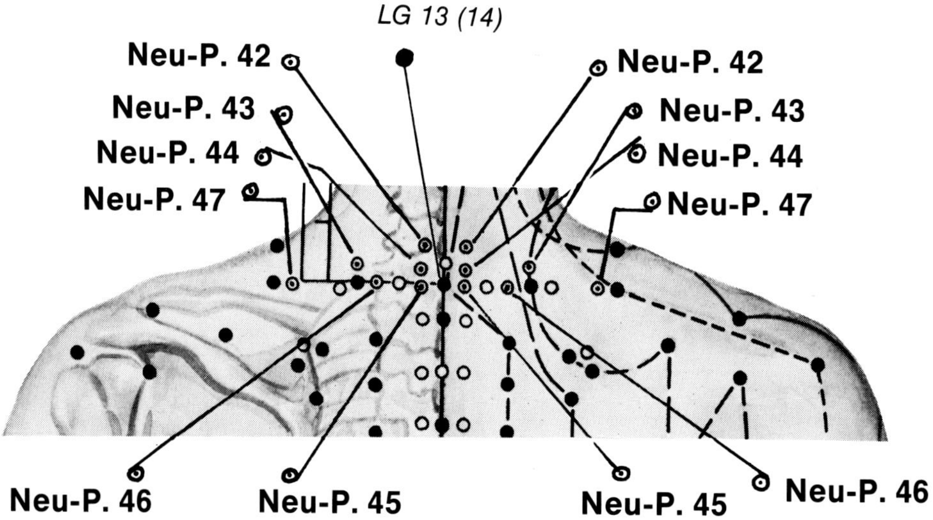

Abb. 11: Nacken Tafel II/15 Neu-P. 42–47

LENDEN-RÜCKENBEREICH

■ Neu-P. 42 Abb. 11

„Nasenpunkt" (seitlich des 6. Halswirbelkörpers)
Liu Jing Zhui Pang (Liu Sing Dschuee Pang) engl.: Liu Ching Chui Pang

Lok.: 5 fen lateral vom 6. HWD (= Halswirbeldorn)
Ind.: Rhinitis, Hyposmie
St.: senkrecht 5 fen – 1 cun

■ Neu-P. 43 Abb. 11

„Blutdruckpunkt"
Xue Ya Dian (Hüo Ya Diän) engl.: Hsueh Ya Tien

Lok.: 2 cun lateral vom kaudalen Ende des 6. HWD
Ind.: Hypertonie, Hypotonie
St.: senkrecht 5 fen – 1 cun

■ Neu-P. 44 Abb. 11

„Halspunkt" (seitlich des 7. Halswirbelkörpers)
Qi Jing Zhui Pang (Tsi Dsing Dschuee Pang) engl.: Chi Ching Chui Pang)

Lok.: 5 fen lateral vom 7. HWD
Ind.: akute und chronische Tonsillitis, Laryngitis
St.: senkrecht 5 fen – 1 cun

■ Neu-P. 45 Abb. 11

„Asthmapunkt"
Ding Chuan (Ding Tschuan) engl.: Ting Chuan

Lok.: 5 fen lateral vom Da Zhui = LG 13 (14) (Da Zhui liegt zwischen C VII und Th I).
Ind.: Asthma bronchiale, Bronchitis, Lähmung der oberen Extremität
St.: etwa 1 cun senkrecht

■ Neu-P. 46 Abb. 11

„Äußerer Asthmapunkt"
Wai Ding Chuan (Wai Ding Tschuan) engl.: Wai Ting Chuan

Lok.: 1,5 cun lateral vom Da Zhui LG 13 (14), s. Neu-P. 45
Ind.: Asthma bronchiale, Bronchitis
St.: schräg 5 fen – 1 cun

■ Neu-P. 47 Abb. 11

„Tbc-Punkt"
Jie He Xue (Djiä Ho Hüo) engl.: Chieh He Hsueh

Lok.: 3,5 cun lateral vom Da Zhui = LG 13 (14)
Ind.: Lungen-Tbc und andere tuberkulöse Erkrankungen
St.: senkrecht 5–8 fen

Neu-P. 48** Abb. 12

(= P. 4 n. Hua Tuo)
„Magenwärme"
Wei Re Xue (Uee Jö Hüo) engl.: Wei Je Hsueh
Lok.: 5 fen lateral vom kaudalen Ende des 4. BWD (= Brustwirbeldorn)
Ind.: Gingivitis, Magenerkrankungen
St.: schräg 5 fen – 1 cun

Neu-P. 49** Abb. 12

(= P. 5 n. Hua Tuo)
„Mittlerer Asthmapunkt"
Zhong Chuan (Dschung Tschuan) engl.: Chung Chuan
Lok.: 5 fen lateral vom kaudalen Ende des 5. BWD
Ind.: Asthma bronchiale, Bronchitis, Rükkenschmerzen, Brustschmerzen
St.: senkrecht 5 fen – 1 cun
P.S.: wie der vorhergenannte ist auch Neu-P. 49 ein Punkt der Hua-Tuo'schen Paravertebral-Punkte (siehe Abb. 37)

Neu-P. 50 Abb. 12

„Schulterschmerzpunkt"
Jian Tong Dian (Djiän Tung Diän) engl.: Chien Tung Tien
Lok.: Mittelpunkt des Margo lat. scapulae
Ind.: Schulterschmerz, Lähmung der oberen Extremitäten
St.: senkrecht 5–8 fen

Neu-P. 51** Abb. 12

(= P. 6 n. Hua Tuo)
„Milzwärme"
Pi Re Xue (Pi Jö Hüo) engl.: Pi Je Hsueh
Lok.: 5 fen lateral vom kaudalen Ende des 6. BWD
Ind.: Dyspepsie, Milzschwellung, Pancreatitis
St.: schräg 5 fen – 1 cun

** Siehe S. 119, und S. 85 Fußnote.
*** Auf der Verbindungslinie zwischen dem Angulus caudalis scapulae rechts und links liegt der 8. BWD, 0,5 fen oberhalb 7. BWD, 0,5 fen unterhalb der 9. BWD.

Neu-P. 52** Abb. 12

(= P. 7 n. Hua Tuo)
„Nierenwärme"
Shen Re Xue (Schen Jö Hüo) engl.: Shen Je Hsueh
Lok.: 5 fen lateral vom kaudalen Ende des 7. BWD***
Ind.: Harnwegsinfektion, Nephritis
St.: schräg 5 fen – 1 cun

Neu-P. 53 Abb. 12

„Bessere Sicht 5"
Jian Ming 5 (Djiän Ming) engl.: Chien Ming 5
Lok.: 1,5 cun lateral vom 9. BWD, d. h. 5 fen kranial von B 18 (Gan Yu)***
Ind.: Optikusatrophie, Katarakt, Retinitis, Keratokonus
St.: senkrecht 5–8 fen

Neu-P. 54 Abb. 12

„Ulkuspunkt"
Kui Yang Xue (Kuee Yang Hüo) engl.: Kui Yang Hsueh
Lok.: 2 cun lateral von B 45 (n. BACHMANN = Wei Cang), 6 cun lateral vom unteren Ende des 12. BWD
Ind.: Ulcus ventriculi et duodeni
St.: schräg 3–5 fen

Neu-P. 55 Abb. 12

„Angenehmer Magen"
Wei Shu (Uee Schu) engl.: Wei Shu
Lok.: Schnittpunkt der 12. Rippe mit dem M. sacrospinalis, das entspricht 4,5 cun lateral vom 2. LWD (= Lendenwirbeldorn) entfernt
Ind.: Magenschmerz, Magenkrampf
St.: senkrecht 1–2,5 cun

Neu-P. 56** Abb. 12

„Nierenrücken" (= P. 14 n. Hua Tuo) Abb. 37)
Shen Ji (Schen Dsi) engl.: Shen Chi
Lok.: 5 fen lateral vom unteren Ende des 2. LWD entfernt
Ind.: Lumbago, Lähmung der unteren Extremitäten
St.: senkrecht 1,5 cun – 2 cun

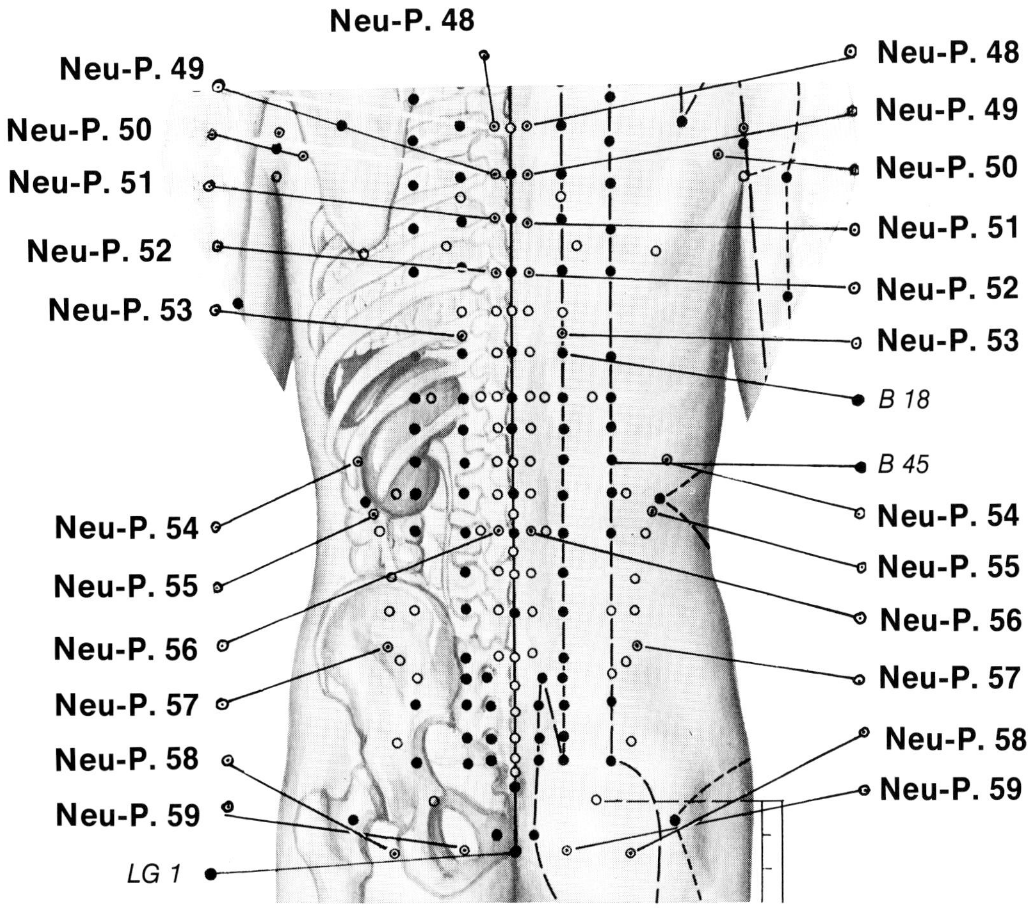

Abb. 12: Rücken   Tafel II/25, 35   Neu-P. 48–59

Neu-P. 57 Abb. 12

„Springen"
Tiao Yue (Tiau Yüo) engl.: Tiao Yueh
Lok.: 2 cun vom höchsten Punkt der Spina iliaca nach dorso-kaudal
Ind.: Folge von Kinderlähmung
St.: senkrecht 1–1,5 cun

■ Neu-P. 58 Abb. 12

„Sitzknochen"
Zuo Gu (Dsuo Gu) engl.: Tsuo Ku
Lok.: 1 cun kaudal vom Mittelpunkt der Verbindungslinie zwischen Trochanter major und dem untersten Punkt des Steißbeines
Ind.: Ischialgie
St.: senkrecht 2–3 cun

Neu-P. 59 Abb. 12

„Prolapspunkt" (seitlich vom „Wachsen der Kraft" = LG 1)
Pang Qiang (Pang Tschiang) engl.: Pang Chiang
Lok.: 1,5 cun lateral von LG 1 (Chang Qiang)
Ind.: Prolapsus recti, Prolapsus uteri
St.: nach innen schräg 3–5 cun

** ist ein Punkt der Hua Tuo'schen Paravertabralpunkte (Hua Tuo, chinesischer Arzt, auch „Gott der Chirurgie" genannt, Mitte des 2. Jahrhunderts n. Chr.) S. PaM 85 oder Abb. 37.

OBERE EXTREMITÄT

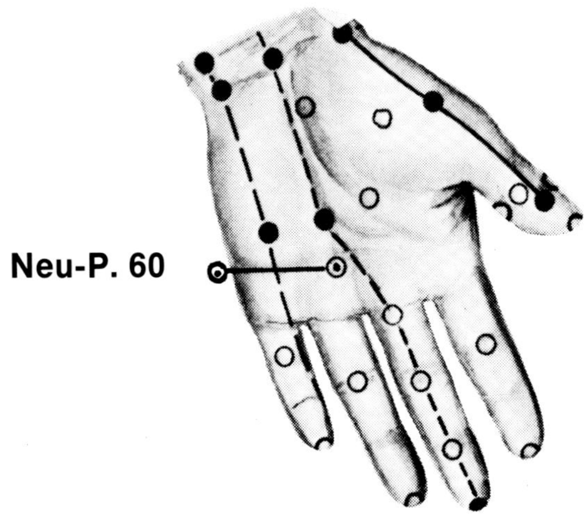

Abb. 13: Handfläche Tafel I/43 Neu-P. 60

■ Neu-P. 60 Abb. 13

„Zahnschmerzpunkt"
Ya Tong (Ya Tung) engl.: Ya Tung

Lok.: auf der Handfläche, zwischen dem 3. und 4. Mittelhandknochen, etwa 1 cun kranial von der volaren metakarpo-phalangealen Handfalte entfernt

Ind.: Zahnschmerz

St.: senkrecht 5 fen

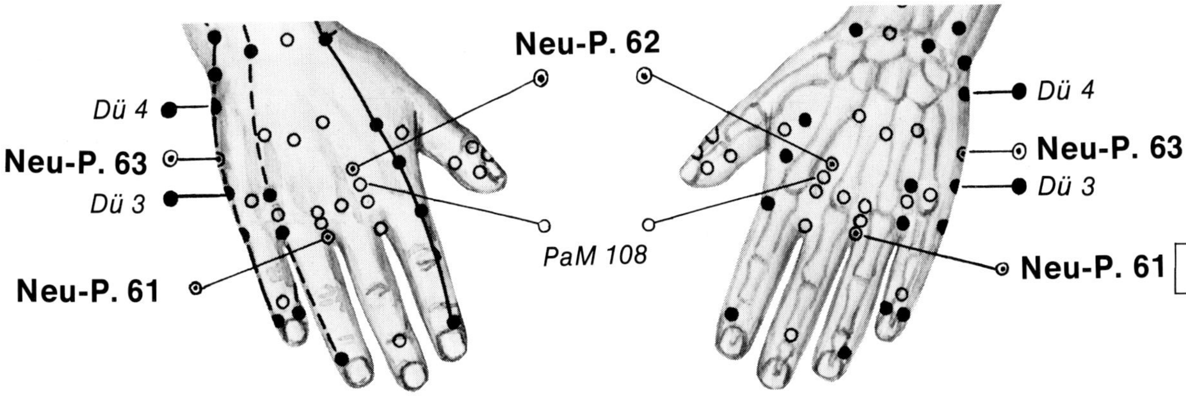

Neu-P. 60–74

Abb. 14: Handrücken

Tafel II/44, 46

Neu-P. 61–63

Neu-P. 61 Abb. 14

„Tor zur Malaria"
Nüe Men (Nüä Men) engl.: Nueh Men

Lok.: auf dem Handrücken, zwischen 3. und 4. Finger, an der Grenze „von weißem und rotem Fleisch" (behaarte – unbehaarte Haut)
Ind.: Malaria
St.: schräg 5 fen – 1 cun

Neu-P. 62 Abb. 14

„Fallen um 05"
Luo Ling Wu (Luo Ling Wu) engl.: Luo Ling Wu

Lok.: etwa 5 fen proximal von PaM 108 (= Luo Zhen) der auf dem Handrücken, zwischen 2. und 3. Mittelhandknochen, 5 fen proximal vom Metakarpo-Phalangealgelenk liegt
Ind.: Magenkrampf, Hypertonie
St.: schräg 5 fen – 1 cun

Neu-P. 63 Abb. 14

„Surditaspunkt" (oberhalb der hinteren Schlacht = Dü 3 Hou Xi)
Shang Huo Xi (Schang Huo Hsi) engl.: Shang Hou Hsi

Lok.: zwischen Dü 3 (Hou Xi) und Dü 4 (Wan Gu) an der ulnaren Handkante
Ind.: Taubstummheit
St.: gerade 1–1,5 cun

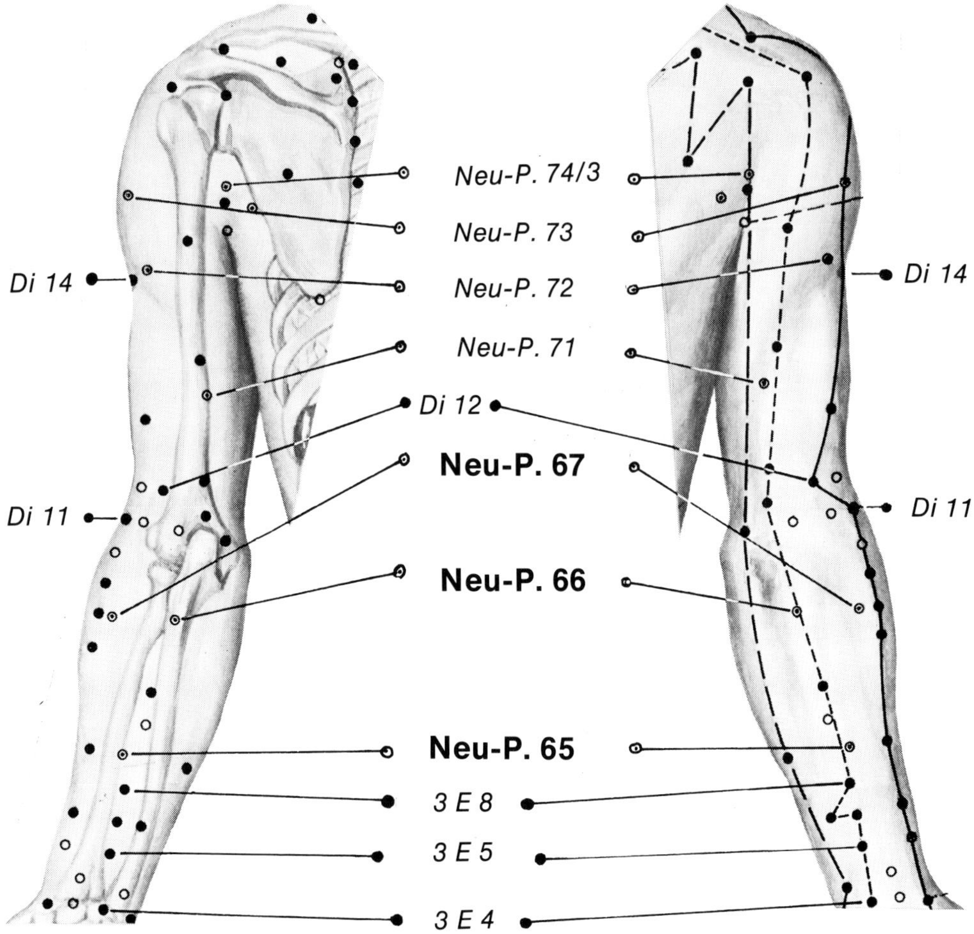

Abb. 15: Ober- und Unterarm (Streckseite) Tafel II/24, 26, 34, 36 Neu-P. 65–67, 71–74

Neu-P. 64 Abb. 16

„Oberhalb von KS 4"
Xi Shang (Hi Schang) engl.: Hsi Shang
Lok.: 3 cun proximal von KS 4 (Xi Men)
Ind.: Mastitis, Pleuritis, Herzklappenerkrankung
St.: senkrecht 1–2 cun

Neu-P. 65 Abb. 15

„Oberhalb der Verbindung"
Luo Shang (Luo Schang) engl.: Lo Shang
Lok.: 3 cun kranial von 3 E 5 (Wai Guan)
Ind.: Taubheit, Parese und Paralyse der oberen Extremitäten, Gelenksschmerzen
St.: senkrecht 1,5 cun

Neu-P. 66 Abb. 15

„Unter dem Olecranon"
Ying Xia (Ying Hia) engl.: Ying Hsia
Lok.: 3 cun distal vom Olecranon, zwischen Ulna und Radius (auf dem Meridian des 3 E)
Ind.: Taubheit, Paralyse der oberen Extremitäten
St.: senkrecht 1–1,5 cun

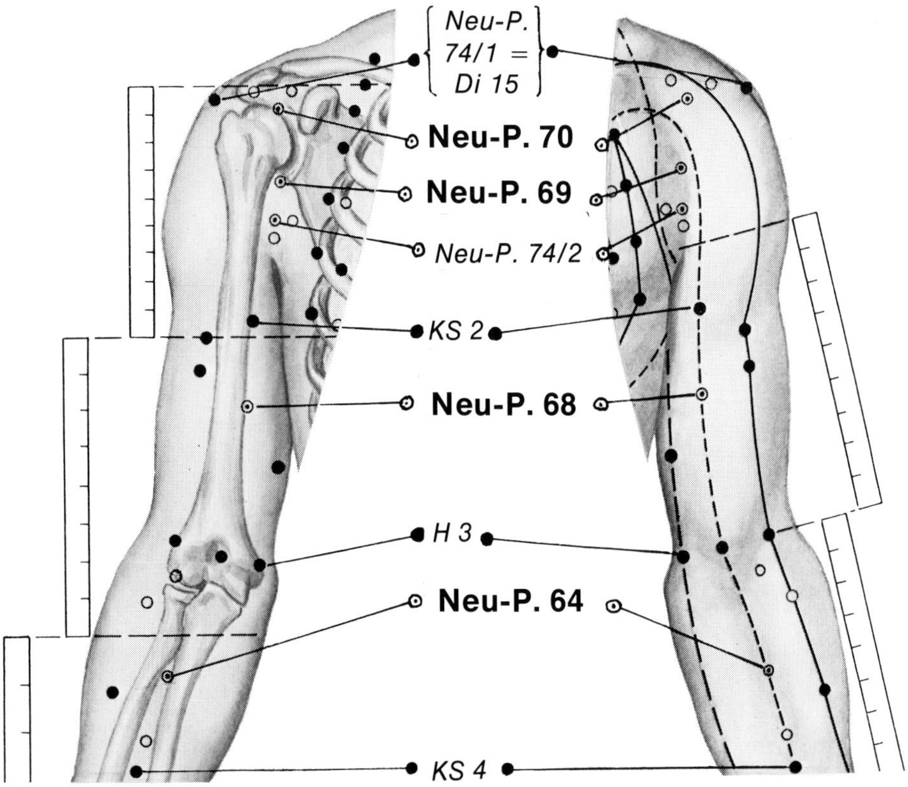

Neu-P. 60–74

Abb. 16: Ober- und Unterarm (Beugeseite) Tafel I/21, 23, 31, 33 Neu-P. 64, 68–70, 74 (Neu-P. 74/1 = Di 15)

Neu-P. 67 Abb. 15

„Verrenkungspunkt"
Niu Shang Xue (Niu Schang Hüo) engl.: Niu Shang Hsueh

Lok.: bei flexiertem Ellbogengelenk wird die mäßig geballte Faust an den Körper gepreßt. Auf der Verbindungslinie Di 11 (Qu Chi) – 3E4 (Yang Chi) liegt Neu-P. 67; 1/4 Distanz distal von Di 11 (Qu Chih)

Ind.: Lumbago (bei starken Schmerzen)

St.: senkrecht 1–2 cun, es wird empfohlen, die lokale Reizwirkung zu verstärken (z. B. durch Drehen der Nadel), der Patient soll dabei gleichzeitig die Lendenwirbelsäule bewegen

Neu-P. 68 Abb. 16

„Mitte des Oberarmes"
Gong Zhong (Gung Dschung) engl.: Kung Chung

Lok.: 2,5 cun kaudal von KS 2 (Tian Quan)

Ind.: Parese der oberen Extremitäten, erschwertes Armheben, Fallhand

St.: senkrecht 1–3 cun

Neu-P. 69 Abb. 16

„Arm heben"
Ju Bi (Djü Bi) engl.: Chu Pi

Lok.: 2 cun kaudal von Neu-P. 70

Ind.: Folge von Kinderlähmung

St.: senkrecht 1–3 cun

Neu-P. 70 Abb. 16

„Schulter heben"
Tai Jian (Tai Djian) engl.: Tai Chien

Lok.: 1,5 cun ventro-kaudal von der Articulatio acromioclavicularis

Ind.: Folge von Kinderlähmung

St.: senkrecht 1–2 cun

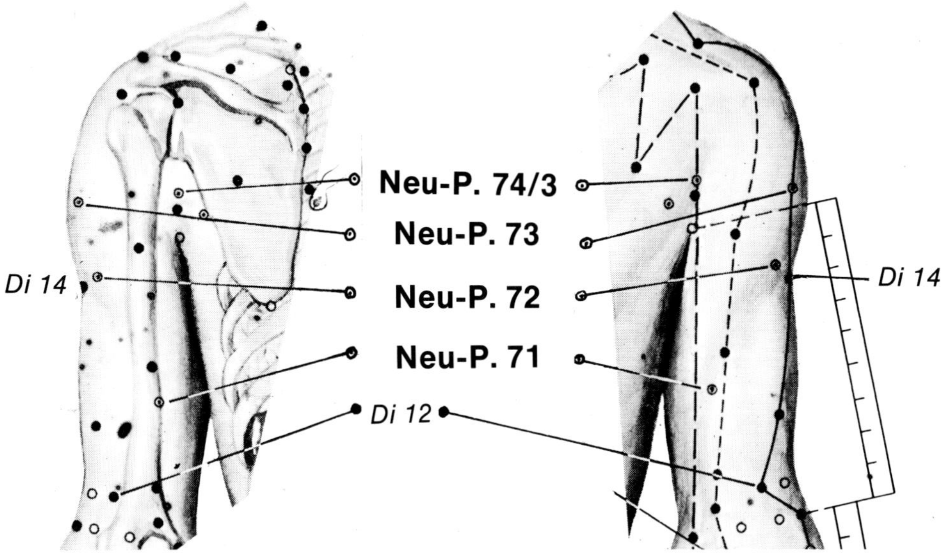

Ausschnitt aus Abb. 15: Ober- und Unterarm (Streckseite) Tafel II/24, 26 Neu-P. 71–74

Neu-P. 71 Abb. 15

„Über dem Olecranon"
Ying Shang (Ying Schang) engl.: Ying Shang

Lok.: 4 cun kranial vom Olecranon
Ind.: Folge von Kinderlähmung
St.: senkrecht 1–2 cun

Neu-P. 72 Abb. 15

„Lichtsehen"
Jian Ming 6 (Djiän Ming 6) engl.: Chien Ming 6

Lok.: lateral am Oberarm, 5 fen dorso-kranial von Di 14 (Bi Nao)
Ind.: Augenerkrankungen, Parese und Paralyse der oberen Extremitäten
St.: nach oben schräg 2–3 cun

■ Neu-P. 73 Abb. 15

„Oberarmpunkt"
Nao Shang (Nao Schang) engl.: Nao Shang

Lok.: im Zentrum des M. deltoideus
Ind.: Armschmerzen, Lähmung der oberen Extremitäten
St.: senkrecht 1–2 cun

■ Neu-P. 74 Abb. 15, 16

„3 Schulterpunkte"
Jian San Zhen (Djiän San Dschen) engl.: Chien San Chen

***Lok.:** es handelt sich um 3 Punkte:
74/1. Di 15 (Jian Yu) Abb. 16
74/2. Jian Qian (Djiän Tchien) vorderer Schulterpunkt (1 cun kranial vom oberen Ende der ventralen Axillarfalte) Abb. 16.
74/3. Jian Hou (Djiän Hou) hinterer Schulterpunkt (1,5 cun kranial vom oberen Ende der dorsalen Axillarfalte) Abb. 15
Ind.: Schultergelenksschmerz; Unfähigkeit den Arm zu heben, Paralyse und Parese der oberen Extremitäten
St.: entweder man sticht 1–2 cun tief, senkrecht zuerst durch Di 15; dann 1,5 cun senkrecht durch 74/2 (Jian Qian) und schließlich 1,5 cun senkrecht durch 74/3 (Jian Hou), oder man sticht von 74/2 (Jian Qian) nach 74/3 (Jian Hou) durch

Neu-P. 75 Abb. 17

(= **10 Punkte)**

„Zehenlinie"

Zhi Ping (Dsche Ping) engl.: Chi Ping

Lok.: dorsal, über der Mitte sämtlicher Metatarsalgelenke, links und rechts jeweils 5 Punkte

Ind.: Folge der Kinderlähmung

St.: schräg 3–5 fen

Neu-P. 76 Abb. 17

„Seitliches Tal"

Pang Gu (Pang Gu) engl.: Pang Ku

Lok.: Dorsum pedis, 1 cun proximal zwischen 3. und 4. Zehe

Ind.: bei Kinderlähmungsfolgen

St.: schräg 5–8 fen

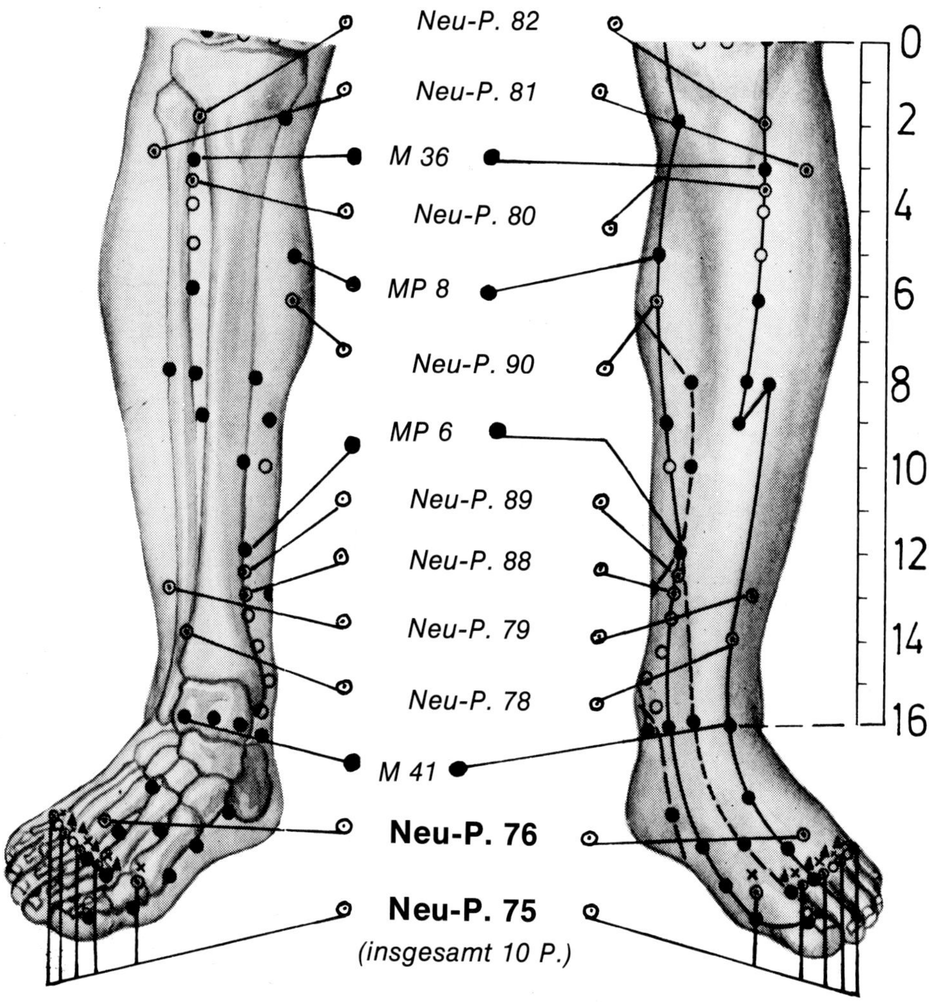

Abb. 17: Unterschenkel (vorne) Tafel I/52, 62 Neu-P. 75, 76, 78–82, 88–90

Neu-P. 75–110

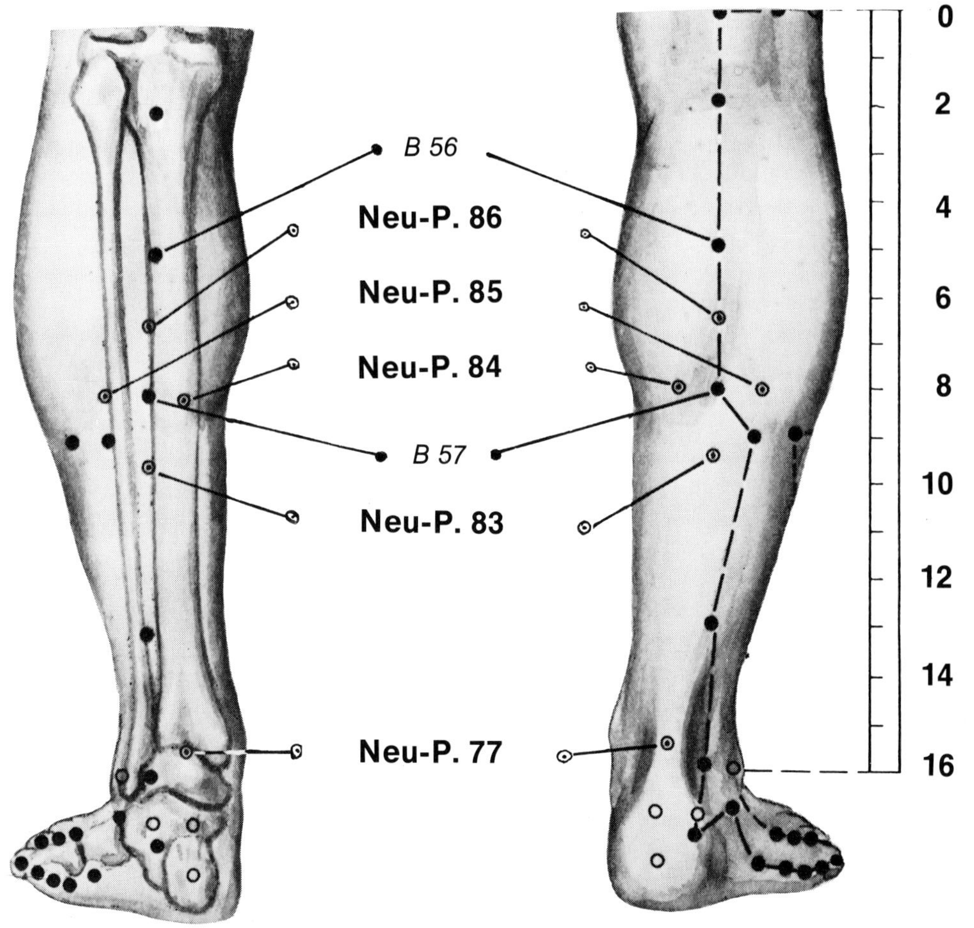

Abb. 18: Unterschenkel (hinten) Tafel II/55, 65 Neu-P. 77, 83–86

■ **Neu-P. 77** Abb. 18

„Knöchelhöhe"
Gen Ping (Gen Ping) engl.: Ken Ping

Lok.: an der Stelle, wo die Verbindungslinie zwischen dem medialen und lateralen Fußknöchel die Achillessehne kreuzt
Ind.: Folge der Kinderlähmung
St.: senkrecht 3–5 fen

Neu-P. 78 Abb. 17, 19

„Klarer Kopf"
Nao Qing (Nou Tching) engl.: Nao Ging

Lok.: etwa 2 Querfinger kranial von M 41 (Jie Xi) an der Außenkante der Tibia
Ind.: Schlafsucht, Schwindel, Vergeßlichkeit, Folge der Kinderlähmung, Peroneuslähmung
St.: senkrecht 5–8 fen

Neu-P. 79 Abb. 17, 19

„Unterer Teil vom Schienbein"
Jing Xia (Djing Hia) engl.: Ching Hsia

Lok.: 3 cun kranial von M 41 (Jie Xi) und 1 cun lateral von der Außenkante der Tibia
Ind.: Folge der Kinderlähmung, Peroneuslähmung, Paralyse der unteren Extremitäten
St.: senkrecht 5 fen–1,5 cun

Neu-P. 80 Abb. 17, 19

„Zehntausend Li"
Wan Li (Uan Li) engl.: Wan Li

Lok.: 5 fen kaudal von M 36 (Zu San Li) 3,5 cun vom „äußeren Knieauge"
Ind.: Augenkrankheiten
St.: senkrecht 2–3 cun

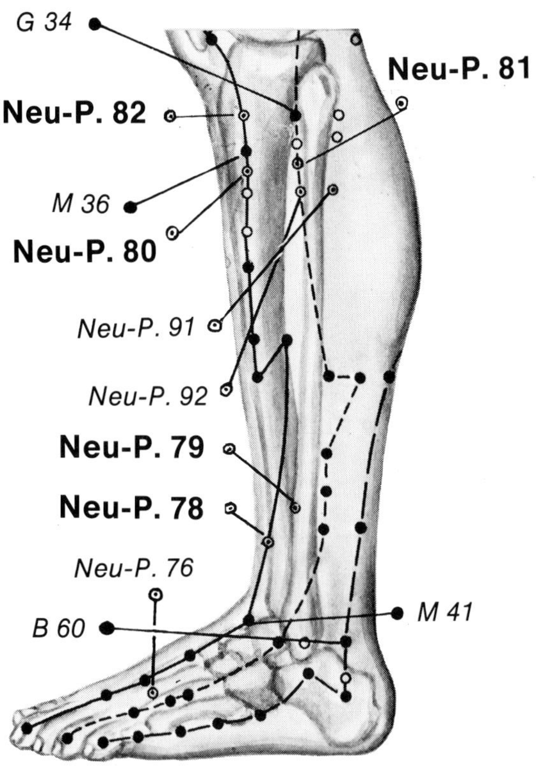

Abb. 19: Unterschenkel (außen)

Tafel III/58, 68

Neu-P. 76, 78–82, 91, 92

Neu-P. 81 Abb. 17, 19

„Außerhalb von M 36"
Li Wai (Li Uai) engl.: Li Wai

Lok.: 1 cun lateral von M 36 (Zu San Li)

Ind.: Kinderlähmungsfolgen (hat reaktivierende Wirkung auf die Muskelkraft)

St.: senkrecht 1–2 cun

Neu-P. 82 Abb. 17, 19

„Oberhalb von M 36"
Li Shang (Li Schang) engl.: Li Shang

Lok.: 1 cun kranial von M 36 (Zu San Li)

Ind.: Kinderlähmungsfolgen (hat verbessernde Wirkung auf die Durchblutung der unteren Extremitäten)

St.: senkrecht 1–2 cun

Neu-P. 83 Abb. 18

„Auf den Boden fallen"
Luo Di (Luo Di) engl.: Luo Ti

Lok.: von der Mitte der Kniekehle nach distal 9,5 cun (senkrecht)

Ind.: Kinderlähmungsfolgen

St.: senkrecht 1–2 cun

Neu-P. 84 Abb. 18

„Korrektur von Supination"
Jiu Wai Fan 2 (Djiu Wai Fan 2) engl.: Chiu Wai Fan 2

Lok.: 1 cun medial von B 57 (Cheng Shan)

Ind.: nach Kinderlähmung (Supination)

St.: senkrecht 8 fen – 1,5 cun

Neu-P. 85 Abb. 18

„Korrektur von Pronation"
Jiu Nei Fan (Djiu Nee Fan) engl.: Chiu Nei Fan

Lok.: 1 cun lateral von B 57 (Cheng Shan)

Ind.: nach Kinderlähmung (Pronation)

St.: senkrecht 5 fen – 1,5 cun

Neu-P. 86 Abb. 18

„Zwischenpunkt"
Cheng Jian (Tscheng Djiän) engl.: Cheng Chien

Lok.: zwischen B 57 und B 56

Ind.: nach Kinderlähmung (hat reaktivierende Wirkung auf die Muskelkraft)

St.: senkrecht 2–3 cun

Neu-P. 75—110

Neu-P. 87 Abb. 20

„Über N 5"
Shang Xi (Schang Hi) engl.: Shang Hsi
Lok.: 5 fen kranial von N 5 (Tai Xi)
Ind.: (Supination) – Z. n. Kinderlähmung
St.: senkrecht 5 fen – 1 cun

Neu-P. 88 Abb. 17, 20

„Hepatitis"
Gan Yan (Gan Yän) engl.: Kan Yen
Lok.: 2 cun kranial von PaM 146 (Nei Huai Chien)
Ind.: Hepatitis
St.: senkrecht 1–2 cun

Neu-P. 89 Abb. 17, 20

„Korrektur von Supination"
Jui Wai Fan 1 (Djiu Uai Fan) engl.: Chiu Wai Fan 1
Lok.: 5 fen kaudal von MP 6 (San Yin Jiao)
Ind.: Zustand nach Kinderlähmung, Supination
St.: senkrecht 1–2 cun

Neu-P. 90 Abb. 17, 20

„Gesunder Gang"
Di Jian (Di Djiän) engl.: Ti Chien
Lok.: 1 cun kaudal von MP 8 (Di Ji)
Ind.: wie Neu-P. 89
St.: senkrecht 1–3 cun

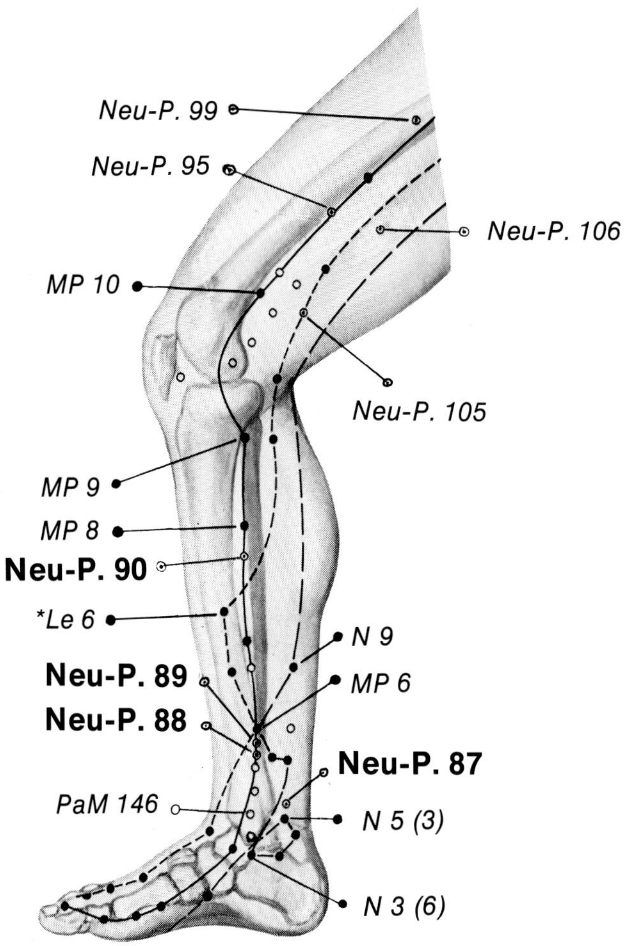

Abb. 20: Ober- und Unterschenkel (innen)
Tafel III/47, 57, 67 Neu-P. 87–90, 95, 99, 105, 106

Neu-P. 91 Abb. 19

„Punkt der Taubheit am Fuß"
Zu Yi Cong (Dsu I Tsung) engl.: Tsu Yi Chung

Lok.: 3 cun kaudal vom Capitulum fibulae
Ind.: Taubheit
St.: am Hinterrand der Fibula gerade oder etwas nach kranial schräg 1,5–3 cun

Neu-P. 92 Abb. 19

„Unterhalb von G 34"
Ling Xia (Ling Hia) engl.: Ling Hsia

Lok.: 2 cun kaudal von G 34 (Yang Ling Quan)
Ind.: Taubheit, Gallenblasenentzündung, Ascariasis der Gallenwege
St.: senkrecht 1–2 cun

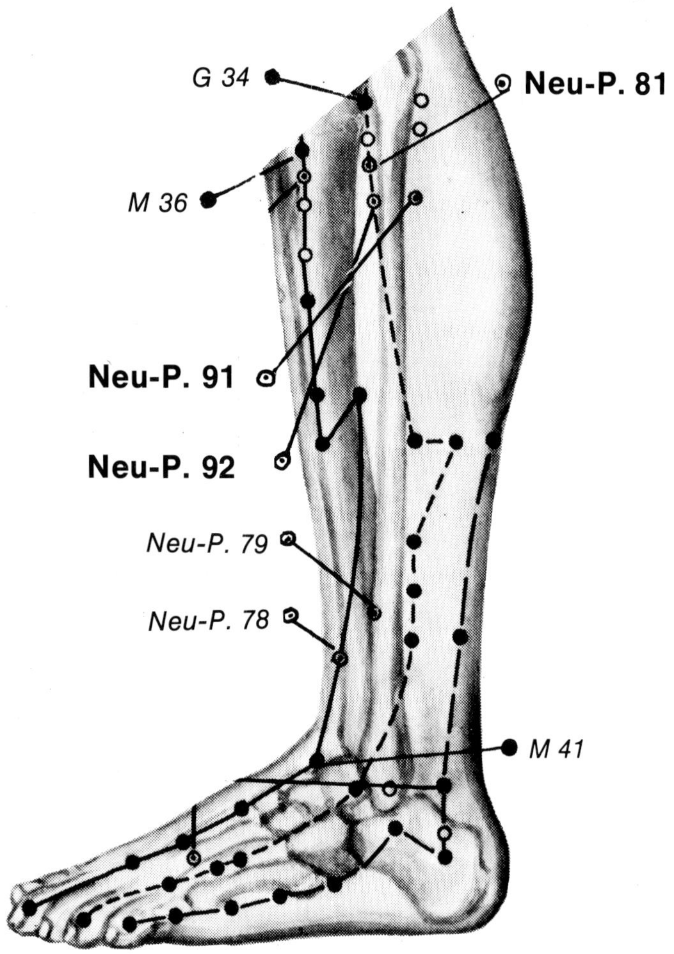

Ausschnitt aus Abb. 19: Unterschenkel (außen)

Tafel III/58, 68

Neu-P. 91, 92

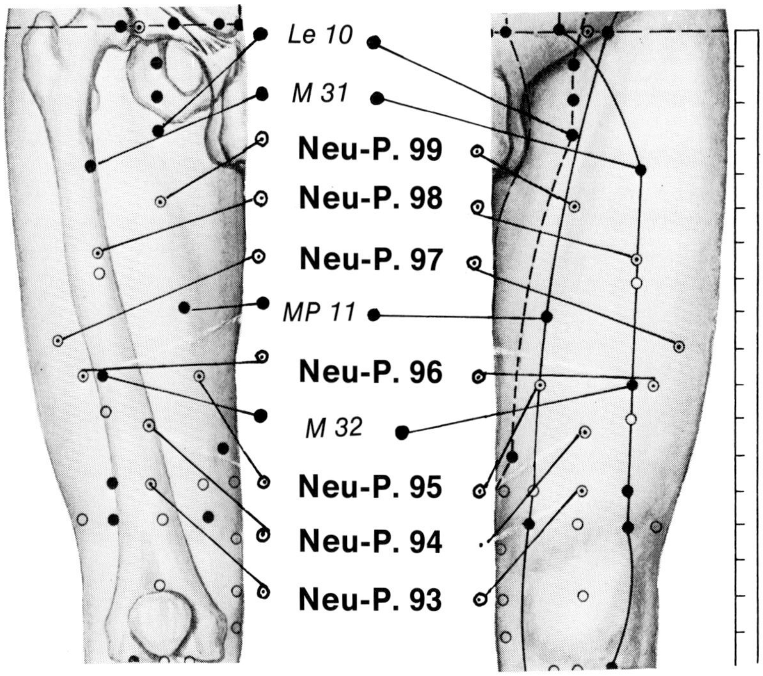

Abb. 21: Oberschenkel (vorne) Tafel I/42 Neu-P. 93–99

Neu-P. 93 Abb. 21

„Gesundes Knie"
Jian Qi (Djiän Tchi) engl.: Chien Hsi
Lok.: Beugung im Knie, 3 cun kranial vom oberen Patellarand
Ind.: Kniegelenksentzündung, Paralyse und Kraftlosigkeit der unteren Extremitäten
St.: senkrecht oder schräg 1–2 cun

Neu-P. 94 Abb. 21

„Vier Mächte"
Si Qiang (Se Tschiang) engl.: Szu Chiang
Lok.: vom Mittelpunkt des oberen Patellarandes 4,5 cun proximal
Ind.: Parese und Paralyse der unteren Extremitäten
St.: senkrecht 2–2,5 cun

Neu-P. 95 Abb. 20, 21

„Unterhalb von MP 11"
Qi Xia (Tchi Hia) engl.: Chi Hsia
Lok.: 2 cun kaudal von MP 11 (Ji Men)
Ind.: Paralyse der unteren Extremitäten, Kraftlosigkeit beim Beinheben
St.: senkrecht 1–3 cun

Neu-P. 96 Abb. 21, 23

„Neuer M 32"
Xin Fu Tu (Hin Fu Tu) engl.: Hsin Fu Tu
Lok.: 5 fen lateral von M 32 (Fu Tu)
Ind.: Gonarthritis, Parese der unteren Extremitäten
St.: senkrecht 2–3 cun

Neu-P. 97 Abb. 21, 23

„Vor der G 31"
Qian Feng Shi (Tschiän Fung Sche) engl.: Chien Feng Shih
Lok.: 2 cun ventral von G 31 (Feng Shi)
Ind.: Paralyse der unteren Extremitäten, Durchblutungsstörungen, Kraftlosigkeit beim Beinheben
St.: senkrecht 1–3 cun

Neu-P. 98 Abb. 21, 23

„Schreiten"
Mai Bu (Mai Bu) engl.: Mai Pu
Lok.: 2,5 cun kaudal von M 31 (Bi Guan)
Ind.: Paresen der unteren Extremitäten
St.: senkrecht 1–3 cun

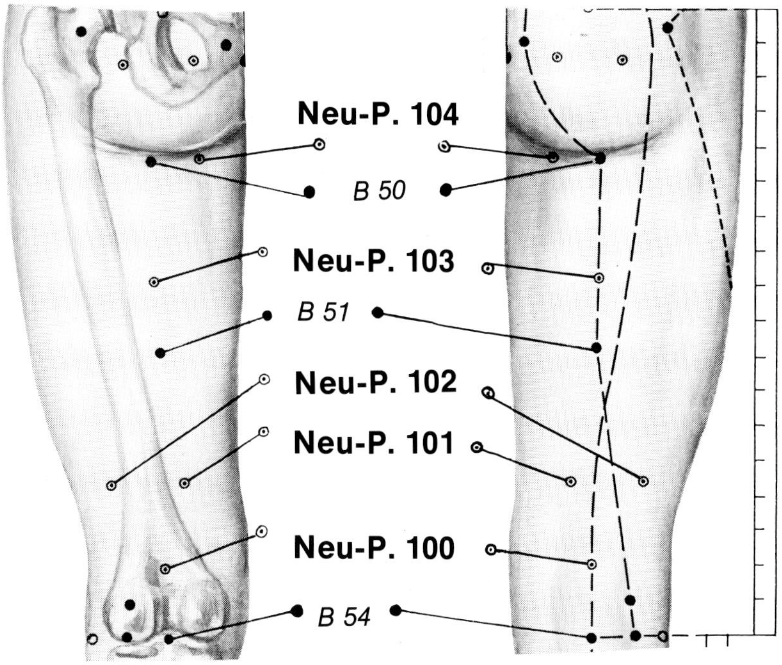

Abb. 22: Oberschenkel (hinten) Tafel II/45 Neu-P. 100–104

Neu-P. 99 Abb. 20, 21

„Geschickte Korrektur"
Jiao Ling (Djao Ling) engl.: Chiao Ling

Lok.: 2 cun kaudal von Le 10 (Wu Li)
Ind.: Restparesen nach Kinderlähmung, Hemiplegie, Cholecystitis
St.: senkrecht 1–3 cun

■ Neu-P. 100 Abb. 22

„Oberhalb von B 54"
Wei Shang (Uee Schang) engl.: Wei Shang

Lok.: 2 cun kranial von B 54 (Wei Zhong) $54^{B} = 40^{CH}$
Ind.: Zustand nach Kinderlähmung, Beinschmerzen
St.: senkrecht 1–3 cun

Neu-P. 101 Abb. 22

„Der Gerade nach oben"
Zhi Li (Dsche Li) engl.: Chih Li

Lok.: 4,5 cun kranial und 5 fen medial von B 54 (Wei Zhong) $54^{B} = 40^{CH}$
Ind.: Folge von Kinderlähmung
St.: senkrecht 1–3 cun

Neu-P. 102 Abb. 22

„Der äußere Gerade nach oben"
Wai Zhi Li (Uai Dsche Li) engl.: Wai Chih Li

Lok.: 4,5 cun kranial und 1,5 cun lateral von B 54 (Wei Zhong) $54^{B} = 40^{CH}$
Ind.: Folge von Kinderlähmung
St.: senkrecht 1–3 cun

Neu-P. 103 Abb. 22

„Oberhalb von B 51"
Yin Shang (Yin Schang) engl.: Yin Shang

Lok.: 2 cun kranial von B 51 (Yin Men) $51^{B} = 37^{CH}$
Ind.: Schmerzen an den dorso-lateralen Partien der unteren Extremitäten, Lenden- und Rückenschmerzen, Nacken- und Kopfschmerzen
St.: senkrecht 2 cun

Neu-P. 104 Abb. 22

„Übermäßiges Yin"
Yin Kang (Yin Kang) engl.: Yin Kang

Lok.: 1,5 cun medial von B 50 (Cheng Fu) $50^{B} = 36^{CH}$
Ind.: Folge der Kinderlähmung
St.: senkrecht 1–2 cun

Neu-P. 105 Abb. 20

„Hinter MP 10"
Hou Xue Hai (Hou Hüo Hai) engl.: Hou Hsueh Hai

Lok.: 1,5 cun dorsal von MP 10 (Xue Hai)
Ind.: Scherenbein (engl.: Scissorlegs)
St.: senkrecht 1–3 cun

Neu-P. 106 Abb. 20

„Scherenbeinlösend"
Jie Jian (Djiä Djiän) engl.: Chieh Chien

Lok.: 4 cun kranial von Neu-P. 105
Ind.: Scissorlegs, Morbus Little
St.: senkrecht 1–3 cun

Neu-P. 107 Abb. 23

„Hinter G 33"
Hou Yang Guan (Hou Yang Guan) engl.: Hou Yang Kuan

Lok.: 1 cun dorsal von G 33 (Qi Yang Guan)
Ind.: Kniegelenksschmerz, Paralyse der unteren Extremitäten
St.: senkrecht 1–2 cun

Neu-P. 108 Abb. 23

„Oberhalb von G 33"
Shang Yang Guan (Schang Yang Guan) - engl.: Shang Yang Kuan

Lok.: 1 cun kranial von G 33 (Qi Yang Guan)
Ind.: Folge von Kinderlähmung
St.: senkrecht 1–2 cun

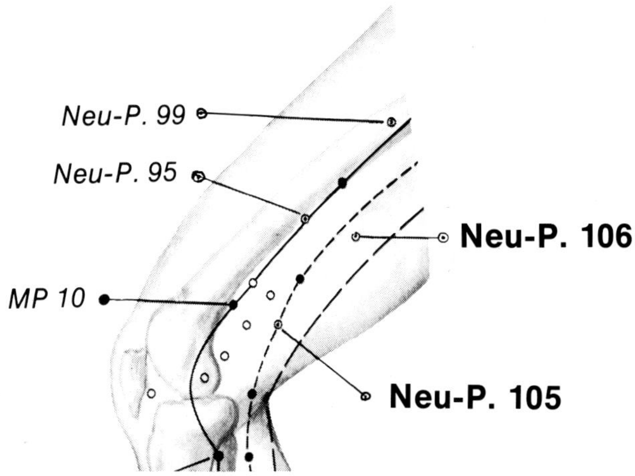

Ausschnitt aus Abb. 20: Knie (innen)

Tafel III/47

Neu-P. 105, 106

Neu-P. 109 Abb. 23

„Oberhalb von G 31"
Shang Feng Shi (Schang Fung Sche) engl.: Shang Feng Shih

Lok.: 2 cun kranial von G 31 (Feng Shi)
Ind.: Hemiplegie, Ischiadikusneuralgie, Folge von Kinderlähmung
St.: senkrecht 1–2 cun

Neu-P. 110 Abb. 23

„Vorwärts"
Qian Jin (Tschiän Djin) engl.: Chien Chin
Lok.: 2,5 cun kranial von G 31 (Feng Shi)
Ind.: Folge von Kinderlähmung
St.: senkrecht 1,5–2,5 cun

---

* abweichende Punktlage bei anderen Autoren (z. B. BACHMANN)

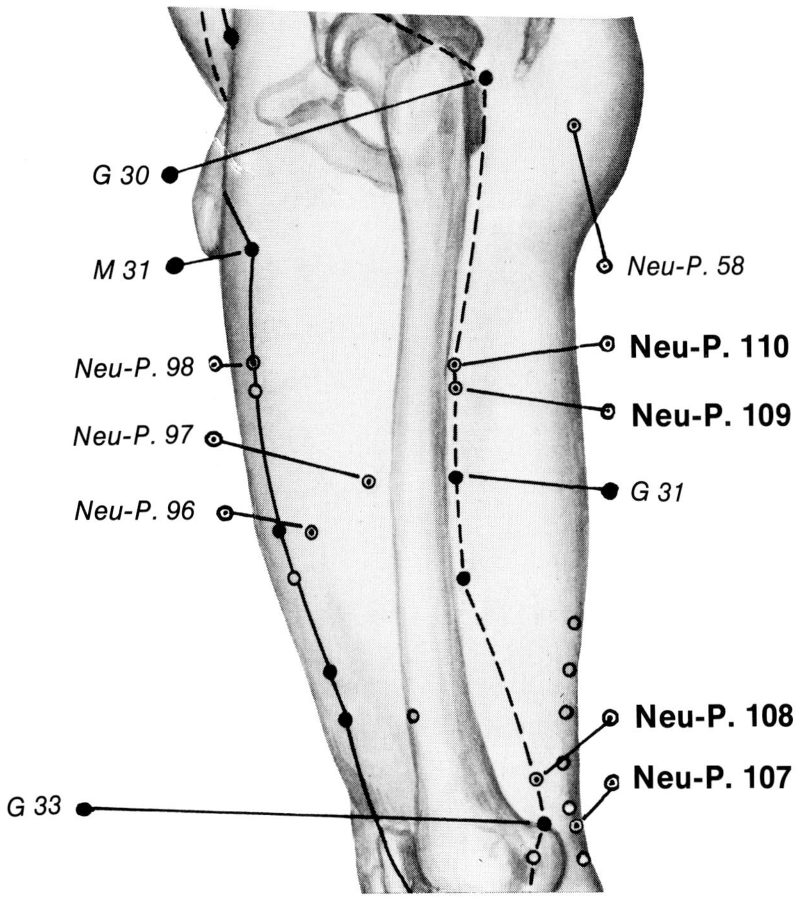

Abb. 23: Oberschenkel (außen) Tafel III/48 Neu-P. 96–98, 107–110

3. Punkte außerhalb der Meridiane (PaM)

Diese 171 PaM wurden aus zahlreichen überlieferten Punkten nach neuen Überprüfungen durch die chinesischen Forschungsstellen ausgewählt. (Siehe auch Einleitung S. 4.) Sie ließen sich nicht ins traditionelle Meridianschema einfügen. Ihre Anwendung erfolgt, ähnlich wie bei den Neu-P. nur nach den Symptomen und Krankheiten, bei denen sie sich empirisch bewährt haben.

KOPF-HALS-BEREICH

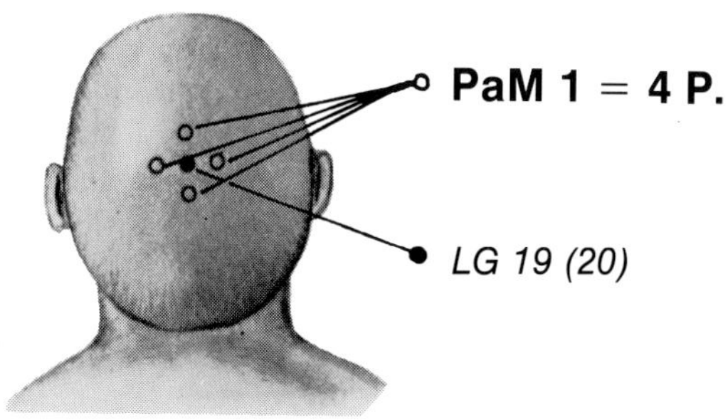

Abb. 24: Kopf (Scheitel) Tafel II/16 PaM 1

■ PaM 1 Abb. 24

„Vier kluge Götter"
Si Shen Cong (Se Schen Tsung) engl.: Szu Shen Tsung

Lok.: jeweils 1 cun vor, hinter, links und rechts von LG 19 (Bai Hue)* entspricht d. kl. Fontanelle

Ind.: Kopfschmerzen, Schwindel, Epilepsie, psychische Erkrankungen

St.: schräg 3–5 fen

---

* LG 19 n. B. (= LG 20 n. chin. T.)

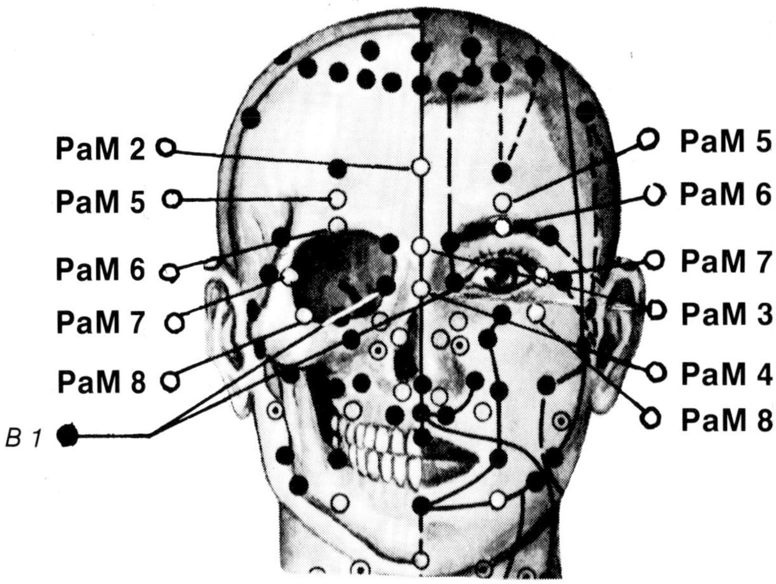

Abb. 25: Kopf (vorne) Tafel I/12 PaM 2–8

PaM 2 Abb. 25

„Stirnmitte"
E Zhong (Ngee Dschung) engl.: E Chung

Lok.: in der Medianlinie der Stirn, 1 Augencun von PaM 3 nach oben (1 Augencun ist der Abstand vom medialen zum lateralen Orbitalrand)

Ind.: Blepharitis, Erbrechen, Vertigo (okulär), Sinusitis frontalis

St.: schräg 3–5 fen

■ PaM 3 Abb. 25

„Siegelhalle"
Yin Tang (Yin Tang) engl.: Yin Tang (frz.: Inn Trang)

Lok.: liegt in der Mitte zwischen beiden Augenbrauen

Ind.: Stirnkopfschmerzen, Vertigo, Nasenerkrankungen, Augenerkrankungen, Hypertonie, Krämpfe bei Kleinkindern, behinderte Nasenatmung

St.: schräg 3–5 fen

PaM 4 Abb. 25

„Fuß des Berges"
Shan Gen (Schan Gen) engl.: Shan Ken

Lok.: liegt in der Mitte zwischen beiden medialen Augenwinkeln am Nasenrücken

Ind.: Kopfschmerzen, Vertigo, „verschwommenes" Sehen

St.: schräg 3–5 fen

PaM 5 Abb. 25

„Kopflicht"
Tou Guang Ming (Tou Guang Ming) engl.: Tou Kuang Ming

Lok.: beim Blick geradeaus, oberhalb der Pupille am oberen Augenbrauenrand (er liegt etwas über PaM 6)

Ind.: Myopie, Blepharitis, Lähmung der Augenmuskeln, Hemikranie

St.: schräg 3–5 fen

■ PaM 6 Abb. 25

„Fisch-Rücken"
Yu Yao (Yü Yau) engl.: Yu Yao

Lok.: beim Blick geradeaus, oberhalb der Pupille, in der Mitte der Augenbraue (unterhalb von PaM 5)

Ind.: Konjunktivitis, Pterygium, Blepharitis, Fazialisparese, Lähmung der Augenmuskeln

St.: schräg 3–5 fen

■ PaM 7 Abb. 25

„Fisch-Schwanz"
Yu Wei (Yü Wee) engl.: Yu Wei

Lok.: etwa 1 fen lateral vom lateralen Augenwinkel

Ind.: Augenkrankheiten, Fazialisparese, Hemikranie

St.: schräg 3–5 fen

■ PaM 8 Abb. 25

„Hinter der Kugel"
Qiu Hou (Tsiu Hou) engl.: Chiou Hou

Lok.: beim Blick seitwärts, unterhalb der Pupille, am Orbitalrand
Ind.: wie bei B 1 (Jing Ming), (akute und chronische Konjunktivitis, Tränen bei Wind, Kurz- und Weitsichtigkeit, Neuritis nervi optici, Retinitis, Katarakt)
St.: in Richtung Orbitalspitze 5 fen – 1,5 cun

■ PaM 9 Abb. 26

„Sonne", „Schläfe"
Tai Yang (Tai Yang) engl.: Tai Yang frz.: Drae Jang

Lok.: an der Schläfe, 1 cun lateral vom Kreuzungspunkt, welcher durch das laterale Ende der Augenbraue mit dem lateralen Orbitalrand gebildet wird; der Punkt liegt in einer Vertiefung
Ind.: Kopfschmerzen, Augenkrankheiten, Migräne (im Anfall bis 5 ml bluten lassen)
St.: schräg 5 fen – 1 cun (bei Migräne Nadel subkutan bis G 8 vorschieben)

■ PaM 10 Abb. 26, 27

„Ohrspitze"
Er Jian (Öl Dsiän) engl.: Erh Chien

Lok.: an der Ohrspitze, am Ende jener Falte, die entsteht, wenn man das Ohr nach vorne klappt
Ind.: Conjunctivitis granulosa, Hemikranie (nach Angaben französischer Autoren auch bei Allergien)
St.: 1–2 fen senkrecht

PaM 11 Abb. 26

„Taubheitspunkt"
Long Xue (Lung Hüa) engl.: Lung Hsueh

Lok.: vor dem Tragus der Ohrmuschel, in der Mitte zwischen* Dü 19 (Ting Gong) und *3 E 23 (die Lokalisation dieser Punkte auf den chinesischen Tafeln stimmt nicht mit jener überein, die BACHMANN angibt)
Ind.: Taubheit
St.: 1,5–2 cun senkrecht

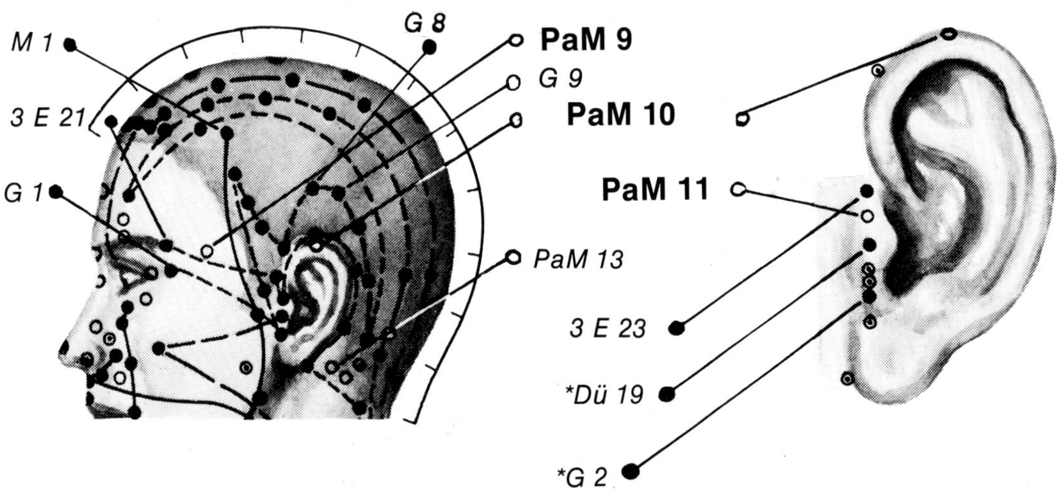

Abb. 26: Kopf (seitlich) und Ohrmuschel Tafel III/18, 59 PaM 9–11, 13

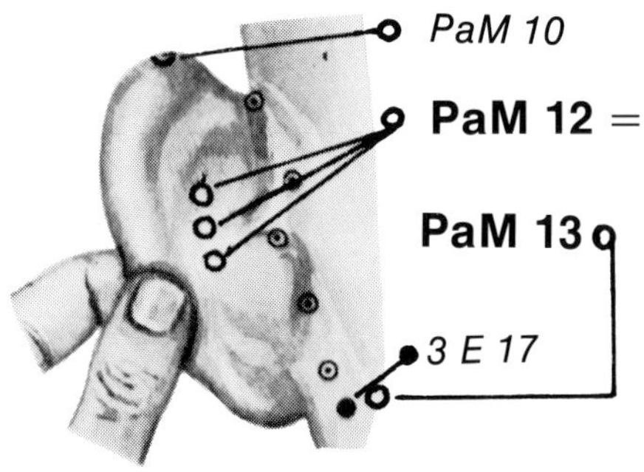

Abb. 27: Ohrmuschel (hinten) Tafel II/14 PaM 10, 12, 13

PaM 12 Abb. 27

„3 Venen hinter dem Ohr"
Er Hou Jing (Öl Hou Djing) engl.: Erh Hou Ching

Lok.: Es sind 3 Punkte auf der Ohrmuschelrückseite jeweils 1 Punkt auf einer Vene

Ind.: Gerstenkorn, Konjunktivitis, Hauterkrankungen, Struma

St.: punktieren und bluten lassen

PaM 13 Abb. 26, 27

„Hüter des Lichts"
Yi Ming (I Ming) engl.: Yi Ming

Lok.: hinter dem Processus mastoideus, 1 cun dorsal von 3E 17 (Yi Feng)

Ind.: Kurz- und Weitsichtigkeit, Nachtblindheit, Augenkatarakt, Schlaflosigkeit

St.: senkrecht oder etwas nach vorne 1–1,5 cun

PaM 14 Abb. 28

„Oberhalb von Di 20"
Shang Ying Xiang (Schang Ying Hiang) engl.: Shang Ying Hsiang

Lok.: 5 fen unterhalb vom inneren Augenwinkel

Ind.: allergische Rhinitis, atrophische und hypertrophische Rhinitis, Nasenpolypen, Sinusitis, Blepharitis

St.: schräg 3–5 fen

PaM 15 Abb. 28

„Nasensattel"
Jia Bi (Djia Bi) engl.: Chia Pi

Lok.: an der Grenze von der knöchernen zur knorpeligen seitlichen Nasenwand

Ind.: allergische Rhinitis, atrophische Rhinitis, Nasenfurunkel

St.: 2–3 fen

PaM 16 Abb. 28

„Nasenfluß"
Bi Liu (Bi Liu) engl.: Pi Liu

Lok.: am unteren Rand des Nasenloches in der Mitte zwischen Nasenscheidewand und Nasenflügel

Ind.: Rhinitis, Rhinorrhoe, Nasenverstopfung, Geruchsverminderung

St.: schräg 3–5 fen

PaM 17 Abb. 28

„Geteiltes Lachen"
San Xiao (San Hiau) engl.: San Hsiau

Lok.: lateral und distal von Di 20 (Ying Xiang), in der Mitte der nasolabialen Falte

Ind.: akute Rhinitis, verlegte Nasenatmung, Nasenfurunkel, Fazialisparese, Fazialisspasmus

St.: schräg 3–5 fen

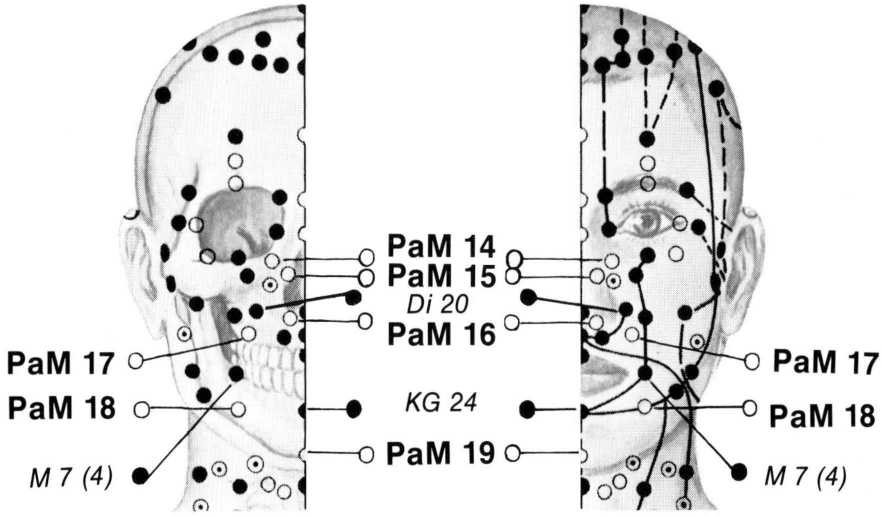

Abb. 28: Gesicht Tafel I/12 PaM 14–19

PaM 18 Abb. 28

„Foramen mandibulare"
Hai Jiao (Hai Djian) engl.: Ke Liao

Lok.: wo sich die senkrechte durch M 7 n. BACHMANN (= M 4 der chinesischen Tafeln) mit der waagrechten Linie durch KG 24 trifft, entsprechend dem Foramen mentale am Unterkiefer

Ind.: Pulpitis, Peripulpitis, Parodontose, Gingivitis, Fazialisparese, Lippenfurunkel

St.: schräg 2–3 fen

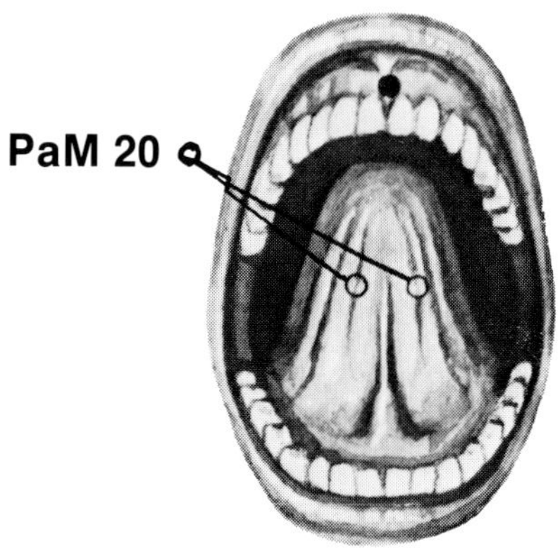

Abb. 29: Mundhöhle Tafel I/13 PaM 20

PaM 19 Abb. 28

„Vereinigung des Mundbodens"
Di He (Di Ho) engl.: Ti Ho

Lok.: in der Medianlinie auf der Höhe des Kinnvorsprunges

Ind.: Schmerzen im Unterkiefer, Fazialisparese, Gesichtsfurunkel

St.: schräg 2–3 fen

■ PaM 20 Abb. 29

„Erster Mundpunkt"
Jin Jin (Djin Djin) links: „Goldene Säfte" engl.: Chin Chin frz.: Tsinn-Tsinn (PaM 22 n. BACHMANN)
Yu Yi (Yü I) rechts: „Jade-Flüssigkeit" engl.: Yu Yeh

Lok.: auf den Venen, die beiderseits des Frenulum linguae liegen, wenn man die Zunge gaumenwärts bewegt

Ind.: Ulkus der Zunge und des Mundes, „Sprachverlust", Tonsillitis

St.: leicht stechen, bis es blutet

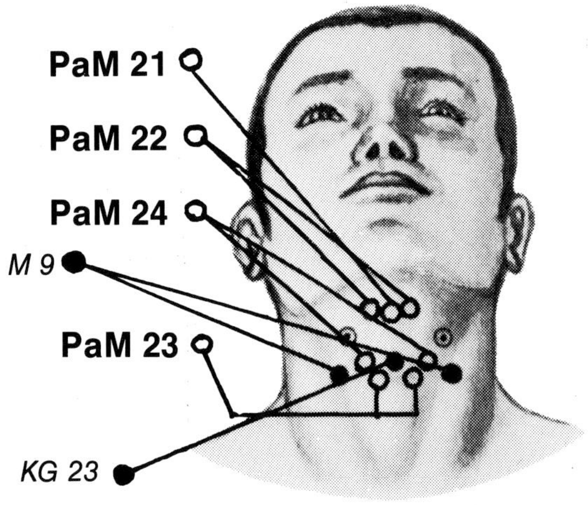

Abb. 30: Hals (vorne) Tafel I/61 PaM 21–24

■ PaM 21 Abb. 30

„Obere Quelle"
Shang Lian Quan (Schang Liän Tsuän) engl.: Shang Lien Chuan

Lok.: 1 cun kranial vom Kehlkopf, oberhalb des Zungenbeins, bei zurückgeneigtem Kopf
Ind.: Speichelfluß, akute und chronische Pharyngitis, Stomatitis, „unklares Sprechen", „Stummheit", Zungenkrampf
St.: 2 cun in Richtung der Zungenwurzel

PaM 22 Abb. 30

„Zweiter Mundpunkt" (Äußerer PaM 20)
Wai Jin Jin (Wai Djin Djin) links: „Äußere Goldene Säfte" engl.: Wai Chin Chin
Wai Yu Yi (Wai Yü I) rechts: „Äußere Jade Flüssigkeiten" engl.: Wai Yu Yeh

Lok.: 1 cun kranial vom Kehlkopf, 3 fen lateral von der Medianlinie, wenn der Patient den Kopf nach hinten neigt
Ind.: Speichelfluß, Stomatitis, „Sprachverlust" nach Apoplexie, „Stummheit"
St.: schräg, in Richtung der Zungenwurzel 1,5–2 cun

PaM 23 Abb. 30

„Kräftige Stimme"
Hong Yin (Hung Yin) engl.: Hung Yin

Lok.: 5 fen lateral vom Kehlkopf
Ind.: akute und chronische Laryngitis, „Stummheit"
St.: senkrecht 3–5 fen

PaM 24 Abb. 30

„Seitliche Quelle"
Pang Liang Quan (Pang Liän Tsuän) engl.: Pang Lien Chuen

Lok.: auf einer gedachten Linie, die horizontal durch den Punkt KG 23 (Lian Quan) zieht und den Vorderrand des M. sternocleidomastoideus schneidet. Der gesuchte Akupunkturpunkt liegt in der Mitte der Verbindungslinie von KG 23 zum Vorderrand des M. sternocleidomastoideus
Ind.: geschwollene Zunge, „Stummheit"
St.: senkrecht 1–1,5 cun

PaM 25 Abb. 31

„Stummheitspunkt"
Ya Xue (Ya Hüo) engl.: Ya Hsueh

Lok.: es sind jeweils 2 Punkte auf der Vorderseite (PaM 25/1) und 2 Punkte auf der Hinterseite des Halses (PaM 25/2), die vorderen 2 Punkte liegen zwischen M 9 (Ren Ying) und M 10 (Shui Tu), etwa 2 fen lateral der Pulsationsstelle der A. carotis; die hinteren 2 Punkte liegen 4 fen kranial von G 20 (Feng Chi)
Ind.: „Stummheit"
St.: bei den vorderen 2 Punkten senkrecht 1–1,5 cun (cave Carotis!); bei den hinteren 2 Punkten senkrecht 1–1,5 cun

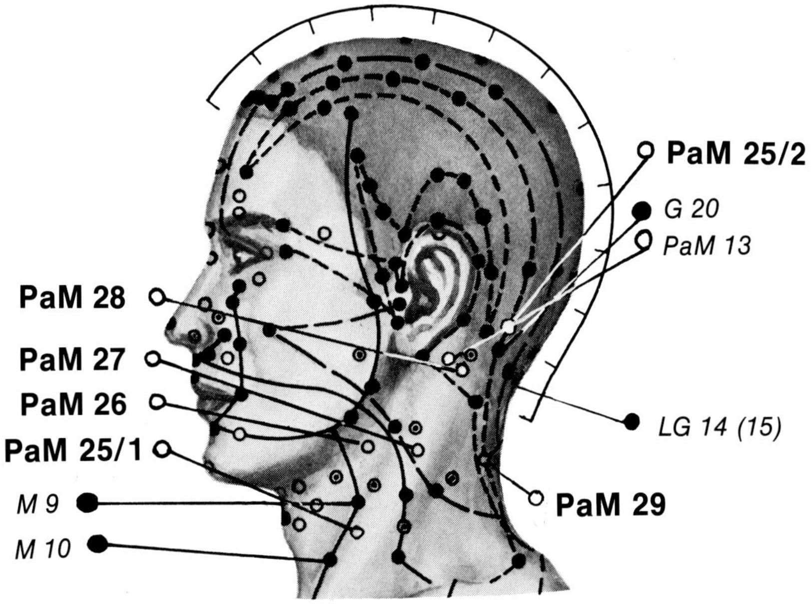

Abb. 31: Kopf (seitlich) Tafel III/18 PaM 25–29

PaM 26 Abb. 31

„Mandel"
Bian Tao (Biän Tiau) engl.: Pien Tao

Lok.: distal vom Angulus mandibulae, vor der Halsschlagader (Gefäßverlauf beachten)
Ind.: Mandelentzündung
St.: senkrecht, 1–1,5 cun
(Dieser Punkt wird auch als „Ostwind" bezeichnet.)

PaM 27 Abb. 31

„Hals"
Luo Jing (Luo Djing) engl.: Luo Ching

Lok.: auf dem M. sternocleidomastoideus, an dem Übergang vom oberen zum mittleren Drittel
Ind.: Nackenschmerzen
St.: senkrecht 1,5–2 cun

PaM 28 Abb. 31

„Windfelsen"
Feng Yan (Fung Yän) engl.: Feng Yen

Lok.: 5 fen vor dem Mittelpunkt zwischen Ohrläppchenunterrand und LG 14 (15) Ya Men
Ind.: psychische Erkrankungen, Hysterie, Neurasthenie, Kopfneuralgien
St.: senkrecht 1,5–2 cun

■ PaM 29 Abb. 31, 32

„Neue Erkenntnis"
Xin Shi (Sin Sche) engl.: Hsin Shi

Lok.: 1,5 cun lateral und kaudal vom 3. Halswirbeldorn
Ind.: Nackensteife, Schmerzen beim Schlukken, Schmerzen am Hinterkopf, an der Schulter und bei Rückenschmerzen
St.: senkrecht 5 fen – 1 cun

PaM 1–31

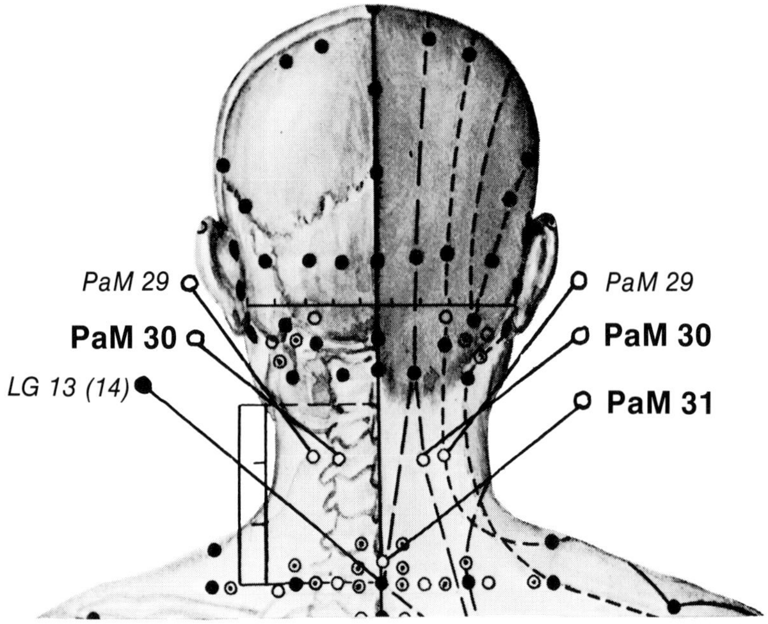

Abb. 32: Nacken Tafel II/15 PaM 29–31

■ PaM 30 Abb. 32

„Hundertfache Arbeit"
Bai Lao (Bai Lau) engl.: Pai Lau

Lok.: 2 cun kranial und 1 fen lateral von LG 13 (14) (Da Zhui)

Ind.: Husten, Verrenkungen im Halsbereich, Nackenschmerzen, Puerperalfieber

St.: senkrecht 5 fen – 1 cun

■ PaM 31 Abb. 32

„Hoher Knochen"
Chong Gu (Tschung Gu) engl.: Chung Ku

Lok.: etwas distal vom 6. Halswirbeldorn

Ind.: Influenza, Malaria, starke Schmerzen im Hals- und Nackenbereich, Lungen-Tbc, Bronchitis, Epilepsie; dieser Punkt fördert außerdem das Erbrechen

St.: schräg 5 fen – 1 cun

PaM 32 Abb. 33

„Roter Punkt"
Chi Xue (Tsche Hüo) engl.: Chih Hsueh

Lok.: 1 cun lateral von KG 21 (Xuan Ji)

Ind.: Asthma bronchiale, Husten, Pleuritis, Interkostalneuralgie

St.: schräg 5 fen – 1 cun

PaM 33 Abb. 33

„Sputum-Asthma"
Tan Chuan (Tan Tschuan) engl.: Tan Chuan

Lok.: 1,8 cun lateral von M 16 (Xing Chuang)

Ind.: chronische Bronchitis, Asthma bronchiale, Lungenemphysem

St.: schräg 5 fen – 1 cun

PaM 34 Abb. 33

„Drachenkiefer"
Lung Han (Lung Han) engl.: Lung Han

Lok.: 1,5 cun kranial von KG 15 (Jiu Wei) (Xyphoidspitze)

Ind.: Magenschmerzen, Brustschmerzen

St.: schräg 3–5 fen

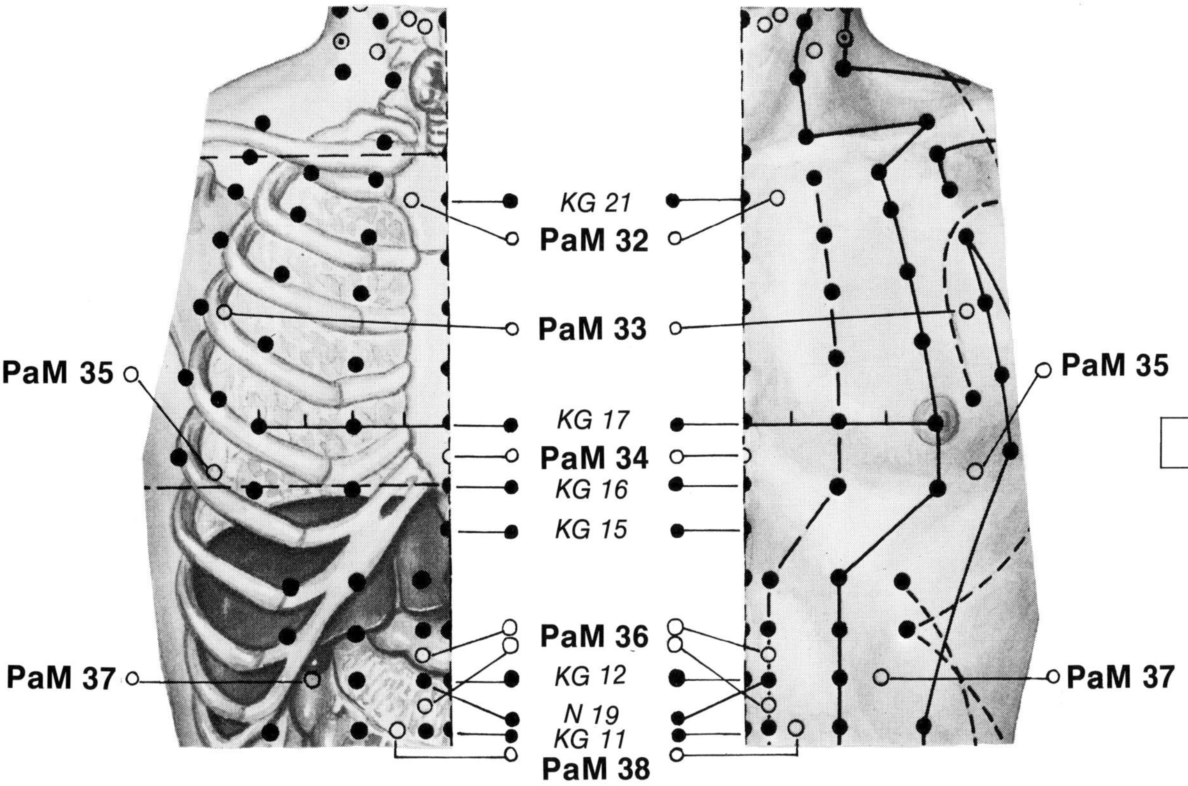

Abb. 33: Brust — Tafel I/22 — PaM 32–38

PaM 35 Abb. 33

Zuo Yi (Dsuo I) „linkes Wohl" Yuo Yi (Yu I) „rechtes Wohl" engl.: Tso Yi, Yu Yi

Lok.: Diese Punkte liegen je 1 cun lateral von M 18 (Ru Gen)

Ind.: Mastitis, Pleuritis, Interkostalneuralgie

St.: schräg 5 fen – 1 cun

PaM 36 Abb. 33

„Pflaumenblüte"

Mei Hua (Mee Huo) engl.: Mei Hua

Lok.: Es sind insgesamt 5 Punkte und zwar der Punkt KG 12 (Zhong Wan) und jene 4 Punkte, die jeweils 5 fen kaudal und kranial von N 19 (Yin Du) liegen

Ind.: Gastritis, Ulcus ventr. und duod. Dyspepsie, Appetitlosigkeit

St.: senkrecht 1,5–2 cun

PaM 37 Abb. 33

„Getreidesilo"

Shi Cang (Sche Tsang) engl.: Shih Tsang

Lok.: 3 cun lateral von KG 12 (Zhong Wan)

Ind: Gastritis, Ulcus ventr. und duod. Dyspepsie, Appetitlosigkeit

St.: senkrecht 1,5–2 cun

PaM 38 Abb. 33

„Speise-Schranke"

Shi Guan (Sche Guan) engl.: Shi Kuan

Lok.: 1 cun lateral von KG 11 (Jian Li)

Ind.: Gastritis, Dyspepsie, Enteritis, Nephritis, Aufstoßen

St.: senkrecht 1,5–2 cun

PaM 32–50

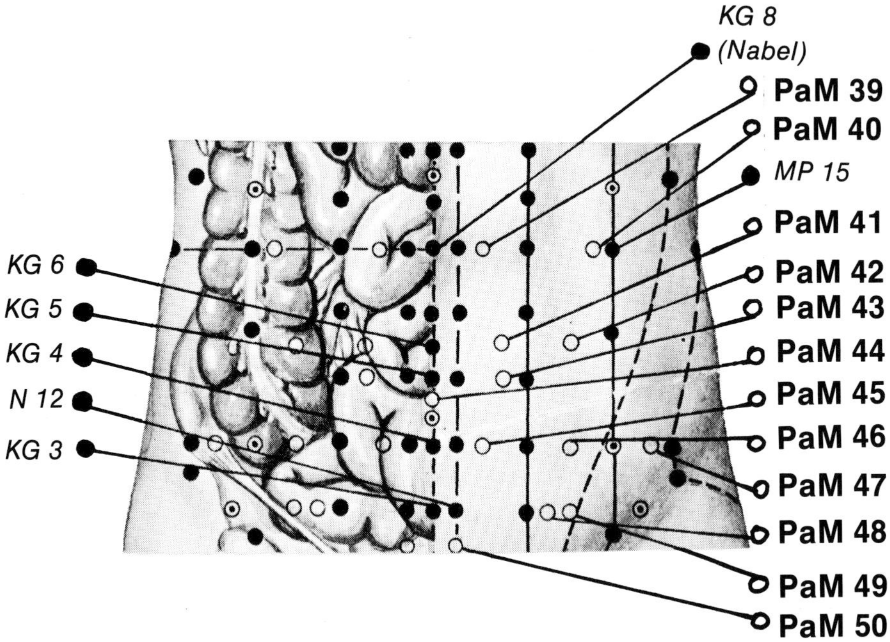

Abb. 34: Bauch   Tafel I/32   PaM 39–50

PaM 39 Abb. 34

„Haus der Seele"

Hun She (Hun Schö) engl.: Hun She

Lok.: 1 cun lateral von KG 8 (Nabel = Shen Que)

Ind.: Ruhr, Enteritis, Dyspepsie

St.: senkrecht 1,5–2 cun

PaM 40 Abb. 34

„Querfalte"
Heng Wen (Heng Uen) engl.: Heng Wen

Lok.: 5 fen medial von MP 15 (Da Heng)

Ind.: allgemeine Kraftlosigkeit, starkes Schwitzen

St.: Dieser Punkt wird von den Chinesen nicht gestochen, sondern mit Moxibustion behandelt

PaM 41 Abb. 34

„Energiezentrum"
Qi Zhong (Tsi Dschung) engl.: Chi Chung

Lok.: 1,5 cun lateral von KG 6 (Qi Hai)

Ind.: Bauchschmerzen, Meteorismus, Darmgeräusche, Anämie

St.: senkrecht 1,5–2 cun

PaM 42 Abb. 34

„Meridianmitte"
Jing Zhong (Djing Dschung) engl.: Ching Chung

Lok.: 3 cun lateral von KG 6 (Qi Hai)

Ind.: Harn- und Stuhlverhaltung, Mensesunregelmäßigkeiten, Peritonitis, Enteritis

St.: senkrecht 1,5–2 cun

PaM 43 Abb. 34

„Die äußere vierfache Fülle"
Wai Si Man (Uai Se Man) engl.: Wai Szu Man
Lok.: 1 cun lateral von KG 5 (Shi Men)
Ind.: Mensesunregelmäßigkeiten
St.: Moxibustion

PaM 44 Abb. 34

„Unfruchtbarkeit"
Jue Jun (Djüä Jüin) engl.: Chueh Yin
Lok.: 3 fen distal von KG 5 (Shi Men)
Ind.: Diarrhoe beim Kind, Sterilität der Frau
St.: Behandlung mit Moxibustion

■ PaM 45 Abb. 34

„Samenfluß"
Yi Jing (I Djing) engl.: Yi Ching
Lok.: 1 cun lateral von KG 4 (Guan Yuan)
Ind.: Ejaculatio praecox, Impotenz, Skrotalekzem
St.: senkrecht 1,5–2 cun

■ PaM 46 Abb. 34

„Energietor"
Qi Men (Tsi Men) engl.: Chi Men
Lok.: 3 cun lateral von KG 4 (Guan Yuan)
Ind.: Orchitis, Cystitis, Sterilität der Frau, Menstruationsstörungen postpartal
St.: senkrecht 1,5–2 cun

■ PaM 47 Abb. 34

„Uterusschutz"
Wei Bao (Uee Bau) engl.: Wei Pao
Lok.: distal und medial von der Spina iliaca superior in einer Vertiefung, 6 cun lateral von KG 4 (Guan Yuan)
Ind.: : Prolapsus uteri
St.: schräg 2–3 cun, in Richtung zur Leistenbeuge

PaM 48 Abb. 34

„Darmfluß"
Chang Yi (Tschang I) engl.: Chang Yi
Lok.: 2,5 cun lateral von KG 3 (Zhong Dji)
Ind.: Obstipation, Orchitis, Penisschmerzen, Oophoritis, Fluor albus, Unregelmäßigkeiten der Menstruation
St.: senkrecht 1,5– 2cun

■ PaM 49 Abb. 34

„Uterus"
Zi Gong (Dse Gung) engl.: Tsu Kung
Lok.: 3 cun lateral von KG 3 (Zhong Dji)
Ind.: Prolapsus uteri, Mensesunregelmäßigkeiten, Endometritis, Unfruchtbarkeit bei der Frau
St.: senkrecht 1,5 – 2 cun

PaM 50 Abb. 34

„Pavillonkopf"
Ting Tou (Ting Tou) engl.: Ting Tou
Lok.: 5 fen distal von N 12 (Da He)
Ind.: Prolapsus uteri
St.: senkrecht 1,5 – 2 cun

Abb. 35 Abb. 36

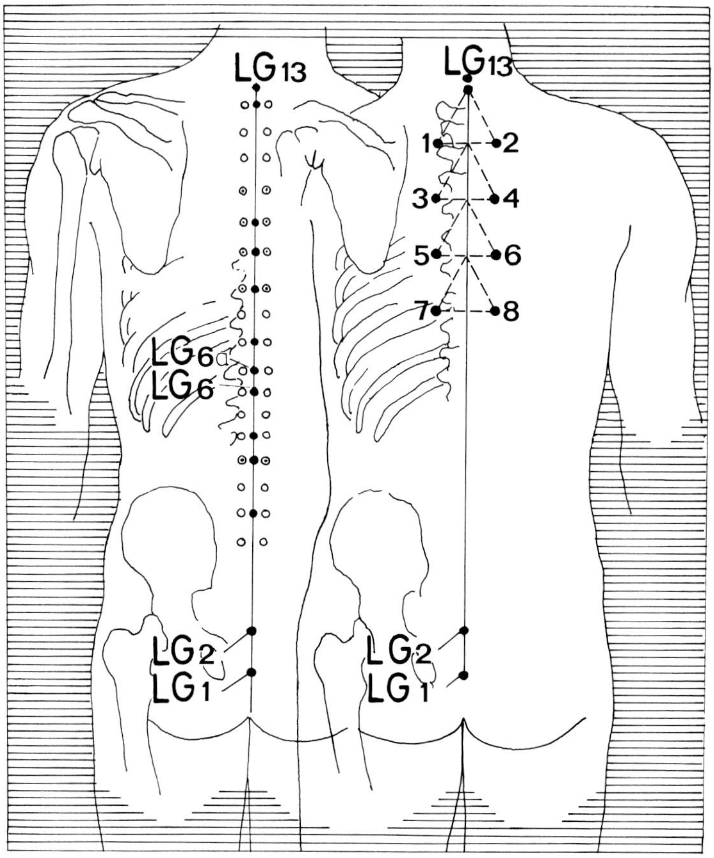

Abb. 35: Rücken, 17 Punktepaare nach HUA TUO (um die BACHMANNschen Nummern beizubehalten, haben wir einen LG 6a eingefügt) (siehe S. 5)

Abb. 36: 8 Ba Hua's

Tafel II/25, 35

PaM 51–85

RÜCKEN-LENDEN-BEREICH

Abb. 35: Hua Tuo

„Paravertebrale Punkte nach Hua Tuo“

siehe PaM 85 (S. 119)

Lok.: jeweils 5 fen caudal und lateral von den Dornfortsätzen Th1-L5, es sind insgesamt 17 Punktepaare (also 34 Punkte)

PaM 85 beinhaltet die Punkte:
PaM 56 = Hua Tuo 3
Neu-P. 48 = Hua Tuo 4
Neu-P. 49 = Hua Tuo 5
Neu-P. 51 = Hua Tuo 6
Neu-P. 52 = Hua Tuo 7
Neu-P. 56 = Hua Tuo 14

Abb. 35, 36: Ba Hua

„Die acht Hua's“

siehe PaM 53 (nächste Seite)

Lok.: (Wir geben die wörtliche chinesische Übersetzung wegen der besonderen Auffindungsart an.) Der Abstand beider Mamillen wird mit einem Bindfaden ermittelt, $^{1}/_{4}$ der Fadenlänge weggeschnitten und aus dem verbleibenden $^{3}/_{4}$ ein gleichseitiges Dreieck konstruiert. Wird nun dessen oberer Eckpunkt an LG 13 (Da Zhui) LG $13^{B} = 14^{CH}$ gelegt, bilden die beiden unteren Eckpunkte die ersten 2 Ba Hua. Am Schnittpunkt der Basis dieses Dreieckes mit der dorsalen Mittellinie wird die Spitze des Dreieckes erneut angelegt. Die beiden unteren Eckpunkte bilden die zweiten Ba Hua. Das dritte und das vierte Ba Hua-Paar findet man in gleicher Weise.
LG 13 (Da Zhui) liegt zwischen dem Processus spinosus von C 7 und Th 1.

■ PaM 51 Abb. 37

„Hustenstillend"
Chuan Xi (Tschuan Si) engl.: Chuan Shi

Lok.: 1 cun lateral von LG 13^B = 14^{CH} (Da Zhui)
Ind.: hustenstillend, Urticaria
St.: schräg 5 fen – 1 cun

■ PaM 52 Abb. 37

„Die hundert Arten der Winde"
Bai Zhong Feng (Bai Dschung Fung) engl.: Pai Chung Feng
Lok.: 2,3 cun lateral von LG 13^B = 14^{CH} (Da Zhui)
Ind.: Apoplexie, Urticaria
St.: senkrecht 5 fen – 1 cun

PaM 53** Abb. 36

PaM 51–85

„Die acht Hua"
Ba Hua (Ba Hua) engl.: Pa Hua
Lok.: siehe vorherige Seite
Ind.: Asthma bronchiale, Bronchitis, Phthisis, allgemeine Schwäche, Auszehrung, Nachtschweiß, Gelenksschmerzen
St.: schräg 5 fen – 1 cun

PaM 54 Abb. 37

„Viele Empfindungen"
Ju Jue (Djü Djüä) engl.: Chu Chueh
Lok.: etwas medial und distal vom Angulus superior scapulae; oder man findet ihn, wenn man mit der Hand die kontralaterale Schulter faßt, dann erreicht die Spitze des Mittelfingers PaM 54
Ind.: Schulterblattschmerzen, Hysterie
St.: schräg 5 fen – 1 cun

■ PaM 55 Abb. 37

„Namenlos"
Wu Ming (U Ming) engl.: Wu Ming
Lok.: in einer Vertiefung unter dem 2. Brustwirbeldorn
Ind.: psychische Erkrankungen
St.: schräg 5 fen – 1 cun

** Die „Ba Hua" sind in ihrer Lage von der Thoraxbreite abhängig. (Siehe Abb. 36).

PaM 56 Abb. 37

„Seitlich der Säule"
Zhu Ce (Dschu Tsö) engl.: Chu Che
Lok.: 5 fen distal und lateral vom 3. Brustwirbeldorn
Ind.: Lungenentzündung, Bronchitis, Schmerzen in der Brust- und Bauchregion, Kreuz- und Rückenschmerzen
St.: schräg 5 fen – 1 cun
(PaM 56 ist Punkt 3 der paravertebralen Hua Tuo'schen Punkte (PaM 85), dieser wird auch als „Lungenwärme" (Fei Re) bezeichnet.)

PaM 57 Abb. 37

„Riesentorturm – Zustimmungspunkt"
Ju Que Yu (Djü Tchöo Yü) engl.: Chu Chueh Shu
Lok.: in einer Vertiefung unter dem 4. Brustwirbeldorn
Ind.: Bronchitis, Asthma bronchiale, Herzerkrankungen, Neurasthenie, Interkostalneuralgie
St.: schräg 5 fen – 1 cun

PaM 58 Abb. 37

„Maß des Auges"
Liang Yan (Liang Yän) engl.: Liang Yen
Lok.: 1,5 cun lateral vom 6. Brustwirbeldorn, entspricht dem Mittelpunkt der Linie zwischen B 15 (Xin Yu) und B 16 (Du Yu)
Ind.: akute Konjunktivitis, Ulzeration der Cornea, Gerstenkorn
St.: Dieser Punkt wird mit Moxibustion behandelt. Man setzt diese immer nur an der erkrankten Seite; wenn beide Augen erkrankt sind, dann werden die Punkte beidseits behandelt

PaM 59 Abb. 37

„Keuchen"
Qi Chuan (Tchi Tschuan) engl.: Chi Chuan)
Lok.: 2 cun lateral vom 7. Brustwirbeldorn
Ind.: Asthma bronchiale, Pleuritis, Bronchitis, Herzjagen
St.: schräg 5 fen – 1 cun

PaM 60 Abb. 37

„Silbermund"
Yin Kou (Yin Kou) engl.: Yin Kou
Lok.: Angulus inferior scapulae
Ind.: Husten mit blutigem Sputum, Interkostalneuralgie, Lungenentzündung
St.: schräg 5 fen – 1 cun

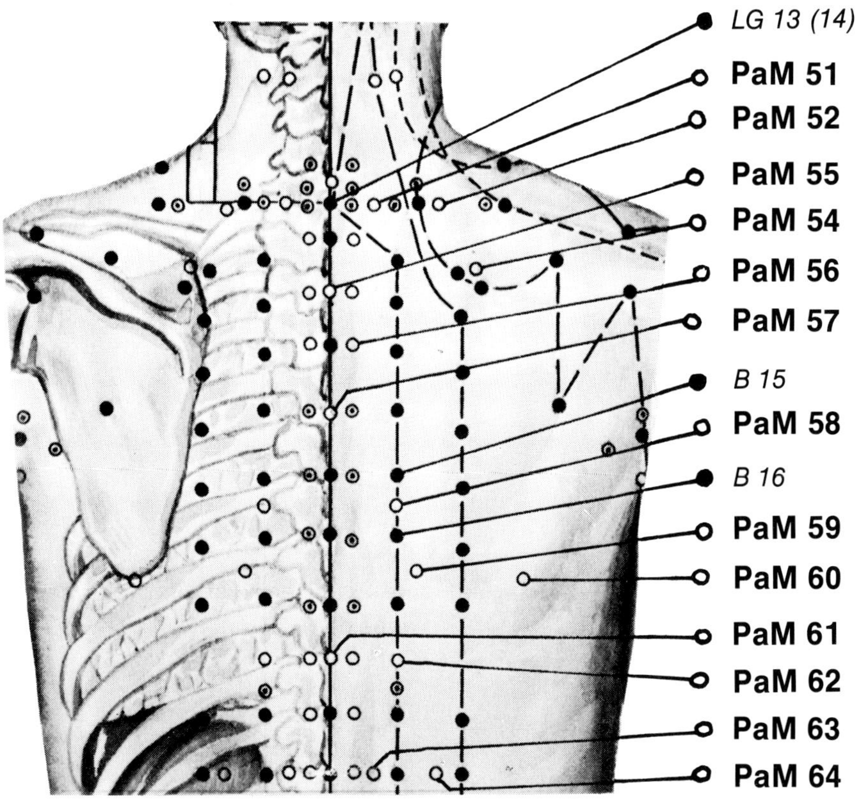

Abb. 37: Rücken   Tafel II/25   PaM 51, 52, 54–64

PaM 61 Abb. 37

„Unter dem 8. Wirbel"
Ba Zhui Xia (Ba Dschuee Hia) engl.: Pa Chui Hsia

Lok.: in einer Vertiefung unter dem 8. Brustwirbeldorn

Ind.: Malaria, Diabetes mellitus, Asthma bronchiale

St.: schräg 5 fen – 1 cun

PaM 62 Abb. 37

„Zustimmungspunkt für das Pankreas"
Yi Yu (I Yü) engl.: Yi Shu

Lok.: 1,5 cun distal und lateral vom 8. Brustwirbeldorn

Ind.: Diabetes mellitus, Interkostalneuralgie, Pleuritis, Bronchitis, Erbrechen, Schmerzen im Abdomen

St.: schräg 5 fen – 1 cun

(Dieser Punkt wird auch als Tsuee Yü (Cui Yu) bezeichnet; dies entspricht der alten Benennung für Pankreas.)

PaM 63 Abb. 37

„Seitlich des Zentrums"
Shu Bian (Schu Biän) engl.: Shu Pien

Lok.: 1 cun distal und lateral vom 10. Brustwirbeldorn

Ind.: Ikterus, Erkrankungen der Gallenblase, Pleuritis

St.: schräg 5 fen – 1 cun

PaM 64 Abb. 37

„Trübes Bad"
Zhuo Yu (Dscho Yü) engl.: Chuo Yu

Lok.: 2,5 cun lateral und distal vom 10. Brustwirbeldorn

Ind.: Erkrankungen der Gallenblase, Lebererkrankungen, Appetitlosigkeit, Hysterie

St.: schräg 5 fen – 1 cun

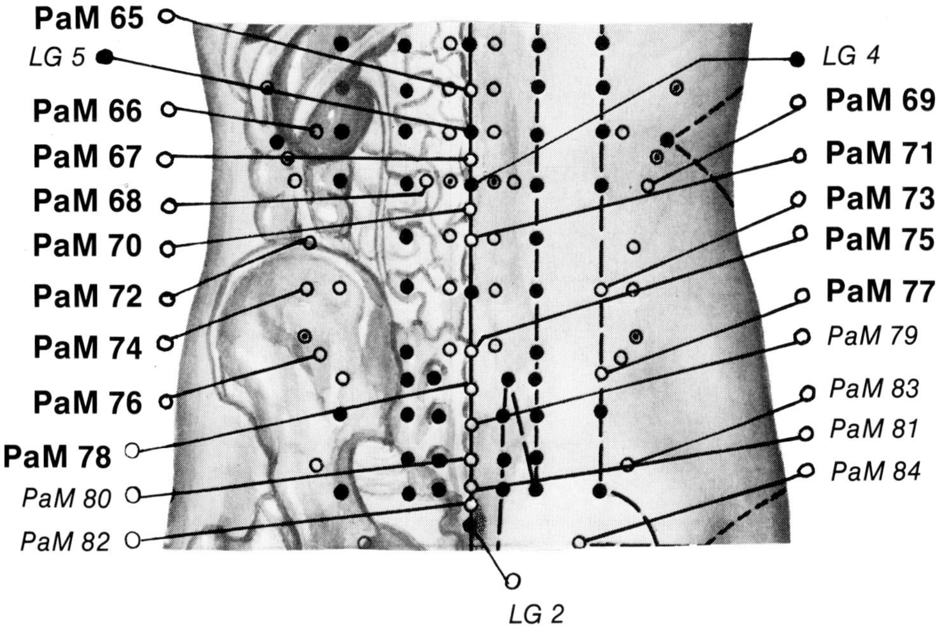

PaM 51–85

Abb. 38: unterer Rücken Tafel II/35 PaM. 65–84

PaM 65 Abb. 38

„Knochenverbindung"
Jie Gu (Djiä Gu) engl.: Chieh Ku

Lok.: in einer Vertiefung unter dem 12. Brustwirbeldorn

Ind.: Ruhr bei Kindern, Prolapsus ani, Dyspepsie, Magenschmerzen, Enteritis, Epilepsie

St.: schräg 5 fen – 1 cun

PaM 66 Abb. 38

„Milztumor (oder Milzknoten)"
Pi Gen (Pi Gen) engl.: Pi Ken

Lok.: 3,5 cun lateral und distal vom 1. Lendenwirbeldorn

Ind.: Hepato-Splenomegalie, Kreuzschmerzen (Nephritis)

St.: senkrecht 1–1,5 cun

■ PaM 67 Abb. 38

„Kummer mit Blut"
Xue Chou (Hüo Tschou) engl.: Hsueh Chou

Lok.: kranial vom 2. Lendenwirbeldorn zwischen LG 4 (Ming Men) und LG 5 (Xuan Shu)

Ind.: Blut im Stuhl, Nasenbluten, Bluterbrechen, Bluthusten und alle Erkrankungen, die mit einer verstärkten Blutungsneigung einhergehen

St.: dieser Punkt wird mit Moxibustion behandelt

PaM 68 Abb. 38

„Darmwind"
Chang Feng (Tschang Fung) engl.: Chang Feng

Lok.: 1 cun lateral und distal vom Lendenwirbeldorn

Ind.: chronische Erkrankungen der „Zang und Fu Organe", Hämorrhoiden, Magen-Darmerkrankungen, Incontinentia urinae

St.: senkrecht 1–1,5 cun

PaM 69 Abb. 38

„Anhäufung von Milzknoten"
Ji Ju Pi Kuai (Dji Djü Pi Kuai) engl.: Chi Chu Pi Kuai

Lok.: 4 cun lateral und distal vom Lendenwirbeldorn

Ind.: Hepato-Splenomegalie, Enteritis, Ovarialzysten, Dyspepsie

St.: senkrecht 1–1,5 cun

PaM 70 Abb. 38

„Bambusstock"
Zhu Zhang (Dschu Dschang) engl.: Chu Chang

Lok.: kranial vom 3. Lendenwirbeldorn
Ind.: Schwellungen in der Nabelgegend bei Kleinkindern, Blut im Stuhl, Appetitlosigkeit, „Enteritis", Prolapsus ani, Hämorrhoiden, Kreuzschmerzen, Darm-Tbc, Meningitis und Rückenmarkserkrankungen
St.: auch dieser Punkt wird mit Moxibustion behandelt

■ PaM 71 Abb. 38

„Zustimmungspunkt für unten"
Xia Ji Yu (Hia Dji Yü) engl.: Hsia Chi Shu

Lok.: in einer Vertiefung unter dem 3. Lendenwirbeldorn
Ind.: abdominelle Erkrankungen, Kreuzschmerzen, Cystitis, Hämorrhoiden
St.: schräg 5 fen 1 cun

PaM 72 Abb. 38

„Tor für späte Termine"
Hou Qi Men (Hou Tchi Men) engl.: Hou Chi Men

Lok.: man sucht den Mittelpunkt einer gedachten Linie zwischen dem distalen Ende des Os coccygis und dem Trochanter major und zieht von dort eine senkrechte Linie nach kranial; wo diese senkrechte Linie sich mit der Crista iliaca schneidet, findet sich der gesuchte Punkt
Ind.: Ischias und zur Geburtserleichterung
St.: senkrecht 2–3 cun

PaM 73 Abb. 38

„Zum Wohle des Rückens"
Yao Yi (Yau I) engl.: Yao Yi

Lok.: 3 cun lateral vom unteren Rand des 4. Lendenwirbeldorns
Ind.: Kreuzschmerzen, Menstruationsstörungen
St.: senkrecht 1,5–2 cun

■ PaM 74 Abb. 38

„Auge des Rückens"
Yao Yan (Yau Yän) engl.: Yao Yen

Lok.: 3,8 cun lateral und distal vom 4. Lendenwirbeldorn
Ind.: Kreuzschmerzen, Orchitis, gynäkologische Erkrankungen
St.: senkrecht 1,5–2 cun

■ PaM 75 Abb. 38

„Unter dem 17. Wirbel"
Shi Qi Zhui Xia (Sche Tchi Dschuee Hia) engl.: Shih Chi Chui Hsia

Lok.: in einer Vertiefung unter dem 5. Lendenwirbeldorn
Ind.: Kreuzschmerzen, Beinschmerzen, Lähmung der unteren Extremitäten, gynäkologische Beschwerden
St.: senkrecht 1,5–2 cun

PaM 76 Abb. 38

„Mittlere Leere"
Zhong Kong (Dschung Kung) engl.: Chung Kung

Lok.: 3,5 cun lateral und distal vom 5. Lendenwirbeldorn
Ind.: Kreuzschmerzen
St.: senkrecht 1,5–2 cun

PaM 77 Abb. 38

„Wurzel des Rückens"
Yao Gen (Yau Gen) engl.: Yao Ken

Lok.: 3 cun lateral vom unteren Rand des 1. Kreuzwirbeldorns
Ind.: Erkrankungen des Fußes
St.: senkrecht 3 cun

PaM 78 Abb. 38

„Turteltaube"
Jiu Qi (Djiu Tchi) engl.: Chiu Chi

Lok.: in einer Vertiefung unter dem 1. Kreuzwirbeldorn
Ind.: starke Menstruationsblutung
St.: dieser Punkt wird mit Moxibustion behandelt

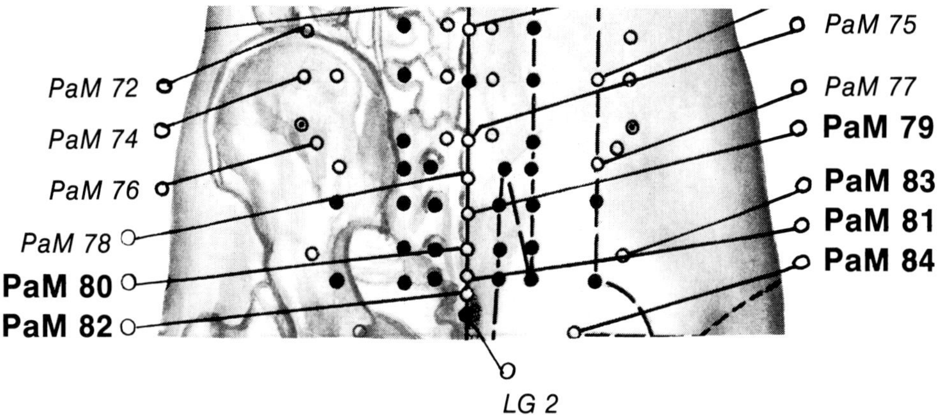

Ausschnitt aus Abb. 38: Unterer Rücken Tafel II/35 PaM 79–84

PaM 79 Abb. 38

„Wunder des Rückens"
Yao Qi (Yau Tchi) engl.: Yao Chi

Lok.: in einer Vertiefung unter dem 2. Kreuzwirbeldorn
Ind.: Epilepsie
St.: schräg nach oben 1–2 cun

PaM 80 Abb. 38

„Unterer Wirbel"
Xia Zhui (Hia Dschuee) engl.: Hsia Chui

Lok.: in einer Vertiefung unter dem 3. Kreuzwirbeldorn
Ind.: Hämorrhoiden, Gonorrhoe, unregelmäßige Menstruation, „Enteritis"
St.: schräg 5 fen – 1 cun

PaM 81 Abb. 38

„Jadefeld"
Yu Tian (Yü Tien) engl.: Yu Tien

Lok.: unter dem 4. Kreuzwirbeldorn
Ind.: Lenden- und Kreuzbeinschmerzen, zur Geburtserleichterung
St.: schräg 5 fen – 1 cun

PaM 82 Abb. 38

„Seele der Anämie"
Pin Xue Ling (Pin Hüo Ling) engl.: Pin Hsue Ling

Lok.: oberhalb des 5. Kreuzwirbeldorns und zwar etwas distal von PaM 81
Ind.: Anämie
St.: auch dieser Punkt wird mit Moxibustion behandelt

PaM 83 Abb. 38

„Gesäßzentrum"
Tun Zhong (Tuen Dschung) engl.: Tun Chung

Lok.: Die Verbindung Trochanter major femuris zum Os coccygis bildet die Basis eines gleichseitigen Dreieckes, dessen obere Spitze PaM 83 bildet
Ind.: Ischias, Lähmungen der unteren Extremitäten, Spätfolge von Kinderlähmung, Urtikarien, Durchblutungsstörungen der Beine
St.: senkrecht 2–3 cun

PaM 84 Abb. 38

„Reifenmitte“
Huan Zhong (Huan Dschung) engl.: Huan Chung

Lok.: im Mittelpunkt der Verbindungslinie zwischen LG 2 (Yao Yu) und G 30 (Huan Tiao)

Ind.: Ischias, Kreuzschmerzen, Beinschmerzen

St.: senkrecht 2–3 cun

„Paravertebrale Punkte nach Hua Tuo“ (17 P).*
Hua Tuo Jia Ji (Hua Tuo Djia Dji) engl.: Hua To's

■ PaM 85 Abb. 35

Lok.: Siehe Abb. 35

Ind.: Lungen-Tbc, Asthma bronchiale, Magen-Darmerkrankungen, Erkrankungen der Leber, der Gallenwege und des Urogenitalsystems, Neurasthenie, Kreuz- und Rückenschmerzen, Lähmung der Extremitäten

St.: senkrecht, etwa 1 cun. Man sticht, je nach Symptom, mehrere Punkte auf einmal oder verwendet die Punkte abwechselnd; man kann auch Nadelung und Moxibustion kombinieren; oder mit einem einzigen Stich mehrere Punkte erfassen.**

Tab. v. S. 113
PaM 85 beinhaltet die Punkte:
PaM 56 = Hua Tuo 3
NeuP 48 = Hua Tuo 4
NeuP 49 = Hua Tuo 5
NeuP 51 = Hua Tuo 6
NeuP 52 = Hua Tuo 7
NeuP 56 = Hua Tuo 14

---

* 17 Punktepaare: vom 1. BWD bis 5. LWD jeweils 5 fen lateral von der Mittellinie.
In diesen Wirbelabschnitten werden Erkrankungen behandelt von:
C1–C2: Kopf
C1–C7: Nacken
Th 1–7: Thorax
Th 8–12: Abdomen
Th 10–L5: lumbal
S 1–S 4: urogenital
C 3–Th 7: obere Extremität
L 2–L 4: untere Extremität
** Dabei wird die Nadel subkutan vorgeschoben, um „mehrere der subkutan gelegenen „Punkte“ gleichzeitig zu erfassen. Siehe auch Behandlungstechnik und theoretischer Teil („Punkt“).

PaM 86–129

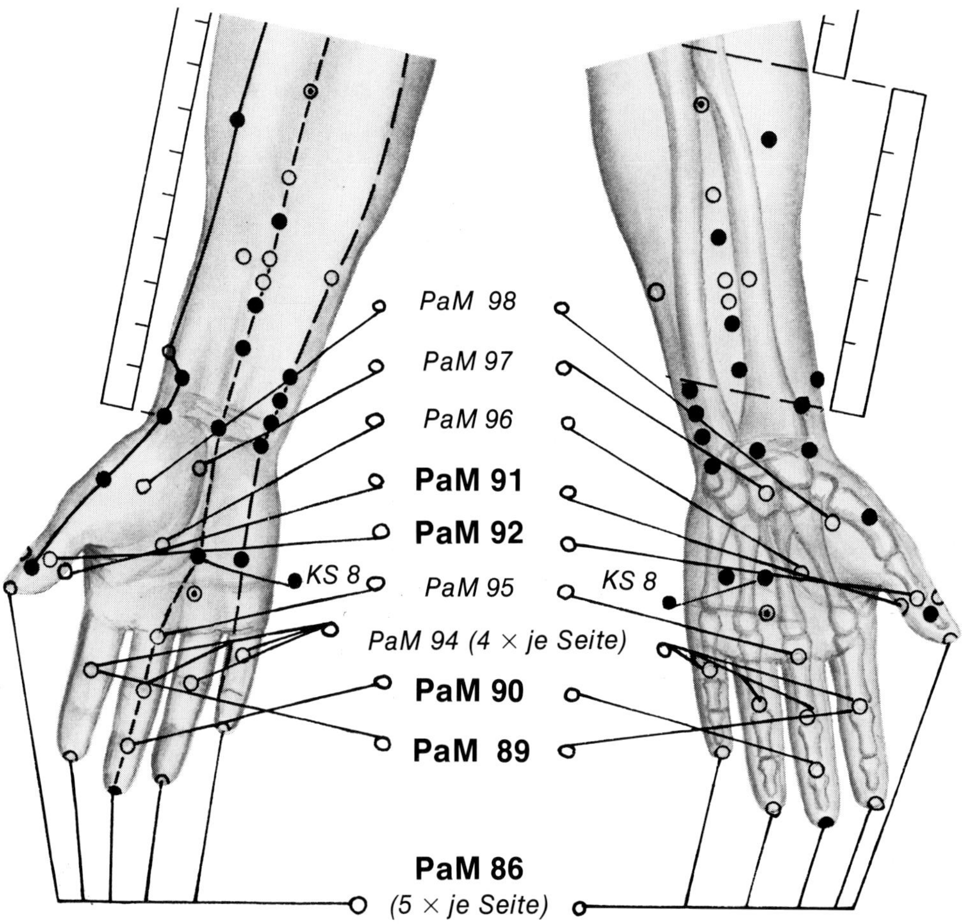

Abb. 39: Handfläche

Tafel I/41, 43

PaM 86–92, 94–98, (87 = 86/1), (88 = 86/5), (89 = 94/1)

■ PaM 86 Abb. 39

„Die zehn Äußerungen“
Shi Xuan (Sche Süan) engl.: Shih Hsuan

Lok.: die Punkte liegen an den 10 Fingerspitzen, etwa 1 fen vom Nagel entfernt
PaM 86/1 am Daumen ist auch PaM 87; PaM 86/3 ist* KS 9 (Zhong Chong)
Ind.: Erste Hilfeleistung, Sonnenstich, Krämpfe bei Kleinkindern, Hysterie, epileptische Anfälle und Bewußtlosigkeit
St.: punktieren, bis es blutet

PaM 87 Abb. 39

„Daumenspitze“
Mu Zhi Jian (Mu Dsche Djiän) engl.: Mu Chih Chien

Lok.: an der Daumenspitze, etwa 1 fen vom Nagel entfernt (identisch mit Daumenpunkt von PaM 86)
Ind.: Ödeme infolge einer Nephritis
St.: seicht 1–2 fen

PaM 88 Abb. 39

„Kleinfingerspitze“
Xiao Zhi Jian (Siau Dsche Djiän) engl.: Hsiao Chih Chien

Lok.: an der Spitze des kleinen Fingers, etwa 1 fen vom Nagel entfernt (identisch mit PaM 86/5)
Ind.: Gelbsucht, Pertussis
St.: seicht 1–2 fen

PaM 89 Abb. 39

„Windsperre“
Feng Guan (Fung Guan) engl.: Feng Kuan

Lok.: im Mittelpunkt der volaren, mittleren Quergelenksfalte des Zeigefingers (PaM = 94/1)
Ind.: Krämpfe bei Kleinkindern
St.: seicht stechen, bis es blutet

PaM 90 Abb. 39

„Moxibustion bei Vitiligo“
Jiu Dian Feng (Djiu Diän Fung) engl.: Chiu Tien Feng

Lok.: im Mittelpunkt der volaren und distalen Quergelenksfalte des Mittelfingers
Ind.: Vitiligo
St.: Moxibustion

PaM 91 Abb. 39

„Daumengelenksquerfalte“
Mu Zhi Jie Heng Wen (Mu Dsche Djiä Heng Ven) engl.: Mu Chih Chieh Heng Wen

Lok.: im Mittelpunkt der Querfalte des Daumengelenks, volar
Ind.: Hornhauttrübung
St.: Moxibustion

PaM 92 Abb. 39

„Phönixaugen“
Feng Yan (Fung Yän) engl.: Feng Yen

Lok.: am radialen Ende der volaren, distalen Querfalte des Daumengelenkes (= Hand 3)
Ind.: Nachtblindheit, Unfähigkeit die Finger zu strecken
St.: seicht 1–2 fen

PaM 93 Abb. 41

„Klare Augen“
Ming Yan (Ming Yän) engl.: Ming Yen

Lok.: am ulnaren Ende der volaren, distalen Querfalte des Daumengelenks (= Hand 4)
Ind.: Nachtblindheit, Konjunktivitis, Tonsillitis, Erkrankungen des Magen-Darmtraktes bei Kleinkindern
St.: seicht 1–2 fen
(Ursprünglich wurde dieser Punkt „Teufelskopf“ genannt, Gui Dang, Guee Dang.)

(Siehe S. 124)

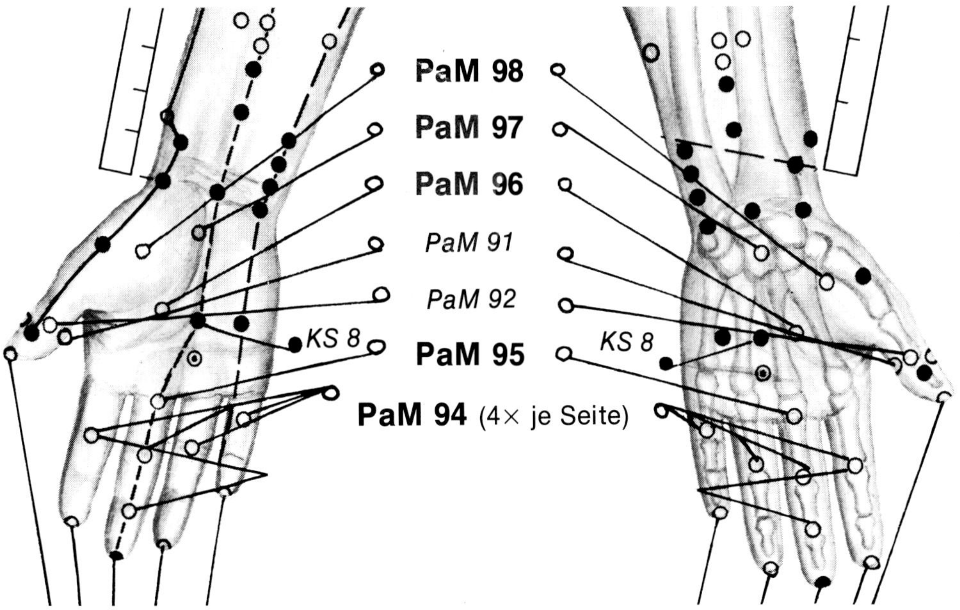

Ausschnitt aus Abb. 39: Handfläche   Tafel I/41, 43   PaM 94–98

■ **PaM 94** Abb. 39

„Die vier Fugen"
Si Feng (Se Fung) engl.: Szu Feng

Lok.: im Mittelpunkt der mittleren, volaren Quergelenksfalte des 2., 3., 4. und 5. Fingers

Ind.: Dyspepsie des Kleinkindes, Magen-Darmerkrankungen bei Kleinkindern, Pertussis

St.: seicht stechen und aus der Stichwunde etwas klare Flüssigkeit auspressen

PaM 95 Abb. 39

„Ebene der Handmitte"
Shou Zhong Ping (Schou Dschung Ping) engl.: Shou Chung Ping

Lok.: im Mittelpunkt des Metakarpo-Phalangealgelenkes an der Volarseite des Mittelfingers

Ind.: Stomatitis

St.: senkrecht 2–3 fen

PaM 96 Abb. 39

„Seitlich vom Palast der Mühen"
Pang Lao Kong (Pang Lau Gung) engl.: Pang Lao Kung

Lok.: von KS 8 (Lao Gong) nach radial 1 cun

Ind.: Tonsillitis

St.: senkrecht 3–5 fen

PaM 97 Abb. 39

„Der innere Yang-Teich"
Nei Yang Chi (Nee Yang Tsche) engl.: Nei Yang Chih

Lok.: 1 cun distal vom Mittelpunkt der Handwurzelquerfalten an der Handfläche

Ind.: Schmerzen im Larynx und Pharynx, Entzündungen der Mundhöhle, Krämpfe bei Kleinkindern

St.: senkrecht 3–5 fen

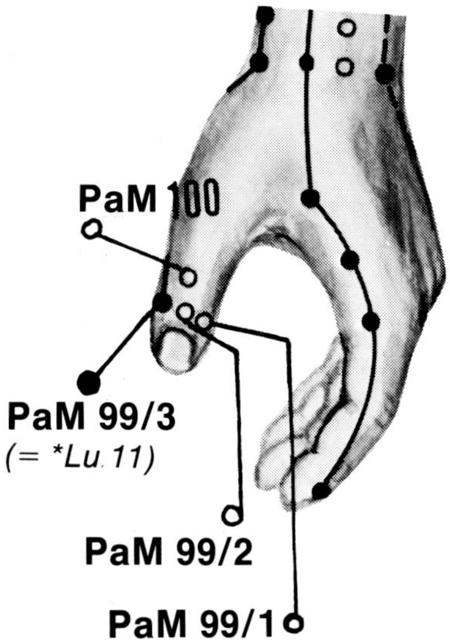

Abb. 40: linke Hand (von radial)

Tafel III/49

PaM 99–100

PaM 98 Abb. 39

„Das Tor"
Ban Men (Ban Men) engl.: Pan Men
Lok.: 1 cun medial von Lu 10 (Yu Ji)
Ind.: Tonsillitis, Laryngitis, Zahnschmerzen
St.: senkrecht 5 fen – 1 cun
Der Punkt wird auch als „Holztor", Ban Men (Ban Men), bezeichnet

PaM 99 Abb. 40

„Die drei Händler"
San Shang (San Schang) engl.: San Shang
Lok.: es handelt sich insgesamt um 3 Punkte: 1. Punkt: „der alte Händler" Lao Shang (Lau Schang) liegt ulnar vom Daumen, etwa 1 fen vom Nagelwinkel entfernt. 2. Punkt: „der mittlere Händler" Zhong Shang (Dschung Schang) in der Mitte des Daumenrückens, etwa 1 fen vom Nagel entfernt 3. Punkt: identisch mit Lu 11 (Shao Shang)
Ind.: Influenza, Verweigerung von Nahrungs- und Flüssigkeitsaufnahme durch Schmerzen im Larynx und Pharynx, Entzündungen der Mundhöhle, Parotitis
St.: punktieren, bis es blutet

■ PaM 100 Abb. 40

„Leere der großen Knochen"
Da Gu Kong (Da Gu Kung) engl.: Ta Ku Kung
Lok.: im Mittelpunkt der Querfalten des Daumenrückens
Ind.: Augenkrankheiten
St.: Moxibustion

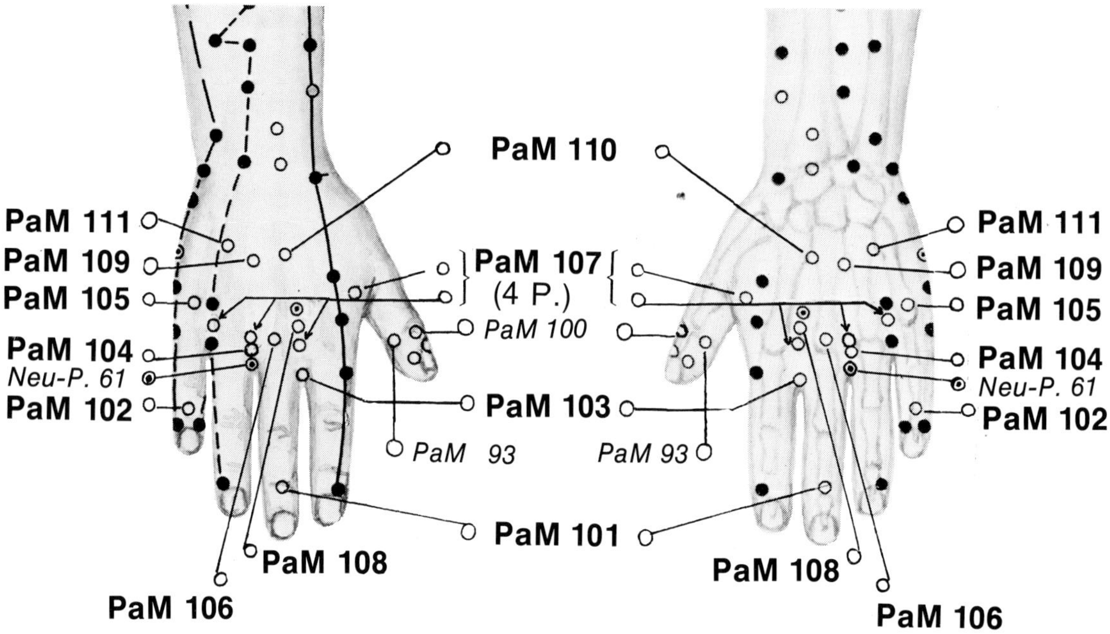

Abb. 41: Handrücken Tafel II/44, 46 PaM 93, 100–111

PaM 101 Abb. 41

„Zentraler Riese"
Zhong Kui (Dschung Kuee) engl.: Chung Kui

Lok.: im Mittelpunkt des distalen Fingergelenkes des Mittelfingers (dorsal)

Ind.: Zahnschmerzen, Appetitlosigkeit, Magenschmerzen, (Vitiligo), Völlegefühl und Aufstoßen von Luft.

St.: Moxibustion

PaM 102 Abb. 41

„Leere der kleinen Knochen"
Xiao Gu Kong (Siau Gu Kung) engl.: Hsiao Ku Kung

Lok.: im Mittelpunkt der dorsalen Quergelenksfalte des Kleinfingers

Ind.: Augenkrankheiten, Taubheit, Schmerzen der Fingergelenke

St.: Moxibustion

PaM 103 Abb. 41

„Ein Torflügel"
Yi Shan Men (I Schan Men) engl.: Yi Shan Men

Lok.: auf dem Handrücken zwischen 2. und 3. Finger

Ind.: Augenkrankheiten, Krätze, Fieber, bei dem es zu keinem Schweißausbruch kommt

St.: schräg 3–5 fen

PaM 104 Abb. 41

„Zwei Torflügel"
Er Shan Men (Öl Schan Men) engl.: Erh Shan Men

Lok.: auf dem Handrücken zwischen 3. und 4. Finger

Ind.: siehe PaM 103

St.: siehe PaM 103

PaM 105 Abb. 41

„Kleinfingergelenk"
Xiao Zhi Jie (Siau Dsche Djiä) engl.: Hsiao Chih Chieh

Lok.: auf dem Handrücken auf dem Capitulum metacarpi V.
Ind.: bei langjährigem Magenleiden
St.: Moxibustion

PaM 106 Abb. 41

„Faustspitze"
Quan Jian (Tchüan Djiän) engl.: Chuan Chien

Lok.: auf dem Handrücken auf dem Capitulum metacarpi III.
Ind.: Augenkrankheiten
St.: Moxibustion

■ PaM 107 Abb. 41

„Die 8 Laster"
Ba Xie (Ba Siä) engl.: Pa Hsieh

Lok.: es sind insgesamt 8 Punkte auf dem Handrücken zwischen den Metakarpalköpfchen, 4 links, 4 rechts
Ind.: Entzündung der Metakarpo-Phalangeal-Gelenke, Rötung und Schwellung des Handrückens, Paralyse des Handrückens, Kopfschmerzen, Zahnschmerzen, Schlangenbiß
St.: schräg 5 fen – 1 cun oder seicht stechen, bis es blutet

■ PaM 108 Abb. 41

„Nackenstarre"
Luo Zhen (Luo Dschen) engl.: Luo Chen

Lok.: auf dem Handrücken zwischen dem 2. und 3. Mittelhandknochen, etwa 5 fen proximal vom Metakarpo-Phalangeal-Gelenk
Ind.: Nackenschmerzen, Schulter- und Armschmerzen, Magenschmerzen, Larynx- und Pharynxschmerzen
St.: senkrecht oder schräg 5 fen – 1 cun

PaM 109 Abb. 41

„Der äußere Palast der Mühen"
Wai Lao Gong (Uai Lau Gung) engl.: Wai Lao Kung

Lok.: auf dem Handrücken, ulnar vom III. Metakarpale, im Mittelpunkt der Verbindungslinie von der Handwurzelquerfalte und dem Capitulum metacarpi III.
Ind.: Parästhesie, Fallhand, schmerzhafte Rötung und Schwellung des Handrückens, Dyspepsie
St.: senkrecht 3–5 fen

PaM 110 Abb. 41

„Stattliche Seele"
Wei Ling (Uee Ling) engl.: Wei Ling

Lok.: auf dem Handrücken, im proximalen Winkel vom Metakarpale II. und III.
Ind.: Krampfzustände beim Kleinkind, Kopfschmerzen, Augenflimmern, Ohrensausen, Schwindel, Rötung und Schwellung des Handrückens
St.: senkrecht 3–5 fen

PaM 111 Abb. 41

„Geläuterte Seele"
Jing Ling (Djing Ling) engl.: Ching Ling

Lok.: auf dem Handrücken, proximal vom Winkel des IV. und V. Metakarpale, in einer Vertiefung
Ind.: wie PaM 110
St.: wie PaM 110

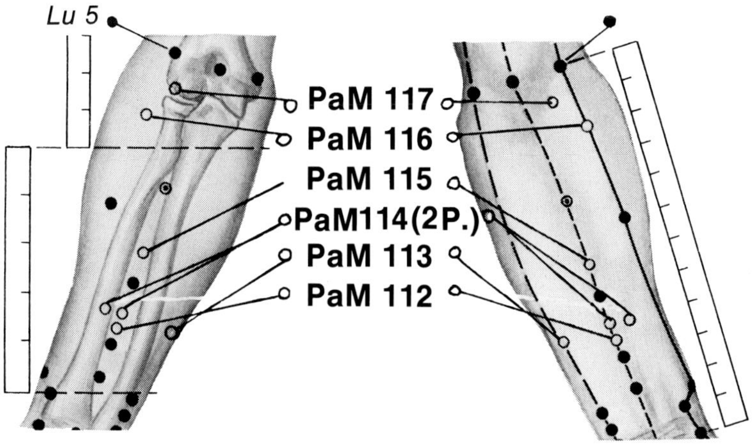

Abb. 42: Unterarme (Beugeseite) Tafel I/31, 33 PaM 112–117

PaM 112 Abb. 42

„Goldenes Tor der Hand"
Shou Jin Men (Schou Djin Men) engl.: Shou Chin Men

Lok.: 3,5 cun proximal vom Mittelpunkt der Handwurzelquerfalten an der Volarseite des Unterarmes
Ind.: Skrofulose
St.: senkrecht 5 fen – 1 cun

PaM 113 Abb. 42

„Zustimmungspunkt für Geschwüre"
Ding Yu (Ding Yü) engl.: Ting Shu

Lok.: 4 cun proximal von dem ulnaren Ende der Handwurzelquerfalten
Ind.: „Geschwüre"
St.: Moxibustion

■ PaM 114 Abb. 42

„Die zwei Weißen"
Er Bai (Öl Bai) engl.: Erh Pai

Lok.: 4 cun proximal vom Mittelpunkt der volaren Handwurzelquerfalten, ein Punkt liegt auf dem KS-Meridian, der andere liegt radial von der Sehne
Ind.: Hämorrhoiden, Prolapsus ani, Neuralgie des Unterarmes
St.: senkrecht 5 fen 1 cun

PaM 115 Abb. 42

„Armmitte"
Bi Zhong (Bi Dschung) engl.: Pi Chung

Lok.: an der Beugeseite zwischen Radius und Ulna, in der Mitte der Verbindungslinie: Ellenbogenbeugefalte und Handgelenksfaltenmitte
Ind.: Lähmung und Spasmus der oberen Extremitäten, Neuralgie des Unterarmes, Hysterie
St.: senkrecht, bis knapp unter der Haut der Gegenseite
Wird auch als „Gegenfluß" der Hand, Shou Ni Zhu (Schou Ni Dschu), bezeichnet.

PaM 116 Abb. 42

„Unter dem Teich"
Ze Xia (Dsee Hia) engl.: Tse Hsia

Lok.: 2 cun distal von Lu 5 (Chi Ze)
Ind.: Zahnschmerzen, Unterarmschmerzen, Furunkel der Hand und des Armes, Hämorrhoiden
St.: senkrecht 1–1,5 cun

PaM 117 Abb. 42

„Vor dem Teich"
Ze Qian (Dsee Tchien) engl.: Tse Chien

Lok.: 1 cun distal von Lu 5 (Chi Ze) auf der Verlängerungslinie durch den Mittelfinger
Ind.: spastische und schlaffe Paresen der oberen Extremitäten, Unterarmschmerzen, Struma
St.: senkrecht 1–1,5 cun

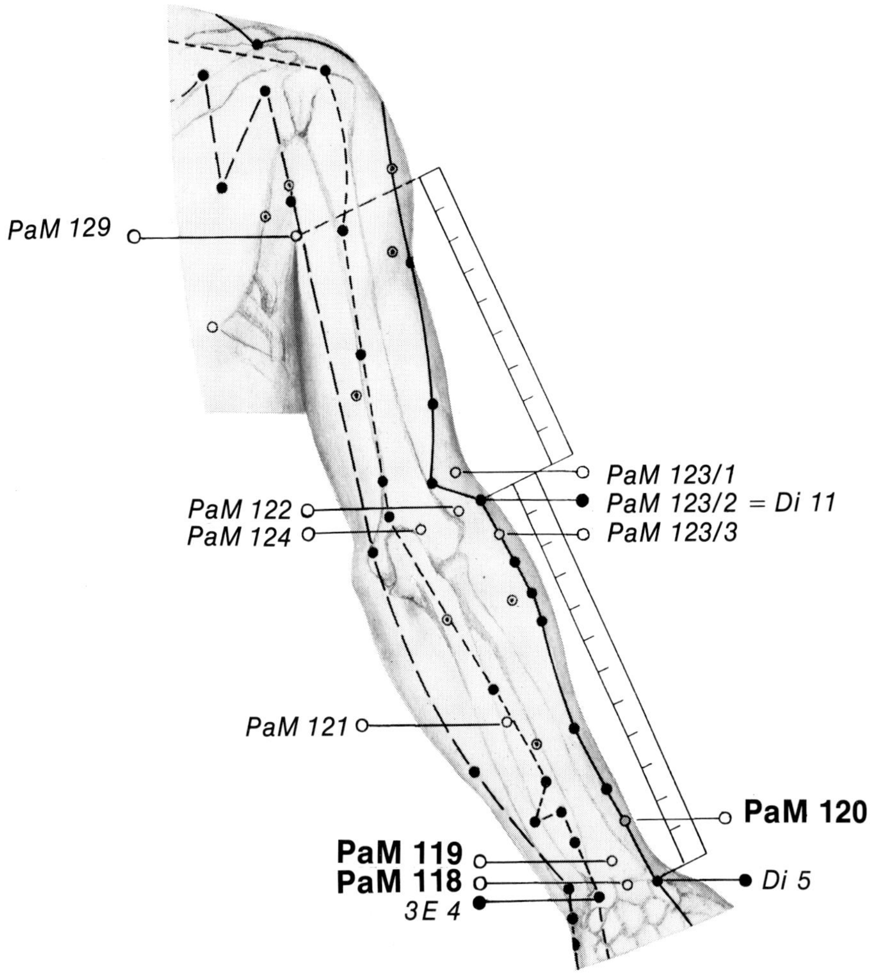

Abb. 43: Ober- und Unterarm (Streckseite) Tafel II/26, 36, 46 PaM 118–124, 129

PaM 86–129

■ **PaM 118** Abb. 43

„Mittlere Quelle"
Zhong Quan (Dschung Tchüan) engl.: Chung Chuan

Lok.: auf dem Handwurzelrücken, zwischen Di 5 (Yang Yi) und 3 E 4 (Yang Chi), in einer Vertiefung

Ind.: Druckgefühl in der Brust, Magenschmerzen, Handwurzelgelenksentzündung, Hysterie, Hornhauttrübung

St.: senkrecht 3–5 fen

PaM 119 Abb. 43

„In Zoll-Höhe"
Cun Ping (Tsuen Ping) engl.: Tsun Ping

Lok.: 1 cun proximal vom Mittelpunkt der dorsalen Handwurzelquerfalte, 4 fen radial

Ind.: Schock, Herzinsuffizienz

St.: senkrecht 5 fen – 1 cun

PaM 120 Abb. 43

„Unter dem warmen Strom"
Xia Wen Liu (Hia Ven Liu) engl.: Hsia Wen Liu

Lok.: 2 cun proximal vom radialen Ende der dorsalen Handwurzelquerfalte

Ind.: Schmerzen der unteren Zahnreihen

St.: senkrecht 2–3 fen

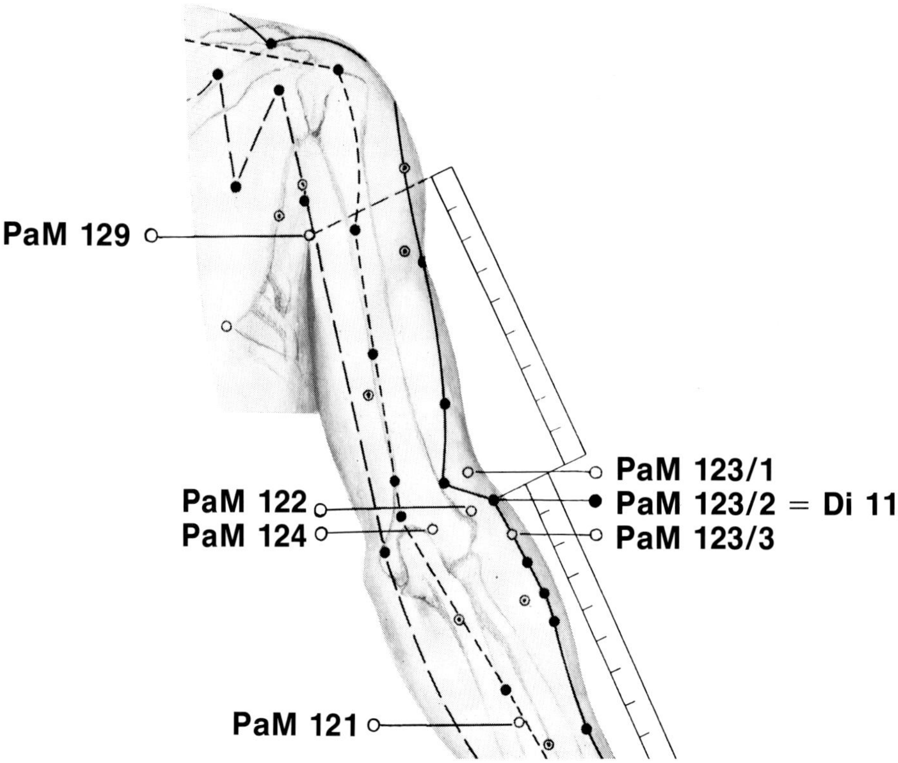

Ausschnitt aus Abb. 43: Oberarm (Streckseite) Tafel II/26, 36 PaM 121–124, 129

PaM 121 Abb. 43

„Ulna und Radius"
Chi Rao (Tsche Jau) engl.: Chih Jao

Lok.: zwischen Radius und Ulna, 6 cun proximal vom Mittelpunkt der distalen Handwurzelquerfalte an der Dorsalseite
Ind.: psychische Erkrankungen
St.: senkrecht, bis knapp unter die Haut der Gegenseite

PaM 122 Abb. 43

„Yang Beugung"
Qu Yang Wei (Tchü Yang Vee) engl.: Chu Yang Wei

Lok.: etwas seitlich radial der Ellbogenquerfalte, in einer Vertiefung, bei gebeugtem Arm
Ind.: psychische Erkrankungen
St.: senkrecht 2–3 cun

PaM 123 Abb. 43

„Die drei Teiche"
San Chi (San Tsche) engl.: San Chih

Lok.: es sind insgesamt 3 Punkte: Di 11 (Qu Chi) und je 1 cun proximal bzw. distal von Di 11. Der proximale Punkt: „der obere Teich", Shang Chi (Schang Tsche); der distale Punkt: „der untere Teich", Xia Chi (Hia Tsche)
Ind.: Arm- und Ellbogenschmerzen, Lähmung der oberen Extremitäten, chronische Sinusitis
St.: senkrecht 1–1,5 cun

■ PaM 124 Abb. 43

„Zustimmungspunkt für Ellbogen"
Zhou Yu (Dschou Yü) engl.: Chou Shu

Lok.: auf Ellbogenrückseite, zwischen Olecranon und Epicondylus lateralis, bei gebeugtem Arm
Ind.: Ellbogengelenksschmerzen
St.: senkrecht 3 fen

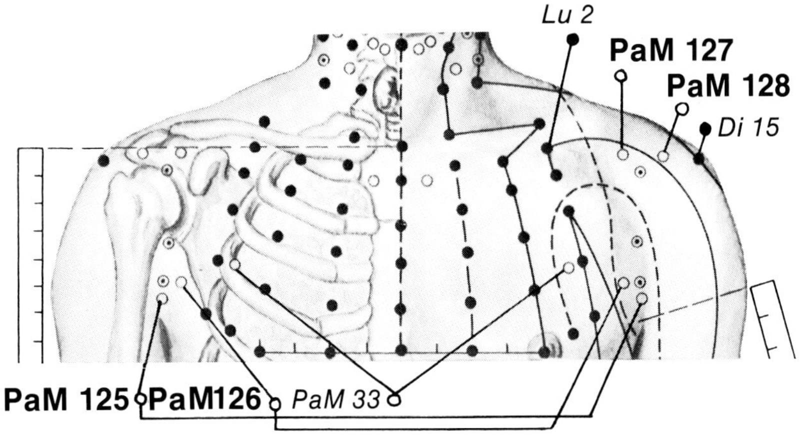

Abb. 44: Schulter, Brust   Tafel I/21, 22, 23   PaM 125–128

PaM 125 Abb. 44

„Seele der Achsel"
Ye Ling (Yä ling) engl.: Ye Ling

Lok.: 5 fen proximal von der vorderen Achselfalte, bei herabhängendem Arm
Ind.: psychische Erkrankungen, Schmerzen im Schulter-Armbereich
St.: senkrecht 2–3 cun

PaM 126 Abb. 44

„Seele des Himmels"
Tian Ling (Tien Ling) engl.: Tien Ling

Lok.: zuerst 1 cun proximal von der vorderen Achselfalte, dann 5 fen radial, bei herabhängendem Arm
Ind.: wie PaM 125
St.: mit der Nadelspitze etwas lateral und schräg 2–3 cun

PaM 127 Abb. 44

„Zustimmungspunkt für Schulter"
Jian Yu (Djiän Yü) engl.: Chien Shu

Lok.: Mittelpunkt der Verbindungslinie von Lu 2 (Yun Men) und Di 15 (Jian Yu)
Ind.: Schultergelenksentzündung, Arm- und Schulterschmerzen
St.: senkrecht 1–1,5 cun

PaM 128 Abb. 44

„Vor der Schulter"
Yu Qian (Yü Tchien) engl.: Yu Chien

Lok.: etwa 1 cun medial und proximal von Di 15 (Jian Yu); lateral und proximal vom Processus coracoideus, in einer Vertiefung
Ind.: Arm- und Schulterschmerzen, Unfähigkeit, den Arm zu heben
St.: senkrecht 5 fen – 1 cun

PaM 129 Abb. 43

„Hintere Achselfalte"
Hou Ye (Hou Ya) engl.: Hou Yeh

Lok.: am proximalen Ende der hinteren Achselfalte
Ind.: Unfähigkeit, den Arm zu heben, Tonsillitis, Lymphadenitis colli
St.: senkrecht 5 fen – 1 cun

PaM 130 Abb. 45

„Der untere Innenhof"
Li Nei Ting (Li Nee Ting) engl.: Li Nei Ting

Lok.: Fußsohle, vor der II. und III. Articulatio metatarso-phalangealis in einer Vertiefung
Ind.: Zehenschmerzen, Epilepsie, Krämpfe bei Kleinkindern
St.: senkrecht 3–5 fen

PaM 131 Abb. 45

„Querfalte der Großzehe"
Mu Zhi Li Heng Wen (Mu Dsche Li Heng Ven) engl.: Mu Chi Li Heng Wen

Lok.: Fußsohle, im Mittelpunkt der Querfalte der Großzehe
Ind.: Orchitis
St.: senkrecht 2–3 fen

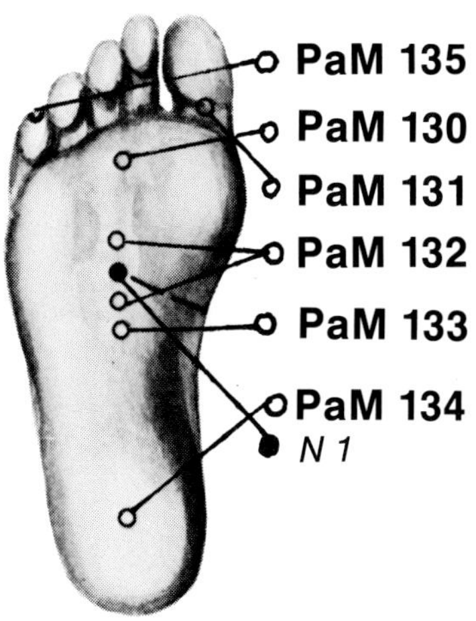

Abb. 45: Fußsohle Tafel III/70 PaM 130–135

PaM 132 Abb. 45

„Vordere und hintere versteckte Perle"
Qian Hou Yin Zhu (Tchien Hou Yin Dschu) engl.: Chian Hou Yin Chu

Lok.: es sind 2 Punkte auf der Fußsohle, jeweils 5 fen vor und hinter N 1 (Yong Guan)
Ind.: Furunkel an den Beinen, Krämpfe der unteren Extremitäten, Schmerzen der Fußsohle, Herzjagen, Hypertonie, Krämpfe bei Kleinkindern
St.: senkrecht 3–5 fen

PaM 133 Abb. 45

„Fußsohlenmitte"
Zu Xin (Dsu Hin) engl.: Tsu Hsin

Lok.: 1 cun hinter N 1 (Yong Guan)
Ind.: starke menstruelle Blutung, Kopfschmerzen, Spasmus des M. gastrocnemius
St.: senkrecht 5 fen – 1 cun

PaM 134 Abb. 45

„Schlaflosigkeit"
Shi Mian (Sche Miän) engl.: Shih Mien

Lok.: Fußsohle, in Fersenmitte
Ind.: Schlaflosigkeit, Schmerzen der Fußsohle
St.: senkrecht 2–3 fen

PaM 135 Abb. 45

„Kleinzehenspitze"
Xiao Zhi Jian (Siau Dsche Djiän) engl.: Hsiao Chih Chien

Lok.: an der Spitze der Kleinzehe
Ind.: schwere Geburt, Kopfschmerzen, Schwindelgefühl mit Augenflimmern
St.: senkrecht 1–2 fen

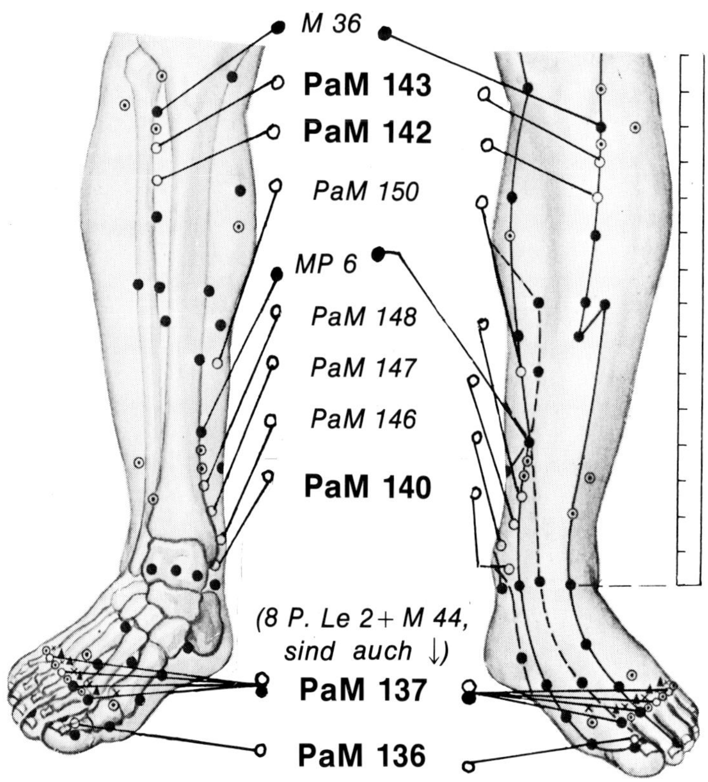

Abb. 46: Unterschenkel, Fuß (vorne) Tafel I/52, 62 PaM 136, 137, 140, 142, 143, 146–148, 150

PaM 136 Abb. 46

„Die 3 Haare der Großzehe"
Mu Zhi Heng Li San Mao (Mu Dsche Heng Li San Mau) engl.: Mu Chih Heng Li San Mao

Lok.: auf dem Rücken der Großzehe, etwas hinter dem Nagelwurzelmittelpunkt

Ind.: Nasenbluten, Magenschmerzen, Orchitis

St.: senkrecht 2–3 fen

■ PaM 137 Abb. 46

„Die 8 Winde"
Ba Feng (Ba Fung) engl.: Pa Feng

Lok.: es sind links und rechts je 4 Punkte, dazu gehören M 44 (Nei Ting) und Le 2 (Xing Jian); auf dem Fußrücken, jeweils zwischen den benachbarten Capituli metatarsalium

Ind.: Kopfschmerzen, Zahnschmerzen, unregelmäßige Menstruation, Malaria, Rötung und Schwellung des Fußrückens, Schlangenbiß, Asthma bronchiale

St.: schräg 5 fen – 1 cun oder seicht stechen, bis es blutet

PaM 138 Abb. 47a

„Weibliches Knie"
Nü Qi (Nü Tchi) engl.: Nu Hsi

Lok.: auf dem Fersenrücken, in der Mitte des Fersenbeines

Ind.: Gingivitis, Eiterung des Zahnbettes

St.: senkrecht 2–3 fen

PaM 139 Abb. 47a

„Fuß aus der Quelle geboren"
Quan Sheng Zu (Tchüan Scheng Dsu) engl.: Chuan Sheng Tsu

Lok.: auf dem Fersenrücken, auf dem Oberrand des Fersenbeines, in der Mittellinie der Achillessehne

Ind.: Kreuzschmerzen, schwere Geburt, Erbrechen, Sodbrennen

St.: senkrecht 2–3 fen

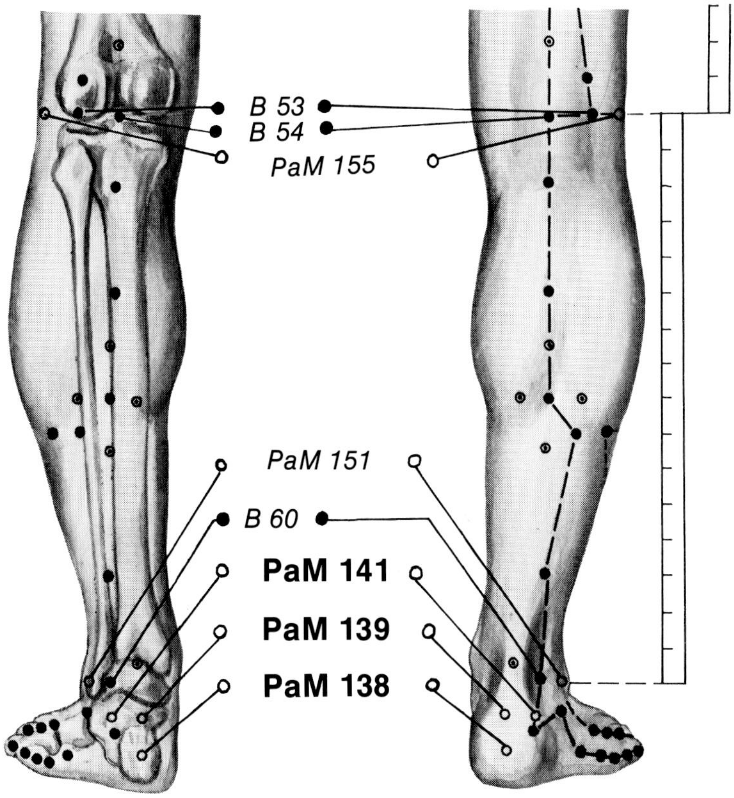

Abb. 47a: Unterschenkel (hinten), Ferse Tafel II/65 PaM 138, 139, 141, 151, 155

PaM 140 Abb. 46

„Erreger des großen Yin"
Tai Yin Qiao (Tai Yin Tchiau) engl.: Tai Yin Chiao

Lok.: in einer Vertiefung unter dem medialen Knöchel
Ind.: unregelmäßige Menstruation, starke menstruelle Blutung, Fluor albus, Sterilität der Frau, Unterbauchschmerzen, Augenschmerzen, Zahnschmerzen, Beri-Beri, Uterusprolaps
St.: senkrecht 3–5 fen

PaM 141 Abb. 47a

„Unter dem Kun Lun"
Xia Kun Lun (Hia Kuen Luen) engl.: Hsia Kun Lun

Lok.: 1 cun distal von B 60 (Kun Lun = Name eines Berges)
Ind.: Kreuzschmerzen, schmerzhaftes Schweregefühl der Beine, Hemiplegie
St.: senkrecht 3–5 fen

■ PaM 142 Abb. 46

„Appendix"
Lan Wei (Lan Vee) engl.: Lan Wei

Lok.: 2 cun distal von M 36 (Zu San Li)
Ind.: akute und chronische Appendizitis, Schwäche beim Heben des Beines, Hemiparese
St.: senkrecht 2–3 cun

PaM 143 Abb. 46

„Ebene der Fußmitte"
Zu Zhong Ping (Dsu Dschung Ping) engl.: Tsu Chung Ping

Lok.: 1 cun distal von M 36 (Zu San Li)
Ind.: psychische Erkrankungen
St.: senkrecht 3–4 cun

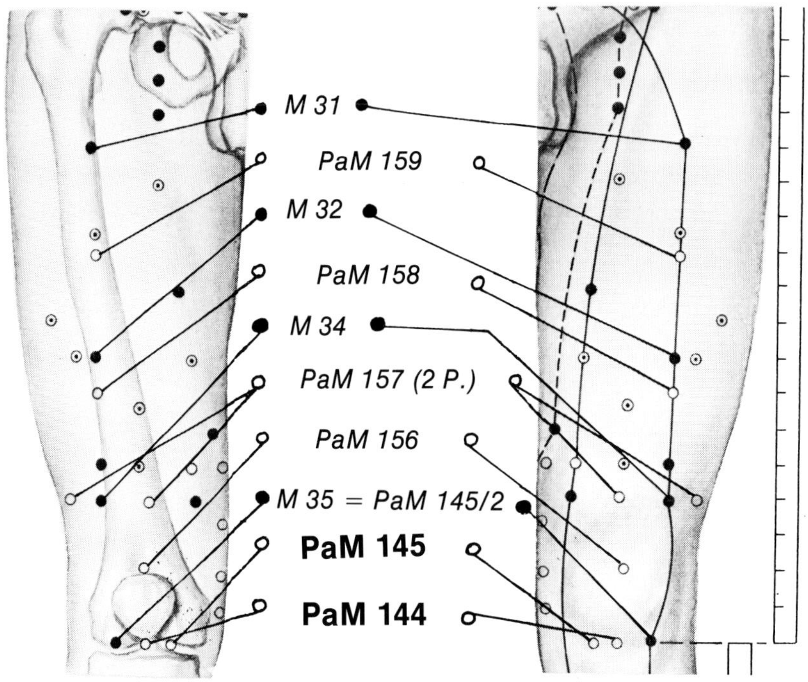

Abb. 47b: Oberschenkel (vorne) Tafel I/42 PaM 144, 145, 156–159

PaM 144 Abb. 47b

„Unter dem Knie"
Qi Xia (Tchi Hia) engl.: Hsi Hsia

Lok.: distal vom Apex patellae, auf dem Lig. patellae

Ind.: Schmerzen im Bereich der Tibia, Spasmus des M. gastrocnemius

St.: Moxibustion

■ PaM 145 Abb. 47b

„Auge des Knies"
Qi Yan (Tchi Yän) engl.: Hsi Yen

Lok.: es sind 2 Punkte, in einer Vertiefung beiderseits des Apex patellae (der laterale Punkt ist gleich M 35 = Du Bi)

Ind.: Kniegelenksentzündung

St.: schräg 7 fen – 1 cun, oder bis zum gegenüberliegenden PaM 145 stechen

PaM 146 Abb. 46, 48

„Die innere Knöchelspitze"
Nei Huai Jian (Nee Huai Djiän) engl.: Nei Huai Chien

Lok.: auf der Spitze des medialen Knöchels

Ind.: Zahnschmerzen, Tonsillitis, Spasmus am Innenfuß (oder: Spasmus des medialen Fußes)

St.: Moxibustion

PaM 147 Abb. 46, 48

„Therapie der Sehnenzerrung"
Zhi Zhuan Jin (Dsche Dschuan Djin) engl.: Chih Chuan Chin

Lok.: Mittelpunkt vom Oberrand des medialen Knöchels

Ind.: Spasmus des M. gastrocnemius, Kreuzschmerzen

St.: Moxibustion

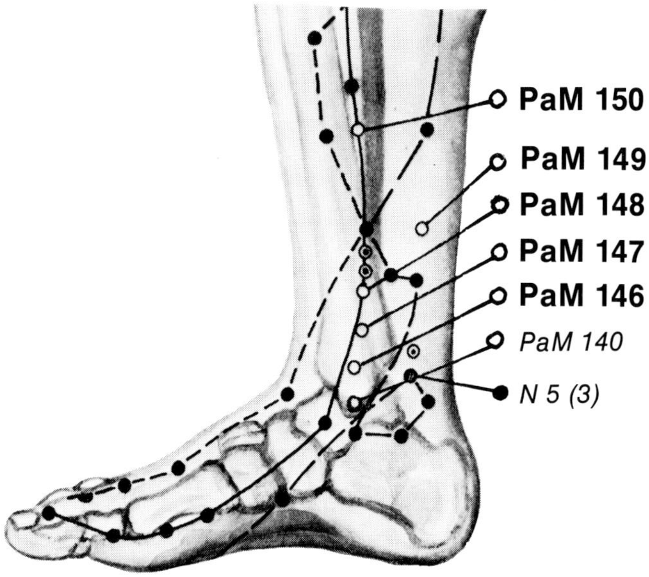

Abb. 48: Fuß und Unterschenkel (medial) Tafel III/67 PaM 140, 146–150

PaM 148 Abb. 46, 48

„Erhaltung des geringeren Yang"
Shao Yang Wei (Schau Yang Vee) engl.: Shao Yang Wei

Lok.: 7,5 fen proximal vom Oberrand des medialen Knöchels

Ind.: chronische Ekzeme des Unterschenkels, Parese der unteren Extremitäten

St.: schräg 5 fen – 1 cun

PaM 149 Abb. 48

„Den Befehl entgegennehmen"
Cheng Ming (Tscheng Ming) engl.: Cheng Ming

Lok.: 3 cun proximal von N 5^{B} = 3^{CH} (Tai Xi)

Ind.: Beinödem, Epilepsie, psychische Erkrankungen

St.: senkrecht 1,5–2 cun

PaM 150 Abb. 46, 48

„Geschenkaustausch"
Jiao Yi (Djiau I) engl.: Chiao Yi

Lok.: 5 cun proximal von der inneren Knöchelspitze

Ind.: unregelmäßige Menstruation, Fluor albus, Unterbauchschmerzen, Diuresestörung

St.: senkrecht 1,5 – 2 cun

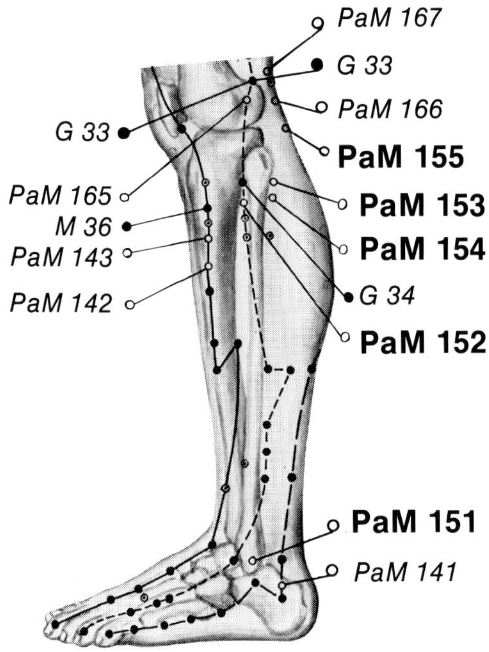

Abb. 49: Fuß und Unterschenkel (außen) Tafel III/58, 68 PaM 141–143, 151–155

PaM 151 Abb. 47a, 49

„Die äußere Knöchelspitze"
Wai Huai Jian (Uai Huai Djiän) engl.: Wai Huai Chien

Lok.: auf dem höchsten Punkt des äußeren Knöchels

Ind.: Zahnschmerzen, Tonsillitis, Spasmus der Zehe, Beri-Beri, Gonorrhoe

St.: stechen, bis es blutet

■ PaM 152 Abb. 49, 51

„Gallenblasenpunkt"
Dan Nang Dian (Dan Nang Diän) engl.: Tan Lang Tien

Lok.: 1 Querfinger distal von G 34 (Yang Ling Quan)

Ind.: akute und chronische Cholecystitis, Cholelithiasis, Spulwürmer in den Gallenwegen

St.: senkrecht 2–3 cun

PaM 153 Abb. 49, 51

„Hinter dem Hügel"
Ling Hou (Ling Hou) engl.: Ling Hou

Lok.: distal vom Hinterrand des Capitulum fibulae, in einer Vertiefung, G 34 (Yang Ling Quan) gegenüber

Ind.: Lähmung der unteren Extremitäten, Kniegelenksentzündung

St.: senkrecht 2–3 cun

PaM 154 Abb. 49, 51

„Unter und hinter dem Hügel"
Ling Hou Xia (Ling Hou Hia) engl.: Ling Hou Hsia

Lok.: 5 fen distal von PaM 153

Ind.: Ischias, Kniegelenksentzündung

St.: senkrecht 2–3 cun

■ PaM 155 Abb. 47a, 49, 51

„Außerhalb des Knies"
Qi Wai (Tchi Uai) engl.: Hsi Wai

Lok.: am lateralen Ende der Kniekehlenquerfalte, etwas lateral von B 53^{B} = 39^{CH} (Wei Yang)

Ind.: Kniegelenksschmerzen, Ulcus cruris

St.: senkrecht 1–1,5 cun

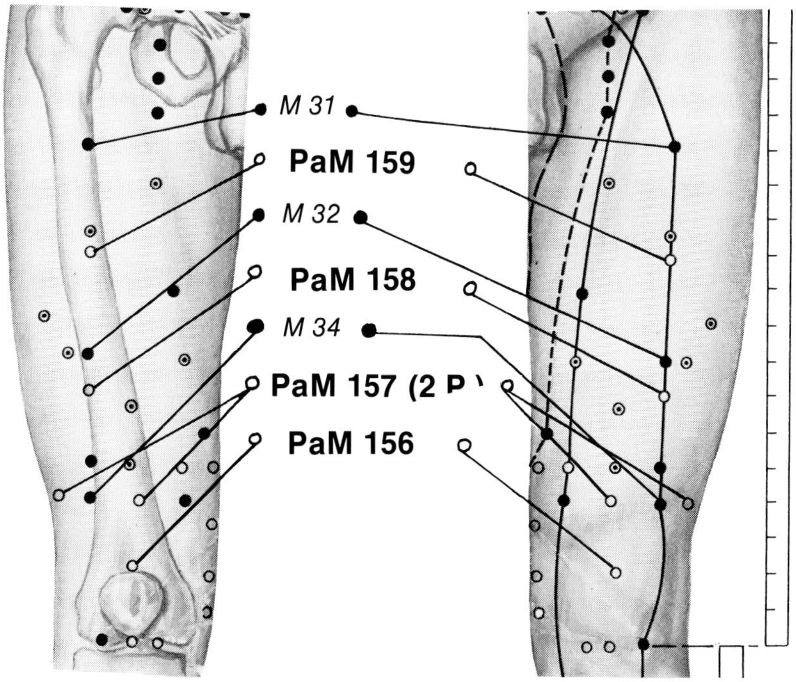

Ausschnitt aus Abb. 47b: Oberschenkel (vorne) Tafel I/42 PaM 156–159

PaM 156 Abb. 47b

„Kranichdach"
He Ding (Ho Ding) engl.: He Ting

Lok.: am Mittelpunkt des Oberrandes der Patella, in einer Vertiefung, bei gebeugtem Knie
Ind.: Kniegelenksschmerzen, Lähmung der unteren Extremitäten, Kraftlosigkeit der Beine
St.: senkrecht oder schräg 5 fen – 1 cun

PaM 157 Abb. 47b

„Hüftknochen"
Kuan Gu (Kuan Gu) engl.: Kuan Ku

Lok.: es sind insgesamt 2 Punkte, die jeweils 1,5 cun links und rechts von M 34 (Liang Qiu) liegen
Ind.: Kniegelenksentzündung, Beinschmerzen
St.: senkrecht 1,5–2 cun

PaM 158 Abb. 47b

„Nierensystem"
Shen Xi (Schen Hsi) engl.: Shen Hsi

Lok.: 1 cun distal von M 32 (Fu Tu)
Ind.: Diabetes mellitus
St.: senkrecht 1,5–2 cun

PaM 159 Abb. 47b

„Hasensperre"
Guan Tu (Guan Tu) engl.: Kuan Tu

Lok.: Mittelpunkt von der Verbindungslinie zwischen M 32 und M 31 (Fu Tu und Bi Guan)
Ind.: Hüftschmerzen, Magenschmerzen, Enteritis
St.: senkrecht 1,5–2 cun

PaM 160 Abb. 50

„Becken"
Liao Liao (Liau Liau) engl.: Liao Liao

Lok.: medial vom Knie, auf dem höchsten Punkt des Epicondylus tibialis femuris

Ind.: Unregelmäßige Menstruation, starke menstruelle Blutung, Geschwüre an der medialen Seite des Beins

St.: schräg 1–1,5 cun

PaM 161 Abb. 50

„Großes Rad"
Da Lun (Da Luen) engl.: Ta Lun

Lok.: Oberrand des Epicondylus tibialis femoris

Ind.: Kniegelenksentzündung, Kindbettfieber

St.: senkrecht 2–3 cun

PaM 162 Abb. 50

„Fußheil"
Zu Ming (Dsu Ming) engl.: Tsu Ming

Lok.: 2 Querfinger proximal von PaM 161

Ind.: Kniegelenksentzündung, Kindbettfieber

St.: senkrecht 2–3 cun

■ PaM 163 Abb. 50

„Nest der 100 Würmer"
Bai Chong Wo (Bai Tschung Vo) engl.: Pai Chung Wo

Lok.: 1 cun proximal von MP 10 (Xue Hai)

Ind.: Urticaria, Ekzeme

St.: senkrecht 2–3 cun

PaM 164 Abb. 50

„Fußsieb"
Zu Luo (Dsu Luo) engl.: Tsu Luo

Lok.: 3 cun proximal von PaM 161

Ind.: Kindbettfieber, unregelmäßige Menstruation, Kniegelenksentzündung, Spasmus in den unteren Extremitäten

St.: senkrecht 2–3 cun

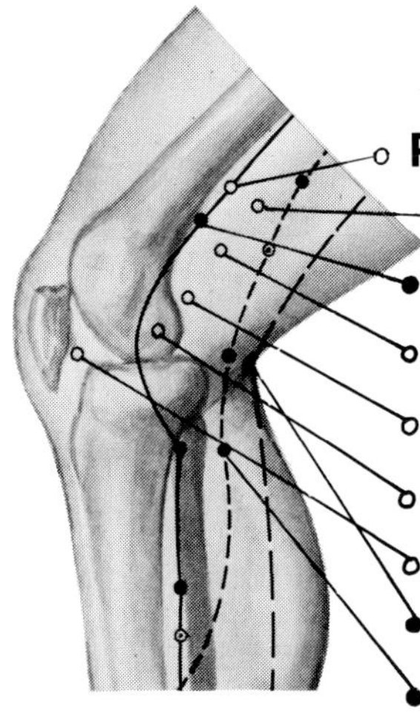

Abb. 50: Knie (Innenseite) Tafel III/47

PaM 145, 160–164

PaM 130–171

PaM 165 Abb. 51

„Ausgewachsene Knochen"
Cheng Gu (Tscheng Gu) engl.: Cheng Ku

Lok.: lateral vom Knie, am höchsten Punkt des Epicondylus fibularis femoris

Ind.: Kreuzschmerzen, Kniegelenksentzündung

St.: seicht, bis es blutet

PaM 166 Abb. 51

„Yin Beugung 1"
Yin Wei 1 (Yin Vee 1) engl.: Yin Wei 1

Lok.: 1 cun proximal vom lateralen Ende der Kniekehlenquerfalte (= KQ)

Ind.: psychische Erkrankungen, hysterische Lähmung

St.: senkrecht 3–4 cun

PaM 167 Abb. 51

„Yin Beugung 2"
Yin Wei 2 (Yin Vee 2) engl.: Yin Wei 2

Lok.: 2 cun proximal vom lateralen Ende der KQ

Ind.: wie PaM 166

St.: wie PaM 166

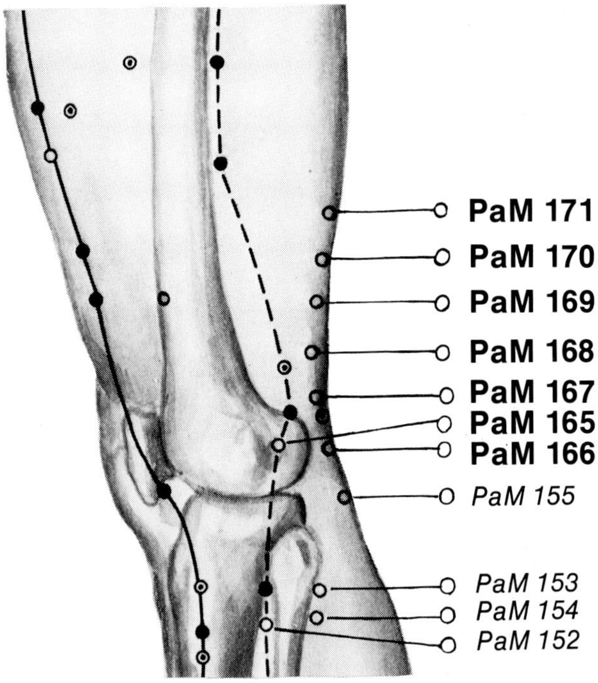

Abb. 51: Oberschenkel (außen) Tafel III/48 PaM 152–155, 165–171

PaM 168 Abb. 51

„Yin Beugung 3"
Yin Wei 3 (Yin Vee 3) engl.: Yin Wei 3

Lok.: 3 cun proximal vom lateralen Ende der KQ

Ind.: wie PaM 166

St.: wie PaM 166

PaM 169 Abb. 51

„Die vier Verbindungen"
Si Lian (Se Liän) engl.: Szu Lian

Lok.: 4 cun proximal vom lateralen Ende der KQ

Ind.: psychische Erkrankungen

St.: senkrecht 3–4 cun

PaM 170 Abb. 51

„Die 5 Seelen"
Wu Ling (U Ling) engl.: Wu Ling

Lok.: 5 cun proximal vom lateralen Ende der KQ

Ind.: wie PaM 169

St.: senkrecht 3–4 cun

PaM 171 Abb. 51

„Schätze der Seele"
Ling Bao (Ling Bau) engl.: Ling Pao

Lok.: 6 cun proximal vom lateralen Ende der KQ

Ind.: wie PaM 169

St.: senkrecht 3–4 cun

Die besonderen Punkte der Meridiane

	TAI	YANG MING		YIN	SHAO	TAI YANG		YIN	JUE	SHAO YANG		YIN
	Lu ⇆	Di	M	⇆ MP	H ⇆	Dü	B	⇆ N	KS ⇆	3E	G	⇆ Le
LUO-P. (Passage-P.)	Lu 7	Di 6	M 40	MP 4	H 5	Dü 7	B 58	N 6 (4)	KS 6	3E 5	G 37	Le 5
YUAN-P. (Quell-P.)	Lu 9	Di 4	M 42	MP 3	H 7	Dü 4	B 64	N 5 (3)	KS 7	3E 4	G 40	Le 3
KONFLUENZ-P. (Kardinal-P.)	Lu 7			MP 4		Dü 3	B 62	N 3 (6)	KS 6	3E 5	G 41	
	Ren Mai			Chong Mai		Du Mai	Yang Qiao Mai	Yin Qiao Mai	Yin Wei Mai	Yang Wei Mai	Dai Mai	
XI-P. (Grenz-P.)	Lu 6	Di 7	M 34	MP 8	H 6	Dü 6	B 63	N 4 (5)	KS 4	3E 7	G 36	Le 6
MU-P. (Alarm-P.)	Lu 1	M 25	KG 12	Le 13	KG 14	KG 4	KG 3	G 25	KG 17	KG 5	G 24	Le 14
YU-P. (Zustimmungs-P.)	B 13	B 25	B 21	B 20	B 15	B 27	B 28	B 23	B 14	B 22	B 19	B 18
HUI-P.		M 37	M 36			M 39	B 54 (40)			B 53 (39)	G 34	

4. Die Meridianpunkte

Da in manchen Büchern nur eine Auswahl einiger Punkte gebracht wird, in anderen hingegen eine große Anzahl scheinbar gleichwertiger Punkte den Leser verwirren könnte, so haben wir uns entschlossen, zwar alle Punkte anzuführen, aber jene gesondert zu kennzeichnen (■), die besonders wichtige und wirksame Meridianpunkte sind.
Siehe auch „Die Meridianpunkte" in der Einleitung S. 5.

DER LUNGENMERIDIAN (Lu) 11 P.

Shou Tai Yin Fei Jing (Schou Tai Yin Fee Djing) engl.: Lung (L) frz.: Poumon (P)

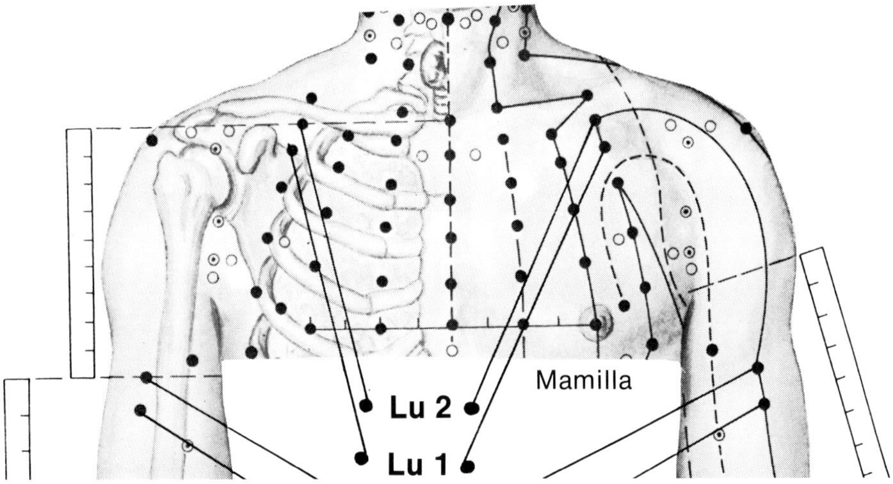

Ausschnitt aus Abb. 52: Brust Tafel I/22 Lu 1, 2

■ Lu 1 Abb. 52 Mu-P.

„Mitte der Eingeweide"
Zhong Fu (Dschung Fu) engl.: Chung Fu frz.: Tchong Fou

Lok.: 1 cun unter der Clavicula und 6 cun seitlich von der vorderen Mittellinie, (also in der Höhe des 1. Interkostalraumes, medial vom Processus coracoideus)

Ind.: Bronchitis, Asthma bronchiale, Pneumonie, Lungen-Tbc

St.: schräg nach außen und oben 5 fen – 1 cun tief

Lu 2 Abb. 52

„Wolkentor"
Yun Men (Yün Men) engl.: Yun Men frz.: Iunn Men

Lok.: an der Unterkante der Clavicula, 1 cun kranial von Lu 1 (oder 6 cun seitlich der vorderen Mittellinie)

Ind.: Husten, Asthma bronchiale, Schmerzen im Thoraxbereich, Schulterschmerzen und Rückenschmerzen, Oppressionsgefühl

St.: schräg 5 fen – 1 cun

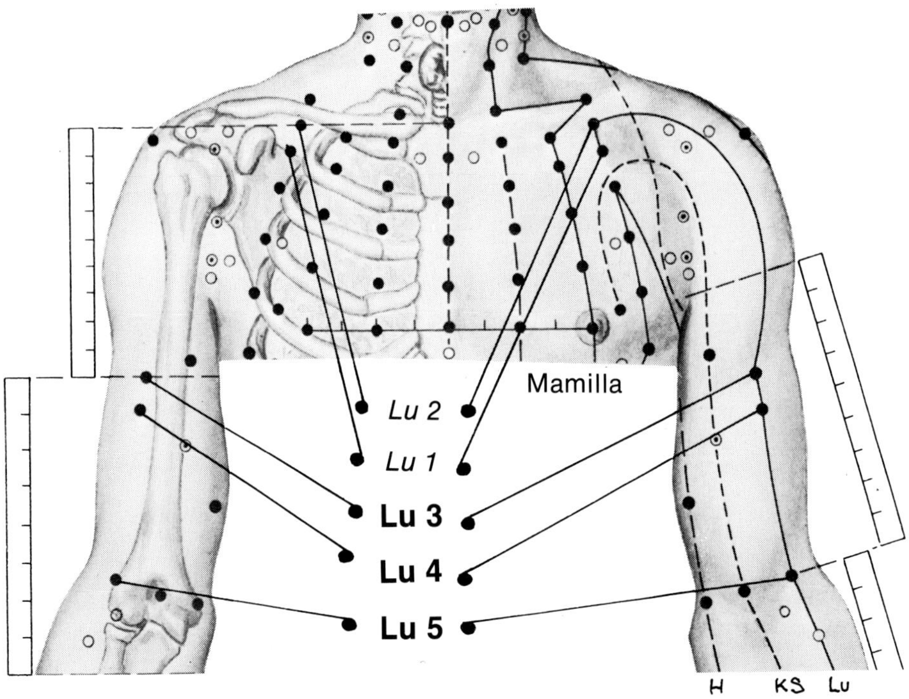

Lungen-M.

Abb. 52: Brust und Oberarm — Tafel I/21, 22, 23 — Lu 1–5

Lu 3 Abb. 52

„Himmelsbezirk"
Tian Fu (Tiän Fu) engl.: Tien Fu frz.: Tienn Fou

Lok.: 3 cun caudal vom vorderen Ende der Achselfalte, am Außenrand des M. biceps brachii
Ind.: Asthma bronchiale, Epistaxis, Schmerzen an der Innenseite des Oberarmes
St.: senkrecht 1–2 cun

Lu 4 Abb. 52

„Edle Helle"
Xia Bai (Hia Bai) engl.: Hsia Pai frz.: Sie Po

Lok.: 1 cun kaudal von Lu 3
Ind.: Husten, Tachypnoe, Schmerzen im Thorax, Schmerzen an der Innenseite des Oberarmes
St.: Senkrecht 1–2 cun

■ Lu 5 Abb. 52, 54

„Ellbogenteich"
Chi Ze (Tsche Dsee) engl.: Chih Tze frz.: Tchre Tsre

Lok.: in der Ellbogenfalte radial von der Bizepssehne
Ind.: Husten, Asthma bronchiale, Laryngitis, Pharyngitis, aber auch bei Schmerzen in der Ellenbeuge, Haemoptysis
St.: senkrecht 1–1,5 cun

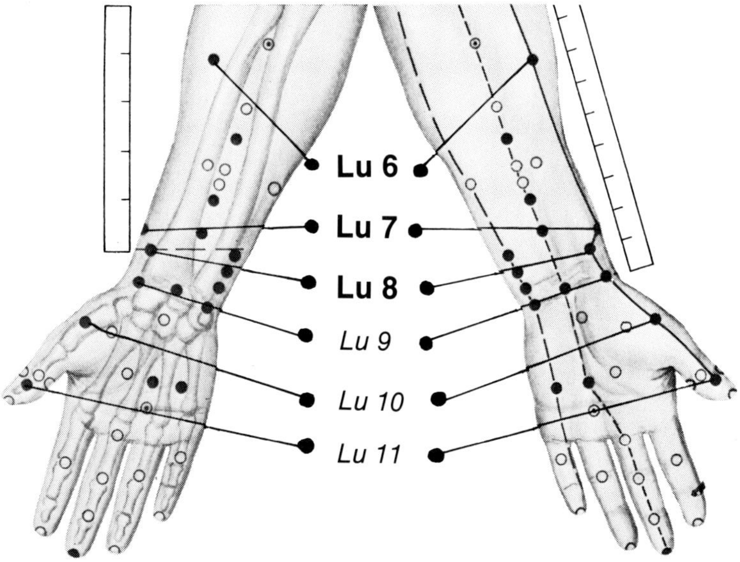

Abb. 53: Unterarm und Handfläche Tafel I/31, 33, 41, 43 Lu 6–11

Lu 6 Abb. 53, 54 Xi-P.

„Äußerstes Loch"
Kong Zui (Kung Dsuee) engl.: Kung Tzuei frz.: Krong Tsoe

Lok.: lateral des Radius 7 cun oberhalb der Handwurzelfalte; oder ein Querfinger proximal der halben Strecke Lu 5 bis Lu 9

Ind.: Husten, Asthma bronchiale, Angina und bei schmerzhafter Streckhemmung des Ellbogens, Haemoptysis

St.: senkrecht 1–1,5 cun

■ Lu 7 Abb. 53, 54 Luo u. Konfluenz-P.

„Engpaß"
Lie Que (Liä Tchüo) engl.: Lieh Chueh frz.: Lie Tsiue

Lok.: am Processus styloideus radii 1,5 cun oberhalb der Handgelenksfalte siehe Text von Skizze 32

Ind.: bei Kopfschmerzen, bei starken Schmerzen im Halsbereich, Husten und Asthma bronchiale, insbesondere dann, wenn der Hustenreiz im Vordergrund steht; (auch bei Fazialisparese lohnt sich ein Versuch)

St.: nach schräg oben 1–1,5 cun

Lu 8 Abb. 53, 54

„Abflußlauf"
Jing Qu (Djing Tchü) engl.: Ching Chu frz.: Tsing Tsiu

Lok.: medialer Processus styloideus radii 1 cun proximal der Handwurzelfalten

Ind.: Husten, Asthma bronchiale, Schmerzen im Thoraxbereich, Laryngitis u. Pharyngitis, Schmerzen im Bereich der Handwurzel

St.: senkrecht oder schräg 5 fen – 1 cun. Cave A. radialis!

Skizze 32: Wenn Zeigefinger und Daumen beider Hände sich kreuzen, ist Lu 7 in der Vertiefung unterhalb der Zeigefingerspitze.

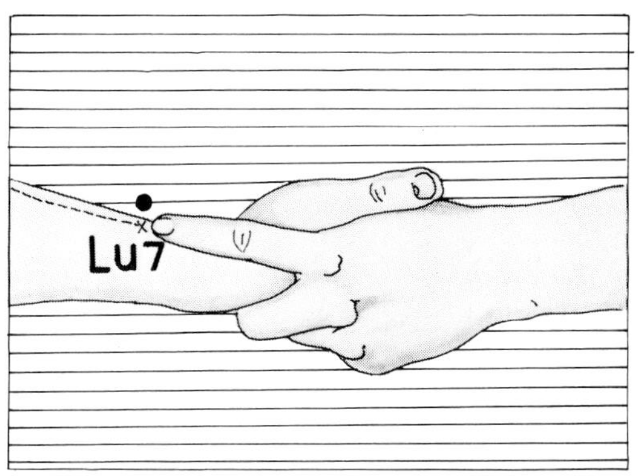

Lungen-M.

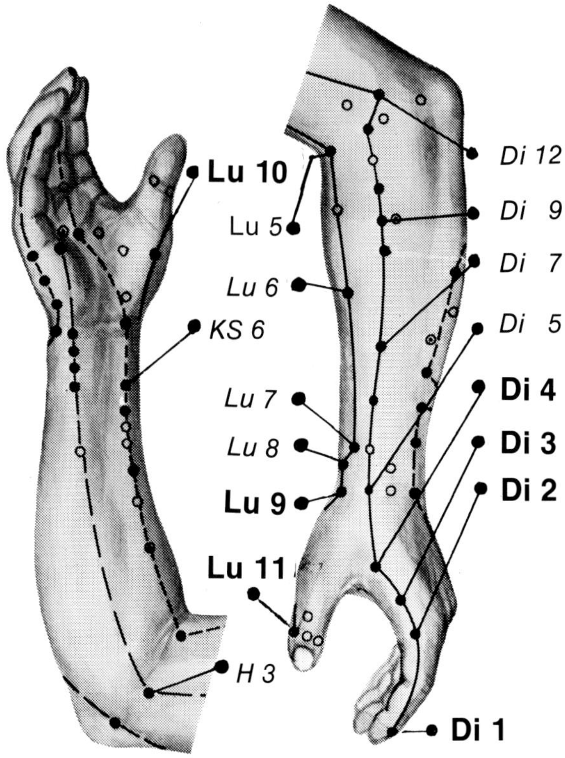

Abb. 54: rechte Hand (innen) u. linke Hand (außen) Tafel III/17, 49, 39 Lu 5–11, Di 1–7, 9, 12

■ Lu 9 Abb. 53, 54 Yuan-P.

„Großquelle"
Tai Yuan (Tai Yüan) engl.: Tai Yuan frz.: Trae Luann

Lok.: an der distalen Handwurzelquerfalte radial von der A. radialis in einer Grube

Ind.: Asthma bronchiale, Schmerzen im Thorax-Schulter-Rückenbereich

St.: senkrecht 5 fen. Cave Arterie!

■ Lu 10 Abb. 53, 54

„Daumenballengrenze"
Yu Ji (Yü Dji) engl.: Yu Chi frz.: Iu Tsi

Lok.: in der Mitte des Os metacarpale I am Übergang vom „roten zum weißen Fleisch"

Ind.: Husten, Asthma bronchiale, Haemoptysis, Pharyngitis, Laryngitis. Sehr wirksam zur Senkung erhöhter Temperatur

St.: senkrecht 5 fen – 1 cun

■ Lu 11 Abb. 53, 54*

„Geringer Handel" (Kleiner Händler)
Shao Shang (Schau Schang) engl.: Shao Shang frz.: Chao Chang

Lok.: radial vom Daumennagel, etwa 1 fen vom Nagelwinkel entfernt; (jedenfalls liegt dieser Punkt an der Außenseite des Daumens und nicht, wie häufig angegeben, an der Zeigefingerseite des Daumens) (Lu 11 ist ident mit PaM 99/3)

Ind.: Laryngitis, Pharyngitis, Husten. Die Chinesen stechen diesen Punkt auch bei Apoplexie

St.: senkrecht 1 fen, eventuell bluten lassen

---

* Siehe PaM 99 „Die drei Händler"

DER DICKDARMMERIDIAN (Di) 20 P.

Shou Yang Ming Da Chang Jing (Schou Yang Ming Da Tschang Djing) engl.: Large Intestine (LI) frz.: Gros intestin (G I)

■ **Di 1** Abb. 55, 54

„Berater des Yang"
Shang Yang (Schang Yang) engl.: Shang Yang frz.: Chang lang

Lok.: 1 fen vom radialen Nagelwinkel des Zeigefingers entfernt

Ind.: Taubheit, Zahnschmerzen, schmerzhafte Laryngo-Pharyngitis, Heiserkeit, Parästhesie der Finger, Fieber, Asthma bronchiale

St.: senkrecht oder schräg 2–3 fen, oder stechen, bis es blutet

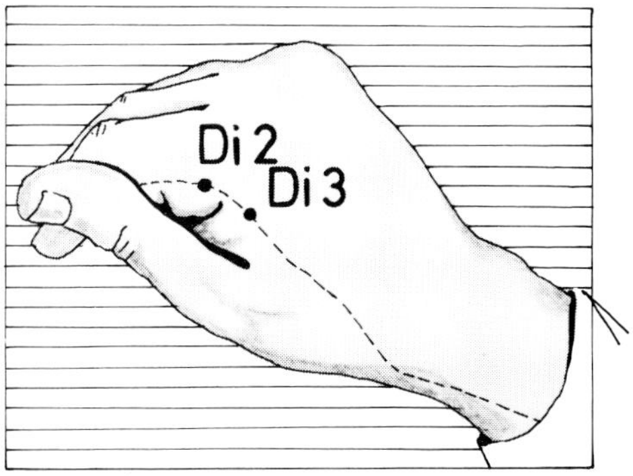

Skizze 34

Di 2 Abb. 55, 54

„Zweites Fingerglied"
Er Jian (Öl Djiän) engl.: Erh Chien frz.: El Tsienn

Lok.: radial und distal des Metakarpo-Phalangeal-Gelenkes des Zeigefingers, in einer Vertiefung bei Faustschluß

Ind.: Nasenbluten, Zahnschmerzen, schmerzhafte Laryngo-Pharyngitis, Schulter- und Rückenschmerzen, Fazialisparese, Fieber

St.: senkrecht 2–5 fen

Di 3 Abb. 55, 54

„Drittes Fingerglied"
San Jian (San Djiän) engl.: San Chien frz.: Sann Tsienn

Lok.: radial am Zeigefinger, proximal vom Capitulum ossis metacarpi II, in einer Vertiefung bei Faustschluß

Ind.: Augenschmerzen, Zahnschmerzen im Unterkiefer, Trigeminusneuralgie, schmerzhafte Laryngo-Pharyngitis, Rötung und Schwellung der Finger und des Handrükkens

St.: senkrecht 5 fen – 1 cun

Skizze 33

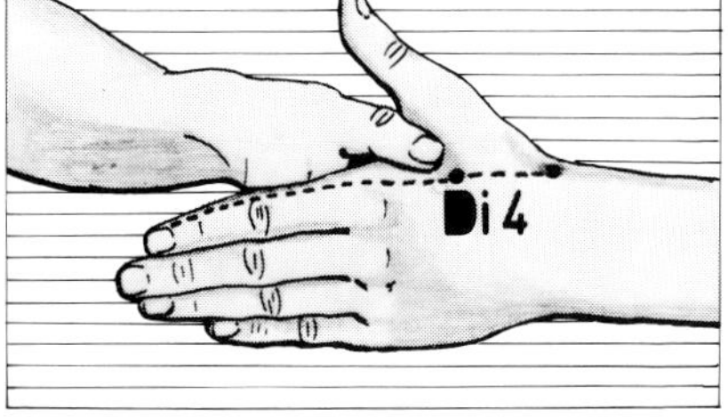

■ ***Di 4** Abb. 55, 54 Yuan-P.

„Talbegegnung"
He Gu (Ho Ku) engl.: Ho Ku frz.: Ro Kou

Lok.: a) wenn Patient Zeigefinger und Daumen spreizt und den im Endglied abgewinkelten Daumen der anderen Hand auf den Rand der Haut zwischen Daumen und Zeigefinger (den „Tigermund") legt, so ist an der Daumenspitze der gesuchte Di 4;
ODER: b) der Mittelpunkt vom „Tigermund" bis zum Winkel vom I. und II. Os metacarpale, etwas mehr dem Zeigefinger zugeneigt;
ODER: c) wenn man bei gestreckten Fingern den Daumen an den Zeigefinger preßt, erhebt sich ein Muskelbauch (am) über dem Metakarpale II. Di 4 liegt am höchsten Punkt;
ODER: d) dorsal zwischen Os metacarpale I und II (näher zu II), in der Mitte des II. Metakarpale

Ind.: Kopfschmerzen, Zahnschmerzen, Rhinitis, schmerzhafte Laryngo-Pharyngitis, Taubstummheit, Augenleiden, Fazialisparese, Fieber, Gelenksschmerzen an den oberen Extremitäten, Hemiparese, Neurasthenie

St.: senkrecht oder schräg 5 fen – 1 cun

Dickdarm-M.

---

* Liegt bei vielen Autoren (z. B. BACHMANN) etwas mehr proximal

Di 5 Abb. 55, 54

„Sonnenschlucht"
Yang Xi (Yang Xi) engl.: Yang Hsi frz.: Iang Tsri

Lok.: an der radialen Seite der Handrückenquerfalte, in einer Mulde, welche begrenzt wird von der Sehne des M. extensor carpi radialis longus und der des M. extensor pollicis brevis
Ind.: Kopfschmerzen, Augenschmerzen, Taubheit, Tinnitus, Zahnschmerzen, Handgelenksschmerzen, Dyspepsie bei Kindern
St.: senkrecht 3–5 fen

■ Di 6 Abb. 55 Luo-P.

„Seitliche Strecke"
Pian Li (Piän Li) engl.: Pien Li frz.: Pienn Li

Lok.: 3 cun proximal von Di 5 oder wenn man den „Tigermund" der rechten und linken Hand kreuzt, in jener Mulde am äußeren Radiusrand, die man mit der Mittelfingerspitze gerade erreichen kann
Ind.: Tonsillitis, Fazialisparese, Neuralgien im Vorderarm, Epistaxis, Ödem
St.: senkrecht oder schräg 5 fen – 1 cun

Dickdarm-M.

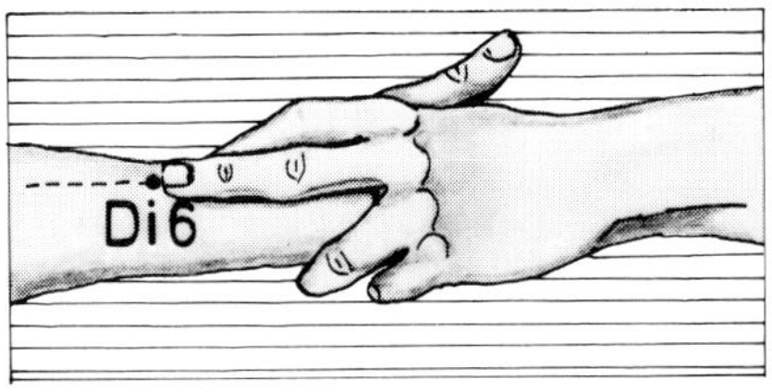

Skizze 35

Di 7 Abb. 55, 54 Xi-P.

„Warmer Strom"
Wen Liu (Uen Liu) engl.: Wen Liu frz.: Oenn Leou

Lok.: 5 cun proximal von Di 5, auf der Verbindungslinie von Di 5 und Di 11
Ind.: Stomatitis, Parotitis, Glossitis, Schulter- und Armschmerzen
St.: senkrecht 1–2 cun

Di 8 Abb. 55

„Unterer Armvorsprung"
Xia Lian (Hia Lian) engl.: Hsia Lien frz.: Sia Lienn

Lok.: 4 cun distal von Di 11
Ind.: Arm- und Ellbogenschmerzen, Abdominalschmerzen, Mastitis
St.: senkrecht 1–2 cun

Di 9 Abb. 55, 54

„Oberer Armvorsprung"
Shang Lian (Schang Liän) engl.: Shang Lien frz.: Chang Lienn

Lok.: 3 cun distal von Di 11
Ind.: Schmerzen der Schulter, des Armes und des Bauches, Parese und Parästhesien der oberen Extremitäten, Darmspasmen, Abdominalschmerzen
St.: senkrecht 1–2 cun

■ Di 10 Abb. 55

„Drei Entfernungen"
San Li (San Li) engl.: San Li frz.: Sann Li

Lok.: 2 cun distal von Di 11
Ind.: Schulter- und Armschmerzen, Parese der oberen Extremitäten, Durchfall, Abdominalschmerzen
St.: senkrecht 1–2 cun

■ Di 11 Abb. 55

„Gewundener Teich"
Qu Chi (Tchü Tsche) engl.: Chu Chih frz.: Tsiou Tchre

Lok.: den Ellenbogen bis 90° beugen, etwas lateral vom radialen Ende der Ellenbogenquerfalte (ident mit PaM 123/2)
Ind.: Gelenksschmerzen und Paresen der oberen Extremitäten, Hemiparese, Schulter- und Rückenschmerzen, schmerzhafte Laryngo-Pharyngitis, fiebersenkend, Hypertonie, Struma, Urticaria
St.: senkrecht 1–2 cun, oder bis H3 (Shao Hai) durchstechen

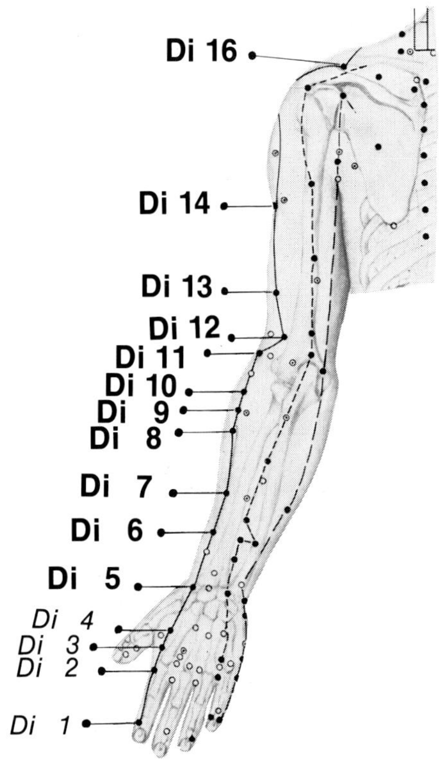

Abb. 55: Handrücken, Ober- und Unterarm (Streckseite)

Tafel II/24, 34, 44

Di 1–14, 16

Di 12 Abb. 55, 54

„Grube des Ellenbogengelenks"
Zhou Liao (Dschou Liau) engl.: Chou Liao frz.: Tcheou Tsiao

Lok.: bei gebeugtem Ellenbogen, 1 cun schräg kranio-dorsal von Di 11, nahe dem Humerus
Ind.: Oberarm- und Ellenbogenschmerzen, Spasmen und Parästhesien
St.: senkrecht 1–2 cun

Di 13 Abb. 55

„Fünf Entfernungen"
Wu Li (U Li) engl.: Wu Li frz.: Ou Li

Lok.: 3 cun proximal von Di 11, bei gebeugtem Ellbogen
Ind.: Lungenentzündung, Peritonitis, Ellenbogen- und Armschmerzen, tuberkulöse Lymphadenitis des Halses (Skrofulose)
St.: senkrecht 1–2 cun (Gefäßen ausweichen)

■ Di 14 Abb. 55

„Armmuskel"
Bi Nao (Bi Nau) engl.: Pi Nao frz.: Pi Nao

Lok.: an der Außenseite des Oberarmes, am Rand des Deltoideus, etwas distal seines Ansatzes
Ind.: Armschmerzen, Hemiplegie, Augenleiden Schmerzen im Schultergelenk
St.: senkrecht 1–2 cun

■ Di 15 Abb. 56 siehe nächste Seite

„Schulterknochen"
Jian Yu (Djiän Yü) engl.: Chien Yu frz.: Tsienn Iu

Lok.: den Arm seitlich in Schulterhöhe ausstrecken, man sieht dann zwei Grübchen auf dem Schultergelenk, Di 15 ist in dem vorderen Grübchen (oder bei herabhängendem Arm, ca. 2 cun vom acromialen Ende der Clavicula nach unten im Knochenspalt)
Ind.: Schulter- und Armschmerzen, Gelenksschmerzen, Hemiplegie, Parese der oberen Extremitäten
St.: schräg 1–1,5 cun im Knochenspalt
Anmerkung: Di 15 ist gleichzeitig Neu-P. 74/1

*Di 16 Abb. 55

„Schlüsselbein"
Ju Gu (Djü Gu) engl.: Chu Ku frz.: Tsiu Kou

Lok.: liegt in einer Mulde zwischen Acromion und Spina scapulae
Ind.: schmerzhafte Beuge und Streckhemmung von Arm und Schulter; Blutspucken, Scrofulose (Tbc), Hämatemesis
St.: senkrecht 1–1,5 cun

* Abweichende Punktlage bei anderen Autoren (z. B. BACHMANN)

Di 17 Abb. 56, 57

„Himmelsdreifuß"
Tian Ding (Tiän Ding) engl.: Tien Ting frz.: Tienn Ting

Lok.: an der seitlichen Halsregion, etwa 1 cun distal von Di 18, am hinteren Sternocleidomastoideusrand
Ind.: Laryngopharyngitis, Tonsillitis, Scrofulose (Tbc)
St.: senkrecht 5 fen – 1 cun

Di 18 Abb. 56, 57

„Seitliche Vorwölbung"
Fu Tu (Fu Tu) engl.: Fu Tu frz.: Fou Trou

Lok.: 3 cun seitlich vom Kehlkopf, zwischen dem sternalen und kostalen Kopf des M. sternocleidomastoideus
Ind.: Asthma bronchiale, Laryngopharyngitis, starker Auswurf, Husten
St.: senkrecht 5 fen – 1 cun

■ Di 19 Abb. 56, 57

„Körnchengrube"
He Liao (Ho Liau) engl.: Ho Liao frz.: Ro Tsiao

Lok.: 5 fen seitlich von LG $25^{B} = 26^{CH}$ Ren Zhong
Ind.: Fazialisparese, Nasenbluten, behinderte Nasenatmung
St.: schräg 3–5 fen

■ Di 20 Abb. 56, 57

„Bewillkommnung des Duftes"
Ying Xiang (Ying Hiang) engl.: Ying Hsiang frz.: Ing Siang

Lok.: 5 fen seitlich vom Mittelpunkt des Nasenflügels, in der Nasolabialfalte
Ind.: behinderte Nasenatmung, Rhinitis, Sinusitis paranasalis, Fazialisparese
St.: 3–5 fen nach medio-kranial

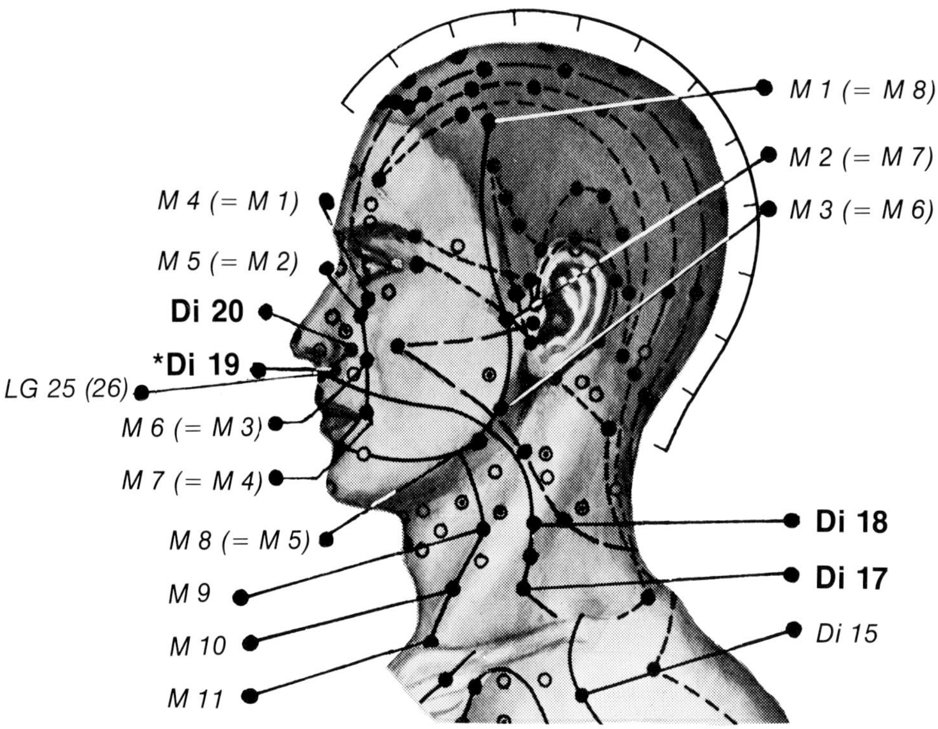

Abb. 56: Kopf (seitlich) Tafel III/18, 28 Di 15, 17–20, M 1–11

DER MAGENMERIDIAN (M) 45 P.

Zu Yang Ming Wei Jing (Dsu Yang Ming Uee Djing) engl.: Stomach (S) frz.: Estomac (E)

In den neuen chinesischen Darstellungen stimmen die ersten neun Punkte des Magenmeridians wohl mit den Angaben von BACHMANN überein, doch der „Energieverlauf" ist ein anderer, der Anfangspunkt ist der Punkt M4 nach BACHMANN (unterhalb des Auges), dann geht der Verlauf über M5, M6 und M7 (jeweils nach BACHMANN) zum Konzeptionsgefäß und teilt sich über dem Unterkiefer in zwei Äste; der obere Ast zieht über den Unterkieferwinkel vor dem Ohr zur Schläfe (entspricht M3, M2 und M1 nach BACHMANN). Der untere Ast geht über den Hals abwärts zu M9 (nach BACHMANN), auf annähernd bekanntem Verlauf über Brust und Bauch zum Fuß.
Damit beginnt der Magenmeridian der chinesischen Tafeln wesentlich näher dem letzten Punkt des Dickdarmmeridians, von dem er seine „Energie" nach den Vorstellungen des „Energiekreislaufes" bezieht.
Um die vielen Ärzten schon lange vertraute Nomenklatur nach BACHMANN so wenig wie möglich zu ändern, wurden diese Ziffern beibehalten. Die Chinesen verwenden ja weiterhin nur die Namen der Punkte; die fortlaufende Nummer nach den chinesischen Tafeln wurde in Klammer gesetzt (z.B. M4 n. chin. Tafeln). Siehe auch Abb. 57.

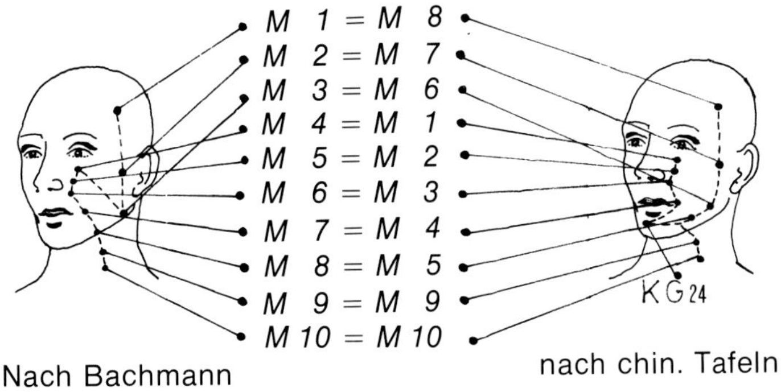

Skizze 36

n. BACHMANN		**n. chin. Tafeln**
M 1	Tou Wei	M 8
M 2	Xia Guan	M 7
M 3	Jia Che	M 6
M 4	Cheng Qi	M 1
M 5	Si Bai	M 2
M 6	Ju Liao	M 3
M 7	Di Cang	M 4
M 8	Da Ying	M 5

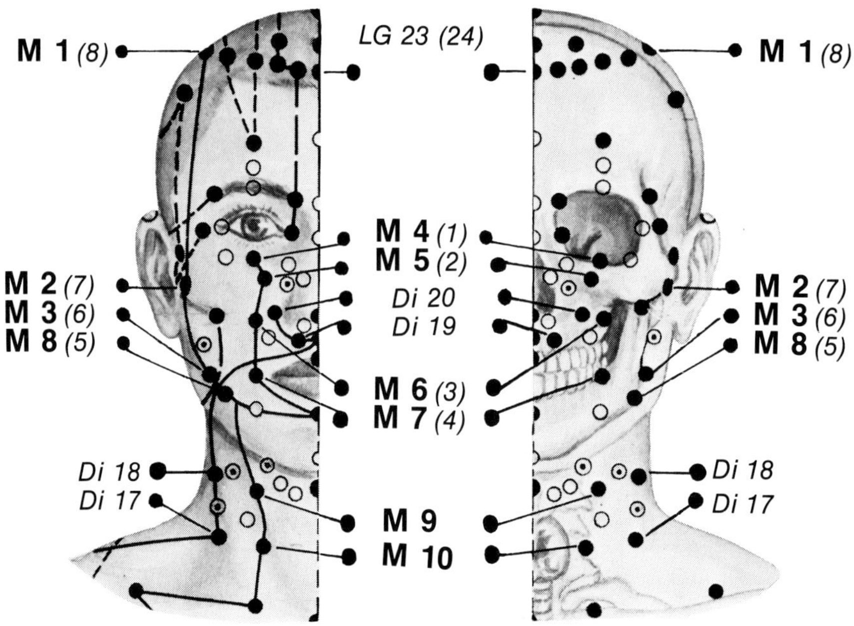

Abb. 57: Gesicht Tafel I/12 Di 17–20, M 1–10

Magen-M.

■ *M 1 Abb. 57, 56

* M 1 n. B. (= M 8 n. chin. T.)
„Kopfbindung"
Tou Wei (tou wei) engl.: T'ou Wei frz.: Treou Oe

Lok.: am vorderen Haaransatz („im Stirn- und Schläfenwinkel"), entspricht 4,5 cun lateral von LG 23[B] = 24[CH] (Shen Ting)
Ind.: Migräne, Augenflimmern, Augenschmerzen, Tränen bei Wind
St.: schräg 5 fen – 1 cun

■ *M 2 Abb. 57, 56

* M 2 n. B. (= M 7 n. chin. T.)
„Untere Grenze"
Xia Guan (Hia Guan) engl.: Hsia Kuan frz.: Sia Koann

Lok.: vorne vom Processus articularis mandibulae, unterhalb des Arcus zygomaticus, in einer Vertiefung; man sucht ihn bei geschlossenem Mund
Ind.: Zahnschmerzen, Taubheit, Ohrensausen, Kiefergelenksarthritis, Fazialisparese
St.: senkrecht 5 fen – 1 cun

■ *M 3 Abb. 57, 56

* M 3 n. B. (= M 6 n. chin. T.)
„Kieferknochen"
Jia Che (Djia Tschö) engl.: Chia Che frz.: Tsia Tchre

Lok.: 1 Querfinger ventral und kranial vom Unterkieferwinkel; entspricht der Wölbung bei gespanntem M. masseter
Ind.: Zahnschmerzen, Parotitis, Fazialisparese
St.: schräg oder senkrecht 5 fen – 1 cun

---

* Abweichen der Punktlage bei anderen Autoren (z. B. BACHMANN)

* M 4 Abb. 56, 57

* M 4 n. B. (= M 1 n. chin. T.)
„Tränensammler"
Cheng Qi (Tchreng Tchi) engl.: Cheng Chi frz.: Trech Tsri

Lok.: auf dem unteren Orbitalrand, unterhalb der Pupille bei Blick geradeaus
Ind.: akute und chronische Konjunktivitis, Tränen bei Wind, Myopie, Hypermetropie, Optikusneuritis, Retinitis, Optikusatrophie, Katarakt
St.: mit dem linken Zeigefinger auf dem unteren Augenlid, durch Drücken nach oben das Auge fixieren, mit der Nadel entlang der unteren Orbitalwand in Richtung der Orbitalspitze 5 fen – 1,5 cun tief einstechen, durchstechen zu B 1 (Jing Ming)

■ * M 5 Abb. 56, 57

* M 5 n. B. (= M 2 n. chin. T.)
„Vierfache Helle"
Si Bai (Se Bai) engl.: Ssu Pai frz.: Se Pae

Lok.: bei Blick geradeaus 1 cun unterhalb der Pupille und etwas medial, entspricht dem Foramen infraorbitale
Ind.: Fazialisparese, Trigeminusneuralgie, Augenkrankheiten
St.: senkrecht oder schräg 3–5 fen

* M 6 Abb. 56, 57

* M 6 n. B. (= M 3 n. chin. T.)
„Großgrube"
Ju Liao (Djü Liau) engl.: Chu Liao frz.: Tsiu Tsiao

Lok.: im Schnittpunkt einer Senkrechten durch die Pupille bei Blick geradeaus und einer horizontalen Linie am Nasenflügelunterrand
Ind.: Fazialisparese, Nasenblutung, Zahnschmerzen, Cheilitis, (schmerzhafte Schwellung der Lippen und der Wange)
St.: schräg 3–5 fen

■ * M 7 Abb. 56, 57

* M 7 n. B. (= M 4 n. chin. T.)
„Erdspeicher"
Di Cang (Di Tsang) engl.: Ti Tsang frz.: Ti Tsrang

Lok.: 4 fen lateral vom Mundwinkel
Ind.: verstärkte Salivation, Fazialisparese
St.: schräg 3–5 fen; oder bis M 3 durchstechen (M 3 n. Bachmann ist Jia Che = M 6 n. chin. T.)

* M 8 Abb. 56, 57

* M 8 n. B. (= M 5 n. chin. T.)
„Große Bewillkommnung"
Da Ying (Da Ying) engl.: Ta Ying frz.: Ta Ing

Lok.: vor dem Unterkieferwinkel, in einer Vertiefung, 5 fen vor dem * M 3 nach Bachmann; in jener Furche vor dem Unterkieferknochen, die bei geschlossenem Mund und „aufgeblähter" Wange entsteht
Ind.: Kiefersperre, geschwollene Wange, Zahnschmerzen, Fazialisparese
St.: 5 fen – 1 cun schräg nach vorne oder rückwärts, der Arterie ausweichend

M 9 Abb. 56, 57

„Menschenbewillkommnung"
Ren Ying (Jen Ying) engl.: Jenn Ying frz.: Jenn Ing

Lok.: seitlich vom Adamsapfel, am Vorderrand des M. sternocleidomastoideus oberhalb der Carotispulsation
Ind.: Hypertonie, Asthma bronchiale, Dysphagie (schmerzhafte Schwellung in der Schlundgegend), Stottern
St.: gerade 1–1,5 cun, cave Carotis!

M 10 Abb. 56, 57

Magen-M.

„Wassersturz"
Shui Tu (Schui Tu) engl.: Shuei Tu frz.: Choe Trou

Lok.: am Vorderrand des M. sternocleidomastoideus in Höhe des Adamsapfels (im Mittelpunkt der Verbindungslinie von M 9 und M 11)
Ind.: Dysphagie, Asthma bronchiale
St.: 5 fen – 1 cun tief, schräg von außen nach innen stechen

---

* Abweichen der Punktlage bei anderen Autoren (z. B. Bachmann)

M 11 Abb. 56, 58

„Atemhütte"
Qi She (Tchi Schö) engl.: Chi Sheh frz.: Tsri Che

Lok.: am Oberrand der Clavicula, zwischen M 9 und N 27 (Yu Fu) am Übergang vom Schaft zum (medialen) Köpfchen der Clavicula
ODER: auf dem oberen Rand des Schlüsselbeines, zwischen dem sternalen und klavikulären Teil des M. sternocleidomastoideus
Ind.: schmerzhafte Schwellung in der Schlundgegend, Asthma bronchiale, Nakkenstarre
St.: senkrecht 3–5 fen

M 12 Abb. 58

„Mangelschale"
Que Pen (Tchüo Pen) engl.: Chueh Pen frz.: Tsiue Prenn

Lok.: liegt in der Mitte der Fossa supraclavicularis bzw. der Clavicula, oberhalb der Mamilla
Ind.: schmerzhafte Dysphagie, Asthma bronchiale, Pleuritis, Interkostalneuralgie
St.: senkrecht 3–5 fen, dem Gefäß ausweichend

Magen-M.

M 13 Abb. 58

„Atemtüre"
Qi Hu (Tchi Hu) engl.: Chiu frz.: Tsri Rou

Lok.: am unteren Rand der Clavicula, 4 cun seitlich von KG 21 (Xuan Ji)
Ind.: Asthma bronchiale, Bronchitis, Brust- und Rückenschmerzen, Singultus, Atembeschwerden
St.: schräg 5–8 fen

M 14 Abb. 58

„Schatzhaus"
Ku Fang (Ku Fang) engl.: Ku Fang frz.: Krou Fang

Lok.: im 1. ICR, 4 cun seitlich von KG 20 (Hua Gai), im 1. Interkostalraum auf der Mamillarlinie
Ind.: Bronchitis, Schmerzen in der Thoraxseite
St.: schräg 5–8 fen

M 15 Abb. 58

„Zimmerschirm"
Wu Yi (U I) engl.: Wu I frz.: Ou I

Lok.: im 2. ICR, 4 cun seitlich von KG 19 (Zi Gong) auf der Mamillarlinie
Ind.: Bronchitis, Schmerzen in der Thoraxseite, Asthma bronchiale
St.: schräg 5–8 fen

M 16 Abb. 58

„Falkenfenster"
Ying Chuang (Ying Tschuang) engl.: Yung Chuang frz.: Ing Tchroang

Lok.: im 3. ICR, 4 cun seitlich von KG 18 (Yu Tang)
Ind.: Husten, Asthma bronchiale, Schmerzen in der Thoraxseite, Darmkolik, Mastitis
St.: schräg 5–8 fen

M 17 Abb. 58

„Brustmitte"
Ru Zhong (Ju Tschung) engl.: Ju Chung frz.: Jou Tchong

Lok.: im Brustwarzenzentrum
Ind.: Erläuterung: wird nicht gestochen, dient nur zur Orientierung für die Lage der Punkte an Thorax und Abdomen

M 18 Abb. 58

„Brustwurzel"
Ru Gen (Ju Gen) engl.: Ju Ken frz.: Jou Kenn

Lok.: von der Brustwarze senkrecht nach unten, auf der Querfalte unter der Brust, entspricht dem 5. Interkostalraum
Ind.: ungenügende Laktation, Mastitis
St.: schräg 5 fen – 1 cun

M 19 Abb. 58

„Ohne Inhalt"
Bu Rong (Bu Jung) engl.: Ju Jung frz.: Pou Jong

Lok.: 6 cun oberhalb vom Nabel, 2 cun seitlich von KG 14 (Ju Que)
Ind.: Magenerweiterung, Interkostalneuralgie
St.: senkrecht 5–8 fen

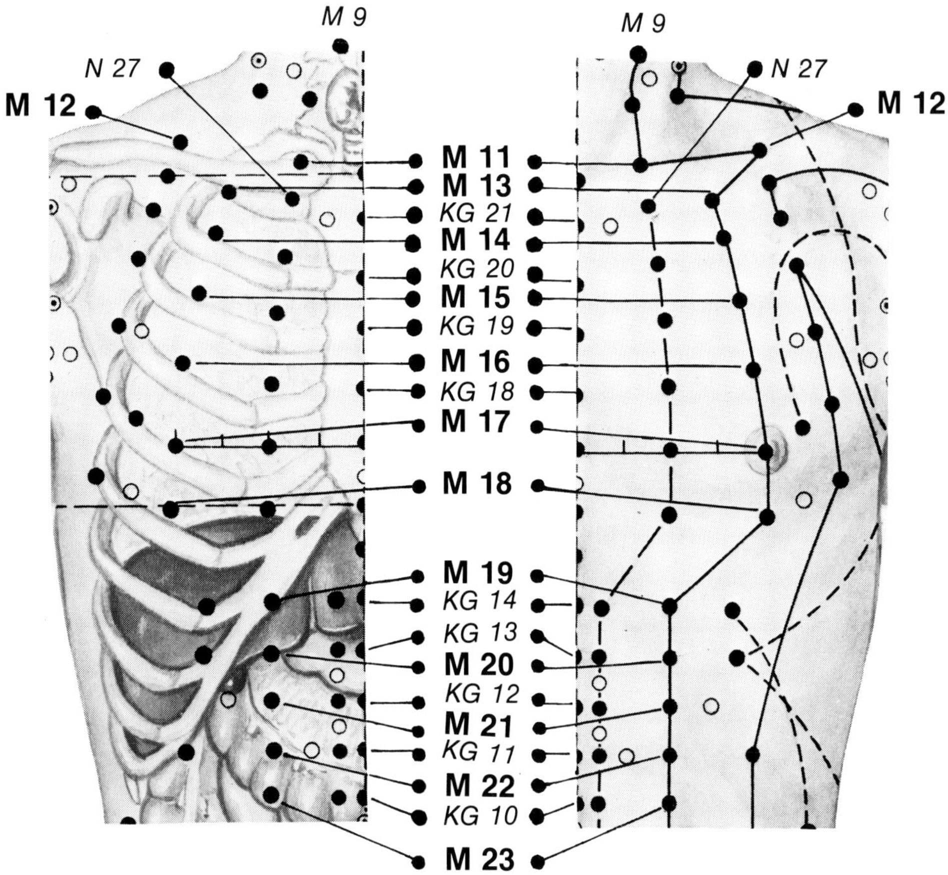

Abb. 58: Brust* Tafel I/22 M 11–23

M 20 Abb. 58

„Aufnahme der Fülle“
Cheng Man (Tscheng Man) engl.: Cheng Man frz.: Tchreng Mann

Lok.: 5 cun oberhalb vom Nabel, 2 cun seitlich von KG 13 (Shang Wan)

Ind.: akute und chronische Gastritis, Magenschmerzen

St.: schräg 1–2 cun

■ M 21 Abb. 58

„Balkentor“
Liang Men (Liang Men) engl.: Liang Men frz.: Leang Menn

Lok.: 4 cun kranial vom Nabel, 2 cun lateral von KG 12, (Zhong Wan)

Ind.: Ulcus ventriculi, akute und chronische Gastritis, nervöse Funktionsstörungen des Magens

St.: senkrecht 1–2 cun

M 22 Abb. 58

„Grenztor“
Guan Men (Guan Men) engl.: Kuan Men frz.: Koann Menn

Lok.: 3 cun kranial vom Nabel, 2 cun lateral von KG 11, (Jian Li)

Ind.: Bauchschmerzen, Meteorismus, Appetitlosigkeit, Darmkolik, Diarrhoe, Ödeme

St.: senkrecht 1–2 cun

M 23 Abb. 58

„Große Monade“
Tai Yi (Tai I) engl.: Tai Yi frz.: Trae I

Lok.: 2 cun kranial vom Nabel, 2 cun lateral von KG 10, (Xia Wan)

Ind.: Magenschmerzen, Hernia intestinalis, Harninkontinenz, psychische Erkrankungen

St.: senkrecht 1–2 cun

* Der Abstand vom Schnittpunkt des Rippenbogens (Synchondrosis sterni) bis zur Nabelmitte wird in 8 Teile geteilt.

M 24 Abb. 59

„Glattes Fleisch"
Hua Rou Men (Hua Jou Men) engl.: Hua Jou Men frz.: Roa Jeou

Lok.: 1 cun oberhalb vom Nabel, 2 cun seitlich von KG 9 (Shui Fen)

Ind.: Erbrechen, Magenschmerzen, psychische Erkrankungen

St.: senkrecht 1–2 cun

■ M 25 Abb. 59 Mu-P. d. Di

„Himmelsäule"
Tian Shu (Tien Schu) engl.: Tien Shu frz.: Tienn Tchrou

Lok.: 2 cun seitlich vom Nabel

Ind.: akute und chronische Gastritis und Enteritis, „Ruhr", Darmatonie, Obstipation

St.: senkrecht 1,5–2,5 cun

M 26 Abb. 59

„Außenhügel"
Wai Ling (Uai Ling) engl.: Wai Ling frz.: Oae Ling

Lok.: 1 cun unterhalb vom Nabel, 2 cun seitlich von KG 7 (Yin Jiao)

Ind.: Bauchschmerzen, Dysmenorrhoe

St.: senkrecht 1–2 cun

Magen-M.

M 27 Abb. 59

„Große Macht"
Da Ju (Da Djü) engl.: Ta Chu frz.: Ta Tsiu

Lok.: 2 cun unterhalb vom Nabel, 2 cun seitlich von KG 5 (Shi Men)

Ind.: Cystitis, Bauchschmerzen, Ruhr, nächtliche Pollutionen

St.: senkrecht 1–2 cun

M 28 Abb. 59

„Wasserweg"
Shui Dao (Schui Dau) engl.: Shuei Tao frz.: Choe Tao

Lok.: 3 cun unterhalb vom Nabel, 2 cun seitlich von KG 4 (Guan Yuan)

Ind.: Gastritis, Cystitis, Harnretention, Orchitis, Nephritis

St.: senkrecht 1,5–2,5 cun

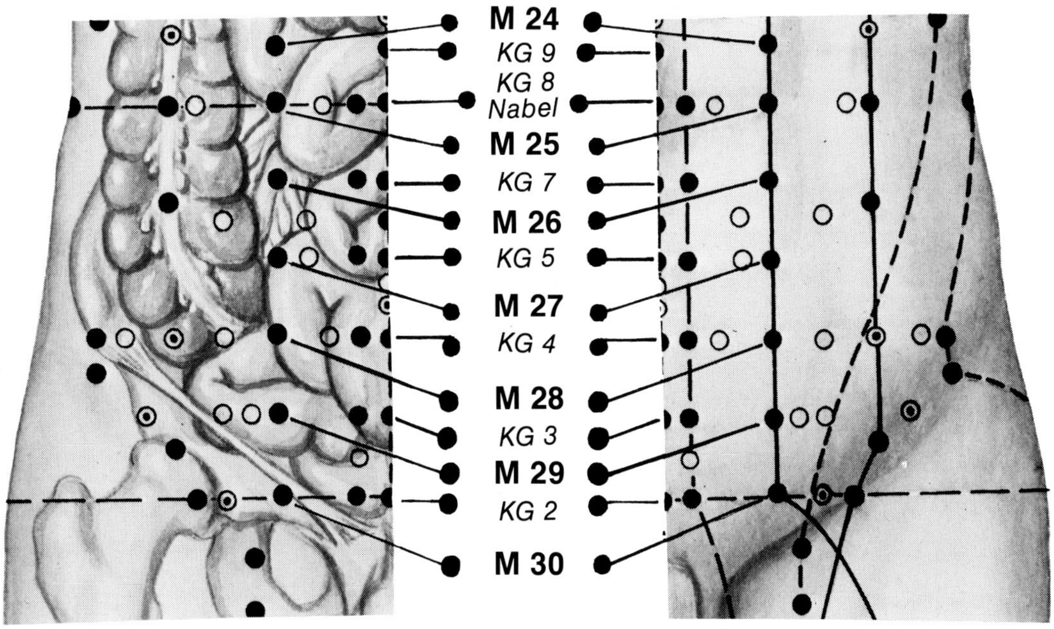

Abb. 59: Bauch* Tafel I/32 M 24–30

M 29 Abb. 59

„Rückkehr"

Gui Lai (Guee Lai) engl.: Kuei Lai frz.: Koe Lae

Lok.: 4 cun unterhalb vom Nabel, 2 cun seitlich von KG 3 (Zhong Ji)

Ind.: Orchitis, Endometritis, Adnexitis, Menstruationsstörungen

St.: senkrecht 1–2 cun

■ M 30 Abb. 59

„Atemstoß"

Qi Chong (Tschi Tschung) engl.: Chi Chung frz.: Tsri Tchrong

Lok.: 5 cun distal vom Nabel, 2 cun lateral von KG 2, (Qu Gu) am Oberrand der Symphyse

Ind.: Erkrankungen des Genitalsystems (innere und äußere)

St.: senkrecht 1–2 cun

* Der Abstand von der Nabelmitte bis zum Schambeinoberrand wird in 5 cun geteilt.

■ *M 31 Abb. 60

„Schenkelgrenze"
Bi Guan (Bi Guan) engl.: Pi Kuan frz.: Pi Koann

Lok.: 6 cun oberhalb von M 32 (gerade nach oben), wo sich diese Gerade mit der horizontalen Linie, welche durch KG 1 (Hui Yin) zieht, schneidet; (unterhalb der Spina iliaca anterior superior, in einer Vertiefung an der lateralen Seite des M. sartorius)

Ind.: Paralyse und Parese der unteren Extremitäten, Entzündungen der Leistenlymphknoten, Kreuzschmerzen (Lumbago)

St.: senkrecht 1–3 cun

PS: man kann ihn auch wie folgt bestimmen: auf der vorderen Mittellinie des Oberschenkels, 4 cun unterhalb der Leistenbeuge

M 32 Abb. 60

„Liegender Hase"
Fu Tu (Fu Tu) engl.: Fu Tu frz.: Fou Trou

Lok.: 6 cun kranial vom lateralen Anteil des Patellaoberrandes

Ind.: Paralyse und Parese der unteren Extremitäten, Kniegelenksarthritis, Urticaria

St.: senkrecht 1–3 cun

M 33 Abb. 60

„Schattenmarkt"
Yin Shi (Yin Sche) engl.: Yin Shih frz.: Inn Che

Lok.: 3 cun kranial vom lateralen Anteil des Patellaoberrandes

Ind.: Parese, katerähnlicher Schmerz an den Beinen und Knien

St.: senkrecht 1–3 cun

■ M 34 Abb. 60 Xi-P.

„Balkenhügel"
Liang Qiu (Liang Tchiu) engl.: Liang Chiu frz.: Leang Tsiou

Lok.: 2 cun kranial vom lateralen Anteil des Patellaoberrandes, in einer Mulde

Ind.: Magenschmerzen, Diarrhoe, Mastitis, Kniegelenksschmerzen

St.: senkrecht 1–2,5 cun

■ M 35 Abb. 60

„Kalbsnase"
Du Bi (Du Bi) engl.: Tu Pi frz.: Tou Pi

Lok.: das Knie beugen, lateral vom Ligamentum patellae, in einer Mulde (sog. „äußeres Knieauge"), ist identisch mit PaM 145

Ind.: Gonarthritis

St.: etwas nach medial schräg 5 fen – 1 cun, durchstechen bis zum „inneren Knieauge"

■ M 36 Abb. 60 Hui-P. d. Magens

„Drei Entfernungen"
Zu San Li (Dsu San Li) engl.: Tsu San Li frz.: Sann Li

Lok.: 3 cun distal vom sogenannten „äußeren Knieauge" (= PaM 145), 1 Querfinger lateral der Tibia

Ind.: Gastritis, Ulcera (ventriculi et duodeni), Diarrhoe, Meteorismus, Obstipation, Dyspepsie, Hypertonie, Hemiplegie, Neurasthenie, Epilepsie, Krankheiten des Verdauungstraktes

St.: senkrecht 1,5–3 cun

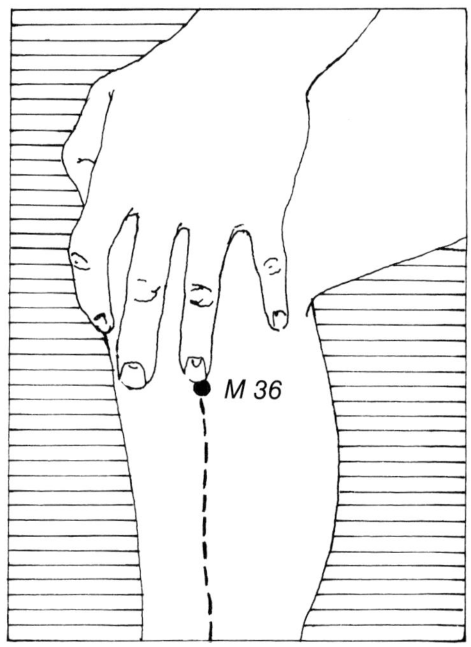

Skizze 37

---

*) Abweichende Punktlage bei anderen Autoren (z. B. Bachmann).

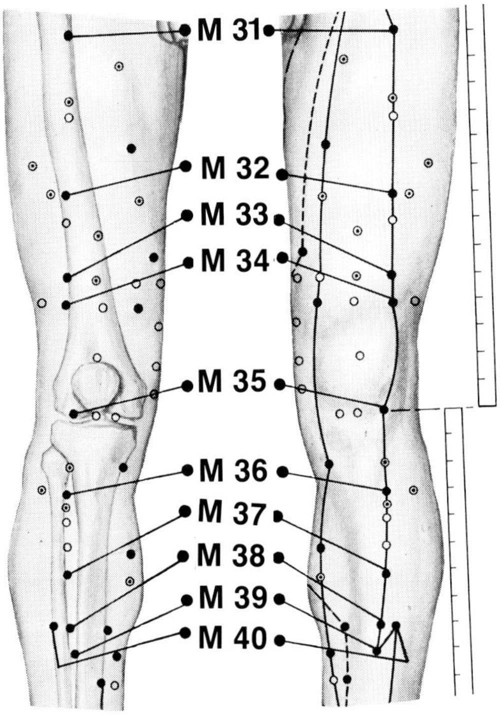

Abb. 60: Ober- und Unterschenkel (Vorderseite) Tafel I/42, 52 M 31–40

■ **M 37** Abb. 60 Hui-P. d. Dick-D.

„Oberer Vorsprung"
Shang Ju Xu (Schang Djü Hü) engl.: Shang Chu Hsu frz.: Chang Lienn

Lok.: 3 cun kaudal von M 36

Ind.: Bauchschmerzen, Meteorismus, Diarrhoe, Hemiplegie

St.: senkrecht 1–2,5 cun

■ **M 38** Abb. 60

„Regelmäßige Öffnung"
Tiao Kou (Tiau Kou) engl.: Tiao Kou frz.: Tiao Kreou

Lok.: 2 cun kaudal von M 37, entspricht 8 cun kaudal von M 35, knapp an der lateralen Tibiakante (s. auch M 40)

Ind.: Kniegelenksentzündung, Lähmung der unteren Extremitäten

St.: senkrecht 1–2,5 cun

■ **M 39** Abb. 60 Hui-P. d. Dü

„Unterer Vorsprung"
Xia Ju Xu (Hia Djü Hü) engl.: Hsi Chu Hsu frz.: Sia Lienn

Lok.: 3 cun kaudal von M 37, entspricht 9 cun kaudal von M 35 (= PaM 145) lateral, an der Tibiakante, auf dem Mittelpunkt der Strecke: Tuberositas tibiae – Sprunggelenksfalte

Ind.: akute und chronische Enterokolitis, Lähmung der unteren Extremitäten, Interkostalneuralgie

St.: senkrecht 1–2,5 cun

■ **M 40** Abb. 60 Luo-P.

„Reiche Fülle"
Feng Long (Fung Lung) engl.: Fung Lung frz.: Fong Long

Lok.: 8 cun proximal v. Malleolus lateralis; entspricht dem Mittelpunkt vom sogenannten „äußeren Knieauge" (= M 35) und der Spitze des Malleolus lateralis; 2 cun lateral vom Tibiavorderrand, zwischen Tibia und Fibula (am Rande des M. peronaeus)

Ind.: Husten, viel Sputum, Hemiplegie, Zervikalsyndrom

St.: etwas nach medial, schräg 1,5–3 cun

Magen-M.

■ M 41 Abb. 61

„Tibiamulde"
Jie Xi (Djiä Hi) engl.: Chiehe Hsi frz.: Tsie Tsri

Lok.: in der Mitte der vorderen Sprunggelenksquerfalte (zwischen den Sehnen des Extensor hallucis longus und Extensor digitorum longus), in Höhe des äußeren Knöchels

Ind.: Schmerzen im Sprunggelenk, „Fallfuß", Kopfschmerzen

St.: senkrecht 5 fen – 1 cun

M 42 Abb. 61 Yuan-P.

„Yang-Angriff"
Chong Yang (Tschung Yang) engl.: Chung Yang frz.: Tchrong lang

Lok.: 1,5 cun kaudal von M 41, entspricht der höchsten Wölbung des Fußrückens, an der die A. dors. ped. zu tasten ist

Ind.: Fußrückenschmerzen, Lähmung der unteren Extremitäten, Zahnschmerzen, Gingivitis, Epilepsie

St.: senkrecht 3–5 fen, der Arterie ausweichen

M 43 Abb. 61

„Versunkenes Tal"
Xian Gu (Hiän Gu) engl.: Hsien Ku frz.: Sienn Kou

Lok.: in einer Mulde, wo das Os metatarsale II. und III. distal zusammen treffen

Ind.: Ödem im Gesicht, Ödem, Hyperperistaltik, Bauchschmerzen, schmerzhafte Schwellung am Fußrücken

St.: senkrecht 5 fen – 1 cun

■ M 44 Abb. 61

„Innenhof"
Nei Ting (Nee Ting) engl.: Nei Ting frz.: Nei Ting

Lok.: auf dem Fußrücken zwischen der 2. und 3. Zehe, 5 fen proximal der Interdigitalfalte, gehört zu PaM 137

Ind.: Magenschmerzen, Kopfschmerzen, Zahnschmerzen, Tonsillitis, Dysenterie

St.: senkrecht oder schräg 5 fen – 1 cun

M 45 Abb. 61

„Grausame Bezahlung"
Li Dui (Li Duee) engl.: Li Tuei frz.: Li Toe

Lok.: an der fibularen Seite des zweiten Zehennagels, etwa 1 fen vom Nagelwinkel entfernt

Ind.: Fazialisparese, Epistaxis, Zahnschmerzen, Tonsillitis, Hepatitis, Dyspepsie, Neurasthenie

St.: senkrecht 3–5 fen

DER MILZ–PANKREAS-MERIDIAN (MP) 21 P.

Zu Tai Yin Pi Jing (Dsu Tou Ying Pi Djing) engl.: Spleen-Pancreas (Sp) frz.: Rate-Pancréas (RP)

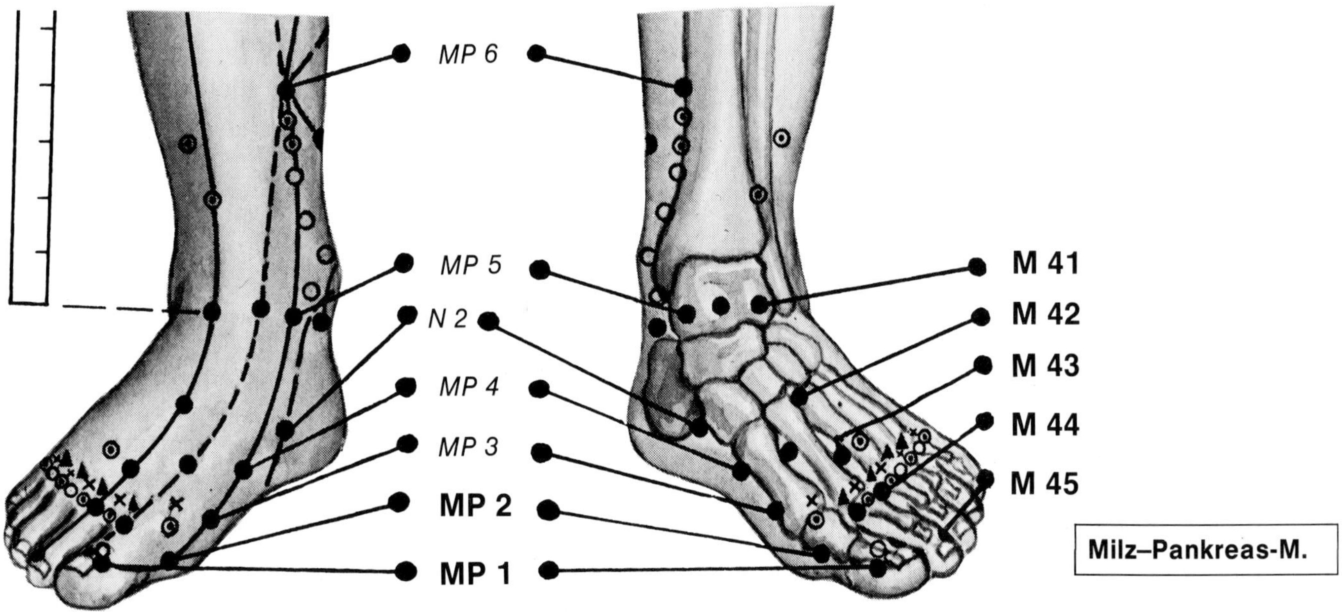

Abb. 61: Fuß von vorne Tafel I/62 M 41–45, MP 1–6

MP 1 Abb. 62, 61

„Verborgene Helle"
Yin Bai (Yin Bai) engl.: Yin Pai frz.: Inn Po

Lok.: an der Medialseite der Großzehe, etwa 1 fen vom Nagelwinkel entfernt

Ind.: Meteorismus, Menorrhagie, psychische Erkrankungen, Konvulsionen

St.: senkrecht 1–3 fen

MP 2 Abb. 62, 61

„Große Stadt"
Da Du (Da Du) engl.: Ta Tu frz.: Ta Tou

Lok.: an der Medialseite der Großzehe am proximalen Ende der Grundphalanx, an der Grenze vom sogenannten „roten und weißen Fleisch"

Ind.: Meteorismus, Bauchschmerzen, Temperaturerhöhung, mangelnde Schweißbildung

St.: senkrecht 3–5 fen

Milz–Pankreas-M.

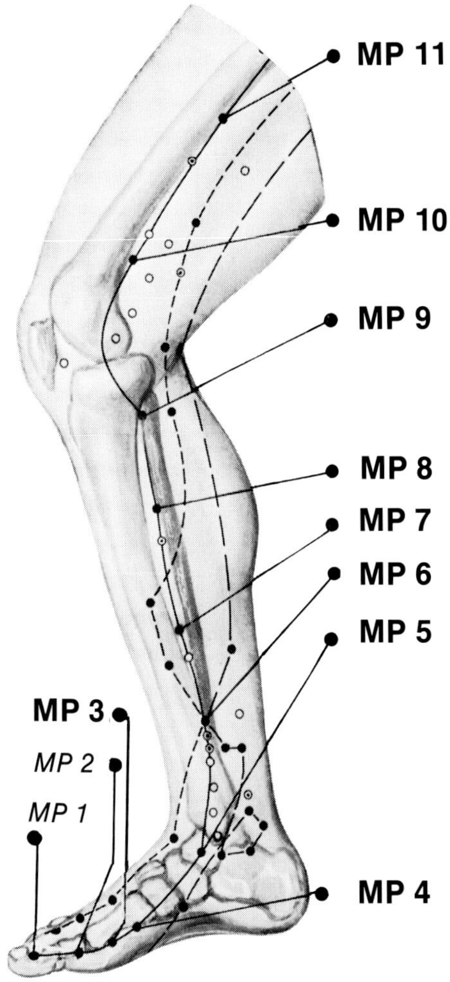

Abb. 62: Unter- und Oberschenkel (Innenseite)

Tafel III/47, 57, 67

MP 1–11

■ MP 3 Abb. 62, 61 Yuan-P.

„Höchste Helle"

Tai Bai (Tai Bai) engl.: Tai Pai frz.: Trae Po

Lok.: an der Fußinnenseite, aber proximal vom Großzehengrundgelenk, an der Grenze vom sogenannten „roten und weißen Fleisch"

Ind.: Magenschmerzen, Meteorismus, Obstipation, Diarrhoe, Erbrechen, Dysenterie

St.: senkrecht 3–5 fen

■ MP 4 Abb. 62, 61 Luo- u. Konfluenz-P.

„Fürstenenkel"

Gong Sun (Gong Suen) engl.: Kung Sun frz.: Kong Soun

Lok.: an der Fußinnenseite und zwar an der Basis des Os metatarsale I, ebenfalls an der Grenze vom „roten und weißen Fleisch"

Ind.: Magenschmerzen, Dyspepsie, Erbrechen, Diarrhoe und Dysmenorrhoe

St.: senkrecht 1–1,5 cun

MP 5 Abb. 62, 61

„Beratungshügel"

Shang Qiu (Schang Tchiu) engl.: Shang Chiu frz.: Chang Tsiou

Lok.: Dieser Punkt liegt im Mittelpunkt der Verbindungslinie zwischen der Spitze des medialen Knöchels und der Tuberositas ossis navicularis und zwar in einer Vertiefung vor und unterhalb des medialen Knöchels

Ind.: Gastroduodenitis, Enteritis, Dyspepsie, Knöchelschmerzen

St.: senkrecht 3–5 fen

■ MP 6 Abb. 62, 61

„Treffpunkt der drei Yin"
San Yin Jiao (San Yin Djiau) engl.: San Yin Chiao frz.: Sann Inn Tsiao

Lok.: 3 cun proximal von der Spitze des medialen Knöchels am Hinterrand der Tibia
Ind.: Menstruationsstörungen, Dysmenorrhoe, Fluor, Metrorrhagie, Spermatorrhoe, Impotenz, Ejaculatio praecox, Pelvitis, Orchitis, Incontinentia urinae, Pollakisurie, Harnverhaltung, abdominelle Schmerzen, Diarrhoe, Dyspepsie, aber auch bei Neurasthenie und Hemiplegie
St.: senkrecht 1,5–2 cun. In China sticht man diesen Punkt auch durch bis zum gegenüberliegenden Punkt der Gallenblase 39 (Xuan Zhong)

MP 7 Abb. 62

„Offenes Tal"
Lou Gu (Lou Gu) engl.: Lou Ku frz.: Leou Kou

Lok.: am Hinterrand der Tibia, 3 cun proximal von MP 6
Ind.: Meteorismus, Durchblutungsstörungen der Beine und Paresen in den unteren Extremitäten
St.: senkrecht 1–1,5 cun

■ MP 8 Abb. 62 Xi-P.

„Göttliche Kraft"
Di Ji (Di Dji) engl.: Ti Chi frz.: Ti Tsi

Lok.: 3 cun distal von MP 9 am Hinterrand der Tibia
Ind.: Lumbago, Meteorismus, Dysmenorrhoe oder Metrorrhagie, Spermatorrhoe
St.: senkrecht 1–2 cun

■ MP 9 Abb. 62

„Hügelquelle"
Yin Ling Quan (Yin Ling Tchüan) engl.: Yin Ling Chuan frz.: Inn Ling Tsiuann

Lok.: Bei gebeugtem Knie liegt jener Punkt distal vom Epicondylus medialis tibiae in einer Vertiefung in Höhe der Tuberositas tibiae und entspricht somit in der Lage dem G 34 (Yang Lin Quan)
Ind.: Bauchschmerzen, Ödeme jeder Genese, Dysurie, Harninkontinenz, Spermatorrhoe, Menstruationsstörungen, Dysenterie
St.: senkrecht 1–2 cun oder man sticht bis zu G 34 durch

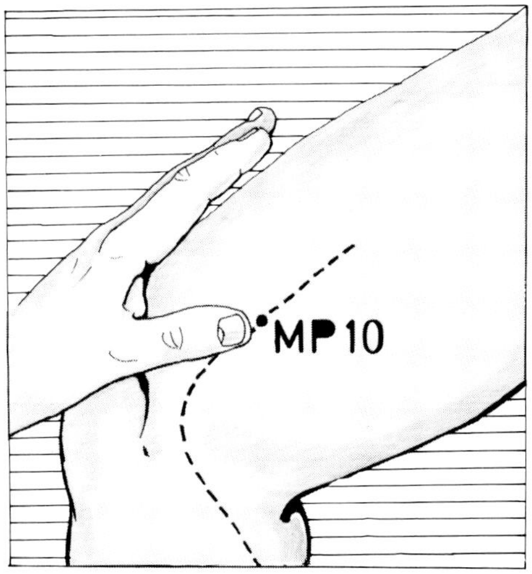

Skizze 38

■ MP 10 Abb. 62

„Blutmeer"
Xue Hai (Hüo Hai) engl.: Hsueh Hai frz.: Siue Rae

Lok.: Man läßt den Patienten mit gebeugtem Knie aufrecht sitzen – dann liegt jener Punkt 2 cun proximal vom Patellaoberrand, medial vom M. vastus medialis. Eine andere Möglichkeit, diesen Punkt zu finden, ist folgende: der Arzt legt seine rechte Hand mit der Handfläche auf die linke Patella des Patienten, die Daumenspitze zeigt dann die Lage des gesuchten Punktes
Ind.: Menstruationsstörungen, funktionelle Uterusblutung, Urticaria
St.: senkrecht oder etwas nach schräg oben 1,5–3 cun

MP 11 Abb. 62

„Siebtor"
Ji Men (Dji Men) engl.: Chi Men frz.: Tsi Menn

Lok.: 8 cun kranial vom medialen Anteil des Patellaoberrandes, in Höhe der Mitte des Femurs in der Vertiefung des M. sartorius und des vastus medialis 6 cun kranial von MP 10
Ind.: Miktionsstörungen, Incontinentia urinae, Lymphadenitis inguinalis
St.: senkrecht 1–2 cun

MP 12 Abb. 63

„Angriffstor"
Chong Men (Tschung Men) engl.: Chung Men frz.: Tchrong Menn

Lok.: am Symphysenoberrand etwa 3,5 cun lateral von der Mittellinie entfernt

Ind.: Orchitis, Schmerzen im Funiculus spermaticus, Endometritis

St.: senkrecht 1 cun tief, Vorsicht auf die Gefäße!

MP 13 Abb. 63

„Bezirkshaus"
Fu She (Fu Schö) engl.: Fu sheh frz.: Fou Che

Lok.: in der Inguinalfalte 7 fen lateral und kranial von MP 12, 4 cun lateral von der vorderen Medianlinie

Ind.: Bauchschmerzen und Kolik, Appendicitis, Obstipation

St.: schräg 1–2 cun

Milz–Pankreas-M.

MP 14 Abb. 63

„Bauchnaht"
Fu Jie (Fu Djiä) engl.: Fu Chieh frz.: Fou Tsie

Lok.: 4 cun lateral von der vorderen Medianlinie 1,3 cun distal von MP 15, dieser Punkt liegt in Höhe des KG 6 (Qi Hai)

Ind.: Schmerzen in der Nabelgegend, Diarrhoe, Kolik

St.: senkrecht 1–2,5 cun

MP 15 Abb. 63

„Großkehre"
Da Heng (Da Heng) engl.: Ta Heng frz.: Ta Rong

Lok.: 4 cun lateral vom Nabel

Ind.: Meteorismus, atonische Obstipation, Diarrhoe, Schmerzen im Unterbauch, Darmparasiten (Würmer)

St.: senkrecht 1–2,5 cun

MP 16 Abb. 63

„Bauchleid"
Fu Ai (Fu Ai) engl.: Fu Ai frz.: Fou Ngae

Lok.: 4 cun lateral von der vorderen Medianlinie und 3 cun kranial von MP 15

Ind.: Bauchschmerzen, Dyspepsie, Obstipation, Dysenterie

St.: senkrecht 1,5–2 cun

MP 17 Abb. 63

„Nahrungsöffnung"
Shi Dou (Sche Dou) engl.: Shih Tou frz.: Che Teou

Lok.: im 5. Interkostalraum (1,5 cun kranial von der Xiphoidspitze) und 6 cun lateral von der vorderen Medianlinie

Ind.: Dehnungsschmerzen in der seitlichen Brustgegend

St.: schräg 5–8 fen

MP 18 Abb. 63

„Himmelsschlucht"
Tian Xi (Tiän Hi) engl.: Tien Hsi frz.: Tienn Tsri

Lok.: im 4. Interkostalraum 6 cun lateral von der vorderen Medianlinie

Ind.: Brustschmerzen, Husten, Mastitis, Muttermilchmangel

St.: schräg 5–8 fen

MP 19 Abb. 63

„Brustbezirk"
Xiong Xiang (Hiung Hiang) engl.: Hsiung Hsiang frz.: Siong Siang

Lok.: im 3. Interkostalraum, in Höhe des KG 19 (Zhi Gong), 6 cun lateral von der vorderen Medianlinie

Ind.: Dehnungsschmerz in der seitlichen Brustgegend

St.: schräg 5–8 fen

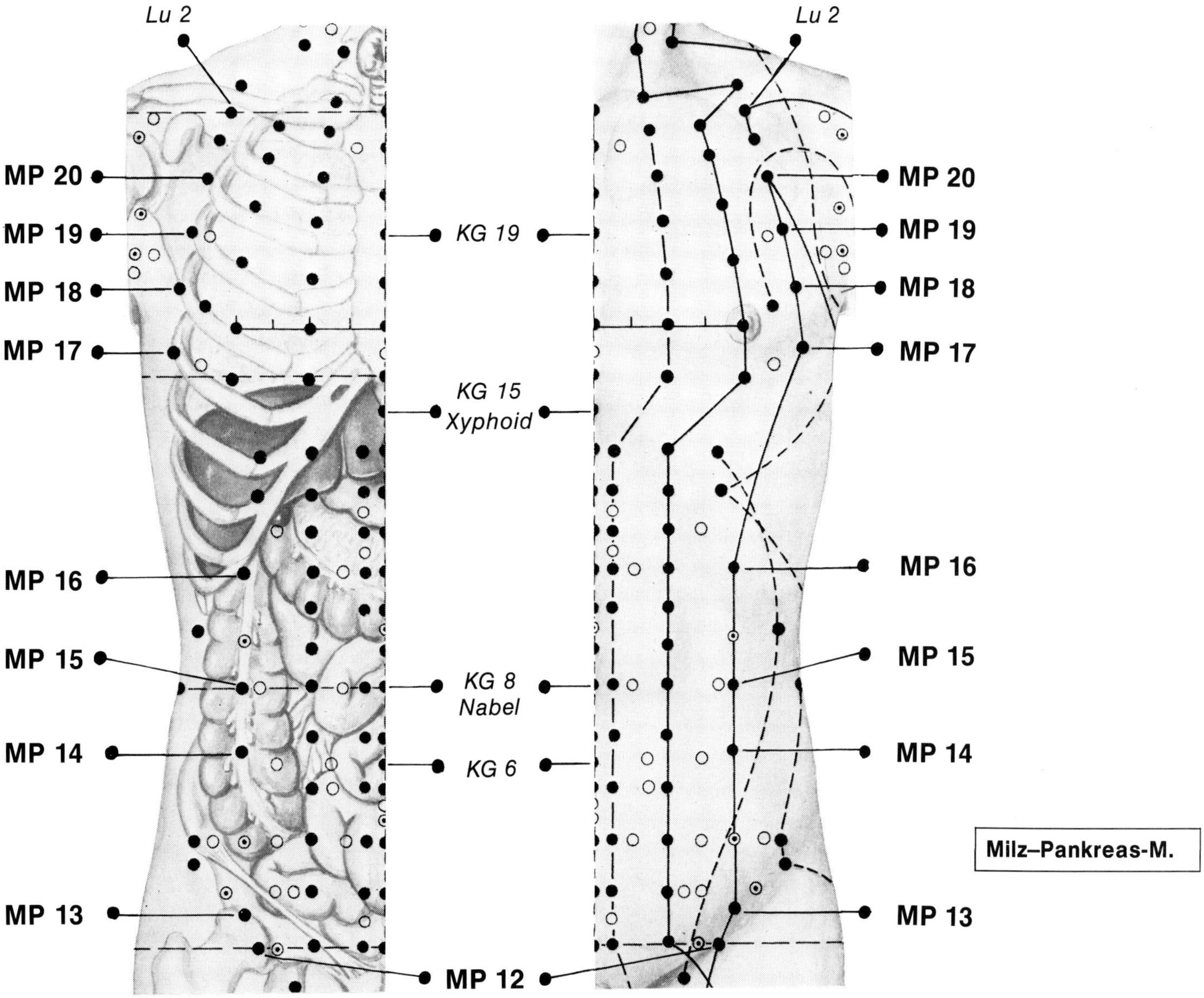

Abb. 63: Brust und Bauch* Tafel I/22, 32 MP 12–20

MP 20 Abb. 63, 86

„Überall Glanz"

Zhou Rong (Dschou Jung) engl.: Chou Jung frz.: Tcheou long

Lok.: im 2. Interkostalraum 6 cun lateral von der vorderen Medianlinie

Ind.: „Dehnungs- und Völlegefühl" in der seitlichen Brustgegend, Husten

St.: schräg 5–8 fen

---

* Der Abstand vom Schnittpunkt des Rippenbogens bis zur Nabelmitte wird in 8 cun geteilt, von der Nabelmitte bis zum Symphysenoberrand in 5 cun.

MP 21 Abb. 86, 64

„Der große Entwickler"

Da Bao (Da Bau) engl.: Ta Pao frz.: Ta Pao

Lok.: in Höhe des 6. ICR auf der mittleren Axillarlinie

Ind.: Schmerzen in der seitlichen Brustgegend, Dyspnoe, Schmerzen am ganzen Körper, Kraftlosigkeit der Glieder

St.: schräg 5–8 fen

DER HERZMERIDIAN (H) 9 P.

Shou Shao Yin Xin Jing (Schou Schau Yin Hin Djing) engl.: Heart (H) frz.: Coeur (C)

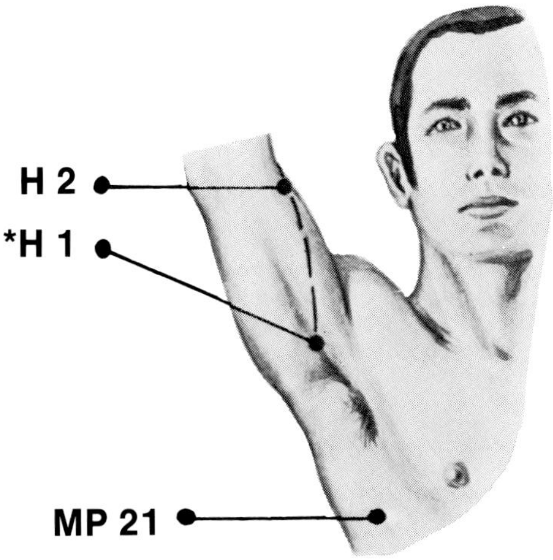

Abb. 64: Achsel Tafel I/53 MP 21, H 1, 2

* Abweichende Punktlage bei anderen Autoren (z. B. BACHMANN).

*H 1 Abb. 64

„Höchste Quelle"
Ji Quan (Dji Tchüan) engl.: Chi Chuan frz.: Tsi Tsiuann

Lok.: mitten in der Achselhöhle medial von der A. axillaria

Ind.: Schmerzen im seitlichen Thoraxbereich, Interkostalneuralgie, Kältegefühl und Schmerzen am Oberarm und Ellenbogen, Schmerzen in der Herzgegend

St.: senkrecht 5 fen – 1 cun

H 2 Abb. 64, 65

„Jungseele"
Qing Ling (Tching Ling) engl.: Ching Ling frz.: Tsring Ling

Lok.: an der Arminnenseite 3 cun proximal von der Ellbogenquerfalte, somit proximal von H 3

Ind.: Schmerzen in der Thoraxgegend, Schulter- und Armschmerzen

St.: senkrecht 5 fen – 1 cun

■ H 3 Abb. 65

„Geringes Meer"
Shao Hai (Schau Hai) engl.: Shao Hai frz.: Chao Rae

Lok.: bei gebeugtem Arm liegt er zwischen dem ulnaren Ende der Ellbogenquerfalte und dem Epicondylus medialis humeri
Ind.: Interkostalneuralgie, Schmerzen im Gebiet des N. ulnaris
St.: senkrecht 5 fen – 1 cun

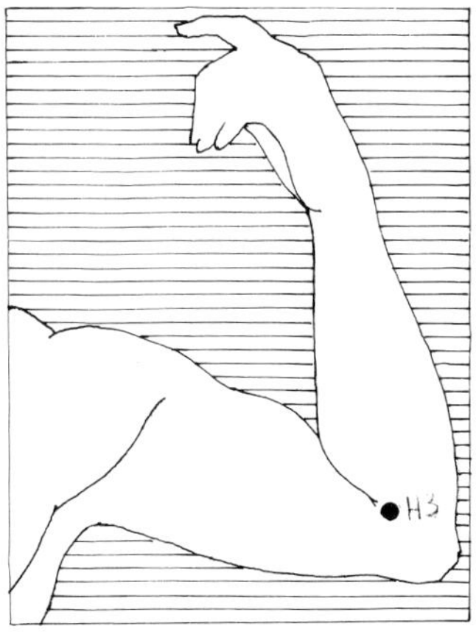

Skizze 39

H 4 Abb. 65

„Geisterweg"
Ling Dao (Ling Dau) engl.: Ling Tao frz.: Ling Tao

Lok.: Bei den folgenden drei Punkten des Herzmeridians wird immer der Punkt H 7, also der Punkt an der distalsten Handwurzelquerfalte, als Bezugspunkt genommen. H 4 liegt also 1,5 cun proximal von H 7
Ind.: Neurasthenie, Neuralgie im Bereich des N. radialis, Schmerzen in der Herzgegend, Hysterie
St.: senkrecht 5–8 fen

■ H 5 Abb. 65 Luo-P.

„Verbindung zum Inneren"
Tong Li (Tung Li) engl.: Tung Li frz.: Trong Li

Lok.: 1 cun proximal von H 7
Ind.: Schmerzen in der Herzgegend, Schmerzen im Arm- und Handgelenk, Neurasthenie, hysterische Aphasie
St.: senkrecht 5 fen – 1 cun. (Diese Stichart wird bei allen Punkten in der Handgelenksgegend empfohlen.)

Herz-M.

H 6 Abb. 65 Xi-P.

„Yin-Grenze"
Yin Xi (Yin Hi) engl.: Yin Chieh frz.: Inn Tsri

Lok.: 5 fen (0,5 cun oder ein halber Querfinger) proximal von H 7
Ind.: Neurasthenie, Schmerzen in der Herzgegend und Schwitzen während des Schlafens, insbesondere dann, wenn Lungentuberkulose die Ursache dieses Schwitzens ist.
St.: senkrecht 5 fen – 1 cun

■ H 7 Abb. 65 Yuan-P.

„Göttliches Tor"
Shen Men (Schen Men) engl.: Shen Men frz.: Chenn Menn

Lok.: an der distalen Handgelenksfalte radial der Sehne des Flexor carpi ulnaris
Ind.: Schlaflosigkeit, allgemeine Unruhe, Überreizbarkeit, Tachykardie und Hysterie
St.: senkrecht oder schräg 5–8 fen

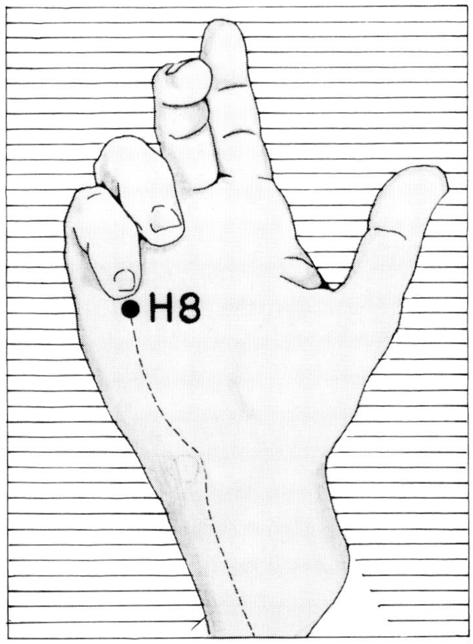

Skizze 40

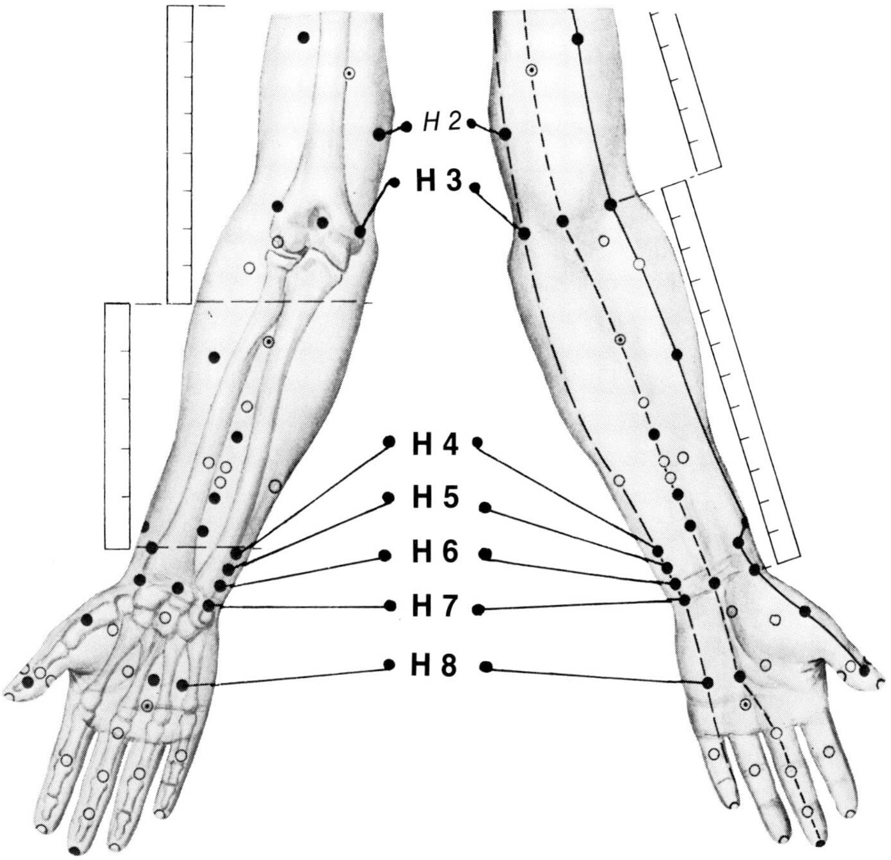

Herz-M.

Abb. 65: Handfläche und Unterarm Tafel I/31, 33, 41, 43 H 2–8

H 8 Abb. 65

„Geringer Bezirk"
Shao Fu (Schau Fu) engl.: Shao Fu frz.: Chao Fou

Lok.: Dieser Punkt ist ähnlich zu finden wie der KS 8; man bildet mit gekrümmten Fingern eine Faust, dann liegt der Punkt an dem distalen Ende der fünften Fingerspitze, und zwischen Metakarpale IV und V

Ind.: Tachykardie, Schmerzen in der Thoraxgegend, Dysurie, Incontinentia urinae, Pruritus vulvae, Hitzegefühl an der Handinnenfläche

St.: 5 fen senkrecht

Herz-M.

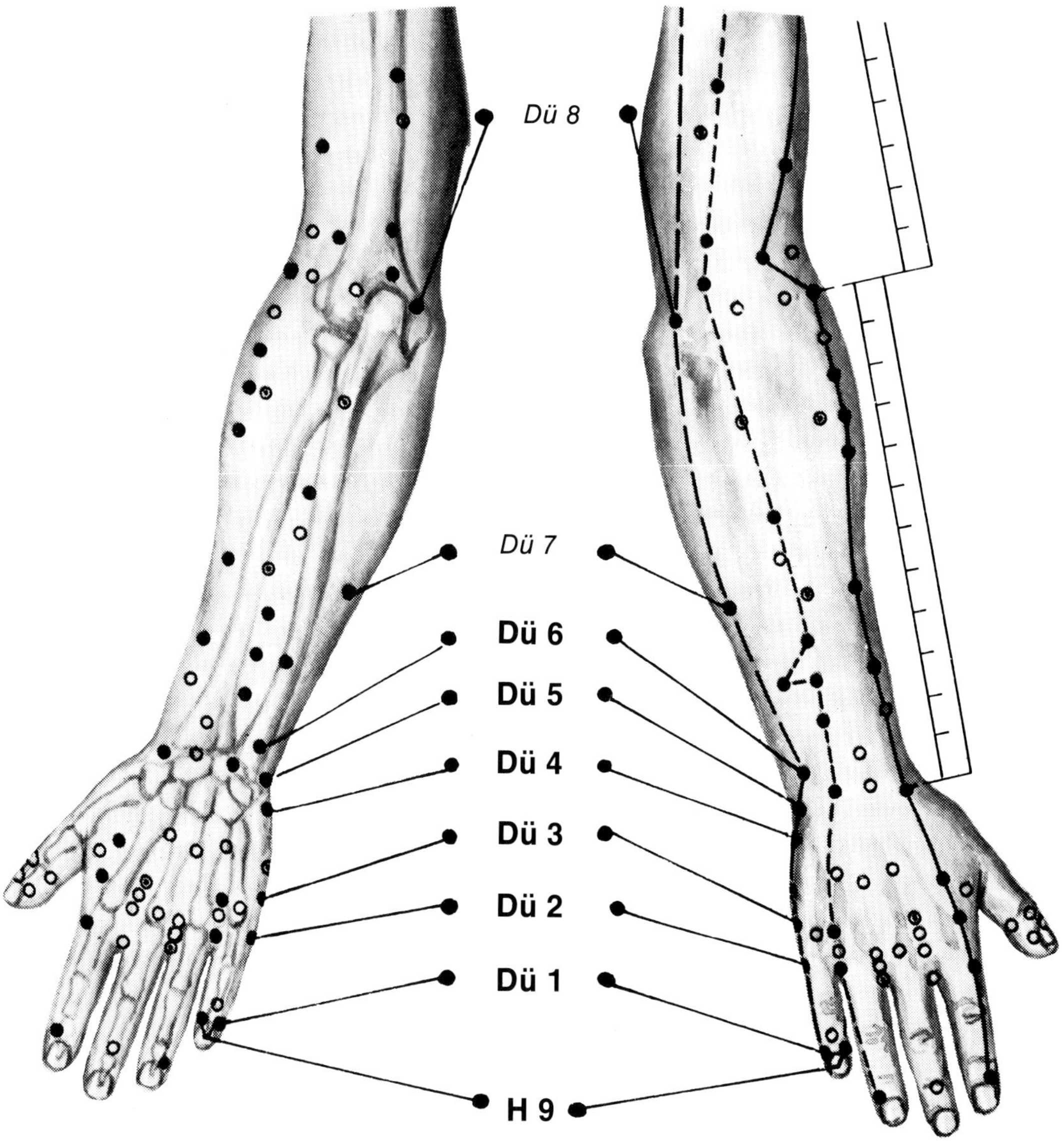

Abb. 66: Handrücken und Unterarm (Streckseite) Tafel II/34, 36, 44, 46 H 9, Dü 1–8

■ H 9 Abb. 66

„Geringer Angriffspunkt"
Shao Chong (Schau Tschung) engl.: Shao Chung frz.: Chao Tchrong

Lok.: radial vom Kleinfinger und zwar 1 fen vom Nagelwinkel entfernt

Ind.: Schmerzen im Thoraxbereich, pectanginöse Herzbeschwerden, apoplektisches Koma

St.: 2–3 fen senkrecht

Skizze 41

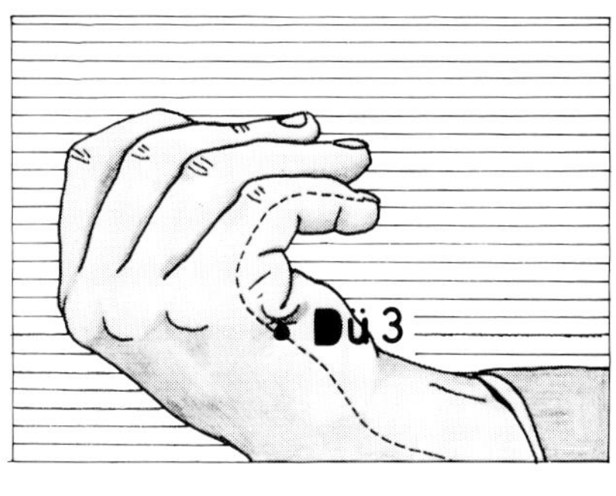

DER DÜNNDARMMERIDIAN (Dü) 19 P.

Shou Tai Yang Xiao Chang Jing (Schou Tai Yang Siau Tschang Djing) engl.: Small Intestin (SI) frz.: l'intestine grêle (I. G.)

Dü 1 Abb. 66

„Geringer Teich"
Shao Ze (Schau Dsee) engl.: Shao Tze frz.: Chao Tsre

Lok.: 1 fen vom ulnaren Nagelwinkel des kleinen Fingers entfernt
Ind.: Kopfschmerzen, Augenerkrankungen, Mastitis, Muttermilchmangel
St.: senkrecht 1 fen

Dü 2 Abb. 66

„Vorderes Tal"
Qian Gu (Tchien Gu) engl.: Chien Ku frz.: Tsienn Kou

Lok.: liegt an der Außenseite des Grundgelenkes des kleinen Fingers, in einer Mulde (wenn man die Faust bildet, so liegt sie an der vordersten Falte, an der Grenze zwischen „weißem und rotem Fleisch", die an der Außenseite des Grundgelenkes des kleinen Fingers zu sehen ist.)
Ind.: Armschmerzen, Gefühlslosigkeit an den Fingern, Fieber, Hornhauttrübung, Tinnitus, Lähmungen der Pharynxmuskeln
St.: senkrecht 3–5 fen

■ Dü 3 Abb. 66 Konfluenz-P.

„Hintere Schlucht"
Hou Xi (Hou Hi) engl.: Hou Hsi frz.: Reou Tsri

Lok.: Faust bilden, hinter dem Capitulum des 5. Mittelhandknochens, an dem Ende der Handflächenquerfalten (Skizze 41)
Ind.: Schulter- und Rückenschmerzen, Schädeldachschmerzen, Taubstummheit, Interkostalneuralgie, Lumbago
St.: senkrecht oder nach oben schräg 5 fen – 1 cun

Dü 4 Abb. 66 Yuan-P.

„Handgelenksknochen"
Wan Gu (Uan Gu) engl.: Wan Ku frz.: Oann Kou

Lok.: ulnar des Handrückens, zwischen Os hamatum und Os metacarpale V, in einer Vertiefung
Ind.: Entzündungen der Handwurzel, des Ellenbogens und der Fingergelenke, Kopfschmerzen, Ohrensausen, Erbrechen, Gallenblasenentzündung
St.: senkrecht 3–5 fen

Dü 5 Abb. 66

„Sonnental"
Yang Gu (Yang Gu) engl.: Yang Ku frz.: Iang Kou

Lok.: am ulnaren Ende der Querfalten des Handgelenkes, in einer Vertiefung (distal vom Proc. styloideus)
Ind.: Schmerzen an der Armaußenseite, schmerzhafte Schwellung im Bereich des Halses und des Kiefers, Handwurzelschmerzen, psychische Erkrankungen, Fieber, Taubheit, Ohrensausen
St.: senkrecht 3–5 fen

■ Dü 6 Abb. 66 Xi-P.

„Pflege des Alters"
Yang Lao (Yang Lau) engl.: Yang Lao frz.: Iang Lao

Lok.: 2 fen proximal und radial vom Proc. styloideus ulnae im Gelenksspalt (das Auffinden ist leichter, wenn man den Ellbogen rechtwinkelig abbiegt und die Handinnenfläche an den Thorax legt.)
Ind.: Gelenksschmerzen der oberen Extremitäten, Schulter- und Rückenschmerzen, Hinterkopfschmerzen, Nackenschmerzen, Hemiplegie
St.: schräg in Richtung KS 6 (Nei Guan) 1–1,5 cun

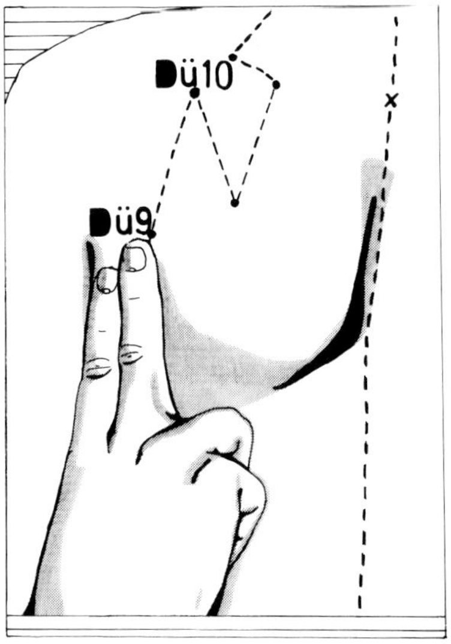

Skizze 42: Zeigefinger der rechten Hand in linke hintere Achselfalte legen, dann ist Mittelfingerspitze bei Dü 9.

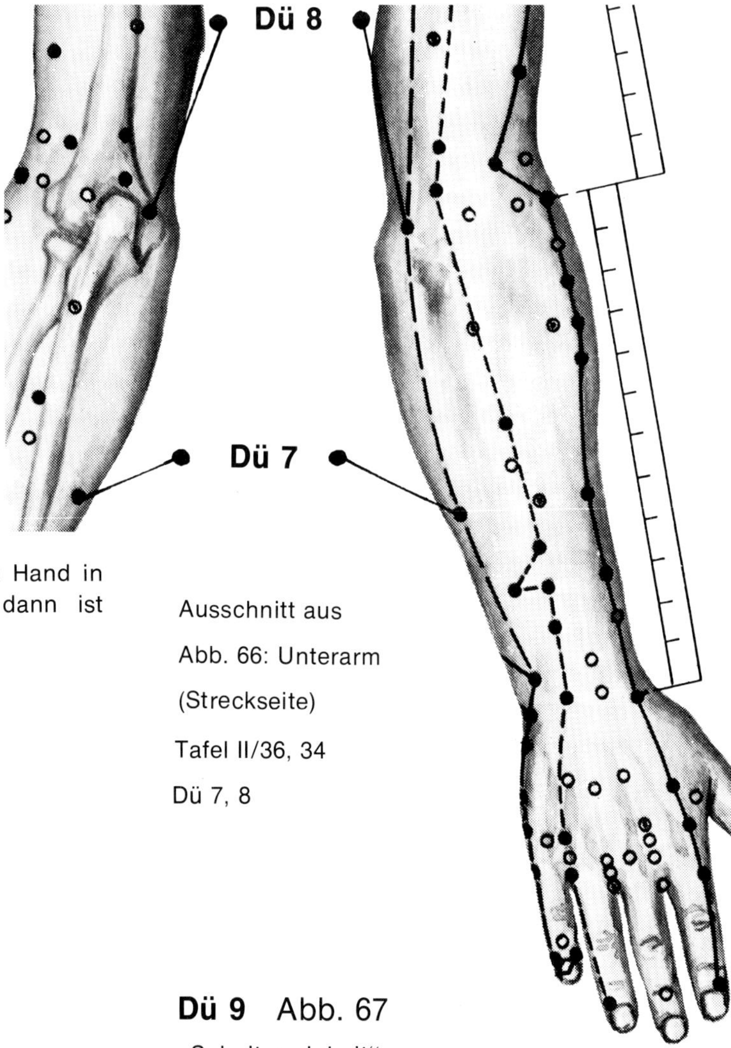

Ausschnitt aus Abb. 66: Unterarm (Streckseite)

Tafel II/36, 34

Dü 7, 8

Dü 7 Abb. 66 Luo-P.

„Richtiges Glied"

Zhi Zheng (Dsche Dscheng) engl.: Chih Cheng frz.: Tche Tcheng

Lok.: 5 cun proximal von der Handrückenquerfalte, auf einer Verbindungslinie von Dü 5 (Yang Gu) und Dü 8 (Xiao Hai)

Ind.: Nackenstarre, Ellbogen-, Arm- und Fingerschmerzen, psychische Erkrankungen

St.: senkrecht 5–8 fen

Dü 8 Abb. 66

„Kleines Meer"

Xiao Hai (Siau Hai) engl.: Hsiao Hai frz.: Siao Rae

Lok.: hinter dem Ellenbogengelenk, den Arm beugen, zwischen Olecranon und dem Epicondylus ulnaris

Ind.: Hals-, Nacken-, Schulter- und Rückenschmerzen, Wangenschwellung, Epilepsie

St.: senkrecht 3–5 fen

Dü 9 Abb. 67

„Schulterreinheit"

Jian Zhen (Djiän Zhen) engl.: Chih Cheng frz.: Tsienn Tchenn

Lok.: bei herabhängendem Arm, 1 cun kranial vom oberen Ende der dorsalen Achselfalte

Ind.: Schmerzen an den Schulterblättern, Unfähigkeit den Arm zu heben, Taubheit, Ohrensausen

St.: senkrecht 1–2 cun

■ Dü 10 Abb. 67

„Schulterpunkt"

Nao Yu (Nau Yü) engl.: Nao Shu frz.: Nao lu

Lok.: er liegt auf der Senkrechten durch Dü 9, in einer Mulde, distal vom Akromion, bzw. unterhalb der Spina scapulae

Ind.: Parese in Schulter und Armen

St.: senkrecht 1–2 cun

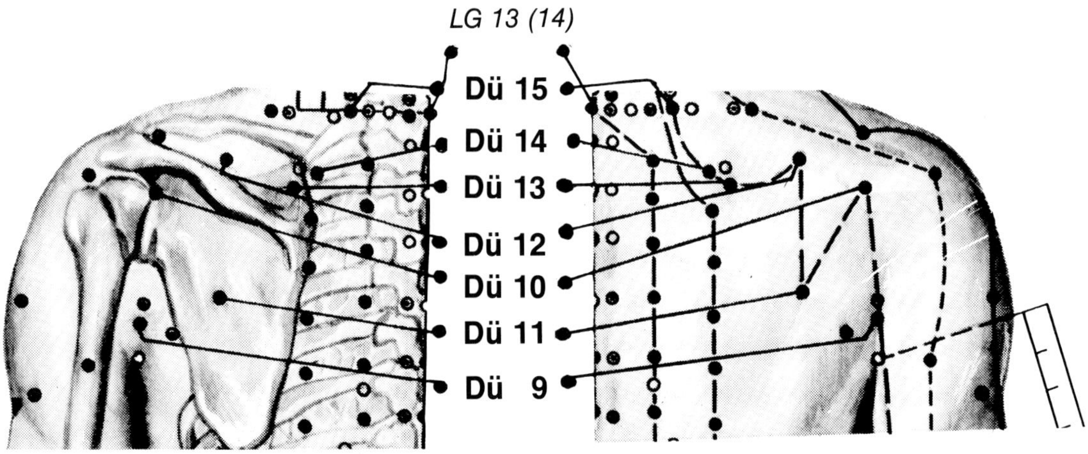

Abb. 67: Schulter-Rücken Tafel II/24, 25, 26 Dü 9–15

■ Dü 11 Abb. 67

„Himmlische Ahnen"
Tian Zong (Tien Dsung) engl.: Tien Tsung frz.: Tienn Tsong

Lok.: liegt im Zentrum der Fossa infraspinata, bildet mit Dü 10 und Dü 9 ein Dreieck

Ind.: Schulter- und Rückenschmerzen, Arm- und Ellenbogenschmerzen

St.: senkrecht 5 fen – 1 cun

Dü 12 Abb. 67

„Windfahrt"
Bing Feng (Bing Fung) engl.: Ping Fung frz.: Tchreng Fong

Lok.: in der Mitte der Fossa supraspinata, kranial von Dü 11, wo beim Armheben eine Mulde entsteht

Ind.: Schulterschmerzen, Überanstrengung, Schmerzen und Parästhesien der oberen Extremitäten

St.: schräg 5 fen – 1 cun

Dü 13 Abb. 67

„Gebogene Mauer"
Qu Yuan (Tchü Yüän) engl.: Chu Huan frz.: Tsiou Iuann

Lok.: medialer Anteil der Fossa supraspinata, im Mittelpunkt von der Verbindungslinie zwischen Dü 10 und dem 2. Brustwirbeldorn

Ind.: Schmerzen und Verspannung der Schultermuskulatur

St.: schräg 5 fen – 1 cun

Dü 14 Abb. 67

„Neben der Schulter"
Jian Wai Yu (Djiän Uai Yü) engl.: Chien Wai Shu frz.: Tsienn Oae

Lok.: 3 cun lateral vom 1. Brustwirbeldorn, in Höhe LG $13^{B} = 14^{CH}$ (Da Zhui)

Ind.: Schmerzen am Schulterblatt, Nackensteife

St.: schräg 5 fen – 1 cun

Dü 15 Abb. 67

„Schultermitte"
Jian Zhong Yu (Diän Dschung Yü) engl.: Chien Chung Shu frz.: Tsienn Tchong

Lok.: 2 cun lateral vom 7. Halswirbeldorn (LG $13^{B} = 14^{CH}$, Da Zhui)

Ind.: Schulter- und Rückenschmerzen, Nakkenschmerzen, Bronchitis, Asthma bronchiale

St.: schräg 5 fen – 1 cun

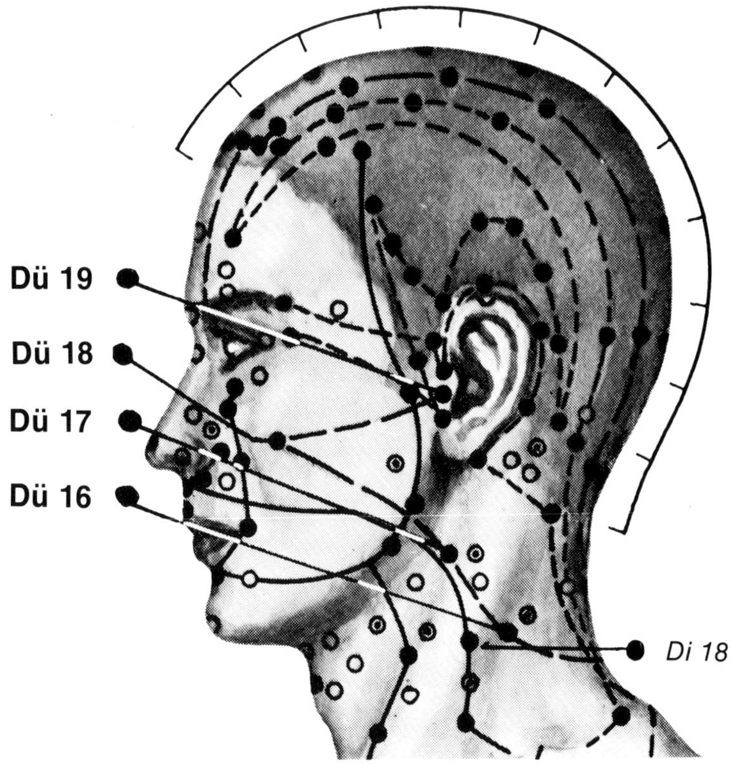

Abb. 68: Kopf (seitlich) Tafel III/18 Dü 16–19

Dünndarm-M.

Dü 16 Abb. 68

„Himmelsfenster"

Tian Chuang (Tien Tschuang) engl.: Tien Chung frz.: Tienn Tchroang

Lok.: 3,5 cun dorsolateral von der Prominentia laryngea, auf dem Hinterrand des M. sternocleidomastoideus (5 fen dorsal von Di 18, Fu Tu)

Ind.: Taubheit, Ohrensausen, Laryngopharyngitis, Hals- und Nackenschmerzen

St.: senkrecht 5 fen – 1 cun

Dü 17 Abb. 68

„Himmelsfigur"

Tian Rong (Tien Jong) engl.: Tien Jung frz.: Tienn Jong

Lok.: distal vom Ohrläppchen, dorsal vom Unterkieferwinkel, ventral vom M. sternocleidomastoideus (in einer Vertiefung, zwischen der „Spitze" des Unterkieferwinkels und dem M. sternocleidomastoideus)

Ind.: Tonsillitis, Laryngopharyngitis, Stottern

St.: 1,5–2 cun (cave Gefäße)

■ Dü 18 Abb. 68

„Backenknochengrube"

Quan Liao (Tchüan Liau) engl.: Chuan Liao frz.: Tsiuann Tsiao

Lok.: vom lateralen Augenwinkel senkrecht nach unten, am Schnittpunkt mit dem unteren Rande des Jochbeines, in einer Vertiefung

Ind.: Fazialisparese, Zahnschmerzen, Trigeminusneuralgie

St.: schräg 5 fen – 1 cun

■ * Dü 19 Abb. 68, 69

„Gehörpalast"

Ting Gong (Ting Gung) engl.: Ting Kung frz.: Ting Kong

Lok.: er liegt zwischen Tragusmitte (Vorderrand des Tragus) und dem Kiefergelenk, in einer Vertiefung, man findet ihn bei leicht geöffnetem Mund

Ind.: Taubheit, Ohrensausen, Mittelohrentzündung, Entzündung des äußeren Gehörganges

St.: senkrecht 1–2 cun

DER BLASENMERIDIAN (B) 67 P.

Zu Tai Yang Pang Guang Jing (Dsu Tai Yang Pang Guang Djing) engl.: Bladder (B) frz.: Vessie (V)
Von B 36 bis B 54 weicht die Reihenfolge der Punkte der chinesischen Tafeln von BACHMANN u. a. Autoren ab. Name und Lage der Punkte sind weitgehend ident. Wir haben die allgemein bekannten Nummern nach BACHMANN beibehalten, Abweichungen sind angegeben. Siehe Skizze Abb. 72 a, Seite 179 und „Meridianpunkte" in der Einleitung (Seite 5). Die anglo-amerikanischen Nummern entsprechen vielfach den Nummern der chinesischen Tafeln.

Verlauf des Blasenmeridians

n. BACHMANN		n. chin. T.
B 36 n. B.	Fu Fen	B 41 n. chin. T.
B 37 n. B.	Pa Hu	B 42 n. chin. T.
B 38 n. B.	Gao Huang	B 43 n. chin. T.
B 39 n. B.	Shen Tang	B 44 n. chin. T.
B 40 n. B.	Yi Xi	B 45 n. chin. T.
B 41 n. B.	Ge Guan	B 46 n. chin. T.
B 42 n. B.	Hun Men	B 47 n. chin. T.
B 43 n. B.	Yang Gang	B 48 n. chin. T.
B 44 n. B.	Yi She	B 49 n. chin. T.
B 45 n. B.	Wei Cang	B 50 n. chin. T.
B 46 n. B.	Huang Men	B 51 n. chin. T.
B 47 n. B.	Zhi Shi	B 52 n. chin. T.
B 48 n. B.	Bao Huang	B 53 n. chin. T.
B 49 n. B.	Zhi Bian	B 54 n. chin. T.
B 50 n. B.	Cheng Fu	B 36 n. chin. T.
B 51 n. B.	Yin Men	B 37 n. chin. T.
B 52 n. B.	Fu Xi	B 38 n. chin. T.
B 53 n. B.	Wei Yang	B 39 n. chin. T.
B 54 n. B.	Wei Zhong	B 40 n. chin. T.

B 1 Abb. 69 „Glanz des Augapfels"

Jing Ming (Djing Ming) engl.: Ching Ming frz.: Tsing Ming

Lok.: 1 fen medial und kranial vom medialen Augenwinkel

Ind.: Conjunctivitis chronica et acuta, Myopie, Hypermetropie, Tränen bei Wind, Neuritis n. optici, Astigmatismus, Atrophia n. optici, Katarakt, Retinitis

St.: vom lateralen Augenwinkel her nähert man die Nadelspitze dem B 1 und sticht langsam entlang dem medialen Orbitalrand. Stichtiefe: 5 fen – 1,5 cun. Die Nadel wird nicht gedreht und danach rasch herausgezogen. ODER: die Nadel verweilt 3–5 Minuten 2–3 Min. drücken, um Blutung zu vermeiden.

■ **B 2** Abb. 69 „Bambus-Sammeln"

Zan Zhu (Dsan Dschu) engl.: Tsuan Chu frz.: Tsroann Tchou

Lok.: am medialen Ende der Augenbraue in einer Vertiefung

Ind.: Stirnkopfschmerz, Vertigo, Tränenfluß, Konjunktivitis, Augenrötung, Keratoleukom

St.: schräg 3–5 fen

B 3 Abb. 69, 70 „Augenbrauen-Passage"

Mei Chong (Mee Tschung) engl.: Mei Chung frz.: Mei Tchrong

Lok.: von B 2 aufwärts, 5 fen hinter dem vorderen Haaransatz

Ind.: Cephalaea, Vertigo, Augenkrankheiten, Epilepsie

St.: schräg 3–5 fen

Blasen-M.

B 4 Abb. 69, 70 „Gebogene Abweichung"

Qu Cha (Tschü Tscha) engl.: Chü Cha frz.: Tsiou Tchrae

* **Lok.:** 1,5 cun („Kopfcun") lateral von *LG $23^{B} = 24^{CH}$ (Shen Ting) (5 fen über der Mitte des Stirnhaaransatzes)

Ind.: Kopfschmerzen (Stirne, Scheitel), Augenflimmern, verlegte Nase, Nasenbluten

St.: schräg 3–5 fen

B 5 Abb. 69, 70 „Fünfter Ort"

Wu Chu (U Tschu) engl.: Wu Chu frz.: Ou Tchrou

Lok.: 5 fen hinter B 4

Ind.: Kopfschmerzen, Augenflimmern, Epilepsie

St.: schräg 3–5 fen

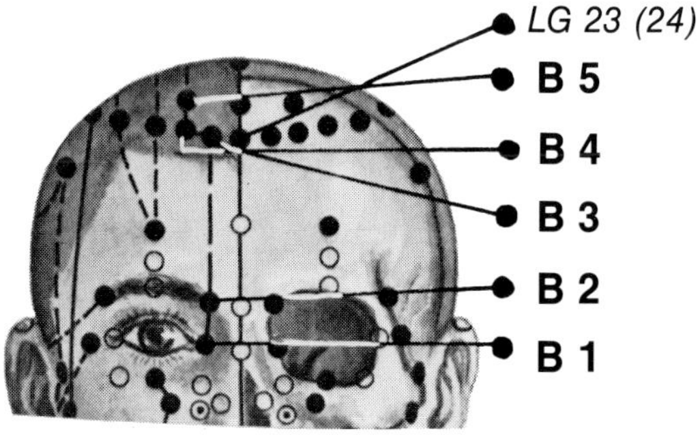

Abb. 69: Gesicht B 1–5

B 6 Abb. 70 „Glanzvermehrung"

Cheng Guang (Tscheng Guang) engl.: Cheng Kuang frz.: Tchreng Koang

Lok.: 1,5 cun hinter B 5

Ind.: Kopfschmerzen, Schwindel, Leukoma corneae, Erkältung

St.: schräg 3–5 fen

B 7 Abb. 70 „Himmelspassage"

Tong Tian (Tung Tien) engl.: Tung Tien frz.: Trong Tienn

Lok.: 1,5 cun hinter B 6, bei Seitenansicht oberhalb des Gehörganges

Ind.: Kopfschmerzen (Scheitel), Sinusitis paranasalis, Rhinitis

St.: schräg 3–5 fen

B 8 Abb. 70 „Lo-Grenze"

Luo Que (Luo Tchüo) engl.: Lo Chueh frz.: Lo Tsri

Lok.: 1,5 cun hinter B 7

Ind.: Rhinitis, verlegte Nase, Nasenbluten, Kopfschmerzen (Schädeldach), chronische Bronchitis, Vertigo

St.: schräg 3–5 fen

B 9 Abb. 70, 71a „Jadekissen"

Yu Zhen (Yu Dschenn) engl.: Yü Chen frz.: Iu Tchenn

Lok.: 4 cun hinter und unter B 8, 1, 3 cun seitlich von LG $16^{B} = 17^{CH}$ (in Höhe der Protuberantia occipitalis)

Ind.: Schwindel, Kopfschmerzen (Scheitel), Myopie

St.: schräg 3–5 fen

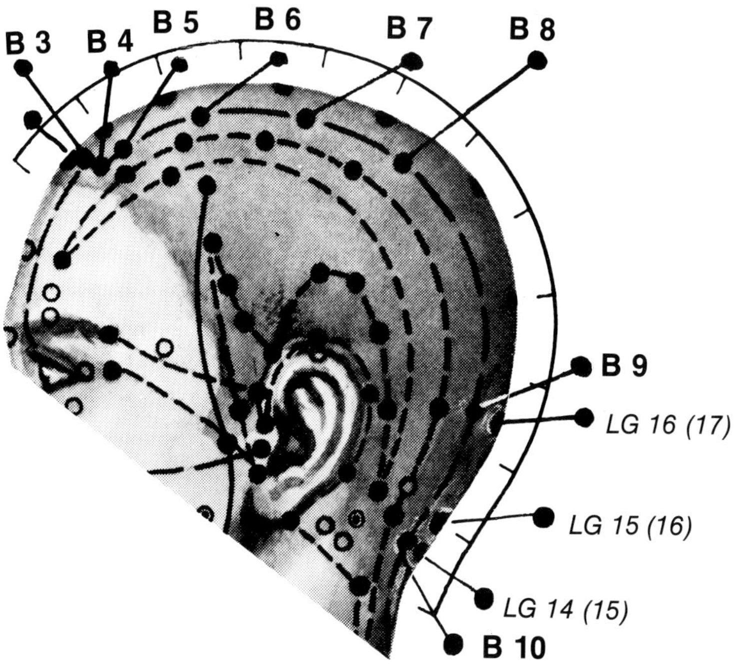

Abb. 70: Kopf (seitlich) Tafel III/18 B 5–10

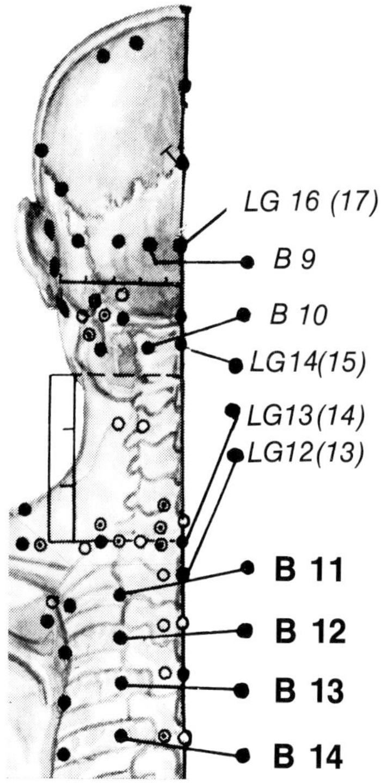

Ausschnitt aus Abb. 71a Nacken
Tafel II/15, 25 B 11–14

■ B 10 Abb. 70, 71a

„Himmelssäule"
Tian Zhu (Tien Dschu) engl.: Tien Chu frz.: Tienn Tchou

Lok.: 1,3 cun seitlich von LG 14[B] = 15[CH] (Ya Men), 5 fen kranial vom hinteren Haaransatz, in einer Vertiefung

Ind.: Kopfschmerzen (okzipital), Nackensteife, Pharyngitis, Laryngitis, Neurasthenie, Hysterie, Schlaflosigkeit

St.: schräg 5 fen – 1 cun

Die Punkte B 11 bis B 30 liegen alle auf einer Linie, 1,5 cun paramedian.

■ B 11 Abb. 71a

„Großes Weberschiffchen"
Da Zhu (Da Dschu) engl.: Ta Chu frz.: Ta Tchrou

Lok.: 1,5 cun lateral vom unteren Rand des 1. BWD (= Brustwirbeldorn); (3 cun beträgt der Abstand vom medialen Skapularand zur Medianen)

Ind.: Bronchitis, Pneumonie, Pleuritis, Nackenschmerzen, Schulter- und Rückenschmerzen, Knochentuberkulose, Arthritis, periphere Parästhesien

St.: schräg 5 fen – 1 cun

B 12 Abb. 71a

„Windtor"
Feng Men (Fung Men) engl.: Fung Men frz.: Fong Menn

Lok.: unter dem 2. BWD und 1,5 cun davon lateral

Ind.: Erkältung, Bronchitis, Urticaria

St.: schräg 5 fen – 1 cun

■ B 13 Abb. 71a Yu-P. d. Lunge

„Zustimmungspunkt der Lunge"
Fei Yu (Fee Yü) engl.: Fei Shu frz.: Fei Iu**

Lok.: unter dem 3. BWD, 1,5 cun lateral

Ind.: Bronchitis, Pneumonie, Lungentuberkulose, Rücken- und Kreuzschmerzen, Erkältung, Husten

St.: schräg 5 fen – 1 cun

B 14 Abb. 71a Yu-P. d. KS.

„Leerer Yinpunkt"
Jue Yin Yu** (Tchüo Yin Yü) engl.: Chueh Yin Shu frz.: Tsiue Inn Iu**

Lok.: unter dem 4. BWD, 1,5 cun lateral

Ind.: Neurasthenie, Druckgefühl in der Brust, Thoraxschmerzen, Kopfschmerzen (Vertex), Pericarditis, Schluckauf

St.: schräg 5 fen – 1 cun

** Das chinesische Symbol für „Zustimmungspunkt" wird sowohl Yu (Yü) als auch Shu gesprochen bzw. geschrieben.

■ B 15 Abb. 71a Yu-P. d. H

„Zustimmungspunkt des Herzens"
Xin Yu (Hin Yü) engl.: Hsin Shu frz.: Sinn Iu**
Lok.: unter dem 5. BWD, 1,5 cun lateral
Ind.: Arrhythmie, Unruhe, Herzklopfen, Neurasthenie, Hysterie
St.: schräg 5 fen – 1 cun

B 16 Abb. 71a

„Zustimmungspunkt des Tou Mo (Du Mai)"
Du Yu (Du Yü) engl.: Tu Shu
frz.: Tou Iu**
Lok.: unter dem 6. BWD, 1,5 cun lateral
Ind.: Endocarditis, Darmgeräusche, Bauchschmerzen, Haarausfall, Hautjucken, Singultus
St.: schräg 5 fen – 1 cun

■ B 17 Abb. 71a

„Zwerchfellpunkt"
Ge Yu (Gee Yü) engl.: Ke Shu frz.: Ko Iu**
Lok.: unter dem 7. BWD, 1,5 cun lateral*
Ind.: hämorrhagische Diathese, Anämie, nervös bedingtes Erbrechen, Urticaria, Singultus
St.: schräg 5 fen – 1 cun

■ B 18 Abb. 71a Yu-P. d. Le

„Zustimmungspunkt der Leber"
Gan Yu (Gan Yü) engl.: Kan Shu frz.: Kann Iu**
Lok.: unter dem 9. BWD, 1,5 cun lateral
Ind.: Lebererkrankungen, Magenerkrankungen, Augenerkrankungen, Neurasthenie, Interkostalneuralgie, unruhiger Schlaf
St.: schräg 5 fen – 1 cun

■ B 19 Abb. 71a Yu-P. d. G

„Zustimmungspunkt der Gallenblase"
Dan Yu (Dan Yü) engl.: Tan Shu frz.: Tann Iu**
Lok.: unter dem 10. BWD, 1,5 cun lateral
Ind.: Cholecystitis, Hepatitis, Rückenschmerzen
St.: schräg 5 fen – 1 cun

* B 17 in Höhe des Angulus scapulae inf.
** Das chinesische Symbol für „Zustimmungspunkt" wird sowohl Yu (Yü) als auch Shǔ gesprochen bzw. geschrieben.

■ B 20 Abb. 71a Yu-P. d. MP.

„Zustimmungspunkt Milz-Pankreas"
Pi Yu (Pi Yü) engl.: Pi Shu frz.: Pi Iu**
Lok.: unter dem 11. BWD, 1,5 cun lateral
Ind.: Gastritis, Ulcus ventriculi, Hepatitis, Darmentzündung, Ödem, Urticaria, chronische Blutungskrankheiten, Kraftlosigkeit der Gliedmaßen
St.: schräg 5 fen – 1 cun

■ B 21 Abb. 71a Yu-P. d. M

„Zustimmungspunkt des Magens"
Wei Yu (Uee Yü) engl.: Wei Shu frz.: Oe Iu**
Lok.: unter dem 12. BWD, 1,5 cun lateral
Ind.: Gastritis, Ulcera, Hepatitis, Enteritis, Colitis, Dyspepsie, Gastroptosis
St.: schräg 5 fen – 1 cun

■ B 22 Abb. 71a Yu-P. d. 3E

„Zustimmungspunkt des 3 E"
San Jiao Yu (San Djiau Yü) engl.: San Chiao Shu frz.: Sann Tsiao Iu**
Lok.: unter dem 1. LWD (= Lendenwirbeldorn), 1,5 cun lateral
Ind.: Magenschmerzen, Dyspepsie, Colitis, Enteritis, Nephritis, Neurasthenie, Kreuzschmerzen, Inkontinenz
St.: senkrecht 1–1,5 cun

■ B 23 Abb. 71a Yu-P. d. N

„Zustimmungspunkt der Niere"
Shen Yu (Schen Yü) engl.: Shen Shu frz.: Chenn Iu**
Lok.: unter dem 2. LWD, 1,5 cun lateral
Ind.: Lumbalgie, Impotenz, Zyklusstörungen, Pelveoperitonitis, Nephritis, Neurasthenie, Incontinentia urinae, Tinnitus
St.: senkrecht 1–1,5 cun

B 24 Abb. 71a

„Punkt des Atemmeeres"
Qi Hai Yu (Tchi Hai Yü) engl.: Chi Hai Shu frz.: Tsri Rae Iu**
Lok.: unter dem 3. LWD, 1,5 cun lateral
Ind.: Lumbalgie, Hämorrhoiden
St.: senkrecht 1–1,5 cun

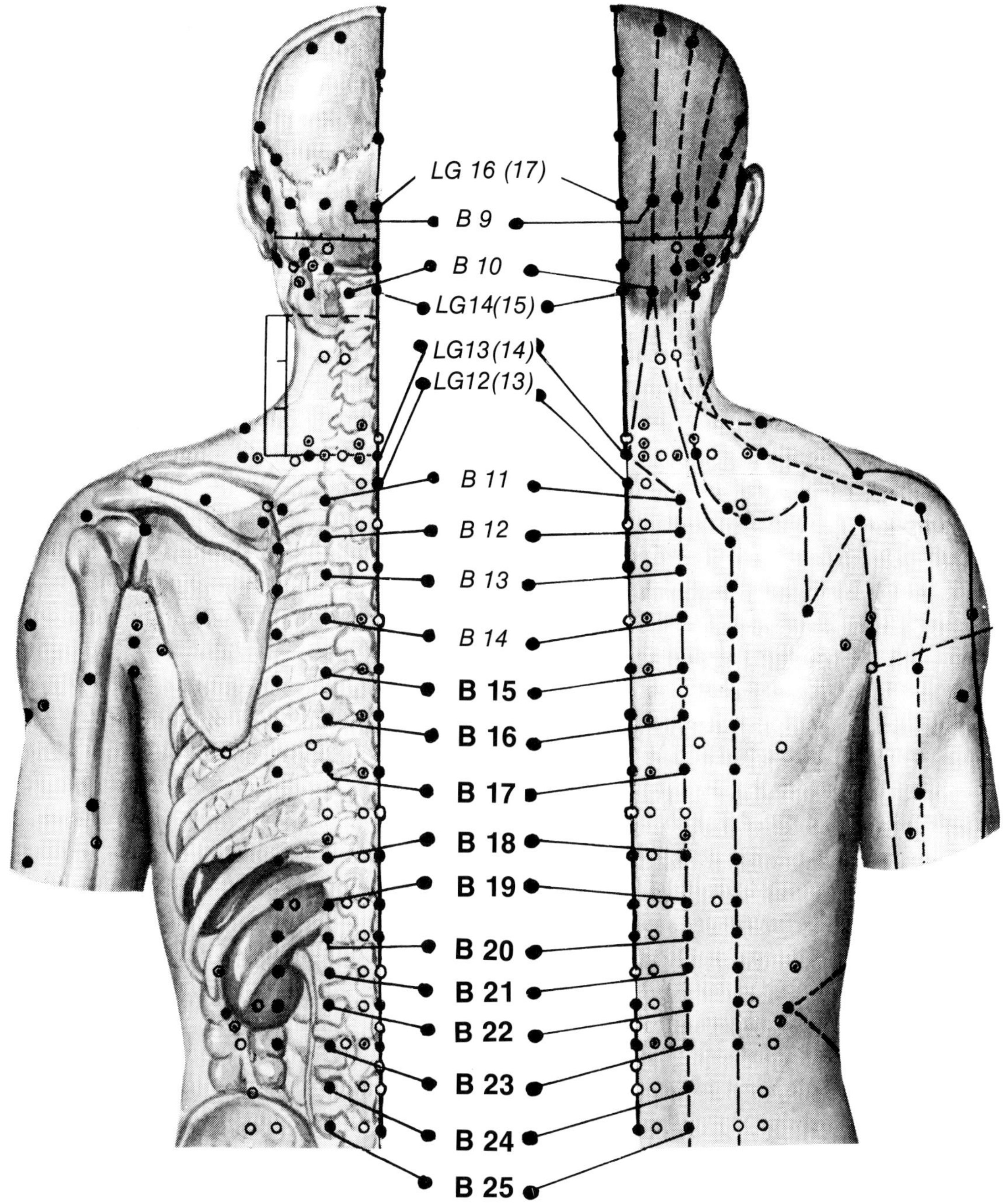

Blasen-M.

Abb. 71a: Nacken und Rücken

Tafel II/15, 25, 35 B 9–25

■ B 25 Abb. 71a Yu-P. d. Di

„Zustimmungspunkt des Dickdarms"
Da Chang Yu (Da Tschang Yü) engl.: Ta Chang Shu frz.: Ta Tchrong lu**

Lok.: unter dem 4. LWD, 1,5 cun lateral
Ind.: Enteritis, Colitis, Ruhr, Obstipation, Lumbalgie, Lähmung d. unt. Extr.
St.: senkrecht 1–1,5 cun

** Das chinesische Symbol für „Zustimmungspunkt" wird sowohl Yu (Yü) als auch Shǔ gesprochen bzw. geschrieben.

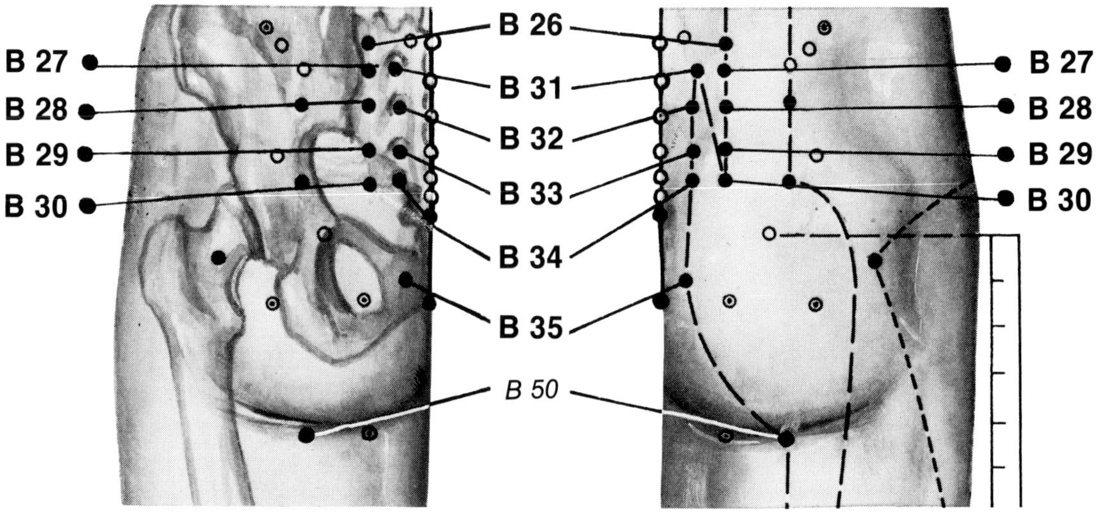

Abb. 71b: unterer Rücken Tafel II/35, 45 B 26–35, 50

Blasen-M.

B 26 Abb. 71b

„Punkt des Grenzursprunges"
Guan Yuan Yu (Guan Yüän Yü) engl.: Kuan Yuan Shu frz.: Koann luann lu

Lok.: unter dem 5. LWD, 1,5 cun lateral

Ind.: Lumbalgie, Enteritis, Colitis, Cystitis, Adnexitis, Harninkontinenz

St.: senkrecht 1–1,5 cun

■ **B 27** Abb. 71 b Yu-P. d. Dü

„Zustimmungspunkt des Dünndarms"
Xiao Chang Yu (Siau Tschang Yü) engl.: Hsiao Chang Shu frz.: Siao Tchrang lu

Lok.: liegt in der Höhe des 1. Foramen sacrale, 1,5 cun lateral der dorsalen Medianlinie (entspricht jener Mulde, welche zwischen Os sacrum und Spina iliaca post. sup. liegt)

Ind.: Ischialgie, Lumbago, Incontinentia urinae, Pelveoperitonitis, Impotenz, Obstipation

St.: wie oben

■ **B 28** Abb. 71b Yu-P. d. B

„Zustimmungspunkt der Blase"
Pang Guang Yu (Pang Guang Yü) engl.: Pang Kuang Shu frz.: Prang Koang lu

Lok.: liegt in der Höhe des 2. Foramen sacrale, 1,5 cun lateral der Medianlinie

Ind.: Cystitis, Lumbo-Sakralgie, Ischias, Durchfall, Obstipation, Diabetes mellitus, Harnretention

St.: senkrecht 5 fen – 1 cun

B 29 Abb. 71b

„Zustimmungspunkt der mittleren Wirbelkörper"
Zhong Lü Yu (Dschung Lü Yü) engl.: Chung Lu Shu frz.: Tchong Liu lu

Lok.: liegt in der Höhe des 3. Foramen sacrale, 1,5 cun lateral der dorsalen Medianlinie

Ind.: Darmentzündung, Lumbo-Sakralgie, Ischialgie

St.: senkrecht 1–1,5 cun

B 30 Abb. 71b

„Punkt des Sphinkter"
Bai Huan Yu (Bai Huan Yü) engl.: Pai Huan Shu frz.: Pae Roann lu

Lok.: liegt in Höhe des 4. Foramen sacrale, 1,5 cun lateral der Medianlinie entfernt

Ind.: Ischias, Sakral-Lumbalschmerzen, Endometritis, Leukorrhoe

St.: senkrecht 5 fen – 1 cun

B 31 Abb. 71b

„Obere Grube"
Shang Liao (Schang Liau) engl.: Shang Liao frz.: Chang Tsiao

Lok.: liegt im 1. Foramen sacrale

Ind.: Orchitis, Adnexitis, Zyklusstörungen, Miktionsstörungen und andere Erkrankungen des Urogenitalsystems, Kreuzschmerzen, Ischias, Hämorrhoiden, Neurasthenie

St.: senkrecht 1,5–3 cun

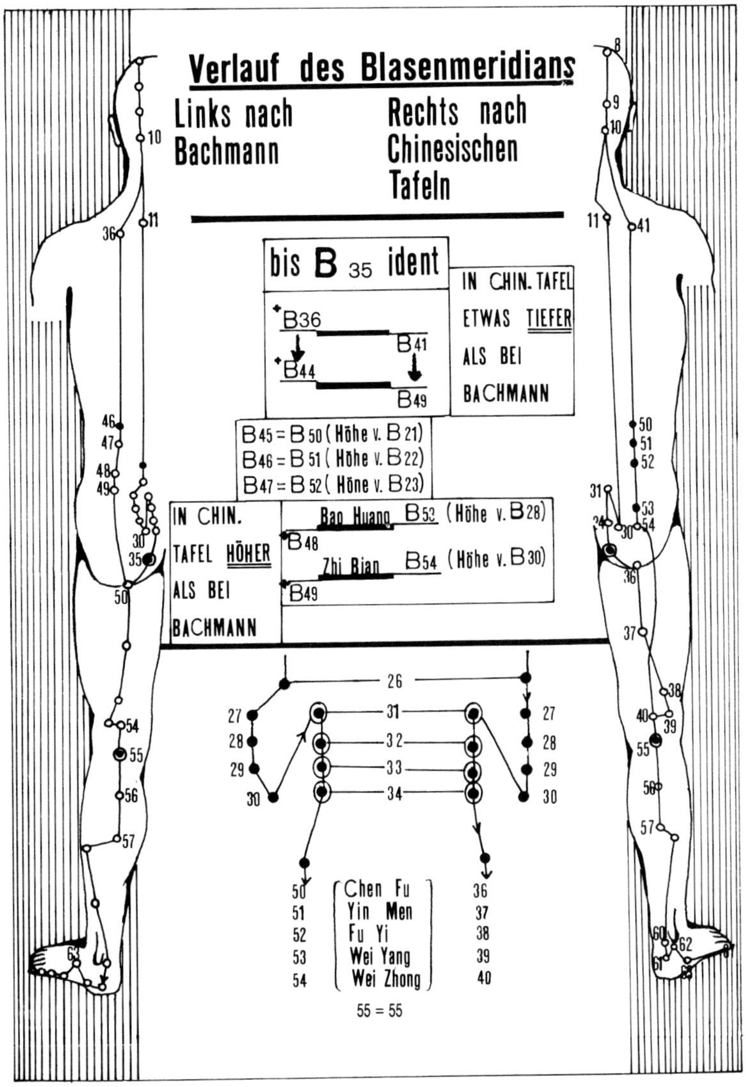

Abb. 72a: Verlauf des Blasenmeridians nach Bachmann und nach chinesischen Tafeln

Blasen-M.

■ B 32 Abb. 71b

„Folgende Grube"
Ci Liao (Tse Liau) engl.: Tze Liau frz.: Tsre Tsiao

Lok.: liegt im 2. Foramen sacrale
Ind.: wie oben
St.: wie oben

B 33 Abb. 71b

„Mittlere Grube"
Zhong Liao (Dschung Liau) engl.: Chung Liao frz.: Tchong Tsiao

Lok.: liegt im 3. Foramen sacrale
Ind.: wie oben
St.: wie oben

B 34 Abb. 71b

„Untere Grube"
Xia Liao (Hia Liau) engl.: Hsai Liao frz.: Sia Tsiao

Lok.: liegt im 4. Foramen sacrale
Ind.: wie oben
St.: wie oben

B 35 Abb. 71b

„Yang-Vereinigung"
Hui Yang (Huee Yang) engl.: Hui Yang frz.: Roe lang

Lok.: am unteren Ende des Os coccygis, von der Mittellinie etwa 5 fen entfernt
Ind.: zyklusbedingte Kreuzschmerzen, Fluor albus, Impotenz, Durchfall, Hämorrhoiden
St.: senkrecht 1–1,5 cun

* B 36 Abb. 72b „Neben dem Muskel"

B 36 n. B. (= B 41 n. chin. T.)

Fu Fen (Fu Fen) engl.: Fu Fen frz.: Fou Fenn

Lok.: unter dem 2. BWD, 3 cun lateral (ist 2. Ast des Blasenmeridians der chinesischen Tafeln)
Ind.: starke Schmerzen des Halses und Nakkens, Interkostalneuralgie, Lähmung des Ellenbogens und des Armes
St.: schräg 5–8 fen

* B 37 Abb. 72b „Sitz der Seele"

B 37 n. B. (= B 42 n. chin. T.)

Po Hu (Po Hu) engl.: Po Hu frz.: Pro Rou

* **Lok.:** unter dem 3. BWD, 3 cun lateral
Ind.: Bronchitis, Asthma bronchiale, Pleuritis, Erbrechen, Schulterblattschmerzen, Lungentuberkulose
St.: schräg 5 fen – 1 cun

* B 38 Abb. 72b „Lebenszentren"

B 38 n. B. (= B 43 n. chin. T.)

Gao Huang (Gau Huang) engl.: Kao Huang frz.: Kao Roang

* **Lok.:** unter dem 4. BWD, 3 cun lateral
Ind.: Lungentuberkulose, Bronchitis, Pleuritis, Neurasthenie, körperliche Schwäche nach langer Krankheit
St.: schräg 5 fen – 1 cun

* B 39 Abb. 72b „Göttliche Halle"

B 39 n. B. (= B 44 n. chin. T.)
Shen Tang (Schen Tang) engl.: Shen Tang frz.: Chenn Trang

* **Lok.:** unter dem 5. BWD, 3 cun lateral
Ind.: Kardiopathie, Bronchitis, Asthma bronchiale, Schulter- und Rückenschmerzen
St.: schräg 5 fen – 1 cun

* B 40 Abb. 72b „Schmerzensschrei"

B 40 n. B. (= B 45 n. chin. T.)
Yi Xi (I Hi) engl.: Yi Hsi frz.: I Si

Lok.: unter dem 6. BWD, 3 cun lateral (etwas höher als der Angulus inferior scapulae)
Ind.: Pericarditis, Interkostalneuralgie, Erbrechen, Schwindel, Asthma bronchiale, Singultus
St.: schräg 5 fen – 1 cun

* B 41 Abb. 72b

B 41 n. B. (= B 46 n. chin. T.)
„Zwerchfellgrenze"
Ge Guan (Gee Guan) engl.: Ke Kuan frz.: Ko Koann

* **Lok.:** unter dem 7. BWD, 3 cun lateral
Ind.: Interkostalneuralgie, Erbrechen, Singultus, starke Rückenschmerzen
St.: schräg 5 fen – 1 cun

* B 42 Abb. 72b

B 42 n. B. (= B 47 n. chin. T.)
„Tor der Geisterseele"
Hun Men (Huen Men) engl.: Hun Men frz.: Roun Menn

* **Lok.:** unter dem 9. BWD, 3 cun lateral
Ind.: Hepatopathie, Pleuritis, Endocarditis, Gastralgie, Dyspepsie
St.: schräg 5 fen – 1 cun

* B 43 Abb. 72b

B 43 n. B. (= B 48 n. chin. T.)
„Yangbindung"
Yang Gang (Yang Gang) engl.: Yang Kang frz.: Iang Kang

* **Lok.:** unter dem 10. BWD, 3 cun lateral
Ind.: Durchfall, Hyperperistaltik, Bauchschmerzen, Ikterus
St.: schräg 5 fen – 1 cun

* B 44 Abb. 72b

B 44 n. B. (= B 49 n. chin. T.)
„Gefühlssitz"
Yi She (I Schö) engl.: Yi She frz.: I Che

* **Lok.:** unter dem 11. BWD, 3 cun lateral
Ind.: Rückenschmerzen, Meteorismus, Dyspepsie, Hepatopathie, Erbrechen
St.: schräg 5 fen – 1 cun

* B 45 Abb. 72b

B 45 n. B. (= B 50 n. chin. T.)
„Magenspeicher"
Wei Cang (Uee Tsang) engl.: Wei Tsang frz.: Oe Tsrang

Lok.: unter dem 12. BWD, 3 cun lateral
Ind.: Magenschmerzen, Erbrechen, Meteorismus, Obstipation, starke Rückenschmerzen
St.: schräg 5 fen – 1 cun

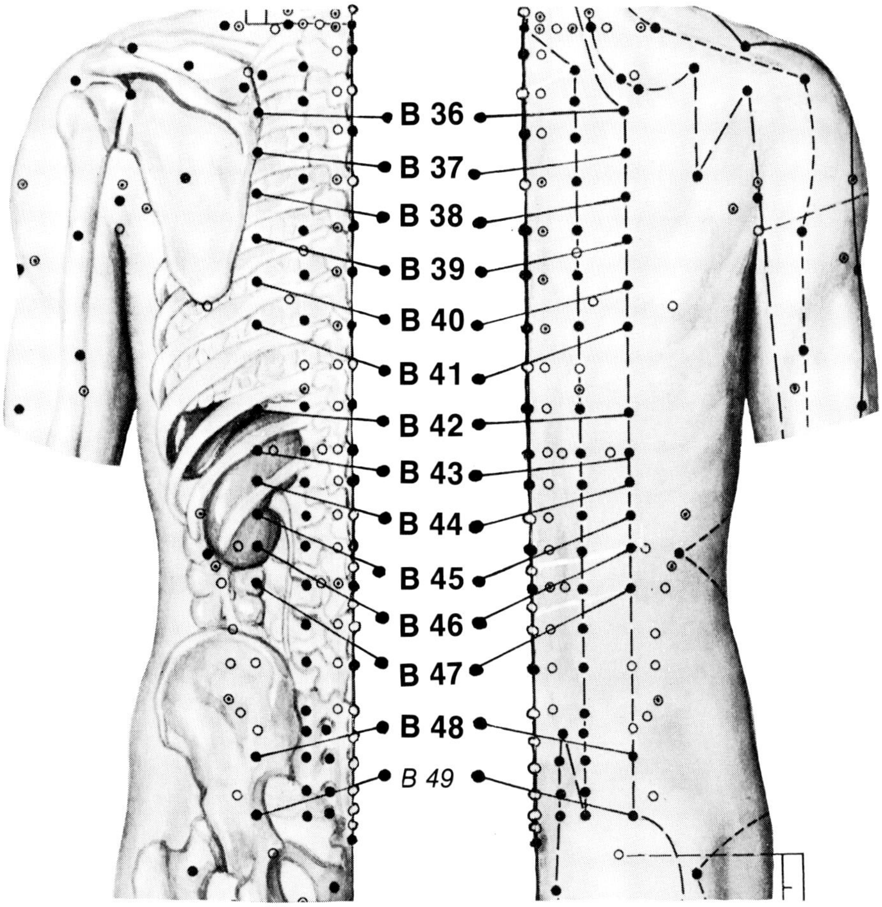

Abb. 72b: Rücken   Tafel II/25, 35, 45   B 36–49

* B 46 Abb. 72b

B 46 n. B. (= B 51 n. chin. T.)
„Tor der Lebenszentren"
Huang Men (Hung Men) engl.: Mang Men frz.: Roang Menn

Lok.: unter dem 1. LWD, 3 cun lateral

Ind.: Oberbauchschmerzen, Obstipation, Mastitis, Leber- und Milzschwellung

St.: gerade 1–1,5 cun

■ * B 47 Abb. 72b

B 47 n. B. (= B 52 n. chin. T.)
„Willensitz"
Zhi Shi (Dsche Sche) engl.: Chih Shih frz.: Tche Che

Lok.: unter dem 2. LWD, 3 cun lateral

Ind.: Spermatorrhoe, Impotenz, Miktionsstörungen, Ödem, starke Rückenschmerzen im Bereich der Lenden-WS, Steigerung des Nieren-Yin

St.: senkrecht 1–1,5 cun

* B 48 Abb. 72b

B 48 n. B. (= B 53 n. chin. T.)
„Lebenszentrum der Gebärmutter (Plazenta)"
Bao Huang (Bau Huang) engl.: Pao Mang frz.: Pao Roang

* **Lok.:** unter dem 2. SWD (= Sakralwirbeldorn), 3 cun lateral

Ind.: Darmentzündung, Meteorismus, Lenden-Rückenschmerzen, Harnretention

St.: senkrecht 5 fen – 1 cun

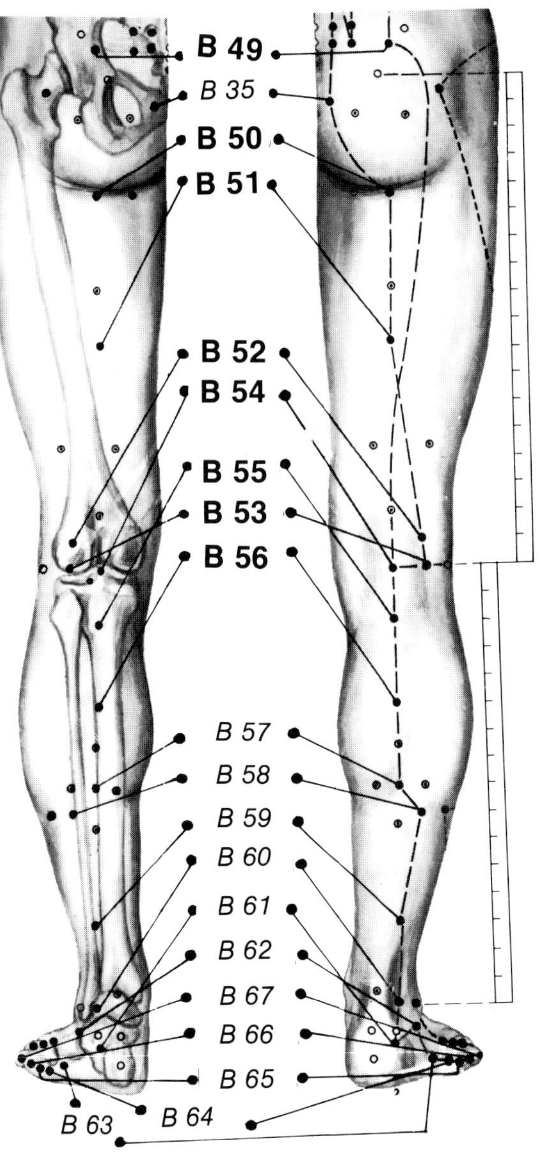

Blasen-M.

Abb. 73: Beine (Beugeseite) Tafel II/45, 55, 65 B 49–63

■ * B 49 Abb. 72b, 73

B 49 n. B. (= B 54 n. chin. T.)
„Seite des 4. Wirbels"
Zhi Bian (Dschä Biän) engl.: Chih Pien frz.: Tche Pienn

* **Lok.:** unter dem 4. SWD, 3 cun lateral bzw. neben dem Hiatus sacralis mit B 34 in gleicher Höhe

Ind.: Blasenentzündung, Hämorrhoiden, untere Lendenschmerzen, Ischialgie, Lähmung und Paralyse der unteren Extremitäten, Steigerung des Nieren-Yang

St.: senkrecht 2–3 cun

■ * B 50 Abb. 73

B 50 n. B. (= B 36 n. chin. T.)
„Halt der Stütze"
Cheng Fu (Tscheng Fu) engl.: Cheng Fu frz.: Tchreng Fou

* **Lok.:** im Mittelpunkt der Querfalte unter dem Gesäß

Ind.: Kreuz- und Rückenschmerzen, Ischias, Gesäßfurunkel, Hämorrhoiden, Obstipation, Harnverhaltung

St.: senkrecht 1–3 cun

* B 51 Abb. 73

B 51 n. B. (= B 37 n. chin. T.)
„Reichtumstor"
Yin Men (Yin Men) engl.: Yin Men frz.: Inn Menn

* **Lok.:** 1,5 cun oberhalb des Mittelpunkts der Verbindungslinie zwischen B 50 und B 54, in der Mitte der Oberschenkelrückseite

Ind.: Kreuz- und Rückenschmerzen, Ischias, Parese und Paralyse der unteren Extremitäten

St.: senkrecht 1,5–3 cun

* B 52 Abb. 73

B 52 n. B. (= 38 n. chin. T.)
„Oberflächliches Tal"
Fu Xi (Fu Hi) engl.: Fu Chieh frz.: Feou Tsri

* **Lok.:** 1 cun kranial von B 53 (Wei Yang) in der lateralen Seite der Fossa poplitea

Ind.: Cystitis, Obstipation, Harnverhaltung, Peroneusparese

St.: senkrecht 1–2 cun

---

* Andere Punktlage als bei Bachmann s. S. 173 u. 179.

■ * B 53 Abb. 73 Hui-P. d. 3E

B 53 n. B. (= B 39 n. chin. T.)
„Yang-Speicherung"
Wei Yang (Uee Yang) engl.: Wei Yang frz.: Oe lang

Lok.: in der Kniekehlenfalte, an der Innenseite der lateralen Sehne des M. biceps, zwischen 2 Sehnen

Ind.: Wadenkrämpfe, Kreuz- und Rückenschmerzen

St.: senkrecht 1–2 cun

■ * B 54 Abb. 73 Hui-P. d. B

B 54 n. B. (= B 40 n. chin. T.)
„Mittlere Speicherung"
Wei Zhong (Uee Dschung) engl.: Wei Chung frz.: Oe Tchong

Lok.: im Mittelpunkt der Kniekehlenquerfalte

Ind.: Kreuz- und Rückenschmerzen, Beinschmerzen, Ischias, Hemiplegie

St.: senkrecht 1,5–2 cun

B 55 Abb. 73

„Treffpunkt des Yang"
He Yang (Ho Yang) engl.: Ho Yang frz.: Ro lang

Lok.: 2 cun distal von B 54^{B} = 40^{CH}, auf der Verbindungslinie zwischen B 54^{B} = 40^{CH} und B 57 (2 cun unterhalb der Kniekehlenmitte)

Ind.: Lenden- und Beinschmerzen, Parese der unteren Extremitäten

St.: senkrecht 1–2 cun

B 56 Abb. 73

„Muskelstütze"
Cheng Jing (Tscheng Djin) engl.: Cheng Chin frz.: Tchreng Tsinn

Lok.: der Mittelpunkt der Verbindungslinie zwischen B 55 und B 57

Ind.: Unterschenkelschmerzen, Hämorrhoiden, starke Schmerzen in Lenden- und Rükkenbereich

St.: senkrecht 1–2 cun

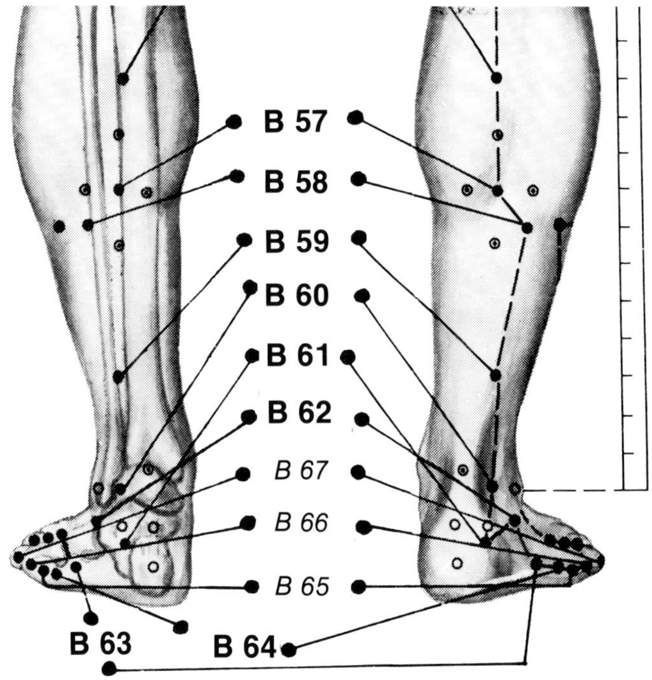

Ausschnitt aus Abb. 73: Unterschenkel (hinten) Tafel II/55, 65 B 57–67

Blasen-M.

■ B 57 Abb. 73

„Bergstütze"
Cheng Shan (Tscheng Schan) engl.: Cheng Shan frz.: Tchreng Chann

Lok.: den Fuß kräftig strecken, es entsteht in der Wadenmitte ein nach unten offener Winkel zwischen den beiden Muskelbäuchen des M. gastrocnemius; dort liegt der gesuchte B 57; wenn dieser Winkel nicht deutlich entsteht, so liegt B 57 im Mittelpunkt der Verbindungslinie von B 54^{B} = 40^{CH} nach B 60

Ind.: Wadenkrämpfe, Schmerzen in Lenden und Rückenbereich, Beinschmerzen, Paralyse, Analprolaps, Hämorrhoiden

St.: senkrecht 1–3 cun

■ * B 58 Abb. 73 Luo-P.

„Aufschwung"
Fei Yang (Fee Yang) engl.: Fei Yang frz.: Fei lang

* **Lok.:** ober und hinter dem äußeren Knöchel, 7 cun oberhalb von B 60

Ind.: Augenschmerzen, Augenflimmern, Lenden- und Beinschmerzen, Nephritis, Cystitis, Kraftlosigkeit der Unterschenkel

St.: gerade, 1–2 cun

B 59 Abb. 73, 74

„Yang des Fußknochens"
Fu Yang (Fu Yang) engl.: Fu Yang frz.: Fou lang

Lok.: ober und hinter dem äußeren Knöchel, 3 cun oberhalb von B 60

Ind.: Kopfschmerzen, Lenden-Sakralschmerzen, schmerzhafte Schwellung der Knöchelgegend

St.: senkrecht 1–2 cun

■ B 60 Abb. 73, 74

„Koun Lun" (Name eines Berges in Tibet)
Kun Lun (Kuen Luen) engl.: Kun Lun frz.: Kroun Loun

Lok.: im Mittelpunkt der Verbindungslinie zwischen der Spitze des äußeren Knöchels und der Achillessehne

Ind.: Fersenschmerzen, Paralyse der unteren Extremitäten, Ischias, Rücken- und Lendenschmerzen, starke Nackenschmerzen, Kopfschmerzen

St.: senkrecht 1–1,5 cun; oder bis zu N 5 (Tai Xi = N 3 n. chin. T.) durchstechen

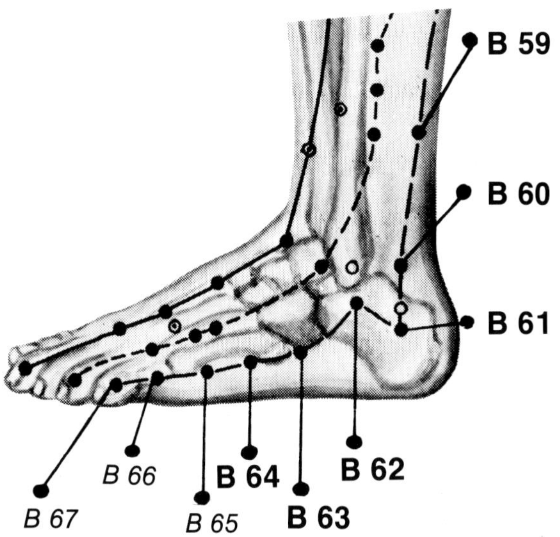

Abb. 74: Fuß (außen) Tafel III/68, 58 B 59–67

B 61 Abb. 73, 74

„Hilfe der Hausangestellten"
Pu Can (Pu Tsan) engl.: Pu Shen frz.: Prou Chenn

Lok.: dorsal und kaudal vom äußeren Knöchel, 1,5 cun von B 60 gerade nach unten in einer Vertiefung neben dem Fersenbein
Ind.: Schmerzen in der Knöchelgegend, Kraftlosigkeit der unteren Extremitäten
St.: senkrecht 3–5 fen

■ B 62 Abb. 73, 74 Konfluenz-P.

„Gefäß der Streckung"
Shen Mai (Schen Mai) engl.: Shen Mai frz.: Chenn Mo

Lok.: 5 fen distal vom Unterrand des äußeren Knöchels, in einer Vertiefung
Ind.: Sprunggelenksschmerzen, Lenden- und Beinschmerzen, Kraftlosigkeit der unteren Extremitäten, Kopfschmerzen, M. Menière, Schwindel, Epilepsie
St.: senkrecht 3–5 fen

B 63 Abb. 73, 74 Xi-P.

„Goldtor"
Jin Men (Djin Men) engl.: Chin Men frz.: Tsinn Menn

Lok.: ventral und kaudal vom äußeren Knöchel in der Vertiefung zwischen Talus und Kuboid
Ind.: Sprunggelenksschmerzen, Lenden- und Beinschmerzen, Krämpfe beim Kleinkind, Epilepsie
St.: senkrecht 3–5 fen

B 64 Abb. 74, 73 Yuan-P.

„Hauptknochen"
Jing Gu (Djing Gu) engl.: Ching Ka frz.: Tsing Kou

Lok.: am lateralen Fußrand, distal der Tuberositas ossis metatarsalis V
Ind.: Kopfschmerzen, Nackensteife, Augenflimmern, Lenden- und Beinschmerzen, Epilepsie
St.: senkrecht 3–5 fen

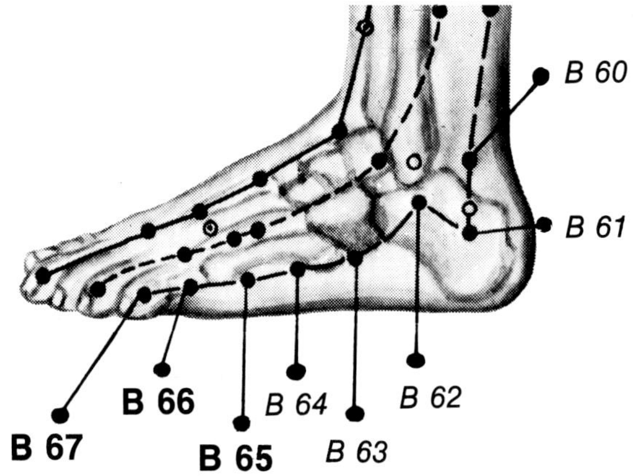

Ausschnitt aus Abb. 74: Fuß (außen) Tafel III/68 B 60–67

B 65 Abb. 74, 73

„Knochenbindung"
Su Gu (Su Gu) engl.: Shu Ka frz.: Chou Kou

Lok.: in einer Vertiefung hinten und lateral vom Caput ossis metatarsalis V (also am distalen Ende des Schaftes des V. Mittelfußknochens)

Ind.: Kopfschmerzen, Nackensteife, Augenflimmern, Lenden- Beinschmerzen, Epilepsie

St.: senkrecht 3–5 fen

B 66 Abb. 74, 73

„Talpassage"
Tong Gu (Tung Gu) engl.: Tung Ku frz.: Trong Kou

Lok.: am distalen Ende des Os metatarsale V, an der Außenseite, knapp vor dem Gelenksspalt

Ind.: Kopfschmerzen, Nackensteife, Augenflimmern, Nasenbluten, Dyspepsie

St.: senkrecht 2–3 fen

■ B 67 Abb. 74, 73

„Erreichung des Yin"
Zhi Yin (Dsche Yin) engl.: Chih Yin frz.: Tche Inn

Lok.: lateral an der Kleinzehe, etwa 1 fen vom Nagelwinkel entfernt

Ind.: schwere Geburt, Lageanomalie des Embryo

St.: senkrecht etwa 1 fen oder Moxibustion

DER NIERENMERIDIAN (N) 27 P.

Zhu Shao Yin Shen Jing (Dsu Schau Yi Schen Djing) engl.: Kidney (K) frz.: Rein (R)
Bei annähernd gleicher Lage des Beginns des Nierenmeridians weicht die Reihenfolge der Punkte in den chin. Tafeln von BACHMANN ab (N3–N6).

franz.		chin.	
Tchao Rai	N 3 n. B	Zhao Hai	N 6 n. chin. T.
Choe Tsiuann	N 4 n. B.	Shui Quan	N 5 n. chin. T.
Trae Tsri	N 5 n. B.	Tai Xi	N 3 n. chin. T.
Ta Tchong	N 6 n. B.	Da Zhong	N 4 n. chin. T.

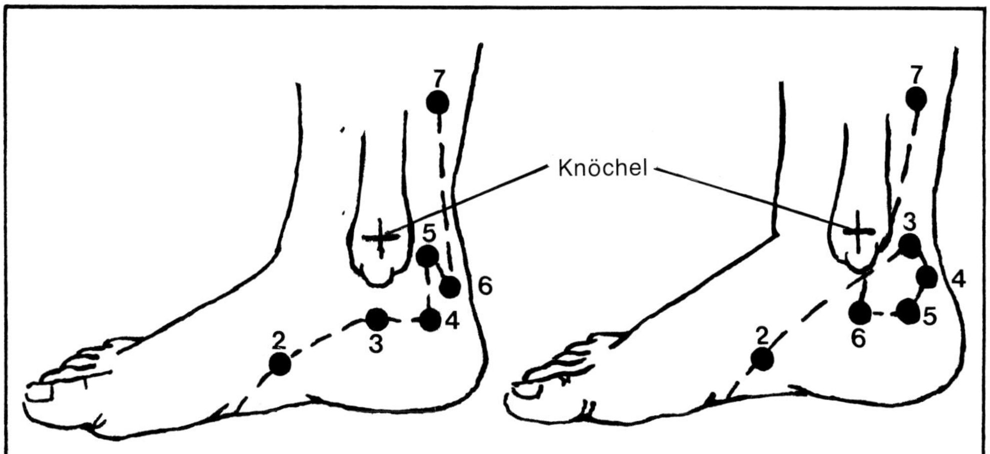

Skizze 42a: Verlauf des Nierenmeridians

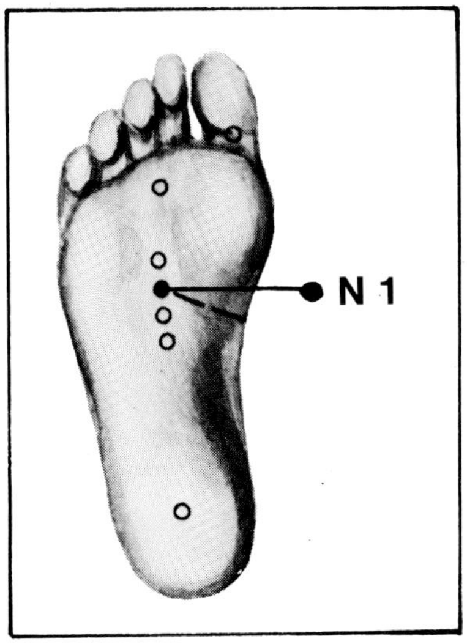

Abb. 75: Fußsohle Tafel III/70 N 1

■ **N 1** Abb. 75

„Sprudelnde Quelle"
Yong Quan (Yung Tchüan) engl.: Yung Chuan frz.: Iong Tsiuann

Lok.: an der Fußsohle (die Zehen werden bei dieser Einteilung nicht zur Fußsohle gezählt) an der Grenze vom vorderen zum mittleren Drittel hinter dem 2. und 3. Metatarsophalangealgelenk, in jener Vertiefung die bei Plantarflexion entsteht

Ind.: Kopfschmerzen auf der Scheitelhöhe, Bewußtlosigkeit, Sonnenstich, bei Krämpfen des Kleinkindes, Hysterie, Epilepsie, Haemorrhagia cerebri, Miktionsstörungen

St.: senkrecht 5 fen – 1 cun

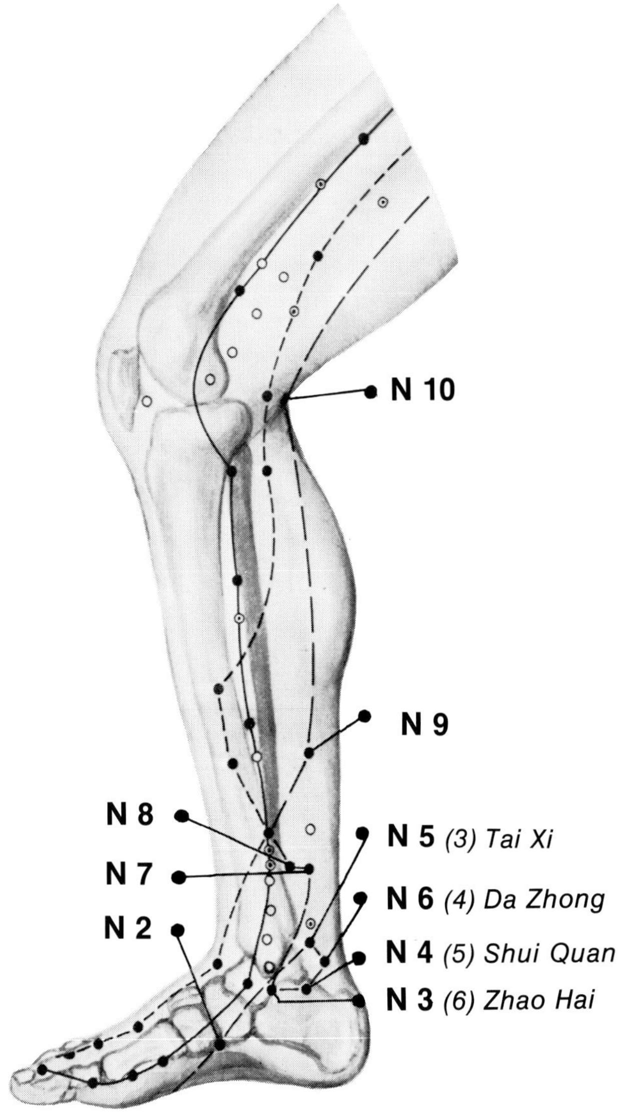

Abb. 76: Fuß und Unterschenkel (Innenseite) Tafel III/47, 57, 67 N 2–10

N 2 Abb. 76

„Das Tal der Bewährung"
Ran Gu (Jan Gu) engl.: Jen Ku frz.: Jenn Kou

Lok.: kaudal vom medialen Fußknöchel, in der Vertiefung distal und kaudal vom Os naviculare

Ind.: Cystitis, Menstruationsstörung, Laryngitis, Pharyngitis. Die Chinesen stechen diesen Punkt auch bei Diabetes mellitus

St.: senkrecht 1–1,5 cun

■ *N 3 Abb. 76 Konfluenz-P.

N 3 n. B. (= N 6 n. chin. T.)
„Großbecher"
Zhao Hai (Dschau Hai) engl.: Chao Hai fraz.: Tchao Rai

Lok.: 1 cun kaudal der tiefsten Stelle der Knöchelunterkante

Ind.: Menstruationsstörungen, Descensus uteri, Tonsillitis und Neurasthenie

St.: senkrecht 5 fen – 1 cun

* Andere Lage sowohl bei Bachmann als auch bei Bischko (der N 3 – N 6 nach chin. Tafel angibt).

* N 4 Abb. 76 Xi-P.

N 4 n. B. (= N 5 n. chin. T.)
„Wasserquelle"
Shui Quan (Schui Tchüan) engl.: Shuei Chuan frz.: Choe Tsiuann
Lok.: in der Höhe der Unterkante des Knöchels 1 cun nach hinten und 1 cun distal von N 5 (3) Tai Xi
Ind.: Menstruationsstörungen, Miktionsstörungen, insbesondere, wenn diese mit einem Descensus uteri verbunden sind; außerdem stechen die Chinesen diesen Punkt bei Myopie
St.: senkrecht 3–5 fen

■ * N 5 Abb. 76 Yuan-P.

N 5 n. B. (= N 3 n. chin. T.)
„Leucht-Meer"
Tai Xi (Tai Hi) engl.: Tai Hsi frz.: Trae Tsri
Lok.: im Mittelpunkt der Verbindungslinie zwischen medialer Knöchelspitze und Achillessehne, korrespondierend zu B 60
Ind.: Cystitis, Nephritis, Incontinentia urinae, Menstruationsstörungen, Lähmungen der unteren Extremitäten
St.: senkrecht 1–1,5 cun oder man sticht bis zu B 60 (Kun Lun) durch

* N 6 Abb. 76 Luo-P.

N 6 n. B. (= N 4 n. chin. T.)
„Große Glocke"
Da Zhong (Da Dschung) engl.: Ta Chung franz.: Ta Tchong
Lok.: je 5 fen distal und hinten von N 5 (3) Tai Xi, knapp vor der Achillessehne
Ind.: Neurasthenie, Asthma bronchiale, Bluthusten, Miktionsstörungen, Obstipation, Schmerzen im Bereich der Ferse, Hysterie
St.: senkrecht 3–5 fen

* Die Lage der Punkte ist abweichend von anderen Autoren (Bachmann).

N 7 Abb. 76

„Hinterer Strom"
Fu Liu (Fu Liu) engl.: Fu Liu frz.: Fou Leou
Lok.: 2 cun kranial von N 5 (3) Tai Xi
Ind.: Nephritis, Orchitis, nächtliches Schwitzen, Diarrhoe, Lumbago
St.: senkrecht 1–1,5 cun

N 8 Abb. 76

„Wechselseitiges Vertrauen"
Jiao Xin (Djiau Hin) engl.: Chiao Hsin frz.: Tsiao Sinn
Lok.: in Höhe von N 7, 2 cun kranial von der höchsten Stelle des medialen Knöchels
Ind.: Menstruationsstörungen, besonders bei starken menstruellen Blutungen wird dieser Punkt verwendet; bei Diarrhoe, Obstipation und Orchitis
St.: senkrecht 5 fen – 1 cun

N 9 Abb. 76

„Deich-Bau"
Zhu Bin (Dschu Bin) engl.: Chu Pin frz.: Tso Pinn
Lok.: 5 cun kranial von N 5 (3) Tai Xi und 2 cun dorsal vom Margo medialis tibiae
Ind.: Wadenkrämpfe, Neurasthenie, Epilepsie
St.: senkrecht 1–2 cun

N 10 Abb. 76

„Yin-Tal"
Yin Gu (Yin Gu) engl.: Yin Ku frz.: Inn Kou
Lok.: bei gebeugtem Knie findet man diesen Punkt am medialen Ende der Kniegelenksquerfalte zwischen den beiden Sehnen des M. sartorius und des M. semitendinosus
Ind.: Schmerzen im Knie, Schmerzen im Unterbauch, Erkrankungen des Genitaltraktes
St.: senkrecht 1–2 cun

N 11 Abb. 77

„Quer-Knochen"
Heng Gu (Heng Gu) engl.: Heng Ku frz.: Rong Kou

Lok.: 5 cun kaudal vom Nabel und 5 fen lateral von KG 2 (Qu Gu)

Ind.: Miktionsstörungen, Incontinentia urinae, Impotenz, Spermatorrhoe, Koliken

St.: senkrecht 1–2 cun

N 12 Abb. 77

„Groß-Glanz"
Da He (Da Ho) engl.: Ta Ho frz.: Ta Ro

Lok.: 1 cun kranial von N 11, 5 fen lateral von KG 3

Ind.: Schmerzen im Genitalbereich, Spermatorrhoe, Fluor

St.: senkrecht 1–2 cun

N 13 Abb. 77

„Punkt der Energie"
Qi Xue (Tchi Hüo) engl.: Chi Hsueh frz.: Tsri Tsiue

Lok.: 2 cun kranial von N 11, 5 fen lateral von KG 4

Ind.: Menstruationsstörungen, Diarrhoe

St.: senkrecht 1–2 cun

N 14 Abb. 77

„Vierfache Fülle"
Si Man (Se Man) engl.: Ssu Man frz.: Se Mann

Lok.: 3 cun kranial von N 11, 5 fen lateral von KG 5

Ind.: starke menstruelle Blutung, starke Schmerzen postpartal, Diarrhoe

St.: senkrecht 1–2 cun

Nieren-M.

N 15 Abb. 77

„Mittlerer Fluß"
Zhong Zhu (Dschung Dschu) engl.: Chung Chu frz.: Tchong Tchou

Lok.: 1 cun distal vom Nabel, 5 fen lateral von KG 7

Ind.: Menstruationsstörungen, Schmerzen im Unterbauch, Obstipation

St.: senkrecht 1–2 cun

N 16 Abb. 77

„Zustimmungspunkt der Lebenszentren"
Huang Yu (Huang Yü) engl.: Mang Shu frz.: Roang Iu

Lok.: 5 fen lateral vom Nabel

Ind.: Obstipation, Menstruationsstörungen, Gastralgie, Kolik, Ikterus

St.: senkrecht 1–2 cun

N 17 Abb. 77

„Wendepunkt der Kaufleute"
Shang Qu (Schang Tchü) engl.: Shang Chu frz.: Chang Tsiou

Lok.: 2 cun kranial von N 16, 5 fen lateral von KG 10 (Xia Wan)

Ind.: Gastralgie, Appetitmangel, Koliken, Peritonitis

St.: senkrecht 1–2 cun

N 18 Abb. 77

„Steingrenze"
Shi Guan (Sche Guan) engl.: Shih Kuan frz.: Che Koann

Lok.: 3 cun kranial von N 16, 5 fen lateral von KG 11 (Zian Li)

Ind.: Gastralgie, Singultus, Obstipation, starke Schmerzen postpartal

St.: senkrecht 1–2 cun

N 19 Abb. 77

„Hauptstadt des Yin"
Yin Du (Yin Du) engl.: Yin Tu frz.: Inn Tou

Lok.: 4 cun kranial von N 16, 5 fen lateral von KG 12

Ind.: Darmgeräusche, Meteorismus, abdominelle Schmerzen

St.: senkrecht 1–2 cun

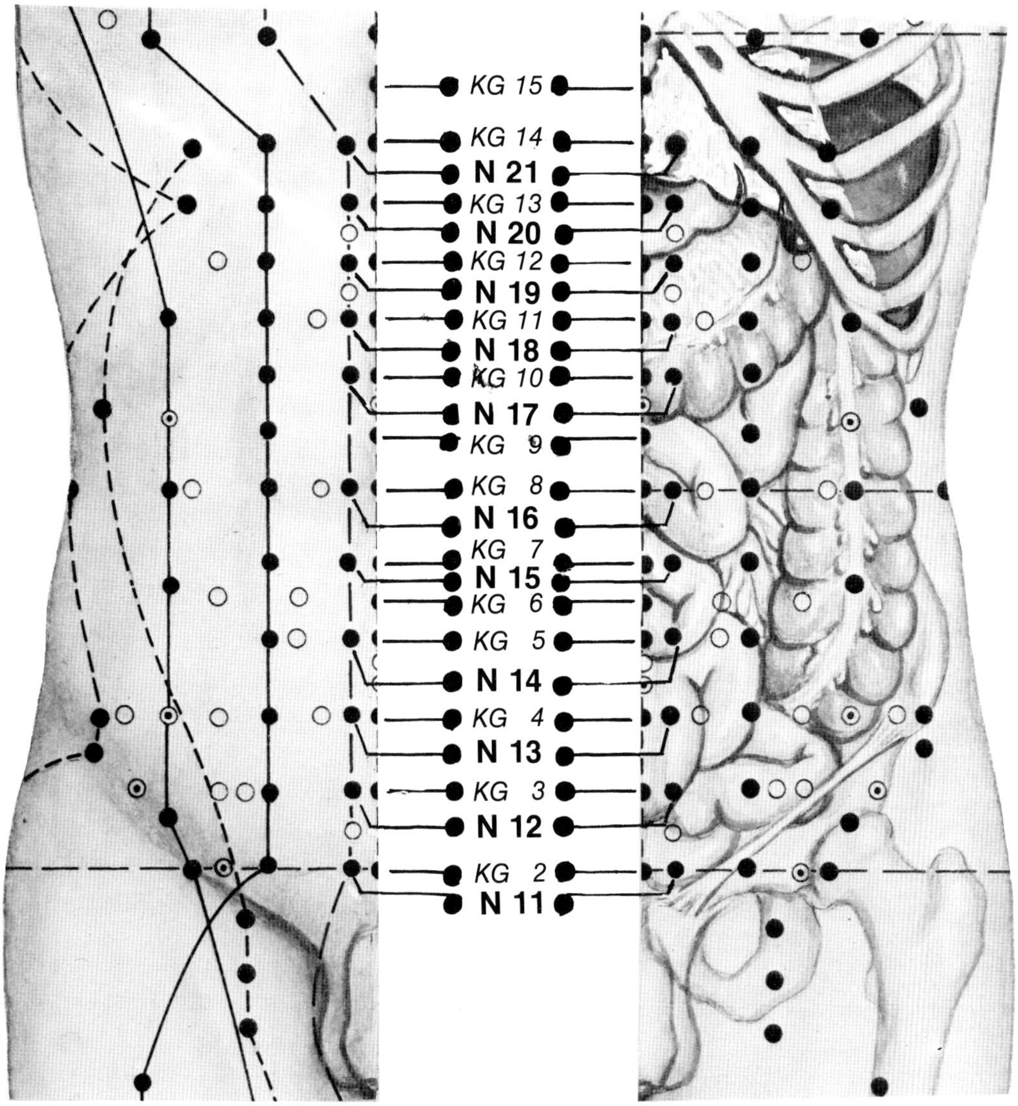

Abb. 77: Bauch Tafel I/22, 32 N 11–21

Nieren-M.

N 20 Abb. 77

„Tal-Passage"
Tong Gu (Tung Gu) engl.: Tung Ku frz.: Trong Kou

Lok.: 5 cun kranial von N 16, 5 fen lateral von KG 13

Ind.: Erbrechen, Diarrhoe, Meteorismus, abdominelle Schmerzen

St.: senkrecht 1–2 cun

N 21 Abb. 77

„Dunkel-Tor"
You Men (Yu Men) engl.: Yu Men frz.: Iou Menn

Lok.: 6 cun kranial von N 16, 5 fen lateral von KG 14

Ind.: Schmerzen im Thorax, Erbrechen, Durchfall, Aufstoßen

St.: senkrecht 1 cun

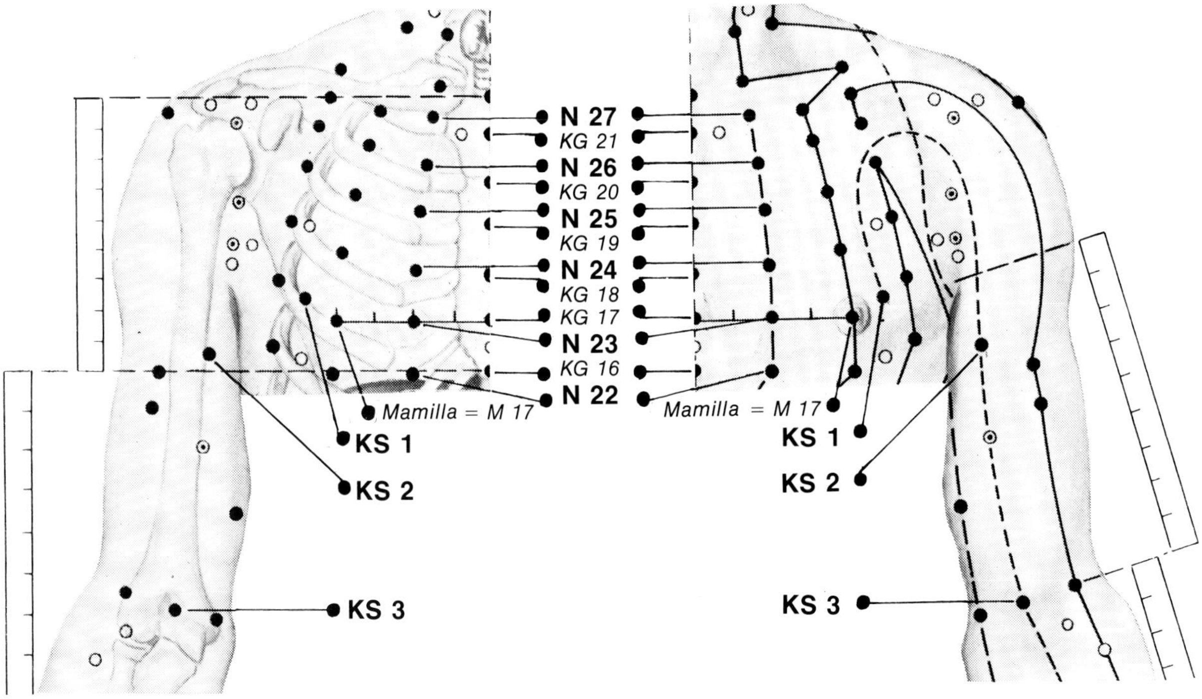

Abb. 78: Brust | Tafel I/21, 22, 23 | N 22–27, KS 1–3

Nieren-M.

N 22 Abb. 78 „Veranda-Beschreitung"

Bu Lang (Bu Lang) engl.: Pu Lang frz.: Pou Lang

Lok.: 2 cun lateral von KG 16 im 5. Interkostalraum

Ind.: Interkostalneuralgie, Pleuritis, Bronchitis

St.: schräg 5 fen – 1 cun

N 23 Abb. 78 „Götter-Siegel"

Shen Feng (Schen Fung) engl.: Shen Fung frz.: Chenn Fong

Lok.: 2 cun lateral von KG 17 im 4. Interkostalraum

Ind.: Interkostalneuralgie, Pleuritis, Bronchitis, Mastitis

St.: schräg 5 fen – 1 cun

N 24 Abb. 78 „Geist-Leere"

Ling Xu (Ling Hü) engl.: Ling Hsu frz.: Ling Siu

Lok.: 2 cun lateral von KG 18 im 3. Interkostalraum

Ind.: Interkostalneuralgie, Schmerzen im Thoraxbereich, Husten, Erbrechen, Mastitis

St.: schräg 5 fen – 1 cun

N 25 Abb. 78 „Götter-Sprecher"

Shen Cang (Schen Tsang) engl.: Shen Tsang frz.: Chenn Tsrang

Lok.: 2 cun lateral von KG 19 im 2. Interkostalraum

Ind.: Husten, Erbrechen, Interkostalneuralgie

St.: schräg 5 fen – 1 cun

N 26 Abb. 78 „In dem Zweifel"

Yu Zhong (Yü Dschung) engl.: Hou Chung frz.: Rouo Tchong

Lok.: 2 cun lateral von KG 20 im 1. Interkostalraum

Ind.: Husten, Schmerzen im Thorax, Erbrechen

St.: schräg 5 fen – 1 cun

■ N 27 Abb. 78 „Werkstatt der Zustimmung"

Yu Fu (Yü Fu) engl.: Shu Fu frz.: Iu Fou

Lok.: 2 cun lateral von KG 21 am Unterrand der Clavicula am Sternumansatz

Ind.: Husten, Erbrechen, Schmerzen im Thoraxbereich

St.: schräg 5 fen – 1 cun

DER K. S.-MERIDIAN (KS) 9 P.

(Kreislauf- und Sexualitätmeridian)
Shou Jue Yin Xin Bao Jing (Schou Tchüo Yin Hin Bau Djing) engl.: Pericardium (P.) frz.: Maître du Coeur (MdC)

KS 1 Abb. 78

„Himmelsteich"
Tian Chi (Tien Tsche) engl.: Tien Chih frz.: Tienn Tchre

Lok.: im 4. Interkostalraum 1 cun lateral von der Mamilla
Ind.: Schmerzen im seitlichen Thoraxbereich und in der Achselgegend
St.: senkrecht 5 fen

KS 2 Abb. 78

„Himmelsquelle"
Tian Quan (Tien Tchüan) engl.: Tien Chih frz.: Tienn Tsiuann

Lok.: 2 cun kaudal vom oberen Ende der vorderen Achselfalte, zwischen den beiden Köpfen des M. biceps
Ind.: Schmerzen in der seitlichen Thoraxregion, Husten, Schmerzen im Rücken und an der Innenseite des Oberarmes
St.: senkrecht 1–2 cun

■ **KS 3** Abb. 78, 79

„Gewundener Teich"
Qu Ze (Tchü Dsee) engl.: Chu Tze frz.: Tsiou Tsre

Lok.: an der Ellbogenquerfalte ulnar von der Bizepssehne
Ind.: Tachykardie, Herzschmerzen, Schmerzen in den Armen und in der Ellenbeuge, Tremor der Hände
St.: senkrecht 1–2 cun

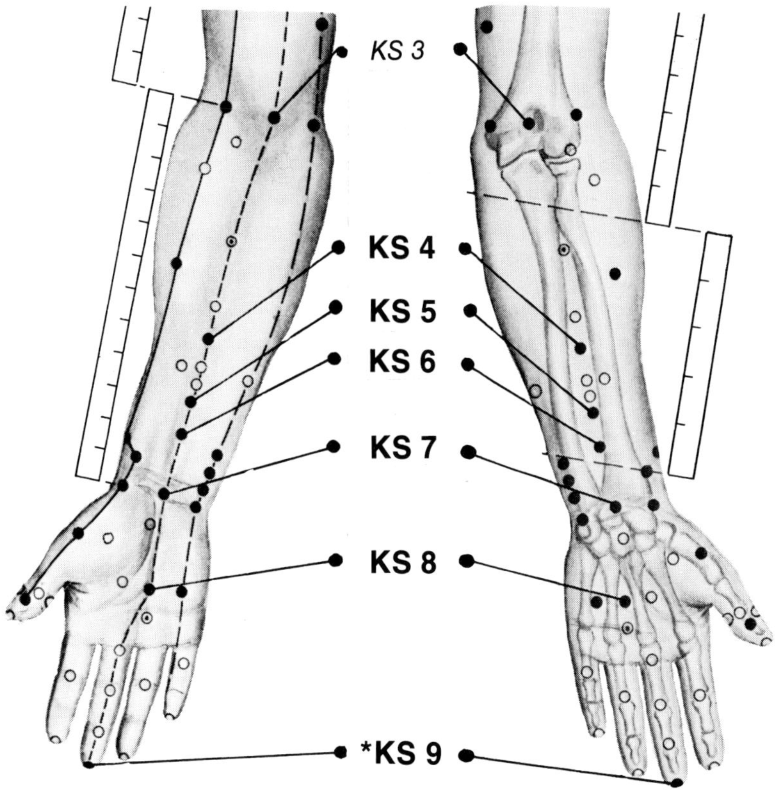

Abb. 79: Handfläche und Unterarm (volar) Tafel I/31, 33, 41, 43 KS 3–9

Kreislauf-S.-M.

KS 4 Abb. 79 Xi-P.

„Grenztor"

Xi Men (Hi Men) engl.: Chieh Men frz.: Tsri Menn

Lok.: 5 cun proximal vom Mittelpunkt der Handwurzelquerfalten zwischen den beiden Sehnen des M. flexor carpi radialis und M. palmaris longus

Ind.: Tachykardie, bohrende Schmerzen in der Herzgegend, Pleuritis, Mastitis und Neurasthenie

St.: senkrecht 1–2 cun

■ **KS 5** Abb. 79

„Der Zwischengesandte"

Jian Shi (Djiän Sche) engl.: Chien Shih frz.: Tsienn Che

Lok.: (3 cun proximal von der distalsten Handgelenksquerfalte oder) 1 cun proximal von KS 6 zwischen den beiden Sehnen des M. flexor carpi radialis und des M. palmaris longus

Ind.: allgemeine Unruhe, Tachykardie, Magenschmerzen, Erbrechen, Fieber, Schmerzen im Bereich der Arme. In China sticht man diesen Punkt auch bei Malaria und Epilepsie

St.: senkrecht 1–1,5 cun

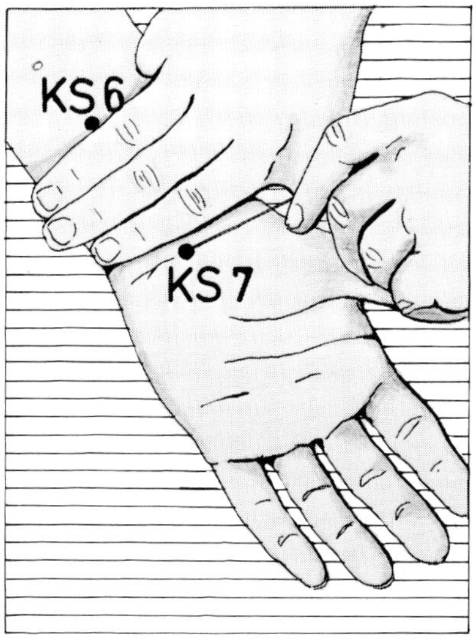

Skizze 43

■ KS 6 Abb. 79 Luo- u. Konfluenz-P.

„Innengrenze"
Nei Guan (Nee Guan) engl.: Nei Kuan frz.: Nei Koann

Lok.: 2 cun proximal vom Mittelpunkt der Handwurzelquerfalten zwischen den beiden Sehnen des M. flex. carp. rad. und des M. palm. long.
Ind.: Schmerzen in der seitlichen Thoraxgegend, Magenschmerzen, allgemeine Unruhe, Tachykardie, Singultus, Brechreiz und Erbrechen, Nausea, Asthma bronchiale, insbesondere, wenn der Hustenreiz im Vordergrund steht. Laryngitis, Pharyngitis, Hysterie, Epilepsie, Schlaflosigkeit
St.: senkrecht 5 fen – 1 cun oder man sticht bis zum 3 E 5 (Wai Guan) durch

■ KS 7 Abb. 79, 101 Yuan-P.

„Großer Hügel"
Da Ling (Da Ling) engl.: Ta Ling frz.: Ta Ling

Lok.: im Mittelpunkt der Handwurzelquerfalten, ebenfalls zwischen den beiden Sehnen der vorhin beschriebenen Muskeln
Ind.: Interkostalneuralgie, Tonsillitis, Neurasthenie, Myocarditis, Schlaflosigkeit
St.: senkrecht 5–8 fen

■ KS 8 Abb. 79, 101

„Palast der Mühen"
Lao Gong (Lau Gung) engl.: Lao Kung frz.: Lao Kong

Lok.: wenn man mit gekrümmten Fingern eine Faust bildet, so liegt dieser Punkt zwischen der Spitze des Ring- und Mittelfingers an der Handinnenfläche, also zwischen Os metacarpale III und IV**
Ind.: Schmerzen in der seitlichen Thoraxgegend, psychische Erkrankungen, bei Sonnenstich, allen Formen von Lähmungen, beim apoplektischen Koma und bei Krampfzuständen im Kindesalter.
St.: senkrecht 3–5 fen

■ * KS 9 , Abb. 79

„Mittlerer Angriffspunkt"
Zhong Chong (Dschung Tschung) engl.: Chung Chung frz.: Tchong Tchrong

Lok.: im Zentrum der Mittelfingerspitze, etwa 1 fen vom Nagel entfernt
Ind.: bohrende Schmerzen in der Herzgegend, Kopfschmerzen, Schock und Tinnitus
St.: senkrecht 1 fen oder stechen, bis es blutet
PS: entspricht auch PaM 87, bzw. PaM 86/1

* Abweichende Lage von Bachmann!
** Andere Auffindungsart: wenn die Mittelfingerspitze in die Handmitte zeigt, dann liegt der Punkt zw. 3. u. 4. Metakarpale.

DER MERIDIAN DES DREIFACHEN ERWÄRMERS (3 E) 23 P.

Shou Shao Yang San Jiao Jing (Shou Schau Yang San Djiau Djing) engl.: Triple-Burner (TB) frz.: Triple réchauffeur (TrR)

Die letzten Punkte des Meridians sind bei BACHMANN und in den neuen chinesischen Tafeln wohl in annähernd gleicher Lage, der sogenannte „Energieverlauf" ist unterschiedlich. Nach chinesischer Auffassung endet der 3 E unmittelbar neben dem 1. Punkt des Gallenblasenmeridians, also dem im „Energiekreislauf" folgenden Meridian und wäre damit logischer als der BACHMANNsche Verlauf. Wir haben aber die in Europa eingeführten Nummern beibehalten, um Verwechslungen zu vermeiden und die fortlaufenden Nummern der chinesischen Tafeln in Klammer gesetzt.

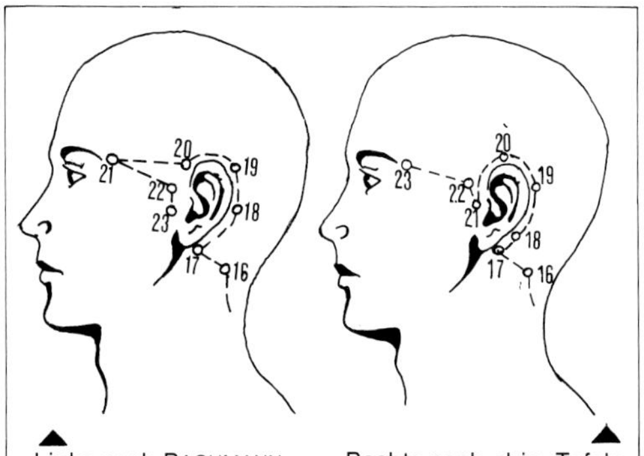

Skizze 44: Verlauf des 3 E-Meridians

Verlauf des 3E-Meridians

n. BACHMANN		n. chin. T.
3 E 21 n. B.	Si Zhu Kong	3 E 23 n. chin. T.
3 E 22 n. B.	He Liao	3 E 22 n. chin. T
3 E 23 n. B.	Er Men	3 E 21 n. chin. T.

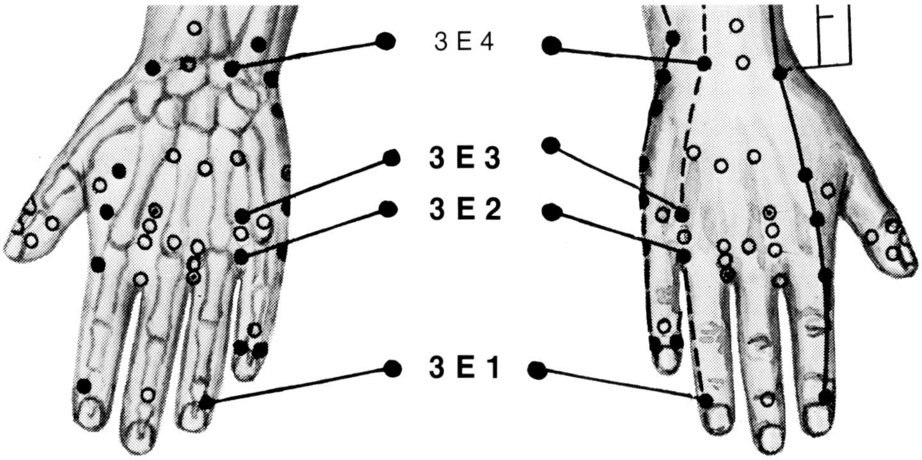

Ausschnitt aus Abb. 80: Handrücken Tafel II/44, 46 3 E 1–4

3 E 1 Abb. 80

„Grenzangriffspunkt"
Guan Chong (Guan Tschung) engl.: Kuan Chung frz.: Koann Tchrong

Lok.: ulnar am Ringfinger, etwa 1 fen vom Nagelwinkel entfernt

Ind.: Kopfschmerzen, schmerzhafte Laryngo-Pharyngitis, Arm- und Ellbogenschmerzen, die das Heben des Armes hindern, Fieber

St.: senkrecht 1–3 fen

■ 3 E 2 Abb. 80

„Flüssigkeitstor"
Ye Men (Yä Men) engl.: Yieh Men frz.: le Menn

Lok.: zwischen dem 4. und 5. Finger, 5 fen proximal der Interdigitalfalte

Ind.: Kopfschmerzen, Konjunktivitis, Taubheit, Laryngo-Pharyngitis, Hand- und Armschmerzen, Malaria

St.: senkrecht 3–5 fen

■ 3 E 3 Abb. 80

„Mittelinsel"
Zhong Zhu (Dschung Dschu) engl.: Chung Chu frz.: Tchong Tchou

Lok.: halbe Faust bilden, auf dem Handrükken, zwischen 4. und 5. Os metacarpale, etwa 1 cun hinter 3 E 2

Ind.: Taubstummheit, Ohrensausen, Schulter- und Rückenschmerzen, Kopfschmerzen

St.: 5 fen – 1 cun schräg

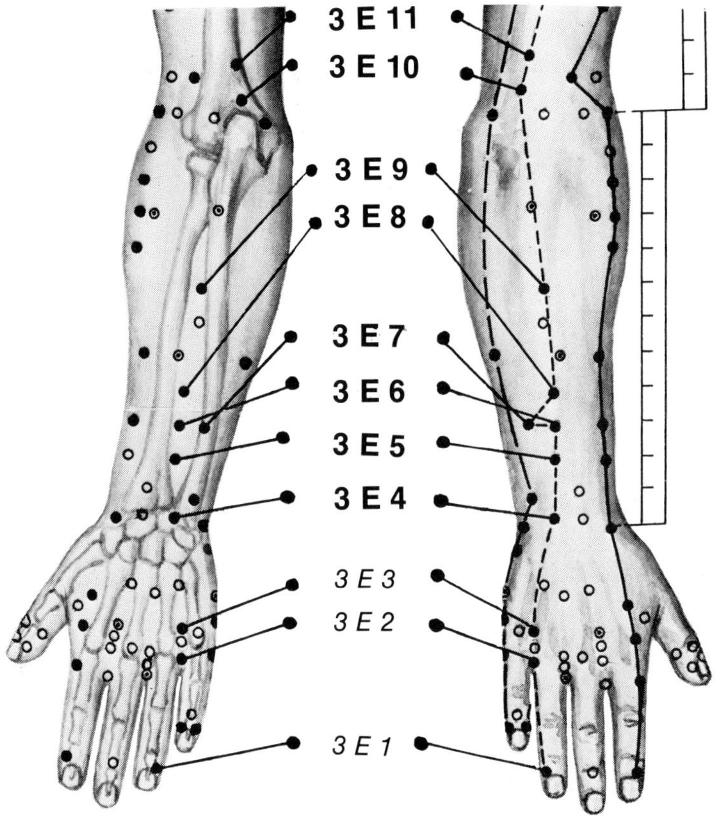

Abb. 80: Handrücken und Unterarm (dorsal) Tafel II/34, 36, 44, 46 3E 1–11

3Erwärmer-M.

■ **3 E 4** Abb. 80 Yuan-P.

„Yang-Teich"
Yang Chi (Yang Tche) engl.: Yang Chih frz.: Iang Tchre

Lok.: auf dem Handrücken, etwas ulnar vom Mittelpunkt der Handwurzelquerfalte, in einer Vertiefung; (ulnar von der Sehne des M. extensor digitorum communis)

Ind.: Handwurzelschmerzen, Schulter- und Armschmerzen, Malaria

St.: senkrecht 3–5 fen

Skizze 45

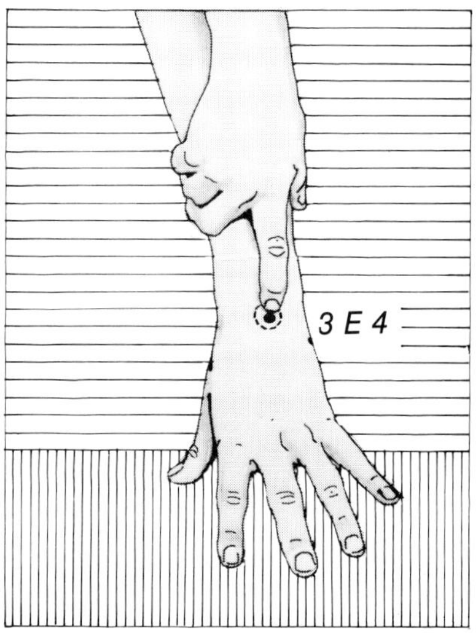

■ 3 E 5 Abb. 80 Luo- u. Konfluenz-P.

„Außengrenze"
Wai Guan (Uai Guan) engl.: Wai Kuan
frz.: Oae Koann

Lok.: 2 cun kranial vom Mittelpunkt der dorsalen Handwurzelquerfalte, zwischen Ulna und Radius

Ind.: Parese und Schmerzen der oberen Extremitäten, Hemiplegie, Parotitis, Taubheit, Tinnitus, zervikaler Hexenschuß (Nackensteife)

St.: senkrecht oder schräg 5 fen – 1,5 cun

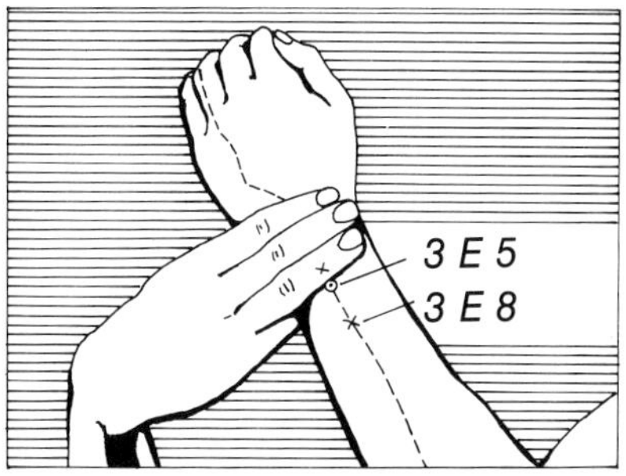

Skizze 46

■ 3 E 6 Abb. 80

„Zweiggraben"
Zhi Gou (Dsche Gou) engl.: Chih Kou frz.: Tche Keou

Lok.: 1 cun proximal von 3E 5

Ind.: Schulter- und Armschmerzen, Obstipation, Fieber, Armlähmung

St.: senkrecht 1–1,5 cun

3 E 7 Abb. 80 Xi-P.

„Begegnung mit den Ahnen"
Hui Zhong (Huee Dsung) engl.: Huei Tsung
frz.: Roe Tsong

Lok.: etwa 1 Querfinger ulnar von 3 E 6 (oder an der radialen Kante der Ulna)

Ind.: Taubheit, Oberarmschmerzen, Epilepsie

St.: senkrecht 5 fen – 1 cun

3 E 8 Abb. 80

„Lo der 3 Yang"
San Yang Luo (San Yang Luo) engl.: San Yang Lo frz.: Sann lang Lo

Lok.: 1 cun proximal von 3 E 6 (oder 4 cun proximal der dorsalen Handgelenksfalte), zwischen Ulna und Radius

Ind.: Taubheit, Armschmerzen, Aphasie

St.: senkrecht 5 fen – 1 cun

3 E 9 Abb. 80

„Vier Wasserläufe"
Si Du (Se Du) engl.: Ssu Tu frz.: Se Tou

Lok.: 5 cun vom Olecranon nach distal, zwischen Ulna und Radius

Ind.: Schmerzen im Unterarm, Paralyse der oberen Extremitäten, Taubheit, Zahnschmerzen, Nephritis

St.: senkrecht 1–1,5 cun

3 E 10 Abb. 80

„Himmelsbrunnen"
Tian Jing (Tien Djing) engl.: Tien Ching frz.: Tienn Tsing

Lok.: oberhalb des Olecranon; bei leicht gebeugtem Ellbogen, in einer Vertiefung

Ind.: Brust-, Arm-, Hals- und Schulterschmerzen, Lymphadenitis, Hemikranie

St.: senkrecht 5 fen – 1 cun

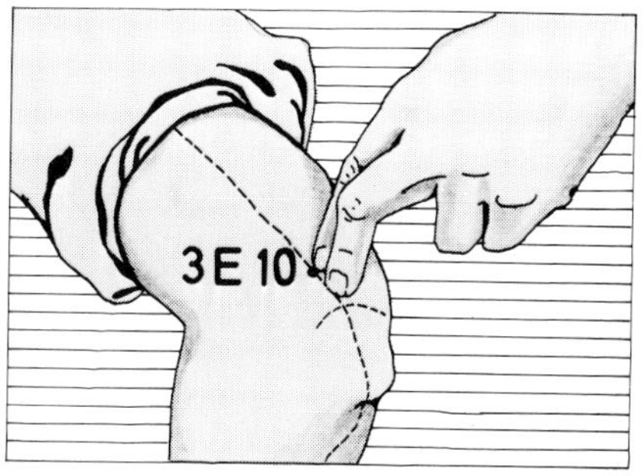

Skizze 47

3 E 11 Abb. 80

„Klarkühler Wasserstrudel"
Qing Leng Yuan (Tsching Leng Yuan) engl.: Ching Leng Yuan frz.: Tsring Leng luann

Lok.: 1 cun oberhalb von 3 E 10, man sucht ihn bei gebeugtem Ellbogen

Ind.: Schulter- und Armschmerzen

St.: senkrecht 1–1,5 cun

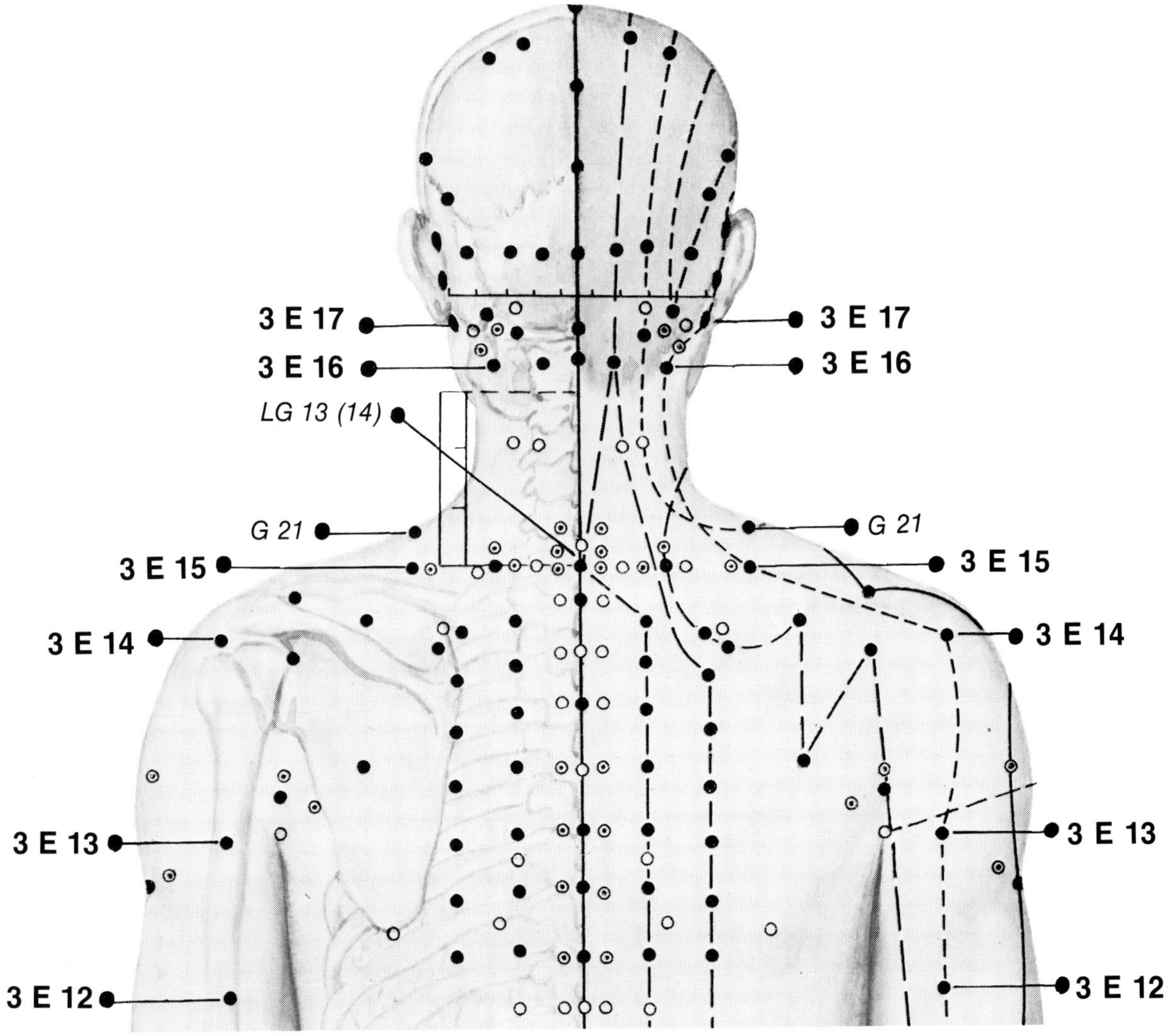

Abb. 81: Rücken und Nacken Tafel II/24, 25, 26 3E 12–17

3Erwärmer-M.

■ 3 E 12 Abb. 81

„Ableitung des stehenden Wassers“
Xiao Luo (Siau Luo) engl.: Hsiao Lo frz.: Siao Lo

Lok.: Mittelpunkt von der Verbindungslinie zwischen 3 E 11 und 3 E 13 ODER: 6 cun proximal vom Olecranon, auf der Mittellinie des Oberarms dorsal

Ind.: Kopfschmerzen, starke Schmerzen im Hals- und Nackenbereich, Armschmerzen

St.: senkrecht 1–1,5 cun

PS: eine andere Auffindungsart: 6 cun oberhalb der Ellbogenspitze

3 E 13 Abb. 81

„Oberarmpunkt“
Nao Hui (Nau Huee) engl.: Nao Hui frz.: Nao Roe

Lok.: (2 cun lateral vom Achselfaltenende, auf dem dorsalen Oberarm, bzw.) auf der Verbindungslinie zwischen 3 E 14 und Olecranon, auf dem Hinterrand des M. deltoideus

Ind.: Schulter- und Armschmerzen

St.: senkrecht 1–2 cun

■ 3 E 14 Abb. 81, 82

„Schultergrube"
Jian Liao (Djian Liau) engl.: Chien Liao frz.: Tsienn Tsiao

Lok.: am hinteren, unteren Rand des Akromion, dicht vor dem Übergang zur Spina scapulae (bei nach lateral ausgestreckten Armen, etwa 1 cun hinter Di 15, in einer Vertiefung)
Ind.: Schulterschmerzen, Armschmerzen; dadurch bedingte Unfähigkeit, den Arm zu heben
St.: senkrecht 1–2 cun

3 E 15 Abb. 81

„Himmelsgrube"
Tian Liao (Tien Liau) engl.: Tien Liao frz.: Tienn Tsiao

Lok.: im Mittelpunkt zwischen der Verbindungslinie zwischen Vorsprung des Akromion und LG 13 (14) (Da Zhui) 1 cun unterhalb von G 21 (Jian Jing)
Ind.: Schulter- und Armschmerzen; Unfähigkeit den Arm zu heben; Schmerzen im Bereich des Schulterblattes, Hals- und Nackenschmerzen (Wetterfühligkeit)
St.: senkrecht 5 fen – 1 cun

3 E 16 Abb. 81, 82

„Himmelsgitterfenster"
Tian You (Tien Yu) engl.: Tien Yung frz.: Tienn Jou

Lok.: dorsal und kaudal vom Processus mastoideus, am Hinterrand des M. sternocleidomastoideus, in Höhe des Angulus mandibulae
Ind.: Taubheit, Nackenstarre (Patient kann den Kopf nicht wenden)
St.: senkrecht 1,5–2 cun

■ 3 E 17 Abb. 81, 82

„Windschirm"
Yi Feng (I Fung) engl.: Yi Fung frz.: I Fong

Lok.: ventral und kaudal vom Processus mastoideus, in einer Vertiefung, in Höhe des Ohrläppchens; (man findet ihn bei offenem Mund leichter)
Ind.: Taubheit, Tinnitus, Fazialisparese
St.: mit der Nadelspitze etwas nach vorne und oben 1,5–2 cun tief stechen

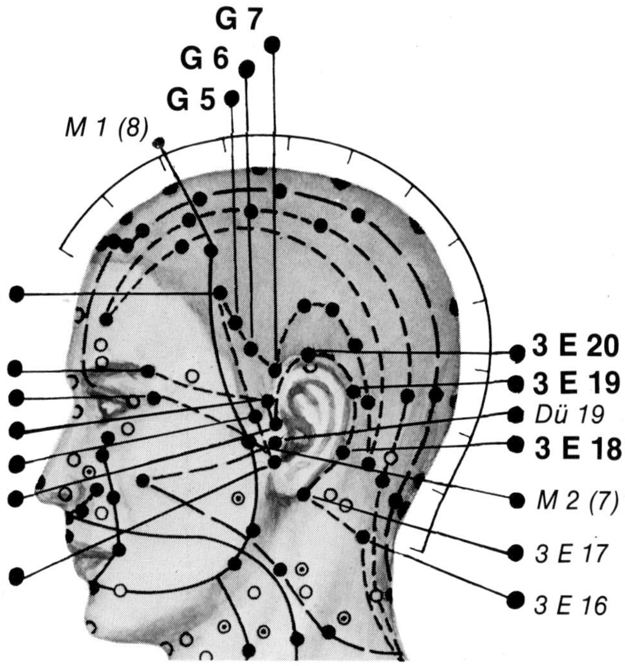

Abb. 82: Kopf seitlich

Tafel III/18

3E 16–23, G 1–7

*3 E 18 Abb. 82

„Pulsierende Ader"
Ji Mai (Dji Mai) engl.: Chih Mai frz.: Tchre Mo

Lok.: hinter dem Ohr, in der Mitte des Proc. mastoideus (an der Grenze vom mittleren zum unteren Drittel jener Linie, welche circum-auriculär 3 E 17 mit 3 E 20 verbindet)
Ind.: Taubheit, Tinnitus, Kopfschmerzen
St.: schräg 3–5 fen

*3 E 19 Abb. 82

„Schädelatmung"
Lu Xi (Lu Hi) engl.: Lu Hsi frz.: Lou Si

Lok.: 1 cun oberhalb von 3 E 18
Ind.: Tinnitus, Erbrechen, Otitis media
St.: schräg 1–3 fen

*3 E 20 Abb. 82

„Absteigen von der Ohrspitze"
Jiao Sun (Djiau Suen) engl.: Chiao Sun frz.: Tsio Soun

3Erwärmer-M.

Lok.: die Ohrmuschel nach vorne klappen, wo die solcherart gebildete „Ohrspitze" den Haaransatz trifft, ist 3 E 20
Ind.: Rötung und Schwellung der Ohrgegend, „Nebel vor den Augen", Zahnschmerzen
St.: schräg 2–3 fen

---

*Anmerkung: Ab 3 E 18 differieren Punkte und Meridianverlauf der neuen chinesischen Tafeln mit BACHMANN.
Abweichende Punktlage bei anderen Autoren (z. B. BACHMANN)

■ *3 E 21 Abb. 82

3 E 21 n. B. (= *3 E 23 n. chin. T.)
„Seidenbambus"
Si Zhu Kong (Se Dschu Kung) engl.: Ssu Chu Kung frz.: Se Tchou Kong

Lok.: am lateralen Rand der Augenbrauen, in einer Vertiefung
Ind.: Hemikranie (in der englischen Ausgabe steht immer Hemiplegie), Augenkrankheiten, Facialisparese
St.: schräg 5 fen – 1 cun

*3 E 22 Abb. 82

„Korngrube der Schläfe"
He Liao (Ho Liau) engl.: Ho Liao frz.: Ro Tsiao

Lok.: ventral und cranial von 3 E 23, in Höhe des Ohrmuschelansatzes, am Hinterrand des Schläfenhaaransatzes (hinter der Pulsstelle der A. temp. superf.)
Ind.: Tinnitus, Kopfschmerzen, Trismus, Facialisparese
St.: schräg 2–3 fen

■ 3 E 23 Abb. 82

*3 E 23 n. B. (= 3 E 21 n. chin. T.)
„Ohrtor"
Er Men (Öl Men) engl.: Erh Men frz.: El Menn

Lok.: oberhalb von Dü 19 (Ting Gong), in Höhe der Incisura tragica superior; man sucht ihn bei offenem Mund
Ind.: Taubheit, Tinnitus, Otitis media, Zahnschmerzen
St.: schräg 1–2 cun leicht schräg nach unten

DER GALLENBLASENMERIDIAN (G) 44 P.

Zu Shao Yang Dan Jing (Zu Schau Yang Dan Djing) engl.: Gall-Bladder (G) franz.: Vesicule biliaire (VB)

Die ersten 19 Punkte des Gallenblasenmeridians n. chin. T. unterscheiden sich in der Lage geringfügig von BACHMANN. Nummern und Namen bleiben gleich.

G 1 Abb. 82, 83, 84

„Pupillengrube"
Tong Zi Liao (Tung Dse Liau) engl.: Chung Tze Liao frz.: Trong Tse Tsiao

Lok.: etwa 5 fen lateral vom lateralen Orbitalwinkel (liegt etwas näher dem Auge als bei BACHMANN)
Ind.: Refraktionsanomalien, Keratoleukoma, Keratitis, Optikusatrophie
St.: schräg 3–5 fen

■ **G 2** Abb. 82, 83

„Gehörspunkt"
Ting Hui (Ting Huee) engl.: Ting Hui frz.: Ting Roe

Lok.: unterhalb von * Dü 19 (Ting Gong), in Höhe der Incisura intertragica; man sucht ihn bei weit geöffnetem Mund des Patienten. (In dem Grübchen vor und unter dem Tragus)

Ind.: Taubheit, Ohrensausen, Otitis media, Zahnschmerzen, Fazialisparese, Kiefergelenksentzündung
St.: senkrecht 1–2 cun (cave Kiefergelenk!)

G 3 Abb. 82, 83

„Oberer Paß"
Shang Guan (Schang Guan) engl.: Shang Kuan frz.: Kro Tchou Jenn (n. BACHMANN, danach deutsch: Gast und Hausherr)

Lok.: am oberen Rand des Arcus zygomaticus, von M 2 (Xia Guan) (n. B.) gerade nach oben (* G 3 in gleicher Höhe wie bei BACHMANN, aber etwas weiter hinten)
Ind.: Fazialisparese, Tinnitus, Taubheit, Zahnschmerzen
St.: senkrecht 5 fen – 1 cun

G 4 Abb. 82, 83, 84

„Kinnbackendrücken"
Han Yan (Han Yän) engl.: Han Yan frz.: Rann la

Lok.: 1 cun distal von M 1 (Tou Wei) n. B. (M 8 n. chin. T.); wenn der Patient kaut, so spürt man den bewegten Ansatz des M. temporalis, im vorderen Teil liegt der Punkt
Ind.: Hemikranie, Augenflimmern, Tinnitus, Rhinitis, Fazialisparese
St.: schräg 3–5 fen

G 5 Abb. 82, 83

„Stirnüberhang"
Xuan Lu (Süan Lu) engl.: Hsuan Lu frz.: Siuann Lou

Lok.: im oberen Drittel der Verbindungslinie zwischen G 4 (Han Yan) und G 7 (Qu Bin)
Ind.: Hemikranie, Neurasthenie, Zahnschmerzen
St.: schräg 2–3 fen

G 6 Abb. 82, 83

„Freischwebende Balance"
Xuan Li (Süan Li) engl.: Hsuan Li frz.: Siuann Li

Lok.: im unteren Drittel der Verbindungslinie zwischen G 4 (Han Yan) und G 7 (Qu Bin)
Ind.: Hemikranie, Neurasthenie, Schwellung im Gesicht, Zahnschmerzen
St.: schräg 3–5 fen

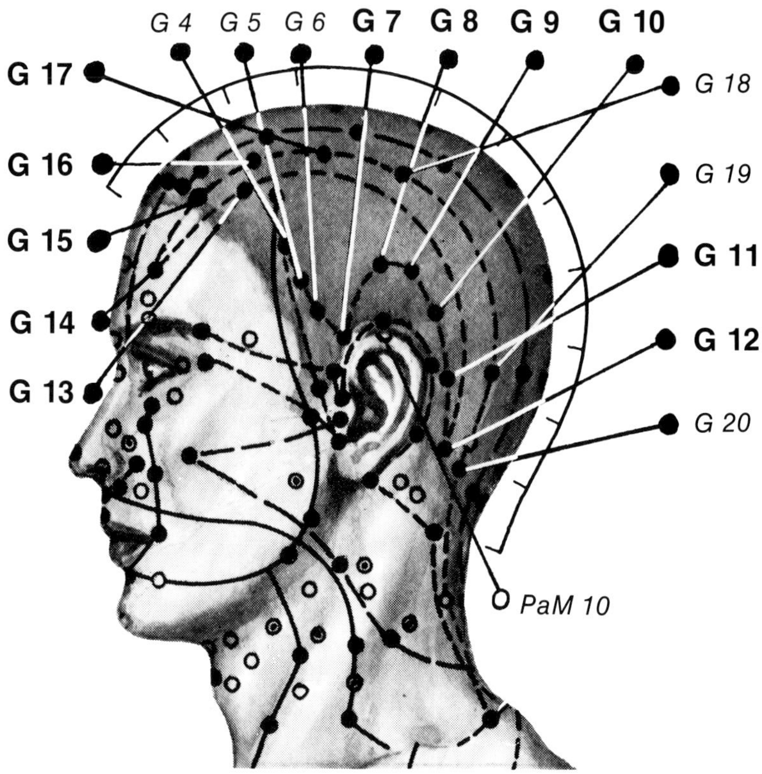

Abb. 83: Kopf seitlich Tafel III/18 G 4–20

G 7 Abb. 82, 83

„Gewundenes Schläfenhaar“
Qu Bin (Tchü Bin) engl.: Chu Pin frz.: Tsiou Ping

Lok.: im Schnittpunkt der horizontalen Linie in Höhe der Ohrmuschelspitze (PaM 10) und einer durch den Vorderrand der Ohrmuschel senkrechten Linie

Ind.: schmerzhafte Schwellung der Wange, Kiefersperre, Kiefergelenksschmerzen, Kopfschmerzen, Nackensteife

St.: schräg 3–5 fen

■ G 8 Abb. 83

„Ende des Tales“
Shuai Gu (Schuai Gu) engl.: Shuai Ku frz.: Choae Kou

Lok.: 1,5 cun oberhalb der Ohrmuschelspitze (PaM 10), innerhalb des Haaransatzes (beim Kauen wird die Bewegung des M. temporalis bis hierher gespürt)

Ind.: Hemikranie

St.: schräg 3–5 fen

G 9 Abb. 83, 85

„Himmelspunkt“
Tian Chong (Tien Tschung) engl.: Tien Chung frz.: Tienn Tchrong

Lok.: 5 fen hinter G 8, kraniodorsal vom Ohransatz, 2 cun oberhalb des Haaransatzes, oberhalb des hinteren Ohrmuschelrandes

Ind.: Kopfschmerzen, Gingivitis, Epilepsie

St.: schräg 5–8 fen

G 10 Abb. 83, 85

„Flutende Helle“
Fu Bai (Fu Bai) engl.: Fu Pai frz.: Feou Pae

Lok.: etwa 1 cun unter und hinter G 9, vom oberen Ohrmuschelansatz nach hinten und oben (etwa 1 cun innerhalb des Haaransatzes) im Schnittpunkt einer gedachten Horizontalen in Höhe der Augenbrauen und einer am Mastoid gelegenen Vertikalen

Ind.: Tinnitus, Taubheit, Zahnschmerzen, Tonsillitis

St.: schräg 5–8 fen

G 11 Abb. 83, 85

„Anfang des Yin"
Qiao Yin (Tschiau Yin) engl.: Chiao Yin frz.: Tsiao Inn

Lok.: in Höhe des oberen Ohrmuschelansatzes, in der Mitte von G 10 und G 12
Ind.: Augenschmerzen, Kopfschmerzen auf der Scheitelhöhe
St.: schräg 5–8 fen

G 12 Abb. 83, 85

„Vollendeter Knochen"
Wan Gu (Uan Gu) engl.: Wan Ku frz.: Oann Kou

Lok.: hinter und unter dem Proc. mastoideus in einer Vertiefung, die man bei vorgebeugtem Kopf findet
Ind.: Ohrensausen, Zahnschmerzen, Schwellung der Wange, Fazialisparese
St.: schräg 5–8 fen

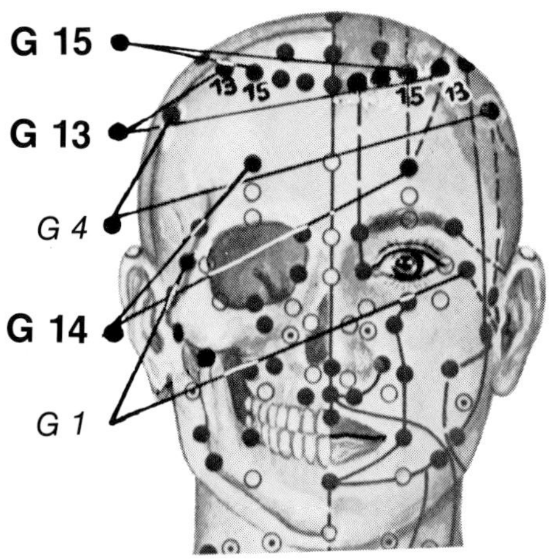

Abb. 84: Gesicht

Tafel I/12 G 1, 4, 13–15

G 13 Abb. 83, 84

„Ursprungsgeist"
Ben Shen (Ben Schen) engl.: Pen Shen frz.: Penn Chenn

Lok.: vom temporalen Augenwinkel aufwärts, 5 fen innerhalb des Haaransatzes
Ind.: Epilepsie, Nackensteife
St.: schräg 5–8 fen

■ * G 14 Abb. 83, 84

„Yang-Helle"
Yang Bai (Yang Bai) engl.: Yang Pai frz.: Iang Pae

Lok.: bei Blick geradeaus genau über der Pupille, 1 cun kranial vom Augenbrauenmittelpunkt (liegt tiefer als bei BACHMANN)
Ind.: Stirnkopfschmerzen, Augenkrankheiten, Kopfschmerzen, Fazialisparese
St.: horizontal 3–5 fen (sogenannter Querstich)

G 15 Abb. 83, 84

„Tränenabstieg"
Lin Qi (Lin Tchi) engl.: Lin Chi frz.: Linn Tsri

Lok.: bei Blick geradeaus oberhalb der Pupille, 5 fen innerhalb des natürlichen Haaransatzes
Ind.: behinderte Nasenatmung, Augenkrankheiten, Apoplexie, Epilepsie
St.: schräg 5–8 fen

G 16 Abb. 83

„Augenfenster"
Mu Chuang (Mu Tschuang) engl.: Mu Chuang frz.: Mou Tchroang

Lok.: 1 cun oberhalb von G 15
Ind.: Augenkrankheiten, Lid- und Gesichtsödeme
St.: schräg 5–8 fen

G 17 Abb. 83

„Rechte Leitung"
Zheng Ying (Dscheng Ying) engl.: Cheng Ying frz.: Tcheng Ing

Lok.: 1,5 cun oberhalb G 16, (von vorne: oberhalb der Pupille; von der Seite: oberhalb des vorderen Ohrmuschelansatzes ODER: im Schnittpunkt einer Sagittalen durch die Pupillenmitte und einer Frontalen durch den vorderen Ohrmuschelansatz)
Ind.: Kopfschmerzen, Augenflimmern, Zahnschmerzen
St.: schräg 5–8 fen

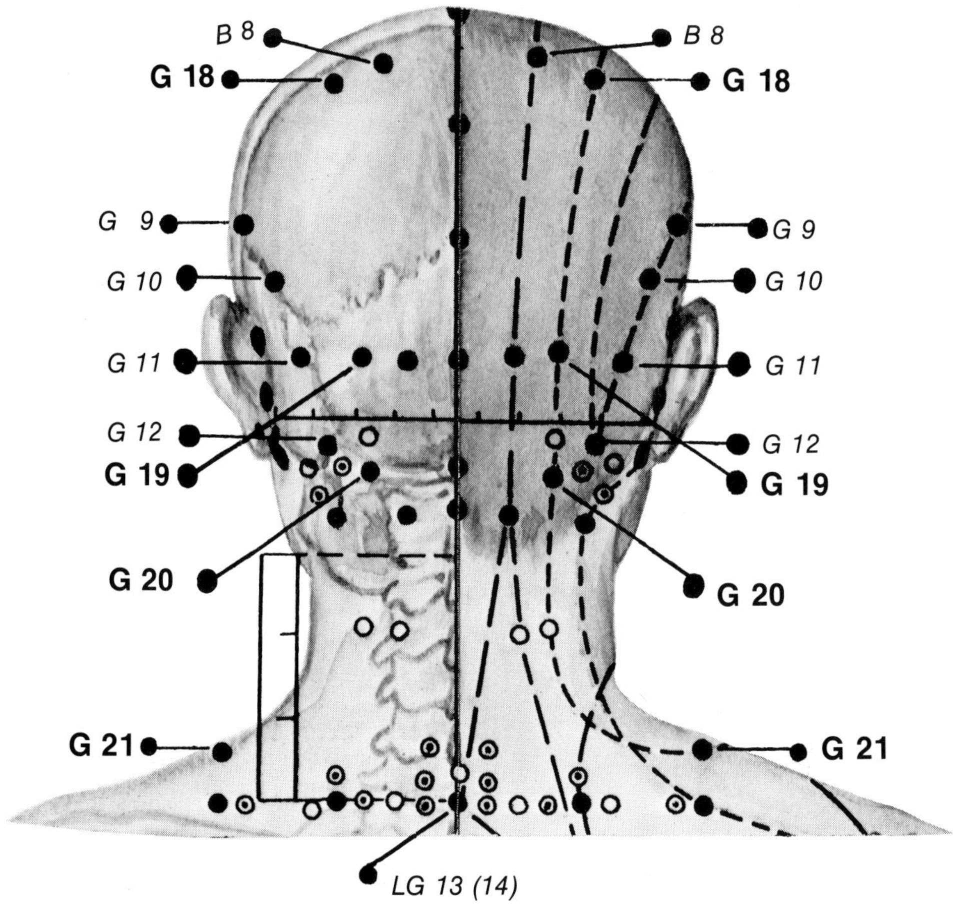

Abb. 85: Hinterkopf Tafel II/15 G 9–12, 18–21

G 18 Abb. 83, 85

„Geistempfang"
Cheng Ling (Tscheng Ling) engl.: Cheng Ling frz.: Tchreng Ling

Lok.: 1,5 cun hinter G 17

Ind.: Kopfschmerzen, behinderte Nasenatmung, Nasenbluten

St.: schräg 5–8 fen

G 19 Abb. 83, 85

„Gehirnraum"
Nao Kong (Nau Kung) engl.: Nao Kung frz.: Nao Krong

Lok.: 1,5 cun oberhalb von G 20

Ind.: Kopfschmerzen, Nackensteife, Nasenbluten, Asthma bronchiale

St.: schräg 5–8 fen

■ G 20 Abb. 83, 85

„Wind-Teich"
Feng Chi (Fung Tsche) engl.: Fung Chih frz.: Fong Tchre

Lok.: unter dem Os occipitale, mit dem Unterrand des Proc. mastoideus in gleicher Höhe, lateral des Trapeziusansatzes in einer Vertiefung

Ind.: Kopfschmerzen, Augenkrankheiten, Rhinitis, Grippe, Apoplexie, Hemiplegie, Taubheit, Ohrensausen

St.: die Nadelspitze in Richtung der kontralateralen Augenhöhle etwa 1–2 cun tief einstechen

G 21 Abb. 83, 85, 86

„Schulter-Brunnen"
Jian Jing (Djiän Djing) engl.: Chien Ching frz.: Tienn Tsing

Lok.: im Mittelpunkt zwischen LG 13^B^ = 14^CH^ (Da Zhui) und Akromion, am höchsten Punkt der Schulter

Ind.: Schulter-Rückenschmerzen, Nackenschmerzen, (Hexenschuß), erschwertes Armheben, Mastitis, Hyperthyreose, funktionelle Uterusblutung

St.: senkrecht 5 fen – 1 cun

* G 22 Abb. 86

„Strudel-Wasser"
Yuan Ye (Yüän Yä) engl.: Yuan Yieh frz.: Iuann Ie

Lok.: 3 cun vom Mittelpunkt der Achselhöhle gerade nach unten, man bestimmt ihn bei gehobenem Arm (im 4. ICR)

Ind.: Pleuritis, Interkostalneuralgie, Lymphadenitis axillaris

St.: schräg 5 fen – 1 cun

G 23 Abb. 86

„Flankenmuskel"
Zhe Jin (Dschö Djin) engl.: Che Chin frz.: Tchre Tsinn

Lok.: 1 cun vor G 22, man bestimmt ihn bei gehobenem Arm im 4. ICR

Ind.: Erbrechen, saures Aufstoßen, Salivation, Asthma bronchiale

St.: schräg 5 fen – 1 cun

* G 24 Abb. 86 Mu-P.

„Sonne-Mond"
Ri Yue (Je Yüo) engl.: Jih Yüeh frz.: Je Iue

Lok.: 1 Rippe unter Le 14 (Qi Men) im 7. ICR (gerade unter dem vorderen Ende der 9. Rippe)

Ind.: Magenschmerzen, Hepatitis, Cholecystitis, Singultus

St.: schräg 5 fen – 1 cun

PS: eine andere Art der Bestimmung: 5 fen distal von der Ansatzstelle des Knorpels der 9. Rippe

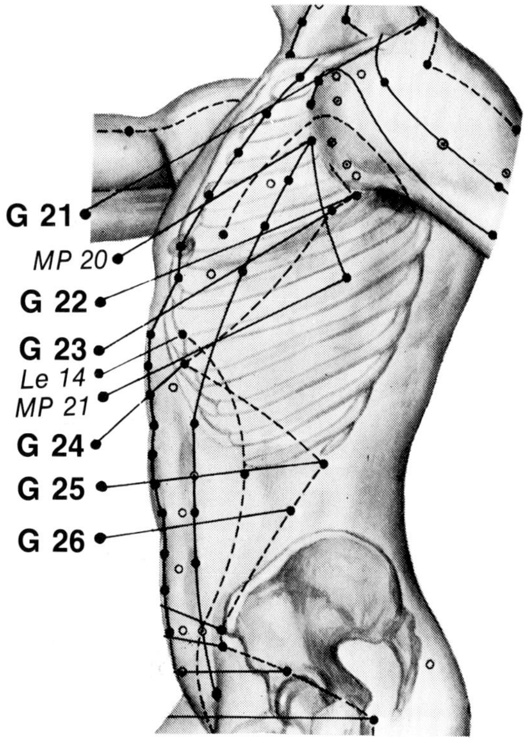

Ausschnitt aus Abb. 86: Rumpf (seitlich)
Tafel III/28, 38
G 21–26

■ G 25 Abb. 86 Mu-P. d. N

„Hauptstadt-Tor"
Jing Men (Djing Men) engl.: Ching Men frz.: Tsing Menn

Lok.: am freien Ende der 12. Rippe

Ind.: Nephritis, Interkostalneuralgie, Meteorismus

St.: senkrecht 5 fen – 1 cun

* G 26 Abb. 86

„Gürtelgefäß"
Dai Mai (Dai Mai) engl.: Tai Mai frz.: Tae Mo

Lok.: in Höhe des Nabels in der vorderen Axillarlinie

Ind.: Endometritis, Cystitis, Lenden- und Rückenschmerzen, Menstruationsstörungen

St.: senkrecht 1–2 cun

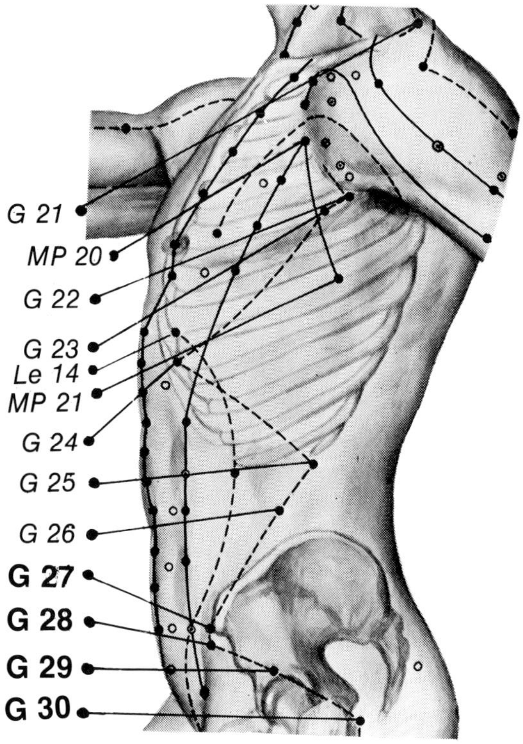

Abb. 86: Rumpf seitlich

Tafel III/28, 38 G 21–30

* G 27 Abb. 86, 91

„Fünf Zentralpfeiler"
Wu Shu (U Schu) engl.: Wu Shu frz.: Ou Tchrou

Lok.: 3 cun ventrokaudal von G 26, in Höhe von KG 4 (Guan Yuan), vor der Spina iliaca ant. sup.
Ind.: Unterbauchschmerzen, Lumbago, Endometritis, Orchitis
St.: senkrecht 1–2 cun

Gallenblasen-M.

■ * G 28 Abb. 86

„Verbindungsweg"
Wei Dao (Uee Dau) engl.: Wei Tao frz.: Oe Tao

Lok.: 5 fen distal von G 27
Ind.: Endometritis, Unterbauchschmerzen, habituelle Obstipation
St.: senkrecht 1–2 cun

■ G 29 Abb. 86

„Ruhe-Grube"
Ju Liao (Djü Liau) engl.: Chu Liao frz.: Tsiu Tsiao

Lok.: 3 cun dorsokaudal von G 28, bei gebeugtem Oberschenkel liegt G 29 am Ende der Leistenfurche
Ind.: Lumbago, Unterbauchschmerzen, Orchitis, Endometritis, Cystitis
St.: senkrecht 1–2 cun
PS: eine andere Art der Bestimmung: Mittelpunkt von der Verbindungslinie zwischen Spina iliaca ant. sup. und dem höchsten Punkt des Trochanter major in einer Mulde.

■ G 30 Abb. 86, 87

„In den Reifen springen"
Huan Tiao (Huan Tiau) engl.: Huan Tiao frz.: Roann Tiao

Lok.: hinter dem Trochanter major in einer Mulde, welche beim Stehen mit geschlossenen Füßen zu sehen ist. Zwei Methoden stehen zum Auffinden zur Wahl:
1. Liegen in Seitenlage: Man streckt das untere Bein und beugt das obere Bein um 90°, der Arzt legt die Gelenksquerfurche (Metakarpophalangealgelenk I.) seines Daumens in Richtung Wirbelsäule auf den Trochanter major; dort wo die Daumenkuppe zu liegen kommt, ist der gesuchte Punkt G 30.
2. Liegen in Seitenlage oder in Bauchlage: im trochanternahen Drittel der Verbindungslinie zwischen Trochanter major und einer Stelle, welche 2 cun oberhalb des Hiatus sacralis ist.
Ind.: Kreuz- und Beinschmerzen, Ischialgie, Parese und Paralyse der unteren Extremität
St.: senkrecht 2–3 cun

■ G 31 Abb. 87

„Wind-Markt"
Feng Shi (Fung Sche) engl.: Fung Shih frz.: Fong Che

Lok.: lateral am Oberschenkel; bei aufrechter Haltung liegt der Punkt dort, wo die Mittelfingerkuppe bei herabhängenden Armen den Oberschenkel berührt
Ind.: Gelenksschmerzen der unteren Extremität, Paralyse und Parese der unteren Extremität, Ischialgie
St.: senkrecht 1,5–3 cun

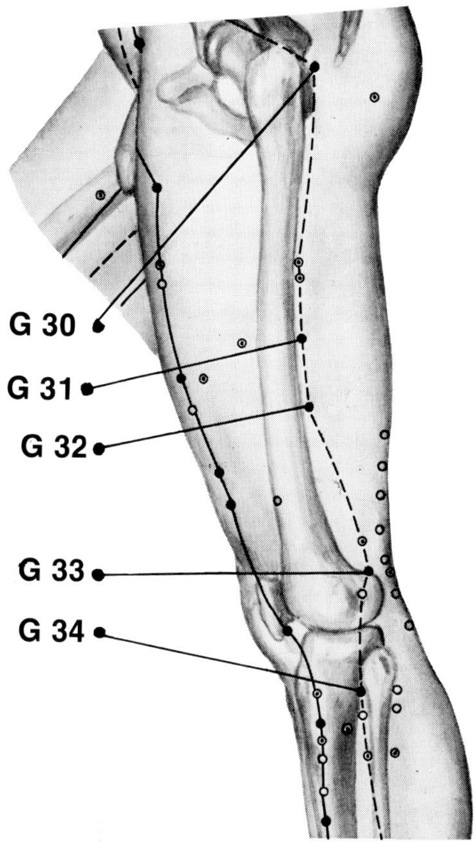

Abb. 87: Ober- und Unterschenkel (lateral) Tafel III/48, 58 G 30–34

* G 32 Abb. 87

„Mittlerer Wasserlauf"
Zhong Du (Dschung Du) engl.: Chung Tu frz.: Sia Tou

Lok.: 2 cun von G 31 gerade nach unten
Ind.: Hemiplegie, Ischialgie
St.: senkrecht 1–3 cun

G 33 Abb. 87

„Yanggrenze am Knie"
Qi Yang Guan (Tchi Yang Guan) engl.: Chi Yang Kuan frz.: Yang Koann

Lok.: kranial vom Epicondylus lateralis femoris, in einer Vertiefung; bei gebeugtem Knie ist er 3 cun oberhalb von G 34; ODER: dorsal vom Epicondylus femoris
Ind.: Kniegelenksschmerzen, Paralyse und Parese der unteren Extremität
St.: senkrecht 1–2 cun

■ G 34 Abb. 87 Hui-P. d. G

„Yang-Hügel-Quelle"
Yang Ling Quan (Yang Ling Tchüan) engl.: Yang Ling Chuan frz.: Iang Ling Tsiuann

Lok.: vor und unter dem Fibulaköpfchen bei gebeugtem Knie in einer Mulde
Ind.: Kniegelenksschmerzen, Ischialgie, Hemiplegie, Schmerzen in der seitlichen Thoraxgegend, Cholecystitis
St.: senkrecht 1,5–2 cun oder bis MP 9 (Yin Ling Quan) durchstechen

Gallenblasen-M.

---

* Abweichende Punktlage von anderen Autoren (Bachmann)

G 35 Abb. 88

„Treffpunkt der Yang"
Yang Jiao (Yang Djiau) engl.: Yang Chiao frz.: Iang Tsiao

Lok.: 7 cun von der Spitze des lateralen Fußknöchels gerade nach oben, am Hinterrand der Fibula, oder 1 cun dorsal von G 36 (Wai Qiu)*

Ind.: Schmerzen am lateralen Unterschenkel, Ischialgie, Asthma bronchiale

St.: senkrecht 1–2 cun

G 36 Abb. 88 Xi-P.

„Außenhügel"
Wai Qiu (Uai Tchiu) engl.: Wai Chiu frz.: Oae Tsiou

Lok.: er liegt 1 cun hinter G 35

Ind.: Schmerzen am lateralen Unterschenkel, Wadenkrämpfe, Nackensteife mit starken Schmerzen

St.: senkrecht 1–2 cun

■ G 37 Abb. 88 Luo-P.

„Strahlende Helle"
Guang Ming (Guang Ming) engl.: Kuang Ming frz.: Koang Ming

Lok.: 5 cun oberhalb vom lateralen Knöchel, am Hinterrand der Fibula*

Ind.: Myopie, Nachtblindheit, Optikusatrophien, Hemikranie, Schmerzen am lateralen Unterschenkel

St.: senkrecht 1–2 cun

Skizze 48

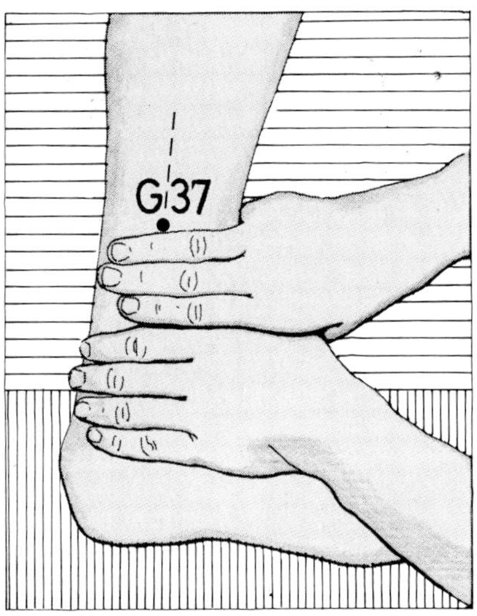

G 38 Abb. 88

„Stütze des Yang"
Yang Fu (Yang Fu) engl.: Yang Fu frz.: Iang Fou

Lok.: 4 cun oberhalb vom lateralen Knöchel, am Hinterrand der Fibula*

Ind.: Lumbago, Kniegelenksschmerzen und -entzündung, Schmerzen am ganzen Körper

St.: senkrecht 1–2 cun

Skizze 49

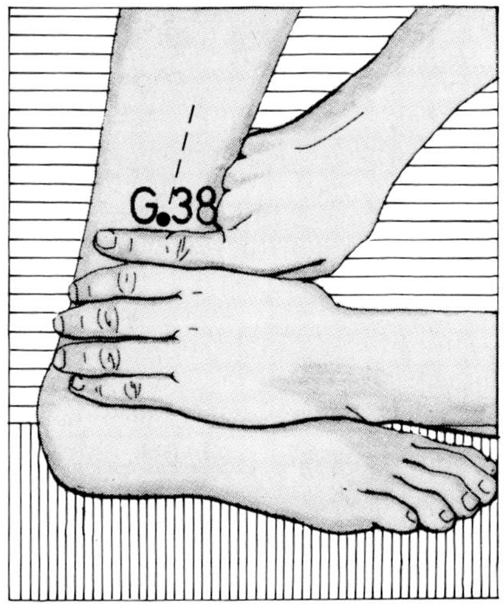

■ G 39 Abb. 88

„Aufgehängte Glocke"
Xuan Zhong (Süan Dschung) engl.: Hsuan Chung frz.: Siuann Tchong

Lok.: 3 cun oberhalb vom lateralen Knöchel am Hinterrand der Fibula

Ind.: Schmerzen der Knie- und Sprunggelenke, Schmerzen am lateralen Thorax, Nakkenschmerzen, Hemiplegie

St.: senkrecht 1,5–2 cun, oder bis zum MP 6 (San Yin Jiao) durchstechen

---

* Nach Schnorrenberger und den Outlines of Chinese Acupuncture" Peking 1975 u. a. liegen G 35, 37, 38 vor dem Vorderrand der Fibula

Gallenblasen-M.

Skizze 50

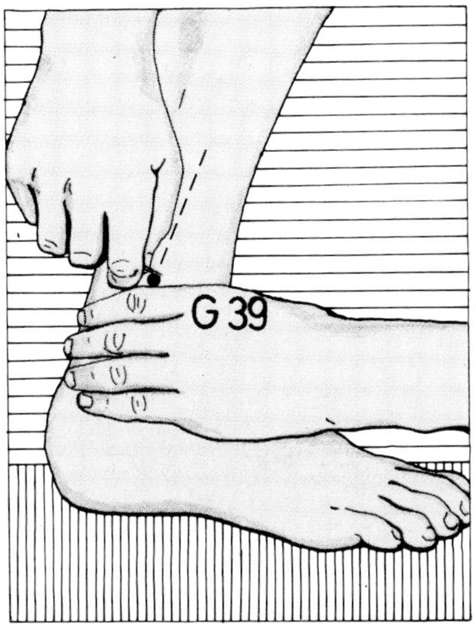

Abb. 88: Fuß außen Tafel III/68 G 35–44

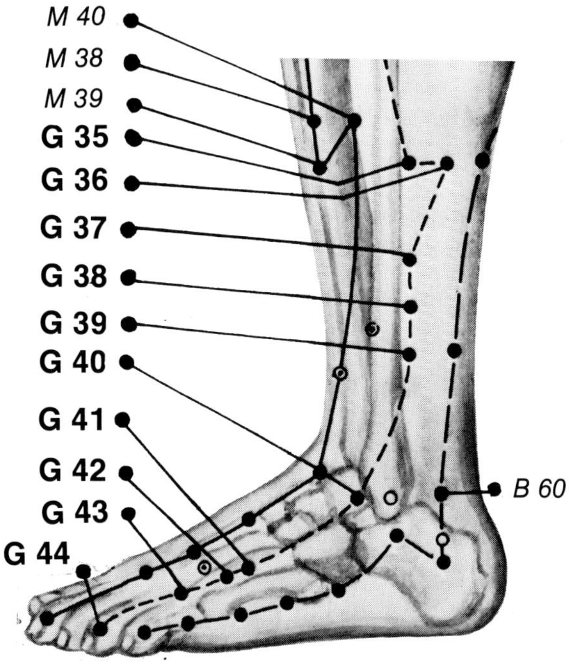

■ **G 40** Abb. 88 Yuan-P.

„Hügel-Markt"
Qiu Xu (Tchiu Hü) engl.: Chiu Hsu frz.: Tsiou Siu

Lok.: ventrokaudal vom lateralen Knöchel, in einer Mulde

Ind.: axilläre Lymphadenitis, Schmerzen in der lateralen Thoraxgegend, Cholecystitis, Ischialgie, Schmerzen der unteren Extremitäten

St.: schräg 5 fen – 1 cun

■ **G 41** Abb. 88 Konfluenz-P.

„Tränen-Abstieg"
Zu Lin Qi (Dsu Lin Tchi) engl.: Tsu Lin Chi frz.: Linn Tsri

Lok.: zwischen der proximalen Annäherungsstelle des 4. und 5. Os metatarsale, in einer Mulde

Ind.: Konjunktivitis, Schmerzen in der lateralen Thoraxgegend, Mastitis, tuberkulöse Lymphadenitis colli, Tinnitus

St.: senkrecht 3–5 fen

* Abweichende Punktelage bei anderen Autoren (z. B. Bachmann)

G 42 Abb. 88

„Fünf Erdpunkte"
Di Wu Hui (Di U Hui) engl.: Ti Wu Huei frz.: Ti Ou Rou

Lok.: zwischen dem 4. und 5. Metatarsale, 5 fen vor G 41

Ind.: Tinnitus, Achselschmerzen, Mastitis

St.: senkrecht 3 fen – 5 fen

G 43 Abb. 88

„Verengtes Tal"
Xia Xi (Hia Hi) engl.: Hsia Hsi frz.: Sie Tsri

Lok.: zwischen 4. und 5. Zehe, 5 fen hinter der „Schwimmhaut"

Ind.: Taubheit, Kopfschmerzen, Schwindel, Thoraxschmerzen, Interkostalneuralgie

St.: senkrecht 3–5 fen

G 44 Abb. 88

„Yin des Anfangs"
Zu Qiao Yin (Dsu Tchiao Yin) engl.: Tsu Chiao Yin frz.: Tsiao Inn

Lok.: lateral von der 4. Zehe, 1 fen vom Nagelwinkel entfernt

Ind.: Pleuritis, Asthma bronchiale, Kopfschmerzen, Laryngopharyngitis

St.: senkrecht 1–2 fen

DER LEBERMERIDIAN (Le) 14 P.

Zu Jue Yin Gan Jing (Dsu Tchüo Yin Gan Djing) engl.: Liver (Liv) frz.: Foie (F)

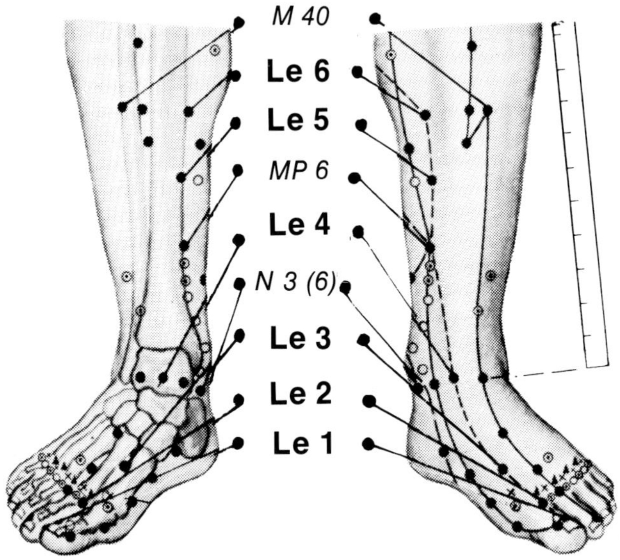

Abb. 89: Fuß und Unterschenkel (vorne) Tafel I/52, 62 Le 1–6

Leber-M.

■ Le 1 Abb. 89

„Große Aufrichtigkeit"
Da Dun (Da Duen) engl.: Ta Tun Frz.: Ta Toun

Lok.: lateral der distalen Phalange der großen Zehe, hinter der Ecke des Vallum unguis

Ind.: Uterusprolaps, Kolik, Menorrhagie, Incontinentia urinae

St.: senkrecht 1–2 fen

Le 2 Abb. 89

„Gangstrecke"
Xing Jian (Hing Djiän) engl.: Hsing Chien frz.: Sing Tsienn

Lok.: 5 fen hinter der „Entenhaut" der großen und der zweiten Zehe (gehört an PaM 137)

Ind.: Kopfschmerzen, Ohnmachtsanfall, Glaukom, Menorrhagie, Krämpfe bei Kleinkindern, Interkostalneuralgie, Schwitzen in der Nacht, Schlaflosigkeit, Hypertonie

St.: senkrecht 5 fen – 1 cun

■ Le 3 Abb. 89 Yuan-P.

„Höchster Angriffspunkt"
Tai Chong (Tai Tschung) engl.: Tai Chung frz.: Trae Tchrong

Lok.: über der Vertiefung zwischen erstem und zweitem Os metatarsale

Ind.: Kopfschmerzen, Ohnmachtsanfall, Kopfschmerzen auf der Scheitelhöhe, Menorrhagie, Amenorrhoe, Mastitis, Hypertonie, Schwindel, Augenkrankheiten

St.: senkrecht, 5 fen – 1 cun

Le 4 Abb. 89

„Mittleres Siegel"
Zhong Feng (Dschung Fung) engl.: Chung Feng frz.: Tchong Fong

Lok.: 1 cun vor dem medialen Knöchel zwischen der Sehne des M. extensor hallucis longus und des M. tibialis anterior

Ind.: Schmerzen im Abdomen, Harnverhaltung, Kolik, nächtliche Pollution, Schmerzen im Penis

St.: senkrecht, 3–5 fen

Le 5 Abb. 89 Luo-P.

„Endrinne"
Li Gou (Li Gou) engl.: Li Kou frz.: Li Keou

Lok.: 5 cun oberhalb des medialen Knöchels an der medialen Kante der Tibia*

Ind.: Kolik, Dysurie, unregelmäßige Menstruation, Schmerzen im Unterschenkel

St.: senkrecht oder schräg 5 fen – 1,5 cun

Le 6 Abb. 89, 90 Xi-P.

„Stadt der Mitte"
Zhong Du (Dschung Du) engl.: Chung Tu frz.: Tchong Tou

Lok.: 7 cun oberhalb des medialen Knöchels neben der Tibia (Mitte zwischen Knöchel und medialem Tibiakopf)*

Ind.: Menorrhagie, Kolik, Schmerzen in Gelenken der unteren Extremitäten

St.: senkrecht oder schräg 5 fen – 1,5 cun

---

* siehe Fußnote nächste Seite

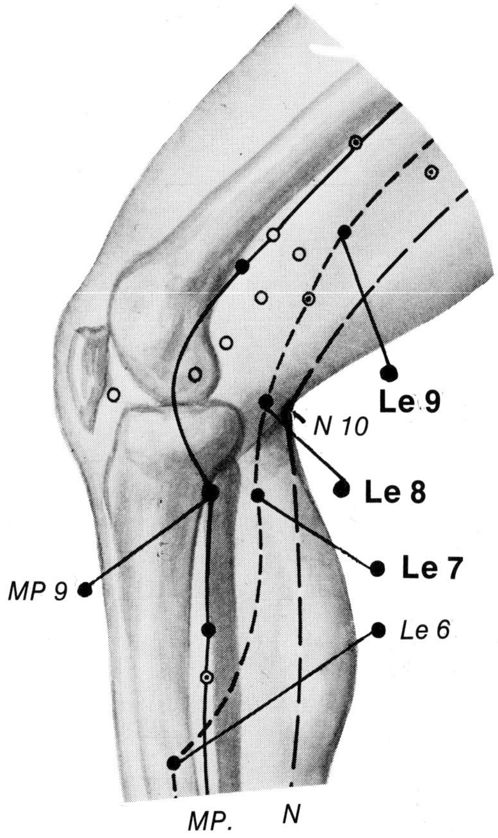

Abb. 90: Ober- und Unterschenkel (innen) Tafel III/57, 47 Le 7–9

Le 7 Abb. 90

„Kniegrenze"
Xi Guan (Tchi Guan) engl.: Hsi Kuan frz.: Si Koann

Lok.: 1 cun posterior zu MP 9 (Yin Ling Quan), posteroinferior zum medialen Gelenkskopf der Tibia
Ind.: Schmerzen im Kniegelenk
St.: senkrecht 1–2 cun

Le 8 Abb. 90

„Gebogene Quelle"
Qu Quan (Tchü Tchüan) engl.: Chu Chuan frz.: Tsiou Tsiuann

Lok.: am medialen Ende der Kniefalte, vor dem semimembranösen Muskel hinter dem unteren Ende des Femurs*
Ind.: Uterusprolaps, Pruritus vulvae, Dysurie, nächtliche Pollution, Schmerzen in der Kniegegend, Schmerzen auf der medialen Seite des Femurs, Cysto-Pyelitis, Impotenz
St.: senkrecht 1–2 cun

Le 9 Abb. 90, 91

„Hülle"
Yin Bao (Yin Bau) engl.: Yin Pao frz.: Inn Pao

Lok.: 4 cun über dem medialen Epicondylus des Femurs zwischen dem M. sartorius und dem M. vastus medialis*
Ind.: Lumbago, Schmerzen im unteren Abdomen, Harninkontinenz, unregelmäßige Menstruation
St.: senkrecht 1–3 cun

* Le 5–9 haben bei BACHMANN und den chin. Tafeln gleiche Lage. Bei einzelnen Autoren (z. B. BISCHKO) andere Punktfolge

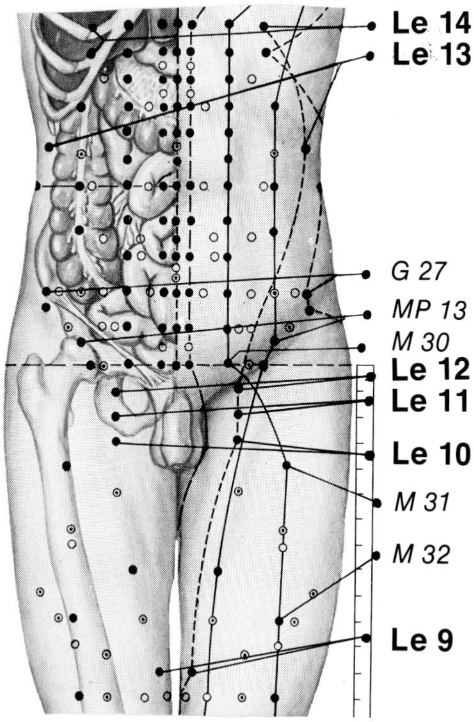

Abb. 91: Abdomen und Oberschenkel (vorne)

Tafel I/32, 42 Le 9–14

Le 10 Abb. 91

„Fünf Li"

Wu Li (U Li) engl.: Wu Li frz.: Ou Li

Lok.: auf der medialen Seite der Hüfte lateral der Adduktorenmuskeln, 1 cun unter Le 11 (Yin Lian)

Ind.: Meteorismus, Harnverhaltung, Skrotumekzem

St.: senkrecht 1–3 cun

Le 11 Abb. 91

„Yinwinkel"

Yin Lian (Yin Liän) engl.: Yin Lien frz.: Inn Lienn

Lok.: 2 cun unter M 30 (Qi Chong), am Oberrand der Symphyse, lateral der A. femoralis

Ind.: Schmerzen im medialen Femur, Leukorrhagia, unregelmäßige Menstruation

St.: senkrecht 1–2 cun

Le 12 Abb. 91

„Drängende Ader"

Ji Mai (Dji Mai) engl.: Chi Mo frz.: Iang Che

Lok.: 2,5 cun lateral vom Zentrum der Schambeinfuge im inferiorlateralen Teil des Höckers des Schambeines

Ind.: Schmerzen im Penis, Uterusprolaps, Schmerzen im unteren Abdomen, Schmerzen im medialen Femur

St.: senkrecht (Achtung auf die Blutgefäße!) 5 fen – 1 cun

■ Le 13 Abb. 91 Mu-P. d. MP.

„Gesetztes Tor"

Zhang Men (Dschang Men) engl.: Chang Men frz.: Tchang Menn

Lok.: unter dem Ende der elften Rippe, wo sie die mittlere Axillarlinie trifft

Ind.: Erbrechen, Schmerzen im Abdomen, Diarrhoe, Hepatitis, Interkostalneuralgie

St.: senkrecht oder schräg 8 fen – 1 cun

■ Le 14 Abb. 91 Mu-P.

„Zeittor"

Qi Men (Tchi Men) engl.: Chi Men frz.: Tsri Menn

Lok.: im sechsten Interkostalraum, 2 Rippen unterhalb der Brustwarze

Ind.: Rippenfellentzündung, Interkostalneuralgie, Hepatitis, Verdauungsstörungen (Dyspepsie)

St.: schräg 5 fen – 1 cun

Anmerkung: eine andere Methode: an der unteren Grenze des Knorpelteiles der neunten Rippe

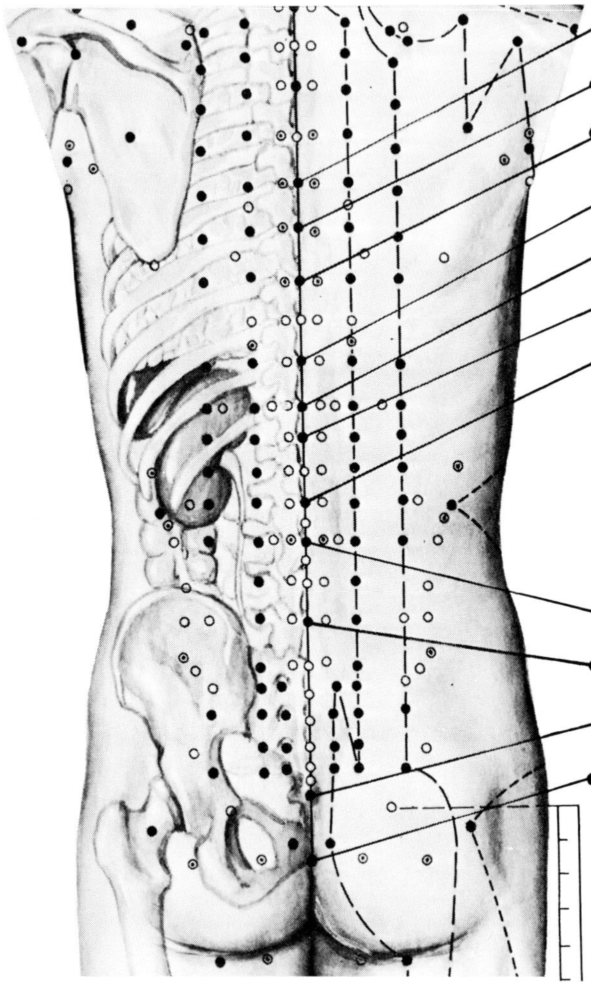

Abb. 92: Rücken	Tafel II/35, 45, 25	LG 1–10

DAS LENKERGEFÄSS (LG) 28 P.

(Das Gefäß des Herrschers)

Du Mai (Du Mai) engl.: To Mo – Governing Vessel (G. V.) frz.: Tou Mo – Vaisseau Gouverneur (V. G.)

Das Lenkergefäß hat bei diesen Tafeln bei Th 10 einen Punkt mehr als bei Bachmann, den wir als LG 6a bezeichnet haben; damit behalten die weiteren Punkte ihre schon allgemein vertraute Numerierung bei, obwohl die chinesischen Angaben beim Lenkergefäß 28 Punkte kennen.

LG 1 Abb. 92

„Länge der Kraft"
Chang Qian (Tschang Tschiang) engl.: Chang Chiang frz.: Tchrang Tsiang

Lok.: zwischen der Spitze des Os coccygis und dem Anus

Ind.: Hämorrhoiden, Analprolaps, Lenden- und Rückenschmerzen

St.: schräg (etwas aufwärts) 1–1,5 cun, Knie-Brust-Position einnehmen

LG 2 Abb. 92

„Lendenpunkt"
Yao Yu (Yau Yü) engl.: Yao Shu frz.: Iao Iu

Lok.: in der Mitte des Hiatus sacralis

Ind.: Schmerzen in Lenden- und Rücken-Region, unregelmäßige Menstruation, Hämorrhoiden, Analprolaps, Lähmung der unteren Extremitäten, Impotenz

St.: schräg (leicht aufwärts) 5 fen – 1 cun

■ LG 3 Abb. 92

„Yanggrenze"
Yao Yang Guan (Yao Yang Guan) engl.: Yao Yang Kuan frz.: Iang Koann

Lok.: unter dem Dornfortsatz des vierten Lumbalwirbels

Ind.: Schmerzen in der Rücken- und Lenden-Region, Lähmung der unteren Extremitäten, unregelmäßige Menstruation, Impotenz, Enteritis, Diarrhoe

St.: schräg (leicht aufwärts) 5 fen – 1 cun

■ LG 4 Abb. 92

„Lebenstor"
Ming Men (Ming Men) engl.: Ming Men frz.: Ming Menn

Lok.: unter dem Dornfortsatz des zweiten Lumbalwirbels

Ind.: Lumbago, Incontinentia urinae, Impotenz, Leukorrhoe, Endometritis, Parametritis, Kopfschmerzen, Tinnitus

St.: schräg (etwas aufwärts) 5 fen – 1 cun

LG 5 Abb. 92

„Hängende Türangel"
Xuan Shu (Süan Schu) engl.: Hsuan Shu frz.: Siuann Tchrou

Lok.: unter dem Dornfortsatz des ersten Lumbalwirbels

Ind.: Schmerzen in der Lendengegend und im Rücken, Dyspepsie, Enteritis, Diarrhoe

St.: schräg aufwärts 5 fen – 1 cun

LG 6 Abb. 92

„Mitte der Wirbelsäule"
Ji Zhong (Dji Dschung) engl.: Chi Chung frz.: Tsi Tchong

Lok.: unter dem Dornfortsatz des elften Thorakalwirbels

Ind.: Gelbsucht, Diarrhoe, Analprolaps bei Kindern, Hämorrhoiden, Epilepsie

St.: schräg (etwas aufwärts) 5 fen – 1 cun

* LG 6a Abb. 92

LG 6a (= LG 7 n. chin. T.)

„Mittlere Türangel"
Wie erwähnt, wurde dieser zusätzliche Punkt der chinesischen Tafeln als LG 6a bezeichnet, um bei den weiteren Punkten die bisher gewohnte Numerierung nach Bachmann beibehalten zu können.
Zhong Shu (Dschung Schu) engl.: Chung Shu frz.: Tchrong Tsu

* **Lok.:** unter dem Dornfortsatz des zehnten Thorakalwirbels

Ind.: Schmerzen in Lenden und Rücken, Magenschmerzen, Appetitlosigkeit, Sehschwäche

St.: schräg (etwas aufwärts) 5 fen – 1cun

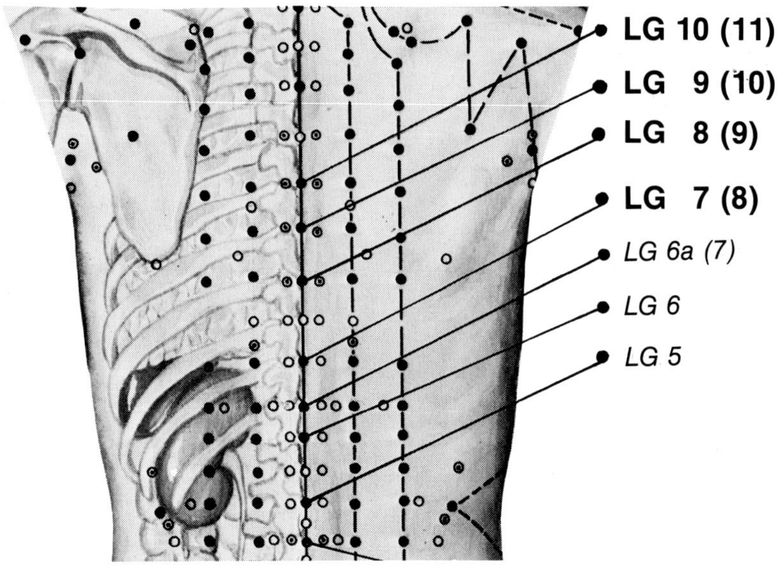

Ausschnitt aus Abb. 92: Rücken — Tafel II/25 — LG 7–10

LG 7 Abb. 92

LG 7 n. B. (= LG 8 n. chin. T.)

„Muskelstraffer"

Jin Suo (Djin Suo) engl.: Chin Shueh frz.: Tsinn Chou

Lok.: unter dem Dornfortsatz des neunten Thorakalwirbels*

Ind.: Schmerzen in Lenden und Rücken, Magenschmerzen, Neurasthenie, Epilepsie, Hysterie

St.: schräg (etwas aufwärts) 5 fen – 1 cun

LG 8 Abb. 92

LG 8 n. B. (= LG 9 n. chin. T.)

„Ankunft des Yang"

Zhi Yang (Dsche Yang) engl.: Chih Yang frz.: Tche Iang

Lok.: unter dem Dornfortsatz des siebenten Thorakalwirbels

Ind.: Cholecystitis, Magenschmerzen, Interkostalneuralgie, Schmerzen in Lenden und Rücken, Hepatitis

St.: schräg (etwas aufwärts) 5 fen – 1 cun

LG 9 Abb. 92

LG 9 n. B. (= LG 10 n. chin. T.)

„Geisterterrasse"

Ling Tai (Ling Tai) engl.: Ling Tai frz.: Ling Trae

Lok.: unter dem Dornfortsatz des sechsten Thorakalwirbels

Ind.: Asthma bronchiale, Bronchitis, Schmerzen in Lenden und Rücken, Magenschmerzen

St.: schräg (etwas aufwärts) 5 fen – 1 cun

---

* Die Lage der Punkte des LG-Meridians bei Bachmann unterscheidet sich geringfügig von den neuen chin. Angaben. (Namen bleiben gleich) Da diese bei Th 10 einen Punkt mehr als Bachmann haben, entstehen die hier angeführten unterschiedlichen Nummernangaben. (Siehe S. 217)

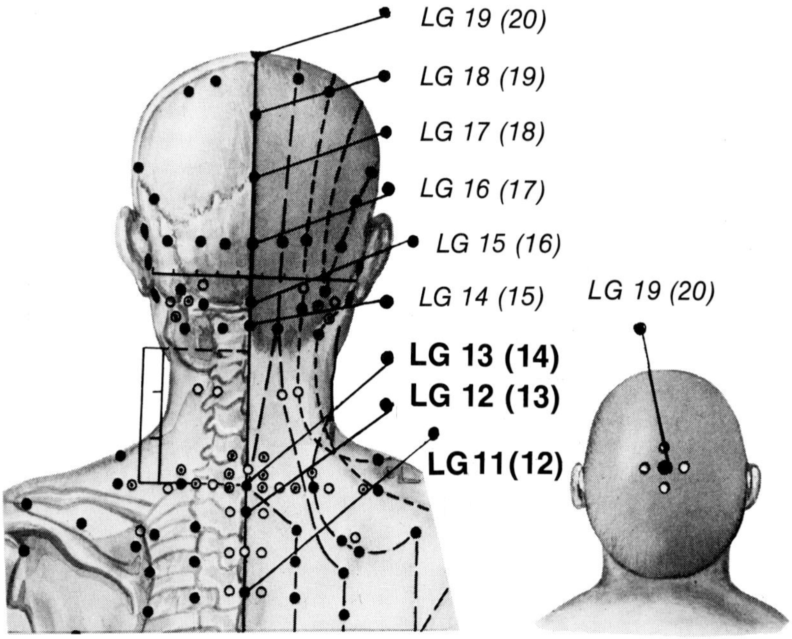

Abb. 93: Nacken Tafel II/15, 25 LG 11–19

LG 10 Abb. 92, 93

LG 10 n. B. (= LG 11 n. chin. T.)

„Göttlicher Weg"

Shen Dao (Schen Dau) engl.: Shen Tao frz.: Chenn Tao

Lok.: unter dem Dornfortsatz des fünften Thorakalwirbels

Ind.: Neurasthenie, Rückenschmerzen, Husten, Interkostalneuralgie, Malaria, Krämpfe bei Kleinkindern

St.: schräg (etwas aufwärts) 5 fen – 1 cun

■ LG 11 Abb. 93

LG 11 n. B. (= LG 12 n. chin. T.)

„Körpersäule"

Shen Zhu (Schen Dschu) engl.: Shen Chu frz.: Chenn Tchou

Lok.: unter dem Dornfortsatz des dritten Thorakalwirbels

Ind.: Bronchitis, Pneumonie, Schmerzen in Brust und Rücken, Geisteskrankheiten, Epilepsie bei Kleinkindern

St.: schräg (etwas aufwärts) 5 fen – 1 cun

LG 12 Abb. 93

LG 12 n. B. (= LG 13 n. chin. T.)

„Wandlungsweg"

Tao Dao (Tau Dau) engl.: Tao Tao frz.: Trao Tao

Lok.: unter dem Dornfortsatz des ersten Thorakalwirbels

Ind.: Malaria, Kopfschmerzen, Schmerzen und Verspannung im oberen Rückenteil und Nacken, Epilepsie, Geisteskrankheit

St.: schräg (etwas aufwärts) 5 fen – 1 cun

■ * LG 13 Abb. 93

LG 13 n. B. (= LG 14 n. chin. T.)

„Großer Wirbel"

(Bei BACHMANN Pae Lao, auch bei LITSCHAUER ist die chinesische Benennung unklar; Lage etwa ident mit LG 13 BACHMANN)

Da Zhui (Da Dschuee) engl.: Ta Chuei frz.: Pae Lao (n. BACHMANN)

*** Lok.:** zwischen dem Dornfortsatz des siebenten Zervikalwirbels und dem des ersten Thorakalwirbels

Ind.: Fieber, Wetterempfindlichkeit, Malaria, Nackensteife, Rückenschmerzen, Bronchitis, Asthma bronchiale, Lähmungen, Epilepsie, Geisteskrankheiten

St.: schräg (etwas aufwärts) 5 fen – 1,5 cun

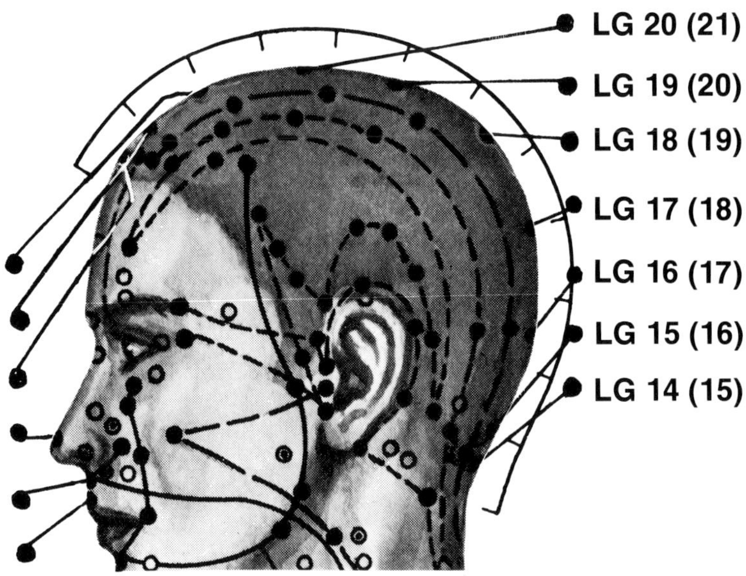

Abb. 94: Kopf (seitlich) Tafel III/18 LG 14–26

■ * LG 14 Abb. 93, 94

LG 14 n. B. (= LG 15 n. chin. T.)

„Tor des Schweigens"

Ya Men (Ya Men) engl.: Ya Men frz.: la Menn

* **Lok.:** 5 fen oberhalb der Mitte der Haaransatzlinie des Hinterkopfes (oder ½ cun unter 15^{B} = 16^{CH} Feng Fu zwischen Dornfortsatz C1–C2)

Ind.: zentrale Lähmungen, Kopfschmerzen, Epilepsie, Taubstummheit, Geisteskrankheiten

St.: senkrecht ODER: man nadelt in Richtung des Kehlkopfes 1–1,5 cun (man vermeide es, die Nadeln nach oben hin einzusetzen)

■ * LG 15 Abb. 93, 94

LG 15 n. B. (= LG 16 n. chin. T.)

„Windbezirk"

Feng Fu (Feng Fu) engl.: Fung Fu frz.: Fong Fou

* **Lok.:** 1 cun über der Mitte der Haaransatzlinie des Hinterkopfes, in der Vertiefung unter der Protuberantia occipitalis

Ind.: Grippe, Kopfschmerzen, Nackensteife, Geisteskrankheiten, Apoplexie

St.: senkrecht 5–8 fen

* LG 16 Abb. 93, 94

LG 16 n. B. (= LG 17 n. chin. T.)

„Gehirntür"

Nao Hu (Nau Hu) engl.: Nao Hu frz.: Nao Rou

* **Lok.:** 1,5 cun über LG 15^{B} = 16^{CH} auf der Protuberantia occipitalis

Ind.: Kopfschmerzen auf der Scheitelhöhe, Vertigo, Epilepsie

St.: schräg 5–8 fen

* LG 17 Abb. 93, 94

LG 17 n. B. (= LG 18 n. chin. T.)

„Ort der Kraft"

Qiang Jian (Tschiang Djiän) engl.: Chiang Chian frz.: Tsiang Tsienn

* **Lok.:** 1,5 cun über LG 16 oberhalb der Protuberantia occipitalis

Ind.: Kopfschmerzen, Nackensteife, Schwindel (okulär), Erbrechen

St.: schräg 5–8 fen

* LG 18 Abb. 93, 94

LG 18 n. B. (= LG 19 n. chin. T.)

„Hinterer Kopfhügel"

Hou Ding (Hu Ding) engl.: Hou Ting frz.: Reou Ting

* **Lok.:** 1,5 cun über LG 17 zwischen Protuberantia occipitalis und Lamdanaht

Ind.: Kopfschmerzen, Nackensteife, Schmerzen im Hinterkopf, Schwindel mit Augenflimmern

St.: schräg 5–8 fen

Lenker-Gefäß

---

* Siehe Anmerkung S. 218

■ * LG 19 Abb. 93, 94

LG 19 n. B. (= LG 20 n. chin. T.)

„Hundertfacher Sammler"

Bai Hui (Bai Hui) engl.: Pai Hui frz.: Pae Roe

*** Lok.:** 1,5 cun hinter LG 20 (5 cun von der Mitte der Haaransatzlinie) entspricht der kleinen Fontanelle, oder am Schnittpunkt der Sagittalen mit einer Linie, die beide Ohrspitzen verbindet.

Ind.: Kopfschmerzen, Schwindel, Neurasthenie, Anal- u. Uterusprolaps

St.: schräg 5 fen – 1 cun (oder: zu PaM 1 = (Si Shen Cong) durchstechen)

LG 20 Abb. 94

LG 20 n. B. (= LG 21 n. chin. T.)

„Vorderer Hügel"

Qian Ding (Tchien Ding) engl.: Chien Ting frz.: Tsienn Ting

Lok.: 1,5 cun vor LG 19 (höchster Scheitelpunkt)

Ind.: Kopfschmerzen auf der Scheitelhöhe, Schwindel, Rötung und Schwellung im Gesicht, Krämpfe bei Kleinkindern

St.: schräg 5–8 fen

LG 21 Abb. 94

LG 21 n. B. (= LG 22 n. chin. T.)

„Schädeldeckenpunkt"

Xin Hui (Hin Hui) engl.: Hsin Hui frz.: Tchroang Roe

Lok.: 1 cun hinter LG 22, bzw. 3 cun vor LG 19, Schnittpunkt der Medianen mit der Sutura coronalis (Große Fontanelle)

Ind.: Kopfschmerzen, Schwindel, Epistaxis, Krämpfe bei Kleinkindern (cave große Fontanelle!), behinderte Nasenatmung

St.: schräg 5–8 fen

■ LG 22 Abb. 94

LG 22 n. B. (= LG 23 n. chin. T.)

„Oberer Stern"

Shang Xing (Schang Hing) engl.: Shang Hsing frz.: Chang Sing

Lok.: 1 cun über der Mitte des Haaransatzes an der Stirne

Ind.: Kopfschmerzen, Augenschmerzen, Rhinitis, Epistaxis, behinderte Nasenatmung

St.: schräg 5–8 fen

■ * LG 23 Abb. 94

LG 23 n. B. (= LG 24 n. chin. T.)

„Göttlicher Hof"

Shen Ting (Schen Ting) engl.: Shen Ting frz.: Chenn Ting

Lok.: 5 fen über der Mitte der Haaransatzlinie der Stirne

Ind.: Stirn-Kopfschmerzen, Schwindel mit Augenflimmern, Rhinitis, Angst, Schlaflosigkeit

St.: schräg 5–8 fen

LG 24 Abb. 94

LG 24 n. B. (= LG 25 n. chin. T.)

„Einfaches Loch"

Su Liao (Su Liau) engl.: Su Liao frz.: Sou Tsiao

Lok.: Nasenspitze

Ind.: Epistaxis, Nasenfurunkel, Rhinitis, Schock, verlegte Nasenatmung, Rhinophym

St.: senkrecht 2–3 fen

■ LG 25 Abb. 94

LG 25 n. B. (= LG 26 n. chin. T.)

„Wassergraben"

Ren Zhong (Jen Dschung) Shui Gou (Schui Gou) engl.: Jen Chung (Shuei Ko) frz.: Choe Keou

Lok.: etwas über der Philtrummitte

Ind.: Schock, Kollaps, Hitzschlag, Ohnmacht, Hysterie, Lumbago, Epilepsie

St.: schräg (aufwärts) 3–8 fen

LG 26 Abb. 94

LG 26 n. B. (= LG 27 n. chin. T.)

„Oberer Lippenrand"

Dui Duan (Duee Duan) engl.: Ke Tuan frz.: Toe Toann

Lok.: an der Spitze des Philtrums (Mitte des Oberlippenrandes)

Ind.: Zahnschmerzen, Foetor ex ore, Aphthen

St.: schräg 2–3 fen

* Siehe Anmerkung S. 218

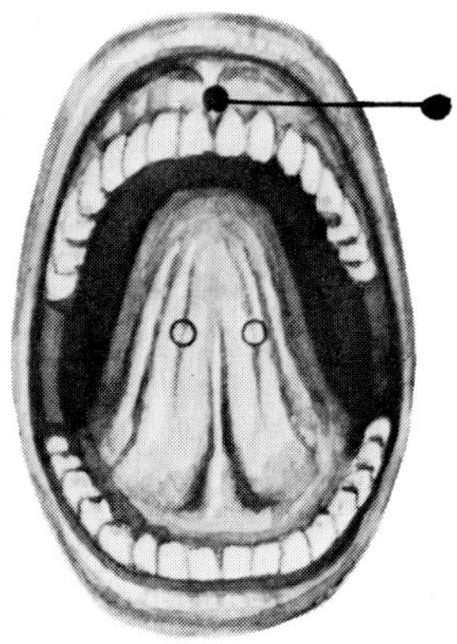

Abb. 95: Mund   Tafel I/13   LG 27

LG 27 Abb. 95

LG 27 n. B. (= LG 28 n. chin. T.)

„Zahnfleischpunkt"

Yin Jiao (Yin Djian) engl.: Ken Chiao frz.: Inn Tsiao

Lok.: am maxillaren Ansatz des Frenulum labii (zwischen den medialen Schneidezähnen) ODER: median, im Mittelpunkt des (oralen) Überganges der Oberlippenschleimhaut zum Oberkiefer

Ind.: Gingivitis, Stomatitis ulcerosa, Rhinitis, verlegte Nasenatmung

St.: senkrecht 2–3 fen (od. bluten lassen)

Lenker-Gefäß

DAS KONZEPTIONSGEFÄSS (KG) 24 P.

Das Gefäß des Empfangens

Ren Mai (Jen Mai) engl.: Jen Mo – Conception-Vessel (CV) frz.: Jenn Mo-Vaisseau Conception (VC)

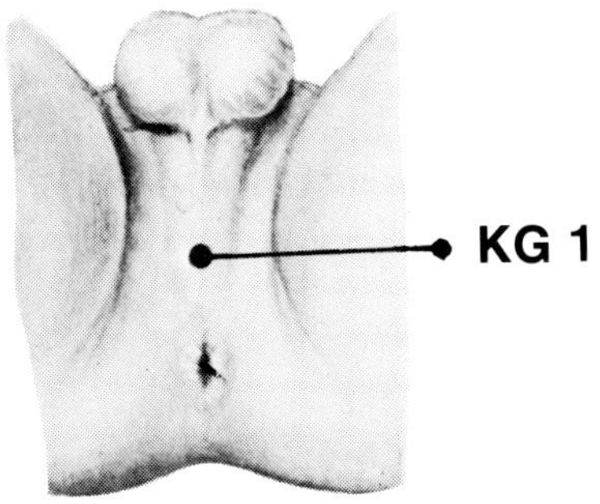

Abb. 96: Damm Tafel I/63 KG 1

KG 1 Abb. 96

„Yin Punkt"
Hui Yin (Hui Yin) engl.: Huei Yin frz.: Roe Inn

Lok.: auf der Dammitte zwischen Anus und Scrotum, bzw. der hinteren Kommissur der Vulva

Ind.: Hämorrhoiden, Urethritis, Vaginitis, Uterusprolaps, Zyklusstörungen, Schmerzen im Genitale

St.: senkrecht 5 fen – 1 cun

KG 2 Abb. 97

„Gebogener Knochen“
Qu Gu (Tchü Gu) engl.: Chu Ku frz.: Tsiou Kou

Lok.: 5 cun kaudal vom Nabel bzw. am Oberrand der Symphysenmitte
Ind.: Enuresis, Dysurie, Impotenz, Pollutionen, Leukorrhagie, Uterushypoplasie
St.: senkrecht 1–2 cun

■ KG 3 Abb. 97 Mu-P. d. B

„Mittlerer Gipfelpunkt“
Zhong Ji (Dschung Dji) engl.: Chung Chi frz.: Tchong Tsi

Lok.: (1 cun kranial von KG 2, resp.) 4 cun distal vom Nabel
Ind.: Krankheiten des Urogenitaltraktes (wie KG 4)
St.: senkrecht 1,5–2,5 cun

■ KG 4 Abb. 97 Mu-P. d. Dü

„Grenz-Ursprung“
Guan Yuan (Guan Yüän) engl.: Kuan Yuan frz.: Koann luann
Lok.: 3 cun unter dem Nabel in der Unterbauchfalte
Ind.: Schmerzen im Abdomen, Diarrhoe, Dysenterie, unregelmäßige Menstruation, Dysmenorrhoe, Leukorrhagie, Pelveoperitonitis, Impotenz, nächtliche Pollution, Enuresis, Dysurie, Urethrodynie, Ascariasis, Pollakisurie
St.: senkrecht 1,5–2,5 cun

KG 5 Abb. 97 Mu-P. d. 3 E

„Steintor“
Shi Men (Sche Men) engl.: Shih Men frz.: Che Menn

Lok.: 2 cun unter dem Nabel
Ind.: Ödeme, Meteorismus, Dysurie, Menorrhagie, Amenorrhoe, Leukorrhagie. (Nach Ansicht der Chinesen könnte das Nadeln dieses Punktes auch zu einer Uterusretroflexion und einer daraus resultierenden Sterilität bei Frauen führen)
St.: senkrecht 1,5–2,5 cun

■ KG 6 Abb. 97

„Meer der Energie“
Qi Hai (Tchi Hai) engl.: Chi Hai frz.: Tsri Rae

Lok.: 1,5 cun unter dem Nabel
Ind.: Meteorismus, Schmerzen im Abdomen, Zyklusstörungen, Enuresis nocturna, Neurasthenie, Pollutionen, Menorrhagie
St.: senkrecht 1,5–2,5 cun (bei allgemeiner Schwäche soll man Moxibustion verwenden)

KG 7 Abb. 97

„Yin Vereinigung“
Yin Jiao (Yin Djiau) engl.: Yin Chiao frz.: Inn Tsiao

Lok.: 1 cun unter dem Nabel
Ind.: Urethritis, Endometritis, Lochiorrhoe, starke Schmerzen nach der Geburt, Pruritis vulvae, Koliken, Zyklusstörungen
St.: senkrecht 1,5–2,5 cun

■ KG 8 Abb. 97, 98

„Göttliche Grenze“ oder: „Nabelmitte“
Shen Que (Schen Tchüo) Qi Zhong (Tchi Dschung) engl.: Shen Chuen frz.: Chenn Koann

Lok.: im Zentrum des Nabels
Ind.: Chronische Enteritis, chronische Dysenterie, Meteorismus, Ödeme, Schmerzen im Abdomen, Prolapsus ani
St.: Moxibustion, keine Nadelung!

KG 9 Abb. 97, 98

„Wasserverteilung“
Shui Fen (Schui Fen) engl.: Shuei Fen frz.: Choe Fenn

Lok.: 1 cun über dem Nabel
Ind.: Dysurie, Ödeme, geräuschvolle Darmperistaltik, Diarrhoe
St.: senkrecht 1–2,5 cun

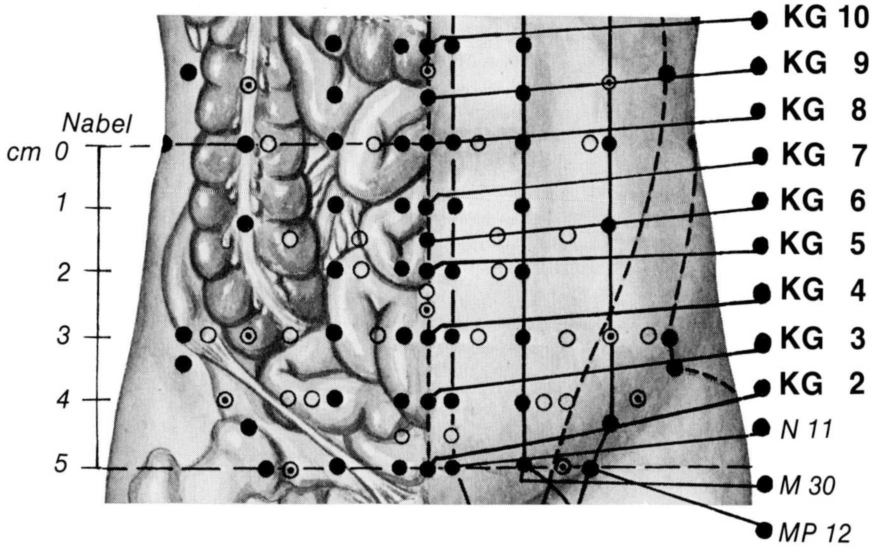

Abb. 97: Bauch (KG 8 = Nabel) Tafel I/32 KG 2–10

KG 10 Abb. 97, 98

„Unterer Kanal"
Xia Wan (Hia Wan) engl.: Hsia Wan frz.: Sia Koann

Lok.: 2 cun über dem Nabel
Ind.: Schmerzen in der Magengegend, Dyspepsie, Gastroptosis, Enteritis
St.: senkrecht 1–2,5 cun

KG 11 Abb. 98

„Niedergelassene Ortschaft"
Jian Li (Djian Li) engl.: Chien Li frz.: Tsienn Li

Lok.: 3 cun über dem Nabel

Ind.: Schmerzen in der Magengegend, Erbrechen, Dyspepsie, Peritonitis, Ödeme

St.: senkrecht 1–2,5 cun

■ KG 12 Abb. 98 Mu-P. d. M

„Mittlerer Kanal"
Zhong Wan (Dschung Wan) engl.: Chung Wan frz.: Tchong Koann

Lok.: 4 cun kranial vom Nabel

Ind.: Gastroduodenitis, Ulkuskrankheit, Meteorismus, Dyspepsie und Hypertonie, Neurasthenie, Erbrechen, Diarrhoe, Obstipation

St.: senkrecht 1,5–2 cun. Man kann auch bis zum KG 15, KG 10, M 21 usw. durchstechen. (Nach dem Essen soll nicht zu tief gestochen werden.)

■ KG 13 Abb. 98

„Oberer Kanal"
Shang Wan (Schang Wan) engl.: Shang Wan frz.: Chang Koann

Lok.: 5 cun kranial vom Nabel bzw. 2 cun kaudal von der Xiphoidspitze

Ind.: Gastroduodenitis, Ulkuskrankheit, Meteorismus, Brechreiz und Erbrechen, Singultus

St.: senkrecht 1–2 cun

■ KG 14 Abb. 98 Mu-P. d. H

„Machtgrenze"
Ju Que (Djü Tchüo) engl.: Chu Chueh frz.: Tsiu Koann

Lok.: 1 cun kaudal von KG 15 (Xiphoidspitze), 6 cun kranial vom Nabel

Ind.: Magenschmerzen, Erbrechen, Neurasthenie, Palpitationen

St.: 1 cun schräg nach unten

■ KG 15 Abb. 98

„Taubenschwanz"
Jiu Wei (Djiu Uee) engl.: Chiu Wei frz.: Tsiou Oe

Lok.: in der Medianlinie an der Xiphoidspitze entspricht 7 cun oberhalb des Nabels

Ind.: Schmerzen in der Herzgegend, Magenschmerzen, Singultus, Brechreiz und Erbrechen, Psychosen

St.: schräg (abwärts) 5 fen – 1 cun

KG 16 Abb. 98

„Mittlerer Hof"
Zhong Ting (Dschung Ting) engl.: Chung Ting frz.: Tchong Ting

Lok.: 1,6 cun distal vom KG 17 in der Medianlinie, Übergang vom Corpus sterni zum Processus xiphoideus in Höhe des 5. Interkostalraumes

Ind.: Asthma bronchiale, Bronchitis, Milcherbrechen bei Säuglingen, Erbrechen

St.: schräg 3–5 fen

■ KG 17 Abb. 98 Mu-P. d. KS.

„Brustmitte"
Tan Zhong (Shan Dschung) engl.: Shan Chung frz.: Trann Tchong

Lok.: auf der Medianlinie in Höhe des 4. Interkostalraumes, in der Mitte zwischen den beiden Mamillen

Ind.: Husten, Asthma bronchiale, Druckgefühl in der Brust (Thorax), Mastitis, Interkostalneuralgie, Laktationsmangel, Singultus

St.: quer (aufwärts oder abwärts) 5 fen – 1 cun (stechen in Richtung Brustansatz: bei Erkrankungen im Mammabereich; das Durchstechen zum KG 20 kann Asthma bronchiale günstig beeinflussen)

KG 18 Abb. 98

„Jadehalle"
Yu Tang (Yü Tang) engl.: Yu Tang frz.: Iu Trang

Lok.: median in Höhe des 3. Interkostalraumes, resp. 1,6 cun kranial von KG 17

Ind.: Bronchitis, Asthma bronchiale, Pleuritis, Erbrechen

St.: schräg 3–5 fen

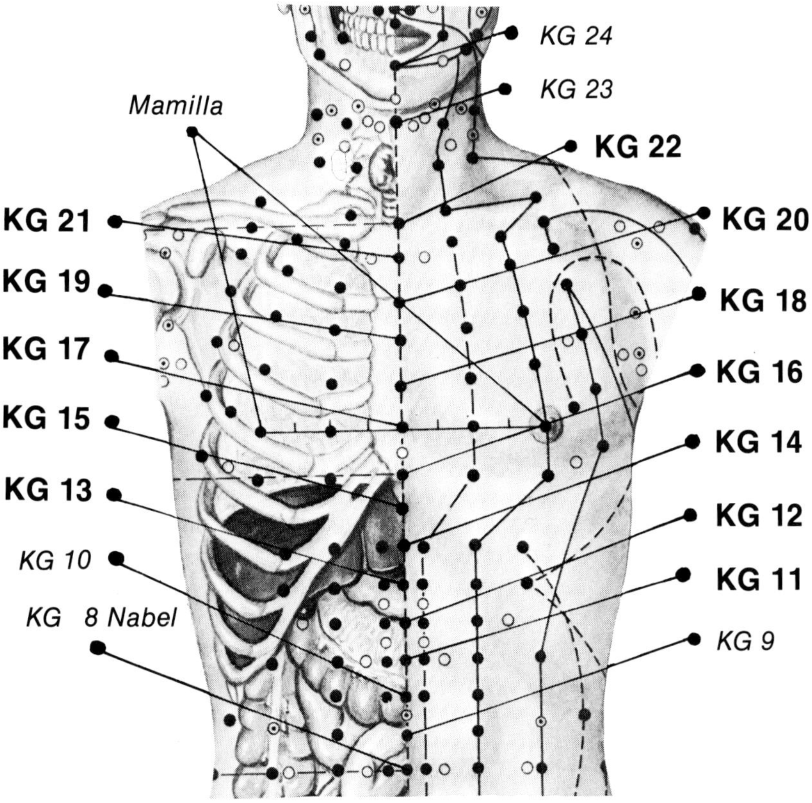

Abb. 98: Brust – Oberbauch Tafel I/12, 22, 32 KG 8–24

KG 19 Abb. 98

„Purpurpalast"
Zi Gong (Dse Gung) engl.: Tze Kung frz.: Tsre Tong

Lok.: median in Höhe des 2. Interkostalraumes, resp. 3,2 cun kranial von KG 17

Ind.: Bronchitis, Pleuritis, Lungen-Tbc

St.: schräg 3–5 fen

KG 20 Abb. 98

„Blumendecke"
Hua Gai (Hua Gai) engl.: Hua Kai frz.: Roa Kae

Lok.: 1 cun kranial von KG 19, in Höhe des Ansatzes der 2. Rippe an der Sychondrosis zwischen Manubrium und Corpus sterni

Ind.: Schmerzen im Thorax, Pharyngitis, Laryngitis, Asthma bronchiale, Husten

St.: schräg 3–5 fen

KG 21 Abb. 98

„Jadeperle"
Xuan Ji (Süan Dji) engl.: Hsuan Chi frz.: Siuann Tsi

Lok.: 1 cun kaudal von KG 22 auf dem Manubrium sterni in Höhe des Ansatzes der 1. Rippe

Ind.: Pharyngitis, Laryngitis, Schmerzen im Thorax, Husten, Asthma bronchiale

St.: schräg 3–5 fen

■ KG 22 Abb. 98

„Himmelspfad"
Tian Tu (Tien Tu) engl.: Tien Tu frz.: Tienn Trou

Lok.: in der Mitte der Incisura jugularis (in der Höhe des Ansatzes der Clavicula)

Ind.: Asthma bronchiale, Tracheitis, Pharyngitis, Struma, Erbrechen, Singultus

St.: senkrecht 2 fen, dann soll – nach chin. Angaben – die Nadel hinter dem Sternum 1,5–2 cun kaudalwärts geschoben werden

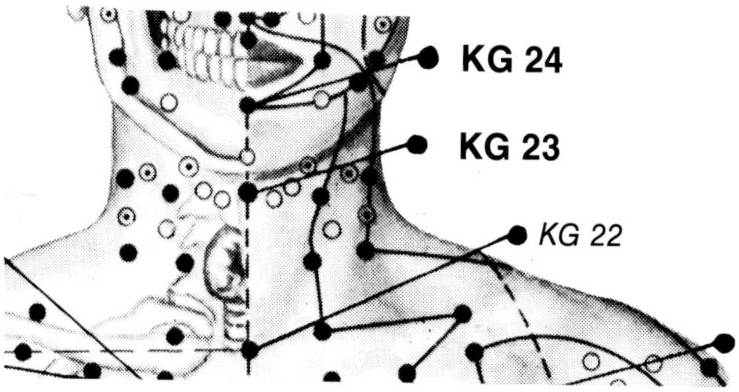

Ausschnitt aus Abb. 98: Hals (vorne) Tafel I/12 KG 22–24

■ KG 23 Abb. 98

„Seitliche Quelle"
Lian Quan (Liän Tchüan) engl.: Lien Chuan frz.: Lienn Tsiuann

Lok.: in der Mitte der Unterkante des Zungenbeinkörpers, also dort, wo die Unterkinngegend sich winkelig gegen den übrigen Hals absetzt (Incisura thyreoidea cranialis)

Ind.: Bronchitis, Laryngitis, Pharyngitis, Glossitis, vermehrter Speichelfluß, Asthma bronchiale, Stummheit

St.: schräg (etwas aufwärts) 5 fen – 1 cun

■ KG 24 Abb. 98

„Flüssigkeitsaufnahme"
Cheng Jiang (Tscheng Djang) engl.: Cheng Chiang frz.: Tchreng Tsiang

Lok.: in der Mitte der mentolabialen Furche

Ind.: bei Fazialislähmung, Trismus und Zahnschmerzen, beim Zervikalsyndrom, aber auch bei dem sogenannten zervikalen „Hexenschuß" bzw. der Nackensteife, Salivation

St.: schräg 3–5 fen

5. DIE HANDPUNKTE 18 P.*

Hand 1 Abb. 99

„Lenden-Bein-Punkt"
Yao Tui Dian (Yau Tuee Diän)

Lok.: Es sind 2 Punkte. Jeder ist 1,5 cun distal von der dorsalen Querfalte des Handgelenkes entfernt. Der eine Punkt liegt an der radialen Sehnenseite des Zeigefingers; der andere Punkt liegt an der ulnaren Sehnenseite des vierten Fingers
Ind.: Lenden-Beinschmerz; dieser Punkt zeigt einen guten Erfolg bei der Behandlung von „akuter" Verrenkung

Hand 2 Abb. 99

„Knöchelpunkt"
Huai Dian (Huai Diän)

Lok.: an der palmo-radialen Seite des Daumengrundgelenkes, an der Grenze vom „weißen" zum „roten" Fleisch
Ind.: rheumatische und traumatische Schmerzen im Sprunggelenksbereich

Hand 3 Abb. 99

„Brustpunkt"
Xiong Dian (Hiung Diän)

Lok.: an der palmo-radialen Seite des distalen Daumengelenkes (= PaM 92), an der Grenze vom „weißen" zum „roten" Fleisch
Ind.: Interkostalneuralgie, Herpes zoster thoracis, Contusio thoracis, Vomitus, Diarrhoe, Epilepsie

* Siehe auch Einleitung S. 6 („Sonderformen")

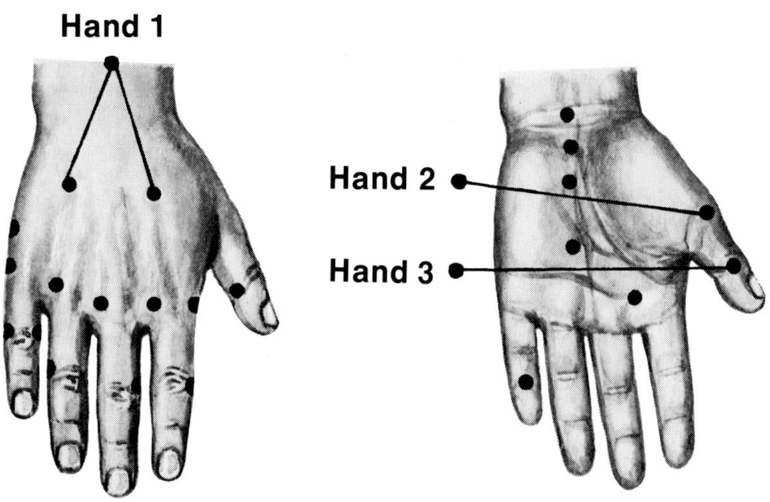

Abb. 99: rechter Handrücken und linke Handfläche Tafel II/56, 66

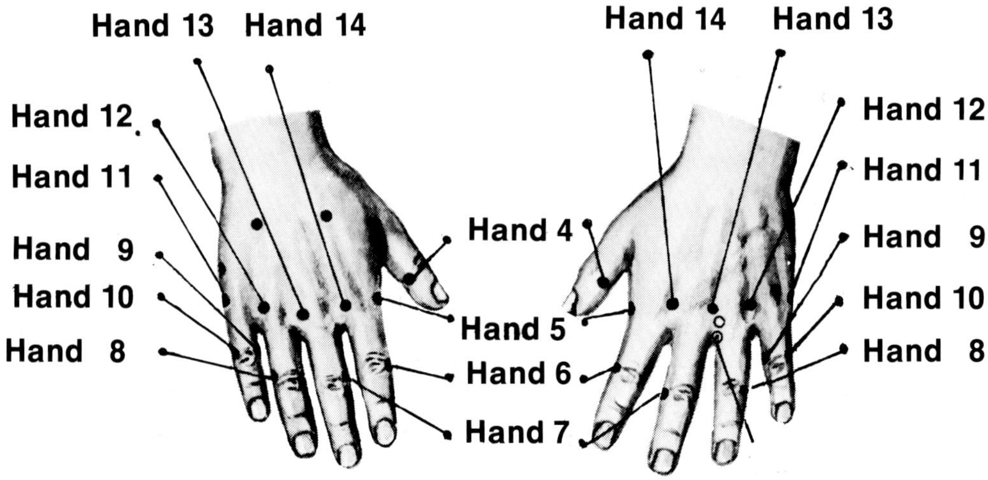

Abb. 100: Handrücken Tafel II/56 Hand 4–14

Hand 4 Abb. 100

„Augenpunkt"
Yan Dian (Yän Diän)

Lok.: an der Zeigefingerseite des distalen Daumengelenkes (= PaM 93)

Ind.: Konjunktivitis, Schmerzen verursacht durch Augenerkrankungen, Keratitis acuta, Hordeolum, Glaukoma acutum

Hand 5 Abb. 100

„Schulterpunkt"
Jian Dian (Djiän Diän)

Lok.: an der palmo-radialen Seite des Zeigefingergrundgelenkes, an der Grenze vom „weißen" zum „roten" Fleisch

Ind.: Periarthritis humeroscapularis, Schulterschmerzen infolge Unterkühlung

Hand 6 Abb. 100

„Vorderkopfpunkt"
Qian Tou Dian (Tchien Tou Diän)

Lok.: Daumenseite des proximalen Zeigefingergelenkes an der Grenze vom „weißen" zum „roten" Fleisch

Ind.: Stirnkopfschmerz, gastro-intestinale Spasmen, akute Gastroenteritis, Appendicitis, rheumatisch oder mechanisch bedingte Zehen- und Kniegelenksschmerzen

Hand 7 Abb. 100

„Scheitelpunkt"
Tou Ding Dian (Tou Ding Diän)

Lok.: an der Daumenseite des proximalen Mittelfingergelenkes, an der Grenze vom „weißen" zum „roten" Fleisch

Ind.: Kopfschmerzen auf der Scheitelhöhe (neuralgische)

Hand 8 Abb. 100

„Hemikraniepunkt"
Pian Tou Dian (Piän Tou Diän)

Lok.: an der Kleinfingerseite des proximalen Ringfingergelenkes, an der Grenze vom „weißen" zum „roten" Fleisch
Ind.: Migräne, Schmerzen im Thorax, in Leber und Milz, „Gallenkolik"

Hand 9 Abb. 100

„Perineumpunkt"
Hui Yin Dian (Huee Yin Diän)

Lok.: an der Daumenseite des proximalen Kleinfingergelenkes, an der Grenze vom „weißen" zum „roten" Fleisch
Ind.: Perinealschmerzen (z. B. infolge Furunculosis, Analfissuren)

Hand 10 Abb. 100

„Hinterkopfpunkt"
Hou Tou Dian (Hou Tou Diän)

Lok.: an der Außenseite des proximalen Kleinfingergelenkes, an der Grenze vom „weißen" zum „roten" Fleisch
Ind.: Okzipitalneuralgie, Hinterkopfschmerzen, Tonsillitis acuta, Wangen- und Armschmerzen, Aufstoßen

Hand 11 Abb. 100

„Wirbelsäulenpunkt"
Ji Zhu Dian (Dji Dschu Diän)

Lok.: an der Außenseite des Kleinfingergrundgelenkes, an der Grenze vom „weißen" zum „roten" Fleisch
Ind.: Distorsion der Wirbelsäule, nach Wirbelsäulenoperationen entstandene Lumbago, Kokzygodynie, Tinnitus und behinderte Nasenatmung

Hand 12 Abb. 100

„Nervus ischiadicus"
Zuo Gu Shen Jing Dian (Dse Gu Schen Djing Diän)

Lok.: dorsal, zwischen IV. und V. Fingergrundgelenk, näher dem IV., bzw. auf 3E Meridian
Ind.: Ischialgie, Coxitis, Schmerzen im Glutealbereich

Hand 13 Abb. 100

„Pharynx- und Larynxpunkt"
Yan Hou Dian (Yän Hou Diän)

Lok.: dorsal, zwischen III. und IV. Fingergrundgelenk, näher dem III.
Ind.: Tonsillitis acuta, Laryngo-Pharyngitis, Trigeminusneuralgie, Zahnschmerzen

Hand 14 Abb. 100

„Hals- und Nackenpunkt"
Jing Xiang Dian (Djing Hiang Diän)

Lok.: dorsal, zwischen II. und III. Fingergrundgelenk, näher dem II.
Ind.: Nackenschmerzen, Distorsion im HWS-Bereich (Verrenkungsschmerz), Zervikalsyndrom.

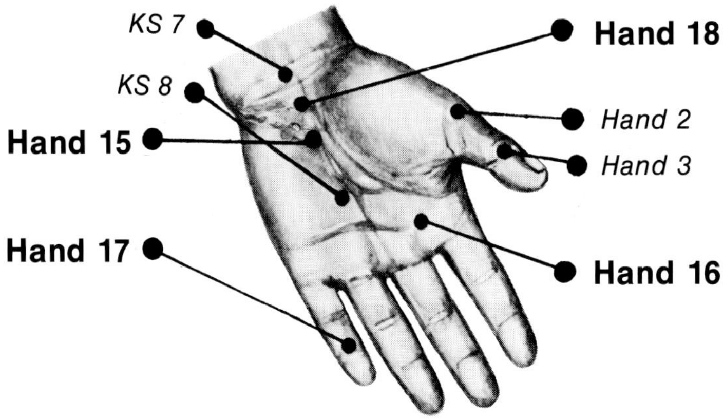

Abb. 101: Linke Handfläche Tafel II/66 Hand 15–18

Hand 15 Abb. 101

„Magen-Darmpunkt"
Wei Chang Dian (Uee Tschang Diän)

Lok.: im Mittelpunkt der Verbindungslinie KS 8/KS 7 (Lao Gong/Da Ling) volar

Ind.: akute und chronische Gastroenteritis, Ulcus ventriculi und duodeni, Ascariasis lumbricoides (im Gallentrakt), Dyspepsie

Hand 16 Abb. 101

„Husten- und Asthmapunkt"
Ke Chuan Dian (Ko Tschuan Diän)

Lok.: volar, an der ulnaren Seite des Zeigefingergrundgelenkes

Ind.: Bronchitis, Asthma bronchiale, neuralgische Kopfschmerzen

Hand 17 Abb. 101

„Nykturiepunkt"
Ye Niao Dian (Yä Niau Diän)

Lok.: volar, in der Faltenmitte über dem distalen Kleinfingergelenk

Ind.: Nykturie, Pollakisurie

Hand 18 Abb. 101

„Fersenpunkt"
Zu Gen Dian (Dsu Gen Diän)

Lok.: im Mittelpunkt zwischen KS 7 (Da Ling) und Hand 15 (Magen-Darmpunkt)

Ind.: Schmerzen im Fersenbereich

6. OHRAKUPUNKTUR[260/63/64/547] (Übersicht)

Die wichtigste und am weitesten ausgebaute Sonderform: die Akupunktur der Ohrmuschel (in Frankreich nach NOGIER als Auriculotherapie bezeichnet) beruht auf der Überlegung, daß sich in einem Körperteil, eben der Ohrmuschel, der ganze Organismus widerspiegelt, wie etwa die Projektion der Körperabschnitte in bestimmten Zentren der Großhirnrinde (bzw. des ZNS) als bekannt vorausgesetzt werden darf. Schon vor mehreren tausend Jahren war der günstige Einfluß auf manche Neuralgien (z. B. Hippokrates bei Ischialgie) durch Kauterisation der Ohrmuschel sowie der Anthelix bekannt. Nun zeigt die genaue Inspektion der Ohrmuschel besonders bei chronischen Erkrankungen öfters sichtbare Veränderungen wie Ekzeme, Schuppung, Rötung oder Rhagaden an bestimmten Punkten; es ist auch der elektrische Hautwiderstand verändert (dazu dienen die handelsüblichen Punktmeßgeräte). Experimentelle Untersuchungen am Kaninchenohr erzeugen nach intravenöser Injektion von Farbstoff Farbveränderungen an der Ohrmuschel, die den Stellen vorher gesetzter Terpentinabszesse entsprechen (dies unterbleibt nach zervikaler Sympathektomie). Ebenso läßt sich eine experimentell erzeugte Peritonitis am Kaninchenohr nachweisen[266/268]. Bei Versuchspersonen (besonders bei Jugendlichen) führt eine leicht schmerzhafte Quetschung der Haut nach etwa 15 Minuten zur deutlichen Zunahme der Sensibilität und Herabsetzung des elektrischen Hautwiderstandes im entsprechenden Ohrmuschelabschnitt. Die nun schon seit einigen Jahrzehnten beobachteten Veränderungen der immer wieder gleichen Punkte am Ohr bei Erkrankungen der entsprechenden Körperregionen haben schließlich zu einer ausgedehnten Ohrmuschelkartographie geführt, welcher sich die Ohrakupunktur bedient (NOGIER).

Wie man aus dem angeführten Indikationsverzeichnis ersehen kann, ist der Behandlungsumfang dieser Sonderform der Akupunktur fast so groß wie der der Körperakupunktur[257]. Auch die Akupunkturanalgesie[242] bedient sich in mehr als der Hälfte der Fälle der Ohrakupunktur, vor allem bei großen Operationen und besonders bei Schockzuständen. Die Akupunkturanalgesie ist auch der deutlichste Nachweis dafür, daß nicht nur Krankheiten des Organismus in der Ohrmuschel ihren Niederschlag finden, sondern daß man umgekehrt von diesen Punkten aus pathologische Prozesse des Körpers mittels der Ohrakupunktur oft sehr rasch günstig beeinflussen kann. Die Vielzahl der Reizarten und der oftmals plötzlich eintretende Behandlungseffekt sprechen für einen nervalen Mechanismus. Die sensible Innervation der Ohrmuschel erfolgt nach den Angaben der Anatomen über den N. trigeminus, N. vagus und die ersten Zervikalnerven[308]. Nach neurologischen Beobachtungen sind auch Äste des N. glossopharyngeus und N. facialis daran beteiligt. Wesentlicher für Ohrakupunktur ist u. E. vielleicht die vegetative Innervation des Ohres; die sympathische Innervation erfolgt längs der Gefäße. So liegt z. B. P. 55 (Shen Men – Tor der Götter) an der oberen Anthelixwurzel an jener Stelle, wo die Gefäße durch den Knorpel durchtreten. Die parasympathische Innervation ist noch weniger erforscht, aber die STURGE-WEBERsche Krankheit (das Auftreten von umschriebenen Gefäßnaevi und Verkalkungen von Hirngefäßabschnitten) zeigt Zusammenhänge zwischen Haut und Gehirn über die parasympathischen Gefäßnerven[398/399/400].

Indikationsverzeichnis der Ohrakupunktur*

1. Infektionskrankheiten: Influenza, Varizellen, Parotitis epidemica, akute und chronische infektiöse Hepatitis, Pertussis, Ruhr, Lungentuberkulose, Malaria.

* wurde von uns in einer Monographie schon ausführlich dargestellt (KÖNIG-WANCURA: Einführung in die chinesische Ohrakupunktur, Haug-Verl. 1973, 10. Auflage 1995).

2. Erkrankungen des Magen-Darm-Traktes: Gastroduodenitis, Ulcus ventriculi, Ulcus duodeni, Ptosis ventriculi, Magenkrämpfe, nervöse Funktionsstörungen des Magen-Darm-Traktes, „Zwerchfellkrämpfe", Enterokolitis, Obstipation, Meteorismus, Darmkolik, vegetative Störungen des Magen-Darm-Traktes, Kolitis, Darmtuberkulose, Dyspepsie, „Übelkeit und Erbrechen", Diarrhoe.

3. Erkrankungen des Respirationstraktes: Bronchitis, lobäre Pneumonie, Bronchopneumonie, Asthma bronchiale, Lungenemphysem, Pleuritis, Pleuraadhäsionen, Husten.

4. Herz- und Kreislauferkrankungen: Myokarditis, rheumatische Karditis, Rhythmusstörungen des Herzens, Hypertonie, Hypotonie, „Pulslosigkeit", „Gefäßentzündung", Durchblutungsstörungen der Akren, „Druckgefühl" in der Brustregion.

5. Blutkrankheiten: Eisenmangelanämie, Verminderung der weißen Blutkörperchen, Hämatome bei Thrombozytenmangel.

6. Erkrankungen der Harn- und Geschlechtsorgane: akute Nephritis, Nephropathie, Pyelonephritis. Niereninsuffizienz, Hämaturie, Pollakisurie, Harnretention, Inkontinenz, Impotenz, Ejaculatio praecox, Orchitis, Epididymitis, Prostatitis, Nephrolithiasis, Zystitis.

7. Erkrankungen der inneren Sekretion: hypophysärer Zwergwuchs, Hypothyreose, Hyperthyreose, Diabetes insipidus, Morbus Sheehan, „innersekretorische Dysregulation", Gynäkomastie.

8. Erkrankungen des Bewegungsapparates: Periarthritis humeroscapularis, rheumatoide Arthritis, „Reibegeräusche im Gelenk", „Nackensteifigkeit", (Zervikalsyndrom?), „Verdickung der Wirbelsäule", „Erweichung der Patella", Fraktur, Verrenkungen, Verstauchungen, habituelle Luxation, „Knöchelsporn"

9. Neurologische und psychiatrische Erkrankungen: Trigeminusneuralgie, Fazialisparese, „Gesichtsspasmus", Morbus Ménière, Interkostalneuralgie, Polyneuritis, Ischias, amyothrophe Lateralsklerose, zerebellare Ataxie, Epilepsie, Spätfolge nach Commotio cerebri, Spätfolge nach Meningitis, Spätfolge nach Kinderlähmung, Spätfolge nach Hirnblutungen, „ungenügende Entwicklung des Großhirns", Hemikranie, Hyperhydrosis, Kopfschmerzen in Verbindung mit Schwindelgefühl, Schlaflosigkeit, Neurasthenie, „Muskelschwäche", hysterische Lähmung, hysterische Aphasie, Schizophrenie, „Halluzinationen".

10. Chirurgische Erkrankungen: Furunkel, Karbunkel, Gangrän, Phlegmone, Erysipel, Mastitis, akute und chronische Appendizitis, Cholelithiasis, chronische Cholezystitis, chronische Pankreatitis, paralytischer Ileus, innere und äußere Hämorrhoiden, Fissura ani, Rectumprolaps.

11. Gynäkologische Erkrankungen: Dysmenorrhoe, Amenorrhoe, Fluor, „dysregulatorische Uterusblutung", Endometritis, Descensus uteri, chronische Pelvitis, Adnexitis, bei starken Schmerzen postpartal, Pruritus vulvae.

12. Augenkrankheiten: Hordeolum, Konjunktivitis, Optikusatrophie, Grüner Star, Papillitis, Nachtblindheit, Myopie, Astigmatismus.

13. Hals-, Nasen-, Ohrenerkrankungen: Tinnitus, Schwerhörigkeit, Furunkel am äußeren Gehörgang, Mittelohrentzündung, Rhinitis, atrophische Rhinitis, allergische Rhinitis, Nasenbluten, Ulcus vestibuli nasi, Pharyngitis chronica, Laryngitis chronica, Heiserkeit, Tonsillitis acuta, Ödem der Uvula, „Taubheit".

14. Erkrankungen der Mundhöhle: Karies, Parodontitis, Parodontose, Stomatitis, Glossitis.

15. Hauterkrankungen: Follikulitis, „gewöhnliche Geschwüre", Frostbeulen, Ekzeme, Ekzeme der Kinder, allergische Dermatitis, Urtikaria, Pruritus, Neurodermitis, „Verhärtung der Haut", seborrhoische Dermatitis, Haarausfall, Alopecia areata, Rhinophym, Erythema solaris.

16. Andere allgemeine Indikationen: Sonnenstich, Schock, „Rausch", Nausea, Ödeme unklarer Genese, „unklare Untertemperatur", Lymphknotenschwellungen.

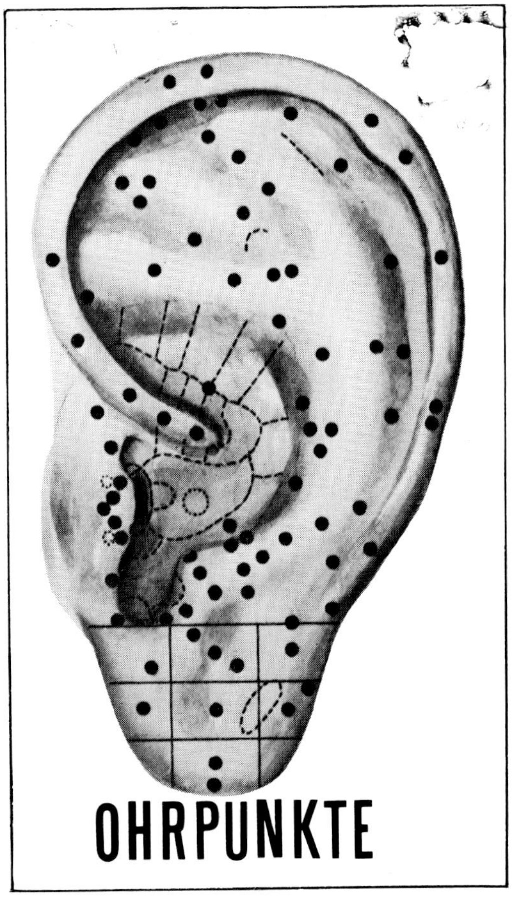

Abb. 102:
Die Lage der 110 Ohrpunkte an der Vorderseite der Ohrmuschel nach den chinesischen Tafeln.

IV. ALPHABETISCHES REGISTER DER INDIKATIONEN

Dieses Verzeichnis enthält jene Punkte, die in den „Erläuterungen der Akupunktur-Tafeln" angeführt wurden. Meistens handelt es sich bei diesen Indikationen um Krankheitsbegriffe der modernen Medizin.
Die ausschließliche Anwendung dieses Registers für die Praxis der Akupunktur genügt jedoch nicht, um zufriedenstellende Resultate mit Akupunkturtherapie zu erzielen. Für die Anwendung der in China üblichen Akupunktur im Rahmen der traditionellen Medizin ist die Kenntnis der traditionellen Krankheitsbegriffe nötig, die durch traditionelle Diagnosemethoden gewonnen werden.
Dieses für eine wirkungsvolle Akupunkturtherapie überaus wichtige Wissen wurde von den Autoren in den bis jetzt erschienenen 3 Bänden: Praxis und Theorie der Neuen Chin. Akupunktur dargestellt.
Band 1: Konstitutionslehre, Krankheitslehre, Bewegungsapparat
Band 2: Kopfschmerzen, vegetative Störungen, innere Krankheiten
Band 3: Ohrakupunktur

Man beachte in der Einleitung die Erläuterungen zum Indikationsverzeichnis (S. 6)
1. Diagnosestellung, vor der Behandlung
2. Keine Monomanie, sondern zusätzliche medikamentöse, physikalische und operative Maßnahmen
3. Kombination mit Sonderformen der Akupunktur
4. Besondere Vorsicht bei chirurgischen Fällen wegen der Gefahr des versäumten Operationstermins
5. Psychiatrische Fälle sollten nur gemeinsam mit einem Psychiater behandelt werden (Suizidgefahr)

Alle im folgenden angeführten Punkte sind Ergänzungspunkte zu den nach trad. chin. Regeln ausgewählten Akupunkturpunkten.

Abdominelle Schmerzen
1. in Nabelgegend
2. im Oberbauch
3. im Unterbauch
PaM 41, 62, 71
Di 8, 9, 10
M 22, 26, 27, 37, 43
MP 2, 6, 9, 13, 14, 15, 16
N 19, 20
Le 4
KG 4, 6, 8 (keine Nadelung, nur Moxibustion!)
1. in Nabelgegend
MP 14, M 37
2. im Oberbauch
B 46, M 36
3. im Unterbauch
Neu-P. 39
PaM 140, 150
MP 15, MP 6
B 16, 43
N 10, 15
G 27, 28, 29
Le 9, 12, 13

Adnexitis
siehe Genitalerkrankungen

Amenorrhoe (und Hypomenorrhoe)
siehe Menstruationsstörungen

Angina
siehe Tonsillitis

Angina pectoris – Schmerzen in der Herzgegend
H 9 Angina pectoris
H 4, 5, 6
KS 3, 4, 6
KG 15, 17, „XIN PIN"
(H 4, 5, 6; KS 3, 4, 6; KG 15, 17, „XIN PIN": Schmerzen in der Herzgegend)

Anurie
siehe Harnretention

Aphasie
siehe Sprachverlust

Aphthen
siehe auch Stomatitis
LG $25^{B} = 26^{CH}$

Apoplexie
siehe Lähmungen

Appendicitis, akute und chronische
PaM 142
MP 13, 6, M 36, 37
Hand 6

Appetitlosigkeit
PaM 36, 37, 64, 70 (Moxibustion), 101 (Moxibustion)
M 22
N 17 (Appetitmangel)
LG 6a

Armschmerzen siehe auch Neuralgien am Unterarm
Neu-P. 73
PaM 116 und 117 (Unterarm)
Di 10, 11, 13, 14, 15
H 3 (Schmerzen im Gebiet des N. ulnaris)
Dü 2, 3, 5 (Armaußenseite)
KS 5
3 E 7 und 9 (Oberarm), 5, 12, 13, 14
3 E 8, 12

Arrhythmie siehe auch Tachykardie, siehe auch „Herzklopfen"
B 15, KG 15, H 7, KS 6

Arthritis (siehe auch Gelenkserkrankungen und Gelenksschmerzen)
B 11 (bei allen Gelenksentzündungen)
M 2 (Kiefergelenk)
G 2 (Kiefergelenk), G 7 (Kiefergelenksschmerzen)

Asthma bronchiale
Neu-P. 45, 46, 49
PaM 30, 32, 33, 53, 57, 59, 61, 85
Lu 1, 2, 3, 5, 6, 7 (besonders, wenn der Hustenreiz im Vordergrund steht)
Lu 8, 9, 10
Di 4, 6, 11
M 9, 10, 11, 12, 13, 15, 16, 25
Dü 15
B 13, 17, 20, 23, 25
N $5^{B} = 3^{CH}$
KS 6 (besonders, wenn der Hustenreiz im Vordergrund steht)
G 20, 34, 40
LG $13^{B} = 14^{CH}$
KG 16, 17, 18, 20, 22, 23
Hand 16

Astigmatismus
siehe Refraktionsanomalien

Atrophia n. optici
siehe Optikusatrophie

Aufstoßen
PaM 38
N 21
G 23 (saures)
Hand 10

Augenerkrankungen
Neu-P. 72, 80
PaM 3, 7, 9, 100 (Moxibustion), 102 (Moxibustion)
PaM 103, 104, 106 (Moxibustion)
Di 4, 14
M $5^{B} = 2^{CH}$
Dü 1
B 3, 18
3 E 21, 13
G 14, 15, 16, 20, 37 und ev. folgende Zusatzpunkte:

Augenflimmern
PaM 110, 111
M $1^{B} = 8^{CH}$
B 4, 5, 58, 64, 65, 66
3 E 20 („Nebel vor den Augen")
G 17

Augenkatarakt
Neu-P. 3, 7, 53
PaM 8, 13
M $4^{B} = 1^{CH}$
B 1

Augenschmerzen
PaM 140
Di 3, 5
M $1^{B} = 8^{CH}$
B 58
G 11
LG $22^{B} = 23^{CH}$
Hand 4 (nur die Schmerzen der Augenerkrankungen)

Hornhauttrübung
Neu-P. 1, 2, 4, 5, 9, 10
PaM 91 (Moxibustion)
Dü 2

„verschwommenes Sehen"
PaM 4
LG 6a (Sehschwäche)

Tränensackentzündung
Neu-P. 3, 5

Tränen bei Wind
Neu-P. 1, 2
PaM 8
M $1^{B} = 8^{CH}$, $4^{B} = 1^{CH}$
B 1

Rötung der Augen
B 2

Tränenfluß
B 2

Keratitis
G 1
Hand 4 (Schmerzen, bedingt durch Keratitis acuta)

Konjunktivitis
PaM 6, 8 (akut und chron.), 10 (granulosa), 12
PaM 58 (Moxibustion) (akut), 93
M $4^{B} = 1^{CH}$
B 1, 2
3 E 2
Hand 4 (Schmerzen, bedingt durch akute Konjunktivitis)

Augenmuskellähmung
siehe: Lähmung der Augenmuskeln

Auswurf, starker
Di 18, M 40, KG 12

Bauchschmerzen
siehe abdominelle Schmerzen

Beinödeme
siehe Ödeme

„Bein"-Schmerzen / Schmerzen der unteren Extremitäten
Neu-P. 100, 103 (an den dorso-lateralen Partien)
PaM 75, 77 (für alle Fußerkrankungen), 84, 144 (Moxibustion; im Bereich der Tibia), 157
B $54^{B} = 40^{CH}$, 56 (Unterschenkel), 57, 58
G 35 und 36 und 37 (im lateralen Unterschenkel)
Le 5 (Schmerzen im Unterschenkel)
Le 8 und 11 und 12 (an der medialen Seite)
Hand 12 (Hüftschmerzen)

Bewußtlosigkeit siehe auch Ohnmacht, siehe auch Kollaps
PaM 86
N 1, LG $25^{B} = 26^{CH}$, KS 9

Blepharitis
PaM 2, 5, 6, 14

Bronchitis und Husten (s. auch Dr. Ho)
Neu-P. 45, 46, 49
PaM 30, 31, 32, 33 (chronisch), 51, 53, 56, 57, 59
PaM 60 (mit blutigem Sputum), 62
Lu 1, 2, 4, 5, 6, 7, 9, 10, 11
Di 18, 6
M 13, 14, 15, 16, 36, 40 (viel Sputum)
MP 6, 18, 20
Dü 15
B 8, 11, 12, 13, 37, 38, 39
N $4^{B} = 5^{CH}$, $5^{B} = 3^{CH}$, 22, 23, 24, 25, 26, 27
KS 2, 6
LG 9, 10, 11, 13
KG 16, 17, 18, 19, 20, 21, 23
Hand 16

Brustfellentzündung
siehe Pleuritis

„Brustschmerzen"
siehe Schmerzen im Thoraxbereich
siehe Herzschmerzen

Cephalaea
siehe Kopfschmerzen

Cheilitis (schmerzhafte Schwellung der Lippen und der Wangen)
M $6^{B} = 3^{CH}$, $8^{B} = 5^{CH}$ (geschwollene Wange)
Hand 10 (Wangenschmerzen)
Di 4, Lu 7, M 36, Di 11

Cholecystitis
siehe Gallenblasenentzündung

Colitis (siehe auch Dr. Ho)
M 39 (akute und chronische Enterokolitis)
B 21, 22, 25, 26

Contusio thoracis
siehe Schmerzen im Thorax
siehe auch Verrenkungsschmerz
Hand 3, G 34, 40; Le 3, 5; 3 E 6, 3 E 5

Coxitis
siehe Hüftschmerzen

Cystitis
PaM 46, 71
M 27, 28
B 26, 28, 49, 52, 58
N $5^{B} = 3^{CH}$
G 26, 29, Le 8
KG 4, MP 6

Darmentzündung
siehe Diarrhoe
siehe Enteritis

Darmgeräusche
siehe Darmperistaltik

Darmkrämpfe
siehe auch Koliken
Di 9
M 16, 22, 25, 37, MP 6
Hand 6 (Magen-Darmkrämpfe)

Darmatonie
M 25

Darmparasiten (Würmer)
MP 15

Darmperistaltik (geräuschvolle)
PaM 41
B 16, 43 (Hyperperistaltik)
N 19
KG 9

Descensus uteri
siehe Prolapsus uteri

Diarrhoe
Di 10
M 16, 22, 34, 36, 37
MP 3, 4, 6, 14, 15
B 28, 35, 43, 44
N 7, 8, 13, 14, 20, 21
Le 13
LG 3, 5, 6
KG 4, 9, 12
Hand 3

Diarrhoe beim Kind
PaM 44 (Moxibustion)

Distorsion der Wirbelsäule
siehe auch Verrenkungsschmerz
Hand 11

Druckgefühl in der Brust (Thorax)
PaM 118
Lu 2, KS 6
B 14, 15, 17
KG 17 (verbunden mit Schmerzen)
Durchblutungsstörungen der unteren Extremitäten u. a.
Neu-P. 41 (und Lähmung der unteren Extr.)
PaM 83
MP 7 (und Lähmung der unteren Extr.) MP 6, M 36
Durchfall
siehe Diarrhoe
Dysenterie
M 25, 27, 44, 37
MP 3, 6, 9, 16
KG 4, 8 (Moxibustion) (chronische)
Dysmenorrhoe
siehe Menstruationsstörungen
Dyspepsie
Neu-P. 51
PaM 36, 37, 38, 39, 65, 69, 94 (beim Kleinkind)
PaM 109
Di 5 (bei Kindern)
M 36, 45
MP 4, 5, 6, 16
B 21, 22, 42, 44, 66
Le 14
LG 5
KG 10, 11, 12
Hand 15
Dysphagie (schmerzhafte Schwellung in der Schlundgegend)
siehe auch Laryngo-Pharyngitis
M 9, 10, 11, 12
Di 4, Lu 7
Dyspnoe
siehe auch Asthma bronchiale
Dysurie
siehe auch Miktionsstörungen
MP 9, 6
H 8, 7
Le 5, 8, 3
KG 2, 4, 5, 9
Ejaculatio praecox
PaM 45
MP 6
Ekzeme des Unterschenkels
siehe Hauterkrankungen
Ellenbogen und Armschmerzen
PaM 123, 124 (im Ellenbogen)
Lu 5 (im Ellenbogen)
Lu 6 (schmerzhafte Streckhemmung des Ellenbogens)
Di 8, 12 (Oberarm), 13, 4, 10, 11
H 1 (Schmerzen und Kältegefühl am Oberarm und Ellenbogen), 3
Dü 7 (und Finger), 11 (nur Ellenbogen)
KS 3
3 E 1, 5, 10, 12, 14
Endometritis
PaM 49
M 29
MP 12, 6, 10
B 30, 32
G 26, 27, 28, 29
LG 4
KG 7, 6, 4
Endocarditis
B 16, 42, 15, H 7
Enteritis
siehe auch Diarrhoe
siehe auch Darmkrämpfe
Neu-P. 38
PaM 38, 39, 42, 65, 69, 70 (Moxibustion),
PaM 80, 159
M 25, 37, 36
MP 5, 6
B 20, 21, 22, 25, 26, 29, 48
LG 3, 5
KG 8 (Moxibustion, keine Nadelung!) (chron.)
Hand 6 und 15 (beide Gastroenteritis)
Entzündung des Kniegelenkes
siehe Gonarthritis
Enuresis
Le 1, 3, H 7
LG 4
KG 2, 4, 6
PaM 1
M 36
MP 6
Epilepsie
PaM 1, 31, 65, 79, 86, 130, 149
M 36, 42
Dü 8
B 3, 5, 62, 63, 64, 65
N 1, 9
KS 5, 6
3 E 7
G 9, 15
LG 6, 7, 11 (bei Kleinkindern), 12, 13, 14, 16, 25
Hand 3
Epistaxis
siehe Nasenbluten
Erbrechen
PaM 2, 31 (fördert das Erbrechen), 62, 139
M 24
MP 3, 4
Dü 4
B 17 (nervös bedingt), 37, 40, 41, 44, 45
N 20, 21, 24, 25, 26, 27
KS 5, 6 (auch bei Brechreiz und Übelkeit)
3 E 19
G 25
Le 13
LG 17
KG 11, 12, 13 und 14 (beide bei Brechreiz), 15, 16, 18, 22
Hand 3

Erkältung
B 6, 12, 13
G 20 (Grippe)
Di 4, Lu 7, M 36
Erste Hilfeleistung
PaM 86, LG $25^{B} = 26^{CH}$, N 1
„Fallfuß“
siehe Lähmung der unteren Extremitäten
„Fallhand“
siehe Lähmung des Handrückens
Fazialisparese
Neu-P. 25
PaM 6, 7, 17 (auch Fazialisspasmus), 18, 19
Lu 7
Di 2, 4, 6, 19, 20
M 2, 3, 5, 6, 7, 8, 45, 36
Dü 18
3 E 17, 21, 22, 3 E 5
G 2, 3, 4, 12, 13, 14, 20
KG 24
Fersenschmerzen
B 60
N $6^{B} = 4^{CH}$
Hand 18
Fieber
Lu 10 (senkend, sehr wirksam lt. Mitt.)
Di 1, 2, 4, 11 (fiebersenkend)
Dü 2, 5
KS 5
3 E 1
LG $13^{B} = 14^{CH}$, $15^{B} = 16^{CH}$ (Grippe)
Fieber mit mangelnder Schweißbildung
PaM 103, 104
MP 2
Fluor
MP 6
B 32
N 12
Fluor albus
PaM 48, 140, 150
KG 2
Furunkel u. a.
PaM 18 (Lippe)
PaM 116 (der Hand und des Armes)
PaM 132 (an den Beinen)
B $50^{B} = 36^{CH}$ (am Gesäß)
Fußschmerzen
PaM 130 (Zehen), 132 und 134 (Fußsohle)
M 41 (Sprunggelenk), 42 und 43 (Fußrücken)
MP 5 (Knöchel)
B 60 (Fersenschmerzen), 61 (Knöchel)
B 62 und 63 (Sprunggelenk)
N $6^{B} = 4^{CH}$ (Ferse)
Hand 2 (Knöchel), 18 (Ferse)
Fußrückenschmerzen
M 42, 43
Fußsohlenschmerzen
PaM 132, 134
Gallenblasenentzündung
Neu-P. 92, 99
PaM 63 und 64 (Erkrankungen der Gallenblase)
PaM 152
Dü 4
B 19
G 24, 34
LG 8
Gastralgie
siehe Magenschmerzen
Gastroduodenitis (S. auch Dr. Ho)
PaM 36, 37, 38, 66 (Entzündung des Magen-Darmtraktes)
M 20, 21, 25, 28, 36
MP 5, 6
B 20, 21, 25
KG 12, 13
Gastroenteritis
siehe auch Enteritis
siehe auch Magenerkrankungen
Hand 6, 15
Gastroptosis
siehe auch Magenerkrankungen
B 21
KG 10, 12, 13
M 36, MP 6
Geburtserleichterung
PaM 72, 81, 135 und 139 (schwere Geburt)
N 14, 18
B 67 (Moxibustion)
KG 7 (starke Schmerzen nach der Geburt)
Gefühllosigkeit in den Fingern
siehe Parästhesie
Geisteskrankheiten
siehe Psychosen
Gelenksschmerzen (siehe Band 1 Praxis und Theorie der N.C.A.)
Neu-P. 65 (bei allen Gelenksschmerzen)
PaM 53 (bei allen Gelenksschmerzen der oberen Extremitäten)
Lu 8, Dü 6
Di 4, 11 (Gelenksschmerzen und Paresen der oberen Extr.)
der unteren Extremitäten
PaM 77 (für alle Fußerkrankungen)
G 31
Le 6
siehe weiter bei den entsprechenden Regionen der oberen und unteren Extr.
Gelbsucht
siehe Hepatitis, siehe Ikterus, siehe Lebererkrankungen
Genitalerkrankungen und Schmerzen im Genitalbereich
PaM 74 und 75 (gynäkologische Erkrankungen)
M 29 (Adnexitis), 30 (Erkrankungen des inneren und äußeren Genitale)
MP 12 (Schmerzen im Funiculus spermaticus)
B 26, 31, 32, 33, 34

N 10, 12 (Schmerzen im Genitalbereich)
KG 1 (Schmerzen im Genitalbereich)
KG 4, MP 6
Gerstenkorn (Hordeolum)
PaM 12, 58 (Moxibustion)
Hand 4
Gingivitis u. a.
Neu-P. 48
PaM 18, 138
M 42, 25, 36
G 9
LG $27^{B} = 28^{CH}$
Glossitis
Di 7, 4, Lu 7, M 36
KG 23
Gonarthritis s. Knieschmerzen
siehe Gelenksschmerzen der unteren Extremitäten
Gynäkologische Erkrankungen
siehe unter den entsprechenden Krankheiten und siehe Genitalerkrankungen
Hämorrhoiden, Beschwerden bei
PaM 68, 70 (Moxibustion), 71, 80, 114, 116
B 24, 31, 32, 33, 34, 35, 49, 50, 56, 57
LG 1, 2, 6
KG 1
Halssteifigkeit
siehe Nackensteife
Hand- und Arm-Schmerzen
siehe auch Rötung und Schwellung im betreffenden Gebiet
PaM 102 (Finger) Moxibustion
PaM 107 (metakarpo-phalangeale Schmerzen)
PaM 118 (Handwurzel)
Di 5 (im Handgelenk)
H 5 (Hand und Arm)
Dü 4 (Entzündungen der Handwurzel, des Ellenbogens und Fingergelenkes)
Dü 5 (Handwurzel)
3 E 2 (Hand- und Arm-Schmerzen)
Handwurzelschmerzen
siehe Gelenksschmerzen der oberen Extremitäten
Harninkontinenz
M 23, 36
MP 6, 9, 11
H 8, 7
B 22, 26, 28
N $5^{B} = 3^{CH}$, 11
Le 9
Harnretention, Harnverhaltung
M 28
MP 6 (Anurie)
MP 9 (verminderte Harnausscheidung)
B 48, 50, 52, 28, 32
Le 4, 10
Lu 7
Harn- und Stuhlverhaltung
PaM 42
Harnwegsinfektion unterstützend:
siehe auch Cystitis
Neu-P. 52
B 31, 32, 33, 34
Hauterkrankungen
siehe auch Urticaria
siehe auch Ulcus cruris
PaM 12
PaM 148 (chron. Ekzeme des Unterschenkels)
PaM 155 (Ulcus cruris)
PaM 163 (Ekzeme)
B 16 (Hautjucken)
B 13, Di 11, MP 10, G 20
Heiserkeit
Di 1, 4, H 5, Lu 7, KG 22, 23
Hemiparese und Hemiplegie
siehe Halbseitenlähmung
Hemikranie
siehe Migräne
siehe Kopfschmerzen
Hepatitis, Beschwerden bei
siehe auch Ikterus
Neu-P. 88
M 45
B 19, 20, 21, 44
G 24, 25
Le 13, 14, 3
LG 6, 8
KS 6, Di 4, M 36, MP 6
Hepatopathie
siehe Lebererkrankungen
Hepatosplenomegalie
PaM 66, 69
B 46
Hand 8 (Leber-Milzschmerz)
Herpes zoster thoracis
siehe Interkostalneuralgie
Herzerkrankungen
1. Herzinsuffizienz
2. Herzklappenerkrankung
3. „Herzklopfen"
4. Angina pectoris und Schmerzen in der Herzgegend
5. Tachykardie
6. Arrhythmie
7. Endokarditis
8. Myokarditis
9. Perikarditis
Herzerkrankungen, allgemein
PaM 57
B 39
B 15, H 7, MP 6
Herzinsuffizienz
PaM 119
Herzklappenerkrankungen
Neu-P. 64
„Herzklopfen" (Palpitationen)

siehe auch Tachykardie
Neu-P. 28
B 15
KG 14
H 7, KS 6
Angina pectoris – Schmerzen in der Herzgegend
H 9, KS 3 } Angina pectoris
H 1, 4, 5, 6, KS 3, 4, 9, KG 15 } Schmerzen in der Herzgegend
Tachykardie
Neu-P. 28
PaM 59, 132
H 7, 8
KS 3, 4, 5, 6
Arrythmie
B 15
Endokarditis
B 16, 42
Myokarditis
KS 7
Perikarditis
B 14, 40
Hexenschuß, zervikaler
siehe Zervikalsyndrom und
siehe Nackenschmerzen
Hinterkopfschmerz
siehe Kopfschmerzen
Hitzschlag
LG $25^{B} = 26^{CH}$, $13^{B} = 14^{CH}$
Hüftschmerzen
PaM 159, G 29, 30; B 49, 50, 51, 54
Hand 12 (Coxitis)
Husten
siehe Bronchitis und Husten
Hyperazidität u. a.
Neu-P. 36
Hypermenorrhoe
siehe Menstruationsstörungen
Hypermetropie u. a.
siehe auch Refraktionsanomalie
M $4^{B} = 1^{CH}$
B 1
G 1
Hyperperistaltik
M 43
Hyperthermie an der Handinnenfläche
H 8
Hypertonie
Neu-P. 43, 62
PaM 3, 132, PaM 1
Di 11
M 9, 36, MP 6
Le 3, 2
KG 12
Hypomenorrhoe
siehe Amenorrhoe
Hypotonie
Neu-P. 43, M 36, MP 6
Hysterie
siehe auch Psychosen,
siehe auch psychische Erkrankungen
PaM 28, 54, 64, 86, 115, 118, PaM 1
PaM 166
PaM 167 hysterische Lähmung
PaM 168
H 7, 8, 9
MP 6
B 10, 15
N 1
KS 6, 7
LG 7, $25^{B} = 26^{CH}$
Ikterus
siehe auch Hepatitis
PaM 63, 88
B 43
N 16
LG 6, 8
Impotenz
PaM 45, 1
MP 6
B 23, 35, 47, 28, 32
N 11
LG 2, 3, 4
KG 2, 4, 6
H 7
Incontinentia urinae
siehe Harninkontinenz
Influenza
siehe auch Erkältungen
PaM 31, 99
G 20
Interkostalneuralgie
siehe auch Schmerzen im Thoraxbereich
PaM 32, 35, 57, 60, 62
M 12, 19
H 1, 3
Dü 3
B 18, 36, 40, 41
N 22, 23, 24, 25
KS 7, 3 E 6
G 22, 25, 34, 40, 43
Le 2, 13, 14
LG 8, 10
KG 17
Hand 3 (Herpes zoster thoracis)
Ischialgie (siehe Dr. Ho)
Neu-P. 58, 109
PaM 72, 83, 84, 154
B 27, 28, 29, 30, 31, 32, 33, 34, 49, 50, 51, 54, 55, 58, 60, 62
B 63, 65,
G 30, 31, 34, 35,
Hand 1, 12
Katarakt u. a.
Neu-P. 3, 7, 53

PaM 8
M $4^B = 1^{CH}$
B 1
Keratitis
siehe auch Augenerkrankungen
G 1
Hand 4 (Schmerzen, bedingt durch Keratitis acuta)
Kiefersperre
M $8^B = 5^{CH}$
G 7, 2, 20
Di 4, Dü 18
Kiefergelenksentzündung
M $2^B = 7^{CH}$
G 2
Kiefergelenksschmerzen
G 7
Kinderlähmung, Zustand nach
Neu-P. 57, 69, 70, 71, 75, 76, 77, 78, 79
Neu-P. 81 (hat reaktivierende Wirkung auf die Muskelkraft)
Neu-P. 82, 83, 84 (Supination), 85 (Pronation),
Neu-P. 86 (hat reaktivierende Wirkung auf die Muskelkraft)
Neu-P. 87 (Supination), 89 (Supination),
Neu-P. 90, 99, 100, 101, 102, 104, 108, 109, 110
PaM 83
Knie(gelenks)-Schmerzen
Neu-P. 93, 96, 107
PaM 145, 153, 154, 155, 156, 157, 161, 162, 164, 165
M 32, 33, 34, 35, 36, 38; MP 9, 10, 6
G 33, 34, 38, 39, (und Sprunggelenk)
Le 6, 7, 8 und 11 und 12 (auf der medialen Seite des Femurs)
Hand 6
Knöchelschmerzen
M 41; G 40
MP 5
B 60, 61, 62, 63
Hand 2
Kokzygodynie
Hand 11 u. a.
Kolitis siehe Colitis
siehe auch Darmkrämpfe
siehe auch Magenkrämpfe usw.
Neu-P. 39
MP 14
N 11, 16, 17
Le 1, 4, 5, 6
KG 7
Kollaps
siehe auch Bewußtlosigkeit
LG $25^B = 26^{CH}$
Konjunktivitis
siehe auch Augenerkrankungen
PaM 6, 8 (akut und chron.), 10 (granulosa), 12
PaM 58 (Moxibustion) (akute), 93
M $4^B = 1^{CH}$
B 1, 2
3 E 2
Hand 4 (Schmerzen, bedingt durch akute Konjunktivitis)
Kopfschmerzen
1. Stirnkopfschmerzen
2. neuralgische Kopfschmerzen
3. Migräne
4. Hinterkopf- und Nackenschmerzen
5. Zervikalsyndrom
6. Kopfschmerzen auf der Scheitelhöhe (Schädeldachschmerzen)

Kopfschmerzen, allgemein
PaM 1, 4, 107, 110, 111, 133, 135, 137
Lu 7
Di 4, 5
M 41, 44, 36
Dü 1, 4, 6
B 5, 6, 59, 60, 62, 64, 65, 66, 2, 10, 13, 15, 20, 23
KS 6, 9
3 E 1, 2, 12, 18, 22, 5
G 7, 9, 17, 18, 19, 20, 43, 44, 14, 41
LG 4, 12, 14, 15, 17, 19, 21, 22

Stirnkopfschmerz
PaM 3
B 2, 3, 4
G 14
LG 23
Hand 6

Neuralgische Kopfschmerzen
Hand 16

Migräne
Neu-P. 27
PaM 5, 7, 9 (im Anfall bluten lassen), 10, 28
M 1
3 E 10, 21
G 4, 5, 6, 8, 37
Hand 8

Hinterkopf- und Nackenschmerzen
Neu-P. 103
PaM 29 (und Schulter und Rücken)
Dü 6
B 10
LG 18
Hand 10

Zervikalsyndrom
PaM 27
M 40
3 E 5
KG 24
Hand 14

Kopfschmerzen auf der Scheitelhöhe (Schädeldachschmerzen)
Dü 3
B 4, 7, 8, 9, 14

N 1
G 11
Le 3
LG 16, 20
Hand 7
Krämpfe und Krampfzustände bei Kindern und Kleinkindern
PaM 3, 86, 89, 97, 110, 111
MP 1
B 63
N 1
Le 2
LG 10, 20, 21
KS 8
Krämpfe der unteren Extremitäten
siehe Wadenkrämpfe
Kraftlosigkeit
Neu-P. 95 und 97 (beim Heben der Beine)
PaM 40 } (allgemeine) Moxibustion
PaM 53 }
PaM 156 (beider Beine)
MP 21 (der Extremitäten)
B 20 (allgemeine)
B 38 (nach langer Krankheit)
B 58 und 61 und 62 (der unteren Extremitäten)
Kreuzschmerzen
siehe Lumbago
Lähmungen
1. der oberen Extremitäten
2. Diplegie und Paraparesen
3. der unteren Extremitäten
4. Halbseitenlähmung
5. Lähmung der Augenmuskeln
6. Lähmung der Pharynxmuskeln
Lähmungen, allgemein
Neu-P. 105 (spastisch)
KS 8
LG $13^{B} = 14^{CH}$, $14^{B} = 15^{CH}$ (zentrale)
der oberen Extremitäten
Neu-P. 33, 45, 50, 65, 66, 68 (Fallhand), 72, 73, 74
PaM 85 (unt. u. ob. Extr.), 107 und 109 (Lähmung des Handrückens)
PaM 115 und 117 (spastische und schlaffe)
Di 9 (Oberarm), 10, 11 (und Gelenksschmerzen), 15
Dü 10 (Schulter und Arm)
B 36 (Ellenbogen und Arm)
3 E 5 (und Schmerzen), 9
Diplegie und Paraparesen
Neu-P. 105
der unteren Extremitäten
Neu-P. 41 (und Durchblutungsstörungen), 56
Neu-P. 79 (Peroneuslähmung), 93, 94, 95, 96, 97, 98, 107
PaM 75, 83, 85 (obere und untere)
PaM 142, 148, 153, 156
M 31, 32, 33, 36, 38, 39, 41 (und Schmerzen im Sprunggelenk, Fallfuß)
M 42
MP 7 (und Durchblutungsstörungen)
B 49, 51, 52 (Peroneuslähmung), 55, 57, 60 B 25
N $5^{B} = 3^{CH}$
G 30, 31, 33
LG 2, 3
Halbseitenlähmung
Neu-P. 17, 34, 99, 109
PaM 141, 142
Di 4, 11, 14, 15
M 36, 37, 40
MP 6
Dü 6
B 54, N 7
3 E 5 (21?)
G 20, 34, 39
Lähmung der Augenmuskeln
PaM 5, 6
Lähmung der Pharynxmuskeln
Dü 2, MP 5
Laktationsmangel
M 18
MP 18
Dü 1
KG 17
Laryngitis
siehe auch Pharyngitis
siehe auch Laryngo-Pharyngitis
Neu-P. 44
PaM 23 (akut und chron.), 98
Lu 5, 8, 10, 11
Di 18 (auch Pharyngitis), Di 4, Lu 7
B 10
N 2
KS 6
KG 23, 21 und 22 (und Pharyngitis)
Laryngo-Pharyngitis
siehe auch Laryngitis
siehe auch Pharyngitis
Di 1, 2, 3, 4, 11, 17, 18
Dü 16, 17
3 E 1, 2
G 44
Hand 13
Lebererkrankungen
siehe auch Hepatitis
PaM 64, 85 (Erkrankungen der Leber und der Gallenwege und des Urogenitalsystems)
B 18, 19 (und Hepatitis), 42
Lenden-Bein-Schmerz
siehe Ischias
Lenden- und Kreuzbeinschmerzen
siehe Lumbago
Lenden- und Rückenschmerzen
siehe Rückenschmerzen
Lumbago
siehe auch Ischialgie
siehe auch Rückenschmerzen
Neu-P. 56, 67 (akut)

PaM 56, 66, 70 (Moxibustion), 71, 73, 74, 75
PaM 76, 81, 84, 85 (und Rücken), 139, 141
PaM 147 (Moxibustion), 165
M 31
MP 8
Dü 3
B 22, 23, 24, 25, 26, 27, 28 und 29 und 30 (Lumbosakralgie)
B 30 (auch bei Ischias), 31, 32, 33, 34, 36 (zyklusbedingt)
B 59 (Lumbosakralgie), 60
N 7
G 27, 29, 30
Le 9
LG 1, 2, 3, 4, 5, 6a, 7, 8, 9, (von 1–9: und Rükkenschmerzen)
Hand 1 (und Ischialgie und Verrenkungsschmerz)
Hand 11 (nach Wirbelsäulenoperation entstandener)

Lungenemphysem u. a.
PaM 33

Lungenentzündung
siehe Pneumonie

Lymphadenitis u. a.
– axillaris:
G 22, 40
– colli: (tuberkulös, siehe auch Skrofulose)
PaM 112, 129
Di 13, 16, 17
3E 10
G 41
– inguinalis
M 11
MP 11

Magenerkrankungen
1. Funktionsstörungen (nervöse)
2. Magenerweiterung
3. Magenkrampf
4. Magensenkung
5. Magenschmerzen
6. Ulkuskrankheiten
7. Ulcus ventriculi und duodeni
8. Gastroduodenitis
9. Gastroenteritis

Magenerkrankungen M 36, MP 6
siehe auch Ulcus ventriculi und duodeni
Neu-P. 48
PaM 68 und 85 (und Darmerkrankungen)
PaM 93 (und Darmerkrankungen bei Kleinkindern)
PaM 105 (Moxibustion) (langjährige)
B 18, 20 und 21 (Gastritis), 42
Hand 6, 15 (Gastroenteritis)

Funktionsstörungen nervöse
M 21

Magenerweiterung
M 19

Magenkrampf
siehe auch Koliken
Neu-P. 55, 62
Hand 6

Magensenkung
B 21
KG 10

Magenschmerzen
Neu-P. 37, 55
PaM 34, 65, 101 (Moxibustion), 108, 118
PaM 136, 159
M 20, 23, 24, 34, 36, 37, 44
MP 3, 4
B 22, 45
N 16, 17, 18
KS 5, 6
G 24
LG 6a, 7, 8, 9,
KG 10, 11, 12, 14, 15

Ulkuskrankheiten
KG 12, 13

Ulcus ventriculi und duodeni
Neu-P. 54
PaM 36, 37
M 21, 36
B 20
Hand 15

Gastroduodenitis
PaM 36, 37, 38, 66 („Entzündung des Magen-Darmtraktes")
M 20, 21, 25, 28, 36
MP 5
B 20, 21
KG 12, 13

Gastroenteritis
Hand 6, 15

Malaria
Neu-P. 61
PaM 31, 61, 137
KS 5
3 E 2, 4
LG 10, 12, 13

Mastitis
Neu-P. 64
PaM 35
Di 8
M 16, 18, 34
MP 18
Dü 1
B 46
KS 4
G 21, 41, 42
Le 3
KG 17

Menstruationsstörungen – Unregelmäßigkeiten
1. Amenorrhoe
2. Dysmenorrhoe
3. Hypermenorrhoe
4. Menorrhagie
5. Metrorrhagie

Menstruationsstörungen – Unregelmäßigkeiten
PaM 42, 43 (Moxibustion), 48, 49, 80, 137, 140, 150
PaM 160, 164
M 29
MP 6, 9, 10
B 23, 31, 32, 33, 34
N 2, 3, 5, 6, 13, 15, 16
G 26
Le 5, 9, 11
LG 2, 3
KG 1, 4, 6, 7
Amenorrhoe (Hypomenorrhoe)
Le 3
KG 5
Dysmenorrhoe
M 26
MP 4, 6, 8
KG 4
Hypermenorrhoe
PaM 78 (Moxibustion), 133, 140, 160
N 8, 14
Menorrhagie
PaM 46
MP 1
Le 1, 2, 3, 6
KG 5, 6
Metrorrhagie
MP 6, 8

Meteorismus
PaM 41
M 22, 36, 37
MP 1, 2, 3, 7, 8, 15, 4, 6
B 44, 45, 48, 20, 21, 25
N 19, 20
Le 10, G 25
KG 5, 6, 8 (Moxibustion, keine Nadelung), 12, 13

Migräne
Neu-P. 27
PaM 5, 7, 9 (im Anfall bluten lassen), 10, 28
M 1
3 E 10, 21, 5
G 4, 5, 6, 8, 37, 41
Hand 8

Miktionsstörungen
siehe auch Dysurie
MP 11
B 31, 32, 33, 34 (alle: und andere Urogenitalerkrankungen)
B 47
N $4^{B} = 5^{CH}$, 11

Myokarditis
siehe auch Herzerkrankungen
KS 7

Myopie
siehe auch Refraktionsanomalien
Neu-P. 7, 9, 10
PaM 5, 8 (und Weitsichtigkeit)
M 4
B 1, 9
N $4^{B} = 5^{CH}$
G 1, 37

Nachtblindheit
Neu-P. 3, 5
PaM 13, 92, 93
G 37

Nackenschmerzen, -starre, -steife
siehe auch Zervikalsyndrom
Neu-P. 103 (und Kopf)
PaM 27, 29 (und Schulter und Hinterkopf), 30, 31, 108
Lu 7
M 11
Dü 3, 6, 7, 15, 16
B 10, 11, 36, 60, 64, 65, 66
3 E 5 („zervikaler Hexenschuß"), 12, 15 (Wetterfühligkeit),
3 E 16 (Patient kann den Kopf nicht wenden)
G 7, 19, 21, 36 (starke Schmerzen), 39
LG 13, 15, 17, 18
KG 24 („zervikaler Hexenschuß")
Hand 13

Nasenerkrankungen
1. Nasenatmung (behinderte)
2. Nasenpolypen
3. Nasenfurunkel
4. Nasenbluten
5. Rhinitis siehe dort
6. Rhinorrhoe siehe dort

Nasenatmung (behinderte)
Neu-P. 12
PaM 3, 16
B 4
G 15, 18
LG 21, 22 (und Nasenbluten), 24, 27
Hand 11
Nasenerkrankungen
PaM 3
Nasenfurunkel
Neu-P. 12 (Nasengeschwüre)
PaM 15, 17
LG $24^{B} = 25^{CH}$
Nasenbluten
PaM 67 (Moxibustion), 136
Lu 3
Di 2, 6, 19
M 6, 45
B 4, 8, 66
G 18, 19
LG 21 und 22 und 24 (alle: auch bei behinderter Nasenatmung)

Nephritis
Neu-P. 52
PaM 38, 66
M 28
B 22, 23, 58
N $5^{B} = 3^{CH}$, 7

3 E 9
G 25

Neuralgien am Unterarm
siehe auch Armschmerzen
PaM 114, 115
neuralgiforme Schmerzen im Bereich des N. radialis
Di 6
H 4
neuralgiforme Schmerzen im Bereich des N. ulnaris
H 3

Neurasthenie
siehe auch Hysterie
siehe auch psychische Erkankungen
siehe auch Unruhe
siehe auch Dr. Ho
PaM 28, 57, 85, Neu-P. 27, 28
Di 4
M 36, 45
MP 6
H 4, 5, 6, 7, 8
B 10, 14, 15, 18, 22, 23, 31, 32, 33, 34, 38
N $6^{B} = 4^{CH}$, 9
KS 4, 7, 8
G 5, 6, 20
LG 7, 10, 19, 23 (Angst), 25 (Apathie)
KG 6, 12, 14

Neuritis n. optici
siehe Optikusneuritis

Nykturie und nächtliches Urinieren
Hand 17

Oberarm (Innenseite) -Schmerzen
Lu 3, 4
KS 2 (und Rücken)

Obstipation
PaM 48
M 25, 36; Di 4, 10, 11
MP 3, 13, 15 (atonische), 16, 6
B 25, 28, 45, 46, 50, 52
N $6^{B} = 4^{CH}$, 8, 15, 16, 18
3 E 6
G 28 (habituelle)
KG 12

Ödeme jeder Genese
PaM 149 (Beinödem)
Di 16
M 43 (im Gesicht)
MP 9, 6
B 20, 47
G 16 (des Gesichts und Lidödem)
KG 5, 8 (Moxibustion! keine Nadelung), 9, 11
Ödeme infolge einer Nephritis
PaM 87

Ohnmacht
siehe auch Bewußtlosigkeit
siehe auch Kollaps
Le 3
LG $25^{B} = 26^{CH}$ (und Schock)

Ohrensausen
Neu-P. 14, 20
PaM 110, 111
Di 5
M $2^{B} = 7^{CH}$
Dü 2, 4, 5, 9, 16, 19
KS 9; B 23
3 E 3, 5, 17, 18, 19, 22, 23
G 2, 3, 4, 10, 12, 20, 41, 42, 43
LG 4
Hand 11

Okzipitalneuralgie
siehe Hinterkopfschmerz

Oophoritis
PaM 48

Opressionsgefühl
siehe Druckgefühl in der Brust

Optikusatrophie
siehe auch Augenerkrankungen
Neu-P. 3, 5, 53
M 4
B 1
G 1, 37

Optikusneuritis
siehe auch Augenerkrankungen
PaM 8
M $4^{B} = 1^{CH}$
B 1, KS 6, G 20

Orchitis
PaM 46, 48, 74, 131, 136
M 28, 29
MP 6, 12
B 31, 32, 33, 34
N 7, 8 (schmerzhafte Schwellung des Hodens)
G 27, 29

Otitis media
Dü 19 (auch bei Otitis externa)
3 E 17, 19, 23
G 2

Paralyse
siehe Lähmungen

Parese
siehe Lähmungen

Parametritis
LG 4

Parästhesie
PaM 109
Di 1 (des Fingers)
Di 12 (und Spasmen), Arm, 19 (obere Extremität)
Dü 2 (des Fingers)
Dü 12 (Parästhesien und Schmerzen der oberen Extremitäten)
B 11 (periphere)

Parodontose siehe Gingivitis
PaM 18

Parotitis
PaM 99
Di 7

M $3^{B} = 6^{CH}$
3 E 5
Pelveoperitonitis u. a.
B 23, 27
KG 4, MP 6
Pelvitis
MP 6
Penisschmerzen
PaM 48
Le 4, 12
MP 6
Periarthritis humeroscapularis
siehe Schulter-Arm-Schmerzen
Perineum-Schmerzen
Hand 9 (Analfissuren und infolge Furunkulose)
Perikarditis
siehe auch Herzerkrankungen
B 14, 40
Peritonitis
PaM 42
Di 13
N 17
KG 11
Peroneuslähmung
siehe auch Lähmungen
Neu-P. 79
B 52
Pertussis unterstützend
PaM 88, 94
KG 21, Di 6
Pharyngitis
siehe auch Laryngitis
siehe auch Laryngo-Pharyngitis
PaM 21
Lu 5, 7, 10, 11
B 10
N 2
KS 6
KG 20, 21, 22, 23
Di 4, M 36
Phthisis
PaM 53
Pleuritis
Neu-P. 64
PaM 32, 35, 59, 62
M 12
B 11, 37, 38, 42, 13
N 22, 23
KS 4, 6
G 22, 44, 34
Le 14
KG 18, 19, 17
Pneumonie
PaM 56, 60
Lu 1, 9
Di 13, 6
B 11, 13
LG 8, 11
M 36, MP 6
Pollakisurie
MP 6
KG 4
Hand 17
Pollution (nächtliche)
M 27, MP 6, Lu 7
Le 4, 8
KG 2, 4, 6
PaM 1, H 7
Prolapsus recti (ani)
Neu-P. 59
PaM 65, 70 (Moxibustion), 114
B 57
LG 1, 2, 6 (Analprolaps bei Kindern), $19^{B} = 20^{CH}$
KG 8 (Moxibustion, keine Nadelung)
Prolapsus uteri
Neu-P. 39, 40, 59
PaM 47, 49, 50
N $3^{B} = 6^{CH}$ (Descensus uteri)
Le 1, 8, 9, 12
LG 19
KG 1 (Descensus uteri)
M 36, MP 6
Pruritus vulvae
H 8
Le 8
KG 7
Le 3, B 18, MP 6, H 7
Psychasthenie
siehe Neurasthenie und Dr. Ho
Psychische Erkrankungen
siehe auch Neurasthenie
siehe auch Hysterie
Neu-P. 28 (Rastlosigkeit)
PaM 1, 28, 55, 121, 122, 125, 126, 143
PaM 149, 166, 167, 168, 169, 170, 171
M 23, 24
MP 1, 6
Dü 5, 7
KS 5, 8, 6
LG 23 (Angst), 26 (Apathie)
Psychosen – Geisteskrankheiten
Neu-P. 27 und 28 (Schizophrenie)
LG 11, 12, 13, 14, 15, 23 (Angst)
LG 25 (Hysterie), 26 (Apathie)
KG 15
Refraktionsanomalien
siehe auch Myopie
siehe auch Hypermetropie
Neu-P. 1, 2, 8, 10, 11
PaM 13 (Kurz- und Weitsichtigkeit)
B 1 (Astigmatismus)
G 1
LG 6a (Sehschwäche)
Retinitis
siehe auch Augenerkrankungen
Neu-P. 3, 53
PaM 8
M $4^{B} = 1^{CH}$
B 1

Retinochoroiditis u. a.
siehe auch Augenerkrankungen
Neu-P. 3 (Retinitis pigmentosa), 5
Rhinitis
siehe auch Nasenerkrankungen
Neu-P. 12, 42
PaM 14 (allergische, atrophische und hypertrophische)
PaM 15 (allergische, atrophische)
PaM 16
PaM 17 (Rh. vasomotorica)
Di 4, 20
B 7, 8
G 4, 20
LG 22, 23, 24, 27
Rippenfellentzündung
siehe Pleuritis
Rötung und Schwellung
siehe auch Schwellung
der Ohrgegend
3 E 20
des Gesichtes
LG 20
des Handrückens
PaM 107, 109, 110, 111
Di 3
des Fußrückens
PaM 137
Rückenschmerzen
PaM 29
B 11, 39, 41 (starke), 44, 45
G 21
LG 10, 11, 12 (Schmerzen und Verspannung im oberen Rückenteil)
LG 13
Rücken- und Kreuzschmerzen
siehe auch Lumbago
siehe auch Ischialgie
Neu-P. 49, 103
MP 8; Dü 3, 6
B 13, 47, 48, 49, 50, 51, 53, 54, 56, 57, 60
G 26, 30
LG 1, 2, 3, 5, 6a, 7, 8, 9, 10
Hand 12 (Schmerzen im Glutealbereich)
Salivation
siehe Speichelfluß
Scherenbein (engl.: Scissorleg – Innenrotations- und Supinationsstellung des Unterschenkels nach Cerebrallähmung)
Neu-P. 105, 106
Schielen (Strabismus)
Neu-P. 3, 6
Schizophrenie
siehe auch Psychosen
Neu-P. 27, 28
Schlaflosigkeit siehe auch Dr. Ho
Neu-P. 27, 28
PaM 13, 134, 1
H 7; B 10; G 20
LG 23, 19; H 7; MP 6
Schlafsucht (Schläfrigkeit)
Neu-P. 29, 78
Schlangenbiß
PaM 107, 137
Schmerzen
siehe bei den entsprechenden Regionen
1. im Genitalbereich
2. in der Herzgegend
3. im Hodensack
4. am ganzen Körper
5. in der Magengegend
6. Schmerzen postpartal
7. beim Schlucken
8. im Thoraxbereich
Schmerzen im Genitalbereich
siehe Genitalerkrankungen
Schmerzen am ganzen Körper
MP 21
G 38
Schmerzen beim Schlucken
siehe Larynx und Pharynxschmerzen
siehe Tonsillitis
Schmerzen im Hodensack (durch Hernie bedingt)
Neu-P. 39
Schmerzen im Thoraxbereich,
siehe auch Interkostalneuralgie
Neu-P. 49 (und Rücken)
PaM 34, 56 (und in der Bauchregion)
Lu 2, 4, 8, 9 (und Schulter und Rückenbereich)
M 13 (und Rücken)
M 14 und 15 und 16 (im lateralen Thorax)
MP 17 (Dehnungsschmerzen im lateralen Thorax)
MP 18, 19, 20 (Dehnungsschmerzen und Völlegefühl im lateralen Thorax)
MP 21 (im lateralen Thorax)
H 1 (im lateralen Thorax), 2, 8, 9
B 14 (und Druckgefühl)
N 21, 24, 26, 27
KS 1 und 2 und 6 und 8 (alle: im lateralen Thorax und in der Achselgegend)
G 34 und 39 und 40 und 41 (im lateralen Thorax)
KG 20, 21
Hand 8
Schmerzen in der Herzgegend
siehe auch Herzerkrankungen
H 4, 5, 6
KS 4, 9
KG 15
Schmerzen in der Magengegend
siehe Magenschmerzen
Schmerzen postpartal
siehe auch Geburtserleichterung
N 14, 18
KG 7

Schock
siehe auch Kollaps
siehe auch Ohnmacht
PaM 119
KS 9
LG $24^B = 25^{CH}$, $25^B = 26^{CH}$ (und Bewußtlosigkeit)

Schulter- und Armschmerzen
Neu-P. 68 (erschwertes Armheben)
Neu-P. 73 (nur Armschmerzen)
PaM 108, 125, 126, 127 (nach Schultergelenksentzündung)
PaM 128
Di 7, 9, 10, 15, 16 (Beuge- und Streckhemmung)
H 2
Dü 12 (Schmerzen und Parästhesien des Armes)
3 E 4, 6, 10 (und Hals und Thorax), 11, 13
3 E 14 und 15 (dadurch bedingte Unfähigkeit, den Arm zu heben)
G 42 (Schmerzen in der Achselgegend)
Hand 5

Schulter- und Rückenschmerzen
Neu-P. 50 (nur Schulter), 74 (Schultergelenk)
PaM 29
Lu 2
Di 2, 11
Dü 3, 6, 8 (und Nacken), 12 (nur Schulter), 13
Dü 15 (und Nacken)
B 11, 39
3 E 3
G 21

Schulterblattschmerzen
PaM 54
Dü 9, 14
B 37
3 E 15

Schwäche beim Heben des Beines
siehe Lähmung

Schwellung
in Gesicht
M 8 (Wange)
Dü 5 (schmerzhafte, Hals und Kiefer)
Dü 8 (Wange)
G 6, 7 und 12 (schmerzhafte Wange)
Hand 10
in der Nabelgegend (Kleinkinder)
PaM 70 (Moxibustion)
in der Knöchelgegend (schmerzhafte)
B 59

Schweregefühl, schmerzhaftes, der Beine
PaM 141

Schwindel
Neu-P. 78, Le 3; Di 4; G 20
PaM 1
PaM 2 und 3 und 4 (okulär)
PaM 110, 111, 135
B 3, 6, 9, 40, 62
G 43, 8; KS 6
LG 16, 17 (okulär), 18, 19, 20
LG 21, 23, 25

Schwitzen (verstärktes)
PaM 40 (Moxibustion)
Schwitzen (nächtliches)
PaM 53
H 6 (insbesondere dann, wenn Lungen-Tbc die Ursache ist)
N 7
Le 2
Hitzegefühl der Handflächen
H 8

Sehschwäche
siehe auch Refraktionsanomalie
siehe auch Augenerkrankungen
LG 6a

Senkung erhöhter Temperatur
siehe Fieber

Singultus
M 13
B 14, 17, 40, 41
N 18
KS 6
G 24
KG 13, 15

Sinusitis (siehe Dr. Ho)
PaM 2 (frontalis), 14
PaM 123 (chronische)
Di 20 (paranasalis), 4; Lu 7
B 7 (paranasalis), 10; G 20

Skrotalekzem
PaM 45
Le 10

Sodbrennen
PaM 139, KS 6

Sonnenstich
PaM 86
N 1
KS 8

Spasmus in den unteren Extremitäten und am Innenfuß
siehe Wadenkrämpfe

Spasmen, gastrointestinale
siehe Darmkrämpfe
siehe Magenkrämpfe

Speichelfluß
PaM 21, 22
M $7^B = 4^{CH}$ (vermehrter)
G 23
KG 23 (vermehrter), 24

Spermatorrhoe
MP 6, 8, 9
B $47^B = 52^{CH}$
N 11, 12

Sprachstörung
Neu-P. 31, 32
PaM 20, 22 (nach Apoplexie)
H 5 (hysterische)
3 E 8

Neu-P. 31, 32
PaM 21, 22 (nach Apoplexie), 23, 24, 25
KG 23
Sprechen (unklares)
PaM 21
Sterilität u. a.
PaM 44, (Moxibustion) bei der Frau PaM 46
PaM 49 und 140
Stirnkopfschmerz
siehe Kopfschmerz
Stomatitis
Neu-P. 25 (Ulzera der Mundhöhle)
PaM 20 (Ulzera der Zunge), 21
PaM 22, 95, 97, 99
Di 7, 4
LG 26 (Aphthen), 27 (ulcerosa)
Stottern
M 9, Dü 17; KG 23
Struma
siehe auch Hyperthyreose
PaM 12, 117
Di 11
KG 22
Tachykardie
siehe auch „Herzklopfen"
Neu-P. 28
PaM 59, 132
H 7, 8
KS 3, 4, 5, 6
MP 6, N 5^{B} = 3^{CH}
Taubheit bei Kleinkindern
Neu-P. 13, 18, 19, 20, 21, 22, 23, 24
Neu-P. 35, 65, 66, 91, 92
PaM 11, 102 (Moxibustion)
Di 1, 5
M 2
Dü 5, 9, 16, 19
3 E 2, 5, 7, 8, 9, 16, 17, 18, 23
G 2, 3, 10
Temperaturerhöhung
siehe Fieber
Tinnitus
siehe Ohrensausen
Tonsillitis
Neu-P. 44
PaM 20, 26 (und Schmerzen beim Schlucken)
PaM 93, 96, 98, 129, 146 (Moxibustion)
PaM 151
Lu 6, 7
Di 4, 6, 17 (schmerzhafte Schwellung in der Schlundgegend)
M 44, 45
Dü 17
N 6
KS 7
G 20
Hand 10, 13
Tracheitis
KG 22
Tränenfluß
siehe Augenerkrankungen
Tränen bei Wind
siehe Augenerkrankungen
Tränensackentzündung
siehe Augenerkrankungen
Träume, vermehrte,
MP 1
Tremor der Hände
Neu-P. 33
KS 3
Trigeminusneuralgie
Di 3, 4; G 14, 20
M 1–8, 44, 36; 3 E 5; Dü 3, 18
Hand 13, PaM 3, 9
Trismus
3 E 22
KG 24
Ulzeration der Cornea
siehe Augenerkrankungen
Ulcus cruris
PaM 155
PaM 148 (chronische Ekzeme des Unterschenkels)
M 36, MP 6
Ulcus ventriculi und duodeni
Neu-P. 54
PaM 36, 37
M 21, 36
B 20
Hand 15
Ulkuskrankheiten
siehe auch Magenerkrankungen
KG 12, 13
„Unfähigkeit" von Bewegungen
siehe auch Schmerzen
siehe auch Lähmungen
Neu-P. 74 (den Arm zu heben)
PaM 92 (die Finger zu strecken)
PaM 128 und 129 (den Arm zu heben)
Dü 9
3 E 14 und 15 (durch Schmerzen bedingte Unfähigkeit, den Arm zu heben)
Unfruchtbarkeit
siehe Sterilität
Unruhe (allgemeine)
siehe auch Neurasthenie
Neu-P. 28
H 7 (und Überreizbarkeit)
B 15
KS 5, 6
Unterbauchschmerzen
siehe abdominelle Schmerzen
Unterkieferschmerzen
siehe auch Zahnschmerzen
PaM 19

Urogenitalerkrankungen
siehe auch Harnwegsinfektion
B 31, 32, 33, 34
KG 3, 4, MP 6
Urethritis
KG 1, 7
Urethrodynie
KG 4
Urticaria
siehe auch Hautkrankheiten
PaM 51, 52, 83, 163
Di 11
M 32, 36
MP 10
B 12, 17, 20, 13
G 20, H 7, PaM 1
Uterus
Uterusblutung, funktionelle
MP 10
G 21
Uterushypoplasie
KG 2
Uterusprolaps
siehe Prolapsus uteri
Uterusretroflexion
KG 5 auch M 30 (Nach Ansicht der Chinesen könnte das Nadeln dieses Punktes auch zu einer Uterusretroflexion führen und einer daraus resultierenden Sterilität bei Frauen. Die Chinesen empfahlen diesen Punkt deshalb für die Geburtenkontrolle.)
Vaginitis
KG 1, MP 6; KS 6; H 7
Verdauungsstörungen
siehe Dyspepsie
Verrenkungsschmerz
Hals und Nacken
PaM 30
Hand 14
der Wirbelsäule
Hand 11
Contusio thoracis
Hand 3
Verrenkung der Lendenwirbelsäule
Hand 1
„verschwommenes" Sehen
siehe Augenerkrankungen
Vertigo
siehe Schwindel
Vitiligo
PaM 90 (Moxibustion)
PaM 101 (Moxibustion)
Vomitus
siehe Erbrechen
Wadenkrämpfe
PaM 133, 144 und 147 (Moxibustion)
B 53^{B} = 39^{CH}, 57
N 9
G 36
Krämpfe der unteren Extremitäten
PaM 132, 164
Krämpfe am Innenfuß
PaM 146 (Moxibustion), 151 (Spasmus der Zehe)
Wetterempfindlichkeit
3 E 15
LG 13, G 20, 21, 3 E 5, Le 3, KS 6, G 34
Wirbelsäule – Status post op. an der WS.
Hand 11
Zahnfleischentzündung
siehe Gingivitis
Zahnschmerzen
Neu-P. 30, 60
PaM 19 (Unterkiefer)
PaM 98, 101 (Moxibustion), 107
PaM 116, 120 (Schmerzen der unteren Zahnreihen)
PaM 137, 140, 146 (Moxibustion), 151
Di 1, 2, 3 (im Unterkiefer), 4, 5
M 2, 3, 6, 8, 42, 44, 45
Dü 18
3 E 9, 20, 23
G 2, 3, 5, 6, 10, 12, 17
LG 26^{B} = 27^{CH}
KG 24
Hand 13
Zehenschmerzen
PaM 130
Zervikalsyndrom
siehe auch Nackenschmerzen
siehe auch Kopfschmerzen
siehe auch Schulterschmerzen
siehe auch Dr. Ho
PaM 27
B 10, 12, 13, 15, 17, 60
3 E 5, 14, 15; Dü 3, 6
KG 24; G 20, 39
Hand 14
Zunge (geschwollene)
PaM 24
Zyklusstörungen
siehe Menstruationsstörungen

V. REGISTER

1. ALPHABETISCHES VERZEICHNIS DER CHINESISCHEN PUNKTE IN PIN YIN*

(offizielle chinesische Lautumschrift mit lateinischen Buchstaben)

An Mian 1	Neu-P. 27
An Mian 2	Neu-P. 28
Ba Feng	PaM 137
Ba Hua	PaM 53
Ba Xie	PaM 107
Ba Zhui Xia	PaM 61
Bai Chong Wo	PaM 163
Bai Huan Yu	B 30
Bai Hui	LG 19 (20)
Bai Lao	PaM 30
Bai Zhong Feng	PaM 52
Bao Huang	B 48 (B 53)
Ben Shen	G 13
Bi Guan	M 31
Bi Liu	PaM 16
Bi Nao	Di 14
Bi Tong	Neu-P. 12
Bi Zhong	PaM 115
Bian Tao	PaM 26
Bing Feng	Dü 12
Bu Lang	N 22
Bu Rong	M 19
Chang Feng	PaM 68
Chang Qiang	LG 1
Chang Yi	PaM 48
Cheng Fu	B 50 (B 36)
Cheng Gu	PaM 165
Cheng Guang	B 6
Cheng Jian	Neu-P. 86
Cheng Jiang	KG 24
Cheng Jin	B 56
Cheng Ling	G 18
Cheng Man	M 20
Cheng Ming	PaM 149
Cheng Qi	M 4 (M 1)
Cheng Shan	B 57
Chi Qian	Neu-P. 22
Chi Rao	PaM 121
Chi Xue	PaM 32
Chi Ze	Lu 5
Chong Gu	PaM 31
Chong Jian	Neu-P. 40
Chong Men	MP 12
Chong Yang	M 42
Chuan Xi	PaM 51
Cian Zheng Xue	Neu-P. 25
Ci Liao	B 32
Cun Ping	PaM 119
Da Bao	MP 21
Da Chang Yu	B 25
Da Du	MP 2
Da Dun	Le 1
Da Gu Kong	PaM 100
Da He	N 12
Da Heng	MP 15
Da Ju	M 27
Da Ling	KS 7
Da Lun	PaM 161
Da Ying	M 8 (M 5)
Da Zhong	N 6 (N 4)
Da Zhu	B 11
Da Zhui	LG 13 (LG 14)
Dai Mai	G 26
Dan Nang Dian	PaM 152
Dan Yu	B 19
Di Cang	M 7 (M 4)
Di He	PaM 19
Di Ji	MP 8
Di Jian	Neu-P. 90
Di Wu Hui	G 42
Ding Chuan	Neu-P. 45

* Es sind die den chinesischen Namen entsprechenden Nummern nach BACHMANN angeführt. In Klammer steht die Nummer nach den chinesischen Tafeln, wenn diese von BACHMANN abweicht.

Ding Yu PaM 113
Du Bi M 35
Du Yu B 16
Dui Duan LG 27 (28)

E Zhong PaM 2
Er Bai PaM 114
Er Jian PaM 10
Er Jian Di 2
Er Hou Jing PaM 12
Er Men 3 E 23 (3 E 21)
Er Shan Men PaM 104

Fai Yang B 58
Fei Yu B 13
Feng Chi G 20
Feng Fu LG 15 (16)
Feng Guan PaM 89
Feng Long M 40
Feng Men B 12
Feng Shi G 31
Feng Yan PaM 28
Feng Yan PaM 92
Fu Ai MP 16
Fu Bai G 10
Fu Fen B 36 (B 41)
Fu Jie MP 14
Fu Liu N 7
Fu She MP 13
Fu Tu Di 18
Fu Tu M 32
Fu Xi B 52 (B 38)
Fu Yang B 59

Gan Yan Neu-P. 88
Gan Yu B 18
Gao Huang B 38 (B 43)
Ge Guan B 41 (B 46)
Ge Yu B 17
Gen Ping Neu-P. 77
Gong Sun MP 4
Gong Zhong Neu-P. 68
Guan Chong 3 E 1
Guan Men M 22
Guan Tu PaM 159
Guan Yuan KG 4
Guan Yuan Yu B 26
Guang Ming G 37
Gui Lai M 29

Hai Jiao PaM 18
Han Yan G 4
He Ding PaM 156
He Gu Di 4
He Liao 3 E 22
He Liau Di 19
He Yang B 55
Heng Gu N 11
Heng Wen PaM 40
Hon Ting Hui Neu-P. 20
Hong Yin PaM 23
Hou Cong Neu-P. 21
Hou Ding LG 18 (19)
Hou Qi Men PaM 72
Hou Ting Gong Neu-P. 18
Hou Ting Hui Neu-P. 20
Hou Ting Xue Neu-P. 19
Hou Tou Dian Hand 10
Hou Xi Dü 3
Hou Xue Hai Neu-P. 105
Hou Yang Guan Neu-P. 107
Hua Gai KG 20
Hua Rou Men M 24
Hua Tuo Jia Ji PaM 85
Huai Dian Hand 2
Huan Tiao G 30
Huan Zhong PaM 84
Huang Men B 46 (B 51)
Huang Yu N 16
Hui Yang B 35
Hui Ying KG 1
Hui Yin Dian Hand 9
Hui Zhong 3 E 7
Hun Men B 42 (B 47)
Hun She PaM 39

Ji Ju Pi Kuai PaM 69
Ji Mai 3 E 18
Ji Mai Le 12
Ji Men MP 11
Ji Quan H 1
Ji Zhong LG 6
Ji Zhu Dian Hand 11
Jia Bi PaM 15
Jia Che M 3 (M 6)
Jia Nei Neu-P. 35
Jia Dian Hand 5
Jian Jing G 21
Jian Li KG 11
Jian Liao 3 E 14
Jian Ming Neu-P. 3
Jian Ming Neu-P. 72
Jian Ming 1 Neu-P. 4
Jian Ming 2 Neu-P. 5
Jian Ming 3 Neu-P. 6
Jian Ming 4 Neu-P. 7
Jian Ming 5 Neu-P. 53
Jian Qi Neu-P. 93

Jian San Zhen	Neu-P. 74
Jian Shi	KS 5
Jian Tong Dian	Neu-P. 50
Jian Wai Yu	Dü 14
Jian Yu	Di 15
Jian Yu	PaM 127
Jian Zhen	Dü 9
Jian Zhong Yu	Dü 15
Jiao Ling	Neu-P. 99
Jiao Sun	3 E 20
Jiao Xin	N 8
Jiao Yi	PaM 150
Jia He Xue	Neu-P. 47
Jie Jian	Neu-P. 106
Jie Xi	M 41
Jin Jin (links)	PaM 20
Jin Men	B 63
Jin Suo	LG 8 (9)
Jing Gu	B 64
Jing Ling	PaM 111
Jing Men	G 25
Jing Ming	B 1
Jing Qu	Lu 8
Jing Xia	Neu-P. 79
Jing Xiang Dian	Hand 14
Jing Zhong	PaM 42
Jing Zhong	Neu-P. 34
Jiu Dian Feng	PaM 90
Jiu Qi	PaM 78
Jiu Nei Fan	Neu-P. 85
Jiu Wei	KG 15
Jiu Wai Fan 2	Neu-P. 84
Jiu Wai Fan 1	Neu-P. 89
Ju Bi	Neu-P. 69
Jue Jun	PaM 44
Jue Yin Yu	B 14
Ju Gu	Di 16
Ju Jue	PaM 54
Ju Liao	M 6 (M 3)
Ju Liao	G 29
Ju Que	KG 14
Ju Que Yu	PaM 57

Ke Chuan Dian	Hand 16
Kong Zui	Lu 6
Ku Fang	M 14
Kuan Gu	PaM 157
Kui Yang Xue	Neu-P. 54
Kun Lun	B 60

Lan Wei	PaM 142
Lao Gong	KS 8
Li Dui	M 45
Li Gou	Le 5
Li Nei Ting	PaM 130
Li Shang	Neu-P. 82
Li Wai	Neu-P. 81
Lian Quan	KG 23
Liang Men	M 21
Liang Qiu	M 34
Liang Yan	PaM 58
Liao Liao	PaM 160
Lie Que	Lu 7
Lin Qi	G 15
Ling Bao	PaM 171
Ling Dao	H 4
Ling Hou	PaM 153
Ling Hou Xia	PaM 154
Ling Tai	LG 9 (10)
Ling Xia	Neu-P. 92
Ling Xu	N 24
Liu Jung Zhui Pang	Neu-P. 42
Long Xue	PaM 11
Lou Gu	MP 7
Lu Xi	3 E 19
Lung Han	PaM 34
Luo Di	Neu-P. 83
Luo Jing	PaM 27
Luo Ling Wu	Neu-P. 62
Luo Que	B 8
Luo Shang	Neu-P. 65
Luo Zhen	PaM 108

Mai Bu	Neu-P. 98
Mei Chong	B 3
Mei Hua	PaM 36
Ming Men	LG 4
Ming Yan	PaM 93
Mu Chuang	G 16
Mu Zhi Heng Li San Mao	PaM 136
Mu Zhi Jian	PaM 87
Mu Zhi Jie Heng Wen	PaM 91
Mu Zhi Li Heng Wen	PaM 131

Nao Hu	LG 16 (17)
Nao Hui	3 E 13
Nao Kong	G 19
Nao Qing	Neu-P. 78
Nao Yu	Dü 10
Nao Shang	Neu-P. 73
Nei Guan	KS 6
Nei Huai Jian	PaM 146
Nei Ting	M 44
Nei Yang Chi	PaM 97
Niu Shang Xue	Neu-P. 67

Nue Men	Neu-P. 61
Nü Qi	PaM 138
Pang Gu	Neu-P. 76
Pang Guang Yu	B 28
Pang Lao Kong	PaM 96
Pang Liang Quan	PaM 30
Pang Qiang	Neu-P. 59
Pi Gen	PaM 66
Pi Je Xue	Neu-P. 51
Pi Yu	B 20
Pian Li	Di 6
Pian Tou Dian	Hand 8
Pin Xue Ling	PaM 82
Po Hu	B 37 (B 42)
Pu Can	B 61
Qi Chong	M 30
Qi Chuan	PaM 59
Qi Hai	KG 6
Qi Hai Yu	B 24
Qi Hu	M 13
Qi Jing Zhui Pang	Neu-P. 44
Qi Men	PaM 46
Qi Men	Le 14
Qi She	M 11
Qi Wai	PaM 155
Qi Xia	Neu-P. 95
Qi Xia	PaM 144
Qi Xue	N 13
Qi Yan	PaM 145
Qi Yang Guan	G 33
Qi Zhong	PaM 41
Qian Ding	LG 20 (21)
Qian Feng Shi	Neu-P. 97
Qian Gu	Dü 2
Qian Hou Yin Zhu	PaM 132
Qian Jin	Neu-P. 110
Qian Tou Dian	Hand 6
Qian Yin	Neu-P. 31
Qian Zheng Xue	Neu-P. 25
Qiang Jian	LG 17 (18)
Qiang Yin	Neu-P. 31
Qiao Yin	G 11
Qing Leng Yuan	3 E 11
Qing Ling	H 2
Qiu Hou	PaM 8
Qiu Xu	G 40
Qu Bin	G 7
Qu Cha	B 4
Qu Chi	Di 11
Qu Gu	KG 2
Qu Quan	Le 8
Qu Yang Wei	PaM 122
Qu Yuan	Dü 13
Qu Ze	KS 3
Quan Jian	PaM 106
Quan Liao	Dü 18
Quan Sheng Zu	PaM 139
Que Pen	M 12
Ran Gu	N 2
Ren Ying	M 9
Ren Zhong (Shui Gou)	LG 25 (26)
Ri Yüe	G 24
Rong Hou	Neu-P. 30
Ru Gen	M 18
Ru Zhong	M 17
San Chi	PaM 123
San Jian	Di 3
San Jiao	B 22
San Li	Di 10
San Shang	PaM 99
San Xiao	PaM 17
San Yang Luo	3 E 8
San Yin Jiao	MP 6
Shang Er Gen	Neu-P. 17
Shang Feng Shi	Neu-P. 109
Shan Gen	PaM 4
Shan Zhong	KG 17 (bzw. Tan Zhong)
Shang Guan	G 3
Shang Huo Xi	Neu-P. 63
Shang Jing Ming	Neu-P. 1
Shang Ju Xu	M 37
Shang Lian	Di 9
Shang Lian Quan	PaM 21
Shang Liao	B 31
Shang Ming	Neu-P. 8
Shang Qiu	MP 5
Shang Qu	N 17
Shang Wan	KG 13
Shang Xi	Neu-P. 87
Shang Xing	LG 22 (23)
Shang Yang	Di 1
Shang Yang Guan	Neu-P. 108
Shang Ying Xiang	PaM 14
Shao Chong	H 9
Shao Fu	H 8
Shao Hai	H 3
Shao Shang	Lu 11
Shao Yang Wei	PaM 148
Shao Ze	Dü 1
Shen Cang	N 25
Shen Dao	LG 10 (11)
Shen Feng	N 23
Shen Ji	Neu-P. 56

Shen Mai	B 62
Shen Men	H 7
Shen Que (QI Zhong)	KG 8
Shen Tang	B 39 (B 44)
Shen Ting	LG 23 (24)
Shen Re Xue	Neu-P. 52
Shen Xi	PaM 158
Shen Yu	B 23
Shen Zhu	LG 11 (12)
Shi Cang	PaM 37
Shi Dou	MP 17
Shi Guan	N 18
Shi Guan	PaM 38
Shi Men	KG 5
Shi Mian	PaM 134
Shi Qi Zhui Xia	PaM 75
Shi Xie	Neu-P. 38
Shi Xuan	PaM 86
Shou Jin Men	PaM 112
Shou Zhong Ping	PaM 95
Shu Bian	PaM 63
Shuai Gu	G 8
Shui Dao	M 28
Shui Fen	KG 9
Shui Quan	N 4 (N 5)
Shui Shang	Neu-P. 36
Shui Tu	M 10
Shui Xi	Neu-P. 41
Si Bai	M 5 (M 2)
Si Du	3 E 9
Si Feng	PaM 94
Si Lian	PaM 169
Si Man	N 14
Si Qiang	Neu-P. 94
Si Shen Cong	PaM 1
Si Zhu Kong	3 E 21 (3 E 23)
Su Gu	B 65
Su Liao	LG 24 (25)
Tai Bai	MP 3
Tai Chong	Le 3
Tai Jian	Neu-P. 70
Tai Xi	N 5 (N 3)
Tai Yang	PaM 9
Tai Yi	M 23
Tai Yin Qiao	PaM 140
Tai Yuan	Lu 9
Tan Chuan	PaM 33
Tan Zhong	KG 17
Tao Dao	LG 12 (13)
Ti Tuo	Neu-P. 39
Tian Chi	KS 1
Tian Chong	G 9
Tian Chuang	Dü 16
Tian Ding	Di 17
Tian Fu	Lu 3
Tian Jing	3 E 10
Tian Liao	3 E 15
Tian Ling	PaM 126
Tian Quan	KS 2
Tian Rong	Dü 17
Tian Shu	M 25
Tian Ting	Neu-P. 24
Tian Tu	KG 22
Tian Xi	MP 18
Tian You	3 E 16
Tian Zhu	B 10
Tian Zong	Dü 11
Tiao Kou	M 38
Tiao Yue	Neu-P. 57
Ting Cong	Neu-P. 15
Ting Gong	Dü 19
Ting Hui	G 2
Ting Ling	Neu-P. 14
Ting Min	Neu-P. 16
Ting Tou	PaM 50
Ting Xue	Neu-P. 13
Tong Gu	N 20
Tong Gu	B 66
Tong Li	H 5
Tong Tian	B 7
Tong Zi Liao	G 1
Tou Ding Dian	Hand 7
Tou Guang Ming	PaM 5
Tou Wei	M 1 (M 8)
Tun Zhong	PaM 83
Wai Ding Chuan	Neu-P. 46
Wai Guan	3 E 5
Wai Jin Jin	PaM 22
Wai Huai Jian	PaM 151
Wai Lao Gong	PaM 109
Wai Ling	M 26
Wai Ming	Neu-P. 11
Wai Qiu	G 36
Wai Si Man	PaM 43
Wai Yu Yi	PaM 22
Wai Zhi Li	Neu-P. 102
Wan Gu	G 12
Wan Gu	Dü 4
Wan Li	Neu-P. 80
Wei Bao	PaM 47
Wei Cang	B 45 (B 50)
Wei Chang Dian	Hand 15
Wei Dao	G 28
Wei Le	Neu-P. 37
Wei Ling	PaM 110
Wei Re Xue	Neu-P. 48
Wei Shang	Neu-P. 100

Wei Shu Shang	Neu-P. 55
Wei Yang	B 53 (B 39)
Wei Yu	B 21
Wei Zhong	B 54 (B 40)
Wen Liu	Di 7
Wu Chu	B 5
Wu Li	Le 10
Wu Li	Di 13
Wu Ling	PaM 170
Wu Ming	PaM 55
Wu Shu	G 27
Wu Yi	M 15
Xi Guan	Le 7
Xi Men	KS 4
Xi Shang	Neu-P. 64
Xia Bai	Lu 4
Xia Fu Tu	Neu-P. 33
Xia Guan	M 2 (M 7)
Xia Jing Ming	Neu-P. 2
Xia Ji Yu	PaM 71
Xia Ju Xu	M 39
Xia Kun Lun	PaM 141
Xia Lian	Di 8
Xia Liao	B 34
Xia Wan	KG 10
Xia Xi	G 43
Xia Zhui	PaM 80
Xian Gu	M 43
Xiao Chang Yu	B 27
Xiao Gu Kong	PaM 102
Xiao Hai	Dü 8
Xiao Luo	3 E 12
Xiao Zhi Jian	PaM 88
Xiao Zhi Jian	PaM 135
Xiao Zhi Jie	PaM 105
Xin Fu Tu	Neu-P. 96
Xin Hui	LG 21 (22)
Xin Shi	PaM 29
Xin Yu	B 15
Xing Fen	Neu-P. 29
Xing Jian	Le 2
Xiong Dian	Hand 3
Xiong Xiang	MP 19
Xuan Ji	KG 21
Xuan Li	G 6
Xuan Lu	G 5
Xuan Shu	LG 5
Xuan Zhong	G 39
Xue Chou	PaM 67
Xue Hai	MP 10
Xue Ya Dian	Neu-P. 43
Ya Men	LG 14 (15)
Ya Tong	Neu-P. 60
Ya Xue	PaM 31
Yan Chi	Neu-P. 26
Yan Dian	Hand 4
Yan Hou Dian	Hand 13
Yang Bai	G 14
Yang Chi	3 E 4
Yang Fu	G 38
Yang Gang	B 43 (B 48)
Yang Gu	Dü 5
Yang Jiao	G 35
Yang Lao	Dü 6
Yang Ling Quan	G 34
Yang Xi	Di 5
Yao Gen	PaM 77
Yao Qi	PaM 79
Yao Tui Dian	Hand 1
Yao Yan	PaM 74
Yao Yi	PaM 73
Yao Yang Guan	LG 3
Yao Yu	LG 2
Ye Ling	PaM 125
Ye Men	3 E 2
Ye Niao Dian	Hand 17
Yi Feng	3 E 17
Yi Jing	PaM 45
Yi Ming	PaM 13
Yi Ming Xia	Neu-P. 23
Yi Shan Men	PaM 103
Yi She	B 44 (B 49)
Yi Xi	B 40 (B 45)
Yi Yu	PaM 62
Yin Bai	MP 1
Yin Bao	Le 9
Yin Du	N 19
Yin Gu	N 10
Yin Jiao	KG 7
Yin Jiao	LG 27 (28)
Yin Kang	Neu-P. 104
Yin Kou	PaM 60
Yin Lian	Le 11
Yin Ling Quan	MP 9
Yin Men	B 51 (B 37)
Yin Shang	Neu-P. 103
Yin Shi	M 33
Yin Tang	PaM 3
Yin Wei 1	PaM 166
Yin Wei 2	PaM 167
Yin Wei 3	PaM 168
Yin Xi	H 6
Ying Chuang	M 16
Ying Shang	Neu-P. 71
Ying Xia	Neu-P. 66
Ying Xiang	Di 20

Yong Quan	N 1
You Men	N 21
Yu Fu	N 27
Yu Ji	Lu 10
Yu Tang	KG 18
Yu Tian	PaM 81
Yu Wei	PaM 7
Yu Yao	PaM 6
Yu Yi (rechts)	PaM 20
Yu Zhen	B 9
Yu Zhong	N 26
Yuan Ye	G 22
Yun Men	Lu 2
Yuo Yi	PaM 35
Zan Zhu	B 2
Ze Qian	PaM 117
Ze Xia	PaM 116
Zeng Ming 1	Neu-P. 9
Zeng Ming 2	Neu-P. 10
Zeng Yin	Neu-P. 32
Zhang Men	Le 13
Zhao Hai	N 3 (N 6)
Zhe Jin	G 23
Zheng Ying	G 17
Zhi Bian	B 49 (B 54)
Zhi Gou	3 E 6
Zhi Li	Neu-P. 101
Zhi Ping	Neu-P. 75
Zhi Shi	B 47 (B 52)
Zhi Xie	Neu-P. 38
Zhi Yang	LG 8 (9)
Zhi Yin	B 67
Zhi Zhong	Dü 7
Zhi Zhuan Jin	PaM 147
Zhong Chong	KS 9
Zhong Chuan	Neu-P. 49
Zhong Du	G 32
Zhong Du	Le 6
Zhong Feng	Le 4
Zhong Fu	Lu 1
Zhong Ji	KG 3
Zhong Kong	PaM 76
Zhong Kui	PaM 101
Zhong Liao	B 33
Zhong Lü Yu	B 29
Zhong Quan	PaM 118
Zhong Shu	LG 6a (LG 7)
Zhong Ting	KG 16
Zhong Wan	KG 12
Zhong Zhu	3 E 3
Zhong Zhu	N 15
Zhou Liao	Di 12
Zhou Rong	MP 20
Zhou Yu	PaM 124
Zhu Bin	N 9
Zhu Ce	PaM 56
Zhu Zhang	PaM 70
Zhuo Yu	PaM 64
Zi Gong	KG 19
Zi Gong	PaM 49
Zu Gen Dian	Hand 18
Zu Lin Qi	G 41
Zu Luo	PaM 164
Zu Ming	PaM 162
Zu Qiao Yin	G 44
Zu San Li	M 36
Zu Xin	PaM 133
Zu Yi Cong	Neu-P. 91
Zu Zhong Ping	PaM 143
Zuo Gu	Neu-P. 58
Zuo Gu Shen Jing Dian	Hand 12
Zuo Yi	PaM 35

2. ALPHABETISCHES VERZEICHNIS DER CHINESISCHEN PUNKTE*

(in englischer Schreibweise)

An Mien 1	Neu-P. 27
An Mien 2	Neu-P. 28
Chang Chiang	Lg 1
Chang Feng	PaM 68
Chang Men	Le 13
Chang Yi	PaM 48
Chao Hai	N 3 (N 6)
Che Chin	G 23
Cheng Chi	M 4 (M 1)
Cheng Chiang	KG 24
Cheng Chien	Neu-P. 86
Cheng Chin	B 56
Cheng Fu	B 50
Cheng Ku	PaM 165
Cheng Kuang	B 6
Cheng Ling	G 18
Cheng Man	M 20

* Es sind die den chinesischen Namen entsprechenden Nummern nach Bachmann angeführt. In Klammer steht die Nummer nach den chinesischen Tafeln, wenn diese von Bachmann abweicht.

Cheng Ming	PaM 149
Cheng Shan	B 57
Cheng Ying	G 17
Chi Ching Chui Pang	Neu-P. 44
Chi Chuan	PaM 59
Chi Chuan	H 1
Chi Chung	LG 6
Chi Chung	M 30
Chi Chung	PaM 41
Chi Chu Pi Kuai	PaM 69
Chi Hai	KG 6
Chi Hai Shu	B 24
Chi Hsia	Neu-P. 95
Chi Hsueh	PaM 32
Chi Hsueh	N 13
Chi Men	Le 14
Chi Men	PaM 46
Chi Men	MP 11
Chi Mo	Le 12
Chi Ping	Neu-P. 75
Chi Sheh	M 11
Chi Yang Kuan	G 33
Chia Che	M 3 (M 6)
Chia Nei	Neu-P. 35
Chia Pi	PaM 15
Chiang Chian	LG 17
Chiang Yin	Neu-P. 31
Chiao Hsin	N 8
Chiao Ling	Neu-P. 99
Chiao Sun	3 E 20
Chiao Yi	PaM 150
Chiao Yin	G 11
Chie Ku	PaM 65
Chieh Chien	Neu-P. 106
Chieh He Hsueh	Neu-P. 47
Chieh Men	KS 4
Chiehe Hsi	M 41
Chien Cheng Hsueh	Neu-P. 25
Chien Chin	Neu-P. 110
Chien Ching	G 21
Chien Chung Shu	Dü 15
Chien Feng Shih	Neu-P. 97
Chien Hou Yin Chu	PaM 132
Chien Hsi	Neu-P. 93
Chien Ku	Dü 2
Chien Li	KG 11
Chien Liao	3 E 14
Chien Ming	Neu-P. 3
Chien Ming 1	Neu-P. 4
Chien Ming 2	Neu-P. 5
Chien Ming 3	Neu-P. 6
Chien Ming 4	Neu-P. 7
Chien Ming 5	Neu-P. 53
Chien Ming 6	Neu-P. 72

Chien San Chen	Neu-P. 74
Chien Shih	KS 5
Chien Shu	PaM 127
Chien Ting	LG 20
Chien Tung Tien	Neu-P. 50
Chien Wai Shu	Dü 14
Chien Yü	Di 15
Chih Cheng	Dü 7
Chih Cheng	Dü 9
Chih Chien	Neu-P. 22
Chih Chuan Chin	PaM 147
Chih Hsieh	Neu-P. 38
Chih Hsueh	PaM 32
Chih Jao	PaM 121
Chih Kou	3 E 6
Chih Li	Neu-P. 101
Chih Mai	3 E 18
Chih Pien	B 49 (B 54)
Chih Shih	B 47 (B 52)
Chih Tze	Lu 5
Chih Yang	LG 8
Chih Yin	B 67
Chin Chin Yu Yeh	PaM 20
Chin Men	B 63
Chin Shueh	LG 7
Ching Chu	Lu 8
Ching Chung	Neu-P. 34
Ching Chung	PaM 42
Ching Hsia	Neu-P. 79
Ching Ka	B 64
Ching Leng Yuan	3 E 11
Ching Ling	PaM 111
Ching Ling	H 2
Ching Men	G 25
Ching Ming	B 1
Chiou Hou	PaM 8
Chiu Chi	PaM 78
Chiu Hu	M 13
Chiu Hsu	G 40
Chiu Nei Fan	Neu-P. 85
Chiu Tien Feng	PaM 90
Chiu Wai Fan 2	Neu-P. 84
Chiu Wai Fan 1	Neu-P. 89
Chiu Wei	KG 15
Chou Jung	MP 20
Chou Shu	PaM 124
Chou Liao	Di 12
Chu Cha	B 4
Chu Chang	PaM 70
Chu Che	PaM 56
Chu Chih	Di 11
Chu Chuan	Le 8
Chu Chueh	PaM 54
Chu Chueh	KG 14

Chu Chueh Shu	PaM 57
Chu Huan	Dü 13
Chu Ku	Di 16
Chu Ku	KG 2
Chu Liao	G 29
Chu Liao	M 6 (M 3)
Chu Pi	Neu-P. 69
Chu Pin	N 9
Chu Pin	G 7
Chu Tze	KS 3
Chu Yang Wei	PaM 122
Chua Chien	PaM 106
Chuan Hsi	PaM 51
Chuan Liao	Dü 18
Chuan Sheng Tsu	PaM 139
Chueh Pen	M 12
Chueh Yin	PaM 44
Chueh Yin Shu	B 14
Chung Chi	KG 3
Chung Chien	Neu-P. 40
Chung Chu	3 E 3
Chung Chu	N 15
Chung Chuan	PaM 118
Chung Chuan	Neu-P. 49
Chung Chung	KS 9
Chung Feng	Le 4
Chung Fu	Lu 1
Chung Ku	PaM 31
Chung Kui	PaM 101
Chung Kung	PaM 76
Chung Liao	B 33
Chung Lu Shu	B 29
Chung Men	MP 12
Chung Shu	LG 6a
Chung Ting	KG 16
Chung Tu	G 32
Chung Tu	Le 6
Chung Tze Liao	G 1
Chung Wan	KG 12
Chung Yang	M 42
Chuo Yu	PaM 64
E Chung	PaM 2
Erh Hou Ching	PaM 12
Erh Chien	PaM 10
Erh Chien	Di 2
Erh Men	3 E 23 (3 E 21)
Erh Pai	PaM 114
Erh Shan Men	PaM 104
Fei Shu	B 13
Fei Yang	B 58
Feng Kuan	PaM 89
Feng Yen	PaM 28
Feng Yen	PaM 92
Fu Ai	MP 16
Fu Chieh	B 52 (B 38)
Fu Chieh	MP 14
Fu Fen	B 36 (B 41)
Fu Liu	N 7
Fu Pai	G 10
Fu Sheh	MP 13
Fu Tu	M 32
Fu Tu	Di 18
Fu Yang	B 59
Fung Chih	G 20
Fung Fu	LG 15
Fung Lung	M 40
Fung Men	B 12
Fung Shih	G 31
Han Yan	G 4
Heng Ku	N 11
Heng Wen	PaM 40
He Ting	PaM 156
Ho Ku	Di 4
Ho Liao	3 E 22
Ho Liao	Di 19
Ho Yang	B 55
Hou Chi Men	PaM 72
Hou Chung	Neu-P. 21
Hou Chung	N 26
Hou Hsi	Dü 3
Hou Hsueh Hai	Neu-P. 105
Hou Ting	LG 18
Hou Ting Hsueh	Neu-P. 19
Hou Ting Hui	Neu-P. 20
Hou Ting Kung	Neu-P. 18
Hou Yang Kuan	Neu-P. 107
Hou Yeh	PaM 129
Hsi Chu Hsu	M 39
Hsi Hsia	PaM 144
Hsi Kuan	Le 7
Hsi Shang	Neu-P. 64
Hsi Wai	PaM 155
Hsi Yen	PaM 145
Hsia Ching Ming	Neu-P. 2
Hsia Chi Shu	PaM 71
Hsia Chui	PaM 80
Hsia Fu Tu	Neu-P. 33
Hsia Hsi	G 43
Hsia Kuan	M 2 (M 7)
Hsia Kun Lun	PaM 141
Hsia Liao	B 34
Hsia Lien	Di 8
Hsia Pai	Lu 4
Hsia Wan	KG 10
Hsia Wen Liu	PaM 120

Hsiao Chang Shu	B 27
Hsiao Chih Chieh	PaM 105
Hsiao Chih Chien	PaM 135
Hsiao Chih Chien	PaM 88
Hsiao Hai	Dü 8
Hsiao Ku Kung	PaM 102
Hsiao Lo	3 E 12
Hsien Ku	M 43
Hsin Fu Tu	Neu-P. 96
Hsin Shu	B 15
Hsing Chien	Le 2
Hsing Fen	Neu-P. 29
Hsing Shih	PaM 29
Hsiung Hsiang	MP 19
Hsuan Chi	KG 21
Hsuan Chung	G 39
Hsuan Li	G 6
Hsuan Lu	G 5
Hsuan Shu	LG 5
Hsueh Chou	PaM 67
Hsueh Hai	MP 10
Hsueh Ya Tien	Neu-P. 43
Hua Jou Men	M 24
Hua Kai	KG 20
Hua To	PaM 85
Huan Chung	PaM 84
Huan Tiao	G 30
Huei Tsung	3 E 7
Huei Yin	KG 1
Hui Yang	B 35
Hun Men	B 42 (B 47)
Hun She	PaM 39
Hung Yin	PaM 23
Jen Chung	LG 25
Jen Ku	N 2
Jenn Ying	M 9
Jih Yueh	G 24
Ju Chung	M 17
Ju Jung	M 19
Ju Ken	M 18
Jung Hou	Neu-P. 30
Kan Shu	B 18
Kan Yen	Neu-P. 88
Kao Huang	B 38 (B 43)
Ke Kuan	B 41 (B 46)
Ke Liao	PaM 18
Ke Shu	B 17
Ke Tuan	LG 26
Ken Chiao	LG 27
Ken Ping	Neu-P. 77
Ku Fang	M 14
Kuan Chung	3 E 1
Kuan Ku	PaM 157
Kuan Men	M 22
Kuan Tu	PaM 159
Kuan Yuan	KG 4
Kuan Yuan Shu	B 26
Kuang Ming	G 37
Kuei Lai	M 29
Kui Jang Hsueh	Neu-P. 54
Kun Lun	B 60
Kung Chung	Neu-P. 68
Kung Sun	MP 4
Kung Tzuei	Lu 6
Lan Wei	PaM 142
Lao Kung	KS 8
Li Kou	Le 5
Li Nei Ting	PaM 130
Li Shang	Neu-P. 82
Li Tuei	M 45
Li Wai	Neu-P. 81
Liang Chiu	M 34
Liang Men	M 21
Liang Yen	PaM 58
Liao Liao	PaM 160
Lieh Chueh	Lu 7
Lien Chuan	KG 23
Lin Chi	G 15
Ling Hou	PaM 153
Ling Hou Hsia	PaM 154
Ling Hsia	Neu-P. 92
Ling Hsu	N 24
Ling Pao	PaM 171
Ling Tai	LG 9
Ling Tao	H 4
Liu Ching Chui Pang	Neu-P. 42
Lo Chueh	B 8
Lo Shang	Neu-P. 65
Lou Ku	MP 7
Lu Hsi	3 E 19
Lung Han	PaM 34
Lung Hsueh	PaM 11
Luo Chen	PaM 108
Luo Ching	PaM 27
Luo Ling Wu	Neu-P. 62
Luo Ti	Neu-P. 83
Mai Pu	Neu-P. 98
Mang Men	B 46 (B 51)
Mang Shu	N 16
Mei Chung	B 3
Mai Hua	PaM 36
Ming Men	LG 4
Ming Yen	PaM 93

Mu Chih Chieh	
Heng Wen	PaM 91
Mu Chih Chien	PaM 87
Mu Chih Heng	
Li San Mao	PaM 136
Mu Chi Li Heng Wen	PaM 131
Mu Chuang	G 16
Nao Ching	Neu-P. 78
Nao Hu	LG 16
Nao Hui	3 E 13
Nao Kung	G 19
Nao Shang	Neu-P. 73
Nao Shu	Dü 10
Nei Huai Chien	PaM 146
Nei Kuan	KS 6
Nei Ting	M 44
Nei Yang Chih	PaM 97
Niu Shang Hsueh	Neu-P. 67
Nueh Men	Neu-P. 61
Nu Hsi	PaM 138
Pa Chui Hsia	PaM 61
Pa Feng	PaM 137
Pa Hsieh	PaM 107
Pa Hua	PaM 53
Pai Chung Feng	PaM 52
Pai Chung Wo	PaM 163
Pai Huan Shu	B 30
Pai Hui	LG 19
Pai Lau	PaM 30
Pang Chiang	Neu-P. 59
Pang Ku	Neu-P. 76
Pang Kuang Shu	B 28
Pang Lao Kung	PaM 96
Pang Lien Chuen	PaM 24
Pan Men	PaM 98
Pao Mang	B 48 (B 53)
Pen Shen	G 13
Pi Chung	PaM 115
Pi Je Hsueh	Neu-P. 51
Pi Jiao	Di 14
Pi Ken	PaM 66
Pi Kuan	M 31
Pi Liu	PaM 16
Pi Shu	B 20
Pi Tung	Neu-P. 12
Pien Li	Di 6
Pien Tao	PaM 26
Ping Fung	Dü 12
Pin Hsueh Ling	PaM 82
Po Hu	B 37 (B 42)
Pu Lang	N 22
Pu Shen	B 61
Roung Hou	Neu-P. 30
San Chiao Shu	B 22
San Chien	Di 3
San Chih	PaM 123
San Hsiao	PaM 17
San Li	Di 10
San Shang	PaM 99
San Yang Lo	3 E 8
San Yin Chiao	MP 6
Shang Ching Ming	Neu-P. 1
Shang Chiu	MP 5
Shang Chu	N 17
Shang Chu Hsu	M 37
Shang Erh Ken	Neu-P. 17
Shang Feng Shih	Neu-P. 109
Shang Hou Hsi	Neu-P. 63
Shang Hsi	Neu-P. 87
Shang Hsing	LG 22
Shang Kuan	G 3
Shang Liao	B 31
Shang Lien	Di 9
Shang Lien Chuan	PaM 21
Shang Ming	Neu-P. 8
Shang Wan	KG 13
Shang Yang	Di 1
Shang Yang Kuan	Neu-P. 108
Shang Ying Hsiang	PaM 14
Shan Ken	PaM 4
Shao Chung	H 9
Shao Fu	H 8
Shao Hai	H 3
Shao Shang	Lu 11
Shao Tze	Dü 1
Shao Yang Wei	PaM 148
Shen Chi	Neu-P. 56
Shen Chu	LG 11
Shen Chueh	KG 8
Shen Fung	N 23
Shen Hsi	PaM 158
Shen Je Hsueh	Neu-P. 52
Shen Mai	B 62
Shen Men	H 7
Shen Shu	B 23
Shen Tang	B 39 (B 44)
Shen Tao	LG 10
Shen Ting	LG 23
Shen Tsang	N 25
Shi Hsuan	PaM 86
Shi Kuan	PaM 38
Shih Chi Chui Hsia	PaM 75
Shih Kuan	N 18
Shih Men	KG 5
Shih Men	PaM 134
Shih Tou	MP 17
Shih Tsang	PaM 37

Shou Ching Men	PaM 112
Shou Chung Ping	PaM 95
Shu Fu	N 27
Shu Hsi	Neu-P. 41
Shu Ka	B 65
Shu Pien	PaM 63
Shuai Ku	G 8
Shuei Chuan	N 4 (N 5)
Shuei Fen	KG 9
Shuei Tao	M 28
Shuei Tu	M 10
Shui Shang	Neu-P. 36
Shu Chu Kung	3 E 21 (3 E 23)
Ssu Man	N 14
Ssu Pai	M 5 (M 2)
Ssu Tu	3 E 9
Su Liao	LG 24
Szu Chiang	Neu-P. 94
Szu Feng	PaM 94
Szu Lien	PaM 169
Szu Shen Tsung	PaM 1
Ta Chang Shu	B 25
Ta Chu	B 11
Ta Chu	M 27
Ta Chuei	LG 13
Ta Chung	N 6 (N 4)
Ta Heng	MP 15
Ta Ho	N 12
Ta Ku Kung	PaM 100
Ta Ling	KS 7
Ta Lun	PaM 161
Ta Pao	MP 21
Ta Tu	MP 2
Ta Tun	Le 1
Ta Ying	M 8 (M 5)
Tai Chien	Neu-P. 70
Tai Chung	Le 3
Tai Hsi	N 5 (N 3)
Tai Mai	G 26
Tai Pai	MP 3
Tai Yang	PaM 9
Tai Yi	M 23
Tai Yin Chiao	PaM 140
Tai Yuan	Lu 9
Tan Chuan	PaM 33
Tan Chung	KG 17
Tan Lang Tien	PaM 152
Tan Shu	B 19
Tao Tao	LG 12
Ti Chi	MP 8
Ti Chien	Neu-P. 90
Ti Ho	PaM 19
Ti Tsang	M 7 (M 4)
Ti Tuo	Neu-P. 39
Ti Wu Huei	G 42
Tiao Kou	M 38
Tiao Yueh	Neu-P. 57
Tien Chih	KS 1
Tien Chih	KS 2
Tien Ching	3 E 10
Tien Chu	B 10
Tien Chung	Dü 16
Tien Chung	G 9
Tien Fu	Lu 3
Tien Hsi	MP 18
Tien Jung	Dü 17
Tien Liao	3 E 15
Tien Ling	PaM 126
Tien Shu	M 25
Tien Ting	Di 17
Tien Ting	Neu-P. 24
Tien Tsung	D 11
Tien Tu	KG 22
Tien Yung	3 E 16
Ting Chuan	Neu-P. 45
Ting Chung	Neu-P. 15
Ting Hsueh	Neu-P. 13
Ting Hui	G 2
Ting Kung	Dü 19
Ting Ling	Neu-P. 14
Ting Min	Neu-P. 16
Ting Shu	PaM 113
Ting Tout	PaM 50
Tou Kuang Ming	PaM 5
Tou Wei	M 1 (M 8)
Tse Chien	PaM 117
Tse Hsia	PaM 116
Tseng Ming 1	Neu-P. 9
Tseng Ming 2	Neu-P. 10
Tseng Yin	Neu-P. 32
Tso Yi	PaM 35
Tsu Chiao Ying	G 44
Tsu Chung Ping	PaM 143
Tsu Hsin	PaM 133
Tsu Kung	PaM 49
Tsu Lin Chi	G 41
Tsu Luo	PaM 164
Tsu Ming	PaM 162
Tsu San Li	M 36
Tsu Yi Chung	Neu-P. 91
Tsuan Chu	B 2
Tsun Ping	PaM 119
Tsuo Ku	Neu-P. 58
Tu Pi	M 35
Tu Shu	B 16
Tun Chung	PaM 83
Tung Ku	N 20

Tung Ku	B 66
Tung Li	H 5
Tung Tien	B 7
Tze Kung	KG 19
Tze Liao	B 32
Wai Chih Li	Neu-P. 102
Wai Chin	G 36
Wai Chin Chin	PaM 22
Wai Huai Chien	PaM 151
Wai Kuan	3 E 5
Wai Lao Kung	PaM 109
Wai Ling	M 26
Wai Ming	Neu-P. 11
Wai Szu Man	PaM 43
Wai Yu Yeh	PaM 22
Wan Ku	Dü 4
Wan Ku	G 12
Wan Li	Neu-P. 80
Wei Chung	B 54 (B 40)
Wei Je Hsueh	Neu-P. 48
Wei Le	Neu-P. 37
Wei Ling	PaM 110
Wai Pao	PaM 47
Wei Shang	Neu-P. 100
Wei Shu	B 21
Wei Shu	Neu-P. 55
Wei Tao	G 28
Wei Ting Chuan	Neu-P 46
Wei Tsang	B 45 (B 50)
Wei Yang	B 53 (B 39)
Wen Liu	Di 7
Wu Shang	B 5
Wu I	M 15
Wu Li	Di 13
Wu Li	Le 10
Wu Ling	PaM 170
Wu Ming	PaM 55
Wu Shu	G 27
Ya Hsueh	PaM 25
Ya Men	LG 14
Ya Tung	Neu-P. 60
Yang Chiao	G 35
Yang Chih	3 E 4
Yang Fu	G 38
Yang Hsi	Di 5
Yang Kang	B 43 (B 48)
Yang Ku	Dü 5
Yang Lao	Dü 6
Yang Ling Chuan	G 34

Yang Pai	G 14
Yao Chi	PaM 79
Yao Ken	PaM 77
Yao Shu	LG 2
Yao Yang Kuan	LG 3
Yao Yen	PaM 74
Yao Yi	PaM 73
Ye Ling	PaM 125
Yen Chih	Neu-P. 26
Yi Ching	PaM 45
Yi Fung	3 E 17
Yi Hsi	B 40 (B 45)
Yi Ming	PaM 13
Yi Ming Hsia	Neu-P. 23
Yi Shan Men	PaM 103
Yi She	B 44 (B 49)
Yi Shu	PaM 62
Yieh Men	3 E 2
Yin Chiao	KG 7
Yin Chieh	H 6
Yin Kang	Neu-P. 104
Yin Kou	PaM 60
Yin Ku	N 10
Yin Lien	Le 11
Yin Ling Chuan	MP 9
Yin Men	B 51 (B 37)
Yin Pai	MP 1
Yin Pao	Le 9
Yin Shang	Neu-P. 103
Yin Shih	M 33
Yin Tang	PaM 3
Yin Tu	N 19
Yin Wei 1	PaM 166
Yin Wei 2	PaM 167
Yin Wei 3	PaM 168
Ying Hsia	Neu-P. 66
Ying Hsiang	Di 20
Ying Shang	Neu-P. 71
Yu Chen	B 9
Yu Chi	Lu 10
Yu Chien	PaM 128
Yu Men	N 21
Yu Tang	KG 18
Yu Tien	PaM 81
Yu Wei	PaM 7
Yu Yao	PaM 6
Yu Yi	PaM 35
Yuan Yieh	G 22
Yun Men	Lu 2
Yung Chuan	N 1
Yung Chuang	M 16

3. ALPHABETISCHES VERZEICHNIS DER CHINESISCHEN PUNKTE* **

(in französischer Schreibweise)

Chang lang	Di 1
Chang Koann	KG 13
Chang Lienn	Di 9
Chang Lienn	M 37
Chang Sing	LG 22
Chang Tou	PaM 10
Chang Tsiao	B 31
Chang Tsiou	N 17
Chang Tsiou	MP 5
Chao Chang	Lu 11
Chao Fou	H 8
Chao Rae	H 3
Chao Tchrong	H 9
Chao Tsre	Dü 1
Che Koann	N 18
Che Menn	KG 5
Che Siuann	PaM 1
Che Teou	MP 17
Chenn Fong	N 23
Chenn lu	B 23
Chenn Koann	KG 8
Chenn Menn	H 7
Chenn Mo	B 62
Chenn Tao	LG 10
Chenn Tchou	LG 11
Chenn Ting	LG 23
Chenn Trang	B 39
Chenn Tsrang	N 25
Choae Kou	G 8
Choe Fenn	KG 9
Choe Keou	LG 25
Choe Tao	M 28
Choe Trou	M 10
Choe Tsiuann	N 6 (N 4)
Chou Kou	B 65
El Menn	3 E 23 (3 E 21)
El Pae	PaM 26
El Tsienn	PaM 15
El Tsienn	Di 2
Fei lang	B 58
Fei lu	B 13
Feou Pae	G 10
Feou Tsri	B 52 (B 38)
Fong Che	G 31
Fong Fou	LG 15
Fong Long	M 40
Fong Menn	B 12
Fong Tchre	G 20
Fou Che	M 13
Fou Fenn	B 36 (B 41)
Fou lang	B 59
Fou Leou	N 7
Fou Ngae	MP 16
Fou Trou	Di 18
Fou Trou	M 32
Fou Tsie	MP 14
I Che	B 44
I Fong	3 E 17
I Si	B 40
Ia Menn	LG 14
lang Che	Le 12
lang Fou	G 38
lang Kang	B 43
lang Koann	LG 3
lang Koann	G 33
lang Kou	Dü 5
lang Lao	Dü 6
lang Ling Tsiuann	G 34
lang Pae	G 14
lang Tchre	3 E 4
lang Ti	PaM 27
lang Tsiao	G 35
lang Tsri	Di 5
lao lu	LG 2
le Menn	3 E 2
Ing Siang	Di 20
Ing Tschroang	M 16
Inn Che	M 33
Inn Kou	N 10
Inn Lienn	Le 11
Inn Ling Tsiuann	MP 9
Inn Menn	B 51 (B 37)
Inn Pao	Le 9
Inn Po	MP 1
Inn Tou	N 19
Inn Trang	PaM 17
Inn Tsiao	LG 27

---

* Die französische Umschrift der Neu-P. und einiger PaM. fehlt, da uns eine solche nicht zugänglich war und nach mündlicher Mitteilung von Dr. J. C. DE TYMOVSKI (Paris), Präsident d. internationalen Gesellschaft für Akupunktur, noch nicht vorliegen.

** Es sind die den chinesischen Namen entsprechenden Nummern nach BACHMANN angeführt. In Klammer steht die Nummer nach den chinesischen Tafeln, wenn diese von BACHMANN abweicht.

Inn Tsiao	KG 7
Inn Tsri	H 6
Iong Tsiuann	N 1
Iou Menn	N 21
Iu Fou	N 27
Iu Iao	PaM 14
Iu Tchenn	B 9
Iu Trang	KG 18
Iu Tsi	Lu 10
Iuann Ie	G 22
Iunn Menn	Lu 2
Je Iue	G 24
Jenn Ing	M 9
Jenn Kou	N 2
Jou Kenn	M 18
Jou Tchong	M 17
Kann Iu	B 18
Kao Roang	B 38
Ko Iu	B 17
Ko Koann	B 41
Koang Ming	G 37
Koann Iuann	KG 4
Koann Iuann Iu	B 26
Koann Menn	M 22
Koann Tchrong	3 E 1
Koe Ienn	PaM 6a
Koe Krou	PaM 6
Koe Lae	M 29
Kong Soun	MP 4
Kro Tchou Jenn	G 3
Krong Tsoe	Lu 6
Krou Fang	M 14
Kroun Loun	B 60
Lann Menn	PaM 29
Lao Kong	KS 8
Leang Menn	M 21
Leang Tsiou	M 34
Leou Kou	MP 7
Li Keou	Le 5
Li Toe	M 45
Lie Tsiue	Lu 7
Lienn Tsiuann	KG 23
Ling Siu	N 24
Ling Tao	H 4
Ling Trae	LG 9
Linn Tsri	G 15
Linn Tsri	G 41
Lo Tsri	B 8
Long Siuann	PaM 7a
Lou Si	3 E 19
Mai Tchrong	B 3
Ming Menn	LG 4
Mou Tchroang	G 16
Nao Iu	Dü 10
Nao Krong	G 19
Nao Roe	3 E 13
Nao Rou	LG 16
Nei Ing Siang	PaM 19
Nei Koann	KS 6
Nei Koa Tsienn	PaM 29
Nei Ting	M 44
Oae Koann	3 E 5
Oae Koa Tsienn	PaM 30
Oae Lao Kong	PaM 13
Oae Ling	M 26
Oae Tsiou	G 36
Oann Kou	G 12
Oann Kou	Dü 4
Oe Iang	B 53 (B 39)
Oe Iu	B 21
Oe Ling	PaM 8
Oe Tao	G 28
Oe Tchong	B 54 (B 40)
Oe Tsrang	B 45 (B 50)
Oenn Leou	Di 7
Ou I	M 15
Ou Li	Di 13
Ou Li	Le 10
Ou Rou	PaM 2
Ou Tchrou	B 5
Ou Tchrou	G 27
Pae Lao	LG 13
Pae Roann Iu	B 30
Pae Roe	LG 19
Pao Roang	B 48 (B 53)
Penn Chenn	G 13
Pi Iu	B 20
Pi Koann	M 31
Pi Nao	Di 14
Pi Tchoun	PaM 18
Pienn Li	Di 6
Pou Jong	M 19
Pou Lang	N 22
Prang Koang Iu	B 28
Pro Rou	B 37
Prou Chenn	B 61
Rae Tsiuann	PaM 23
Rann Ia	G 4
Reou Ting	LG 18
Reou Tsri	Dü 3

Ro Iang	B 55
Ro Kou	Di 4
Ro Tsiao	Di 19
Ro Tsiao	3 E 22
Roa Jeou	M 24
Roa Kae	KG 20
Roang Iu	N 16
Roang Menn	B 46 (B 51)
Roann Tiao	G 30
Roe Iang	B 35
Roe Inn	KG 1
Roe Tsong	3 E 7
Rong Kou	N 11
Roun Menn	B 42
Rouo Tchong	N 26
Sann Iang Lo	3 E 8
Sann Inn Tsiao	MP 6
Sann Li	Di 10
Sann Li	M 36
Sann Tsiao Iu	B 22
Sann Tsienn	Di 3
Se Feng	PaM 28
Se Mann	N 14
Se Pae	M 5 (M 2)
Se Tchou Kong	3 E 21 (3 E 23)
Se Tou	3 E 9
Si Koann	Le 7
Sia Koann	M 2 (M 7)
Sia Koann	KG 10
Sie Lienn	Die 8
Sia Lienn	M 39
Sia Tou	G 32
Sia Tou	PaM 12
Sia Tsiao	B 34
Sienn Kou	M 43
Sie Po	Lu 4
Sie Tsri	G 43
Siao Kou Krong	PaM 4
Siao Lo	3 E 12
Siao Rae	Dü 8
Siao Tchrang Iu	B 27
Sing Tsienn	Le 2
Sinn Iu	B 15
Siong Siang	MP 19
Siuann Li	G 6
Siuann Lou	G 5
Siuann Tchong	G 39
Siuann Tchrou	LG 5
Siuann Tsi	KG 21
Siue Rae	MP 10
Sou Tsiao	LG 24
Ta Ing	M 8 (M 5)
Ta Kou Krong	PaM 5
Ta Ling	KS 7
Ta Pao	MP 21
Ta Ro	N 12
Ta Rong	MP 15
Ta Tchong	N 3 (N 6)
Ta Tchrang Iu	B 25
Ta Tchrou	B 11
Ta Tou	PaM 9
Ta Tou	MP 2
Ta Toun	Le 1
Ta Tsiu	M 27
Tae Mo	G 26
Tann Iu	B 19
Tchang Menn	Le 13
Tchao Rae	N 5 (N 3)
Tche Che	B 47 (B 52)
Tche Iang	LG 8
Tche Inn	B 67
Tche Keou	3 E 6
Tche Pienn	B 49 (B 54)
Tche Tcheng	Dü 7
Tcheng Ing	G 17
Tcheou Iong	MP 20
Tcheou Tsiao	Di 12
Tcheou Tsienn	PaM 24
Tchong Fong	Le 4
Tchong Fou	Lu 1
Tchong Koann	KG 12
Tchong Kroe	PaM 3
Tchong Liu Iu	B 29
Tchong Tchou	3 E 3
Tchong Tchou	N 15
Tchong Tchrong	KS 9
Tchong Ting	KG 16
Tchong Tou	PaM 11
Tchong Tou	Le 6
Tchong Tsi	KG 3
Tchong Tsiao	B 33
Tchong Tsiuann	PaM 7
Tchrang Tsiang	LG 1
Tchre Mo	3 E 18
Tchre Tsinn	G 23
Tchre Tsre	Lu 5
Tchreng Chann	B 57
Tchreng Fong	Dü 12
Tchreng Fou	B 50
Tchreng Koang	B 6
Tchreng Ling	G 18
Tchreng Mann	M 20
Tchreng Tsiang	KG 24
Tchreng Tsinn	B 56
Tchreng Tsri	M 4 (M 1)
Tchroang Roe	LG 21
Tchrong Iang	M 42

Tchrong Menn	MP 12
Tchrong Tsu	LG 6a
Ti Tsi	MP 8
Ti Tsrang	M 7 (M 4)
Tiao Kreou	M 38
Tienn Fou	Lu 3
Tienn Jou	3 E 16
Tienn Jong	Dü 17
Tienn Tchou	B 10
Tienn Tchre	KS 1
Tienn Tchroang	Dü 16
Tienn Tchrong	G 9
Tienn Tchrou	M 25
Tienn Ting	Di 17
Tienn Trou	KG 22
Tienn Tsiao	3 E 15
Tienn Tsing	3 E 10
Tienn Tsiuann	KS 2
Tienn Tsong	Dü 11
Tienn Tsri	MP 18
Ting Kong	Dü 19
Ting Roe	G 2
Tiou Roe	G 42
Toe Toann	LG 26
Tou Inn	PaM 31
Tou Iu	B 16
Tou Pi	M 35
Trae I	M 23
Trae Iang	PaM 16
Trae Iuann	Lu 9
Trae Po	MP 3
Trae Tchrong	Le 3
Trae Tsri	N 4 (N 5)
Trann Tchong	KG 17
Trao Tao	LG 12
Treou Oe	M 1 (M 8)
Trong Kou	N 20
Trong Kou	B 66
Trong Li	H 5
Trong Tienn	B 7
Trong Tse Tsiao	G 1
Tse Kong	PaM 25
Tsi Menn	M 11
Tsi Tchong	LG 6
Tsi Tsiuann	H 1
Tsia Tchre	M 3 (M 6)
Tsiang Tsienn	LG 17
Tsiao Inn	G 11
Tsiao Inn	G 44
Tsiao Sinn	N 8
Tsie Tsri	M 41
Tsienn Che	KS 5
Tsienn Iu	Di 15
Tsienn Kou	Dü 2
Tsienn Li	KG 11
Tsienn Oae	Dü 14
Tsienn Tchenn	Dü 9
Tsienn Tchong	Dü 15
Tsienn Tchou Kou	PaM 20
Tsienn Ting	LG 20
Tsienn Tsiao	3 E 14
Tsienn Tsing	G 21
Tsing Kou	B 64
Tsing Menn	G 25
Tsing Ming	B 1
Tsing Tsiu	Lu 8
Tsinn Chou	LG 7
Tsinn Menn	B 63
Tsinn Tsinn	PaM 22
Tsio Soun	3 E 20
Tsiou Iuann	Dü 13
Tsiou Kou	KG 2
Tsiou Oe	KG 15
Tsiou Ping	G 7
Tsiou Siu	G 40
Tsiou Tchrae	B 4
Tsiou Tchre	Di 11
Tsiou Tsiuann	Le 8
Tsiou Tsre	KS 3
Tsiu Koann	KG 14
Tsiu Kou	Di 16
Tsiu Tsiao	M 6 (M 3)
Tsiu Tsiao	G 29
Tsiu Tsiuann	PaM 21
Tsiuann Tsiao	Dü 18
Tsiue Inn Iu	B 14
Tsiue Prenn	M 12
Tso Pinn	N 9
Tsre Kong	KG 19
Tsre Tsiao	B 32
Tsri Che	M 11
Tsri Menn	KS 4
Tsri Menn	Le 14
Tsri Rae	KG 6
Tsri Rae Iu	B 24
Tsri Rou	M 13
Tsri Tchrong	M 30
Tsri Tsiue	N 13
Tsring Leng Iuann	3 E 11
Tsring Ling	H 2
Tsroann Tchou	B 2

4. VERZEICHNIS DER CHINESISCHEN PUNKTSYMBOLE

Neu P.

新穴表解

Nr.		Nr.		Nr.	
1	上睛明	42	六颈椎旁	81	里外
2	下睛明	43	血压点	82	里上
3	健明	44	七颈椎旁	83	落地
4	健明$_1$	45	定喘	84	纠外翻$_2$
5	健明$_2$	46	外定喘	85	纠内翻
6	健明$_3$	47	结核穴	86	承间
7	健明$_4$	48	胃热穴	87	上溪
8	上明	49	中喘	88	肝炎
9	增明$_1$	50	肩痛点	89	纠外翻$_1$
10	增明$_2$	51	脾热穴	90	地健
11	外明	52	肾热穴	91	足益聪
12	鼻通	53	健明$_5$	92	陵下
13	听穴	54	溃疡穴	93	健膝
14	听灵	55	胃舒	94	四强
15	听聪	56	肾脊	95	箕下
16	听敏	57	跳跃	96	新伏兎
17	上耳根	58	坐骨	97	前风市
18	后听宫	59	旁强	98	迈步
19	后听穴	60	牙痛	99	娇灵
20	后听会	61	痞门	100	委上
21	后聪	62	落零五	101	直立
22	池前	63	上后溪	102	外直立
23	翳明下	64	郄上	103	殷上
24	天听	65	络上	104	阴亢
25	牵正穴	66	腘下	105	后血海
26	岩池	67	扭伤穴	106	解剪
27	安眠$_1$	68	肱中	107	后阳关
28	安眠$_2$	69	举臂	108	上阳关
29	兴奋	70	抬肩	109	上风市
30	容后	71	腘上	110	前进
31	强音	72	见明		
32	增音	73	臑上		
33	下扶突	74	肩三针		
34	颈中	75	趾平		
35	颊内	76	旁谷		
36	水上	77	跟平		
37	胃乐	78	脑清		
38	止泻	79	胫下		
39	提托	80	万里		
40	冲间				
41	鼠蹊				

PaM

经外奇穴表解

Nr.	
1	四神聪
2	额中
3	印堂
4	山根
5	头光明
6	鱼腰
7	鱼尾
8	球后
9	太阳
10	耳尖
11	聋穴
12	耳后静脉三条
13	翳明
14	上迎香
15	夹鼻
16	鼻流
17	散笑
18	颏髎
19	地合
20	金津、玉液
21	上廉泉
22	外金津、玉液
23	洪音
24	旁廉泉
25	哑穴
26	扁桃
27	落颈
28	风岩
29	新识
30	百劳
31	崇骨
32	赤穴
33	痰喘
34	龙颌
35	左宜、右宜
36	梅花

PaM

37 食仓
38 食关
39 魂舍
40 横纹
41 气中
42 经中
43 外四满
44 绝孕
45 遗精
46 气门
47 維胞
48 肠遗
49 子宫
50 亭头
51 喘息
52 百种风
53 八华
54 巨觉
55 无名
56 柱侧
57 巨阙俞
58 显眼
59 气喘
60 银口
61 八椎下
62 胰俞
63 枢边
64 浊浴
65 接骨
66 痞根
67 血愁
68 肠风
69 积聚痞块
70 竹杖
71 下极俞
72 后期门
73 腰宜
74 腰眼
75 十七椎下
76 中空

PaM

77 腰根
78 鸠杞
79 腰奇
80 下椎
81 玉田
82 贫血灵
83 臀中
84 环中
85 华佗夹脊
86 十宣
87 拇指尖
88 小指尖
89 风关
90 灸癜风
91 拇指节横纹
92 凤眼
93 明眼
94 四缝
95 手中平
96 旁劳宫
97 内阳池
98 版门
99 三商
100 大骨空
101 中魁
102 小骨空
103 一扇门
104 二扇门
105 小指节
106 拳尖
107 八邪
108 落枕
109 外劳宫
110 威灵
111 精灵
112 手金门
113 疔俞
114 二白
115 臂中

PaM

116 泽下
117 泽前
118 中泉
119 寸平
120 下温溜
121 尺桡
122 屈阳委
123 三池
124 肘俞
125 腋灵
126 天灵
127 肩俞
128 髃前
129 后腋
130 里内庭
131 踇趾里横纹
132 前后隐珠
133 足心
134 失眠
135 小趾尖
136 踇趾横理三毛
137 八风
138 女膝
139 泉生足
140 太阴跷
141 下昆仑
142 阑尾
143 足中平
144 膝下
145 膝眼
146 内踝尖
147 治转筋
148 少阳維
149 承命
150 交仪
151 外踝尖
152 胆囊点
153 陵后
154 陵后下

PaM

155 膝外
156 鶴顶
157 髋骨
158 肾系
159 关兔
160 髎髎
161 大轮
162 足明
163 百虫窝
164 足罗
165 成骨
166 阴委 $_1$
167 阴委 $_2$
168 阴委 $_3$
169 四连
170 五灵
171 灵宝

DIE 14 MERIDIANE: 十四经穴表解

Lu

手太阴肺经

1 中府
2 云门
3 天府
4 侠白
5 尺泽
6 孔最
7 列缺
8 经渠
9 太渊
10 鱼际
11 少商

Di

手阳明大肠经

1 商阳
2 二间
3 三间
4 合谷
5 阳溪
6 偏历
7 温溜
8 下廉
9 上廉
10 三里
11 曲池
12 肘髎
13 五里
14 臂臑
15 肩髃
16 巨骨
17 天鼎
18 扶突
19 禾髎
20 迎香

M

足阳明胃经

1 (*8*) 头维
2 (*7*) 下关

M

3 (*6*) 颊车
4 (*1*) 承泣
5 (2) 四白
6 (*3*) 巨髎
7 (*4*) 地仓
8 (*5*) 大迎
9 人迎
10 水突
11 气舍
12 缺盆
13 气户
14 库房
15 屋翳
16 膺窗
17 乳中
18 乳根
19 不容
20 承满
21 梁门
22 关门
23 太乙
24 滑肉门
25 天枢
26 外陵
27 大巨
28 水道
29 归来
30 气冲
31 髀关
32 伏兔
33 阴市
34 梁丘
35 犊鼻
36 足三里
37 上巨虚
38 条口
39 下巨虚
40 丰隆
41 解溪
42 冲阳
43 陷谷

M

44 內庭
45 厉兑

MP

足太阴脾经

1 隐白
2 大都
3 太白
4 公孙
5 商丘
6 三阴交
7 漏谷
8 地机
9 阴陵泉
10 血海
11 箕门
12 冲门
13 府舍
14 腹结
15 大横
16 腹哀
17 食窦
18 天溪
19 胸乡
20 周荣
21 大包

H

手少阴心经

1 极泉
2 青灵
3 少海
4 灵道
5 通里
6 阴郄
7 神门
8 少府
9 少冲

Dü

手太阳小肠经

1 少泽
2 前谷
3 后溪
4 腕骨
5 阳谷
6 养老
7 支正
8 小海
9 肩贞
10 臑俞
11 天宗
12 秉风
13 曲垣
14 肩外俞
15 肩中俞
16 天窗
17 天容
18 颧髎
19 听宫

B

足太阳膀胱经

1 睛明
2 攒竹
3 眉冲
4 曲差
5 五处
6 承光
7 通天
8 络却
9 玉枕
10 天柱
11 大杼
12 风门
13 肺俞
14 厥阴俞
15 心俞
16 督俞
17 膈俞

B

18 肝俞
19 胆俞
20 脾俞
21 胃俞
22 三焦俞
23 肾俞
24 气海俞
25 大肠俞
26 关元俞
27 小肠俞
28 膀胱俞
29 中膂俞
30 白环俞
31 上髎
32 次髎
33 中髎
34 下髎
35 会阳
36 (*41*) 附分
37 (*42*) 魄户
38 (*43*) 膏肓
39 (*44*) 神堂
40 (*45*) 譩譆
41 (*46*) 膈关
42 (*47*) 魂门
43 (*48*) 阳纲
44 (*49*) 意舍
45 (*50*) 胃仓
46 (*51*) 肓门
47 (*52*) 志室
48 (*53*) 胞肓
49 (*54*) 秩边
50 (*36*) 承扶
51 (*37*) 殷门
52 (*38*) 浮郄
53 (*39*) 委阳
54 (*40*) 委中
55 合阳
56 承筋
57 承山
58 飞扬
59 跗阳

B

60 昆仑
61 仆参
62 申脉
63 金门
64 京骨
65 束骨
66 通谷
67 至阴

N

足少阴肾经

1 涌泉
2 然谷
3 (*6*) 照海
4 (*5*) 水泉
5 (*3*) 太溪
6 (*4*) 大钟
7 复溜
8 交信
9 筑宾
10 阴谷
11 横骨
12 大赫
13 气穴
14 四满
15 中注
16 肓俞
17 商曲
18 石关
19 阴都
20 通谷
21 幽门
22 步廊
23 神封
24 灵墟
25 神藏
26 彧中
27 俞府

KS

手厥阴心包经

1 天池
2 天泉
3 曲泽
4 郄门
5 间使
6 内关
7 大陵
8 劳宫
9 中冲

3E

手少阳三焦经

1 关冲
2 液门
3 中渚
4 阳池
5 外关
6 支沟
7 会宗
8 三阳络
9 四渎
10 天井
11 清冷渊
12 消泺
13 臑会
14 肩髎
15 天髎
16 天牖
17 翳风
18 瘈脉
19 颅息
20 角孙
21 (*23*) 絲竹空
22 和髎
23 (*21*)

G

足少阳胆经

1 瞳子髎
2 听会
3 上关
4 颔厌
5 悬颅
6 悬厘
7 曲鬓
8 率谷
9 天冲
10 浮白
11 窍阴
12 完骨
13 本神
14 阳白
15 临泣
16 目窗
17 正营
18 承灵
19 脑空
20 风池
21 肩井
22 渊腋
23 辄筋
24 日月
25 京门
26 带脉
27 五枢
28 维道
29 居髎
30 环跳
31 风市
32 中渎
33 膝阳关
34 阳陵泉
35 阳交
36 外丘
37 光明
38 阳辅
39 悬钟
40 丘墟
41 足临泣

G

42 地五会
43 侠溪
44 足窍阴

Le

足厥阴肝经

1 大敦
2 行间
3 太冲
4 中封
5 蠡沟
6 中都
7 膝关
8 曲泉
9 阴包
10 五里
11 阴廉
12 急脉
13 章门
14 期门

LG

督脉

1 长强
2 腰俞
3 阳关
4 命门
5 悬枢
6 脊中
6a *(7)* 中枢
7 *(8)* 筋缩
8 *(9)* 至阳
9 *(10)* 灵台
10 *(11)* 神道
11 *(12)* 身柱
12 *(13)* 陶道
13 *(14)* 大椎
14 *(15)* 哑门
15 *(16)* 风府
16 *(17)* 脑户
17 *(18)* 强间
18 *(19)* 后顶
19 *(20)* 百会
20 *(21)* 前顶
21 *(22)* 囟会
22 *(23)* 上星
23 *(24)* 神庭
24 *(25)* 素髎
25 *(26)* 人中 (水沟)
26 *(27)* 兑端
27 *(28)* 龈交

KG

任脉

1 会阴
2 曲骨
3 中极
4 关元
5 石门
6 气海
7 阴交
8 神阙 (脐中)
9 水分
10 下脘
11 建里
12 中脘
13 上脘
14 巨阙
15 鸠尾
16 中庭
17 膻中
18 玉堂
19 紫宫
20 华盖
21 璇玑
22 天突
23 廉泉
24 承浆

HAND

手针穴位表解

1 腰腿点
2 踝点
3 胸点
4 眼点
5 肩点
6 前头点
7 头顶点
8 偏头点
9 会阴点
10 后头点
11 脊柱点
12 坐骨神经点
13 咽喉点
14 颈项点
15 胃肠点
16 咳喘点
17 夜尿点
18 足跟点

Die Nummern entsprechen der Nomenklatur nach BACHMANN (= n. B.) und den meisten deutschen und französischen Autoren; die in Klammer gesetzten Nummern folgen der Reihenfolge der chinesischen Tafeln (n. chin. T.), die auch im angloamerikanischen Schrifttum vielfach verwendet werden.

VI. Literaturverzeichnis

Dieses Verzeichnis ist fortlaufend numeriert, innerhalb der Abschnitte alphabetisch geordnet und wie folgt gegliedert:

Teil I: Grundlegende Bücher zum theoretischen Teil.
Teil II und Nachtrag II: Allgemeine Akupunkturliteratur, welche die neuere internationale und chinesische Literatur umfaßt, soweit sie uns zugänglich war.
Teil III und Nachtrag III: Spezielles Verzeichnis zu diesem Buch.

Teil I

1. Grundlegende Bücher

Im folgenden werden nur jene Bücher angeführt, die wir als Grundlage für unsere theoretische Studie verwendeten; in diesen Büchern sind umfangreiche Literaturangaben enthalten, die aber im Rahmen dieser skizzenhaften Ausführungen nur teilweise detailliert angeführt werden konnten.

1 Auerswald–König: Ist Akupunktur Naturwissenschaft? Maudrich Verl. 1982.
1 a Aschner, B.: Befreiung der Medizin vom Dogma. Haug Verl. Heidelberg 1981.
1 b ders.: Lehrbuch der Konstitutionstherapie. Hippokrates Verl. Stuttgart 1994.
2 Braeucker, Wilhelm: Die Heilerfolge der gezielten neuroregulatorischen Sympathikustherapie. K. F. Haug Verl. Ulm 1958.
3 Chusid, Josef: Correlative neuroanatomy – functional neurology. Lange Medical Publikations. Los Altos, Cal. 1970.
4 Clara, M: Entwicklungsgeschichte des Menschen. Thieme Verl. Leipzig 1966.
5 Dosch, Peter: Lehrbuch der Neuraltherapie nach Huneke, Haug Verl., Heidelberg 1995.
6 Foerster, O. – Bumke, O.: „Symptomatologie der Erkrankungen des Rückenmarkes und seiner Wurzeln". Bumke–Foerster, Handbuch der Neurologie 5, 1-403, Springer Verl., Berlin 1936.
7 Ganglberger, J.: Stereotaktische Operationen und neue Hirnforschung. Hollinek Verl., Wien 1970.
8 Gauer et al.: Allgemeine Neurophysiologie. Urban und Schwarzenberg Verl., Wien 1971.
9 Ganong, W. F. u. W. Auerswald: Physiologie. Springer Verl., Berlin 1974.
10 Granet, Marcel: Das chinesische Denken – Inhalt, Form, Charakter, Piper Verl., München 1971.
11 Gross, D.: Schmerz und vegetatives Nervensystem. Hippokrates Verl., Stuttgart 1971.
12 Hansen, K. und Schliack, H.: Segmentale Innervation. Georg Thieme Verl., Stuttgart 1962.
13 Hauswirth, O.: Vegetative Konstitutionstherapie. Springer Verl., Wien 1953.
14a Hoff, F.: Unspezifische Therapie und natürliche Abwehrvorgänge. Springer Verl., Berlin 1930.
14b ders.: Fieber, unspezifische Abwehrvorgänge, unspezifische Therapie. Thieme Verl., Stuttgart 1957.
15 Huard, Pierre und Wong, Ming: Chinesische Medizin, Kindlers Universitäts-Verl., München 1968.
16 Janzen, R. u. a.: Schmerz. Thieme Verl., Stuttgart 1972.
17 Keidel, W. D.: Kurzgefaßtes Lehrbuch der Physiologie., Thieme Verl., Stuttgart 1967.
18/1 König, G. u. Wancura, I.: Praxis und Theorie der Neuen chinesischen Akupunktur. Maudrich Verl., Wien–München–Bern, 1995 Band 1, 1994 Band 2, 1987 Band 3, 1992 Band 4, 1996 Band 5.
18/2 König, G. u. Wancura, I.: Wandtafel der traditionellen Akupunkturregeln. Maudrich Verl., Wien–München–Bern, 1975.
18/3 König, G. u. Wancura, I.: Einführung in die chin. Ohr-Akupunktur. Haug Verl., Heidelberg, 1993. 10. Auflage.
18/4 König, G. u. Wancura, I.: Punkte und Regeln der Neuen chinesischen Akupunktur. Maudrich Verl., Wien–München–Bern, 1994, 5. Auflage.
18a Lériche, René: Chirurgie des Schmerzes. Johann Ambrosius Barth-Verl., Leipzig 1958.
18b ders.: Grundlagen einer physiologischen Chirurgie. Hippokrates Verl., Stuttgart 1958.
19 Litschauer, J.: Akupunktur und Moxibustion. Pflaum Verl., München 1974.
20 Monnier, M.: Physiologie und Pathophysiologie des vegetativen Nervensystems. Bd. 1 und 2., Hippokrates Verl., 1963.
21 Mumenthaler, M. und Schliack, H.: Laesionen peripherer Nerven. Thieme Verl., Stuttgart, 1993.
22 Needham, J.: La science chinoise et l'occident. Ed. du Seuil, Paris, 1973.
23 Porkert, M.: Die theoretischen Grundlagen der chinesischen Medizin. (Das Entsprechungssystem). F. Steiner Verl., Wiesbaden, 1973.
24 Qinn, R.: Medicine and Public Health in the People's Republic China. USA, Dept. of Health, Washington, 1973.

25 Ranke, O. und Lullies, H.: Lehrbuch der Physiologie (Gehör, Stimmen und Sprache). Springer Verl., Berlin–Heidelberg, 1953.
26 Ricker, G.: Betrachtungen über die allgemeine Physiologie und Pathologie der Gegenwart: 1. Das Nervensystem und das Innervierte. Allg. Patholog. Schriftenreihe H 1. Hippokrates Verl., Stuttgart 1941.
26a ders.: Wissenschaftstheoretische Aufsätze für Ärzte. Stuttgart, 1936.
26b ders.: Pathologie als Naturwissenschaft. Siehe auch Lit.-Verz. 491, 492, 493, Berlin 1924.
27 Ricker, G. u. Speransky, A. D.: Allgemeine Pathophysiologie als Beitrag für eine Grundlage der Theorie der Medizin von A. D. Speransky. Hippokrates Verl., 1948.
28 Riese, J.: Gesundheit – Krankheit – Heilung. G. Ricker's Stufengesetz in Theorie und Praxis der modernen Medizin. Hollinek Verl., Wien, 1953.
29 ders.: Akute äußere Prozesse. Maudrich Verl., Wien, 1948.
30 Rynberk, G. van: Versuch einer Segmentanatomie. Ergebn. Anat. Entwickl. gesch. 18, 353–800 (1908).
31 Sherrington, C. S.: The integrative action of the nervous system. Univ. Press., Cambridge, 1947.
31a Schliack, H.: Grundriß einer klinischen Segmentalpathologie, 33/741. Hippokrates Verl., Stuttgart, 1962.
32 Schnorrenberger, C. u. Kiang Ching, Lien: Klassische Akupunktur Chinas. (Nei Jing) (Ling Ku King), Hippokrates Verl., Stuttgart, 1974.
33 Stokvis, B. und Wiesenhütter, E.: Der Mensch in der Entspannung. Hippokrates Verl., Stuttgart, 1971.
34 Sturm, A.: Die klinische Pathologie der Lunge in Beziehung zum vegetativen Nervensystem. Wiss. Verl.-Ges., Stuttgart, 1948.
35 Trincker, D.: Aufnahme, Speicherung und Verarbeitung von Information durch den Menschen. F. Hirt Verl., Kiel, 1966.
36 Wiener, N.: Cybernetics or control and communication in the animal and the machine. Wiley, New York, 1961.
36a ders.: Kybernetik, Rowohlt Verl., Hamburg 1971.

Teil II und Nachtrag II

2. Internationale und chinesische Allgemeinliteratur über Akupunktur

Hier führen wir allgemeine Akupunkturliteratur an, die nicht immer in unmittelbarem Zusammenhang mit dieser Arbeit steht und daher auch im Text nicht immer angeführt wird.
Der Großteil der neueren chinesischen Literatur erscheint ohne Angabe eines Autors, meist wird nur eine Arbeitsgemeinschaft, eine Klinik oder eine Universität angeführt. Wir reihen deshalb diese Arbeiten unter „Anonym" ein; wenn der Verlag bei diesen Arbeiten nicht eigens angeführt wird, so ist es der jeweilige örtliche „Volksgesundheitsverlag".
Außerdem verweisen wir auf den Nachtrag 561–617.

37 Acken, K. van: Umstrittene Heilmethode: Akupunktur. Krankenpflege, 27, 89–91, 1973.
38 anonym: Akupunkturanwendung in der Klinik. Hochschule für traditionelle Medizin. Peking, 1970.
39 anonym: Akupunktur. Hongkong, 1961.
40 anonym: Acupuncture: The plot thickens. S. Afr. Med. J., 47, 1387, 1973.
41 anonym: Acupuncture: Needle your patients? J. Am. Dent. Assoc. 86, 727, 1973.
42 anonym: An explanatory book of the newest illustrations of acupuncture points. Med Health Publ., Hong Kong, 1973.
43 anonym: Acupuncture and the acuchiropractors. Jama, 223, 682-3, 1973.
44 anonym: China's new needling treatment. Hong Kong, 1974.
45 anonym: China report, Health care in the world's most populous country. Can. Med. Assoc. J. 109, 1973.
46 anonym: Dental application of acupuncture: a position statement. Council on dental research. J. Am. Dent. Assoc. 86, 1047, 1973.
47a anonym: Dental school holds acupuncture seminar. J. Am. Dent. Assoc. 86, 969-70, 1973.
47b anonym: Traditionelle chinesische Medizin und Akupunkturtherapie. Peking, 1966.
47c anonym: Grundlagen der traditionellen chinesischen Medizin. I. Univ. Klinik Shanghai, Volksgesundheitsverl., Shanghai, 1971.
48 anonym: Initial experience in application of a combination of Chinese and western medicine to treat acute myocardial infarct. Chin. Med. J. 1, 29–32, 1973.
49 anonym: Clinical Experience with Treatment of 77 cases of Explosive Deafness. Am. J. Chin. Med., 238–241, 1974.
50 anonym: Forschungsobjekt Akupunktur. Ärztl. Mitteilung 63, 99–100, 1973.

51 anonym: The newest illustrations of acupuncture points. Hong Kong, 1973.
52 ARMELINE, G.: Une thérapeutique nouvelle l'association acupuncture ozonothérapie. Librairie Maloine S. A., Paris, 1970.
53 ARMSTRONG, ME.: Acupuncture. Infirm. Can. 15, 14–20, 1973.
54 BACHMANN, G.: Leitfaden der Akupunktur, K. F. Haug Verlag, Ulm, 1961.
55 ders.: Die Akupunktur, eine Ordnungstherapie, K. F. Haug Verlag, Ulm, 1980.
56 BERGSMANN, O.: Objektivierung der Akupunktur als Problem der Regulationsphysiologie. K. F. Haug Verl., Heidelberg, 1974.
57 BERMAN, RH: Acupuncture for Cardioversion. Ann. Intern Med., 79, 285, 1973.
58 BISCHKO, J.: Einführung in die Akupunktur. K. F. Haug Verl., Heidelberg, 1994.
59 ders.: Akupunktur für Fortgeschrittene. K. F. Haug Verl., Heidelberg, 1994.
60 BONICA, J. J.: Anesthesiology in the People's Republic of China. Zschr. Anesthesiology, 40, 175–180, 1974.
61 BORSARELLO, J.: Enregistrement de tracés Sphymographiques au cours de la piqûre de certaines zones du revêtement cutané. Revue Méridien 5–6, 34–42, Paris, 1969.
62 ders.: Le massage de medicine chinoise. Maisonneuve Verl., 1971.
63 BOURDIOL, R.: Les Neuralgies faciales et l'auriculotherapie. VIIes Journées d'acupuncture d'auriculotherapie et de medecine manuelle, 1970.
64 ders.: Vortrag und Kurs ,,Ohrakupunktur", Kongress Freudenstadt, 1971.
65 BOWSHER, D. et al: Treatment of intractable pain by acupuncture. Lancet, 2, 57–60, 1973.
65a BRESLER, D.: The UCLA Acupuncture Research Project: Current Status of Research in Progress. 2. World Symp. Acupunct. Ref., Am. J. Chin. Med., Vol. 2, 332 (1974).
66 BRODDE, A.: Ratschläge für den Akupunkteur. Pflaum Verl., München, 1963.
67 BUSSI, L und OLIARO, T.: Medicine in China. Minerva Med. 64, 1205-7, (1973).
68 CASTERLINE, RL.: Needling the profession. J. Med. Soc. NJ 70, 263-4, (1973).
69 CHAMFRAULT, A.: Traité de médecine chinoise. Ed.: Coquemard., Angoulême, 1964.
70 CHEIN, EY und SHAPIRO, AK: Evaluation of acupuncture, Jama 224, 1533-4, (1973).
71 CHEN, J. Y. P.: Pharmakologie und Akupunktur. Los Angeles, Cal., zit. bei Quinn (24).
72 CHEONG, W. und YANG7 P. C.: Synopsis of Chinese acupuncture. Hong Kong, 1974.
73 CHENG TO: Medecine in modern China. J. Am. Geriatr. Soc. 21, 289–313, (1973).
74 CHIU W. J.: Acupuncture. J. Arkansas Med. Soc., 70, 136-9, (1973).
75 CHOAIN, J.: La ,,Voie Rationelle" Tao de la Médecine Chinoise S. L. E. L. Lille, 1957.
76 CONRADI, E.: Eindrücke vom Gesundheitswesen der mongolischen Volksrepublik. Z. Physiother. 23, 455–460, (1971).
77 DOLAN, JP.: Some early european observations on acupuncture. J. Sc. Med. Assoc. 69, 173-7, (1973).
78 DUKE, M.: Akupunktur. Scherz Verl. München, 1972.
79 DUNG, HC.: Modern Chinese acupuncture. J. Am. Assoc. Nurse Anesth., 41, 138-42, (1973).
80 FEUCHT, G.: Geschichte der Akupunktur. Österr. Ärztezeitung (1973).
81 FUYE, R. de la und SCHMIDT, H.: Die moderne Akupunktur. Hippokrates Verl., Stuttgart, 1952.
82 FU, W.: From acupuncture therapy to acupuncture anesthesia. Chin. Med. J. 3, 119–22, (1973).
83 GALLIEN: Le principe Antagonisme et la Systémogénèse de Lupasco appliqués au principe d'opposition Inn-Yang. Nouvelle Revue Internationale d'Acupuncture, 12, 35–44, Paris (1969).
84 GOLDBERG, I.: Pneumothorax associated with acupuncture. Med. J. Aust., 1, 941-2, (1973).
85 HALLER, J.: Acupuncture in nineteenth century western medicine. NY State J. Med., 73, 1213–1221, (1973).
86 HASHIMOTO, M.: Japanese Acupuncture. Thorsons Publ. (1966).
87 HENRY, V. G.: Acupuncture. Rocky Mt. Med. J. 70, 25–27, (1973).
88 KAMENETSKI, I, VK.: Effect of reflex restorative therapy ("point" massage and acupuncture) on vascular tonus following a stroke. Lech Fiz Kult 38, 274–275, (May–Juni 1973), UdSSR.
89 KAO, F.: China, Chinese Medecine and the Chinese medical system. Am. J. of Chin. Med. I/1, (1973).
90 KELLER, WJ. et al.: Possible renal complications of acupuncture. Jama 222, 1559/18, Illinois, (Dec. 1972).
91 KELLNER, G.: ,,Zum Konnex von Wundsetzung, Wundheilungsstörung und chronischer Entzündung" Österr. Z. f. Stomatologie 70, S. 82–89, (1973).
92 KERR, NW.: Acupuncture for therapy and analgesia. A possible application in dental surgery. Br. Dent. J. 134, 201–204, England, (6 Mar 1973).
93 ders.: Behind the bamboo curtain, a british dentist in China. Dent. Pract. (Ewell), 4, 1–4, England, (Sept. 1972).
94 KIRSCHBAUM, J.: Koebner phenomenon following acupuncture. Arch. dermatol. 106, 767, Illinois, (Nov. 1972).
95 KÖNIG, G. und WANCURA, I.: Einführung in die chinesische Ohrakupunktur. Monographie. Haug Verl., Heidelberg, 1. Auflage 1973, 10. Auflage 1993.
96 KRISTEN, H., CZURDA, R.: „Die Akupunktur in der Orthopädie". Österr. Ärzezeitung, 18, 1022, (1973).
97 KRÖTLINGER, M.: Geburtsanalgesie und Akupunktur.
98 KUBISTA, E. und KUCERA, H.: Geburtsverkürzung bei mit Akupunktur vorbereiteten Erstgebärenden. Wr. Klin. Wschr. 85, 628–629, (Sept. 1973).

99 KUBISTA, E., KUCERA, H., EISELMAYR, G.: „Verkürzung der Geburtsdauer durch Akupunkturvorbereitung". Österr. Ärzteztg. 18, 1027, (1973).
100 KUPPE, K. O.: Atem und Akupunktur. Zschr. Erfahrungsheilk. 279–283, (1974/9).
101 LANZA, U.: Acupuncture anesthesia, first communication, control of the method. Minerva Med. 64, 2112–2115, Italy (May 1973).
102 LAVIER, J.: Les bases traditionelles de l'acupuncture chinoise. Libr. Maloine S. A., Paris, (1964).
103 LAWSON-WOOD: Judo, revival points. Ed.: Health Science Press, (1960). Sussex. Engl.
104 dies.: First Aid at your fingertips. Health Sc. Pr., (1974). Engl.
105 LECOMTE, M.: L'acupuncture occidentale moderne. Ed. Dangles, Paris, (1969).
106 LEE, MH et al.: Acupuncture anesthesia in dentistry. A clinical investigation. NY State Dent. J., 39, 299–301, (May 1973).
107 LEITNER, R. von: Die Entwicklung der Akupunktur in Deutschland, Akupunktur 2, 42–45, (1973).
107a ders.: Die Behandlung des Herpes zoster. Dtsch. Zschr. f. Aku. 1, 2, (1957).
108 LIAO, SU: Acupuncture – an appraisal. Conn. Med. 37, 506–510, Connecticut, (1973).
109 LIANG, CH'IU: Introduction of a new spot „Ya t'ing ling" – acupuncture for treating toothache. Kiangsu Chin. Trad. Med. J. 7, 40, (1966).
110 LI CHING WEI und TSAI CHING FENG: Traditional Chinese and western medecine – from opposition to integration. Chinese reconstructs, 22/7/2–6, (1973).
111 LIPPMANN, HE.: Acupuncture in general practice. J. Natl. Med. Assoc. 65, 36–39, (1973).
112 LÖFFLER, H.: Anwendung der Akupunktur in der täglichen Praxis. Zschr.: Physik. Med. u. Rehabil. 11. Jhg., (1970/4).
113 MACH, J. und UMLAUF, R.: Vegetative Stabilisation der Operierten durch Akupunktur. Dtsch. Zschr. f. Aku. Heft 1, 11, (1967).
114 MAJER, E. H. und BISCHKO, J.: Zur Akupunkturanalgesie bei Tonsillenoperation. Arch. Klin. exp. Ohren-Nasen, Kehlkopf. Bd. 205, Heft 2, (1973).
115 MAJER, E. H. und WOLKEN, H.: Möglichkeiten der Akupunkturanwendung als Therapie und Analgesie im Bereich von Ohr, Nase und Hals. Vortrag, Ungar. Otologenkongreß in Siofek, (Sept. 1973).
116 MAN, S. C. und BARAGAR, FD: Local skin sensory changes after acupuncture. Can. Med. Assoc. J. 109, 609–610, (Oct. 1973).
117 MANN, F.: Acupuncture analgesia in dentristry. Lancet, (1972).
117a ders.: persönl. Mitteilung.
118 ders.: Treatment of intractable pain by acupuncture, Lancet, (Juli 1973).
119 MATSUMOTO, T. et LEVY B. A.: Acupuncture. An ancient art in modern society. PA. Med. 77, 30–36, (1974).
120 MATSUMOTO, I. und HAYES, MF.: Acupuncture, electric phenomenon of the skin and postvagotomy gastrointestinal atony. Am. J. Surg, 125, 176–180, New York, (Feb. 1973).
121 MILES, J. und LIPTON, S.: Letter: Acupuncture in treatment of intractable pain. Lancet, 2, 975, (27. Oct. 1973).
122 MILLS, DH.: Acupuncture – a measured view. J. A. Osteopath. Assoc. 73, 22–23, Illinois, (Sept. 1973).
123 MOTOYAMA, H.: Chakra, Yoga, Meridians, Points of acupuncture. Vortrag Washington Univ., (2. 6. 1972).
124 NASHOLD, B. S. und FRIEDMANN, H.: Electromicturition in paraplegia. Arch. Surg. Vol. 104, (Feb. 1972).
125 NASHOLD, B. S.: Acupuncture – fact or fiction. NY. J. Dent., 43 112–113, New York, (Apr. 1973).
126 NEALIS, M. F.: Acupuncture: one man's views and perspectives. Dialog 5, 2–6, New Jersey, Spring (1973).
127 NGH VAN, N.: Pathogénie et Pathologie energétiques en Médecine chinoise. Marseille, (1971).
128 NIBOYET, J. E. H.: Traité d'acupuncture. Ed. Maisonneuve. Sainte Ruffine, (1970).
129 ders.: L-Anesthesie par l'acupuncture. Ed. Maisonneuve. Sainte Ruffine, (1973).
130 ders.: Donnes traditionelles et objectives concernant les points et méridiens bases de l'acupuncture. VIIes Journées d'acupuncture d'auriculothérapie et de médecine manuelle, (1970).
131 NOGIER, P. F. M.: Traité d-Auriculotherapie. Ed. Maisonneuve. Sainte Ruffine, (1969).
132 ders.: Le reflex auriculocardiaque (RAC) Lyon mediterr. Med. 8, 18, (1972).
133 NYGAARD-OSTBY: Akupunktur. Tid. Tann 33, 260–262, Norwegen, (Dez. 1972).
134 OHSAWA, G.: l'acupuncture et la médecine d'extrême orient. Librairie philosophique J. Vrin Paris, (1969).
135 OSLER, W. und JONES, R.: Letter: Osler and acupuncture. Can. Med. Assoc. J. 109, 678, (20. Oct. 1973).
136 PÁLOS, ST.: Chinesische Heilkunst. Delp'sche Verlagsbuchhandlung, München, (1966).
137 ders.: Die Muskelmeridiane. Haug Verl. Heidelberg, (1967).
138 PEITL, W.: Chinas eigener Weg in der Medizin. Österr. Dent. Z., 25, (15. Jan. 1973).
139 PENG, A.: Acupuncture treatment for deafness. Am. J. Chin. Med., 1/155, (1973).
140 PERLOW, BW.: Acupuncture: its theory and use in general practice. Proc. R. Soc. Med. 66, 426–428, (Mai 1973).
141 PILLAT, A.: Zur Frage des Wesens der Akupunktur. Wr. Med. Wschr. 42/43, 629–631, (1973).
142 LE PRESTRE, C.: Les lieux du corps. Editions de la Table Ronde, (1971).
143 PRODESCU, V. et al.: Die Wirkung auf die Gallenabsonderung und der komparative Effekt von Silber- und Goldnadeln auf die Chlorose. Zit. bei Bischko[58], Dtsch. Zschr. f. Aku. 3–4/25, (1959).
144 QUAGLIA-SENTA, A.: L'acupuncture chinoise. Ed. Maisonneuve, Paris, (1969).

144a ders.: Zur Frage der Ohrakupunktur. Dtsch. Zschr. f. Aku. 7/8, (1957).
145 Ratnavale, Dn.: Psychiatry in Shanghai, China: Observations in 1973, Am. J. Psychiatry, 130, 1082–1087, (Oct. 1973).
146 Ray, Cd.: Stimulating thoughts on stimulation. Med. Prog. Technol. 1, 57, (Aug. 1972).
147 Rifkin, Sb.: Public Health in China – is the experience relevant to other less developed nations? Soc. Sci. Med., 7, 249–257, (1973).
148 Roccia, L.: Liazione analgesica dell'agopuntura in odontoiaria (nota preliminare). Min. Stomatol, 21, 106–108, Italien, (1972).
149 Rosen, S.: Acupuncture anesthesia. NY. J. Dent. 43, 144–146, New York, (1973).
150 ders.: Feasibility of acupuncture as a treatment for neurosensory deafness in children. Vortrag am 77. Jahrestag der HNO Ges. Amerikas, Florida, (1974).
151 Ross, Ha.: Acupuncture: its status today. J. A. Osteopath. Assoc, 73, 72–74, Illinois, (Sept. 1973).
152 Rusetzkij, I. I.: Die Methode der chinesischen Akupunktur in der neurologischen Praxis (Univ. Kasan) Schriftl. Mitteilung.
153 Saita, HS.: Modern scientific medical acupuncture. J. Am. Osteopath. Assoc. 72, 685–696, Illinois, (1973).
154 Sing Ling, D.: Tbc-Research, Peking. Mündliche Mitteilung über Geburtsanalgesie in Tientsin, Peking, (1972).
155 Smith, A. und Kenyon, D.: Akupuncture and ATP: How they may be related. Am. J. of Chin. Med. I, 1, (1973).
156 Soter Dai et al.: Some preliminary findings on the effect of acupuncture on secretion and acid-induced ulcers in the rat stomach. Am. J. Chin. Med. 2, 2, (1974).
157 Soulié De Morant, G.: L'acupuncture chinoise, Paris, (1932).
158 ders.: Précis de la vraie acupuncture chinoise. Mercure de France, (1964).
159 Stanley, M.: Needling, Acupuncture. Aorn. J. 731–737, (1973).
160 Stiefvater, E.: Praxis der Akupunktur, Verl. f. Medizin., Heidelberg, (1973).
161 ders.: Theorie und Praxis der Akupunktur. Neuralmedizin, 3, 150–155, Hippokrates Verl., Stuttgart, (1955).
162 ders.: Chinesische Atemlehre und Gymnastik, Haug Verl., Ulm, (1962).
163 ders.: Akupunktur als Neuraltherapie. Haug Verl., Ulm, (1953), Akupunktur als Neuraltherapie, 2. Aufl. Haug Verl., Ulm, (1956).
164 ders.: Die Akupunktur des Ten Rhyne. Haug Verl. Ulm, (1980).
165 Stillings, D.: Acupuncture – an ancient chinese method of healing. J. Assoc. Adv. Med. Instrum., 7, 16, (1973).
166 Tai, Pl.: Revival of an ancient medicine, acupuncture. J. Am. Pediatry Assoc. 63, 618–625, (1973).
167 Taipale, V. u. J.: Chinese psychiatry, a visit to a Chinese mental hospital. Arch. Gen. Psychiatry, 29, 314–316, (1973).
168 Tan, Lt. et al.: Acupuncture therapy: Current Chinese practice. Geriatrics, 28, 97–102, (1973).
169 Tedder, E.: Acupuncture. Med. J. Aust., 2, 1037–1038, (1972).
170 Toyama, Pm., Nishizawa, M.: The traditional oriental medicine and acupuncture therapy. J. Miss. State Med. Assoc., 14, 488–495, (1973).
171 Trauschke, W.: Acupuncture in Surgicel Medicine, Min. Med. im Druck, (1974).
172 Tseng, Cl.: The fine points of acupuncture. Aorn. J. 17, 59–66, (1973).
173 Tseng, Ws.: The developement of psychiatric concepts in traditional Chinese medicine. Arch. Ge. Psychiatry, 29, 569–575, (1973).
174 Tupitsyn, Iuia: Treatment of psychogenic sleep disorders. ZH. Nevropatol Psikhiatr. USSR, 73, 742–746, (1973).
175 Tykotschinskaja, E. D., Sapolskaja, W. P.: Einfluß der Akupunktur auf den Zustand des arteriellen Drukkes in verschiedenen Bereichen des Gefäß-Systems bei Postinsult-Kranken in der späten Rehabilitierungs-Periode. Akupunktur 2, 69, (1973).
176 Tykotschinskaja, E. D.: Die Behandlung des apoplektischen Insults in der späten Rekonvaleszenz-Phase durch Akupunktur, Akupunktur 2, 71, (1973).
177 Tymowski, de J. C.: Equilibre Inn-Yang du Tao a la bioelectronique. Actes du Congrès de Besançon, (1970).
178 Tymowski, J. C.: Suchtbehandlung in der Akupunktur – Entgiftung von Drogen, Alkohol und Tabak. Akupunktur 4, 162–165, (1974).
179 ders.: Rhéologie et acupuncture. Révue de Biothérapie, 181–188, (1973).
180 ders.: Rapport entre les bases philosophiques chinoises et certaines notions de physique moderne. Révue Intern. d'acupuncture 7, 1, 7–17, (1964).
181 ders.: Nasotherapie. Vortrag und Kurs, Stuttgart, (1974).
182 Unschuld, P.: Die Praxis des traditionellen chinesischen Heilsystems. Steiner-Verl. Wiesbaden, (1973).
183 Veith, I.: The yellow emperors. Classic of Internal Medicine. Willicuns Wilbins, Baltimore, (1949).
184 Veith, I.: Acupuncture in traditional Chinese medicine. An historical review. Calif. Med. 118, 70–79, (1973).
185 Vincent, L. C.: Bioelektronique et acupuncture. XVI. Congres intern. Acupuncture. Maisonneuve, (1972).

186 VINCENT, L. C.: ,,La Bio-électronique.'' Conférences des Journées Intern. d. Implants Dentaires, (21. 11. 1964).
187 VOISIN, H.: L'acupuncture du practicien. Librairie Maloine S. A. Paris, (1966).
188 WALDEN, EC.: Observations on acupuncture and reimplantation surgery in the People's Republic of China. J. Natl. Med. Assoc. 65, 14–16, (1973).
189 WALLACE, B. und SHUTE: East meets west: Canadian eyes peek across the acupuncture threshold. C. M. A. Journ. 107, (1972).
190 ders.: Don't get carried away by the needles. C. M. A. Journal 110, 77, (1974).
191 ders.: Door is open to China's medical knowledge. C. M. A. J. Journ. 109, 60, (1973).

Wörterbücher bei Übersetzung der chinesischen Akupunkturtafeln:

192 Cousland's Medical Lexicon, English – Chinese, Autor: TEH-CHING LEO.
193 Ying-Han Yi-Xue-Ci-Dian, Autor: ZHAO SHI-ZHEN, Verlag: Zhong Hua Shu ju, (1972).
194 Xin Hua Zi Dian, Peking, (1962).
195 Chen Jiu Xue Shou Ce, Autor: WANG XUE – Tai, Verlag: Volksgesundheit Peking, (1962).
196 Zhong Hua Da Zi Dian, Verlag: Zhong Hua Shu ju, (1965).
197 Ci Hai, Verlag: Zhong Hua Shu ju.
198 Deutsch-Chinesisches Standard-Handwörterbuch, Verlag: Shang Wu Yin Shu Guan.
199 Chinesisch-Deutsches Taschen-Wörterbuch, von Stangier, Neubearbeitung Jörgens, Welt-Buchverlag, PS: davon stammt die deutsche Umschrift!
200 Hua De Ci Dian, Chinesisch-Deutsches Wörterbuch, Fremdsprachen-Institut Peking, Verlag: Shang wu yin shu ju.
201 Rüdenberg-Stange, Chinesisch-Deutsches Wörterbuch, Cram, de Gruyter & Co., Hamburg, (1963).

202 WANDL, H.: Die Medizin in der Volksrepublik China. Österr. Ärzteztg. 28, 37, (1973).
203 WARING, J.: The Carolina Acupuncturer. J. Sc. Med. Assoc. 69, 46, (1973).
204 WION, F.: Les symboles de la Chine. Le Currier du Livre. (1970).
205 WOGRALIK, W. G.: zit. bei Bischko, Dtsch. Zschr. f. Akup. 5, 97, (1960).
206 ders.: Die Summe der Ergebnisse der Forschung und Anwendung der chinesischen Methode Tschen-Ziu in der UdSSR. Dtsch. Zschr. f. Aku. 4, (1962).
207 WORSLEY, J. R.: Acupuncture. Ed. Casell – London, (1974).
208 WU, LT.: Acupuncture. Med. Trial Tech. Q. 20, 53–59, (1973).
209 WU WEI PING: Chinese Acupuncture. Health Science Press. Sussex, (1962).
210 YOUNG, BH.: A primer on acupuncture. J. Calif. Dent. Assoc., 48, 8–10, (1972).
211 ZIMMERMANN, G.: Was ist Akuiunktur? Österr. Apothekerzeitg. 17, (1973).
212 ZHEN JU XUE JIANG YI: Lehrbuch der Akupunktur. Institut f. trad. chinı Med. Shanghai, (1960).
213 anonym: Clinical observations on traditional medicine. Anesthesia in 1173 cases. Coordinating Group for Research on Traditional Medicine Anesthesia. Ningpo District, Chekiang. Chin. Med. J. 9, (1974).
214 anonym: Elektromyographic Activity produced locally by acupuncture manipulation. Acupuncture Anesthesia Group. Shanghai Institute of Physiology, Shanghai, Chinı Med. J. 9, (1974).
215 anonym: Nursing care of patients following traditional medicine anesthesia. Traditional Medicine Anesthesia Group. Teaching Hospital of Hsuchow Medical Hospital. Hsuchow. Chin. Med. J. 9, (1974).
216 anonym: Offene Herzoperationen mit Herz-Lungenmaschinen unter Akupunkturanalgesie. Peking Rundschau 47, (1974).

Teil III und Nachtrag III

3. Spezielle Literatur zu diesem Buch

Siehe auch Nachtrag 618–638.

219 ABELE, U. und STIEFVATER, E.: Aschner Fibel, Haug-Verl., Ulm, (1992).
220 anonym: Akupunkturarbeitsgemeinschaft Shanghai, Akupunkturanalgesie: Warum kann man in Akupunktur-Analgesie operieren? Rote Fahne 1, 1971.
221 anonym: Peking Akupunktur Anaesthesie Co-ord. Group.: Akupunkturanalgesie. Peking Review, (1972). Zit. bei Quinn[24].
222 anonym: Akupunkturanalgesie (Hanoi). Persönliche Mitteilung, (1972).
223 anonym: Acupunkture Anaesthesia. Peking Acupuncture Anaesthesia, Co-ord. Group.: Peking, (1972).
224 anonym: Afferenzen der Akupunkturanalgesiewirkung im Rückenmark des Kaninchens. Institut für Physiologie, Shanghai, Kexue Tongba 8, 1974).
224a anonym: Anleitung zu den Akupunkturtafeln. Militärsanitätsabt. 1, Kanton. Volksgesundheitsverl. Peking, (1971).

225 anonym: Die integrierende Funktion des Thalamus im Ablauf der Akupunkturanalgesie. Universitätsklinik, Physiologisches Institut Shanghai, Chang H. T. Scientia Sinica 16, 25–60, (1973).
226 anonym: Akupunktur-Anästhesie. Chinesischer Dokumentarfilm. Shanghai, (1973).
227 anonym: Die Erfahrung bei Herzoperationen mit Akupunkturanalgesie. Human II. Med. Kl. Thoraxchir. Abt. Chin. Med. J., (1973).
228 anonym: Acupuncture Anesthesia in open heart surgery with extracorporeal circulation.
1. Human Medic. College, Ch'angsha
2. Shanghai, Chest Hospital
3. 2. Med. College, Shanghai
alle: Chin. Med. J. 8, 136, 135, 134, (1974).
229 anonym: Acupuncture, Anesthesia for Open-Heart Surgery. China Reconstructs 22, 10, 26–28, (1974).
230 anonym: Acupuncture anesthesia for open heart surgery. A bona fide anaesthetic agent or another form of suggestion? J. Thor. Cardiovasc. Surg. 67, 328–30, (1974).
231 anonym: Pulmonary Resection under acupuncture anaesthesia. Shanghai First Tuberculosis Hospital. Chin. Med. J., 2, (1973).
232 anonym: Why surgical operations are possible under acupuncture anesthesia. Am. J. of Chin. Med. 1, (1973).
233 anonym: Acupuncture anesthesia in Neurosurgery. Chin. Med. J. 3, 67–70, (1973).
234 anonym: Acupuncture anesthesia in thoracic surgery: clinical analysis of 818 cases, Chin. Med. J. 3, 85–88, (1973).
235 anonym: Acupuncture anesthesia in thyroidectomie. Shanghai First People's Hospital. Chin. Med. J. 2, (1973).
236 anonym: Acupuncture anesthesia in neurosurgery. Chin. Med. J. 2, 67–70, (1973).
237 anonym: Acupuncture anesthesia in splenectomy: report of 305 cases. Chin. Med. J. 2, 90, (1973).
238 anonym: Anästhesie mit Gleichstrom. Österr. Ärzteztg. 20, (1973).
239 anonym: Adequate ventilation with acupuncture anesthesia? Ann. Intern. Med. 78, 975–976, (1973).
240 anonym: Analysis of the effectiveness of acupuncture anesthesia in thyroidectomy. Chin. Med. J. 2, 74–77, (1973).
241 anonym: Acupuncture sensation and electromyogram of the needled point in patients with nervous diseases. Dept. of Physiology of Shanghai, First Medical College. Chin. Med. J. 10, (1973).
242 anonym: Auricular injection of physiological saline for anesthesia for tooth extraction. Report of 1250 cases, Chin. Med. J. 2, 94, (1973).
243 anonym: Beobachtung über die Akupunktur Analgesie bei Katzen. Physiolog. Institut Shanghai. Kexue Tongbao 6, (1974).
244 anonym: Clinical results of the use of acupuncture anesthesia in pulmonary resection. Chin. Med. J. 2, 80–84, (1973).
245 anonym: Combined Chinese and western medicine in the treatment of pneumonia in children. Chin. Med. J. 2, 114–118, (1973).
245a anonym: Chinese cosmogony and Yang-Yin theory. J. Natl. Med. Assoc. 65, 34–35, (1973).
246 anonym: Effect of acupuncture of the philtrum on hemorrhagic shock in cats. Chin. Med. J. 98–100, (1973) + 7, 118, (1974).
247 anonym: Electromyographic activity in acupuncture locations during „Techi". Chin. Med. J. 9, 532–535, (1973).
248 anonym: Electrical response to nocous stimulation and its inhibition in Nucl. centr. lat. of the thalamus in rabbits. Shanghai Institute of Physiology. Chin. Med. J. 3, (1973).
249 anonym: Einige Erkenntnisse über die Grundlage der Nadelanalgesie. Zentrales Militärkrankenhaus d. VBA, (1973).
250 anonym: Electromyographic activity produced locally by acupuncture manipulation. Acupuncture Anesthesia Group, Shanghai. Chin. Med. J. 9, (1973) u. Am. J. Chin. Med. 2, (1974).
251 anonym: Effect of acupuncture on pain threshold of human skin. Research Group of Acupuncture Anesthesia, Peking. Chin. Med. J. 3, (1973).
252 anonym: Electrophysiologic study of spinal reflexes under acupuncture anesthesia. Chin. Med. J. 2, 139–143, (1973).
253 ANDERSSON et al.: Electro-acupuncture. Effect on pain threshold measured with electrical stimulation of teeth. Brain Res. 63, 393–396, (1973).
254 ANDERSSON, S.: Akupunktur foer Analgesi psa Katt. En Preliminaer rapport. (Acupuncture Analgesia in cats. A preliminary report.). Lab Delo 70, 707–708, (1973).
255 anonym: Four articles on Acupuncture anesthesia. Shanghai. Am. J. Chin. Med. 11, 189, (1973).
256 anonym: From acupuncture therapy to acupuncture anesthesia. Chin. Med. J. 2, 119–122, (1973).
257 anonym: Über Menstruationsstörungen. Maternity Hospital, Mündliche Mitteilung, (1972).
258 anonym: Medication before anesthesia. Med. Lett. Drugs Ther. 15, 71–72, (1973).
259 anonym: Learning from Chinese surgical operation which uses acupuncture anesthesia. Kango 25, 98-101, (1973).
260 anonym: Ohrakupunktur. Militäreinheit Nanking, (1973).
261 anonym: Ohrpunkte experimentell gefunden. Peking Acupuncture Anaesthesic Coordinating Group. Scientia Sinica, XVI/3/VIII, (1973).

262 anonym: Observations on analgesic effects of needling Chuan Liao point in neurosurgery: report of 619 cases. Chin. Med. J. 2, 71–73, (1973).
263 anonym: Preliminary experimental morphologic and electron microscopic studies of the connection between acupuncture points on the limb and segments of the spinal cord. Chin. Med. J. 3, 144–150, (1973).
264 anonym: The principles and practical use of acupuncture anesthesia. Med. a. Health Publ. Co., Hong, Kong, (1974).
265 anonym: Preliminary experience in the experimental study of acute abdominal conditions treated with combination of Chinese and western medicine. Chin. Med. J. 1, 33–39, (1973).
266 anonym: Relationship between acupuncture analgesia and neurotransmitters in the brain. Chin. Med. J. 8, 478–486, (1973).
267 anonym: Replantation surgery in China. Report of the American replantation mission to China. Plast Reconstr. Surg. 52, 476, 489, (1973).
268 anonym: Survey of electrical resistance of rabbit pinna during experimental peritonitis. Acupuncture Anesthesia Research Group, Peking, Chin. Med. J. 7, (1973).
269 anonym: Active Constituent of a traditional Medicine Anesthetic. Inst. of Materia Medica. Chinese Academy of Medical Sciences. Peking. Chin. Med. J. 9, (1974).
270 anonym: Some problems in nonoperative treatment of acute appendicitis. Analysis of immediate and long-term results in 995 cases. Nan K'ai Hospital, Tientsin, Chin. Med. J. 2, (1974).
271 anonym: Studies on acupuncture anesthesia in laryngectomy. Chin. Med. J. 3, 78–79, (1973).
272 anonym: The role of midbrain reticular formation in acupuncture anesthesia. Acupuncture Anesthesia Co-ordinating Group of Shanghai. Chin. Med. J. 3, 136–138, (1973).
273 anonym: The peripheral afferent pathway in acupuncture analgesia. Acup. Anes. Research Unit, Kiangsu Hospital, Hsüyi County. Chin. Med. J. 6, 102, (1974).
274 anonym: Traditional western combined treatment of acute perforation of peptic ulcer. Nan K'ai Hospital, Tientsin, Chin. Med. J. 2, (1974).
275 anonym: Use of acupuncture anesthesia in cardiac surgery. Chin. Med. J. 3, 89, (1973).
276 anonym: Use of acupuncture anesthesia in pediatric surgery: report of 1,308 cases. Chin. Med. J. 2, 91–94, (1973).
277 anonym: Veterinary acupuncture: old wives' tales or new clinical tool? Mod. Vet. Pract. 54, 37–42, (1973).
278 anonym: Zur Theorie der Nadelanalgesie. Volksgesundheitsverl. China, (1973).
279 ALBRECHT, J.: Schwellenänderung von Vibrations-, Schmerzen und Drucksinn nach faradischen Verdekkungsreizen. Diss. Erlangen, (1952).
279a ASCHNER, B.: Arthritisbehandlung. Hippokrates Verl. Stuttgart, (1949).
279b ASCHNER, B. u. PECKER, F.: Vom Schröpfen. 2. A. Itting K. G. Ludwigstadt, (1951).
280 AUBERGER, H. G.: Prakt. Lokalanaesthesie, Thieme Verl., (1990).
281 BAAR, H. A. und GERBERSHAGEN, H. U.: Schmerz, Schmerzkrankheit, Schmerzklinik, Springer Verl. Heidelberg, (1973).
282a BACHMANN, G. u. PECKER, F.: Die Schröpfkopfbehandlung. Haug Verl., Saulgau, (1952).
282b BARNES, A., WOODHALL, B., DURHAM: Sensory patterns in the localisation of disc lesions. Journal of bone and joint surgery, (1952).
283 BENZER, H. und PAUSER, G.: Veränderung von Schmerzempfindung, Schmerzgefühl und Pulsfrequenz unter Akupunktur an 16 Probanden. Der Anaesthesist.
284 BENZER, H. et al.: Akupunktur Analgesie, Anaesthesist 21, 452–455, (1972).
285 BERGES, P.: ,,Myofascial Pain Syndromes", Postgraduate Med. 6, 161–167, (1973).
286 BERGSMANN, O.: Beziehungen zwischen Haut und Organ am Beispiel Lunge. Dtsch. Zschr. f. Aku. 2, (1966).
287 ders.: Thermodiagnostik in: Therapie über Nervensystem 10, 86–110, Hippokrates Verl. Stuttgart, (1972).
288 ders.: und KELLNER, G., MARESCH, O.: Synopse zur Frage der biologischen Regulation. Ärztl. Praxis 16, 933; 18, 1061; 20, 1193; 23, 1376; (1971).
289 ders.: Increase in Body Capacity Due to Acupuncture Stimulation as Assessed by Pulse-Controlled Ergometry". Am. J. Acup. 1, (1973).
290 ders.: ,,Der Herd als pathogenetischer Faktor" Österr. Zeitschr. f. Stomatologie 70, 90–98, (1973).
291 ders.: Akupunktur bei chronischen bronchopulmonalen Erkrankungen". Österr. Ärztezeitung 28, 18, 993–994, (1973).
292 BERGSMANN, O., WOLLEY-HART, A.: Differences in electrical Skin Conductivity between Acupuncture Points and Adjacent Skin Areas". Am J. Acup., 1, 27–32, (1973).
293 BISCHKO, J.: Zum Nachweis der Akupunkturpunkte. Dtsch. Zschr. Akup. 2, 53, (1968).
294 ders.: Die Haut im Rahmen der unspezifischen Regulation. Dtsch. Zschr. Akup. 3, 65, (1966).
295 BLACK, RG., BONICA, J. J.: Analgesic blocks, Postgrad Med. 53, 6, 105–110, (1973).
296 BLECHSCHMID, E.: Die praenatalen Organsysteme des Menschen. Hippokrates Verl., Stuttgart, (1973).
297 BOLK, G., zit. bei Rynberk (30).
298 BONICA, J. J.: The management of pain. Lea and Febiger. Philadelphia, (1954).
299 ders.: Clinical Applications of therapeutic and diagnostic nerve blocks. Thomas-Springfield, (1959).

300 ders.: Causalgia and other reflex sympathetic dystrophies. Postgraduate Med., 6, 143–148, (1973).
300a ders.: Advances in Neurology Vol 4, Raven Press Publ. New York, (1974).
301 Bösch, J.: Erfahrungen bei 1351 Bandscheibenoperationen aus 21 Jahren. Zschr. für Orthopädie und ihre Grenzgebiete, Bd. 106/2, 295–301, (1969).
302 ders.: Das Nervensystem als Schockorgan, aus „Gedanken zum Ischialgieproblem". Acta Neurovegetativa. XV, 3, 273–298, (1957).
303 ders.: Gedanken zum Ischialgieproblem. Acta neurovegetativa XV/3, 273–298, (1957).
304 Bossy, J.: Considérations neuroanatomiques et neuroembryologiques pouvant servir de bases aux reflexotherapies cutanées. VIIes Journées d'acupuncture d'auriculotherapie et de médecine manuelle, (1970).
305 ders.: Bases morphologiques et fonctionelles de l'analgesie acupuncturale. Giornale dell'Accademia di Torino. CXXXVI Fasc. 1–12, (1973).
306 Brenta, St.: Clinical Anaesthesia 2, 168, Blackwell, Oxford, (1969).
307 Brown, P. E.: Use of acupuncture in Major Surgery. The Lancet, (1972).
307a Brown-Séquard, Ch. E. zit. b. Schaeter, 504.
308 Bues, E.: Dermatome C 2 und C 3. Dt. Zschr. f. Nervenheilk. 171, 37–46, (1953).
309 Burgess, P. R.: Myelinated afferent fibres responding specifically to noxious stimulation of the skin. J. Physiol. 190, 541–562, (1967).
310 Burgess, P. R.: Patterns of discharge evoked in cutaneous nerves and their significance for sensation. From Bonica 5. Intern. Symp. on Pain. Neurology 4, 11–18, New York, Raven Press, (1974).
311 ders.: The physiology of pain. Am. J. Chin. Med. 2, 121–149, (1974).
311a Bykow, M.: Über den Einfluß höherer Nerventätigkeit auf das Körpergeschehen zit. in W. Meusert, Allg. path. Schriftenreihe 8, 35–60 und 105–115, Hippokrates Verl., (1951).
312 Cantoni, G.: Les Projections centrales somato-viscerales et leurs rélations avec l'acupuncture. Revue „Meridians" N. 11–12, (1970).
313 ders.: VII Journées d'acupuncture. Maisonneuve-Verl. Besançon 1970.
314 Cara, L.: Learning in the autonomic nervous system. Scientific Am. 30–39, (1970).
315 Chiari, H.: Vorlesung pathologische Anatomie. Wien 1937–1966.
316 China Enzyklopädie, Kunstkreis Verl. W. Schweizer, Luzern.
317 Chang, H. T.: Physiolog. Inst. Shanghai, persönliche Mitteilung, (1972).
318 ders.: et al.: Peripheral afferent pathway for acupuncture analgesia. Scientia Sinica. Vol. XVI, 2, (May 1973).
319 Cilento, R.: The historical background of acupuncture. Mich. Med. 72, 343–348, Pass., (1973).
320 Chinesische Ärztedelegation in Wien: „Einführung in die Akupunktur", mündliche und schriftliche Mitteilungen, (1973).
321 Choh Luh Li: Neurological basis of pain and its possible relationship to acupuncture-analgesia. A. J. of Chin. Med. I, 61–75, (1973).
322 ders.: w. o. Am. J. Chin. Med. 1, 179–215, (1973).
323 Chusid, J.: Correlative neuroanatomy – functional neurology. Lange Medical Publications. Los Altos, Cal., 209, (1970).
324 Convery, F. R. und Chaplin, D. M.: Chronic pain due to nontraumatic joint disease. Postgraduate Med. 6, 152–154, (1973).
325 Conroy, R. u. Mills, J.: Human Circadian Rhythms. Churchhill Ed. London, (1970).
326 Dabry, P.: La médecine chez les Chinois. Paris 1863. Zit. b. Bachmann, 54, 55.
326a Dietrich, G.: Das Schröpfverfahren in der Zahnheilkunde: Zahnhlk. 17, 2, (1936).
327 Dosch, P.: Krebsgeschehen und Neuraltherapie. Zschr.: Erfahrungsheilkunde 3, 65–72, (1971).
328 Dosch, P.: Neuraltherapie nach Huneke (Freudenstädter Vorträge 1971/72). Haug Verl. Heidelberg, (1974).
329 Eichler, H. und König, G.: Österreichisches Patent, Verfahren zur Erzeugung vibratorischer Reize, (1973).
330 Elze, C.: Head'sche Zonen und Dermatome. Nervenarzt 28, (1957).
331 ders.: Die anatomischen Grundlagen der Head'schen Zonen. Dt. Ztschr. Akup. 122, 402–413, (1961).
332 Feucht, G.: Geschichte der Ohr-Akupunktur. Dtsch. Ztschr. f. Akup. 4, (1959).
333 Fisch, G. und Bloess, D.: Elektronische Experimente auf den Meridianen des Yang Ming. Physiol. Akup. 3, 49–53, (1972).
334 Fisch, G.: Hochfrequenzfotographie (Kirlian-Fotographie). Physiol. Acupunct. 6, 31, (1973).
335 Foerster, O: Reizung einer hinteren Wurzel. Dtsch. Zschr. f. Nervenkr., 107, 41, (1920).
336 Foerster, O. – Bumke, O.: Die Symptomatologie der Schußverletzungen der peripheren Nerven. Bd. II/2 zu Handb. d. Neurol., Hrsg. von Lewandowsky. Springer Verl., (1929).
337 ders.: Resection of the posterior spinal nerve roots in the treatment of gastric crises and spastic paralysis. Proc. roy. Soc. Med. 4, 226, (1911).
337a Fourestier zit. bei Schaefer[504].
338 Freude, E. und Rühmann, W.: Das thermoreflektorische Verhalten von Tonus und Kinetik am Magen. Zschr. f. exp. Med. 52, 338, (1926).
338a Frieh, Ph., et Nassi, J.: Ref. Zbl. Neur. 83, p. 171.
339 Friedmann, Arnold F.: Headache. Postgraduate Med. 6, 172–178, (1973).

339a GEBHERDT, H.: Das Schröpfen im Dienste der Zahn-, Mund- u. Kieferheilkunde. 44, 47, 1–12, (1935).
340 GOLDSCHEIDER (1926) und THURNBERG (1902): zit. bei Hassler R. in Janzen u. a. „Schmerz“, Thieme Verl., (1972).
341 GREY, DIMOND E.: Acupuncture anesthesia. Jama 218, 10, (1971).
342 GROSS, D.: Aus dem Arbeitskreis für neurovegetative Therapie. Erfahrungsheilkunde, 3, (1972).
343 ders.: Die vasale Ordnung der Körperoberfläche und was sie bedeutet. Acta neurovegetativa III; 1–2, 171–197, (1951).
344 ders.: Therapeutische Lokalanaesthesie. Hippokrates Verl. Stuttgart, (1972).
345 ders.: Schmerz und Schmerztherapie; Schmerz und das vegetative Nervensystem. Hippokrates Verl., Stuttgart, (1971).
346 ders.: Persönliche Mitteilung. September, (1973).
347 ders.: Therapie über das Nervensystem. Schmerz und Schmerztherapie, Bd. 8, Hippokrates Verl. (1971).
348 ders.: Innervierte Strombahn, Gefäßzone, Quadrant und ihre Bedeutung für die Therapie. Acta Neurovegetativa. XXX, 1–4, 522–535, (1970).
349 ders. u. NONNENBRUCH, W.: Die vasale Ordnung im vegetativen Nervensystem als Grundlage für die Neuralherapie. Mü. med. Wschr. 45, (1952).
350 GROSSER, O.: Zur Frage der segmentalen Gefäßversorgung beim Menschen. Morph. Jb., 33, (1905).
351 GROSSER, O. und FRÖHLICH, A.: Beitrag zur Kenntnis der Dermatome der menschlichen Rumpfhaut. Morph. Jb. 30, (1902); Dtsch. Zschr. Nervenheilk. 23, (1903).
352 GRUNER, R.: Befindensmedizin. Zschr. Erfahrungsheilkunde 1, 3–7, (1971).
353 GUSTAFSSON, L.: Acupuncture anesthesia. Lancet, 1, 154, England, (1973).
354 HAMEROFF, ST. R.: Ch'i: a neural hologram? Am. J. Chin. Med. 2, 163–170, (1974).
355 HALLIN, R. G. and TOREBJORK, J. E.: Activity in unmyelinated nerve fibers in man. In Bonica J. J.: Advances in Neurology. Raven Press New York. Vol. 4, pp. 19–29 (1974).
356 HARRER, G.: Der neurale Faktor der Neuraltherapie. Freudenstädter Vorträge 1971/72 bei P. Dosch.
357 HASSLER, R.: Über die Zweiteilung der Schmerzleitung in die Systeme von Schmerzempfindung und Schmerzgefühl. Janzen u. a. „Schmerz“ 105–120 Thieme Verl. Stuttgart, (1972).
358 ders.: Interrelationships of cortical and subcortical pain system. Pharmakology of pain, 219, Ed. Lim. R. K. S. Pergamon Press, Oxford, (1968).
359 ders. und BAK, I. J.: The fine structure of different types of synapses and their circuit arrangement in the substantia gelatinosa trigemini. Trigeminal Neuralgia, 50. Thieme Verl. Stuttgart, (1970).
360 ders. und RIECHERT, T.: Klinische und anatomische Befunde bei thalmatischen Schmerzoperationen am Menschen. Anch. Psychiat. Nervenkrk. 200, /3. (1959).
361 HAUSER, W., Viszero-kutane Reflexe in der Pathogenese von Dermatosen – ihre Bedeutung für die allgemeinärztliche Diagnostik und Therapie. Therapiewoche 20, 21, 925, (1970).
361a ders.: Die Lokalisation von Hautkrankheiten im Gesicht. (Die viszeral-reflektorischen Gesichtszonen). Fortschr. Med. 92, 877–881, (1974).
362 HAUSER, W.: Periorale Dermatitis: Affektionen im kleinen Becken. Med. Tribune Kongreßbericht. 6, (1974).
363 HAUSWIRTH, O.: Vegetative Reaktometrie einer Calcium- und einer Zuckerstoffwechselstörung. Acta neuroveget. 30, 1, 10, (1970).
364 ders.: Vegetative Reaktometrie bei Schwefelbädern. Zschr. Physiother. 23, 203, (1971).
365 ders.: Trigeminusneuralgie. Zschr. Physiother. 25, 2, 141, (1973).
366 ders.: Vegetative Reaktometrie. Ars medici 63, 6, 374, (1973).
367 ders.: Hautreiztherapie. Ars medici 60, 5, 341 (1970).
368 HEAD, H.: Die Sensibilitätsstörungen der Haut bei Viszeralerkrankungen. Hirschwald Berlin 1898. Zit. bei Hansen-Schliack s. d.
369 HERGET, H. und KALWEIT, K.: Modellversuche in der Akupunktur-Analgesie. Anaesthesie-Kongreß Linz, (1973).
370b dies.: Akupunktur-Analgesie unter Zuhilfenahme elektrischer Ströme verschiedener Qualität und Quantität. Anaesthesie-Kongreß, Linz, (1973).
371 HERGET, H. und L'ALLEMAND, H.: Akupunktur-Analgesie und kontrollierte Beatmung mit O_2 – N_2O, ein neues Anaesthesieverfahren in der offenen Herzchirurgie. – „Der Anaesthesist“.
372 ders.: Klinische Erfahrung mit Akupunktur-Analgesie. Ärztl. Praxis 44 (2177), (1974).
372a HERING: Zit. bei Janzen „Schmerz“ Lit. Verz. 16.
373 HOFF, F.: Schmerz und seine Bedeutung. Wr. Klin. Wschr. 11, (1967).
374 HOFFMAN, W.: Thalamussyndrom auf Grund einer kleinen Laesion. J. Psychol. Neurol. (Lpz) 45, 362, (1933).
375 HOLZER, W.: Physikalische Medizin, Maudrich, Wien, (1947).
376 HOPFER, F.: Wechselwirkung zwischen Haut und Herd. Dtsch. Zschr. f. Akup. 3, (1966).
376a HOPFER, F.: Haut, Narbe und Meridian, Dtsch. Zeitschrift für Aku. 15 H 3, (1966).
377 HOPFER, F.: Neuraltherapie bei Herderkrankungen, Therapiewoche 24, (1965).
378 HO PU-YEN: Mündliche Mitteilung. Head of Acupuncture Dept. Peking Traditional Hospital, (1974).
378a HÜBOTTER, I.: Chinesische Medizin. Ciba Zschr. 8, 3110–3137, (1959).
379a HUNEKE, F.: Das Sekundenphaenomen, 6. Auflage, K. F. Haug-Verlag, Heidelberg, (1989).

379b ders.: Krankheit und Heilung anders gesehen, Staufen Verlag, Köln, (1953).
379c HUNEKE, W.: Impletoltherapie und andere neuraltherapeutische Verfahren, Hippokrates Verlag, Stuttgart, (1952).
379d HUNEKE, F. u. W.: Unbekannte Fernwirkungen der Lokalanaesthesie, Med. Welt, 27, (1928).
380 IGGO, A.: Der periphere Mechanismus des Schmerzes. Bd. 8: Schmerz und Schmerztherapie. Hippokrates Verl. Stuttgart, (1971).
381 INMAN, V. und SAUNDERS, J.: Referred pain from skeletal structures. J. Nerv. a. Ment Dis. 99, 660–667, (1944).
382 JANZEN, R.: Körper, Hirn und Personalität. Enke Verl. Stuttgart, (1973).
383 JARRICOT, H.: Visceralgies dermalgies reflexes, cellulies et quelques phénomènes réflexes d'origine dermique. Thêse Lyon, (1942).
384 ders.: Reflected dermal pains and their relation to acupuncture. Minerva Medica im Druck.
385 ders.: L'Auricolothérapie – Extraits de „Meridiens S" 21–22, 85–137, (1973).
386 ders.: Connaissance et évolution de l'acupuncture chinoise en France. Med. Medical Lyon 17, (1972).
387 JOCHLE, W.: Nachweis eines Systems von Linien erhöhter Hautleitfähigkeit bei Haustieren. B. u. M. Tierärztl. Wochenschr. 71/14, 274–276, (1958).
388 JOHNSON, E.: CDA assists in oral surgery performed under acupuncture anesthesia. Dent. Assist, Illinois, 42, 16. May (1974).
389 JORES, A.: Die Medizin in der Krise unserer Zeit. (1966).
390 ders.: Symptom und Organbefund in Bürger und Prinz: Befinden und Symptom. Schattauer Verl. Stuttgart, (1964).
391 ders.: Um eine Medizin von morgen, (1969). Schulmedizin und Außenseitermethoden. Hippokrates Verl. 13, Stuttgart, (1955).
392 JÖRGENS, O.: Chinesisch-Deutsches Taschen Wörterbuch von Jos. Stangier, neubearbeitet von Jörgens. Welt Verl. Taipei, (1962).
393 KALBFLEISCH, H. H.: An die physiologischen Segmente der Lunge gebundene pathologische Vorgänge des Organs. Allg. pathol. Schriften 3/4, 5–43, (1942).
394 derselbe: Einzelbeobachtung: Commotio ventriculi, Allg. pathol. Schriften 1, 16, (1941).
395 KAO, F.: Efficacy of acupuncture for the treatment of sensorineural deaf. Am. J. of Chin. Med., Vol 1, No 2, 283–304, (1973).
396 ders.: Geschichte, Philosophie und Physiologie der Akupunktur. Schw. Zschr. f. Akup., (6/1973).
397a KAROFF, J.: Chinesische Ohrakupunktur. Dtsch. Zschr. f. Akup. (17) 4, 112, (1968).
397b ders.: Akupunkturmessung in China. Akupunktur 2, 45, (1973).
398 KAUTZKY, R.: Kritische Betrachtung über den Begriff der sogenannten peripheren und segmentalen Innervationsfelder im Bereich des Kopfes. Dtsch. Zschr. f. Nervenheilk. Bd. 171/148–160, (1953).
399 ders.: Die Bedeutung der Hirnhautinnervation und ihrer Entwicklung für die Pathogenese der Sturge-Weberschen Krankheit. Dtsch. Zschr. f. Nervenheilk. 161, 506–525, (1949).
400 ders.: Bedeutung der Hautinnervation. Dtsch. Zschr. f. Nervenheilk. 161, 507, (1949).
401 KEEGAN, J. und GARRETT, F.: The segmental distribution of the cutaneous nerves in the limbs of man. Anatomic Record, 102: 409–439, (1948).
402 KEIDEL, W. D.: Zum Problem der subjektiven und objektiven Quantifizierung des Schmerzes. Janzen u. a. „Schmerz" Thieme Verl. Stuttgart, (1972), (siehe auch [17]).
403 ders.: Ist Schmerz meßbar? Janzen u. a. „Schmerz" Thieme Verl. Stuttgart, (1972).
404 KELLNER, G.: Dtsch. Zschr. f. Akup. 1/1, (1966); Zschr. f. mikroskop. ant. Forschung 1–2, (1966) 3, 4, (1967).
405 KELLNER, G.: „Voraussetzungen für die Reaktionsprüfungen mit Infrarotgeräten". Die Medizin. Anwendung d. Thermographie, Kongreßband, Symposium Baden bei Wien 1972, Publ. Lidingö 556, 126, II.
406 ders.: Bau und Funktion der Haut. Dtsch. Zschr. f. Akup., (3/1966).
407 KELLGREN, J. H.: On the distribution of pain arising from deep somatic structures with charts of segmental pain. Clin. Science 42 35–46, (1939).
408 ders.: The segmental areas of deep pain. Zit. in Chusid (3).
409 ders.: in Lewis. Pain, Macmillan Ed., (1942).
410 KIBLER, M.: Vom gestern und heute für morgen und übermorgen. Hippokrates Verlag, (1974).
411 ders.: Das Störungsfeld bei Gelenkserkrankungen und inneren Krankheiten. Hippokrates Verl., Stuttgart, (1958).
412 KIESEWETTER, E.: Berücksichtigung der Zeitverschiebung hinsichtlich der Medikamenteneinnahme bei Intercontinentalflügen. Öst. Ärztezeitung 29/11, 678, (1974).
413 KINDLER, W.: Das Mysterium um die menschliche Ohrmuschel. Zschr. f. Laryng. Rhin. Otol. 48, 10 und 11 , 753, (1969).
413a KRASINSKI, C.: Die tibetische Medizinphilosophie. Origo-Verl., Zürich, (1953).
414 KIRLIAN: Lit. bei Ostrander S. u. L. Schroeder. PSI Scherz Verl., München, (1973).
415 KLEESENS, J. J.: Die Form und Funktion der Rumpfdermatome. Folia Neuro-Biol. 7 (202–216), (1913).
416 KLINE: pers. Mitt., (1974).
416a KOKOSCHINEGG, P. und PLENK H.: Mündl. Mitteilung.
417 KÖNIG, G.: „Ohrakupunktur-Therapie und Operationsanalgesie von der Ohrmuschel aus", Österr. Ärztezeitung, 18, 1002, (1973).

418 KÖNIG, G.: Diskussion: Zur Kombination Akupunktur und allgemeine Narkose. Sitzung der Ges. f. Anaesthesiol. Wien, (30. Nov. 1971).
419 KÖNIG, G. und WANCURA, I.: Die Grundlagen der Akupunktur und ihre Erklärungsmöglichkeiten. Vortrag: Gesell. d. Ärzte Wien, (15. 3. 1974). Ref. Wi. Klin. Wsch. 259–260 (1974).
420 dies.: Einführung in die chinesische Ohrakupunktur. Monographie. Haug Verl. Heidelberg, 1993, 10. Aufl.
420a dies.: Wandtafeln zur Ohrakupunktur, Haug Verl., Heidelberg, 1994.
421 dies.: Reiz und Reizverstärkung in der Akupunktur.
422 KÖNIG, G.: Ohrakupunktur und vegetative Innervation der Ohrmuschel. Vortrag: Akupunkturkongreß Stuttgart 1974.
423 KÖNIG, G.: Ohrakupunktur. Vortrag Kongreß H. N. O. Innsbruck 1973, ref. Mschr. Ohrenhlk., (1974).
424 KÖNIG, G. und KÖNIG, I.: Zur Ohrakupunktur. Zschr. Erfahrungsheilk.
425 KOLLMER, M. P.: Vorläufige Mitteilung über die Anwendung des Diatherakupunkturgerätes zur Findung der Ohrakupunkturpunkte nach Dr. Nogier. Die Messung der Auswirkung der Ohrakupunktur-Nadeltherapie am Erfolgsorgan. Elektroakupunktur nach Voll, 1962. Haug Verl.
426 KOLLMER, P. und KÖNIG, G.: Grundlagen und Praxis der Auriculotherapie. Akupunkturkongreß Stuttgart, (1974).
427 KRAUSE, W.: Pers. Mitt.
428 ders.: Anatomie der Nervenversorgung der Luftwege. Vortrag Freudenstadt, Haug Verl. Heidelberg, (1974).
429 ders.: in P. Dosch: Freudenstädter Vorträge 1971, Haug Verl. Heidelberg, (1974).
430 KRIES, J.: Allgemeine Sinnesphysiologie. Zit. bei Janzen u. a. „Schmerz". Thieme Verl. Stuttgart (1972).
431 KOTHBAUER, O.: „Über die Analgesierung einer Euterzitze des Rindes mittels Akupunktur", Österr. Ärztezeitung, 18, 1037, (1973).
432 KROGER, WS.: Acupunctural analgesia: its explanation by conditioning theory, autogenic training and hypnosis. Am. J. Psychiatry, 130, 855–860, (Aug. 1973).
433 KUNZE, H. M.: Befunde und Befinden, Zschr.: Erfahrungsheilkunde 11, 341–345, (1970).
434 KWIRTSCHISCHWILE, W. I. (TIBILISI): Projektionen verschiedener Körperteile auf die Oberfläche der Ohrmuschel bei Mensch und Tier., refer. in „Akupunktur" H 1, 41, (1974).
435 LABORIT, H.: Kann man eine isolierte Untersuchung des vegetativen Nervensystems ins Auge fassen? Neuralmedizin. Hippokrates Verl. 3, 126, (1955).
436 LANG, W.: Zitiert bei Bachmann, Haug Verl. Ulm/Donau, 20, (1957).
437 LANGLLEY: On axon reflexes in the praeganglion fibris of the sympathetic nervous system. J. of Physiology 25, (1900).
438 LANGMANN, J.: Medizinische Embryologie. Thieme Verl. Stuttgart, (1989).
439 LASSMANN, G.: Fortschritte d. Neurol. Psych. 36, 7/377, (1968). Neurohistologische Veränderungen und hormonelle Erkrankungen.
440 LEHRNBECHER, W.: A biophysical model of acupuncture. Speach at Intern. Meetg. Torino, to be published at Minerva Med. Acta.
441 ders.: Acupuncture and connective tissue. To be published at Lancet.
442 ders.: Present problems of acupuncture, J. Canad. Med. Associat. Vol. 240, (1974).
443 LEONHARDT, H.: Methoden und Möglichkeiten der Akupunktur und der Elektroakupunktur nach Voll. Med. Klin. 67, 1743–1747, (Dez. 1972).
444 LÉRICHE, R.: Physiopathologie et traitment chirurgical des maladies arterielles. Acta vasomotoricite 142, 98, Masson Paris, (1943).
445 LEUNG, C. Y und SPOEREL, W. E.: Effect of Auriculo-Acupuncture on Pain, Am. J. Chin. Med., Vol. 2, No 3, pp. 247–260, (1974).
446 LEVEN, B.: Möglichkeiten zur Bestimmung der Nervenleitgeschwindigkeit in der Klinik. Acta medicotechnica 9, 292–294, (1972).
447 LIMOGE, A.: L'electropuncture. CAH. Odontostomatol. Touraine, 4, 47–56, (1972).
448 LIST, W. F.: Medizinische Impressionen aus China. Öst. Ärztezt. 29/15/16, 883–886, (1974).
449 LOWE, W.: Introduction to acupuncture-analgesia. H. Huber Publishers. Bern–Stuttg.–Wien, (1973).
450 LUNG, C. H.: et al.: An observation of the humoral factor in acupuncture analgesia in rats. Am. J. Chin. Med. 2, 203–205, (1974).
451 MACH, E.: Grundlagen der Lehre der Bewegungsempfindungen. Leipzig – Engelmann, (1875).
452 MACKENZIE, J. zit. bei Hansen-Schliack (12), s. d.
453 MARCUS, R. E., GOLDENBERG, R. A.: Cochleoneural hearing loss treated with acupuncture. Arch. Otolaryngol. 99, 451–453, (1974).
454 MAN, PL und CHEN, CH: Mechanism of acupunctural anesthesia. The two-gate control theory. Dis. Nerv, Syt, 33, 730–735, Texas, (Nov. 1972).
455 MANN, F.: The meridians of acupuncture. W. Heinemann Verl. London, (1972).
456 ders.: Acupuncture. W. Heinemann Verl. London, (1973).
457 MARESCH, O.: Das elektrische Verhalten der Haut. Dtsch. Zschr. f. Akup. (1966/2).
458 MARESCH, O.: „Prinzipien der Homöopathie und Probleme der Grenzflächenwirkung". Proc. XXVIII, Int. Congr. f. homoeopathic Medicine, S. 309–318, (1973).

459 MARESCH, O.: „Störstelle, Störfeld, Reaktionsfeld als Grundlage elektrischer Messungen zum Herdgeschehen". Österr. Zeitschr. f. Stomatol. 70, 3, S. 110–115, (1973).
460 MARESCH, O.: „Physikalische Grundlagen der Infrarotdiagnostik – Die medizinische Anwendung der Thermographie". Kongreßband Symposium Baden b. Wien, Publ. Lidingö 556, 126, XIV, 1971.
461 MARK, LC.: Acupuncture and suggestion. Jama 223, 922, (Feb. 1973).
462 ders.: Double-blind studies of acupuncture. Jama 225, 1532, (Sept. 1973).
463 MAYERHOFER-KRAMML, O.: Experimentelle und klinische Erfahrungen mit Akupunkturanalgesie in China. Wr. Klin. Wschr., (1973).
464 MAYERHÖFER, J.: Lexikon der Geschichte der Naturwissenschaften. Bd. I 632, Hollinek Verl. Wien, (1970).
464a MELZACK, R.: The puzzle of pain, Penguin Science of Behaviour, (1973).
465 MELZACK, R. und CHAPMAN, CR.: Psychologic Aspects of pain. Postgrad. Med. 53, 69–75 Minnesota, (May 1973).
466 MELZACK, R. und WALL, P. D.: Gate control theory of pain. Ed. Soulairac., Calm. J., Charpentier, J. Academic Press, (1968).
467 MIELKE, K et al.: Internist 2, 447–453, (1961), Rheumaforsch. 19, 310–330, (1960).
468 MILLER, F. R. und WARD, R. A.: Viscero-motor reflex. Am. J. Phys. 73, 329–340, (1925).
469 MINK, E.: Procaintherapie nach Huneke in der Gynäkologie, Haug Verl., Heidelberg, (1973).
470 MÜLLER, G.: „Erfahrungen mit der Akupunktur bei tumorkranken Patienten". Österr. Ärztezeitung, 18, S. 1020, (1973).
471 NASHOLD, B. S.: Dorsal column stimulation for control of pain. Neurosurg. 36, 590, (1972).
472 NEEDHAM, J.: Science and Civilisation in China (Vol. 2, p. 43), Cambridge, (1956).
473 NEI JING: „Buch der inneren Medizin". Siehe Schnorrenberger Lit. Verz. 32, Veith Ilza Lit. Verz. 184.
474 NIEBAUER, G.: Vegetatives Nervensystem und allergisches Ekzem Acta neurovegetativa, Suppl. 8/3–105, (1962).
475 NONNENBRUCH, W.: Die Lehre von Ricker und Speransky und ihre Anwendung auf eine Ganzheitsbetrachtung in der Nierenpathologie. Neuralmedizin 3, 135, (1955).
476 NOGIER, P.: Über die Akupunktur der Ohrmuschel, Zit. in Zulla H. Akupunktur in Einzeldarstellungen. Haug Verl. (1974).
477 ders.: Darstellung, Entwicklung und Aussicht der Akupunktur des Ohres. Bei Zulla H.: Akupunktur in Einzeldarstellungen. Haug Verl. (1974).
478 NOWINSKY, G. D.: Über neue Instrumente und Methoden zur Bestimmung chinesischer Punkte. Therapiekongreß (Bykow), Moskau, (1960).
479 ORNSTEIN, R.: The Phychol. of Consciousness, Freeman, Ed., San Francisco, (1972).
480 ORTNER, N.: Körperschmerzen und ihre D. DK. Urban u. Schwarzenberg Verl. Berlin, (1931).
481 PISCHINGER, A.: Theoretische Grundlage der Herderkrankungen. Therapiewoche 15, 1261, (1956).
481a ders.: Zur Grundlegung unspezifischer Behandlungsweisen. Physik. Med. u. Rehab. 9, 1, (1968).
482a PORKERT M.: Die Akupunktur und der Schmerz. (Die chinesische Lehre vom Menschen (Weisheit oder Wissenschaft). T. R. Verl. München, (1974).
482b ders.: Die andere, die chinesische Medizin, zitiert in: Ber. Int. Ges. f. Neuraltherap. 9, (1974).
483 QUAGLIA-SENTA, A.: Les biorythmes et l'acupuncture chinoise. VIIes Journées d'acupuncture d'auriculothérapie et de médecine manuelle.
484 RAICH, R.: Schmerzänderung von Vibrations-, Schmerz- und Drucksinn nach vibratorischer Ermüdung. Diss. Erlangen, (1952).
485 RAMSAY, M.: Anesthesia by acupuncture, Br. Med. J. 1. 233, (27 Jan 1973).
486 REGELSBERGER, H.: Der bedingte Reflex und die vegetative Rhythmik des Menschen. Springer Verl. Wien, (1952).
487 REINHARDT, E.: Die Lunge, ein neurovasculäres und ein neuromusculäres Organ. Allg. pathol. Schrifen 1K, 12, (1941).
488 REISNER, H.: „Die Differentialdiagnose der vertebralen radiculären und pseudoradiculären Syndrome". pag. 236, Kongreßbericht, Van Swieten Tagung. Verl. österr. Ärztekammer, Wien, (1974).
489 RICHTER, C. P. und KATZ, D. T.: Peripheral nerve injuries determined by the electrical skin resistance method. J. Am. Med. Assc 122, 648, (1943).
490 RICHIN, C. und BRIZZE, K.: Effects of localized cutaneous stimulation on circulation in duodenal arteriols and capillary. J. Neurophysiol. 12, 131–139, (1949).
491 RICKER, G.: Handbuch der speziellen pathologischen Anatomie, Bd. 13 – Nervensystem. Teil 3, (1955).
492 ders.: Sklerose und Hypertonie der innervierten Arterien. Berlin, (1927).
493 ders.: Das ZNS und die rheumatisch genannte Polyarthritis. Dresden – Leipzig, (1938).
494 RIECHERT, T.: Die operative Behandlung chronischer Schmerzzustände durch elektrische Hinterstrangreizung. Deutsch. Med. Wschr. 98, 1130–1131, (1973).
495 ders. und KAPP, H.: Die operative Behandlung chronischer Schmerzzustände durch elektrische Hinterstrangreizung. D. Med. Wschr. 22, 1130–1131, (1968).
496 RÖTTGEN, P.: Akupunktur. Dtsch. Med. Wschr. 85. Jhrg. Nr. 24, 1033–1038, (1960).
497 ROSENBACH, O.: Über die unter physiologischen Verhältnissen zu betrachtenden Verlangsamung der Leitung von Schmerzempfindungen bei Anwendung von thermischen Reizen. Dtsch. Med. Wschr. 10,, 338, (1884).

498 Rossmann, M. und Wexler und Oyle: The use of sonopuncture in some common clinical syndroms. Am. J. Chin. Med. 2/2, 199, (1974).
499 Rouston, C.: Cerebrale Akupunktur. Akup. 4, 138, (1974).
500 Rühmann, W.: Viszerale Schmerzlinderung durch Wärme als Segmentreflex. Zschr. f. ges. exp. Med. 57, 740, (1927).
501 ders.: Örtliche Hautreizbehandlung des Magens und ihre physiologischen Grundlagen. Arch. f. Verdauungskrh. 41, 336, (1927).
502 Samuel, S.: „Nur in Gedanken läßt sich scheiden, was im Leben unaufhörlich vereint bleibt, Substanz und organische Form und die von ihnen stammenden Kräfte". Handbuch d. path. Physiologie, 33, (1879).
503 Saltoun, D.: Anesthesia by acupuncture. Br. Med. J. 4, 612, (Dezember 1972).
503a Schadè siehe 519.
504 Schaefer, V.: Die kontralaterale Reaktion der Blutstrombahn als Beweis ihrer Erregung allein durch das Nervensystem; zugleich ein Beitrag zur naturwissenschaftlichen Erklärung der „reaktiven Hyperämie" nach Sperre. Allg. pathol. Schriften 1, 24–33, (1941).
505 Shealy, N. und Mortimer, T.: Electricanalgesia and Electrohypalgesie. Proc. II. Int. Symp. Graz, (1969).
506 Shealy, N. et al.: Dorsal column electroanalgesia. J. Neurosurg. 32, 560, (1970).
507 Shealy, C. N.: Six years' experience with electrical stimulation for control of pain. In Bonica J. J.: Advances in Neurology. Raven Press New York. Vol. 4, pp. 775–783, (1974).
508 siehe auch Norman (476, 477).
509 ders.: Electrotherapeutic sleep and electroanesthesia. Exc. Med. Intern. Kongreß, 2. Intern. Symp. Graz, (1969).
510 ders.: Transcutaneous nerve stimulation for control of pain. Surg. Neurol. Vol. 2, Nr. 1, (1974).
511 Seitelberger, F.: Pers. Mitt.
512 Sherrington, C. S.: Notes on the arrangement of some motor fibres in the lumbo-sacral plexus. J. Physiol. 13, 620–772), (1902).
513 Sidel, R.: The role of the revolutionary optimism in the treatment of mental illness in the People's Republic of China. Am. J. Orthopyschiatry, 43, 732–736, (1973).
514 Sinclair, D. C.: The remote reference of pain in the skin. Brain 72, 364, (1949).
515 ders.: Referred pain and associated phenomena. Brain 71, 184, (1948).
516 Soon Jack Leving: The technique of „tonicity" and „dispersal" in acupuncture. Am. J. Chin. Med. I, 1, (1973).
517 Soulié de Morant, G.: l'acupuncture chinoise. Paris 1939, zit. bei Bachmann (55).
518 Szantroch: zit. bei Rose, Hdb. Neurol. I/1 11. Springer Verl. Berlin 1937.
519 Schadé, J. P. und Ford, D. H.: Basic neurology, Elsevier Publ. Amsterdam, (1972).
520 Schlag, G.: Medizinische Reportage einer Chinareise. Öster. Ärzteztg. 29, 21–38, (1974).
520a Schliack H.: Metamerie, Ärztl. Mitt. 45, 1989–1995 (1960).
521 Schmidt, R. F. et al.: Die Wirkung von Diazepam auf die praesynaptische Hemmung und andere Rükkenmarksreflexe. Naunyn-Schmiedeberger-Arch. Pharmak. u. exp. Path. 258, 69–82, (1972).
522 Schuh, E.: „Enttäuschende Ergebnisse bei der Herdsanierung – warum?" Sammelband der Bayrischen Zahnärztetagung, 109, (1973).
523 Schuh, E.: „Synopse zur Frage des Herdgeschehens am Beispiel der Zahn-, Mund- und Kieferheilkunde" Österr. Zschr. f. Stomatol., 70, 3, 100, (1973).
524 Schwamm, F.: Bericht über das Infrarot-Symposium 1969 in Freudenstadt. Verl. physik. Med. Heidelberg, (1971).
524a Stanojevic, P.: Wie kann man mit Hilfe eines elastischen Bandes Akupunkturpunkte finden? Vortrag Akupunktur Kongreß Travemünde 14. 5. 1973.
525 Stelter, A.: PSI. Scherz Verl. Bern–München–Wien, (1973).
526 Struppler, A.: Zentrale nervöse Verarbeitung und efferente Beeinflussung des Schmerzes. Janzen u. a. „Schmerz", Thieme Verl. (1972).
527 ders.: Zur Pathogenese klinischer Schmerzsyndrome. Langenbeck's Arch. Klin. Chir. 322, 552, (1968).
528 Teirich-Leube, H.: Grundriß der Bindegewebsmassage. Fischer Verl. Stuttg. (1972).
529 Tien, H. C.: Neurogenic Interference Theory of Acupuncture Anesthesia, Michigan Inst. of Psychosynthesis. Amer. J. Chin. Med. I, 1. (1973).
530 Tilscher, H. u. Bogner, G.: Schmerzsyndrome im Bereich des Bewegungsapparates als Ausdruck lavierter Depressionen, in P. Kielholz: Diagnostik und Therapie der Depression in der ambulanten Praxis. Huber Verl. Bern, in Druck.
531 Tilscher, H.: Mündl. Mitteilung.
532 Tilscher, H.: Diagnostische und therapeutische Überlegungen bei nicht entzündlichen Schmerzsyndromen des Bewegungsapparates, in Psyche und Rheuma Bd. 1, Euler Verl. Basel.
533 Thoma et al.: Telemetrische Daten bei in Akupunkturanalgesie operierten Patienten in China. Anästhesist.
534 Travell, J. et al.: The myofascial genesis of pain. Postgrad. Med. 11, 425–434, (1952).
535 ders. und Bigelow, N.: Referred somatic pain does not follow a simple segmental pattern. Fed. Proceed. 5, 106, (1946).

536 ders.: und RINZLER, S.: Relief of cardiac pain by local block of somatic trigger areas. Proceed. Soc. Exp. Biol. Med. 63, 480–482, (1946).
537 TROELTSCH, W.: Neuraltherapie und Akupunktur in P. Dosch: Neuraltherapie nach Huneke 172–180. Freudenstädter Vorträge 1971/72, Haug Verl., Heidelberg, (1974).
537a ÜBELHÖR, R.: Arch. kl. Chir. Bd. 187, p. 389, (1937).
538 ULETT, G., STERN, A. und BROWN, M.: Physiological evidence for the existence of acupuncture loci. Am. J. Chin. Med. 2, 338, (1974).
539 VILL, H. u. a.: Das Impulsdermogramm. Zschr. Erfahrungsheilk. 8 241–249, (1974).
539a VILLARET, M., HARVIER, P., BARIÉTY, M. et JUSTIN, L.: Ref. Kongr. Zbl. Inn. Med. 79, p. 162.
540 VOLL, R.: Elektroakupunktur. M. u. L. Verl. Uelzen, (1972).
540a ders.: Topographische Lage der Meßpunkte der Elektroakupunktur M. u. L. Verl., (1968).
541 ders.: Die zentrale Bedeutung des Kopfherdgeschehens in der Medizin. Zahnarzt, 16, 30, (1972).
542 VOSS, S. H.: Medical Thermographie. Karger Basel–New York, (1969).
543 WALLNÖFER, H. – ROTTAUSCHER, A. V.: Der goldene Schatz der chinesischen Medizin. Stuttgart, (1959).
544 WANCURA, I.: Das Schmerzphänomen und die Akupunktur Öst. Ärzteztg. 9, (1973).
544a WANCURA, I.: Zum Wirkungsmechanismus der Akupunkturanalgesie, Zeitschrift Erfahrungsheilkunde, in Druck, (1974).
545 WANCURA, I. und KÖNIG, G.: Zur neurophysiologischen Erklärung der Akupunkturanalgesie; Wr. Med. Wschr. 124, 5, 62–65, (1974).
545a dieselben: On the Neurophysiological Explanation of Acupuncture-Analgesia. Am. J. Of Chin. Med. 2, 2, 193–198, (1974).
546 dieselben: New Relations between Anatomy and Acupuncture. Min. Med. intern.
547 WANKE, R.: Zur Kenntnis der Beeinflussung des peripheren Kreislaufs vom Zentralnervensystem aus. Allg. pathol. Schriften 1, 37, (1941).
547a WARREN, Z. F. und HUANG, H.: Ear Acupuncture R. P. I., PA 18049, (1972).
548 WEIZSÄCKER, V.: Sensibilität. In Hdb. d. Neurol. III/1, 701, Springer Verl. Berlin, (1937).
549 WERNOE, O.: Viscero-cutane Reflexe, Pflügers Arch. Physiol. 210, 1, (1925).
550 ders.: Viszero-cutane Reflexe. Springer Verl. Berlin, (1925).
550a WHITE, J., und SMITHWICK, R.: The autonomic Nervous System, N. Y. Mac Millan, 551–552, 1948.
551 WILHELM, R.: I. GING, Diederichs-Verl. Köln, 1972.
552 WINKELMÜLLER, W.: Über die Behandlung chronischer Schmerzzustände mit der Hinterstrangreizung (in Druck und pers. Mitt.)
553 ders. und DIETZ, H.: Supraspinale Schmerzkontrolle mit Hilfe der Hinterstrangreizung. Med. Trib., Kongreßbericht, 23, (1973).
554 WINKLER, C.: Über Rumpfdermatome. Mschr. f. Psych. u. Neurol. 13, 161–176, (1903).
556 WITTMOSER, R.: Die Behandlung von Oberbauchschmerzsyndromen durch Sympathektomie, bzw. Splachnikotomie. Schmerz und Schmerztherapie. Therapie über das Nervensystem Bd. 8. 555. Hippokrates Verl. Stuttg., (1971).
557 WOODHALL, B.: Sensory Patterns in the localisation of disc. lesions. J. Bone Joint Surg. 29, 2, 470–475, (1947).
558 ZINCK, K. H. und RICKER, G.: Pathologische Anatomie der Verbrennung. Allg. pathol. Schriften 1, 3, 1941.
559 ZOTTERMANN, Y.: Touch, pain and tickling, an electrophysiological investigation of cutaneous sensory nerves. J. Physiol. (London) 95, (1939).
560 ZULLA, H.: Akupunktur in Einzeldarstellungen (Auswahl aus 18 Jahrgängen der deutschen Zschr. f. Akup.) Haug Verl. Heidelberg, (1976).

4. Nachträge

zu: 2. Internationale und chinesische Allgemeinliteratur über Akupunktur.

561 CAPPERAULD, I.: An appraisal of acupuncture in China. Nurs Mirror, 138, 66–69, (1974).
562 CHAO-CHANG: Veterinärakupunktur, zit. in „Akupunktur" 1, 36, (1974).
563 CHEN, J.: Auricular Acupuncture. Am. J. Chin. Med. 2, 2, (1974).
564 CHEN, J.: Chinese Herbology. Am. J. Chin. Med. 2, 2, (1974).
565 CHRUCKY, R. et GHAZNAVI, C.: Localisation of acupuncture loci by electrical impedance measurements. Am. J. Chin. Med. 2, 2, (1974).
566 CHUN, S. et HEATHER, A.: Auriculo therapy. Am. J. Chin. Med. 2, 2, (1974).
567 CIOPPA, F.: Acupuncture and chronic pain problems. Am. J. Chin. Med. 2, 2, (1974).
568 ERDMANN, W., FEY, R. et al.: Theorie zur Akupunktur Analgesia. D. Ärztebl. 2569, (1973).
569 GRAINGER, R. M.: Editorial: Acupuncture. J. Can. Dent. Assoc., 40, 253, (1974).
570 GROSS, D.: Pain and autonomis nervous system. In Bonica J. J.: Advances in Neurology. Raven Press New York. Vol. 4, pp. 93–105, (1974).
571 GUNSBERGER, M., FULLMANN, M. et COCUZZA, G.: Relationship of low back pain and shoulder pain through the use of acupuncture palpation of the sole of the foot. Am. J. Chin. Med. 2, 2, (1974).
572 HELLER, S. I.: Application of acupuncture therapy in the treatment of post herpetic neuralgie. Am. J. Chin. Med. 2, 2, (1974).

573 JENDRISSEK, H.: Der Homöostat und sein Verhalten Medikamenten gegenüber Ehk. 11, 346–353, (1974).
574 JONES, W. P.: Natural Acupuncture Analgesia. Am. J. Chin. Med. 2, 2, (1974).
575 KAADA, B.: Acupuncture analgesia in veterinary surgery. Tidsskr. Nor. Laegeforen, 94, 437, (1974).
576 KAO, J.: Psychiatric treatment with Chinese medical techniques. Am. J. Chin. Med. 2, 2, (1974).
577 KASLOW, A. L. et LOWENSCHUSS, O.: Hearing rehabilitation using electroacupuncture without needles. Am. J. Chin. Med. 2, 2, (1974).
578 KATZ, R. L. et al.: Pain, acupuncture, hypnosis. In Bonica J. J.: Advances in Neurology. Raven press, New York. Vol. 4, PP. 819–827, (1974).
579 KIM, K. C. et YOUNT, R. A.: The effect of acupuncture on low back pain. Am. J. Chin. Med. 2, 2, (1974).
580 KROENING, R.: Acupuncture in rheumatology and orthopedics. Am. J. Chin. Med. 2, 2, (1974).
581 LEE, D. C. et LEE, N.O.: Observation of cardiovascular effects of acupuncture in anesthetized dogs. Am. J. Chin. Med. 2, 2, (1974).
582 LEE, G.: Treatment of headache employing acupuncture. Am. J. Chin. Med. 2, 2, (1974).
583 LEE, G. T. C.: A study of electrical stimulation of acupuncture locus Tsu-San-Li (St-36) on mesenteric microcirculation. Am. J. Chin. Med. 2, 2, (1974).
584 LEE, M.: Observations at the Ho-Ku (LI–4). Am. J. Chin. Med. 2, 2 (1974).
585 LEITNER, R.: Punkte zur Gewichtsreduzierung. Akupunktur 4, 161, (1974).
586 LESETH, K.: Psychiatry in China. Tidsskr. Nor. Laegeforen 94, 439–441, (1974).
587 LEUNG, S. J. et BACKER, R.: A treatment for sensorineural deafness. Am. J. Chin. Med. 2, 2, (1974).
588 LEUNG, C. Y. et SPOEREL, W. E.: Effect of auriculo-acupuncture on pain. Am J. Chin. Med. 2, 2, (1974).
589 LINZER, M. et ATTA, L.: Effects of acupuncture stimulation on activity of single thalamic neurons in the cat. In Bonica J. J.: Advances in Neurology. Raven Press Nex York. Vol. 4, pp. 799–813, (1974).
590 LIU, T. H.: Treatment of diseases of brain origin employing acupuncture. Am. J. Chin. Med. 2, 2, (1974).
591 LIU, T. H. et SADOVE, M.: Scalp Needle Therapy – Acupuncture Treatment for Central Nervous System Disorders. Am. J. Chin. Med. 2, 2, (1974).
592 LOONEY, G.: Autonomic Theory of Acupuncture. Am. J. Chin. Med. 2, 2, (1974).
593 LORENZ, K. Y. et al.: Attenuation of morphine withdrawal syndrome in rats following pretreatment with electroacupuncture: an experimental paradigm. Am. J. Chin. Med. 2, 2, (1974).
594 ders. et al.: Decrease in brain neurotransmitters and elevation of footshock-elicited pain threshold following repeated electrostimulation of putative acupuncture loci in rats. Am. J. Chin. Med. 2, 2, (1974).
595 MICHALELEWSKAJA, K. J.: Untersuchungen von aktiven Punkten der Ohrmuschel bei Dermatosen-Kranken. Refer. in „Akupunktur" H 1, 43, (1974).
596 MORSE, H.: Acupuncture Anesthesia. Am. J. Chin. Ned. 2, 2, (1974).
596a NASHOLD, B. S. et al.: The midbrain and pain. In Bonica J. J.: Advances in Neurology. Vol. 4, pp. 191–197, Raven Press New York, (1974).
597 NHGI, N.: Die Ohrpunkte. Akupunktur 4, 156–161, (1974).
598 RIDDLE, J.: Report on the New York State Commision on acupuncture. Am. J. Chin. Med. 2, 2, (1974).
599 RODRIQUEZ, R.: Postoperative pain control by electro-acupuncture. Am. J. Chin. Med. 2, 2, (1974).
600 ROSEN, S.: Life and medical care in China today. Trans. Am. Acad. Ophtalmol. Otolaryngol. 77 Orl 379–383, (1973).
601 ROSSMANN, M.: Sonopuncture: The use of ultrasound in acupuncture. Am. J. Chin. Med. 2, 2, (1974).
602 ROUSTAN, C.: Cerebrale Akupunktur. Akupunktur 4, 138–149, (1974).
603 SATO, T. et NAKATANI, Y.: Acupuncture for chronic pain in Japan. In Bonica J. J.: Advances in Neurology. Raven Press New York. Vol. 4, pp. 813–819, (1974).
604 SMITH, G. M. et al.: Acupuncture and experimentally induced ischemic pain. in Bonica J. J.: Advances in Neurology. Raven Press New York. Vol. 4, pp 825–833, (1974).
605 SPOEREL, W. E. et al.: Letter: acupuncture and multiple sclerosis. Can. Med. Assoc. J. 110, 751, (1974).
606 STILLINGS, D.: Acupuncture: an ancient Chinese method of healing. Med. Instrumı, (1973), 16.
607 SHEN EH, TS'AI TI-TAO and LAN CH'ING: The role of supraspinal structures in the inhibitory effect of Acupuncture on vissero-sornatic reflex discharges Chin. Med. J. 10/628–633, (1974).
608 TUNG, L. C. et al.: Akupunktur zur Schmerzbehandlung bei nicht operablen arteriellen Durchblutungsstörungen. Akupunktur 4, 150–155, (1974).
609 WOGRALIK, W. G.: Die klinisch physiologischen Grundlagen der Nadelungstherapie und der Moxa bei inneren Erkrankungen. Bei H. Zulla: Akupunktur in Einzeldarstellungen 161–173. Haug Verl. Stuttgart, (1973).
610 WANTOV, M. und ZEKOWA, M.: Über die adrenergische und cholinergische Reaktivität des Hautgefäßsystems vor und nach der Dehandlung von Migränekranken, Dtsch. Zschr. Akup. 3, 84–87, (1967).
611 WONG, W. M.: The effect of acupuncture on Angina pectoris. Am. J. Chin. Med. 2, 2, (1974).
612 WU, N.: Acupuncture in the pain clinic of the University of Winsconsin Hospitals: a preliminary report. Am. J. Chin. Med. 2, 2, (1974).
613 WUST, T.: Le potentiel circulatoire et l'Energie vitale en Acupuncture. Revue Intern. Acup. 29, (1954).
614 WEN, H. L.: Behandlungen von Rauschgiftsüchtigen mit Akupunktur und Elektrostimulation. Physiol. Akup. 6, 75–78, (1973).
615 WENCKEBACH, WINTERBERG, zit. bei HANSEN-SCHLIACK 12.
616 WONG, M.: L'anesthésie par l'acupuncture, Lyon Méd. Medical 18, 1679, (1972).
617 ders.: Histoire de l'Acupuncture. Lyon Médit. Medial, 17, 1545, (1972).

Nachträge zu: 3. Spezielle Literatur zu diesem Buch.

618 anonym: Traditional herb medicine anesthesia for operations on patients with shock. An analysis of 232 cases. Coordinating Group for Research on Tradiional medicine Anesthesia. Ningpo District Chekiang. Chin. Med. J. 9, (1974).

619 anonym: Traditional Medicine Anesthesia. A preliminary clinical analysis of 150 cases. Dpt. of Anesthesiology. Peking Friendship Hospital, Peking. Chin. Med. J. 9, (1974).

620 anonym: Pharmakology and clinical application of muscle relaxant Han Chi sung. Chinese People's Liberation Army 88th Hospital, Shanghai Research Institute of Pharmaceutical Industry, Shanghai First Traditional Chinese Medical Factory, Traditional Chinese Medicine Research Laboratory, Shanghai Medicinal Material Company. Chin. Med. J. 9, (1974).

621 anonym: Physotigmine as an analeptic in flos daturae anesthesia. Clinical analysis of 2300 cases. Shanghai Traditional Medicine Anesthesia Research Coordinating Group. Shanghai. Chin. Med. J. 9/1974).

622 Boss, M.: Die psychosomatische Medizin und das Kausalitätsprinzip. Hexagon 1, 4, 8–18, (1974).

623 Burgress, P. R.: Patterns of discharge evoked in cutaneous nerves and their significance for sensation. In Bonica J. J.: Advances in Neurology. Raven Press New York, Vol. 4, pp. 11–19, (1974).

623a Evans, F.: The placebo response in pain reduction. In Bonica J. J.: Advances in Neurology. Raven Press New York. Vol. 4, pp. 289–297, (1974).

623b Fields, H. L. et al.: Peripheral Nerve and cutaneous electrohypalagesia. In Bonica J. J.: Advances in Neurology. Raven Press New York. Vol. 4, pp. 749–755, (1974).

624 Friedmann, H. et al.: Physiological effects of dorsal column stimulation. In Bonica J. J.: Advances in Neurology. Raven Press New York. Vol. 4, pp. 769–775, (1974).

624a Goetz, R. H.: Pfl. Arch. 235, p. 285. (1936).

624b Hustin, A.: Ref. Kongr. Zfl. Inn. Med. 83, p. 611/12.

625 Long, D. M. et Carolan, M. T.: Cutaneous afferent stimulation in the treatment of chronic pain. In Bonica J. J.:K Advances in Neurology. Raven Press New York. Vol. 4, pp. 755–761, (1974).

626 Hildebrandt, G.: Chronobiologische Aspekte verkehrs- und arbeitsmedizinischer Probleme. Hexagon 1, 4, (1974).

626a Hymes, A. C. et al.: Acute pain control by electrostimulation: a preliminary report. In Bonica J. J.: Advances in Neurology. Raven Press New York. Vol. 4, pp. 761–769, (1974).

627 Iggo, A.: Acitvation of cutaneous nociceptors and their actions on dorsal houn neurons. In Bonica J. J.: Advances in Neurology. Raven Press New York. Vol. 4, pp 1–10, (1974).

628 Jores, A.: Der Kranke mit psychovegetativen Störungen. Thieme Verl. 1973.

629 Kellner, G.: Die Medizinische Anwendung der Thermographie. Symposium Baden bei Wien, (1971).

630 Kimura, C. et al.: Problems of visceral pain. In Bonica J. J.: Advances in Neurology. Raven Press New York. Vol. 4, pp. 369–375, (1974).

631 Niebauer, G.: Die paraneoplastischen Dermatosen. Wr. Med. Wschr. 47, (1974).

632 Rieder, W.4 Med. Kl., Nr. 21, (1936).

632a ders.: Bruns Beitr. 157, p. 193, (1933).

632b Schneider, D.: Arch. exp. Path. und pharm. 176,, p. 111, (1934).

632c Schneider, D., und Nase, H.: Verh. dtsch. path. Ges. XXIF, p. 331) (1936).

633 Taub, A. und Campbell, J. N.: Percutaneous local electrical analgesia; peripheral mechanisms – In Bonica J. J.: Advances in Neurology. Raven Press New York. Vol. 4, pp. 727–733, (1974).

633a Torebjörk, H. E. and Hallin, R. G.: Excitation failure in thin nerve fiber structures and accompanying hypalgesia during repetitive electric skin stimulation. In Bonica J. J.: Advances in Neurology. Raven Press New York. Vol. 4, pp. 733–737, (1974).

634 Wagman, I. et McMillan, J.: Relationships between activity in spinal sensory pathways and „pain mechanisms" in spinal cord and brain stem. In Bonica J. J.: Advances in Neurology. Raven Press New York, Vol. 4) pp. 171–179, (1974).

635 Walcher, W.: Die larvierte Depression. Hollinek Verl. Wien 1969.

636 ders: Probleme der Provokation depressiver Psychosen. Hollinek Verl., Wien, (1971).

637a Wall, P. D. and Sweet, W. H.: Temporary Abolition of pain in Mdn. „Science" 155, 108, (1967).

637b Warren, F.: Persönliche Mitteilung.

637c Weicker, D.: Zschr. exp. Med. 94, 739, (1934).

638 White, J. C.: Sympathectomy for the relief of pain. In Bonica J. J.: Advances in Neurology. Raven Press New York. Vol. 4, pp. 629–639, (1974).

VERZEICHNIS DER ABKÜRZUNGEN

Bei jedem Akupunkturpunkt findet sich:
1. die Kurzbezeichnung mit Nummer;
2. die Nummer der Abbildung, auf welcher der Punkt zu finden ist;
3. die deutsche Bedeutung des chinesischen Symbols;
4. die Punktebezeichnung in der offiziellen chinesischen Umschrift in lateinischen Buchstaben;
5. in Klammer die deutsche Aussprache der Pin Yin nach STANGIER-JÖRGENS[392/199];
6. die englische Schreibweise der Punktebezeichnung;
7. die französische Schreibweise der Punktebezeichnung.

Abb.:	Abbildung
Lok.:	Beschreibung der Lokalisation des Punktes
Ind.:	Indikation des Punktes
St.:	Stichtechnik (siehe Behandlungstechnik)
cun:	chinesisches Zoll, hier jeweils Körpercun (s. chin. Vorwort)
fen:	1/10 cun
n. B.:	nach BACHMANN (deutschsprachiges Standardwerk der Akupunktur) bzw: B
n. chin. T.:	nach chinesischen Tafeln bzw. CH hochgestellt oder Ziffer in Klammer
*:	Punktlage zwischen BACHMANN und chinesischen Tafeln verschieden, bzw. abweichende Punktlage bei anderen Autoren (z. B. BACHMANN)
Neu-P.:	neugefundene Punkte
PaM:	Punkte außerhalb der Meridiane
KQ:	Kniekehlenquerfalte
BWD:	Brustwirbeldorn
LWD:	Lendenwirbeldorn
SWD:	Sakralwirbeldorn

Die besonders wichtigen Meridianpunkte nach Dr. HO wurden mit ■ gekennzeichnet.

		Abkürzungen engl.	Abkürzungen franz.
Lu	Lungenmeridian	L	P
Di	Dickdarmmeridian	L. I.	G. I.
M	Magenmeridian	S	E
MP	Milz-Pankreasmeridian	Sp	R. P.
H	Herzmeridian	H	C
Dü	Dünndarmmeridian	S. I.	I. G.
B	Blasenmeridian	B	V
N	Nierenmeridian	K	R
KS	Kreislauf- und Sexualitätsmeridian	P	M d. C.
3 E	Dreifacher Erwärmer	T. B.	T. R.
G	Gallenblasenmeridian	G	V. B.
Le	Lebermeridian	Liv	F
LG	Lenkergefäßmeridian	G. V.	V. G.
KG	Konzeptionsgefäß	C. V.	V. C.
Hand	Punkte der Handakupunktur		
Ohr	Punkte der Ohrakupunktur		
Dr. Ho	persönliche Mitteilung von Dr. HO PU YEN siehe Seite 12.		

VERZEICHNIS DER ABBILDUNGEN

			Seite
Abb. 1: Linkes Auge	Tafel I/51	Neu-P. 1–6	71
Abb. 2: Linkes Auge	Tafel I/51	Neu-P. 7–11	72
Abb. 3: Gesicht	Tafel I/12	Neu-P. 12	73
Abb. 4: Ohrmuschel	Tafel III/59	Neu-P. 13–17	74
Abb. 5: Ohrmuschelrückseite	Tafel II/14	Neu-P. 17–21	75
Abb. 6: Hals (seitlich)	Tafel III/19	Neu-P. 22–29	76
Abb. 7: Nacken	Tafel II/15	Neu-P. 22, 23	77
Abb. 8: Kopf (seitlich)	Tafel III/18	Neu-P. 30–34	78
Abb. 9: Wange (innen)	Tafel I/11	Neu-P. 35	79
Abb. 10: Bauch	Tafel I/32	Neu-P. 36–41	80
Abb. 11: Nacken	Tafel II/15	Neu-P. 42–47	82
Abb. 12: Rücken	Tafel II/25, 35	Neu-P. 48–59	85
Abb. 13: Handfläche	Tafel I/43	Neu-P. 60	86
Abb. 14: Handrücken	Tafel II/44,46	Neu-P. 61–63	87
Abb. 15: Ober- u. Unterarm (Streckseite)	Tafel II/24, 26, 34, 36	Neu-P. 65–67, 71–74	88
Abb. 16: Ober- und Unterarm	Tafel I/21, 23	Neu-P. 64, 68–70, 74	89
Ausschnitt aus Abb. 15: Ober- und Unterarm (Streckseite)	Tafel II/24, 26	Neu-P. 71–74	90
Abb. 17: Unterschenkel (vorne)	Tafel I/52, 62	Neu-P 75 76 78–82. 88–90	91
Abb. 18: Unterschenkel (hinten)	Tafel II/55, 65	Neu-P 77 83–86	92
Abb. 19: Unterschenkel (außen)	Tafel III/58, 68	Neu-P. 76–82, 91–92	93
Abb. 20: Ober- und Unterschenkel (innen)	Tafel III/47, 57, 67	Neu-P. 87–90, 95, 99, 105, 106	94
Ausschnitt aus Abb. 19: Unterschenkel (außen)	Tafel III/58, 68	Neu-P. 91, 92	95
Abb. 21: Oberschenkel (vorne)	Tafel I/42	Neu-P. 93–99	96
Abb. 22: Oberschenkel (hinten)	Tafel II/45	Neu-P. 100–104	97
Ausschnitt aus Abb. 20: Ober- und Unterschenkel (innen)	Tafel III/47, 57, 67	Neu-P. 105, 106	98
Abb. 23: Oberschenkel (außen)	Tafel III/48	Neu-P. 96–98, 107–110	99
Abb. 24: Kopf (Scheitel)	Tafel II/16	PaM 1	101
Abb. 25: Kopf (vorne)	Tafel I/12	PaM 2–8	102
Abb. 26: Kopf (seitlich) und Ohrmuschel)	Tafel III/18, 59	PaM 9–11, 13	103
Abb. 27: Ohrmuschel (hinten)	Tafel II/14	PaM 10, 12, 13	104
Abb. 28: Gesicht	Tafel I/12	PaM 14–19	105
Abb. 29: Mundhöhle	Tafel I/13	PaM 20	105
Abb. 30: Hals (vorne)	Tafel I/61	PaM 21–24	106
Abb. 31: Kopf (seitlich)	Tafel III/18	PaM 25–29	107
Abb. 32: Nacken	Tafel II/15	PaM 29–31	108
Abb. 33: Brust	Tafel I/22	PaM 32–38	109
Abb. 34: Bauch	Tafel I/32	PaM 39–50	110
Abb. 35: Rücken	Tafel II/25, 35		112
17 Punktepaare nach Hua Tuo			
Abb. 36: 8 Ba Hua's	Tafel II/25, 35		112
Abb. 37: Rücken	Tafel II/25	PaM 51, 52, 54–64	115
Abb. 38: unterer Rücken	Tafel II/35	PaM 65–84	116
Ausschnitt aus Abb. 38: Unterer Rücken	Tafel II/35	Neu-P. 79–84	118
Abb. 39: Handfläche	Tafel I/41, 43	PaM 86–92, 94–98, (87 = 86) (88 = 86/5), (89 = 94/1)	120

			Seite
Ausschnitt aus Abb. 39: Handfläche	Tafel I/41, 43	PaM 94–98	122
Abb. 40: linke Hand (von radial)	Tafel III/49	PaM 99–100	123
Abb. 41: Handrücken	Tafel II/44, 46	PaM 93–111	124
Abb. 42: Unterarm (Beugeseite)	Tafel I/31, 33	PaM 112–117	126
Abb. 43: Ober- und Unterarm (Streckseite)	Tafel II/26, 36, 46	PaM 118–124, 129	127
Ausschnitt aus Abb. 43 Oberarm (Streckseite)	Tafel II/26, 36	PaM 121–124, 129	128
Abb. 44: Schulter, Brust	Tafel I/21, 22, 23	PaM 125–128	129
Abb. 45: Fußsohle	Tafel III/70	PaM 130–135	131
Abb. 46: Unterschenkel, Fuß (vorne)	Tafel I/52, 62	PaM 136, 137, 140, 142, 143, 146–148, 150	132
Abb. 47a: Unterschenkel (hinten), Ferse	Tafel II/65	PaM 138, 139, 141, 151, 155	133
Abb. 47b: Oberschenkel (vorne)	Tafel I/42	PaM 144, 145, 156–159	134
Abb. 48: Fuß u. Unterschenkel (medial)	Tafel III/67	PaM 140, 146–150	135
Abb. 49: Fuß und Unterschenkel (außen)	Tafel III/58, 68	PaM 141–143, 151–155	136
Ausschnitt aus Abb. 47b: Oberschenkel (vorne)	Tafel I/42	PaM 156–159	137
Abb. 50: Knie (Innenseite)	Tafel III/47	PaM 145, 160–164	138
Abb. 51: Oberschenkel (außen)	Tafel III/48	PaM 152–155, 165–171	139
Ausschnitt aus Abb. 52: Brust	Tafel I/22	Lu 1, 2	141
Abb. 52: Brust und Oberarm	Tafel I/22, 21, 23	Lu 1–5	142
Abb. 53: Unterarm und Handfläche	Tafel I/31, 33, 41, 43	Lu 6–11	143
Abb. 54: rechte Hand (innen) u. linke Hand (außen)	Tafel III/17, 49, 39	Di 1–5, 7, 9, 12, Lu 5–11	144
Abb. 55 Handrücken, Ober- und Unterarm (Streckseite)	Tafel II/24, 34, 44	Di 1–14, 16	147
Abb. 56 Kopf (seitlich)	Tafel III/18, 28	Di 15, 17–20, M 1–11	148
Abb. 57: Gesicht	Tafel I/12	Di 17–20, M 1–10	150
Abb. 58: Brust	Tafel I/22	M 11–23	153
Abb. 59: Bauch	Tafel I/32	M 24–30	155
Abb. 60: Ober- und Unterschenkel (Vorderseite)	Tafel I/42, 52	M 31–40	157
Abb. 61: Fuß und vorne	Tafel I/62	M 41–45, MP 1–6	159
Abb. 62: Unter- und Oberschenkel (Innenseite)	Tafel III/47, 57, 67	MP 1–11	160
Abb. 63: Brust und Bauch	Tafel I/22, 32	MP 12–20	163
Abb. 64: Achsel	Tafel I/53	MP 21, H 1, 2	165
Abb. 65: Handfläche und Unterarm	Tafel I/31, 33, 41, 43	H 2–8	167
Abb. 66: Handrücken und Unterarm (Streckseite)	Tafel II/34, 36, 44, 46	H 9, Dü 1–8	168
Ausschnitt aus Abb. 66: Unterarm (Streckseite)	Tafel II/36, 34	Dü 7, 8	170
Abb. 67: Schulter-Rücken	Tafel II/24, 25, 26	Dü 9–15	171
Abb. 68: Kopf (seitlich)	Tafel III/18	Dü 16–19	172
Abb. 69: Gesicht	Tafel I/12	B 1–5	174
Abb. 70: Kopf (seitlich)	Tafel III/18	B 5–10	175
Ausschnitt aus Abb. 71a: Nacken	Tafel II/15	B 11–14	175
Abb. 71a: Nacken und Rücken	Tafel II/15, 25, 35	B 9–25	177
Abb. 71b: unterer Rücken	Tafel II/35, 45	B 26–35, 50	178
Abb. 72a: Verlauf des Blasenmeridians nach Bachmann und chinesischen Tafeln.			179
Abb. 72b: Rücken	Tafel II/25, 35, 45	B 36–49	181
Abb. 73: Beine (Beugeseite)	Tafel II/45, 55, 65	B 49–63	182
Ausschnitt aus Abb. 73: Unterschenkel (hinten)	Tafel II/55,65	B 57–67	184
Abb. 74: Fuß (außen)	Tafel III/68, 58	B 59–67	185

			Seite
Ausschnitt aus Abb. 74: Fuß (außen)	Tafel III/68	B 60–67	186
Abb. 75: Fußsohle	Tafel III/70	N 1	187
Abb. 76: Fuß und Unterschenkel (Innenseite)	Tafel III/47, 57, 67	N 2–10	188
Abb. 77: Bauch	Tafel I/22, 32	N 11–21	191
Abb. 78: Brust	Tafel I/21, 22, 23	N 22–27, KS 1–3	192
Abb. 79: Handfläche und Unterarm (volar)	Tafel I/31, 33, 41, 43	KS 3–9	194
Ausschnitt aus Abb. 80: Handrücken	Tafel II/44, 46	3E 1–4	197
Abb. 80: Handrücken und Unterarm (dorsal)	Tafel II/34, 36, 44, 46	3E 1–11	198
Abb. 81: Rücken und Nacken	Tafel II/24, 25, 26	3E 12–17	200
Abb. 82: Kopf seitlich	Tafel III/18	3E 16–23, G 1–7	202
Abb. 83: Kopf seitlich	Tafel III/18	G 4–20	204
Abb. 84: Gesicht	Abb. I/12	G 1, 4, 13–15	205
Abb. 85: Hinterkopf	Tafel II/15	G 9–12, 18–21	206
Abb. 86: Rumpf seitlich	Tafel III/28, 38	G 21–30	208
Ausschnitt aus Abb. 86: Rumpf (seitlich)	Tafel III/28, 38	G 21–26	207
Abb. 87: Ober- und Unterschenkel (außen)	Tafel III/48, 58	G 30–34	209
Abb. 88: Fuß außen	Tafel III/68	G 35–44	211
Abb. 89: Fuß und Unterschenkel (vorne)	Tafel I/52, 62	Le 1–6	213
Abb. 90: Ober- und Unterschenkel (innen)	Tafel III/57, 47	Le 7–9	214
Abb. 91: Abdomen und Oberschenkel (vorne)	Tafel I/32, 42	Le 9–14	215
Abb. 92: Rücken	Tafel II/35, 45, 25	LG 1–10	216
Ausschnitt aus Abb. 92: Rücken	Tafel II/25	LG 7–10	218
Abb. 93 Nacken	Tafel II/15, 25	LG 11–19	219
Abb. 94 Kopf (seitlich)	Tafel III/18	LG 14–26	220
Abb. 95 Mund	Tafel I/13	LG 27	222
Abb. 96 Damm	Tafel I/63	KG 1	223
Abb. 97 Bauch (KG 8 = Nabel)	Tafel I/32	KG 2–10	225
Abb. 98 Brust-Oberbauch	Tafel I/12, 22, 32	KG 8–24	227
Ausschnitt aus Abb. 98: Hals (vorne)	Tafel I/12	KG 22–24	228
Abb. 99 rechter Handrücken u. linke Handfläche	Tafel II/56, 66	Hand 1–3	229
Abb. 100 Handrücken	Tafel II/56	Hand 4–14	230
Abb. 101 linke Handfläche	Tafel II/66	Hand 15–18	232
Abb. 102 Punkte der Ohrakupunktur		Ohr 1–110	234

VERZEICHNIS DER SKIZZEN

Seite

Skizze 1: Stechtechnik 8
Skizze 2: Reizverstärkung (Tonisieren – Sedieren) 11
Skizze 3: Betrachtungsweise biologischer Probleme 20
Skizze 4: Subjektive Empfindungen 27
Skizze 5 u. 6: Derma-Myo-Sklerotom und Meridian 32
Skizze 7: Streifenförmige Sensibilitätsstörungen 33
Skizze 8: Myotom-Dermatom-Verschiebung 34
Skizze 9: Maximalpunkte von Head 35
Skizze 10: Akupunktur und Maximalpunkte bei Magenerkrankungen 36
Skizze 11: Quadrupede 37
Skizze 12: Anthropoide 38
Skizze 13: Schmerzdifferenzierung nach Yang-Yin 39
Skizze 14: Vegetative und sensible Innervation der Haut 40
Skizze 15: Schweißzonen 41
Skizze 16: Vasale Zonen 42
Skizze 17 u. 18: Gefäßnerven im Schädelinneren und an der Schädelaußenseite 43
Skizze 19: Lähr-Sölder'sche Linien 44
Skizze 20: Lungenerkrankungen 45
Skizze 21: Schulter-Armschmerzen, Ischialgie 46
Skizze 22: Gallenblasenmeridian 47
Skizze 23: Wirkungsschema 48
Skizze 24: Sedieren – Tonisieren 49
Skizze 25: Ricker'sches Stufengesetz 50
Skizze 26: „Ödem" 52
Skizze 27: „Querschnittsläsion" 60
Skizze 28: Die verschiedenen Körper-cun 68
Skizze 29: a) Mittelfinger-cun 70
Skizze 29: b) Daumen-cun 70
Skizze 29: c) 3 cun 70
Skizze 29a: Neu-P. 28 77
Skizze 30: Vereinigungs-P. 140
Skizze 31: Die „Besonderen P." 140

Skizzen zum schnellen Aufsuchen der Punkte:

Skizze 32: Lu 7 143
Skizze 33: Di 4 145
Skizze 34: Di 2 und Di 3 145
Skizze 35: Di 6 146
Skizze 36: Magenmeridian nach Bachmann und nach chin. Tafeln 149
Skizze 37: M 36 156
Skizze 38: MP 10 161
Skizze 39: H 3 166
Skizze 40: H 8 166
Skizze 41: Dü 3 168
Skizze 42: Dü 9 und Dü 10 170
Skizze 42a: Nierenmeridian 187
Skizze 43: KS 6 und KS 7 195
Skizze 44: 3E Meridian nach Bachmann und nach chin. Tafeln 196
Skizze 45: 3E 4 198
Skizze 46: 3E 5 und 3E 8 199
Skizze 47: 3E 10 199
Skizze 48: G 37 210
Skizze 49: G 38 210
Skizze 50: G 39 211

NACHTRAG ZUR 6. AUFLAGE

Die nötig gewordene sechste Auflage zeigt, wie richtig es war, die andere, die alt-chinesische Medizin – soweit möglich – auf die moderne naturwissenschaftliche Medizin zurückzuführen und so verständlich zu machen. War vor 20 Jahren die Naturwissenschaft des 19. Jhdts. zur Anerkennung der Akupunktur nötig, so ist diese heute weltweit, zumindest teilweise, erfolgt; daher weisen wir auf weitere naturwissenschaftliche Denkmodelle hin.

Erstmals in der Geschichte der Menschheit scheint es der Wissenschaft gelungen, außer physischen auch metaphysische Bezüge experimentell zu verifizieren (W. STEGMÜLLER[1]), also philosophische Probleme physikalisch zu prüfen.

Über Aufforderung durch unseren Verleger, Herrn Dir. G. GROIS, haben wir dies in einem Nachtrag vorgenommen.

Beide Medizinen – alt-chinesische und moderne – unterscheiden sich dann mehr durch die Nomenklatur als dem Wesen nach, wenn Head-, Mackenzie-, Trigger- usw. Punkte denen der Akupunktur entsprechen, wenn sowohl sensible als auch vegetative Segmente mit den sog. Meridianen übereinstimmen (KÖNIG/WANCURA), so wird aus dem Problem der Facts mehr eines der Nomenklatur (siehe Einleitung und Einführung).

Medizinen und Naturwissenschaften

Es gibt nicht nur *eine* Medizin und nur *eine* Wissenschaft, sondern

verschiedene Medizinen (Arbeits-, Psycho-, Sozio-, Umwelt-Medizin, Augen- bis Zahn-Heilkunde) und es gibt

verschiedene Wissenschaften; noch heute gilt meist die des 19. Jhdts. (kausal-analytische, mechanistische, materielle Wissenschaft), aber sie ist nur mehr eines von vielen möglichen Denkmodellen.

Alle modernen Wissenschaftstheoretiker wissen heute, wie einst Griechen und Chinesen: „Der Mensch kann das Wesen der Dinge nicht (nie) erkennen".

Mikrokosmos: Selbst die sub-atomaren Teilchen werden immer weiter teilbar.

Makrokosmos: Zur bisherigen, sichtbaren Masse kamen 9mal mehr nicht-sichtbare Massen, die „schwarze Materie" – also völlig neue Denkmodelle.

Das alte Erkenntnis-Paradoxon: Der Mensch kann die Welt nie erfassen, aber muß es doch versuchen, um zu überleben.

Nur mit „Denkmodellen"

Nur wenn der Mensch sich Denkmodelle oder Paradigmen schafft, kann er „erfolgreich arbeiten und vorausberechnen". Dies sind die Kriterien der „angewandten Wissenschaften" (der Technik); nach FEYNMAN[2] braucht man Raum oder Zeit weder zu kennen noch zu definieren, „wenn man damit erfolgreich arbeiten und vorausberechnen kann".

Denkmodelle oder Paradigmen

Das ist: „Was jeweils in bestimmten Zeiten, Gesellschaften und Orten als richtig angenommen wird (nicht was wahr ist)".

In Gesellschaften wird Neues nicht leicht angenommen, wie EINSTEIN sagte: „Um in einer Schafherde anerkannt zu werden, muß man vor allem ein Schaf sein".

Es ist wichtig und schwierig, gleichzeitig *verschiedene* Wissenschaften und *verschiedene* Paradigmen anzuerkennen, und mehrere *gleichzeitig* nebeneinander gelten zu lassen (Paradigmen-Vielfalt nach PIETSCHMANN[3]). Das alt-chinesische Denkmodell gilt gleichzeitig mit der modernen Medizin; welches im Einzelfall einfacher und praktikabler ist, wählt man.

---

[1] STEGMÜLLER, W.: Evolutionäre Erkenntnistheorie. ACTA Human. Verlag, Weinheim 1984
[2] FEYNMANN: Zit. bei PIETSCHMANN H., Ende des naturwissenschaftlichen Zeitalters, Zsolnay Verlag, Wien 1980
[3] PIETSCHMANN, H.: Das Ende des wissenschaftlichen Zeitalters, Zsolnay Verlag, Wien 1980

Die alte Medizin

der Priesterärzte Ägyptens und anderer alter Hochkulturen war eine Mischung aus Geister- und Götterglaube, allgemeiner Erfahrung und exakten Naturbeobachtungen; dabei ist es nach KENNER, SCHIPPERGES u. a. bis heute geblieben, wobei nur die Anteile davon zueinander wechseln. Besonders die Rolle von Psyche, Emotion, Ratio, Sinn, Ziel und Transzendenz variiert.
Die Akupunktur kam seit über 400 Jahren immer wieder nach Europa, aber trotz Heilerfolgen blieb sie unverstanden. Leider genügt nicht der alte Spruch:
„Wer heilt, hat recht." (Gilt höchstens für einen einzelnen Patienten.)
Denn der Arzt braucht eine Theorie oder ein Denkmodell, um sein Handeln vor sich, vor seinen Patienten und ev. vor Gericht zu rechtfertigen (BONNET[4]).

Die moderne Medizin seit 1850

DESCARTES, GALILEI und NEWTON schufen ein materiell-mechanistisches Weltbild; erst 200 Jahre später übernahm die Medizin dieses Denkmodell, welches sie bis heute meist beibehalten hat. Anästhesie und bessere Operationstechnik förderte jene Theorie, wonach fast jede Krankheit „einen Sitz habe" und lokal behandelbar sei, wodurch viele chirurgische Spezialfächer entstanden.
Die alte Humoralpathologie bis 1850 mit ihrem Denkmodell von der Mischung oder von dem Gleichgewicht der „vier verschiedenen Säfte" war für eine Allgemein- und Konstitutionsmedizin besser geeignet als für eine Lokaltherapie wie z. B. die Chirurgie. Diese „vier Säfte" sind den „fünf Funktionskreisen" der altchinesischen Medizin ähnlich. Man kann damit den „Kranken" behandeln und nicht nur die „Krankheit"; diese hat zwar oft einen „Sitz", führt also zu einer Lokaltherapie wie Operation u. v. a., was aber oft nicht möglich ist oder abgelehnt wird und eine Allgemeinbehandlung erfordert.

Die Physik des 19. Jahrhunderts

> Materie, Energie, Raum und Zeit existieren unabhängig voneinander,
> d. h. *ohne* Relation zueinander.

Für Experiment und Theorie (Denkmodell/Paradigma) gelten die Annahmen: meßbar, reproduzierbar, eindeutig und widerspruchsfrei.

Physik seit 100 Jahren

Mit der Feldtheorie von MAXWELL und mit EINSTEINS Relativitätstheorie gelten andere, weitere Denkmodelle gleichzeitig. Die Physik kennt nun seit 100 Jahren, im Gegensatz zu früher:

> Materie, Energie, Raum und Zeit sind
> ein vierdimensionales Raum-Zeit-Kontinuum, d. h. *mit* Relation zueinander.

Die altchinesischen Denker suchten ein Weltbild EINSTEINscher Prägung zu errichten, ohne die Grundlagen NEWTONS gehabt zu haben (J. NEEDHAM[5]).

[3a] PIETSCHMANN, H.: Die Welt, die wir uns schaffen, Zsolnay Verlag, Wien 1984
[3b] PIETSCHMANN, H.: Die Wahrheit liegt nicht in der Mitte, Ed. Weitbrecht, Wien 1990
[4] BONNET, G. M.: Wissenschaftstheorie und Medizin, GAMED 2, 4/1991
[5] NEEDHAM, J.: Wissenschaftlicher Universalismus (Bedeutung und Besonderheit d. chin. Wissenschaft) Übersetzt v. T. SPENGER. Suhrkamp-Verlag, Frankfurt 1977

Wir kennen seit altersher:
1. die direkte mechanische Kraft und
2. die fernwirkende Kraft (Schwerkraft);
3. die nahwirkende Kraft (Kern- oder Atomkraft) erst seit ca. 100 Jahren und
4. die elektromagnetische Wechselwirkung: Diese ist für das Leben am wichtigsten, denn auch die Chemie ist längst Physik geworden.

Diese drei Kräfte sind alle für uns *nicht* direkt wahrnehmbar, sondern nur indirekt an ihren Wirkungen zu erkennen und durch verschiedene, z. T. widersprüchliche, ja unvereinbare Denkmodelle erklärbar. Zwei davon sind kaum 100 Jahre bekannt.

„Wer von der modernen Physik nicht völlig verwirrt ist, hat sich mit ihr noch gar nicht beschäftigt", sagt Niels BOHR[6], einer ihrer Begründer, der für das Licht den Widerspruch postulierte:
Licht ist sowohl eine (elektro-magnetische) Schwingung, also „nicht-materiell", als auch „Photon", also Materie; Schwingungen breiten sich allseits aus, Photon ist Materie auf kleinstem Raum, also ein Widerspruch.

Nur die Subjektivität des Beobachters entscheidet, welches Denkmodell er anwendet. Daher soll man statt „objektiv" besser „intersubjektiv" sagen (PIETSCHMANN).

„Alles ist Energie" und Materie ist nur „kristallisierte Energie", also eine ihrer drei Zustände (vier mit Plasma-Zustand) so wie Wasser gasförmig, flüssig oder fest sein kann.

Der Mensch ist daher entweder „Materie", Fleisch und Blut, oder „ein elektro-magnetisches Kraftfeld" nach KLIMA-SCHWABL[7].

Beides ist gleich richtig im Sinne moderner Naturwissenschaft.

Für Chirurgen ist das materiell-mechanische Modell – Mensch als Maschine – besser vorstellbar; für *Laser,* also den Effekt weniger Photonen, ist ein Kraftfeld besser vorstellbar, für Psycho-Therapie, Hypnose, Placebo u.v.a. sind *beide* wenig brauchbar.

Qi als eigene Kraft

Das Phänomen „Leben" ist *nur* durch Chemie und Physik allein bis jetzt *nicht* erklärbar. Daher ist Qi als Denkmodell brauchbar, denn man kann „damit erfolgreich arbeiten und vorausberechnen"; es erfüllt also die Kriterien angewandter Wissenschaft (der Technik).

Qi als Denkmodell ist für jeden Naturwissenschaftler akzeptabel, wie „Widerstandskraft", und entspricht Pneuma, Prana, Od, Ka, KI u.v.a. anderer Kulturkreise. Leben durch eine „Kraft dazu" erklären, ist – wie Widerstand durch Widerstandskraft – das Schulbeispiel einer Tautologie, eines Fehl- oder Zirkelschlusses. Aber für den Alltag faßt es viele komplexe Vorgänge zusammen, ist als Denkmodell brauchbar; dieses Qi als subjektive Empfindung ist bei jeder Nadelung von fast jedem eindeutig wahrnehmbar als das „Ankommen des Qi (de Qi)" und als „Fortleiten des Qi entlang der Meridiane" zu fühlen.

Qi Gong, das „Lenken und Leiten des Qi", oder das „Arbeiten mit Qi" (WENZEL[8]) durch Willen, Bewegung und Atmung vermag ähnliche Empfindungen auszulösen und das „Übertragen des Qi" von Mensch zu Mensch spricht z. T. für eine neue, bisher nicht bekannte Kraft. Qi Gong wurde in China von 60 Millionen Menschen erlernt, wird immer mehr in anderen Ländern verwendet und dient:
- zur Erhaltung der Gesundheit,
- zur Behandlung bei Therapieresistenz,
- zur Nachbehandlung (nach OP u. Bestrahlungen).

Wenn wir bedenken, daß Kernkraft und Elektro-Magnetismus erst vor 100 bzw. 200 Jahren bekannt wurden, sind weitere Kräfte nicht auszuschließen. Die Qi-Forschung in China führen Atom- und Raketenforscher durch.

---

[6] Niels BOHR: Zit. bei PIETSCHMANN
[7] KLIMA/SCHWABL: Vorlesung Akademie f. Ganzheitsmedizin, Wien Oberlaa 1989–1992
[8] WENZEL, G.: Qi Gong, Quelle der Lebenskraft. Edition TAU, Bad Sauerbrunn A-7202
[8a] KÖNIG, G., WENZEL, G.: Versuche mit Qigong-Therapie im Spital. Akupunktur, Praxis und Theorie, ML-Verlag, Melzen
[8b] KÖNIG, G., KÖNIG, K.: Qigong und Naturwissenschaft. Akupunktur, Praxis und Theorie, ML-Verlag, Melzen

Qi als Information

Zu Materie und Energie, den zwei Entitäten (Wesenheiten), kommt immer mehr unser Wissen über die dritte Entität, die Information.

Information ist zwar an Materie (z. B. die Bibel als Buch) oder an Energie (z. B. der Ruf Mohammeds als Schall) gebunden, aber Information wirkt weiter, auch wenn die Materie (z. B. die Bibel als Buch) oder die Energie (z. B. der Schall) längst nicht mehr existieren, noch nach 2000 Jahren.

Information ist also viel mehr als nur Materie oder nur Energie; z. B. ist die Erbinformation in der ersten Zelle als jener genetische Code festgelegt, der in jeder weiteren Zelle enthalten ist. Die Hautzellen z. B. leben nur wenige Tage, aber bis zu hundert Jahre lang enthalten sie den gleichen genetischen Code; sie sind der ersten Zelle zwar nicht mehr gleich, aber doch selbstähnlich.

Wir fassen *Qi Gong* – ebenso wie Akupunktur und Laser – auch als Information und als Änderung der zentralen Regulation auf, wodurch die Langzeitwirkung verständlich wird.

Nun kann zweifelsohne die chemische Anwesenheit eines Stoffes sowohl direkt chemisch reagierend wirken als auch indirekt als Katalysator. Aber auch ganz kurzfristige Reize im Nervensystem, die ja sowohl elektromagnetisch als auch chemisch (Neurotransmitter) wirken, können lang anhaltende Regulationsänderungen bewirken.

Das Leben hat fast unendlich viele Variationen, aber nur wenige Regeln (M. v. EIGEN[9]), wirkt über nur wenige chemische Stoffe, jedoch über unvorstellbar viele Vorgänge in der komplexen Struktur und Funktion des zentralen Nevensystems. Nach SEITELBERGER[10] bis zu $10^{30,000.000}$ Interaktionen pro Sekunde, d. h. eine Zahl mit 30 Millionen Nullen. Im Vergleich dazu hat das Weltall mit einem Durchmesser von 15 Milliarden Lichtjahren nur 10^{84} cm^3, d. h. wie 30,000.000 zu 84. Das Gehirn ist unvorstellbar komplex, „so daß der Mensch es nie verstehen wird" (J. ECCLES, Nobelpreis für Hirnforschung).

Wer fast alles mechanistisch-chemisch behandeln will, ist wie jemand, der einen Programmfehler der Software im Gerät, in der Hardware bessern will (EHLERS[11]); denn alles Leben ist Information (Programm), wie z. B. Fehlhaltungen usw.

Was ist Leben?

Im Gegensatz zur unbelebten Natur ist Leben:
- ein Energie-gewinnender,
- ein Informations-gewinnender und
- ein Struktur-gewinnender Prozeß.

Was führt zur Struktur-Zunahme von Materie bzw. Energie?

Materie ungeordnet als Gas wird zu Kristallen, Viren, Pflanzen, Tieren, zum bisher höchst strukturierten menschlichen Gehirn.

Energie wird zu rhythmischen Lebensvorgängen, zu Musik und Sprache, die Gedanken und Bewußtsein formulieren.

Information strukturiert Materie (z. B. durch Gene) und Energie; Information + Energie ist Bewußtsein (I + E = B. F. MOSER[12])

Leben, dieses – bis jetzt – physikalisch nicht erklärbare Phänomen, kann
linear und analytisch durch Experimente (isoliert und vereinfacht),
nicht-linear, komplex durch Erfahrung verstanden werden und auch durch intuitives Erahnen erfaßt und durch Gedankenvorgänge gefühlt werden.

[9] EIGEN v. M.: Das Spiel. Piper, München 1975

[10] SEITELBERGER, F.: Europäisches Forum Alpbach 1991

[11] EHLERS, G.: Raum und Zeit. Eigenverlag, Dietramszell

[12] MOSER, F.: Bewußtsein in Raum und Zeit (Holistik auf wissenschaftlicher Basis). Leykam, Graz 1989; ders.: Bewußtsein in Beziehung, Leykam, Graz 1991; ders.: Strategien der Nachhaltigkeit, Tagungsband. Hrsg. TU Graz, 1994

Linear – nicht-linear

Die alte Physik setzte auf lineare Vorgänge.
Ein linearer, monokausaler Vorgang ist in der Mechanik sinnvoll.
Die Medizin – und die Biologie – kennt nur sehr wenige lineare Vorgänge, wie Gen-bedingte Erbkrankheiten, Unfälle, schwerste Infektionen und Intoxikationen.

Linear – einfach
A → B → C → D – • →
Nicht-linear – komplex

Abb. 1

Nicht-linear sind in der Medizin weit über 90 % der Vorgänge; nach jedem Schritt ist eine Bifurkation – Weggabelung mit mindestens zwei verschiedenen Wegen – möglich, die zu verschiedenen Zielen führt. Hier entscheidet ein einziger Schritt über den Weiterweg.

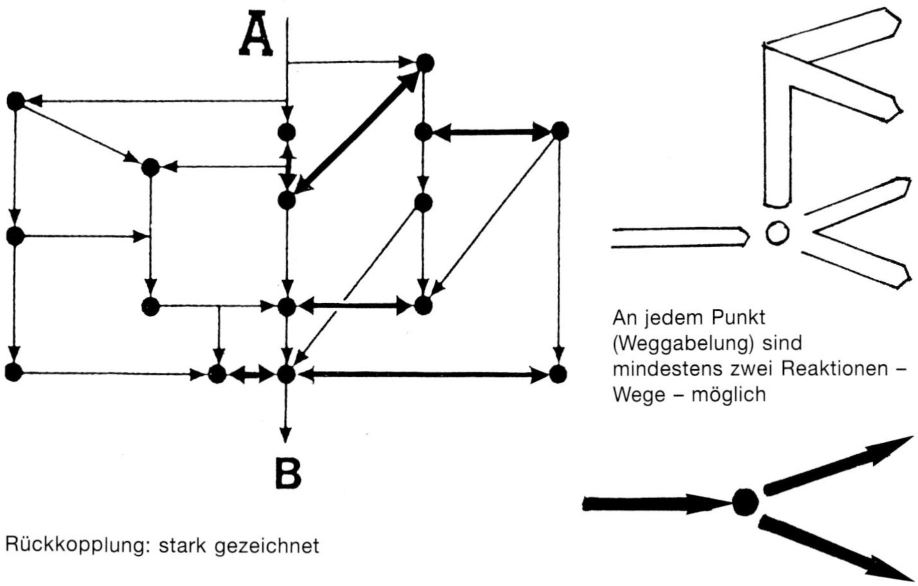

Abb. 2

Der Blitz, der plötzliche Ausgleich großer Spannungen zwischen Wolke und Erde, ist keine gerade Linie, sondern kleinste Wirkung in der Luft ändert große Energien, das Zick-Zack des Blitzes entsteht.
Jeder genauer untersuchte biologische Vorgang (Abb. 2) zeigt, an jedem Punkt können mindestens zwei verschiedene Reaktionen und damit Wege eingeschlagen werden.
Die Rückkoppelung, d. h. eine eingetretene Wirkung, hat Rückwirkung auf ihre Ursache; der Thermostat von Heizung (oder Eiskasten) ist einfachstes Beispiel, daß die von ihm erzeugte Temperatur auf ihn rückwirkend sein Ein- und Abschalten steuert.
Damit entstehen hochkomplexe Lebensvorgänge (Abb. 3), die sich durch reduziert vereinfachte Experimente nicht berechnen lassen, aber doch empirisch unscharfe Gesetzmäßigkeiten aufweisen – und mit psychischen Vorgängen in Wechselwirkung stehen (H. SACHER[13]).

---

[13] SACHER, H.: Regulationspsychologie. 8 Bände. Maudrich Verlag, Wien–München–Bern 1993

H. KLIMA und B. LIPP[14] vom Atominstitut der Österr. Universitäten konnten durch ihre Methode einer nicht-linearen Analyse einer System-Analyse der plethysmographischen Pulskurve erstmals den Unterschied zwischen Punkt und Nicht-Punkt quantitativ nachweisen; die 96.000fache Wiederholung jeder Kurve schließt einen Zufall aus (KÖNIG[15]) und die nicht-lineare Analyse vieler Meß-Kurven, auch der komplementären Medizin, sind möglich.

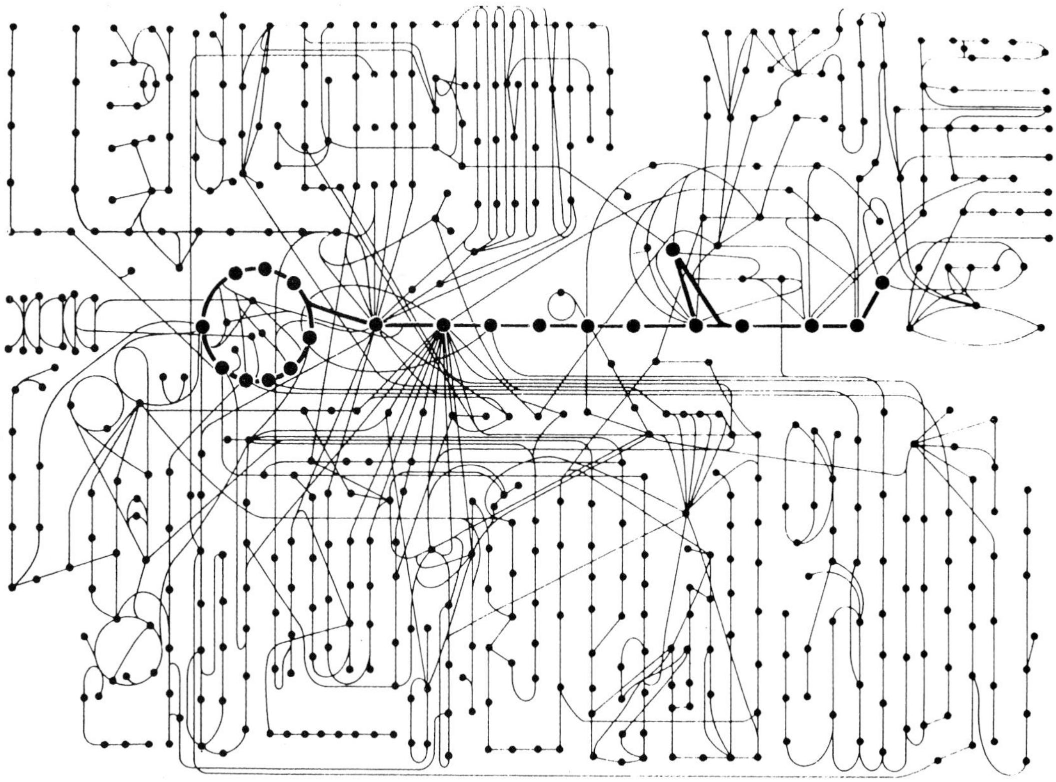

Abb. 3: Komplexität ist GRENZE der Berechenbarkeit (z. B. Wetter), des Linear-Kausalen.
Kleiner Teil des Stoffwechsels einer Leberzelle, durch Rückkopplung und Komplexität nicht linear.
Glukose-Abbau zum Zitrat-Zyklus (stark gezeichnet); Teil der Cholesterin-Synthese (fein gezeichnet)

Akupunktur und chinesische Medizin

Die Ärzte Chinas fanden „die wenigen Regeln des Lebens" schon einst auf ganz anderen Wegen und haben diese Gedankengänge durch ihre Denkmodelle realisiert,
des polaren Denkens, des YIN YANG. Heute kennen wir das
dialektische Denken,
das systemische Denken (System-Theorie BERTALANFFY[16] u. a.).

---

[14] KLIMA, H., LIPP, B., KÖNIG, G.: Nicht-lineare Analyse der Akupunktur-Mittel; Pulsdynamik: Vortrag WFAS-Kongreß Istanbul 1995

[15] KÖNIG, G.: Akupunktur und neueste Naturwissenschaft, Akupunktur, Theorie u. Praxis, Jg. 2, H 2/S 98–108, Ülzen 1993

[16] BERTALANFFY, L., V.: Gesetz oder Zufall: System-Theorie und Selektion. In: KÖSTLER, A.: Das neue Menschenbild, Verlag Molden, Wien–München–Zürich 1970

Abb. 4 und 5: Auf jeder Abb. sind jeweils zwei verschiedene Koordinations-Systeme:
jeweils links: Amplitude und Zeit (wie üblich bei EKG u. a.)
jeweils rechts: Raum und Geschwindigkeit (für Phasenraum)

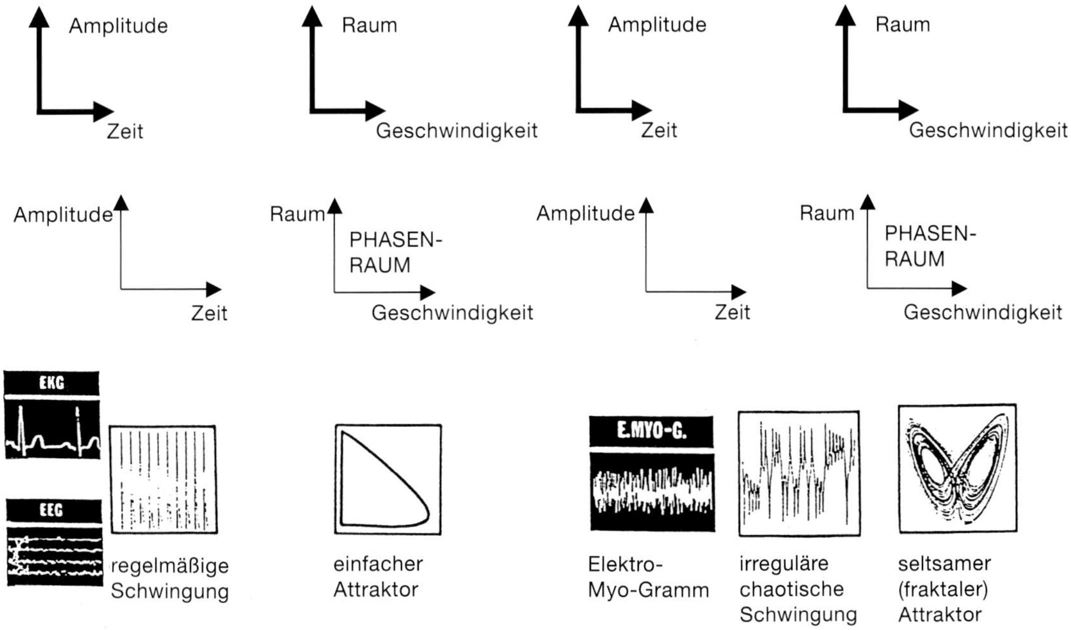

Abb. 4: Regelmäßige Oszillationen, links wie üblich, rechts im Phasenraum

Abb. 5: Unregelmäßige Oszillation, links wie üblich, rechts im Phasenraum bisher nicht sichtbare Unordnung

Ein System besteht aus mehreren verschiedenen Teilen, die miteinander in Wechselwirkung stehen und die als Ganzes *mehr* sind als die Summe ihrer Teile. Die mechanische Uhr besteht aus über ein Dutzend Zahnrädern, die in richtiger Wechselwirkung eine Uhr bilden. Lebewesen, wie Mehrzeller bis hin zum Menschen –, bestehen aus immer mehr Teilsystemen – Haut-, Darm-, Gefäß- und Nerven-System – die durch ihre Wechselwirkung nicht ein Zellhaufen sind, sondern eben ein Tier bis hin zum Menschen, eben ein System, das mehr kann als seine Teile, also Neues kann, was bisher noch nicht war, wie Psyche, Geist u. v. a. Daß völlig Neues entsteht, ist eine andere Sicht als die der Evolution (e-volvere = aus-wickeln von schon Vorhandenem, entstanden bei Schöpfung oder im Urknall) (Abb. 6).

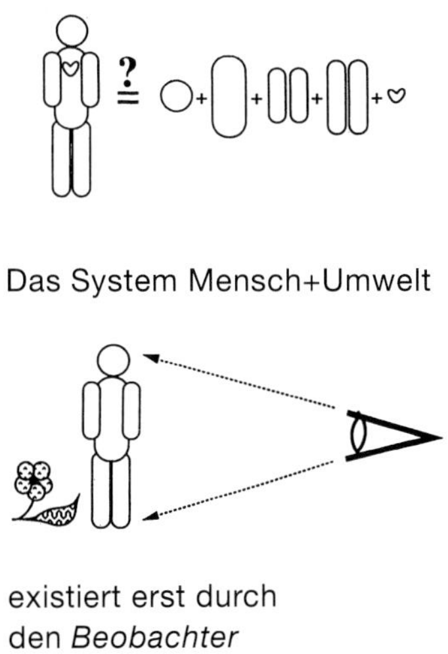

Abb. 6:

Klima, H.: Der Organismus des dissipativen Nervensystems. In Stacher (Hrsg.): Regulationssysteme für Ganzheits-Medizin. Facultas Verlag, Wien, 1993.

Der Computer, ursprünglich einer linearen Logik folgend, entwickelt sich zu Fuzzy-Logik: Im Gegensatz zur „klassischen binären Logik" bedient man sich hier nicht scharf unterschiedener logischer Zustände, sondern definiert unscharfe Mengen und bestimmte Zugehörigkeitsfunktionen (A. Weinmann, Technische Universität Wien[17]).

Die Methodik kommt den unscharfen, nicht genau meßbaren Umständen des Lebens viel näher als eine Reduktion auf lineare Wechselwirkung. Die alt-chinesischen Denker haben in ihrem Medizinsystem schon lange ähnliche Denkmodelle verwirklicht und kommen damit der praktischen Realität weitaus näher als durch exakte Meßdaten. Diese Grenzen exakten Messens für Vorhersagen kommen nun aus der Meteorologie und aus der Mathematik selbst (Lorenz[18]).

Nicht-lineare Vorgänge bestimmen weit über 90 % aller physiologischen, vor allem aber pathologischen Vorgänge, wobei viele Ursachen miteinander in Rückkopplung und Wechselwirkung stehen und zahlreiche entscheidende Faktoren dabei, so vor allem die emotionalen, psychischen und rationalen Probleme und die Sinnfrage, *nicht* quantifizierbar sind.

Das Denkmodell der Traditionellen Chinesischen Medizin (TCM) ist also nach moderner Denkweise für komplexe Vorgänge nicht wegen, sondern trotz ihrer bewußten Unschärfe brauchbarer und eine praktikable Ergänzung linearer reduktionistischer Statistiken.

Die intuitiv-empirisch entstandene Akupunktur ist heute durch Naturwissenschaft (Physik) zu begründen. Ihre Denkmodelle (Paradigmen) wechseln seit dem 16. Jhdt. Im 20. Jhdt. und in den letzten 15 Jahren ändern sie sich immer öfter und durch sie wird die Akupunktur immer besser erfaßbar. Leben ist Zunahme von Energie, Information, Struktur und Funktion, welche immer schneller zunehmen, je komplizierter und je komplexer die Vorgänge werden. Der Mensch als elektromagnetisches Kraftfeld, das Problem der Information, der Chaos- und Systemtheorie, das der Labilität (Butterfly-Effekt), der Nichtlinearität u. a. sind zu besprechen. Beispiele: Osteoporose und Herz (G. König)[18a]. Die Akupunktur ist meist eine *primär strukturbezogene Behandlung,* sie ist zum Teil durch die Komplexität des ZNS bzw. des peripheren Nerven- und Gefäßsystems zu verstehen.

Semiotik (Sema = Zeichen)

Schon die alten Griechen unterschieden zwischen dem „Reagieren" und dem „Antworten auf Zeichen" (Wesiak, Innsbruck[19]).

1. Einfache Reaktion, z. B. chemisch: $2H + O = H_2O$.
2. Einfache Lebewesen reagieren auf Reize, z. B. durch Chemotaxis, nur mit Zu- oder Abwendung oder neutral.
3. Höhere Lebewesen „antworten auf Zeichen" durch Erfahrung, Intuition, Analogie und vieles andere auf sehr viele verschiedene Arten von Information, meist auch nur mit: positiv, negativ oder indifferent neutral.

Chemische Zeichen: Geruch, Geschmack, Aroma, u. v. a.

Physikalische Zeichen: Wärme, Kälte auf elektromagnetische Schwingungen wie Licht, Farbe, Worte, Musik, Symbole und auch auf nicht-sinnlich direkt Wahrnehmbares, wie z. B. alle Schwingungen und Strahlen unterhalb von Infrarot und oberhalb von Ultraviolett, also nur einem ganz winzigen Teil aller bekannten elektromagnetischen Schwingungen.

Wer oder welches System bzw. welche Schicht des Körpers antwortet oder reagiert; die alte Frage, ob molekular, zellulär, Gefäße, Nerven, Psyche u. a.?

Alle werden zugleich angesprochen, aber am empfindlichsten ist zweifellos das spezifische reizaufnehmende Nervensystem, welches zuerst und am stärksten reagiert; die Zellen antworten viel weniger direkt und verschieden nach ihrer individuellen Empfindlichkeit.

---

[17] Weinmann, A.: J. wiss. Forschung Nr. 6/6.96, Tech. Univ. Wien, A-1040
[18] Lorenz, K.: Rückseite des Spiegels, DTV, München 1980
[18a] siehe FN 14
[19] Wesiak, W.: Vortrag Europäisches Forum Alpbach 1994

Die Zellular-Pathologie gilt sicher in gewissen Grenzen und die moderne zellulär ausgerichtete Krebstherapie mit Strahlen und Chemie ist am ehesten erfolgreich bei den kaum strukturierten „Blutkrebsen", sie ist viel weniger erfolgreich bei soliden Tumoren; denn diese bestehen nicht nur aus Krebszellen, sondern haben eine Struktur mit einem eigenen Gefäß- und Nervensystem (Angio-Architektur der Tumoren nach G. RICKER[20]).

Subjektive Methoden

„Der Mensch selbst ist das empfindlichste Meßinstrument, das es gibt ..." schrieb GOETHE und fuhr sinngemäß fort: „... wir dürfen uns nicht auf unsere Meßinstrumente beschränken und was diese nicht anzeigen, verwerfen."

Die Reaktion des ganzen Körpers auf die verschiedensten chemischen, bakteriellen und physikalischen Einwirkungen durch sogenannte „feinstoffliche" Testmethoden gewinnt zunehmend an Bedeutung; das einfache „Fühlen" besonders Begabter oder verschiedenste Geräte, wie Pendel und Biotester, die Kinesiologie und zahlreiche aufwendige elektrische Testgeräte sind noch immer zu wenig untersucht. Alles dies wird oft zur Frage des Glaubens und nicht zur Frage der Prüfung.

Subjektive Tests werden auch in der Akupunktur wichtiger, Wert und Grenzen sind zu wenig geprüft.

Wir wundern uns über die Dogmen der alten Ärzte, welche vor 500 Jahren durch Lesen in alten Büchern klären wollten, ob die Arterien Luft enthalten (wie beim Toten) oder Blut, statt einfach selbst zu prüfen.

GALILEI fand die Jupitermonde, aber seine Gegner weigerten sich, durch das Fernrohr zu sehen; noch heute wird Neues meist abgelehnt, statt geprüft.

Die Nadelsensation und der Unterschied zwischen Akupunktur-Punkt und Nicht-Punkt, der sofort und jederzeit mit einer Nadel durch einen Versuch zu beantworten wäre, wird noch immer theoretisch diskutiert, statt geprüft.

Widerspruch überwinden!

Wir brauchen Chemie und Hochtechnologie, das ist sicher; aber brauchen wir sie *immer*? Das ist fraglich, aber sicher ist, daß Kostensteigerungen, wie bisher *nicht* finanzierbar sind.

Braucht *jeder* Schnupfen, Nackenschmerz und Psychosomatiker wirklich Hochtechnologie?

Wie sind Nutzen, Risken, Kosten?

1948 führte China – nach 20 Jahren Krieg und zwei Bürgerkriegen – die alt-chinesische Medizin (Akupunktur, Kräuter, Qi Gong) wieder ein – ergänzend zur modernen Medizin; das Lebensalter, von Geburt bis Tod, stieg von 23 Jahren (1949) auf 70 Jahre (1990).

Das kostet in China pro Kopf 200 öS[21], für 74–76 Lebensjahre in den USA 37.000 öS, in der BRD 30.000 und in Österreich 20.000 öS (1993).

Die Kosten werden zu beidem zwingen: zu Hochtechnologie, in seltenen, schweren Fällen anzuwenden, aber gleichzeitig die vielen häufigeren, einfachen Krankheiten mit einfachen, kostengünstigeren Mitteln zu behandeln – wie z. B. Akupunktur.

Synchronizität

„Alles ist erst Idee" und entsteht im Geist bzw. im Kopf.

Die Zeit, ein uraltes Problem, wurde früher als „subjektive" Zeit der sogenannten „objektiven" gegenübergestellt, denn erstere vergeht „angenehm" viel rascher als bei Zahnschmerzen; danach wollten schon die alten Griechen ihre Philosophen beurteilen.

---

[20] RICKER, G.: Relations-Pathologie. Springer, Berlin 1924

[21] Fischer-Almanach 1994

Die Chinesen (u. v. a.) schätzten die zirkuläre Zeit: „Alles war schon da, alles kommt wieder“, wie jeder Tag, jede Jahreszeit u. a. entsteht und vergeht; jede Zelle, jedes Lebewesen, alles Neue ist dem vorhergegangenen (fast!) gleich. „Nur der Wechsel ist beständig“. Auch Chinas Geschichte wurde meist nicht nach der linearen Zeit wiedergegeben (J. NEEDHAM[22]).
Diese lineare Zeit ist ein Denkmodell, das alles Frühere und alles Künftige in stets gleiche Teile einteilt und ist für die Technik absolut brauchbar.
C. G. JUNG entwickelte in der Psychologie den Terminus „Synchronizität“ (Gleichzeitigkeit), die sehr wohl in Gedanken und Träumen vorkommt.
Denkmodelle EINSTEINS, wie der Laser wurden erst nach Jahrzehnten entwickelt. Das EINSTEIN–ROSEN–PODOLSKY-Theorem über die *gleichzeitige* Reaktion von räumlich Getrenntem, d. h. rascher als die Informationsgeschwindigkeit von 300.000 km/s, blieb eine Idee. EINSTEIN hatte bei Neuem in der Physik Angst, man könnte dadurch zwischen Realität und Halluzination nicht mehr sicher genug unterscheiden.

Physik ohne Zeit und Raum

A. ATKINS begann vor über einem Jahrzehnt, das Problem Synchronizität durch Experimente zu prüfen, statt an das Dogma einer „Maximal“-Geschwindigkeit zu glauben. Wird z. B. bei einem Atom der Spin eines Elektrons geändert, so ändert sich *gleichzeitig* der des anderen, bei Nord- bzw. Südpol eines Magneten usw.
Immer mehr Physiker halten *„gleichzeitig“* unter bestimmten Bedingungen für richtig. F. MOSER[22a] (Technische Universität Graz) zeigte die weitreichenden Konsequenzen:
Wenn zwei Vorgänge wirklich unabhängig vom Abstand gleichzeitig reagieren, so ist in diesem Denkmodell der Abstand – und damit der Raum – irrelevant. Und wenn in diesem Denkrahmen Gleichzeitigkeit ist, dann gibt's hier auch kein Vorher und Nachher, also keine Zeit. Damit sind wir bei C. G. JUNGS[23] subjektiven Gedanken, die als Physik nicht vorstellbar sind (ebenso wenig wie moderne Astronomie und Atomphysik). Aber allgemein gilt heute, daß bei einem Photon Ort und Geschwindigkeit, Raum und Zeit, *nie* gleichzeitig feststellbar sind (also raumlos oder zeitlos).
Ein Phänomen durch „eine Kraft dazu“ erklären zu wollen, ist eine Scheinerklärung, so wie Leben durch „Lebenskraft“, Widerstand durch „Widerstandskraft“, Selbstorganisation durch eine „Eigenschaft dazu“ von Materie oder Energie, erklären zu wollen. Ehrlicher ist das Nicht-Wissen einzugestehen und Erklärungsversuche als Denkmodelle zur Vereinfachung für praktisches Handeln zu bezeichnen. Auch „Selbstorganisation“ „als Eigenschaft dazu“ kann hierher gehören.
Die Schwerkraft, das Fallen eines Steines, erklärte man:
einst: der Stein *will* zur Erde fallen (teleologisch);
GALILEI: Alles (Flaumfeder oder Bleikugel) fällt gleich schnell, aber nur am Mond (im Widerspruch zur Erfahrung auf der Erde);
NEWTON: als Massenanziehung;
EINSTEIN: „als gekrümmten Raum“; stimmt bei größerer Geschwindigkeit am genauesten (bisher) mit Realität überein.
Für das stets gleiche Phänomen gibt es immer schneller neue Denkmodelle. Nun sind Denkmodelle und Wunder – wie Hochverrat – eine Frage des Datums.
Vor 1500 Jahren: „Es gibt keine Wunder, nur unser Unwissen von der Natur“ (Hl. AUGUSTINUS).
Heute: „Es gibt keine Wunder, nur Unwissende, die es nicht verstehen können oder wollen, weil nur wenige über 25 Jahren lernfähig bleiben.“ (F. MOSER)
Polares Denken der Chinesen – wie GOETHES Farbenlehre – ist für Komplexes, Nicht-Meßbares und Widersprüchliches besser, also „sowohl als auch“ ist treffender als „entweder – oder“.

---

22 NEEDHAM, J.: Wissenschaft und Zivilisation in China, Oxford Press, Walter Verlag, Olten 1976
22a siehe FN 12
23 JUNG, C. G.: Synchronizität. DTV, München 1990; ders.: Der Mensch und seine Symbole, DTV, München 1990

Die Frage nach dem Sein u. a. haben schon die alten Griechen widersprüchlich beantwortet:

PARMENIDES	HERAKLITH
Das Sein ist, das Nicht-Sein ist nicht	Sein und Nicht-Sein sind gemeinsame Zustände
ARISTOTELES: Eindeutig Widerspruchsfrei Das ausgeschlossene Dritte	Alles fließt Chinesisches, anderes Denken Der Wechsel ist das Beständige
Entweder – oder	**Sowohl – als auch**

Die zweiwertige Logik des ARISTOTELES war – und ist – für mechanische Probleme das bessere Denkmodell, aber je komplexer und je mehr Nicht-Meßbares wie Psyche, Geist, Wille, Sinn und Zweck – also der ganze Mensch erfaßt werden soll, so sind zugleich weitere Denkmodelle nötig.

Zusammenfassung von L. ABEGG[24] und C. G. JUNG:
Das ostasiatische Denken besteht nicht in der alleinigen Tätigkeit des Verstandes, es ist nicht nur ein aktives, rationelles, intellektuelles Denken, sondern viel mehr noch ein passives, intuitives, assoziatives Denken, das einem Walten der ganzen Psyche im Sinne GOETHES entspricht (I. WANCURA[25]) oder ganz kurz:

> Für Maschinen ist westliches Denken,
> für Menschen ostasiatisches besser
> C. ABEGG

Ratio und Intuition (äußerer und innerer Weg)

In diesem Buch haben wir verschiedene Erklärungsversuche der anderen, der alt-chinesischen Medizin vorgestellt; in der „Einleitung und Einführung durch zur Zeit herrschende Paradigmen des 19. Jhdt." und im „Nachtrag" Paradigmen der neueren und neuesten Physik; diese sind alle rational begründet und folgen *äußeren* Faktoren (Mechanik, Chemie, Neurophysiologie bis genetischem Code und subatomar), der bisher ausgeklammert gebliebene *innere* Weg soll skizziert werden.

Innerer Weg

Intuition oder Selbstversenkung, verstärkt durch Meditation und Konzentration, finden wir in allen Religionen und Weisheitslehren; in Indien, im Nahen und Fernen Osten, bei Indianern und Ur-Völkern finden wir ähnliche Schlüsse wie die moderne Physik (PIETSCHMANN[26], MOSER[27] u.v.a.), und viele Physiker haben dies studiert. Wenn in der Materie – und der Energie des Urknalls – schon die Selbstorganisation enthalten ist, bis zu Seele und Geist, so ist auch im Inneren der Menschen ein Urwissen über letzte Dinge denkbar. Sowohl Ratio als auch intuitive Selbsterkenntnis würden zu Ähnlichem führen.

Noch heute verwenden wir täglich die blitzschnelle, a-verbal ganzheitliche Erfassung des Patienten; mit rechter Hemisphäre, denn die der linken gäbe allein angewandt nur eine Computer-Medizin.

---

[24] ABEGG, L.: Ostasien denkt anders, Atlantis Verlag Zürich, 1949

[25] WANCURA, I.: Praxis und Theorie der Neuen Chinesischen Akupunktur. Bd. 2, 2. Aufl., Maudrich Verlag Wien, München, Bern 1989, S. 16

[26] PIETSCHMANN, H. siehe Fußnote [3], Seite 300

[27] MOSER, F. siehe Fußnote [12], Seite 300

Skizze zu verschiedenen Paradigmen (Denkrahmen) der Medizin

Aberglaube, Magie		OHNE Mensch, OHNE Zeit
Empirie ohne Begründung (Blackbox)		
Mechanik (Galilei) Bio-Chemie (Newton)	Materie in Raum und Zeit – nebeneinander	Raum UND Zeit
Nicht materielles Feld: Elektromagnet, Schwerkraft		
Relativität (Einstein) 4-dimens. Raum – Zeit		Energie = Materie
Atom teilbar Plank, Heisenberg, Schrödinger u.v.a.	Subatomar Ort und Geschwindigkeit NICHT zugleich feststellbar!	Raum ODER Zeit
Gleichzeitigkeit Einstein, Atkin, F. Moser	Auch möglicher neuer Denkrahmen	OHNE Raum und Zeit

Die Physik bildet stets neue Paradigmen und immer mehr wird zu Physik, wie Chemie, z. T. Biologie, Psychologie u.a., aber für jeden Teil bleibt der jeweilige Denkrahmen gültig, daher sind alle **gleichzeitig nebeneinander** gültig. Statt Paradigmen-Wechsel ist **Paradigmen-Vielfalt** besser (Pietschmann).

Skizze zu Ratio-Intuition

Ratio versus Intuition finden wir im Gehirn als die unterschiedlichen beiden Hirnhälften; die Rechts-Links-Symmetrie des Menschen finden wir auch in der Rechts-Links-Regel der Meridiane, in der modernen Medizin (sympathische Ophthalmie, u.v.a.) und in der Hemisphären-Dominanz der Ohr-Akupunktur (König-Wancura[28]: Ohrakupunktur in China)

	rechte Hirnhälfte rechtes Ohr	linke Hirnhälfte linkes Ohr rechte Hand		rechte Hemisphäre (Osten)	linke Hemisphäre (Westen)
Viele Quellen	schnelle Reaktion	langsame Reaktion	Vedanta	Manas (Geist)	Buddhi (Intellekt)
Viele Quellen	intuitiv	intellektuell	viele	Nacht	Tag
			Quellen	Traum	real
Levy, Sperry	ganzheitlich	analytisch			
Luria	gleichzeitig	aufeinanderfolgend			
Jung	akausal	kausal	Deikmann	rezeptiv	aktiv
Bacon	Erfahrung	Argument			
Semmes	diffus	umschrieben	I Ging	Dunkel – Yin	Licht – Yang
Blackburn	sinnlich	intellektuell		Raum	Zeit
Oppenheimer	zeitlos	lineare Zeit		Kun – das Empfangene	Kiän – das Schöpferische
Freund	Unbewußtes	bewußtes Sein		Erde – weiblich	Himmel – männlich
Brunner	Kunst – Musik	Mathematik – Logik			
(zitiert bei R. Ornstein)			(modifiziert nach R. Ornstein)		

Die Intuition ist der „plötzliche klärende Gedanke" (Beveridge), das eigentlich Wertvolle seiner kreativen Gedanken" (A. Einstein), die Fulguration (blitzartiges Erhellen) (K. Lorenz).
Die Intuition, das blitzartige, bildhafte Erfassen einer Situation – Blick-Diagnose – ist nicht nur in der Natur, sondern auch in der modernen Medizin unentbehrlich; es kann nicht gelernt, sondern nur geübt werden. Die analytische-rationale linke Hemisphäre ergäbe nur eine Computer-Medizin.

G. König — I. Wancura-Kampik

[28] G. König/I. Wancura: Ohr-Akupunktur in China nach einem Semester Studium Univ. Nanking. Akup. Theorie u. Praxis, 6. Jg./H1/27–40

Weitere einschlägige Werke

aus dem

VERLAG WILHELM MAUDRICH

WIEN • MÜNCHEN • BERN

Dr. Georg KÖNIG und Dr. Ingrid WANCURA

Praxis und Theorie der Neuen Chinesischen Akupunktur

Band 1: Konstitutionslehre • Krankheitslehre • Bewegungsapparat

3. überarbeitete Auflage, 397 S., 380 zum Teil zweifarbige Abb. u. Skizzen, 21x28cm, geb.,
ISBN 3-85175-635-5, öS 1.390,-/DM 198,-/SFr 197,-

Es werden hier unter Berücksichtigung von Konstitutionstyp und Reaktionslage des Patienten am Beispiel der Erkrankungen des Bewegungsapparates detaillierte Behandlungsanleitungen in Wort und Bild geboten und in zahlreichen, von chinesischen Lehrern analysierten Fallbeispielen praktische Ratschläge für die Durchführung von Akupunkturbehandlungen gegeben. Die traditionell-chinesische Konstitutions- und Krankheitslehre wird praxisgerecht, reich bebildert und in einer auch für naturwissenschaftliche Ärzte verständlichen Terminologie, Analyse und Interpretation dargestellt.

Band 2: Anleitung zur Akupunkturtherapie bei Kopfschmerzen, vegetativen Störungen, bei inneren Krankheiten • Die Trad.-Chin. Ganzheitsmedizin: Interpretation durch Hinweise auf Embryologie und Segmentlehre, auf Verhaltensforschung und Zoologie, auf psychosomatische Medizin

3. überarbeitete Auflage, 334 S., 152 zum Teil zweifarbige Abb. u. Skizzen, 21x28cm, geb.,
ISBN 3-85175-634-7, öS 1.390,-/DM 198,-/SFr 197,-

Die jedem Punktprogramm beigefügten topographischen Abbildungen ermöglichen einleichtes Verständnis und Aufnahme ins Gedächtnis. Ein Buch, das nicht nur ein ausgezeichneter Lernbehelf, sondern auch ein wesentlicher Schritt zur weiteren Annäherung östlicher und westlicher Denkweise ist.

Band 3: Ohr-Akupunktur

Verfaßt von Dr. XU Ruizheng, Dr. CHEN Gongsun und Dr. MU Jian, bearbeitet und kommentiert von Dr. Georg KÖNIG und Dr. Ingrid WANCURA

400 S., 155 zweifarb. Abb., 18 Tab., 21x28cm, geb., ISBN 3-85175-473-5, öS 1.390,-/DM 198,-/SFr 197,-

Erstmals in deutscher Sprache ist hier ausführlich die Ohrmuschel-Diagnose abgehandelt und es werden damit alte, bewährte Erfahrungswerte auch den naturwissenschaftlich ausgebildeten Ärzten zugänglich gemacht.

Band 4: Chinesische Heilmassage • Tuina-Therapie • Akupressur

Verfaßt von Dr. Foen Tjoeng LIE und Dr. Heidemarie SKOPEK

247 S., 187 Abb., 4 Tab., 21x28cm, geb., ISBN 3-85175-423-9, öS 660,-/DM 95,-/SFr 94,-

Jahrtausende alte Erfahrungen Chinas werden mit den modernsten wissenschaftlichen Erkenntnissen des Westens zu einem praxisorientierten Werk, das jeden, ob Arzt, Heilmasseur oder Patient, begeistert.

Band 5: Akupunktur und Manuelle Medizin in Praxis und Theorie

Verfaßt von Dr. Otfried PERSCHKE

414 S., 1.500 Abb., 21x28cm, geb., ISBN 3-85175-580-4, öS 1.990,-/DM 285,-/SFr 282,-

Die Synthese von Akupunktur und Manueller Medizin geht weit über die bisher hinlänglich bekannte "Akupressur" hinaus. Durch die Verbindung dieser beiden Behandlungsmethoden kann der Arzt nicht nur lokal Schmerzen lindern, wie es die Manuelle Medizin schafft. Durch die Miteinbeziehung der Akupunktur wird es möglich, von weiter entlegenen Punkten des Körpers auf das Krankheitsgeschehen einzuwirken, sodaß beide, für sich schon sehr wirksamen Methoden einen größtmöglichen Erfolg ergeben.
Der Autor verfügt über reiche Erfahrung auf beiden Gebieten und macht in diesem Werk sein Wissen einem breiten Publikum zugänglich. Er verwendet nicht nur Ganzkörperkakupunktur, sondern auch Ohr- und Mundakupunktur und verbindet sie mit bewährten Methoden der postisometrischen Relaxationstechnik (Isometrics) und Selbstmobilisation zur Methaphylaxe für die Patienten.

Dr. Georg KÖNIG und Dr. Ingrid WANCURA

Punkte und Regeln der Neuen Chinesischen Akupunktur

5. Auflage, 8 Seiten Text, 4 Tafeln 38x54cm in Fünffarbendruck, kart.,
ISBN 3-85175-272-4, öS 490,-/DM 70,-/SFr 69,-

Der Einbau der Akupunktur in die moderne Medizin führte in China in Spitälern und Ambulanzen zunehmend zur Anwendung von wenigen, aber besonders wirksamen Punkten und einfachen Regeln, die eine Art Basiswissen für die Anwendung der Akupunktur darstellen.
Die Anwendung der Akupunktur erfolgt aus praktischen Überlegungen: Die Akupunktur ist kostensparend und fast ohne Nebenwirkungen, sie ist erfolgreich bei richtiger Indikation, bei Nadelung, die ein De Qi-Gefühl auslöst, bei richtiger Lokalisation der Punkte, bei wenigen, aber sorgfältig ausgewählten Punkten. Übersichtliche Zeichnungen und die handliche Größe ermöglichen die Anwendung der Tafeln als Nachschlagewerk oder auch als Wandtafeln und stellen ein wertvolles Hilfsmittel zur praktischen und erfolgreichen Anwendung der Akupunktur dar.

Prof. Dr. Gertrude KUBIENA und Dr. Alexander MENG

Akupunktur - Arbeitsbuch für Fortgeschrittene

102 S., 8 Abb., zahlreiche Tabellen, kart., ISBN 3-85175-669-X, öS 248,-/DM/SFr 35,-

Dieses Arbeitsbuch bringt die Theorien der Traditionellen Chinesischen Medizin (TCM) knapp und übersichtlich und ist sowohl auf Akupunkteure zugeschnitten, die mehr wollen als nach Rezept stechen, als auch auf alle, die sich die Grundlagen der Traditionellen Chinesischen Medizin erarbeiten. Es versteht sich als Anleitung zur Umsetzung der klassischen chinesischen Theorien in die Praxis. Dabei helfen Systematik und Gebrauchsanweisung der besonderen Punkte, die originale TCM-Diagnostik und ihre Wiener Modifizierung, eine übersichtliche Zusammenstellung chinesischer Syndrome, u. a. eine extrem knappe Zusammenstellung der wichtigsten Organsyndrome, Behandlungsanleitungen und eine Einführung in verschiedene Somatotopien. Komplizierte Inhalte werden so einfach und übersichtlich wie möglich dargestellt.

Das Arbeitsbuch ist keineswegs ein Ersatz für die vorhandene TCM- und Akupunkturliteratur, aber es ist ein wertvolles Lehr- und Nachschlagewerk. Der Inhalt ist systematisch nach den jahrzehntelangen Erfahrungen der Österreichischen Gesellschaft für Akupunktur und Auriculotherapie aufgebaut und aus didaktischen Gründen stufenweise in die Abschnitte B1, B2, B3 und C gegliedert. So wird das Erarbeiten der schwierigen Materie der Traditionellen Chinesischen Medizin zum Vergnügen.

Prof. Dr. Gertrude KUBIENA und ZHANG Xiao Ping

DUFT-QIGONG

81 S., 117 Fotos, 2 Zeichnungen, 2 Wandtafeln (34x48cm) mit Abb. der Übungsabläufe, kart.,
2. Auflage, ISBN 3-85175-641-X, öS 245,-/DM/SFr 35,-

In China ist derzeit eine relativ leicht und schnell zu erlernende Qigong-Form weitverbreitet: Duft-Qigong. Um 6 Uhr morgens kann man unzählige Chinesen auf der Straße bei ihren Übungen beobachten. Der Name "Duft"-Qigong beruht darauf, daß man bei länger dauerndem Training angenehme Düfte wahrnimmt. Die Übungen sind sehr einfach, viel leichter zu erlernen als die einfachste Taiji Quan-Form. Duft-Qigong wird großer Wert für die Gesundheit nachgesagt: Es hilft, vom Rauchen wegzukommen, unterstützt bei Schlankheitskuren, fördert die Konzentration und hält körperlich fit. Duft-Qigong ist die ideale Übung zur Vorbereitung auf Taiji Quan oder kompliziertere Qigong-Formen.

Das heilende Prinzip von Duft-Qigong beruht auf einer Harmonisierung der körpereigenen Schwingungen. Es ist also eine Art Bioresonanztherapie ohne Maschine. Die genauen Übungsanleitungen mit Fotos, die unseren Meister bei der Durchführung zeigen sowie ausführliche Kommentare, werden mit einer Einführung in die Grundprinzipien der traditionellen chinesischen Medizinphilosophie eingeleitet.

Duft-Qigong ist die ideale, selbstverständlich legale "Einstiegsdroge" in die fernöstlichen meditativen Bewegungsübungen.

Prof. Dr. Gertrude KUBIENA und ZHANG Xiao Ping

TAIJI QUAN - Die Vollendung der Bewegung

24 Übungen • Yang-Stil • Peking-Schule

2. überarb. Aufl., 114 S., 321 Abb., kart., ISBN 3-85175-637-1, öS 298,-/DM/SFr 42,-

Taiji wird bei uns meistens als "Schattenboxen" bezeichnet, weil viele Bewegungen des Taiji aus dem Kampfsport kommen, aber gleichsam in Zeitlupe ausgeführt werden. Es dient der Bekämpfung "innerer" Feinde, also von Krankheit und Schwäche. Taiji fördert außerdem u. a. das Selbstbewußtsein, die Konzentration, die Harmonie der Seele, die Beweglichkeit und auch die Kondition. Warum sollten Sie nun gerade dieses Taiji-Buch kaufen?

Weil das vorliegende ein besonders gutes Taiji-Buch ist, weil Zhang Xiao Ping besonders schönes Taiji lehrt, weil er ein besonders guter Lehrer und sein Stil unvergleichlich elegant ist und

- weil der Text nicht einzelne Bewegungen von Händen und Füßen beschreibt, sondern für jede Phase des Taiji Haltung und Koordination der Aktivitäten von Körper, Armen, Händen, Beinen, Füßen und Augen präzisiert;
- weil der Text in jeder Phase mit dem Meister in der Praxis erarbeitet wurde;
- weil jede Phase der Bewegung in mehr als 200 Meisterphotos (ergänzt durch Detailaufnahmen) gezeigt wird;
- weil die Bewegungsabläufe durch Richtungspfeile und ein klares System der Orientierung nach Himmels- richtungen nachvollziehbar werden;
- weil Bild und Text koordiniert sind und lästiges Suchen und Blättern wegfällt.

Tausende begeisterte Anwender, die die 1. Auflage erworben haben, können dies bestätigen und haben innerhalb kurzer Zeit eine 2. erweiterte, überarbeitete Auflage notwendig gemacht.

Dr. Georg KÖNIG und Dr. Ingrid WANCURA

100 Jahre in Gesundheit leben

Atemtherapie, Selbstmassage und körperliche Bewegung nach altchinesischer Tradition - Eine Anleitung mit Bildern - Text bearbeitet von Dr. Gunthild Knoll

121 S., 70 zweifarb. Abb., kart., ISBN 3-85175-507-3, öS 198,-/DM/SFr 29,-

Die auf dem Gebiet der Akupunktur weltbekannten Ärzte Dr. König und Dr. Wancura stellen mit dem vorliegenden Buch die im Reich der Mitte jahrhundertelang geübten Praktiken von Bewegungstraining, Atemtherapie und Selbstmassage vor. Das Buch richtet sich an alle, die bewußter leben wollen und durch körperliches und mentales Training Krankheiten und frühzeitigem Altern vorbeugen möchten, an Ärzte, die mit Akupunktur behandeln und ihre Patienten.
Die Übungen - eine Mischung aus Akupressur, Akupunktur-Massage, Atem- und Konzentrationsübungen - werden in China üblicherweise in Gruppen durchgeführt. Durch den allgemein verständlichen, knappen Text, Merkverse und viele Abbildungen wird man angeregt, regelmäßig kurze Zeit seiner Gesundheit zu widmen. In gleicher Weise wird dieses Werk als Unterstützung einer Akupunkturbehandlung bei bereits bestehenden Gesundheitsschäden von großem Nutzen sein.

Dr. Erich KITZINGER

Der Akupunktur-Punkt

Topographie und chinesische Stichtechnik

2. erg. u. überarb. Aufl., 181 S., 128 zweifarb. Abb., kart., ISBN 3-85175-651-7, öS 660,-/DM 95,-/SFr 94,-

187 Akupunkturpunkte, ausgewählt nach ihrer therapeutischen Wichtigkeit oder ihrer anatomischen Besonderheit, vom Autor zeichnerisch dargestellt und mit Lokalisation, Stichtiefe und Indikation beschrieben, da neben der richtigen Punktwahl die richtige Art der Stimulation von Wichtigkeit ist, um die therapeutischen Möglichkeiten der Akupunktur voll auszunützen. Diese Stimulation muß in der richtigen Tiefe mit einer dem Zustand adäquaten Technik erfolgen, die Auslösung eines Nadelgefühls sollte bei jedem Patienten angestrebt werden. Nadelungstechniken - Punktstimulation - Auslösung des De Qi - Tonisierung - Sedierung u. a. m.

Dr. Wilhelm AUERSWALD, Dr. Georg und Dr. Kurt KÖNIG

Ist Akupunktur Naturwissenschaft?

Neue Chinesische Grundlagenforschung

Teil A: Zur Theorie (Physiologie) der Akupunktur

Über 170 referierte Arbeiten, mehr als 550 internationale Literaturangaben, Stichwortverzeichnis
216 S., 21x28cm, kart., ISBN 3-85175-360-7, öS 580,-/DM 85,-/SFr 84,-

Teil B: Zur Praxis der Akupunktur

Über 220 referierte Arbeiten, mehr als 600 internationale Literaturangaben, Stichwortverzeichnis
224 S., 21x28cm, kart., ISBN 3-85175-361-5, öS 580,-/DM 85,-/SFr 84,-

Vorzugspreis für Teil A und B: öS 990,-/DM 148,-/SFr 147,-

Prof. Dr. Gertrude KUBIENA und Dr. Alexander MENG

Die neuen Extrapunkte in der chinesischen Akupunktur

Lehrbuch, Atlas, Behandlungsprogramm mit den von der WHO empfohlenen, in China gesetzlich festgelegten 48 Extrapunkten

102 S., 8 Tab., 21x28cm, 2 Farbtafeln (38x54cm), kart., ISBN 3-85175-598-7, öS 390,-/DM 56,-/SFr 55,-

Fundiertes Wissen, sowohl um die Akupunktur als auch um die Schulmedizin zeichnen dieses Buch der bekannten Autoren aus. Die Begriffe "Neupunkte", "Punkte außerhalb der Meridiane" werden nun als Extrapunkte klar definiert und beschrieben. Ein umfassendes Indikationenregister dient - auch dem noch wenig Erfahrenen - als Hilfestellung. Übersichtliche Tabellen und Falttafeln machen dieses Buch besonders anwenderfreundlich.

In Vorbereitung: Prof. Dr. Gertrude KUBIENA und Dr. Alexander MENG

Die Kardinalpunkte in der chinesischen Akupunktur

Lehrbuch, Atlas und Behandlungsprogramme

Ein besonders benutzerfreundliches Buch, das nicht nur die Kardinalpunkte und "Wundermeridiane" bringt, sondern auch einen ausgedehnten Indikationsteil mit Behandlungsanleitungen hat, wo neben den Akupunktur-Programmen gleich die Punkt-Lokalisationen beschrieben sind, um das lästige Blättern zu vermeiden. Ein Kommentar zum Einsatz der einzelnen Punkte ergänzt die Programme. So ist das Buch weit mehr als eine Gebrauchsanweisung: Der Benützer lernt auch, warum wann welche Punkte indiziert sind.

Prof. Dr. Gertrude KUBIENA

Chinesische Syndrome verstehen und verwenden

288 S., 7 Abb., Format: 21x29,5cm, geb., ISBN 3-85175-653-3, öS 680,-/DM 98,-/SFr 97,-

Traditionelle chinesische Syndromdiagnostik ist wie ein spannender Krimi, dessen Lösung die Therapie ist. Wie jeder gute Kriminalist muß der Arzt ein guter Beobachter sein, um Symptome wahrzunehmen. Um eine richtige traditionelle chinesische Diagnose zu erstellen, muß er aber wissen, was er überhaupt suchen und wie und wo er das Gefundene einordnen soll. Hat man einmal die Grundregeln der chinesischen Syndrome verstanden, dann stellen sie ein äußerst praxisorientiertes System dar, das nicht nur die Krankheit als isoliertes Geschehen erfaßt, sondern auch den Patienten und wie es ihm damit geht.
Die richtige Einordnung der gefundenen Symptome bedarf einer gewissen Systematik. Deshalb bringt das Buch die chinesischen Syndrome mit Hilfe zahlreicher Tabellen in äußerst übersichtlicher Form. Eine Kreuzreferenz koordiniert westliche und chinesische Diagnose, klare Richtlinien und Programme erleichtern die Praxis.
Das Buch ist sowohl für Fortgeschrittene als auch für Anfänger geeignet (Grundlagen der Traditionellen Chinesischen Medizin im Anhang), ist Lehrbuch und Nachschlagewerk zugleich und ist die Basis für das Verständnis zahlreicher anderer Publikationen über chinesische Syndrome.

Prof. Dr. Gertrude KUBIENA

Kleine Klassik für die Akupunktur

Eine einfache Einführung in die Grundlagen der Traditionellen Chinesischen Medizin

96 S., 30 Abb., 45 Tab., kart., ISBN 3-85175-659-2, öS 240,-/DM/SFr 35,-

Das Buch selbst ist bereits ein kleiner Klassiker. Es bringt das Gedankengut der Traditionellen Chinesischen Medizin, die den Menschen als Mikrokosmos im Makrokosmos sieht, das Qi-Konzept, die Yin-Yang-Lehre und die 5 Elemente, Behandlungsregeln und einen Überblick über die Syndrome nach den 8 Prinzipien. Es ist sowohl für den Anfänger, sozusagen als "Einstiegsdroge" in die faszinierende Welt der Traditionellen Chinesischen Medizin, als auch für den Fortgeschrittenen geeignet, weil es wohl einfach, aber außerordentlich übersichtlich und daher nicht nur ein Lehrbuch, sondern auch ein kleines Nachschlagewerk ist.

Dr. Alexander MENG

Meridiantafel für die chinesische Massage - Tuinatherapie - Akupressur

19 S. 21x30cm, Farbfalttafel 54x80cm, kart., ISBN 3-85175-667-3, öS 298,-/DM/SFr 43,-

Die erste übersichtliche mehrfarbige Wandtafel für die Akupressur!
Die Tuinatherapie ist eine in vielen Fachkliniken beliebte Zusatzmethode der Physiotherapie. Der Laie kann unter Anleitung von ausgebildeten Ärzten, Physiotherapeuten und Masseuren diese Methode der Akupressur für die aktive Gesundheitspflege verwenden.
Zur Erleichterung bereits vorhandener Beschwerden hat sich die Akupressur bestens bewährt.
Die dekorative übersichtliche Tafel ist eine große Hilfe für die Auffindung der Reflexpunkte, welche in den Seminaren und Fachbüchern immer wieder genannt werden und somit auch eine wichtige und wertvolle Ergänzung zu der einschlägigen Fachliteratur.
Die chinesische Massage, Akupressur, Tuina wird seit 20 Jahren in Österreich von Oberarzt Dr. Alexander Meng, Neurologe im Krankenhaus Lainz, Wien, gelehrt.

Prof. Dr. Gertrude KUBIENA und Dr. You Song MOSCH-KANG

Koreanische und chinesische Handakupunktur

58 S., 15 Abb., 2 ausklappb. Farbfalttaf. (42x54cm), kart., ISBN 3-85175-652-5, öS 390,-/DM 56,-/SFr 55,-

Die Hand ist eine der sensibelsten Regionen des menschlichen Körpers. Hier finden sich auf kleinstem Raum zahlreiche Akupunkturpunkte: bekannte Meridianpunkte, aber auch Extrapunkte und spezielle Handpunkte. In der Hand spiegelt sich also der gesamte menschliche Körper - und das macht sich die Akupunktur zunutze.
Akupunkturpunkte an der Hand sind besonders in Akutsituationen wirksam, außerdem haben sie den Vorteil, daß sich der Patient nicht ausziehen muß.
Dieses Buch faßt in übersichtlicher Weise alle koreanischen und chinesischen Akupunkturpunkte der Hand zusammen.
Ein großer Vorteil ist die Benutzerfreundlichkeit dieses Werks: Ein sehr konzentrierter, aber ausführlicher Abschnitt ist Indikationen und Programmen gewidmet. Selbst wenn jemandem die Lokalisation des einen oder anderen Punktes entfallen sein sollte, braucht er nicht lange herumzublättern: Die Punktlokalisationen sind - übersichtlich alphabetisch geordnet - immer neben den Programmen angegeben.
Der größte Vorteil aber liegt in den farbigen schönen Wandtafeln, die alle beschriebenen Punkte an der Hand zeigen und nicht nur der schnellen Orientierung dienen, sondern darüberhinaus ein attraktiver Wandschmuck für die Ordination sind.

Dr. Johann KÜBLBÖCK und Dr. Georg KÖNIG

Aktuelle chinesische Akupunkturpraxis

277 S., 13 Abb., 6 Tab., 4 Schemata, geb.
ISBN 3-85175-546-4, öS 740,-/DM 106,-/SFr 105,-

Das Werk ist vor allem für den Praktiker gedacht. Auf Grund des Aufbaues und der enthaltenen umfangreichen Systematik, ergänzt durch Tabellen, eignet es sich aber nicht nur zur Auffrischung eigenen Wissens; es wurde deshalb auch als Repetitorium für die Prüfung der ÖWÄA ausgewählt.

MR Dr. Hermine TENK

Praktikum der chinesischen Akupunktur und Punktmassage für die Kinderheilkunde

3. überarbeitete Auflage, 154 S., 28 Abb., 29 Zeichnungen, 11 Tab., kart.
ISBN 3-85175-630-4, öS 390,-/DM 56,-/SFr 55,-

Nach 25jähriger kinderärztlicher Tätigkeit (Kassenpraxis, Krankenhaus-Konsiliaria, Schul- und Mutterberatungsärztin) kennt Frau Dr. Tenk die Grenzen der Therapiemöglichkeiten unserer klassischen westlichen Medizin. Deshalb ergriff sie die Chance, die weite Therapiepalette der chinesischen Akupunktur an berufenster Stelle, in China, zu studieren (Kiangsu-Medizin, Klinik in Nanking und Kinderklinik Peking), um dadurch ihr Therapievolumen zu erweitern. Dies ist ihr, wie aus ihrem Buch ersichtlich, vollkommen gelungen. Sie gibt mit profundem Wissen, überreicher Erfahrung und großem Verständnis die mehr als 5.000 Jahre alte Kunst der chinesischen Akupunktur weiter, sowohl an Anfänger als auch an bereits fortgeschrittene Akupunkteure.
Dieses Werk soll vor allem dem kranken Kind zugute kommen, hier besonders dem vegetativ gestörten, dem mehrfach behinderten und dem cerebral gestörten Kind.

MR Dr. Hermine TENK und Dr. Max HAIDVOGL

Akupunktur-Praktikum für die Therapie des behinderten Kindes

2. überarbeitete und erweiterte Auflage, 204 S., 39 Abb., 3 Tab., kart.,
1 Faltplan zur Therapie, ISBN 3-85175-590-1, öS 390,-/DM 56,-/SFr 55,-

In diesem Akupunktur-Praktikum für die Therapie des behinderten Kindes mit: Punktmassage, Akupunktur und Laser-Punktur sollen für Ärzte, Physiotherapeuten, Eltern und behinderte Menschen Hilfen gezeigt werden, mit denen alle bisher bekannten Therapiemethoden unterstützt und gefördert werden können. Gewidmet den behinderten Kindern der Welt.

MR Dr. Hermine TENK

Soforthilfe mit Akupressur

Für Schulärzte, Lehrer, Schüler und Laienhelfer

3. überarbeitete Auflage, 60 S., zahlreiche erklärende Zeichnungen, 13x19cm, kart.,
ISBN 3-85175-649-5, öS 120,-/DM/SFr 18,-

Die Autorin, selbst jahrelang Schulärztin, hat hier ein handliches, übersichtliches Taschenbuch für die Soforthilfe mittels Akupressur, z.B. bei Kreislauf-Kollaps, Reiseerbrechen, Koliken, Hexenschuß oder Nasenbluten, zusammengestellt, das eine wertvolle Hilfe in allen Notsituationen des täglichen Lebens darstellt, wenn kein Arzt zur Stelle ist oder auf diesen gewartet werden muß.

MR Dr. Hermine TENK

Punktmassage für Erste Hilfe und Energieausgleich

Nach den Regeln der chinesischen Akupunktur und den Beziehungen zur Kneipptherapie sowie allgemeine Gesundheitsratschläge

129 S., 130 Abb. u. Tab., geb., ISBN 3-85175-569-3, öS 220,-/DM/SFr 32,-

Neben ungefähr 80 Punkten, mit denen Laien und Rettungshelfer rasch und wirksam Hilfe leisten können, werden in diesem Buch auch die Vorbeugung von Krankheiten und die Behandlung funktioneller Störungen mittels Akupressur dargestellt. Viele eingestreute Skizzen erläutern den Text und geben so dem Leser die Möglichkeit, auch ohne Kurs die wichtigsten Punktlokalisationen zu erlernen.
